有本 章

# 大学教育再生とは何か

## 大学教授職の日米比較

玉川大学出版部

# はしがき

世界の大学の歴史は、九〇〇年という長い年輪を刻んで現在を迎えているので、他の社会制度に比較して大学制度の寿命が長いことに誰しも驚かされる。いまや世界に一万五〇〇〇以上の大学が存在し、一億五〇〇〇万人もの学生が在籍しているのであるから、大学が有史以来の隆盛をきわめているといっても過言ではあるまい。研究、教育、社会サービスという大学の主要なアカデミック・ワーク＝学事のなかで、大学の誕生から今日まで一貫して遂行されてきた機能は教育にほかならない。つまり、中世大学が誕生した一二、三世紀の頃から今日までの長い大学の歴史において、終始一貫して比重の高い活動となったのは教育活動であるから、大学教師が学生に講義を行い、学問の真髄を教授する営みは大学の歴史と同じだけ古いと言わねばならないわけである。したがって、大学の最も大切な仕事は、何はさておき教育であるとみてさしつかえあるまい。

そのように考えれば、昔もいまも大学教育が社会に占める比重が高いことに変わりないと言えるのであるが、とりわけ今日は、高等教育がユニバーサル段階を迎え、一八歳人口の半数以上が大学に進学する時代を迎えている以上、その社会的存在理由が高まっていると誰しも認めざるを得ないだろう。学生やその保護者はもとより、社会の官界、財界、産業界、教育界など種々のステークホルダーもこぞって大学教育に期待を寄せているのである。高等教育の大衆化が進行している現在ほど、学生が大学へ殺到した結果、大学の爆発的な増加をもたらした時代はなかったし、社会から大学教育へこれほど期待をかけられる時代はなかったのであり、学習（学修）の主体である学生ばかりではなく、教育の主体である大学教員に寄せられるステークホルダーの声は日増しに熱くなっていると観察できるのではあるまいか。二一世紀は教育の時代なのである。

このことは、裏を返せば、高揚する期待以上に成果が上がっていないことへの不満やいらだちが、社会において加速しつつ増加しているのも偽らざる事実であり、大学批判が今日ほど渦巻いている時代はなかったのではあるまいか。

特に日本の大学は教育に不熱心だとか、教師は学生を鍛えていないとか、国際的にみて学生の予習・復習時間が少なすぎるとか、学力が国際的に低いとか、産業界が求めるような有用な人材を輩出していないとか、種々の批判が巷に高まっているのである。実際、そのことを裏書きするかのように、国際調査によれば、最近まで大学教員の学事に対する取り組みは、研究志向が極端に強いが教育志向が極端に弱いという特異体質、国際的には日本独特の症状を呈してきた事実が認められる。

このような現状を改革し打開しなければ、大学教育の成果が上がらず、大学を卒業する学生の社会での活動が世界的にみて競争力のない状態に低迷し、社会発展が阻害され、ひいては社会が次第に衰亡に向かう、といった危惧が生じてもおかしくないだろう。

日本の大学改革、とりわけ大学教育改革は、戦後の七〇年間にわたって米国から多種多様なコンセプトや方法を輸入して、それを模範に行ってきた経緯がある。戦前はドイツモデルが優位を占め、戦後はアメリカモデルが優位を占めているのは、その証拠の一端を物語るのである。政府や文部科学省は、米国で成功を収めているモデルを日本へ輸入して模範にしようとして、アメリカモデルを次から次へと移植することに努めてきたから、当然成功を収めなければならないし、成功しなければ輸入した価値はないにも等しい。しかし現実には成功したものがあるとしても、失敗したものも少なくないのではなかろうか。現在も、「アクティブラーニング＝能動的学修」

の概念を移植中であるが、成功を収めるかどうかは予断を許さず今後の取り組みにかかっているのである。

なぜ米国では成功して日本では失敗するのかを問うと、それは両国の文化、風土、制度、政策など社会の相違に起因することが少なくないと想像できるだろう。こうして米国社会育ちの大学教育概念が、そのまま日本社会に定着するのは簡単なことではなく、それだけに日本固有の創造的な大学教育改革が求められるのである。しかし米国とは異なって、学問の機関よりも官僚制の機関として制度化された帝国大学に近代大学の日本的構造が刻印されて以来、大学教育改革を阻む条件が連綿と作用してきた点も少なくなく、その見直しが不可欠であることも否めない。

本書は、このような主題を種々の角度から検討することに主眼が置かれている。四部編成をとっていて、第Ⅰ部は「大学の理念と大学教授職の使命」、第Ⅱ部は「授業改革と大学教授職」、第Ⅲ部は「日本の大学教授職──国際比較の視点」、第Ⅳ部は「大学教育改革の可能性」から構成されている。

大学の理念は、歴史的には教育、研究、社会サービスの順番に発展して、近代大学では三者の調和的発展が理想とされながらも、必ずしもそのことが実現しているとは言えず、ともすると研究パラダイムの優位に陥りがちである。特に米国と日本は、近代大学を牽引したドイツモデルを模範にして、研究主義に注目してそのモデルの移植を熱心に追求した。その移植過程において、米国は研究と教育の両方の改革に向けて軌道修正したのに対して、日本は研究の改革にくらべて教育の改革が立ち遅れることになった。その後の展開も含めると、米国は教育、研究、社会サービスの三者の調和に成功したのに対して、日本は立ち遅れた。米国はフンボルト理念のR-T-S（研究・教育・学修）の統合に接近したのに対して、日本はやはり立ち遅れた。

その最たる原因は、米国では自主性・主体性を重視する文化、風土、土壌が優勢であるのに対して、日本ではそれが不十分であった点に帰するとみなされる。自主性・主体性を根幹に成り立つモデルをいくら直輸入してもその根幹が欠如している文化、風土、土壌では十分に根付きがたい。それと同時に同じドイツモデルに注目しながら、世界へ開かれた大学を模索した米国に対して、日本はその模索ができなかった点で立ち遅れた。一九世紀後半から今日まで同床異夢に終わった結果、両国の大学改革、とりわけ大学教育改革は異なる結果をもたらしたのである。

こうした問題を対象にして、縦軸に大学の歴史を配し、横軸に日米比較を配することによって種々議論した末に得られた結論は、端的に言えば、大学教育改革は、千載一遇のチャンスを生かすか殺すかによって、その後の命運が想像以上に左右されるという一点に収斂するのではあるまいか。それは単なるボタンの掛け違いのようにも見えるが、必ずしもそうではなく、適切なリーダーシップやその受け皿の文化、風土、土壌、制度などが欠如すれば、せっかくのチャンスも生かされないままに終わり、後遺症をもたらすのである。その意味からすれば、日本の大学教育改革は、米国に比して一世紀以上の後塵を拝することになった側面がないとは言えないようにみえる。この遅れを挽回するには、両者の岐路を生んだ原点に立ち帰り、大学教育再生の座標を明確に自覚することから再出発するしかないだろう。そうでなければ、日本の大学や社会の将来はたそがれに向かうのではあるまいか。

二一世紀は、大学教育再生に向けて大学内外に、とりわけ大学教育の主たるアクターである大学教員に向けて、自主性・主体性を基にした日本固有の方向性を創造的に樹立するために、一段と大きな期待がかけられる世紀になるはずである。ここで言う主たるアクターは、単なる大学教員ではなく、プロフェッション＝専門職としての大学教員、つまりアカデミック・プロフェッション＝大学教授職を意味するのである。

日本の大学、とりわけ大学教育再生に日頃から大きな期待を寄せられている読者の皆様に、本書における主題についての考察が多少なりとも貢献することになれば望外の幸せである。

最後になったが、本書出版に種々ご配慮を賜った玉川大学出版部の森貴志編集長をはじめ、編集部の皆様に心から感謝の意を表する次第である。

平成二八年三月

有本　章

大学教育再生とは何か——大学教授職の日米比較　＊　目次

## 第7章 研究志向と教育志向の国際比較研究 CAP調査の分析

第IV部　大学教育改革の可能性

## 第8章　アクティブラーニングの制度化と大学教育改革の可能性　483

# 第Ⅰ部

# 大学の理念と大学教授職の使命

# 第1章　大学とは何か――その理念と使命

## はじめに

標題の「大学とは何か」を思料しようとすると、大学の理念とは何かを考えることなしには前へ進めないだろうし、そもそも大学とはいかなる大学のことを問題にするのかを抜きに前へ進めないだろう。このうち、大学の理念あるいは大学の使命については、そのコロラリー（系）である大学教授職の理念や使命とともに後述するとして、まずはいかなる大学を対象にするかを俎上に載せてみよう。大学には総合大学、単科大学、短期大学などの類型があることから、そのいずれに焦点を合わせるかは詮索する必要があるはずである。本書では、主として総合大学と単科大学、とりわけ総合大学＝ユニヴァーシティ（university）に焦点を合わせる。これは日本語では総合大学と訳されるように、カレッジ（college）＝単科大学とは区別されるし、ジュニア・カレッジ（junior college）やコミュニティ・カレッジ（community college）＝短期大学とも区別される概念である。のちほど説明するように、中世大学の誕生時にはギルド（guild）＝組合という意味のウニヴェルシタス（ウニウェルシタス）（universitas）が大学として登場した。現在の university の原語であるから語意も同一だと錯覚しがちだが、そうではなく「組合」を意味するのであって、現在の大学に近い概念はストゥデイウム・ゲネラーレ（studium generale）と称されたのである。こうした大学ギルドが一二世紀から登場して中世大学となった源流を求めると、発祥の地はヨーロッパに行き着き、そこを拠点に発展し、やがて世界へ伝播した。

中世大学以来の大学史を欠如する日本では、最初の大学概念が継承されて変化した時点の一九世紀になって、ようやく当時の概念を翻訳したことになる。当時は、英語ではユニヴァーシティ、ドイツ語でウニヴェルジテート、仏語ではユニベルシテと呼称されていた段階であるから、すでに国によって大学概念に変化が生じていたのであり、そのなかのどの国の概念を輸入するかによって、大学観の捉え方が変容するのは予想できよう。大学の発展の仕方は、基本的には原型の継承、移植、翻訳である以上、世界的に必ずしも画一的な軌跡を辿ったのではなく、国やシステムによって多様性が刻印されてしかるべきなのである。日本は西洋の影響を受けたので、英語、独語、仏語の概念からの影響が大きいと考えられる。特に、ドイツからの影響を強く受けたことを想起すると、その後の日本の大学に刻印された独語的あるいはドイツ的なインパクトは大きいはずである。その点、当時の学問中心地であったドイツから影響を受けた国々のなかで、日本と同様に米国（アメリカ合衆国、本書では原則として「米国」を使用することとする）も大きなインパクトを受けたことは看過できないだろう。

本書は、中世大学から近代大学への転換期に、同じドイツモデルを手本にした日本と米国が大きな影響を受けた点を前提にして、なぜ異なる方向に舵をとり、異なる結果を生じたかを検討する点に主題の一つがある。そのため、主として本書を通じて比較の矛先が向けられることの多い米国と日本も、中世大学以来の古い大学像を手本としながらも必ずしも同じ軌道を歩んだとは言えない点に着目する必要がある。米国の場合は、教育志向を主体とした英国の大学を原型として一六三六年にハーヴァード・カレッジが創設された一七世紀から遅ればせながら導入し、最初はカレッジと呼称していたのを一九世紀後半にドイツに源を発する研究志向の潮流に見舞われた時点において、それを組み入れた一八七六年にジョンズ・ホプキンス大学に大学院を創設することによって、従来のカレッジとは制度的に袂を分かつ道を選んだ。この時点から従来のカレッジのなかにも大学院を設置する時代を迎え、大学院を設置したカレッジが university = 総合大学へと発展した。そしてカレッジ（単科大学）とユニヴァーシティ（総合大学）を区別する時代が幕を開けたのである。

他方、すでに米国において総合大学と単科大学の分化が開始されていた時点と時を同じくして、つまりジョンズ・ホプキンス大学の創設（一八七六年）の翌年にあたる一九世紀後半に、日本では近代大学の誕生に着手し、最初に一八七七年（明治一〇年）に東京開成学校と東京医学校を合併して「東京大学」を創設、のちにそれを土台に一八八六年（明治一九年）に「帝国大学」を創設した。日本では、厳密には米国に匹敵するような大学院を持たない場合でも「大学」と呼称することになった。

このように前史を調べてみると、一口に大学と言っても、九〇〇年の年輪を経て発展してきた歴史がある以上、簡単に定義できない複雑な側面が歴史の流れのなかに隠されていることが分かる。本書では、広くは単科大学や短期大学を含めるとしても、主要には中世大学に淵源し、変化の過程を辿りながら、米国で総合大学と呼称されるようになった大学を対象に、「大学とは何か」という主題を多角的に論じることにしたい。

## 1　研究の枠組み——大学と大学教授職の定義

「大学とは何か」を論じる場合、そこには種々の角度からの問いが含まれるのではないかという疑問が生じる。というのは、そもそも大学は高等教育（higher education）のなかにおいて主座を占めるので、中等後教育、第三期型教育などと同様に考えられるとともに、それとは区別される固有の制度や概念だと考えられるからである。それればかりか、大学自体に限定してみても、その定義が予想に反してそれほど簡単ではなく区々であり得るのは、定義自身のなかに種々の角度からの問いが含まれると考えられるからである。例えば、大学に関する法律、実態、理論に即した様々な定義が可能となるのは、それが簡単でないことの一端を物語るはずである。そこには同じ大学を対象にしながら視座の構え方の相違によって様々な大学像が描かれる可能性が秘められているのであり、必ずしも同じ大学像を何時も簡単に描けるとは限らないもどかしさがある。

**図1-1**「大学と大学教授職の定義」は、大学と大学教授職（AP：Academic Profession）がそれらをとりまく

環境によって規定されることを図式的に示したものである。もちろん、社会、政府、知識、大学、大学教授職の五つの要因相互間の相互作用があるが、その内容に立ち入ると紙幅を要するので、ここではそれを捨象して、これらの社会、政府、知識の各要因と大学の関係のみに焦点を絞って説明してみよう。そうすると次のような関係が存在することが分かる。

第一に社会と大学の関係では、社会的条件（矢印ａ）と社会的機能（矢印ｂ）の側面が識別できる。社会的条件は社会変化によって規定されることを示しており、農業社会、工業社会、知識社会では大学観が異なることを示唆する。これに対して社会的機能は、大学が社会に果たす機能を指す側面であり、研究・教育・サービスなどの機能によって社会の発展や変革をもたらすことを示唆する。

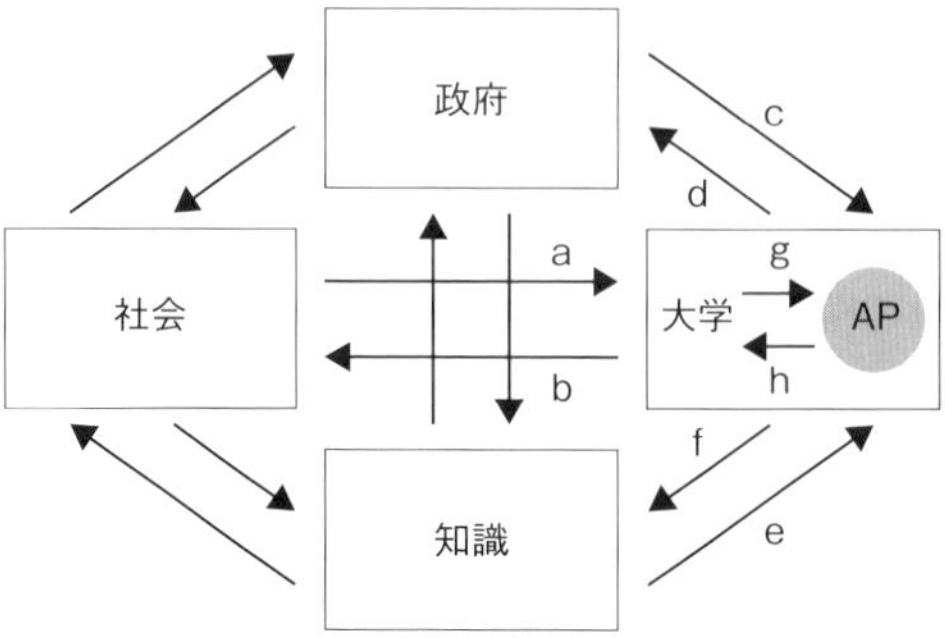


**図1-1　大学と大学教授職の定義**

第二に政府との関係は、政府の政策が大学へ影響を及ぼす側面（矢印ｃ）と大学の種々の対応が政府へ影響を及ばす側面（矢印ｄ）を表している。大学審議会や中央教育審議会の諮問を踏まえて文部科学省の省令によって施行される大学政策などは、大学改革に及ぼす影響力が大きい。これに対して大学は、政府の各種審議会の審議員に教職員を送り込んで審議内容に参画することや、さらにはその結果が反映されることになる大学政策へ影響力を持つことは少なくない。

第三に知識との関係は、知識が大学へ影響を及ぼす側面（矢印ｅ）と大学が知識へ影響を及ぼす側面（矢印ｆ）がある。知識の変化は大学の専門分野の変化を媒介に大学の講座、学科、学部等のスクラップ・アンド・ビルドへ与える影響が大きい。大学の研究や教育の発展は知識に対する需要の変化を招くことを通して知識の発展を左右する。

第四に大学と大学教授職との関係については、大学が大学教授職へ影響を及ぼす側面（矢印g）と大学教授職が大学へ影響を及ぼす側面（矢印h）がある。大学が教育志向から研究志向へと転換する時点になってはじめて、大学教員は単なる大学教員を脱してプロフェッション＝専門職である大学教員であるところのアカデミック・プロフェッション＝大学教授職へと変化を遂げた。これに対して、大学教授職の資質や力量のあり方は、大学を構成する人材の質が決め手になって大学の存亡を左右する度合いが少なくないはずである。

大学の理念や使命、さらには大学教授職の理念や使命は、これらの諸要因と大学、あるいは大学と大学教授職との関係によって規定される。そのなかで、政府の政策が法律に定着して憲法や学校教育法などの法律によって大学を規定する場合は、それが改正されない限り永続的に効力を発揮し続ける。理念的に意識や行動を律することの多い法律が大学とは何か、さらには大学教授職とは何かを規定する威力は大きいからである。その意味で法律による定義は単純、静態的、抽象的、全体的、演繹的などの性格を擁するのに対して、その他の要因による規定や定義は、かなり複雑、流動的、具体的、部分的、帰納的になることは否定できないと容易に想像できよう。例えば知識による定義にはそのことが妥当するだろう。

あえて「大学とは何か」を問う本章では、法律的な定義に満足するのではなく、広く大学史を概観するなかで、教育と研究と社会サービス（以下、サービス）に代表される理念や使命、そのなかではとりわけ教育と研究を中心に据えた理念や使命が、大学の誕生以来このかた長い時間をかけてたゆまず徐々に構築されてきたことに注目する。その意味で私は、大学と大学教授職は、教育、研究、サービスを理念や使命にしている点で共通性を備えているという観点に立脚しているのである。したがって、現在は過去を踏襲し教育と研究に収斂しながらも未来からの挑戦に対処して新たな理念や使命の模索と措定が課題であるという点に焦点を合わせて考察したいと思う。

### (1) 法律による定義

様々な定義がありうるなかで、最も単純明快であると思われる法律による定義を瞥見してみると、次のような実情を把握できる。すなわち、わが国の法律では、戦前は帝国大学令（一八八六年制定）や大学令（一九一八年制定）によって、戦後は教育基本法（一九四八年制定）と学校教育法（一九四七年制定）によって大学の主たる規定がなされてきた、という事実である。このなか、後者の教育基本法と学校教育法の両方は、ほとんど大同小異の内容になっているので、両方をここに引用する必要はないかもしれないが、法的規定の重要性を考慮してあえて引用してみよう。一方の教育基本法では次のような定義になっている。

大学は、学術の中心として、高い教養と専門的能力を培うとともに、深く真理を探究して新たな知見を創造し、これらの成果を広く社会に提供することにより、社会の発展に寄与するものとする。

2大学については、自主性、自律性その他の大学における教育及び研究の特性が尊重されなければならない。（第七条）

他方の学校教育法に従えば、次のような定義になっている。

大学は、学術の中心として、広く知識を授けるとともに、深く専門の学芸を教授研究し、知的、道徳的及び応用的能力を展開させることを目的とする。

2大学は、その目的を実現するための教育研究を行い、その成果を広く社会に提供することにより、社会の発展に寄与するものとする。（第九章第八三条）

これら二つの定義を換言すれば、大学の理念や使命は、教育と研究を基軸にした社会貢献であるとみなされていると解される。この定義は、法的定義であると同時に、先述した大学の「社会的機能」の観点から定義したと解釈できるから、大学が研究と教育の機能によって社会発展に貢献することを含意していると解されよう。別言するならば、大学の社会に対する保守的機能ではなく、むしろ革新的機能にアクセントが置かれているといえるだろう。

## (2) 知識論からの定義

このような法律の定義を踏襲することによって大学を定義すると、大学像はある意味で明確に把握されるという長所がある。さりとてあくまで静態的かつ包括的であり、動態的・具体的ではないとの印象を与えるから、単純明快であるとしても無味乾燥な定義になってしまうのではないか、何か大学の醍醐味や面白みが欠落しているのではないか、との印象は拭えない。絶え間なく生生流転する存在、「生き物」としての大学像が全然見えてこない。したがって、大学のもっとダイナミックな営みが持つ複雑な意味合いを分析的に捉える方法が必要なのではないかと愚考すると、大学の諸活動のそもそもの基盤である「知識」に辿りつくはずである。知識を抜きに大学は語れないし、知識を生かさないと大学に生命や魂や活力を吹き込むことはできそうにない。言ってみれば、知識の豊富な働きがあってこそ、大学の理念や使命を形成し大学の発展を約束し、あるいは逆には働きが欠如することによって大学の凋落や没落を導く、という実態が把握できるはずである。大学の仕事の担い手として大学と密接不可分の役割を担う大学教授職もまた、大学と同様の理念や使命を共有することは容易に理解できよう。

それでは大学の仕事の根幹を形成している知識とは一体全体何であろうか。知識には発見、伝達、応用の三つの主たる機能がある。発見は研究、伝達は教育、応用はサービスをそれぞれ意味する。この三機能は個々の機能であると同時に相互に連関しあっているから、別々に切り離してしまうと知識全体が持つ威力、効果、神通力を喪失し、ひいては大学の理念や使命の潜在力を喪失させ、結局は大学の発展、躍進、繁栄は阻害されてしまうと予想される。知識は活用の仕方によって毒にも薬にもなるし、あるいは衰亡を導き、あるいは隆盛を導くことができる。融通無碍に展開する知識の不思議な秘密がそこには隠されているからである。ジェームズ・パーキンスは、知識の秘められた機能である獲得、伝達、応用の内的関連性があるとみなし、その活用を世界で最初に実証したのは古代ギリシャ人であると指摘している。

すなわち、理性が観察結果をまとめて知識にたかめること、次いで、観察対象とは関係なく、獲得した知識はそれ自体の価値をもっている事実、第三に、こうして獲得した知識が人間体験の全分野に通用しなければならない事実、以上三つの理念を連関させる偉業をたてたのである。（パーキンス 一九六八：一三頁）

## 「三面性」の調和的発展の理念

パーキンスは、「獲得、伝達、応用という知識の三つの姿を、個々別々に取り扱うのは無駄である。この三つの機能が共に働いてこそ、知識はこの世を変えるような爆発的な力を発揮するし、またできたのである。」（同上、一四頁）と述べている。この知識の三つの機能を仮に「三面性」と呼称することにすると、それは実際には、制度の形をとって研究・教育・サービスという大学の理念や使命のなかに反映されていることが理解できる。この三面性が反映された理念や使命が大学にとって基本だとする哲学を前提にすれば、中世大学以来それが実現されれば、大学は理想的に発展を遂げるという結果を招いたはずだと考えられる。しかしながら実際には、すべてが統合的に調和的に機能することは至難であり、口で言うほど簡単には実現できなかったことは歴史が証明している。三面性は最初から知識に潜在的に内包されているにもかかわらず、実際には教育が先行し、研究が立ち遅れ、とりわけサービスの機能が大学に摂取されるまでには随分立ち遅れた。

なぜその種の時差的な落差が生じたかは興味深い。ギリシャ人は三面性を発見したが、またプラトンのアカデメイアは設立されたが、中世大学のような本格的な大学をギリシャにおいて設立するには至らなかった。時期尚早であった。時代的かつ社会的には条件がいまだ成熟せず、絵に描いた餅の段階に終わったというほかない。三面性の活用を実証したとしても、相互の協働性を誘因する社会的条件は作用するに至らなかった。社会的条件がかなり成熟した中世には大学の設置を可能にしたが、三面性のなかでは教育のみを重視し、研究やサービスの機能を大学に摂取できなかった。さらに社会的条件が豊かさを増すにつれ、近代大学は研究を摂取したにもかかわらず、サービスの摂取には手間取った。社会変化に起因する大学に対する社会的ニーズとそれへの大学理念を媒介とした大学からの対応が成功裏に符合しつつ進行しないかぎりは、三面性の発揮は奏功するまでに至らなかったのである。社会変化、それを受け止める社会と大学の成熟が相俟って作用することによってこそ、大学の理念は社会変化に対応し、受け止めて、変化を遂げるのである。大学の成熟とは、大学社会や組織体の成熟を意味するから、現代流に言えばそのことを可能にする経営の側面である。

知識の機能との関係で言えば、研究・教育・サービスに関わる側面は教学であるのに対して、ガバナンス、マネジメント、アドミニストレーションなど管理運営に関わる側面を経営は意味する。社会変化に対応して教学の側面が変化するには、その間に経営の側面が介在すると言わなければならない。その意味では、教学と経営とが不一致であれば、三面性は発展しないであろうから、大学の全面発達には教学の三面性＋経営の一面性が必要であると言っても過言ではあるまい。中世大学では経営の側面は十分発達していなかった。それはサービスの側面が発達しなかったので当然であったと推察できる。これに対して、今日の大学では、知識の機能が社会の経済と結合して知識経済の色彩を強め、産学協同や学社連携などを含めた社会サービスの比重が増大している。そのような経営の側面が加速的に発達するようになるのは、後に詳述するように、大学が中世型のユニヴァーシティから近代大学型のマルティヴァーシティに変貌してからであり、大学史のなかでは最近のことにすぎない。

大学史を回顧すると理解できるように、米国において一八六二年にモリル法、つまり土地貸与法案（Morril Land Grand Act）が施行され、大学が国家社会のサービス機能を果たすようになるまでは、サービスの大学への制度化は米国でも世界でもほとんど実現していなかった。中世大学では「修道院」の概念を借用して醸成された大学は、このモリル法が成立した時期ではもはや「象牙の塔」ではなくなっていたとしても、社会との隔絶は依然として少なくなかった。それまでは、世界の大学は三面性のなかの一面性か二面性の展開に偏向してしまい、三面性を網羅した全面的展開に至らなかったのであって、その点を考慮すると米国において世界に先駆けてサービスへの展開が可能になった意義は画期的であったのであり、大学の外からの社会変化に呼応して大学のなかからの形成の側面が発達したことがその実現を可能にしたのである。

第一の波の時代の中世大学――その長所と短所

端的に言えば、中世大学は教育へ偏向したのとは裏腹に、研究やサービスの機能を開発し拡大することには失敗した。というよりも、サービスを求める社会的ニーズが未発達であったし、大学自身がその必要性に迫られることがなかった、と言うべきであろう。この伝統優先社会では、知識はもっぱら既得知識の伝達のみに終始し、新知識の探求は考慮されなかったたし、考慮される必要もなかったのであり、ましてや知識が経済と結合する事態も出現せず、せいぜい教育はあっても研究はなかったたか、はたまた潜在的にはともかく顕在的には発現しないまま、見えざる存在にすぎなかったのである。

伝統優先社会の支配者達は、宗教上の支配者、世俗の君主のいずれにかかわらず、真理は万人のもので、秘伝を継承する特権者の力をかりずに誰にも発見できるという考えを、たいそう嫌ったものである。ルネサンスや宗教改革、つづいて中産階級の興隆や科学技術の画期的展開があり、中世の権威主義的な社会構造が崩壊して、はじめて、変化を人類がさけて通らねばならない危険なものとする考えも消え、むしろ変化こそ人類の望む目的と考える傾向ができたのである。伝統という硬い殻が破られ、人間の好奇心や野望が自由に表現されるようになると、ようやく新しい知識の探求も可能となった。大学は新知識を生み出す体制となり、一方、社会は新知識を受け入れて応用する準備をととのえた。（同上：一八頁）

中世大学の教育偏重が研究やサービスへの発展を阻害したことは、とりもなおさず大学の発展を阻害し、新しい学問開拓も新しい社会構築も、さらには社会からの要求を喚起することもできなかったことを物語るのである。

大学はボローニャでもパリでも、世界から学生を集めたので世界に開かれていたが、ラテン語を使用してスコラ哲学教育を行った点では少なからず「象牙の塔」であったし、少なくともその域を超越できなかった。こうした経緯を辿りながら、ルネサンスを経由して、次第にギリシャやローマなどの古代の学問への関心が高まり、宗教改革の嵐が吹き荒れ、一七世紀に至るとようやく知識は宗教知識から科学知識へと解放される気運が生じ、ゲッチンゲン大学のように母国語を介した教育を行う大学も出現した。一七世紀の科学革命の時代には、大学は一時とりのこされて存亡の危機を迎えていたが、少なくとも大学外の社会では科学革命の時代が到来し、やがて大学はその動きに抗しきれず、科学や研究が先覚的な大学に制度化される時代が到来した。イタリアでボローニャから分派したパドヴァ大学はやがて科学に長足の進歩を示したし、ドイツにおけるハレやゲッチンゲンなどの大学は科学への端緒を切り開いたこともあり、その動きは徐々に加速することになった。そして一九世紀の前半から後半にかけて、ベルリンを筆頭にドイツの大学が近代大学の科学や研究の拠点としての大学のあり方に先鞭を付けるに至って、それまでの科学や研究に背を向けた大学の古い体質に風穴を開けることになった。

大西洋を越えた新大陸において、その動きに触発された米国を中心に、伝統的なリベラル・アーツ主体の知識を志向するカレッジ＝単科大学から科学知識や専門的知識を志向するユニヴァーシティ＝総合大学への転換が生じ、旧大陸の大学が温存した学部のみの単層構造に終止符を打って、大学院を備えた重層構造の大学が誕生し、近代大学が登場することになった。

以上に論じたように、大学の基盤をなす知識に照準し、知識論を基に大学の理念や使命を捉える視座に立脚すると、社会発展との関係で知識の需要が変化し、高度な知識を必要とする社会のニーズに対応して大学が誕生し、高度な知識を伝授する場として機能したことが分かる。それが第一の波の時代であった。

これに対して、第二の波の時代では、知識を伝授する場から知識を発見し創造する必要性が産業革命後の社会変化によって大学へ期待される段階を迎え、大学は教育の場から教育と研究の場へと変容を遂げることになった。大学の外の産業革命や科学革命は、大学を安眠から覚醒させる圧力となったし、大学制度や組織に揺さぶりをかけることになった。

実はちょうどこの時点において、大学は内部的にも古い体質を脱皮して新しい体質を形成する過渡期に突入したのであり、その実質的な担い手である大学教員は眠りから目覚め、単なる大学教員からプロフェッション＝専門職としての大学教員を意味するアカデミック・プロフェッション＝大学教授職を自覚することになったと言わねばならない。米国で言えば、一九世紀後半、つまり南北戦争と二〇世紀開始の間に画期的な高等教育の転換が生じ、大学教員は変貌を遂げることになったのである（Veysey 1965, Oleson and Voss 1979, Geiger 1986）。クリストファー・ジェンクスとデーヴィッド・リースマンが「一九世紀後半までは大学教授職はほとんど存在しなかった」（Jencks and Riesman 1968 : p. 160）と論じたのは、まさしくこの状況を評論したのである。

このように、社会の要請に対応して大学は短期間に集中的に変化せざるを得なかったばかりではなく、さらにサービス機能によって大学と社会が結合し、大学が積極的に社会へはたらきかける時代が幕を開けることになった。つまり大学が創造する知識の威力によって社会を動かす威力を発揮することになった。そこには知識の教育と研究のメカニズムと関わりながら、歴史的に変遷するダイナミックな大学の営みがほの見えてくる。換言すれば、こうした大学の力学に注目するならば、社会が大学を変える社会的条件、大学のなかの社会が変化する社会的構造、大学が社会を変える社会的機能などからの社会学的なアプローチによって、大学像さらには大学教授職像を分析することができる。

### 大学の動態的分析——社会的条件、社会的構造、社会的機能

静態的な大学に注目するのではなく、動態的な大学に注目して、大学のありのままの実態に照準して観察すれば、①大学の社会的条件、②大学の社会的構造、③大学の社会的機能、などの側面の切り口から大学像を分析できる。このなかで、先に検討した大学の法的定義は③に該当する社会的機能の観点である。したがって、動態的側面からの大学像の分析は、③のような大学の社会的機能に即した法的観点のみならず、①のような大学の社会

的条件や②のような大学の社会的構造に即した観点が見落とせないことを意味すると言わなければならない。

知識論に依拠して大学を概説した場合、「学問の府」である大学は、上級知識の「専門分野」（academic discipline）を素材に研究・教育・サービスなどの「学事」（academic work）を遂行する制度であり組織体である。その学事を十分に発展させることによって大学を発展させるには、各時代の社会的条件によって規定される側面、社会的構造の様々な側面、さらに研究や教育の社会的機能遂行の側面を全体的に調和的に発展させる包括的な力学に注目することが肝要である。したがって、これらの各側面とその包括性のダイナミズムに注目して、大学の理念や使命に即した大学の発展を探求することが欠かせないと考えられるのである。

## 2　大学の社会的条件

第一に、これら①②③の観点のなかで①の社会的条件（social condition）に注目すれば、それは過去・現在・未来と展開される社会変化が大学の存在を規定する側面を問題にするのであるから、何よりもまず社会変化によってもたらされた大学の誕生から今日に至る発展の軌跡を辿る必要がある。その場合、①に重点を置くとしても、②③とは連関することが少なくないので、厳密にこれらを峻別して議論することは難しい。大学の社会的条件を説明する際に、大学の社会的構造や機能の側面を同時に説明する必要が生じるので、それはそのつどできるだけ行うことにするのが望ましい。

ここでの主眼は、研究や教育が大学の理念として重視されるようになった軌跡を明らかにすること、そのためにはその源泉となった中世大学とはどのような大学制度や組織であったかを吟味すること、中世大学に代わって近世、近代にはいかなる大学が登場してきたのかを探索すること、その中心となったドイツの大学モデルは米国や日本における大学の制度化や改革へどのように伝播するようになったのかを理解すること、などは大学の社会的条件をマクロな視座から問う場合には必要であると考えられる。仮説的には、第一の波の時代を欧州の中世大学が主導し、第二の波の時代をドイツの大学が先導し、さらにドイツモデルを導入した米国が先導し、さらにそれを基盤にして第三の波の時代を牽引する動きが胎動していると考えられる。日本は、第二の波の時代に登場して、世界の先進国の大学モデルを物色するなかで、米国と同じくとりわけドイツモデルを導入することに努力したものの、第三の波の時代を予見し先取りする読解力や進取性に翳りが見られたことが、当時から今日に至るまでの彼我の落差を形成する原因になったと考えられる。

### ⑴ 大学の起源

さて、大学の起源についていては、社会変化を基調に考えるとしても種々の視座から議論することができるだろう。少なくとも、社会的条件である社会変化が社会的構造のなかに変化を起こし、社会的機能である研究・教育・サービスのいずれかを刺激して発展を導くというシナリオは基本となろう。マクロな社会変化は、第一、第二、第三の波からなる時系列的な変遷であり、大学は第一の波の時代に出現してもっぱら教育機能を推進し、第二の波の時代に研究機能を呼び込み、そして第三の波の時代に研究・教育・サービスの三面調和の発展を模索しているという軌跡を描くことになる。まず第一に、大学の起源から検討してみると、私は、ヘースティングズ・ラシュドールの『大学の起源』の論調と同様、大学はパリとボローニャを嚆矢とする中世大学をもって誕生したとかねてから考えている（Rashdall 1895［一九六六－一九六八］）。

パリとボローニャとは、二つの原型的な、あえて言えば、それだけが『オリジナル』と言える、大学であった。パリは教師の大学、ボローニャは学生の大学の模範となった。じらい今日まで、以後の大学はすべて、それぞれ発展した形においてではあるが、この二つのタイプのいずれかを多かれ少なかれ強く模倣したもので、ただ少数の大学がその組織の基盤を別にしただけであった。……二つの偉大な母胎大学はほとんど時を同じくして一二世紀の後半の最後の三〇年間に現れた。それらは、一二世紀のルネッサンスとも呼ばれるべき、かの驚くべき文化的潮流の深化拡大におけるそれぞれ異なった面から生まれた。そのルネッサンスは、イタリアでは、ボローニャに始まった。ローマ法研究の復活に、最もはっきりと現われ、フランスでは、パリが、その究極的――最初のではなかったが――本拠となった。弁証法的・神学的思考の奔騰、という形で現われた。その組織の完成という点では、ボローニャの学生団体の方が早く、その最初の萌芽という点では、恐らく、パリの教師組合の方が早かった。（ラシュドール 一九六六：上巻四七頁）

チャールズ・ホーマー・ハスキンズの『大学の起源』もラシュドールと同様の見解であり、サレルノ医科大学、パリ大学、ボローニャ大学などから説き起こしている（Haskins 1957［一九七七］）。サレルノ、モンペリエ、パリ、ボローニャなどは世界で最も古い大学であるとみなされるなかで、確かな記録が残っているパリやボローニャが正式には最古の大学とみなされている。確かな記録が残っていることのほかに、学部、試験、学位、カリキュラム、教育方法などを擁した組織であるといったいくつかの理由がある。

児玉善仁は、大学の定義を次のように論述している。

われわれが厳密な意味で『大学』と称するのは、一二世紀から一三世紀初期のヨーロッパで誕生し、学部のような専門分野ごとのセクションを持ち、団体による試験や学位による学業の認定、テキストの使用や講義・討論の方法といった、現代にまで繋がる共通制度と機能の枠組みを作り上げた組織である。この組織は、中世に誕生して以降、コルポラチオ（自治法人団体）からアンシュタルト（行政的組織）へ、学生主体から教師主体へ、組織の地方化・国家化、それに伴う学そのものの普遍性の喪失と国家化、近代科学の組み込み、大学拡張などの変化を起こしながら多様に発展してきたが、基本的な大学組織そのものは根源的な変化を被らなかった。（児玉 二〇一一：五頁）

## 大学誕生の三類型

大学の社会的条件に焦点を合わせる本章では、世界的に中世大学、近世大学、近代大学、未来大学と辿る大学の軌跡が、農業社会、工業社会、知識基盤社会（知識社会）を基礎とした、第一の波、第二の波、第三の波という社会変化に対応して生じているとみなすところに主眼が置かれる。これら個々の波の時代は、大学発展に対する異なる固有な期待を持ったので、大学の理念や使命はその要請に対応してほぼ展開された。農業社会に位置する第一の波の時代の一二〜一三世紀において社会が発展し、法学、医学、神学などの分野で当時としては高度の学問や教育の需要が高まったため誕生したのがほかでもない中世大学であった。先ほど言及した最古の大学のなかではイタリアのボローニャ大学が学生主導型、フランスのパリ大学が教師主導型として誕生し、それぞれの嚆矢となってその後誕生した世界の諸大学の原型となったことで知られている。

ジャック・ヴェルジェは、大学の誕生には①自然発生的大学、②移住によって誕生した大学、③創設された大学の三形態があるとする（ヴェルジェ 一九七九：二九－四六頁）。①はパリ、ボローニャ、オックスフォード、モンペリエなど、②はオックスフォードから分派したケンブリッジ、パリから分派したアンジェ、オルレアン、ボローニャから分派したパドヴァなどである。③は皇帝の創設したナポリ、教皇の創設したトゥールーズ、国王の創設したサラマンカなどである。ヴェルジェはオックスフォードを①に分類しているが、ラシュドールはパリから分派したとして②に分類し、ケンブリッジはそのオックスフォードから分派したとしている。

これらのなかでは、パリの母胎大学としての威力は絶大であって、英国のオックスフォード、ケンブリッジ、ドイツ圏のプラハ、ウィーン、ハイデルベルク、ケルンなどの有力大学が基本的組織、教育の伝統、教育の様式を受け継いでいることはその証左である。アラン・コッバンは「パリの影響は中世においては［教育のシナイ半島］と呼ばれたほどである。」（Cobban 2009b：p. 74）と述べている。

## ウニヴェルシタスとストゥディウム・ゲネラーレ

パリやボローニャの両大学はウニヴェルシタス（またはウニウェルシタス）（universitas）と呼称されるように、学問のギルド＝組合という原義をもって登場した点に他の社会組織と比べて大学組織のユニークさが顔を覗かせている。冒頭で多少言及したように、今日の大学も英語ではユニヴァーシティ（university）と呼称されることから推察して、その内容においてもとかく中世大学の原型と同じだと錯覚しやすいのであるが、意外にも原型と同じではない。原型を踏襲しながらも実質的にはかなり変質してきており、性格的には決して同じとはいえないのである。立派な正門や建物を擁した今日の大学とはいささかイメージの異なる結社、正確には「学問の組合」あるいは同業者組合が大学の原義であるとともに原型なのである。ボローニャとパリでは異なるが、いずれも法人格を有する自治団体組織である点では共通性を持つ。

コッバンは、今日の大学に近い概念はウニヴェルシタスよりも「ストゥディウム・ゲネラーレ＝studium generale」であると述べている。

> 我々の大学という概念に最も近く対応する中世の用語は、studium generale である。一三世紀全体を通して、この呼称は正確に技術的とか法的な意味を持っていたのではない。もともと studium generale はきわめて記述的な言い回しであり、studium は学修のための組織的な施設がある学校を指し、generale は教えられる内容の一般的とか普遍的とかの性質に言及しているのでもないし、学生数に言及しているのでもなく、地域を超えて学生を集める学校の能力に言及しているのである。（Cobban 2009a：p. 5）

## 万国教授資格

コッバンは、この概念は三つのことを意味していたと述べている。「⑴ 学校は特定の国や地区からのみではなく、あらゆるところから学生を集めた、あるいは少なくとも招聘した。⑵ 学校は高等教育の場所であったし、少なくとも、神学、法学、医学が教授された。(3) このような教科はかなりの教員、少なくとも複数の教員によって教授された。」(Ibid.: p. 22)。これらのこととともに、重要なのは、パリやボローニャが最初に「万国教授資格」とも言える、どこでも教えることができる権限 (ius ubique docendi) を一二三三年に法王の勅書 (Bull) によって付与し、その後この慣行が他大学へ波及したことである。キリスト教圏のなかではどこでも教授することができる資格が付与されたことは、大学は世界にまたがって通用する普遍性を持ったユニバーサルな組織体であったことを裏書きしている。いまでいうヨーロッパ世界では大学の共通的な内容が次第に整備されたとみなされる。ただし、中世の終わり頃になると、地方都市や国家に大学が多数設置され、普遍性が失われローカルな性格を持つ方向に変貌したことは注意しておく必要がある。

## 大学の固有性

社会的変化が学問ギルドの発明をもたらしたと同時に、種々のギルドの模倣、すでに発展していた教会のやり方の拝借(ガウン、位階制)などは時代の縮図的な所産を物語ると言ってよかろう。その点では既存の制度のコピーにすぎないので大学の独自性は少ない。しかし大学が大いに独自性を発揮して新たに創造した点は少なくない。例えば学部、学位、授業、カリキュラムなどがそれに該当する。大学が発明した学部なる組織は知識の専門分化、学位は知識の高度化、授業とカリキュラムは知識の伝達、などと密接に関係している以上、そこには知識の活用を何よりも重視する大学の面目躍如たる姿が察知される。教会の固定性と異なる大学の移動性も発明と言えなくはない。最初の頃は、現在の大学のような固定した建物を持たず、建物のひさしを拝借したり、教鞭をとる教師の下宿や賃貸料を払って借りた教場などを使ったり、いつでも自由自在に移動可能な「テント大学」のたたずまいであった。

もっとも、それがすべてではなく、次第に建物を持った大学へと変貌を遂げることになった。その流れのなかで、貧乏学生のためにまかない付き宿泊所を確保するために設置された最初の学寮は、一一八〇年の早い時期にパリに一つだけ存在した「一八人寮」であった。これは「ロンドンのヨキウス師」が施設療院からその部屋を買い取り、極貧の「一八人の学生層」の用に当てたものであって、一二三一年頃には固有の家屋を持つようになり、「一八人カレッジ」として知られた（ラシュドール 一九六六：上巻三七六－三七七頁）。こうした学寮は一五〇〇年には六八存在したと言われる（ハスキンズ 一九七七：三七頁）。学寮は一三世紀に増加し、パリでは、ソルボンヌ、アルクール、ナヴァールの各学寮、オックスフォードではマートン、ベィリアルの各学寮、ケンブリッジではピーターハウス学寮が誕生した（ヴェルジェ 一九七九：七五－七六頁）。一三〇〇年には、パリに一四学寮、オックスフォードに三学寮を数えたのであった。ラシュドールによれば、ソルボンヌなどでは、一五世紀には神学教師が学寮で講義を行う「学寮教育」が発生したと述べている（ラシュドール 一九六六：上巻三八六－三八七頁）。

学寮は、ヨーロッパ北部を中心に次第に増えて、必要な費用を自弁できない貧乏学生を収容することになったが、ヴェルジェによれば、イタリアでは中世後期までであまり学寮が増えなかったので、「ほとんどの学生が必要な費用を自弁できたと考えられる」（ヴェルジェ 一九七九：一九五－一九六頁）としている。ヨーロッパ北部の学生が貧乏で、南部の学生が豊かであったということになるが、前者は比較的若い学生、後者は比較的若くない学生が多かったことも関係しているだろう。

### 大学の原型の変貌

以上のような特徴を持ちながら、中世大学の原型は次第に発展を遂げ、近世、近代を通じて時代が下るにつれて、継承されたものもあるし、喪失したものもある。法王、皇帝、国王などによる創設が増えるのが趨勢となり、ストゥデイウム・ゲネラーレや万国教授権などのユニバーサリズムは国家中心のローカリズムやナショナリズムへと変貌することになった。中世大学の草創期の一二世紀から六〇〇年を経た時代に誕生した日本の「帝国大学」のような近代大学では、ナショナリズムの特徴を強く刻印されることになった。大学の原型のウニヴェルシタスは、大学の修正型の「大学」へと変貌したのである。

そのような大学の変貌に伴い、中世大学が擁した性格が次第に変容したことは確かである。具体的には以下の六つの視座から観察できるだろう。①世界（キリスト教圏）から学生がいまでいう国境を越えて、ボローニャやパリなどの大学へ集まった、ユニバーサリズムの性格は、近代国家の大学というナショナリズムの性格へと変貌した。②中世大学が形成された以後は大学へ入学するための準備教育や学校が必要になったため、大学を起点に上から下へ向かって接続する学校体系の下構型構造が発達したのに対して、近代社会に小学校が設置された以後はそれを起点に中学校、高校、さらに大学へと下から上へ向かって接続する学校体系の上構型構造が発展した。③科学制度化以前の教育主体の大学からそれ以後の教育と研究主体の大学へと変容した。④中世大学の学部を基軸とした単層構造から近代大学の学部と大学院を基軸とした重層構造の組織へと変化を遂げた。⑤中世大学の学寮と学部が一体化した大学共同体を基本とした「ユニ・ヴァーシティ」から近代大学の複合的なキャンパスから成り立つ「マルティ・ヴァーシティ」へと変化した。⑥中世大学の教師主導型の授業から近代大学の学生主導型の授業へと展開した。これらのことはその間の変化を物語る若干の特徴と考えられる（有本 二〇〇五：三七－五〇頁）。

## 授業方法

このなかの⑥について補足すると、中世大学が近代大学と大きく異なる点は授業方法であった。現在の大学では、授業つまり教授－学修過程は講義を中心にして、演習、実験、ディスカッション、ディベート、プレゼンテーションなど様々の方法によって構成されている。中世大学の授業は、通常では午前九時前後から開始して夕方六時前後まで、一限＝九〇分単位で一日五限行う。中世大学では、ラシュドールの記述を参考にすると次のような状態であったと言えよう。ボローニャの場合、いまだ時計のない時代であったので、授業は教会の礼拝の「鐘」に合わせて一日二回、つまり午前は「朝鐘」に合わせて始まる二時間以上の「正」講義、午後には二時間と一時間半の「特殊」講義がそれぞれ教師の自宅か賃借された教場で行われた。

スコラ教育が支配的であったスコラ主義の時代には、講義は帰納的論理によるよりも演繹的論理による理論中心の形態であったため、実践的であるはずの医学の場合でも、教授は理論中心の講義に傾斜し簡単な病気の治療もできなかったのである（ラシュドール一九六六：上巻三四一頁）。修学年限は学芸学部では五年、少なくとも四年、バチェラー学位を取得し教師免状を取得するのには最低一九歳になっている必要があった。医学部の場合、バチェラーは三二カ月、教師免状の場合は五年半〜六年かかった。授業は中世大学の最初の頃のテキストを基にした教師の口述、原文注解などの形態から次第に講義や「論点」の討議へと移行し、復唱も行われた（同上：三四七頁）。

中世大学の授業は、講義と言っても講読（lectura）を指し、それはテキストを読み暗記し、復唱することに主体を置いて知識を蓄積する形態であった。なぜそのような形態になったのかは興味深い問題である。紙が中国で発明されて西欧へ伝播したのは一四世紀頃であると考えれば、高価な紙を学生が使用するのは困難であったろうし、ましてや紙以前の羊皮紙は手が届かなかったに違いない。そのため教師の口述を記憶するか、教師による講読のテキストを読み暗唱せざるを得ないという構造的な力学が働くのは自然である。暗記する知識は絶対的な知識であり、教師や学生が新知識の発明によって勝手に批判し改変することは許されないほどの威力を付与されていたのである。知識の体系はすでに確立されて絶対の権威を付与されていたからである。

いわゆる「知識の塔」が存在したのであり、そこには、土台の一階と二階はドーナトゥスとプリスキアヌス（文法）、三階はアリストテレス（論理学）、キケロ（修辞学）、ポエティィウス（算術）、四階はピタゴラス（音楽）、エウクレイデス（幾何学）、プトレマイオス（天文学）、五階はプラトン（自然学）、セネカ（倫理学）、最上階はペトルス・ロンバルドゥス（神学）が描かれている。自由七科のなかの三学を土台に四科がその上に位置し、さらに自然学、倫理学がその上に位置し、最後に神学が位置しているのである。順番としては学芸学部では三学四科を学び、上級学部の法学、医学、神学ではその上の自然学、倫理学、神学を学ぶのである。授業の言語はラテン語であるため、入学以前にラテン語を習得しておく必要があった。

こうした知識の体系が確立された世界において、なぜこうした講読や討議などの授業方法が採用されたかを問うと、そこには「スコラ的方法」に依拠したスコラ的な論理的整合性があったと考えられるであろう。その点に関して、児玉は次のように述べている。

スコラ的な論理は、トマス・アクィナスやグラティアヌスに代表されるように、知識の『区別』とその『論証』という方法に基づいていた。この方法が知識の伝達の方法として応用されるときには、中世大学などで見られたように討議や討論の形態をとった。そして、知識の探求として応用されるときには、蓄積された注釈や注解の探求という形をとったのである。原典とそれにたいする注釈の探求の究極の到達点であった。……知識は原典と注釈のうず高い山のなかに、絶対的なものとして存在していたのである。疑いによって探求するのではなく、信じることを前提として蓄積するのが知識であったのである。（児玉 一九九三：五〇－五一頁）

## (2) 大学数の変遷

さて、社会の知識欲が大学の誕生をもたらしたことを前提にした場合、社会が要求した大学数はどの程度であったかは吟味する価値があるのではあるまいか。現在の大学に比較して量的な多寡はどの程度であったか、なぜそのような数量であったか、といった疑問が生じるからである。その点、ラシュドールによれば、中世末期には世界で八〇程度の大学が存在したとされる（島田 一九九〇：七〇頁、ラシュドール 一九六六－一九六八）。それは現在の大学数からみればものの数ではなかったし、むしろその量的な少なさに誰しも驚かされるのではあるまいか。というのは、それはせいぜい現在の日本の国立大学の数（八六）に匹敵する程度にすぎないからである。二〇一三年現在の日本の大学数は七八二校（国立八六校、公立九〇校、私立六〇六校）を数えており（平成二五年度学校基本調査）、現在では日本だけでも八〇〇近い大学数（これに短期大学を含めるとざっと一二〇〇）を数える（図1-2、図1-3参照）。中世大学の規模に比して、現在の大学の規模がいかに大きいかはこの事実だけからでも察知でき

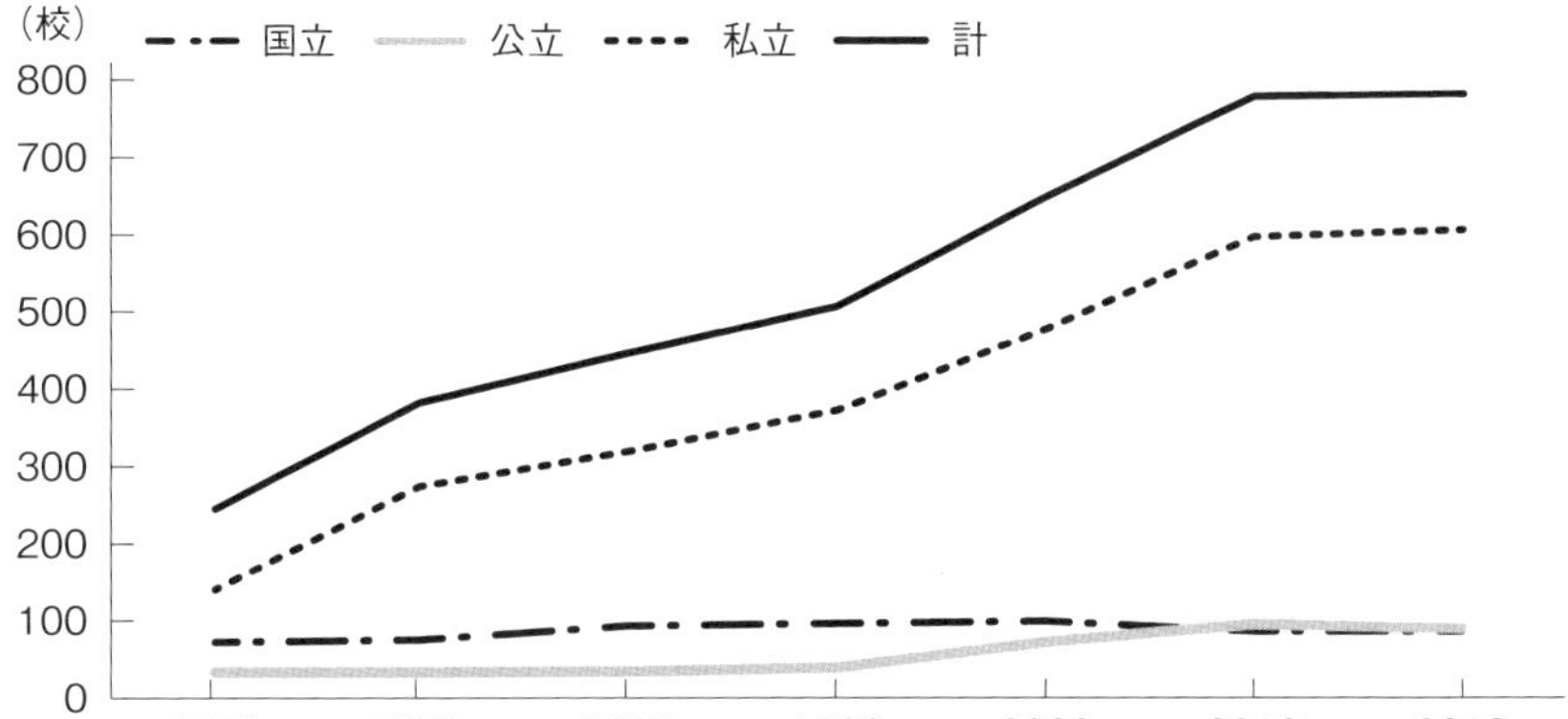


| | 1960 | 1970 | 1980 | 1990 | 2000 | 2010 | 2013 |
|---|---|---|---|---|---|---|---|
| 国立 | 72 | 75 | 93 | 96 | 99 | 86 | 86 |
| 公立 | 33 | 33 | 34 | 39 | 72 | 95 | 90 |
| 私立 | 140 | 274 | 319 | 372 | 478 | 597 | 606 |
| 計 | 245 | 382 | 446 | 507 | 649 | 778 | 782 |

**図1-2　大学数の変遷**

るし、当時のヨーロッパ全体の規模よりも、日本一国の規模が優ることは歴然としている。一国の規模が大きいと言えば、世界で最も大学数の多い米国では、二〇一二年現在日本の約六倍の三〇二六（短大を加えると四七二六）の大学が存在する（Wikipedia 2015）。

　ちなみに、日本の大学は戦後急速に発展を遂げた。図1-4は、大学数と短期大学数の変遷を示しているが、大学は次第に増加し、短大はしばらくの間大学数を凌駕して発展して一九九〇年代末から下降に転じ、大学が徐々に増加を続けるのとは対照的に最近では減少の一途を辿っていることが分かる。大学は終戦直後の一九四八年には戦前の名残のわずか一二校であったのが、翌年一九四九年の戦後改革時には一七八校に一挙に増加し、一〇年を経た一九六〇年代にエリート段階からマス段階へ移行し、その後は高原状態の緩慢な発展が持続したのちに、二〇〇〇年代からは進学率五〇％を超えるユニバーサル段階に突入する運びとなった。このような大衆化時代の進行を下支えして主役を演じたのは量的には国立大学や公立大学ではなく、あきらかに私立大学であった。全体に占める私立の割合は一九四九年に五一・七％（全体一七八校中の九二校）にとどまっていたのに、二〇一

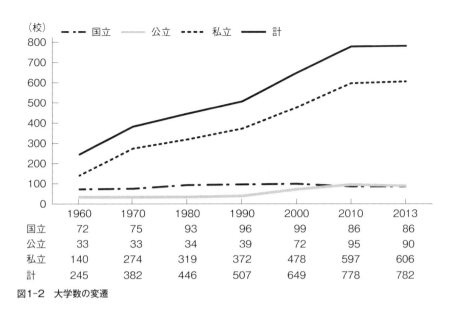

四年に七九・七％（全体七八一校中の六〇三校）となり、この間に五割から実に八割へと大幅に増加した。この事実には大衆化の受け皿が私大であったことが鮮明に具現している。

話がやや横道にそれたので元に戻すと、これら日米の統計から推して、世界には現在一万八〇〇〇ほどの大学が存在していると予想されるし、しかもそれはこの半世紀間に急増したのに続き、なおも増加中だと推察できるのである。一万八〇〇〇ほど存在するとしたが、それはアバウトな数字であるから、できるだけ正確な数字を得るには、現在の世界の大学数を一々数える作業が必要となるものの、そうした煩雑な仕事に代わる方法で調査するほかあるまい。国際大学協会の『世界大学ハンドブック二〇一一年版』（ＩＨＵ：International Handbook of Universities）全三巻に依拠すれば、世界一八〇カ国・地域の大学（大学相当を含む）一万五〇〇〇以上を収載している事実が得られる（IAU 2010）。おそらく現在、世界で最も正確に大学数をカウントできる資料であると考えられるので、このデータを基にすると少なくとも一万五〇〇〇の大学が世界に存在することが確認できる。

## (3) 学生数の変遷

大学数が増える現象を追ってみると、社会変化によって大学の発展は左右されるという事実が鮮明になるし、現在は大学を必要とする右肩上がりの変化が有史以来初の世界的な趨勢になって進行している事実が鮮明になる。そして大学数が増えるのは、当然ながら大学を支える学生数が増えるからであるという因果関係によるものと容易に想像できる。ハスキンズは『大学の起源』で「『もし学生たちがいなければ、大学はきわめて快適な場所であるのに』と教授たちは、一度ならずいってきた。」（ハスキンズ 一九七七：八〇頁）と意味深長なことを述べている。その気持ちは分からないではないが、中世大学ならずとも学生がいないと教授が不要なのは教授自身も先刻承知のことであり、学生が教授の「メシの種」だと考えれば教授がそのような罰当たりなことは言えないことも先刻承知であろう。学生が増え、教員が増え、学校が増えるという好循環が持続する限り、大学は追い風を背に受けて右肩上がりに発展するのであり、学生が減少するとたちまち定員割れが生じ、教員が解雇され、大学淘

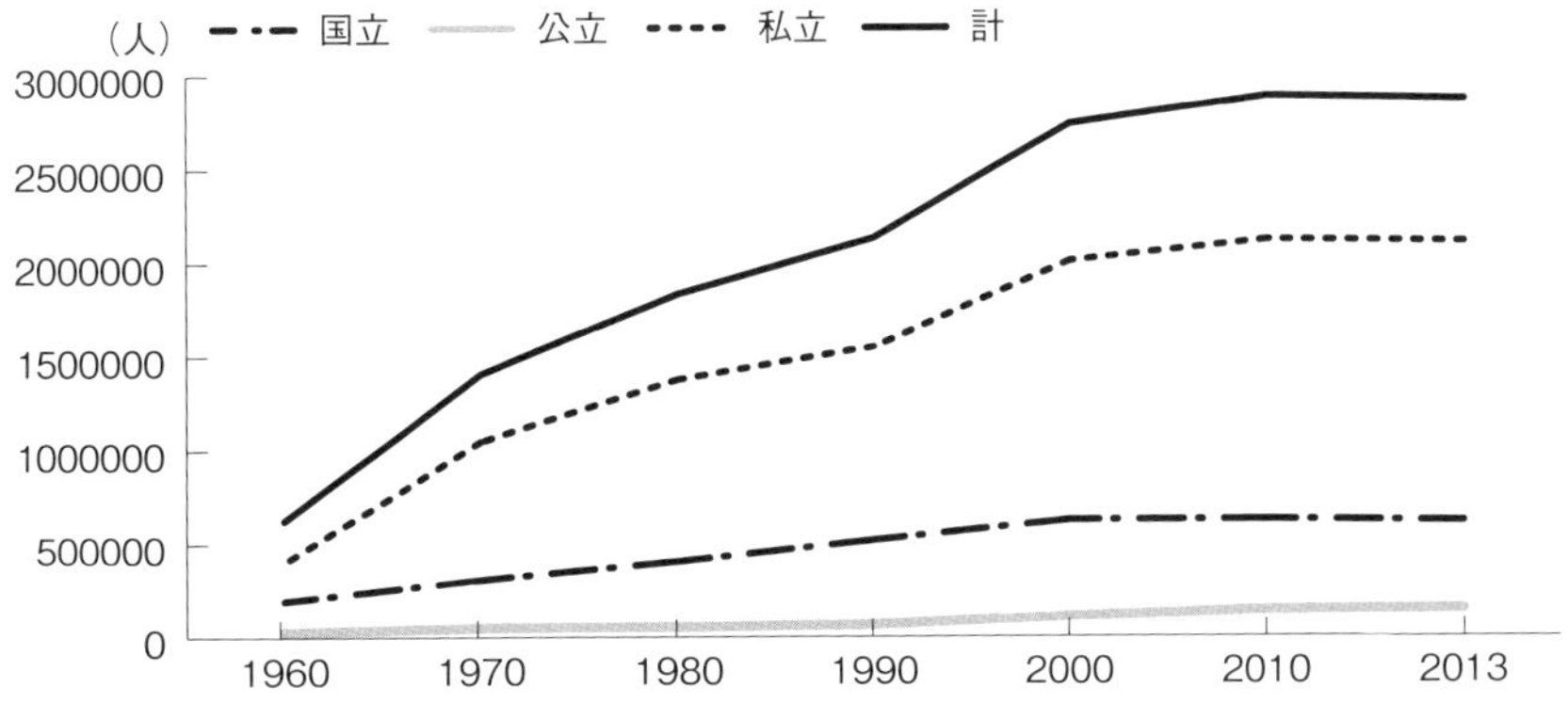


| | 1960 | 1970 | 1980 | 1990 | 2000 | 2010 | 2013 |
|---|---|---|---|---|---|---|---|
| 国立 | 194,227 | 309,587 | 406,644 | 518,609 | 624,082 | 625,048 | 614,783 |
| 公立 | 28,569 | 50,111 | 52,082 | 64,140 | 107,198 | 142,523 | 146,160 |
| 私立 | 403,625 | 1,046,823 | 1,376,586 | 1,550,613 | 2,008,743 | 2,119,843 | 2,107,929 |
| 計 | 626,421 | 1,406,521 | 1,835,312 | 2,133,362 | 2,740,023 | 2,887,414 | 2,868,872 |

**図1-3　学生数の変遷**

汰によって終点を迎えるという悪循環に陥る。現在は有史以来最も好循環が進行している時代であり、世界的には学生数もうなぎ上りに増加の一途を辿っているのである。

世界の学生総数は、フィリップ・アルトバックの証言を引用すれば、一億五〇〇〇万人に上ると推計されている（Altbach 2013）。ちなみに、日本の二〇一三年現在の学生数は約二八七万人である（図1-3）。世界の学生数一・五億人に対する二九〇万人は世界の二％相当になるし、米国は二〇一二年現在、高等教育機関の学生数は二一〇〇万人であるから、世界の一四％に匹敵することになる。

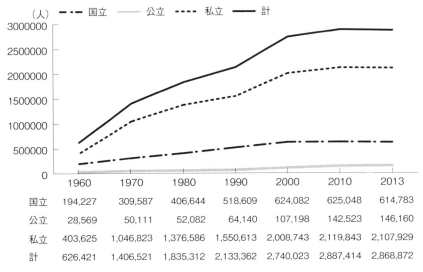

## 中世大学の学生数の占める人口比率

社会需要が多い現在では、学生数は有史以来の未曾有の勢いで上昇しているのに対し、その条件を欠いた中世大学では、学生の絶対数も少なかった。ラシュドールは「パリに、一万の学生がいたことはかつてなかった。文法生を除いて、七〇〇〇を数えた可能性はあるが、およそ五〇〇〇前後であったに違いない。しかし、その線は、多分一三世紀のボローニャだけを例外として、他のいか

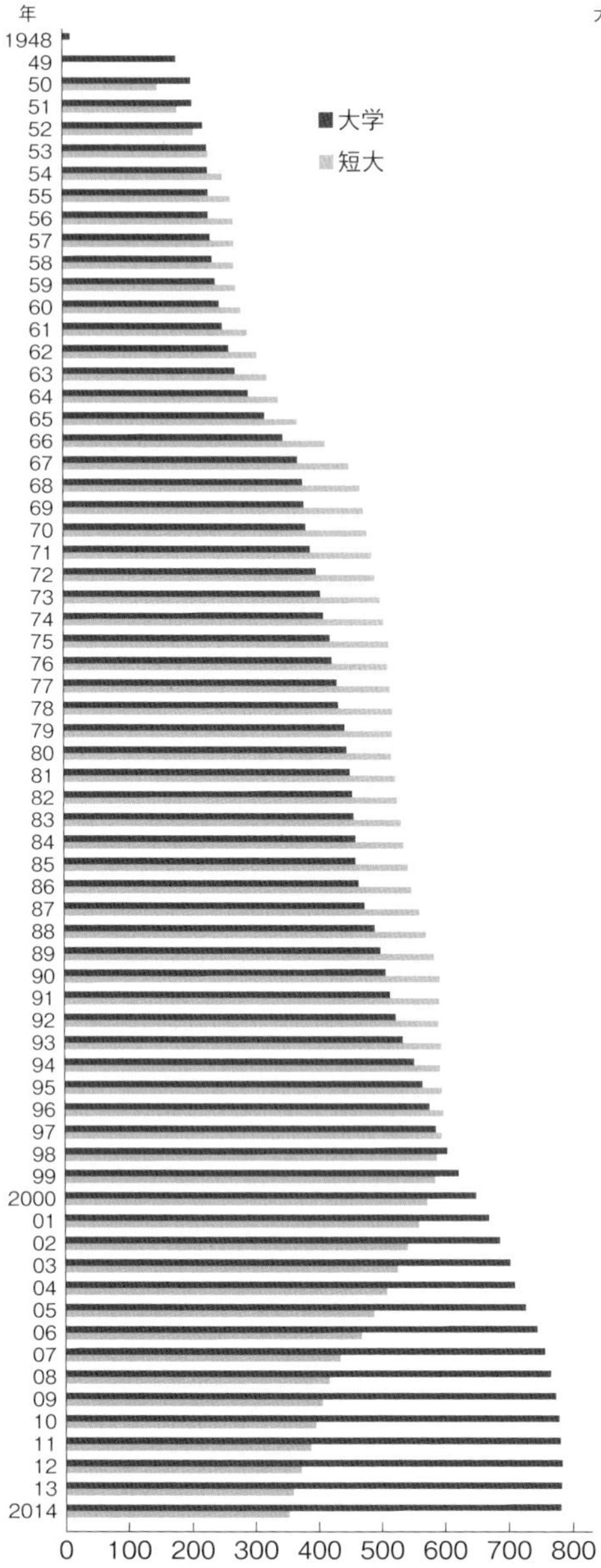


| 年 | 大学数 | 短大数 |
|---|---|---|
| 1948 | 12 | 0 |
| 49 | 178 | 0 |
| 50 | 201 | 149 |
| 51 | 203 | 180 |
| 52 | 220 | 205 |
| 53 | 226 | 228 |
| 54 | 227 | 251 |
| 55 | 228 | 264 |
| 56 | 228 | 268 |
| 57 | 231 | 269 |
| 58 | 234 | 269 |
| 59 | 239 | 272 |
| 60 | 245 | 280 |
| 61 | 250 | 290 |
| 62 | 260 | 305 |
| 63 | 270 | 321 |
| 64 | 291 | 339 |
| 65 | 317 | 369 |
| 66 | 346 | 413 |
| 67 | 369 | 451 |
| 68 | 377 | 468 |
| 69 | 379 | 473 |
| 70 | 382 | 479 |
| 71 | 389 | 486 |
| 72 | 398 | 491 |
| 73 | 405 | 500 |
| 74 | 410 | 505 |
| 75 | 420 | 513 |
| 76 | 423 | 511 |
| 77 | 431 | 515 |
| 78 | 433 | 519 |
| 79 | 443 | 518 |
| 80 | 446 | 517 |
| 81 | 451 | 523 |
| 82 | 455 | 526 |
| 83 | 457 | 532 |
| 84 | 460 | 536 |
| 85 | 460 | 543 |
| 86 | 465 | 548 |
| 87 | 474 | 561 |
| 88 | 490 | 571 |
| 89 | 499 | 584 |
| 90 | 507 | 593 |
| 91 | 514 | 592 |
| 92 | 523 | 591 |
| 93 | 534 | 595 |
| 94 | 552 | 593 |
| 95 | 565 | 596 |
| 96 | 576 | 598 |
| 97 | 586 | 595 |
| 98 | 604 | 588 |
| 99 | 622 | 585 |
| 2000 | 649 | 572 |
| 01 | 669 | 559 |
| 02 | 686 | 541 |
| 03 | 702 | 525 |
| 04 | 709 | 508 |
| 05 | 726 | 488 |
| 06 | 744 | 468 |
| 07 | 756 | 434 |
| 08 | 765 | 417 |
| 09 | 773 | 406 |
| 10 | 778 | 395 |
| 11 | 780 | 387 |
| 12 | 783 | 372 |
| 13 | 782 | 359 |
| 2014 | 781 | 352 |

**図1-4　大学数と短期大学数の変遷（1948〜2014年）**

なる大学によっても到達されなかったものだ」（ラシュドール 一九六八：下巻二五四頁）と述べている。結局、大学数が増加する以前の独占支配的なパリ大学では学生数が多かったが、そのときで四〇〇〇〜五〇〇〇人、オックスフォードでは二〇〇〇〜三〇〇〇人であったとされる。当時の世界一、二の大規模大学でもこの程度であるから、何万人もの学生がひしめく現代大学に比較するとその数は断然少ない。

もっとも、中世末期のヨーロッパの大学生総数の全人口に対する割合は、現在（一九九〇年時）のヨーロッパのその比率よりも多く、特にイギリスで多かったと言われる（島田 一九九〇：七一頁）。このラシュドールの考察を引いた島田雄次郎の論評には具体的数字が書かれていないので実数は不詳である。それでもこの論評を考慮すると、現在の日本の国立大学程度であった当時の大学数は、意外にも少ないどころか逆に多かったのであり、大学教育は現在よりもむしろ普及していたことになる。

二〇一五年現在の世界人口七三億（世界人口白書）に対する学生数の割合は（七三億分の一・五億と試算した場合）二・〇五％となる。日本の人口に対する学生数の割合は（一・二億分の二八六万と試算した場合）二・三八％となるから、世界よりも比率が高い。この日本の現在の比率よりも中世大学のイギリスにおける比率は高かったのであろうか。そうであるとすれば、中世大学のイメージが変わるようにも思える。

こうしてみると、信憑性に多少危惧はあるとしても、中世大学は今日から見ると量的な絶対数においてはごく小規模でもって制度化され出発したが、それは案外量的にも多く質的には充実していたとみなされることになるのは興味深い。

## エリート階級に開かれた大学

考えてみれば、小学校が義務化したのは一九世紀後半であるし、中学校、高等学校の制度化はさらに遅れた。そのような世界的趨勢のなかにあって、高等教育とりわけ大学は、中世に大いに発展を遂げていたことは驚嘆すべき事実ではあるまいか。このことは少数者のエリート教育が優先して登場した事実を何よりも雄弁に物語っているかもしれない。中世大学の誕生の頃は、貧しい階層の学生がかなり多くいて開放的であったが、次第に初期の傾向は失われた。貧しい学生のための学寮が発達した事実はあったとしても、概して当時の高い階層の子弟が学問ギルドの門を叩いたことは否めない。日常語ではないラテン語を文法学校で予め学習し、学芸学部に入学後も数年学習する余裕がない限り、貧しい階層では進学を拒絶されるだろうし、仮に入学しても学費がかさむ上級学位の博士号は阻まれた。上級学位ほど裕福な学生しか取得できなかったのは、そのような構造を示す証拠というほかあるまい。

横尾壮英は、「ドクターの誕生に伴って行われたのは、『アリストテレスの饗宴』とドイツなどで呼ばれた行事であった。これは、ドクターになった者が費用一切を負担して開く披露であった。」と述べている（横尾 一九八五：一七七頁）。貧乏人の学生は、これでは学位を得ることは高根の花になるにちがいない。横尾は続けて「結局はここでも貧乏人が犠牲となって、彼らだけが『アリストテレスの饗宴』を敬遠することになった。費用は、大学により、学部によって異なった。だから、貧乏人はまず安上がりですむところを探した。パリが高ければ、どこか二流の地方大学に学位試験を願い出たのである。しかし、それもかなわぬ者は、第一試験だけ受けて、第二試験を無期延期することにした。それでも教授資格者にはなれる。それで教授に準ずる扱いはしてもらえたからである。」（同上：一七八頁）と述べている。

### (4) 大学の連続性と断続性

こうして大学は、教育制度のなかでは大衆教育よりもエリート教育のメッカとして発展を遂げて今日に至った。しかし、大学は高等教育のメッカである以上、本質的には「学問の府」であり、大学の理念としては研究・教育・サービスの三面性を追求する。それが社会的期待にこたえて登場してきたとしても、社会的期待にこたえられないほど堕落すれば、社会から見放されるのも当然だと予想できるだろう。中世大学では教育と研究とサービスの三面性は揃っているのではなく、せいぜい教育の側面が機能していたのであるから、三面性の均衡は喪失したまま出発したのである。こうした不均衡や不備は、均衡や完全性を求める社会的ニーズが台頭し、大学がそれに対応できない場合は、大学の順調な発展は約束されるとは限らないのではないか、と想像できるであろう。

実際、中世大学から近代大学への移行過程は、質的には良かったり悪かったり紆余曲折しながらも、大学を船にたとえれば大学丸が決して順風満帆の航海を続けたとは言えないことが史実には読み取れるのである。量的にはその後九〇〇年ほどの年数をかけて今日の名実ともに大規模な状態（例えば学生数、教員数、職員数、予算規模など）へと発展を遂げたことは理解できるとしても、一直線にフロントエンドの発展を遂げたのでは毛頭ないことも理解できるのである。九〇〇年かけて一様にコンスタントに規模を拡大したとみるのは、単純な見方であり、実際には直線的な軌跡を辿ってはいない。

断続性の理由

その理由の第一は、直線的発展論は、社会の発展に粗密がある点を考慮しない単純でしかも誤解に満ちた観測であると言わなければならない点に見出されるであろう。アルトバックは、実際には世界の大学生総数は最近の一〇年間に実に五三％も増加し、二一世紀の最初の一〇年間には飛躍的な膨張を遂げた結果、その数は過去一〇世紀間（九世紀間の間違いか？）に累積された全入学者総数をはるかに凌駕した、と指摘している（Altbach 2013 : p. 21）。事実、世界ばかりではなく日本の場合に着目してみても、最近の発展は目覚ましい。エリート時代の終わり頃の一九六〇年に約六二万六〇〇〇人であった学生数が、ユニバーサル化時代の二〇一三年には約二八七万人となったのであるから、この半世紀間に約四・五倍増加した計算になる。この時代はまさしく「石を投げれば大学生に当たる」という学生数の爆発状況が現出したと言って過言ではあるまい。大学は古くから存在したにもかかわらず、大学数やとりわけ学生数の増加は最近の現象なのである。この点を考慮すると、大学制度は過去から現在まで連続しコンスタントに発展したとする説には疑問が生じるかもしれないし、むしろ疑問が生じるのが当然であろう。

理由の第二は、大学の社会的ニーズへの対応の欠如に見出されるであろう。三面性は全面的発達が理念であるが、中世大学は教育偏重であるため、最初から欠陥を内包した理念を追求した。社会的ニーズがより完全性を求める段階では、理念の欠陥が問われ、機能麻痺が生じても不思議ではあるまい。そのことは、大学側が新たな社会的ニーズへの対応ができないことを図らずも露呈したことにほかならない。特にアリストテレス的なスコラ哲学の支配とスコラ教育が限界に達し、パラダイムに翳りが生じ新しい知の時代へ対応できなくなれば、大学は終焉を迎えざるを得ない。

このような状況との関係において、大学の発展は連続したのか断続したのかは歴史的に回顧してみる必要があるのではないか。大学は、社会発展の恩恵を受けて世界でも後発の日本においても未曾有の発展を遂げ、今日の地歩を築いた点を想起すると、過去と現在には少しも断絶がないように見える。しかし中世大学が今日の大学まで大学制度として連続して継承されたか否かをあらためて問い直してみると、状況は一刀両断に決着できるほど単純ではない。すでに巷間、議論があることに気づかざるを得ないからである。

例えば、吉見俊哉によれば、近世まで含めると約六〇〇年持続した中世大学は、実際には途中で衰退し、専門学校やアカデミーに肩代わりされ、一六～一八世紀には「大学の死」を迎えたという。

したがって、一二～一三世紀に「都市の自由」を基盤に「知の自由」をダイナミックに抱え込んだ共同組合的な場として誕生した大学は、近代世界が形成されてくる歴史のなかで一度は死んだのである。この一六世紀から一八世紀までの「大学の死」は、宗教戦争と領邦国家、印刷革命といういくつかの要因が重なるなかで決定づけられていった。……つまるところ、大学は宗教によってひき裂かれ、国家のなかに取り込まれることによって「自由」を失ったのであり、グーテンベルグの「銀河系」が、新たな「自由な学知」を大学以上に過激に実現していく基盤として浮上していったのだ。（吉見 二〇一一：六六頁）

島田は、一七世紀は大学の暗黒時代と呼ばれ、その時代にアカデミーが台頭し、貴族たちは大学に愛想をつかし、子弟に家庭教師をつけて遊学させたと述べている。少し長くなるが、次のような論調が見られるので引用してみよう。

大学の国家と宗派への隷属とならんで、大学生活の顕著な頽廃があった。一七世紀は大学の歴史における暗黒時代である。宗派的対立と政治的動乱にまきこまれた大学から闊達な研究精神も、落着いた勉学の態度

も期待することはできない。そこにあるのはたかだか不毛な神学論争ばかりであった。（島田　一九九〇：一二二頁）

当時の大学は、一般に新しいものへの適応力を喪っていたのである。新しい思想と学問は人文主義以来、むしろ大学の外で生まれ、大学と対立しつつ成長してきた。そしてその担い手になったのがアカデミーである。アカデミーは、学識者協会、あるいは科学協会などと呼ばれる。……一六、一七世紀を通じて、この種のアカデミー、協会は一つの流行となった。新しい自然科学の魅力は専門の学者ばかりか市民的知識人・好事家の心をもとらえて、全ヨーロッパ（バルカンを除く）の主要都市に少なくともその一つが設けられるまでに普及した。そしてこれらのアカデミー（協会）では、その会員の研究活動の連絡協力を組織するとともに、アカデミー相互のあいだに緊密な連絡が生まれて国際的な規模での研究情報の交換が行われたのである。（同上：一二三頁）

（アカデミーにおいて）当時の一流の頭脳を助けてその業績をなさしめたのは貴族のパトロンたちであった。その貴族にとっても大学は魅力のないものになっていた。大学がその独自な学寮制によって支配階級の子弟の教育の場になっていたイギリスでさえ、このころから貴族富豪が子弟の教育のために家庭教師をやとい、その家庭教師をつけて子弟を外国に遊学させることが流行しはじめる。それは三～五年ほどの長期の旅行で、とくにフランス滞在が一般にもっとも長かったが、宮廷・社交界に顔をだし、景勝の地をたずね、フェンシングや語学の教師について日をすごし、外国語とくにフランス語が彼らの教養にとって不可欠なものとされたが、当のフランスでもフランス語の教育が日程にのぼってきた。古典的教養は依然重んじられたが、ラテン語の作文・作詞などはしだいに軽んじられた。新しい科目、とくに地理学などの重要視されたことも注目しなければならない。総じて大学的なペダントリー（衒学）はその権威を失い、かわって「近代的」な学科

と教養が重んじられてきた。（同上：一三五－一三六頁）

このように大学は新しい時代へ適応できなくなった暗澹たる不振の状態にあった以上、一度滅亡したと言われても仕方がないし、そうだとすれば、今日の大学は中世大学とは途切れ、直接の末裔とは言えないことになる。ただし別の説もあって、例えばハスキンズは、大学の歴史は途切れていないと述べている。

しかし、パリやモンペリエ、ボローニャやパドヴァ、オックスフォードやケンブリッジ、ウィーンやプラハやライプツィヒ、コインブラやサラマンカ、クラコフやルーヴァンなどは卓越した大学として何世紀にもわたる途切れない歴史を有している。そしてもっと最近に設立されたベルリン、ストラスブール、エディンバラ、マンチェスター、およびロンドンのような偉大なヨーロッパの大学は、その組織において古い大学の例にならっている。（ハスキンズ 一九七七：三九頁）

### (5) 第二の波の時代——中世大学から近代大学への展開

中世の伝統安定社会を打破する社会の環境変化が、学事の中核を形成している知識の機能を刺激して大学自体の変化を喚起したのに対して、当時の大学が示した反応は概して緩慢なものであった。実際、一七世紀の科学革命は大学の外で起こったのであり、大学との対比が鮮明になった。こうした状況を勘案して、中世大学存続の有無論があり、実際に連続論と断続論があることは確かである。児玉は「一三、四世紀の普遍的な中世大学は、一五、六世紀に地方化・国家化して数量的な拡大がなされたが、一七、八世紀には科学革命などの影響によって衰退した。それが近代大学として再生したのは、一九世紀前半のことである。」（児玉 二〇一一：五－六頁）と述べている。

有無論のあるなしを問わず現代の大学制度が存在していることこそは、誰しも否定できない確たる事実である。

最も鮮明になるのは、ベルリン大学が登場した時点まで待たなければならないが、それまでにも若干の蘇生の動きが見られたことも否定できない。産業革命を契機に登場した工業社会では、第二の波の時代が始まり、死に絶えたかそれとも気息奄々青息吐息であったか、危篤状態であったかはともかくとして、大学は蘇生の兆候を示した。その典型としては、大学とは別に登場したアカデミーと同様に、理性に基づく自由探求の精神を追求して一六九四年に創立されたハレ大学であったし、さらにその精神を徹底して一七三七年に創立され、「教授の自由」ならびに「学習の自由」を追究したゲッチンゲン大学であった。ハレとゲッチンゲンの登場はドイツの大学のみならず、大学史上において大学を教育機関であるとともに研究機関とみなした点において画期的な出来事となった。この時期を境にして、大学理念・使命の教育偏重の片肺飛行から研究を追加した両肺飛行への変化が胎動し、中世大学から近代大学への萌芽が生じたと観察されるのである。

さらに一八一〇年にベルリン大学が登場して、かつてのハレ大学のように拠点となった。学芸学部から哲学部へと昇格していた哲学部は、ベルリン大学が世界的に名声を馳せる拠点となった。哲学のゲオルク・ヴィルヘルム・フリードリヒ・ヘーゲル、アルトゥル・ショーペンハウエル、心理学のヴィルヘルム・ヴント、化学のユストゥス・フォン・リービッヒ、物理学のヘルマン・フォン・ヘルムホルツ、歴史学のレオポルト・フォン・ランケといった著名人が参集した。ベルリンやその他のドイツ諸大学が学問中心地の拠点として台頭したことは、紛れもなく第一の波の時代に訣別して第二の波の時代へと突入し、新しい時代の旗色を鮮明にした事実を裏書きする。ルビコン川を渡るため賽は投げられ、この時点を境に、中世大学の風景から近代大学の風景へと大学の風景は一変することになった。新しい時代の流れを不動のものとし、加速し、中世時代にはない新たな改革の動きに着火し先鞭がつけられることになった。この期に及んで、大学の発祥地である欧州大陸に限らず、日本を含んだ世界の到るところの国々において、近代大学が呱々の声を上げ発展の緒に就いた。歴史は世界的な拡がりをもって動き、新たな時代の幕が上がった。

ハロルド・パーキンやジョセフ・ベン＝デビッドたちが指摘したように、ドイツの大学は、他の先進国における高等教育の制度やシステムの改革にとって研究志向の理念とモデルになった（Perkin 1984, Ben-David and Zloczower 1962）。「研究と教育の統一」を理念とする「フンボルト理念の台頭は、中世大学の崩壊を意味するパラダイム転換であり、近代大学を主導する理念」となった（Humboldt 1910）。［フンボルト理念については第二章参照のこと］かくして、近代大学は一九～二〇世紀を通じての約二〇〇年間にわたって短期間に長足の発展を遂げることになった。この時期に中世大学から近世大学を経由して近代大学への画期的な動きを先導したのは、まずもって先陣を切ったドイツの大学、続いてドイツモデルに追随し、それを鋭意移植して新たな大学改革の幕を切って降ろした米国であった。

## 第三の波の時代

そして米国の大学が未曾有の発展を遂げた工業社会が終わりを告げ、その後を襲った脱工業社会化が展開され、その進行に伴い一九六〇年頃から情報社会化を迎えて第三の波の時代が助走期を迎えた。その頃には近代大学は現代大学の様相を呈し始めた。それも束の間、二一世紀に入る時点から社会変化はますます加速して脱情報社会化に転じ、さらには知識社会化を迎える段階に至った。こうした経緯を辿るなかで、第三の波がいよいよ本格化する時代に突入するとともに、現代大学の展開に伍して未来大学への模索が胎動することになった。

このように、大学は九〇〇年の歴史に位置づけて瞥見するだけでも、時代とともに刻々と変化する制度だと察知できるのであり、一口に大学と言っても、その理念や使命が終始不変的かつ直線的なフロントエンド型の軌跡を描いて発展するのではない事実をあらためて認識せざるを得ない。むしろ大学制度は社会変化と対峙しながら有為転変し、一度死んだとする説を含めて、紆余曲折しながら現在に辿りついたことは否めないのである。このことを勘案するならば、いまや教育と研究こそが大学にとっての固有の理念だと、教育基本法や学校教育法にお墨付きを得て当然のごとく標榜されているとはいえ、中世大学のそもそもの最初からこの両輪が誰しも認めるほど周知の確固たる地位を確立したのではない以上、教育基本法や学校教育法に謳っている意味の実現ははなはだ困難であったとみなされないわけにいかない。教育・研究の並立する現行の法的定義が定着するまでには、試行錯誤を繰り返しながら多くの時間を要したと言わなければならないのである。

## 3　社会変化と大学教授職の形成

### 専門職の構築への試練

今日の大学教授職は、専門職を追求している個々の大学教員とその集合体としての集団を総合的に指している以上、かかる集団を取り巻く社会的かつ時代的な状況を無視できない。そのような状況のなかで、所期の専門職を模索するという課題に直面している事実を凝視する必要がある。――この文脈を重視すると、プロフェッション＝専門職、そしてアカデミック・プロフェッション＝大学教授職の模索という課題の追求は、大学教員の集団が今日と同様に存在した中世、近世、近代の大学の前史と類似性を共有するばかりか、実際にはむしろ大きな相違点を持つことを見逃せまい。というのは、少なくとも中世大学では、大学教員が担うのは「教師・教育者」の役割であって、学者はまだしも「研究者」「科学者」の役割はほとんど皆無か、あってもごく微少だったはずだから、近代大学のように教師・教育者と研究者の役割の両立志向を問う必要はなかった。その意味では、近代大学になって初めて研究と教育の両立をめざす課題が登場したし、その時点から初めて専門職の追求が問われることになったのである。

### 社会的反射鏡としての大学教授職

研究と教育の両立を追求する場合には教員の葛藤が高まらざるを得ないという現実が存在することは、専門職を追求する大学教員のみに課される悩みを如実に裏書きする。教員の意識に宿るその悩みの根源は、もともと社会的かつ時代的に存在するとともに規定される。根源が社会や時代にあることは、上の構図で言及したごとく、大学教授職が知識の機能を媒介として自らの所属大学を取り巻く社会や高等教育政策によって直接間接に規定されている厳然たる事実があることにほかならない。その意味で大学教授職とは「社会的反射鏡」であるばかりか、社会的事実にほかならないのである。学事に専念して研究や教育の活動を遂行し、学問の発展を担う大学教員は、社会変化と無関係ではなく、社会の圧力や期待をそのまま意識や行動に反映しつつ時々刻々と変化せざるを得ない。そのような社会的期待に背を向けて世間知らずや時代錯誤に陥るのではなく、期待に呼応して変化せざるを得ないのである。その点、大学の授業、つまり教授－学習過程の世界を対象に扱う場合にも、学生と同様に主たるアクターを務める大学教授職が社会的文脈によって規定されている以上、社会的期待を看過できない位置を占めているのである。

## (1) 個別主義から普遍主義へ

グローバル化の影響

社会変化が社会的反射鏡である大学教員に影響を及ぼすとはいえ、変化の内容にかかわらず一律に影響を及ぼすのではなく、変化に応じて及ぼす影響には濃淡がある。その証拠に、上記の社会変化において比重の高いグローバル化は、世界の大学教授職に大きな影響を及ぼしつつある。国際化が国家の自律性や個性をかなり担保する動きであるのに対して、グローバル化は国と国の境である国境をボーダレスに融解して、国家間の相違を識別する垣根を取り払う容赦のないメカニズムを伴っている。需要と供給を基軸に競争、能率、効率、合理化などを組み込んだ市場原理によって媒介される経済の論理は、ひとり経済の世界のみにとどまらず、政治、文化、教育、知識などの諸機能や制度の世界に有無を言わせずに浸透するのはもとより、それら機能や制度をことさら問わず国境を超えた画一化の実現に向けて動くよう猛威をふるう。それだけに、大学という知識の機能や制度もまた例外なくこの大波に呑み込まれてしまう度合いは存外大きい。具体的には、知識と経済が結合した「知識経済」(knowledge economy) が世界の大学市場のなかに台頭し席巻し、学問の世界にも甚大な影響を与えるに至るのである（Sörlin and Vessuri 2007）。

## 普遍主義と個別主義

その結果、国家ごとの本来ならば固有性を色濃く持っている文化や価値や個性は、国境を越えた世界的な物差しによって査定され、篩にかけられ、同時化、共通化、標準化される方向へ向かうのは回避できない。個性は個別主義（特殊主義）や属性主義の物差しを適用した場合にひときわ輝くかもしれないが、逆に普遍主義や業績主義の物差しを適用した場合にはたちまち輝きを喪失し、色あせてしまうかもしれない。とどのつまりはコスモポリタン的な価値がますます優位に立ち、ローカル的な価値はますます後退を余儀なくされる。

例えば、言葉にはその種の特徴が刻印されるであろう。日本のみで通用する度合いの大きい日本語は、グローバル化の動きが拡大すると、もともと通用範囲の広い英語がますますコスモポリタン的価値を付与されるのとは対照的に、ローカル的価値を付与されて次第に後退せざるを得なくなる。こうして英語が同時化、共通化、標準化、包括化の度合いを日増しに高める状況が進行するのに比例して、日本語はローカル色を増さざるを得ない宿命を担う。もともと日本語で対応していた大学の授業が対応できなくなり、日本語の代わりに英語を使用する傾向が強まるのは、このような英語が世界を容赦なく席巻する「英語帝国主義」現象の一端を物語るであろう。そこにはラテン語が中世大学を支配した「ラテン語帝国主義」の現象を彷彿させるのではあるまいか。近代大学の先駆性を示したドイツのゲッチンゲン大学のように、ラテン語を排していち早く母国語で授業を行う改革を行った経緯を想起すると（横尾 一九九九：二一五頁）、いまや母国語からラテン語ならぬ英語へと反動の改革が生じるグローバル化の時代を迎えたという観測ができよう。

かくして、高等教育や大学のシステムの個性は、共通化や標準化への収斂の作用が強まることによって次第に差別化されることになり、さらに個別主義（特殊主義）と普遍主義のカテゴリーによって選別される。後者の普遍主義の価値は次第に優位性を高める反面、前者の個別主義の価値は次第に後退や消失を余儀なくされることになる。個別主義はタルコット・パーソンズの提起したパターン変数のひとつである。それは、苅谷剛彦に従えば、次のように定義されている。

「価値志向基準の類型の選択にかかわるディレンマを意味する。」のであり、そのディレンマは「個別的な特定の関係を超越したところに妥当性の根拠をもつ一般化された価値基準に優位を与えるか（普遍主義）、あるいは行為者と客体との特定の関係の個別性から派生する基準に優位に置くか（個別主義）という、いずれかの価値基準の類型の選択によって解決される。」（苅谷　一九八六：七六〇頁）

個別主義は閉鎖性、非共通性、前近代性、属性主義などによって特色づけられる反面、普遍主義は近代性、業績主義、開放性、共通性などによって特色づけられる。この相違を援用した場合には、システムの個性との関係が深い個別主義は、グローバル化が進行する時代には、次第に普遍主義との対比で力を失い、後退せざるを得ないであろう。

## 米国の大学の革新性

パーソンズが実証的に分析したように、米国の大学は、世界の大学のなかでは後発であるにもかかわらず、個別主義を超えて普遍主義への発展を急速に遂げた（Parsons 1968：pp. 10-14、高城　一九八九：二〇－二二頁）。「それはなぜか」と問うと、この質問に付随して「大学は社会とは関係なしに価値転換を実現できるであろうか」と問わざるを得ないのではないか。個別主義から普遍主義へ切り替えるには、文化、風土、社会などのトータルな切り替えが必要であろうからである。社会的事実である大学は、社会から完全に切り離しては決して存在できない社会の縮図であるはずであり、社会が個別主義なのに大学のみがひとり普遍主義に邁進するのは困難であるに違いないであろう。絶海の孤島にも砂漠のなかにも大学は誕生しなかったように、それ相応の社会的条件が成熟を深め土壌を豊かにした段階にあってこそ、中世のパリ大学やボローニャ大学が芽吹いたわけである。このことを想起すれば当然ながら、米国社会の文化や風土や価値観が変化しつつ後押しをしない限り、大学のみの単独の変化を来すことは至難のはずであった。その意味では、大学が革新的でありうるのは社会のなかに革新的な風土や土壌や価値が根差すことが必要条件となろう。

米国の大学が革新的な試みを成功させた背景には、大学が「社会的反射鏡」である限り、社会の革新的性格が投影されているはずである。それと同時に、大学が必ずしも社会に従属するとは限らないという真理は否定できない。そうした革新性は、社会にひたすら追随して発現した事実よりも大学を起点に発現した事実が見逃せないからである。実際、大学は革新的な性質を多分に持つことも無視できまい。中世大学が社会変化に対応できず衰微したように、ドイツの大学の先見性に欧州の大学がそっぽを向いたように、大学は元来、保守的であるとはいえ、学問の最先端を鋭意開拓する知識社会であり、創造的、革新的、コスモポリタン的であるから、社会をサービスや啓蒙でもって主導する性格を備えている側面があることも否定できない。そもそも初期の中世大学が示したように、普遍主義を志向する性格をＤＮＡ＝遺伝子として内包している大学は、なおさらのこと個別主義を排除する性格を内包するはずである。コスモポリタンとローカル、業績主義と属性主義などの価値指標を適用すると、大学はローカルや属性主義を排除してコスモポリタンや業績主義を志向する潜在力を発揮する。

例えば、米国のハーヴァードやイェールなどの大学がいち早く教員組織のインブリーディングを放棄してアウトブリーディングに改革した事実は、迫りくる脱中世大学の時代では、コスモポリタンや業績主義が重要性を増すことを予見したからにほかなるまい。こうした中世大学を超越する側面と同時に、中世大学のＤＮＡを進化させた側面も作用したに相違ない。中世大学は、パリ大学にしても、ボローニャ大学にしても、ユニバーサリズムの性格を内包し、地域を超えた世界の大学の機能を果たし、世界の学生がこれらの学問のメッカをめがけて車も飛行機もない交通不便な時代に、山賊や海賊に襲われながらも遠路をものともせず遥々と蝟集したのである。この種の価値観をＤＮＡに組み入れた中世大学の体質と断絶することなく、台頭する近代大学は自己の体質にこの種の価値観を継承しているはずであるから、個別主義を排除して普遍主義を実現する改革を遂行したに相違ないと考えられるのである。

## 近代大学制度化の日米比較

しかし理念と現実は必ずしも一致するとは限らない。実際には、理念は現実によって阻止されることも否定できないし、理念が順調に加速するとは限らないことも否定できない。近代大学は国家との関係が強まったが、国家社会がナショナリズムを追求し、ユニバーサリズムに背を向ける場合には、大学だけが革新性を追求することは困難となる。近代大学は、近代国家が大学を制度化し、国家の大学（国立大学はその典型）を志向した結果、中世大学の原型や伝統を移植した面も多々あるとしても、その国固有の事情を反映した大学像を追求することになった面も少なくない。そのために、なかには普遍主義よりもかえって個別主義に傾斜し、地域性の色彩が強まったとしても不思議ではあるまいし、実際にそのような現実は進行した。中世大学以来、曲がりなりにも普遍性志向の原型が形成されていたにもかかわらず、このような近代国家と大学とが癒着する構造が出現した段階では、普遍主義の流れに掉さす事態が生じても驚くには足らないのではあるまいか。

この文脈から回顧すると、米国は近代大学の制度化の時点に揺籃期の国家、つまり連邦政府との関係が希薄であったし、大学の革新性が発揮される文化、風土、土壌が存在した。連邦大学が創設されなかった事実、あるいは私立大学が優位を占めた事実は、国家よりも優れて草の根の民主主義に重点が置かれた風土や土壌を裏書きするはずである。こうして旧大陸の古い社会のしがらみや桎梏から解放され、晴れて理念を追求することができたし、そのおかげでもって個別主義から普遍主義の価値に向けての離陸が成功したのであった。これに対して、近代大学を創設する時点において、個別主義の地点から普遍主義を追求することになった日本は、なぜ成功を収めることができなかったのかという問題が問われることになる。

日本の大学制度化――一極集中型

日本の場合は、当時の学問中心地の欧米諸国のシステムの特徴をウィンドー・ショッピングによって摘出して、システム全体を丸ごと移植するのではなく、いわばつまみ食い的に移植した。中山茂は「かくして、西洋の専門的科学知識を輸入するには、それぞれの専門でも最もすぐれた国を指定し、そこから教師を招き、まずそこの国の言語を勉強させ、そしてその国に留学生を派遣するという路線がきまった。」と述べている（中山 一九七八：四五頁）。

近代大学の創設を期して、先進国の先進モデルに目をつけて、個々の専門分野において最も優れたモデルを移植する政策は、東海の島国が一躍世界へ対峙した当時としては正鵠を射た戦略であったし、そこにはすぐれて脱個別主義の価値観が支配していた。江戸幕府を打倒して成立した明治政府は、富国強兵、殖産興業など新しい価値の追求によって、それなりに気運は熟していたと推察するのはやぶさかではない。しかし、後知恵的に見れば、必ずしも脱個別主義に徹して普遍主義の価値観が作用していたとは言えないのではないか。というのは、上で指摘したように、当時の学問中心地のドイツの研究主義の特徴を移植した割には、研究主義を支えた大学相互間の競争概念の重要性を十分に意識して移植したとは言えないからである。ドイツの大学は州立大学間の互角の競争によって集合的に学問中心地を形成していたし、米国は的確にその重要性を察知し、競争力を有する互角の大学を創生する方向を選択し、インブリーディング＝自系繁殖の抑制を梃子に大学間の人材交流の活性化に成功を収めた。

これに対して日本は、ドイツや米国の方式である、互角の競争力ある多数の大学を積極的に構築する方式から故意に目を背けるかたわら、政府（文部省）は帝国大学（東大、以下、帝大）を頂点に置く尖塔型のピラミッド構造を意図的かつ計画的に構築し、一極集中による学問的生産性の向上を企図した。もちろん、ドイツや米国のように中世からの伝統を継承した既存の大学が存在しなかったこと、「お雇い外国人教師」を招聘するため莫大な支出を招く帝大一つを創設するのに財政難であったことなど、日本的事情が作用した。外国人教師の招聘にも事欠くほど貧乏な政府にとって、莫大な大金を投じなければ実現しない帝国大学の設置は、並大抵の事業ではなかった。帝大をほぼ一〇年ごとに設置するという「選択と集中の政策」は、ない袖は振れない国家の窮状から生じた苦肉の策の政策であったと推察するのは困難ではあるまい。

それはそれにしても、国際競争力のある複数の大学を分散的、連邦的に構築する構造ではなく、一極集中の構造を中央集権的に構築したことには変わりない。この構造は、帝大を尖塔としてピラミッドの頂点に配し、お墨付きを与え、最初から意図的に絶大の権威を持った大学を構築し、その下に帝大集団を序列的に漸次形成するものであった。いくつかの帝大を日本全体の大学ヒエラルヒーの上部に配置した閉鎖構造として構築し、戦前戦後を通じて護送船団さながらに強固に維持し続け、そのまま今日に至っている（有本 一九八一）。例えば、学部のなかで最も権威を付与された「法学部」を事例にすれば、完全な法学部の形態は、東京帝大、京都帝大のみに限定的に付与され、他の帝大は法文学部など他の学部と抱き合せた不完全な法学部とされた経緯がある。

竹内洋は、『大学という病』で、東京帝大の法学部と経済学部、京都帝大の法学部などの関係を種々の観点から解明して、帝国大学の序列体制を抉り出している。そのなかで京都帝大の滝川幸辰教授や東京帝大の河合栄治郎教授の追放事件などと関連して、文部省が京大法学部や東大経済学部ならよいが、東大法学部は潰せないと考えていたことを「法学部教授をすべて槍玉にあげれば、法学部の抵抗は大きい。抵抗だけではない。高文（高等文官試験）合格者は東京帝大法学部出身者が半数以上を占めている。高級官吏や政治家など政府要人の製造本舗は東京帝大法学部である。東京帝大法学部全体への攻撃は権力中枢の揺らぎにつながる。だから法学部教授を槍玉にあげるにしても、せいぜいが一人というところだろう。」と述べている（竹内 二〇〇一：二〇八頁）。この事実は、東京帝大法学部を「製造本舗」とするという、帝大のなかに歴然とした格づけによる格差が最初から意図的に形成された証左にほかならない。

## 帝国大学――国家主義と官僚養成の拠点

この構造では、大学間の威信秩序のピラミッド構造が固定してしまい、半永久的に微動だにしないという力学が作用せざるを得ない。米国の研究大学が一九世紀の後半から形成した大学の自主性・主体性を原理とした競争主義の構造はそこには皆無であり、最初から競争は排除された序列体制が出現した。帝国大学は「天皇の大学」と「官僚養成機関」として誕生したとみなされる。例えば、吉見は次のように述べている。

インペリアル・ユニヴァーシティとは「帝国」の大学であると同時に「皇帝＝天皇」の大学たるべきであった。中世ヨーロッパの大学が「都市」の大学であり、一九世紀以降のフンボルト型が「国民」の大学であったとするならば、一九世紀末に日本に誕生した大学は、まず何よりも「天皇」の大学であったのではないか。自由民権派が標榜する「自由」の知に対し、森らが構想したのはあくまで「天皇」のまなざしの下に編成される「帝国」の知、その牙城としての帝国大学であった。（吉見 二〇一一：一三九－一四〇頁）

プロシア立憲君主主義をモデルに伊藤博文が構想を練り、森有礼や井上毅がシナリオを描いて大学の基本は定着することになった。帝国大学令の制定（一八八六年〔明治一九年〕）の起草者である初代文部大臣の森有礼は、帝国大学令第一条において「国家ノ須要ニ応スル」とした文言を配置したごとく国家主義者であるという説と、大学の自治を尊重する啓蒙主義者とするという説の論争が行われた。この問題を詳細に考察した舘昭は、国家主義説に軍配を上げている（舘 二〇一五）。このことを勘案すると、森が保持していた大学における学問の自由や大学自治を重視する思想、すなわち「学問の府」の本質にかかわる思想が貫徹されていれば、国家主義の法令の制定に帰着することはなく、明治の国家主義体制の下では米国のような民主主義体制の軌跡を辿ったとは想定しがたいとしても、帝国大学以来付与された国家主義的大学像とは別の大学像が形成された可能性はなきにしもあらずと推察される。しかし現実はその方向へ動かなかったと言わねばならない。

この点では『日本の大学』の著者の大久保利謙は、はっきりと「官僚養成機関」だと述べている。

明治以降の大学も、大体古来の伝統を継承し、政治性が濃厚である。即ちすべて国家社会の要求の下に設立され、大学と国家とは親子の血縁があり、その間にほとんど間隙がない。したがって、大学の求むる所は同時に国家が求めるところであり、その間に何等問題の発生すべき余地がなかった。而してこれは我が大学史の全般を通じて認められる著しい特色である。……「帝国大学令」に見ゆる「国家ノ須要ニ応スル」の規定は……官学主義・国家教育主義が固定されたことを示す。（大久保 一九四三［一九八一］：三三〇－三三一頁）

また「大学は官吏養成所なり」と批判されていることを述べている（同上：三三三頁）。こうして、帝国大学は国家の目的に従属する色彩が強く、大学の独自性や固有性を発揮するように制度化されたのではないことが明確になるのである。

帝大が「学問の府」として創設されたか、それとも官僚の後継者養成に力点を置いて創成されたか、という観点から観察すると、前者の観点の比重が高いのである。中山茂は「帝国大学がドイツの大学の制を模してつくられたとは到底考えられない。では何を模したか。あえていえば大学よりもドイツの官僚制を模すためにつくられたのである。」と指摘している（中山 一九七八：七〇頁）。こうして、大久保のように日本古来の伝統が持つ政治性を指摘する観点や、中山のようにドイツの官僚制の観点を踏襲する考え方などが見られる。加えて、明治一〇年に設置された東京大学をわざわざ改組して明治一九年に帝国大学を創設した背景には、その間にドイツの大学が世界の学問中心地としてますます名声を馳せた状況を踏まえて、それを意識した大学を構築する必要性を伊藤、森、井上たち官僚は痛感したことがあったはずである。こうして同じドイツの大学を意識する点では共通性があるものの、米国と異なる大学観を描くことになった理由は、下からの学者たちの構想ではなく、上からの官僚たちの構想であった点に見出されるはずである。

麻生誠は、『日本の学歴エリート』で、帝国大学の特徴を論じて、大学の機能を国家目的に従属させることが第一の特徴であったと指摘している。その点では上記の文脈と同様であるが、第二に「真理の追究という学問研究を大学の目的として明確化した」としている点が異なる。

唯一の国立総合大学である帝国大学は、大学院および医科、工科、文科、理科、農科の六分科大学から成り、その特色は、次の三点にあった。第一は、大学の機能を国家目的に従属させたことである。研究も教育も国家目的のために行うこととされた。そしてとくに法科大学を拡充・強化することによって、行政官僚を集中的に養成することとした。第二は、真理の追究という学問研究を大学の目的として明確化したことである。最後はヨーロッパ型の総合大学と違って、工学や農学などの応用学問を積極的に、大学の構成部分として取り入れたことである。このようにして、帝国大学は最高のレベルの国家指導者を養成する機関となり、その卒業式には天皇が臨席し、優等生に恩賜の銀時計を下賜する慣行が生まれたのである。（麻生 二〇〇九：八九頁）

この指摘のなかの第一に照準すると、その後、帝国大学卒業生、とりわけ法科大学の卒業生を中心に日本の官僚制の中核を占めたことは事実である。例えば、アキラ・クボタの『高級官僚』の研究では、一九四九〜一九五九年期の高級官僚の、驚くなかれ約八〇％（七九・〇％）が東京帝国大学、残りがその他五帝大出身者であったと証明されている（クボタ 一九七二：九〇頁）。日本以外のいかなる先進国も一大学が約八割を占める事例はなく、米国は一九四〇年当時の高級官僚では、ハーヴァード大学（一一・二％）、ジョージタウン大学（六・九％）であったのであるから、トップ大学でも一割程度にすぎない。一九七九年現在、中央二〇省庁の管理者一六〇〇人に占める東大卒の比率は一〇〇六人（六二・九％）と六割超を占めた。特に、大蔵省一〇五人中九三人（八八・六％）、自治省四六人中三五人（七六・一％）、外務省一〇四人中七九人（七六・〇％）、国土庁六八人中五〇人（七三・五％）などは軒並み七割以上と高い占有率を示した（教育社　一九八〇：二七頁）。高級官僚ほどではないが、エリート層も帝国大学と後身の東大の卒業者の占める割合が多く、例えば萬成博は『ビジネス・エリート』のなかで一九六〇年の時点にビジネスエリートの四六％が東大卒だと実証している（萬成　一九六五：二二五頁）。

高級官僚輩出の拠点として帝国大学――東大の系譜が明治から今日の時期まで圧倒的な威力を発揮していることは歴然としている。そこにはラルフ・ターナーの指摘した庇護移動と競争移動の社会移動のなかでは庇護移動が作用している（Turner, 1960）。むしろそこには「庇護移動」の原理と組み合わせて選抜の論理と出世の論理が作用していると言わなければならない。高根正昭は『日本の政治エリート』のなかで日本では競争型よりもスポンサー型の選抜を行っているとし、その功罪を論究して、「競争型の選抜組織に対するスポンサー型の選抜の一つの特徴は、早期選抜ということである。そして今日においても、日本の社会は早期選抜型の構造を持っている。例えば、今日の日本社会における競争は、大学の入試が終わると、うそのように終わるのが特徴である。それは、日本においては、大学入試が終わった瞬間、青年たちの社会階層への配置がほぼ決定されてしまうからである。」と述べている。

この事実を踏まえると、麻生の指摘した特徴の第二は、あくまで第二ではなく、第一にとどまる点が重要であると容易に推察できるだろう。つまりこれは第一の目的の範囲内での第二の目的を意味すると解されるのである。国家官僚の後継者を養成する官僚養成機関として創設されたからには、「学問の府」として学問の発展を担う学者、科学者、研究者を養成するのではさらさらないという意味合いが察知できるわけである。仮に養成したとしても、官僚養成の付録にすぎないというニュアンスは避けられない。

学問の探求を科学の精神に則って行うのではなく、ためにする学問が横行する危険性が横たわっているかもしれない。欧州で発達した科学精神を根本的に輸入するのではなく、専門分化した科学を輸入することになったのは、このような帝国大学の置かれていた状況を反映しているに違いない。実際、佐々木力は「帝国大学では、なにより既成の『科学』、すなわち『分科の科学』において、第一級の『業績』をあげることが至上命令となった。

帝国大学が、理科大学、文科大学など各分科大学から構成された連合体と考えられたのは決して偶然ではない。」（佐々木 一九九六：一六頁）と述べている。さらに続けて、高木貞次をはじめ国際的数学者を輩出した、ストラスブール大学出身の数学者の藤澤利喜太郎のことに触れ、彼が学生から「何のために数学を研究するのかという質問を受け、きわめて厳粛な面もちで『国のため』と答えたという」（同上）と述べている。これでは科学研究とは何かを問わずに、国家の枠組みのなかで仕組まれた科学研究を追求し業績をあげることが支配的になったことになるし、国家主義の帝国大学に所属することが学問を規定し、学者としての威信が形成されることになったのである。したがって、教育研究の実力を基礎に威信秩序が形成されるよりも前に、国家権力のお墨付きによる権威の配分によって威信秩序が形成されるメカニズムが作用するから、「学問の府」にはいささか似つかわしくないシステムが形成されたことになる。

かくして帝国大学が「学問の府」として発展するために必要な内発的な精神が希薄なまま近代大学の歩みを開始した結果は、米国の大学、とりわけ研究大学が辿った方向とは異なって、「学問の府」としての自覚を十分に発展させる内発的な動機と論理を喪失することになったのである。学問的には「動脈硬化」のサイクルが生じることになったと言ってもおかしくなかろう。

中山は、「明治政府が帝大を成立させた時の意図において、また現代に至る日本社会での位置づけとしては、学問の論理は、下からの出世の論理、上からの人材選別の論理の前にかすんでしまう。」（中山 一九七八：二七八頁）と述べた。この点は、後述の米国の国立大学構想が挫折した帰結とは正反対の帰結を招いたことを示唆しているのである。

国家の意図的に構築した威信の枠組みのなかで、しかも確立した分科科学のなかで業績を上げることに専念する。これでは学問の発展をめぐる大学間の自由競争も新陳代謝もあまり生じないという大学市場が形成されたとしてもなんら不思議とは言えない。したがって、そもそも学問的生産性が威信を規定するよりも、威信が学問的生産性を規定するという逆立ちしたメカニズムがそこに作用しているのであり、業績が威信を形成するのではなく、威信が業績を形成するわけである。実際、新堀通也の『日本の大学教授市場』の研究によれば、日本の大学教員は、出身大学に関係なく勤務大学の所在地、勢力、年齢などの地位によって規定され、とりわけ威信の高い大学に就職することによって高い学問的生産性が得られること、こうした地位が不利であると学者として去勢される「地位の去勢作用」が生じることが証明されている（新堀 一九六五：一五六頁）。

日本がドイツモデルを移植した一九世紀後半には、ドイツの学問モデルを主導する大学はベルリン、ゲッチンゲン、チュービンゲン、ハイデルベルク、ミュンヘンなどが競合していた。ドイツの大学は英国やフランスの尖塔型ではなく、バートン・クラークが指摘しているように、どちらかと言えば各州の州立大学が互角の地位を占め、国全体としては大学の平坦な階層構造を特徴とするし、これら大学相互間の競争によって学問的水準が形成される傾向が見られる（クラーク 一九九四：二一六－二一七頁）。それはあくまで各州の構築した威信構造の競争ではなく、その州立大学に所属する学者が構築した業績に基づく競争であった点に本質があった。ドイツモデルに注目した時点において、この構造の本質に着目し、学問中心地の秘密を発見してその隠されたメカニズムを解読すれば、それとは一八〇度異質な「尖塔型」を構想する発想は、逆立ちしても生じないはずであったに違いないのである。

後に述べるが、ベン＝デビッドがなぜ中央集権のフランスよりもドイツモデルを日本が選択したのかをいぶかったことを考えると、彼の指摘は学問モデルの移植ではなく中央集権に関してであったので、確かにいぶかる必要があったに違いない。しかし権威モデルの移植に関しては、講座制などフランスモデルが移植されたのであるから、彼の指摘は適切であった。ドイツの学問モデルを移植したはずが、実はその本質を移植しなかった。つまり日本は学問の世界において、あろうことか中央集権による権威主義を優先したのであって、普遍主義、業績主義よりも個別主義、属性主義を優先する価値観によって国家の大学を創設したと言わなければならないであろう。

以上、麻生の第一と第二の特徴を基軸に、日本の大学が米国と異なる方向へ舵をとったことを俎上にのせて検討した。それとは対照的に、麻生が第三の特徴では工学や農学が最初から帝国大学に制度化されている点を指摘していることは、むしろ米国と同様の動きを示した点で重要な視点であると思われる。米国とは異なって、国家主義が濃厚に刻印された大学を創設したにもかかわらず、米国と同様に欧州の総合大学にはない世俗主義が濃厚に刻印された大学を創設したとみなされるからである。科学を追求する欧州では、科学よりも技術とみなされ、実践的、応用的な色彩のつよい工学や農学は、大学の学問とはみなされなかった経緯がある。その点、プラグマティズム志向が強く実学を重視する米国は、ランドグラント大学の設置によって最初からあまり躊躇せずに工学や農学を導入したことは、欧州のように大学と社会の距離が大きくなかった事実を裏書きするのである。その点では日本も大同小異であった。村上陽一郎は、日本はもともと世俗的な社会であるから「世俗化」される必要がなかったと指摘している（村上 一九九四：七〇頁）。世界に先駆け、いち早く社会サービス機能を発展させ、産学協同を発展させた米国の社会に対する開放性が、日本においては戦前のドイツモデルの支配する間は開花しなかったが、戦後米国モデルが輸入された段階で開花することになったのは、このような米日間に共通の世俗性の風土があったからであると推察されよう。

ドイツモデルの優れている点は何か

以上に述べたように、一九世紀には研究志向や業績主義を標榜するドイツの大学が台頭し、ドイツモデルと呼称されるその動きが世界へ大きな影響を及ぼしはじめる時代が到来した。ドイツの大学がいかに優れていたかは、いくつかの特徴によって示されるところである。例えば、アルトバックは次の四点を指摘した（Altbach 1979: p.26）。

①それは、大学の役割の統合部分として研究機能を強調した。
②それは、講座（正教授）と研究所の周りに大学構造を認め、講座主任に前代未聞の権力と権威を集中した。これらの講座は、概して新しく台頭しつつある専門分野を反映した。
③それは、州国家からの財政を提供し、州国家が高等教育の方向をより直接に影響を及ぼすことにした。大学教員は公務員となった。

④大学は基礎および応用研究を通して国家発展に参画することが期待された。

米国の大学制度化――多極分散型

他方、同じドイツモデルを移植した米国では、日本のように国立大学（米国では連邦大学）を設置し、しかもピラミッドの上に高く聳える尖塔型、もしくは一極集中型を画策することはなく、レッセフェール（自由放任）というか草の根の大学間の自由競争に委ねた大学市場が形成されることになった。国家（連邦政府）は東大型の尖塔を意図的に構築し、一極集中型のピラミッド構造を構築する政策を推進しなかった反面、大学市場の画一化を抑制し、多様な制度的実験を促進するメカニズムが機能することになった。その意味では国立大学主導型ではなく、むしろ私立大学主導型の構造を模索したし、一極主義ではなく多極主義を採用し、多数の大学相互間の自由競争によって学問の発展を促進し、学問的生産性を高める方途を模索した。こうした動きは、中央集権国家と連邦国家の大学観が明確に袂を分かつことを意味すると言えるはずである。

もっとも「一極集中型のピラミッド構造を構築する政策を推進しなかった」と断定すれば、それは必ずしも真実を伝えているとはいえない。別の箇所で触れたことだが、一七八九年、初代ワシントン大統領の頃、ベンジャミン・ラッシュが合衆国憲法制定会議に提案し、ワシントンが支持した連邦大学構想があって、その実現は大小の草の根の大学の発展を阻害するとの理由から廃案と化し、「幻の連邦大学構想」に終わった経緯があるからである（中山 一九七八：一七五頁）。もしその策が成功していれば、その威力は途方もなく膨張し、ハーヴァード、イェール、プリンストン、スタンフォードなどいまをときめく有力大学の比ではなく、もちろん東大の比ではあるまい。絶大な権力と威信を一手に掌握する連邦立大学の誕生は、途方もなく大きな権力、権威、威信の癒着構造の支配が近未来に発展するシステム全体を貫徹することが見え透いているのである。大小の私立大学がこぞって猛反対するのは当然至極であった。国家の強大な官僚養成機構が立ち上がることに、各州の議員が猛反対するのもこれまた当然至極であった。しかし、それが「幻の連邦大学構想」に終わったことは、米国大学の今日の隆盛と栄光をもたらした確かな原因と言わねばならない。

そのような紆余曲折を経験したとしても、結局は多極支配による学問的生産性の活性化を導いて成功を収めた。別言すれば、日本が帝大創設を画策していたその同じ時期に、最初は二〇前後の大学が参集し、やがて五一の研究大学を母体とした大学協会が切磋琢磨して協力する体制を構築し、学問的生産性のピークを世界水準に押し上げたのである（Clark 1987 : p. 17）。

米国の大学には、州立大学が叢生する前に私立大学がすでにイニシアチブを確立したこともあって、決して画一化や一極に収斂しない多様性の源泉がすでに息吹き、芽生えていていたことが、こうした動きを可能にしたと観測できるだろう。そのことはドイツモデルを移植するときにも、変幻自在に脚色を施し、あるいは新たに創意工夫を凝らした点に窺える。アルトバックは、ドイツモデルを変容させて新たなモデルを創造した米国大学の特徴を次のように描いている。

①学科制はドイツの講座制の考えを基にし、大学の学事の分業体制は専門分野を基にした。②研究は、大学の統合部分としてますます強調され、博士号が大学教育の尖塔として確立設立された。③大学と州国家は緊密化し、政府の研究へのファンディングは拡充した。④教授の権威は増大し、研究資金へのオートノミーとアクセスが増大した。（Altbach 1979 : p. 26）

このなかで、①の学科制はすでに一八二〇年にハーヴァード大学が設置していたので、必ずしもドイツモデルを基にしたのではなかろうから、その点でアルトバックの見解には疑問なしとしない。阿曽沼明裕はデパートメント（学科）を詳しく研究し、ハーヴァードではすでに一七三九年にその記録があると紹介している（阿曽沼 二〇一四 : 五八頁）。それはさておき、③の大学と州の関係の緊密化は、ドイツとは異なる方向を歩んだし、米国の急速な発展の引き金になった。ドイツは科学と技術を分け、科学に即した純粋研究を重視し、応用研究に難色を示したので、米国がランドグラント大学を足場に農業や工業の殖産興業に進出したこととは対照的であった。もっとも、しばらくして純粋研究だけでなく応用研究の重要性を認識しはじめた段階からは、大学と社会の連携が深まったことは否めない事実である。また、理念・使命の点では、研究志向に強みを発揮したが、それに囚われるあまりサービス志向は不振であった。この点も後には次第に改善されることになった。④では、ドイツの教授は従来から権威があったのにひき比べ、米国の教授は権威がなかったことは確かである。五〇年前のわれわれの調査では、社会的地位はまだ高くなく、名だたるプラグマティズムの国らしく、権威ではなく、社会に役立つか否かが教授の威信を決める傾向のあることが分かった（新堀・有本 一九六九）。

補足的になるが、一九世紀後半から米国の大学は「複合的構造」（pluralistic structure）を形成していたことは、アレクサンドラ・オルセンとジョン・ボスによって整理されており、次のように指摘されている。

> 米国の高等教育の秩序を際立たせる強さとバイタリティの源泉は、この構造に存在する。ヨーロッパの高等教育と学術から選択的に拝借する機会：組織形態を変更し、あたらしい構造を発明し、出現する領域と共働する柔軟性：純粋研究と応用研究の間、知識の発見と応用の間の障害を除去すること、ヨーロッパの知的生活を制約した伝統的な社会的ヒエラルヒーに関係なく優秀な人材を任用し報償する開放性：多数のパトロンと支持者依存し、広範な公的支援に依存するニーズ：認知を求める地域、機関、個人のあくなき推進力。
>
> (Oleson and Voss 1979 : p. xix)

こうした構造を背景にして、それまでのカレッジ時代にはほとんど競争がなかった無風状況は変貌を余儀なくされ、研究が大学の学事活動の中軸に据えられて急速に変化し、大学間の競争を喚起することになった。ドイツの博士号に匹敵する博士号を輩出するために研究大学が叢生し、現在の一五〇を数える研究大学群のなかでも基幹部分の六〇前後の有力な研究大学が電光石火のごとくたちまち登場し、学問的生産性や先取権をめぐってしのぎを削るようになった。そのような進取性に富む研究大学間で繰り広げられる互角な競争に裏打ちされた開放構造が、またたくまに自然発生的に形成されるに至り、その後絶えることなく今日まで持続することになった。

各大学は発明発見の先取権競争（priority competition）に参画することによって、創意工夫、独創性、創造性を競う時代に突入した。基本的には市場メカニズムが作用する世界において、可視性を高め評判を獲得することによって、大学間には上昇移動と下降移動が頻繁に生じることになった。すなわち、アカデミック・ドリフト＝大学漂流が生じることになったのである。上位大学は歯止め効果によって上位の地位を保守しようと努力し、下位大学は新たな改革によって上昇移動の野心を燃やす。上位も下位も、もちろん中位も、少しでも上位をめざして不断に新たな挑戦を試みる。そこには日本の帝国大学の序列のように国家によって意図的に構築され、変動が生じることのない庇護移動型構造とは基本的に異なる競争移動型構造のメカニズムが働いているのであって、いったん地位の序列が構築されたとたんに半永久的に固定される構造とは対極にある流動的な構造が存在する。

## 未来からの暗号を解読

それと同時に、日本の大学が「帝国大学」に象徴されるように、国家のための国立大学主体のシステムを構築したのとは対照的に、米国の大学は法人のための私立大学主体のシステムを構築した。前者が国家に向けて開かれても世界に向けて閉じられた構造を構築したのに対して、後者は国家に向けて閉じられても世界に向けて開かれた構造を構築したと言えるだろう。すなわち、前者が世界の大学であるよりも国家の大学であるのに対して、後者は国家の大学であるよりも世界の大学であると言えるのである。かくして一九世紀の終わりに基本的構造を明確にした米国の大学は確かに「米国の大学」ではあるが、もともとドイツの大学を驚異の存在として尊敬し、それに対抗し凌駕するために、国際的に開かれた卓越性を備えた構造を構築することに狙いを定めて登場したとみなされる以上、最初から米国の大学の範囲を超えて「世界の大学」であった。ドイツに匹敵する博士学位を産出し、インブリーディング（自系繁殖）をアウトブリーディング（他系繁殖）に転換し、「科学の故郷」と言われる研究の拠点を大学院に設置し、優秀な研究大学を集めたクラブを結成し、教養カレッジを詰め込み教育から授業科目選択制に転換するなどの大改革を矢継ぎばやに断行したのである。この未来の暗号を解読する洞察力と予知力の発動は、現在のグローバル化時代を先取りした何にもまして重要かつ基本的な原点の動きであった、と言っても決して過言ではあるまい。

かくして、グローバル化の時代には、大学市場は一国内に自己完結的に閉じられるのではなく、広く世界に向けて開かれる以上、個々のシステムの内部はもとより、それにとどまることなく、世界のシステム間の競争がますます激化するのは必至となる。国境を越えた大学市場が顕著に進行する時代には、個別主義と普遍主義の価値観が同じ大学市場の土俵のなかで優劣を競い合う公算が否応なしに高まることに伴い、包括化、共通化、標準化の過程を通して競争性、優秀性、卓越性が問われるのはこれまた必至であるから、個別主義から普遍主義への転換が要請されるはずである。その意味で、米国の構造は世界へ通用する構造をいち早く形成したと言えるだろう。何よりも、大学が国家の官僚養成のための装置ではなく、あくまでも「学問の府」のための機関であり、スカラーシップ＝学識の彫琢のための拠点であるとの哲学を念頭において着実に実践を積んだことが重要である。

### (2) アカデミック・キャリアの形成――閉鎖制と開放制の刻印

このような開放構造と閉鎖構造のシステムの違いは、「学問の府」では、研究・教育・サービスなどのアカデミック・ワーク＝学事を媒介にして大学教員の様々な業績の出力に少なからぬ影響をもたらして、最終的には「学問的生産性」の一点に収斂して、その高低を伴って帰結すると推察される。学問的生産性（academic productivity）は、分析的には研究と教育の個々別々の活動に即して、研究生産性（research productivity）と教育生産性（teaching productivity）の二つのアウトプットに区別できる。このなかの研究生産性は、その向上にとって最も適したシステム、機関、組織の特徴を擁したときに最も優れた効果を発揮するものと推察されるから、その角度から見た場合に開放構造と閉鎖構造のいずれの構造が適切であるかを比較してみる必要がある。

### 学問中心地のドイツから米国への変遷

一九世紀に学問中心地を極めたドイツは、互角な実力を擁する各州の州立大学間の自由競争を基盤に成り立つ構造を擁していたので、端的には市場原理に基づく大学市場の開放性を特徴としていた。確かにアルトホーフ体制下では、国家の官僚制が各州の大学へ浸透して、自治や自由が抑制された側面はあるとしても、各州の大学が競争裏に学問の発展を競う点に重点を置いたメカニズムの作動は首肯できるだろう。官僚制ではなくその種のメカニズムを導入した米国も、互角な実力を擁する六〇前後の研究大学の自由競争を基盤にした開放性を特徴とした構造を形成した。この点に注目する限り、両者の開放性には類似性、共通性が見られる。それにもかかわらず、二〇世紀には学問中心地はドイツから離れて米国へ移動したのはなぜであろうか、開放的構造は持続的な効力を十分発揮しなかったのであろうか。その背景には、第一次・二次世界大戦、アドルフ・ヒットラーの「白いユダヤ人」（White Jews）政策と優秀な科学者の米国への亡命、科学や学問への政府による巨大な資本投入政策などが考えられる（Merton 1973、有本 一九八七：二一五－二一六頁）。

第一に、ヒットラーに追われたユダヤ人亡命学者は多く米国に受け入れられた。米国の大学は競争主義であるため、優秀な学者、科学者、研究者を必要としたし、学科制によって人種や国籍を問わず優秀な学者に対して教授ポスト任用のための門戸を開放した。講座制ではなく学科制の人事政策も有利に作用した。身分的に安定したテニュア（終身在職権）を付与した。これに対して、ユダヤ人学者の多くが亡命を希望した英国の大学は、テニュアの地位を付与するのを渋ったため、これら多くの学者はやむなく米国を選択した経緯がある。そこには、優秀なユダヤ人学者たちが積極的に米国を選択した側面と、英国が米国ほどには学者の国際交流を可能にする制度を整備していなかったことによって、結果的に彼らが消極的に米国を選択した側面がある。このことは興味深い。英国は学問的生産性を上げる千載一遇のチャンスを逸したのに対して、米国は漁夫の利を得たと言えるかもしれない（Clark 1987）。

第二に、教授－学習過程に直接関係する要因としては、とりわけドイツは学部（学士課程）のみの単層構造を採用したのに対して、米国は大学院を新設して、学部と大学院の重層構造を開拓した点に大きな相違がある。いわば一階建てを二階建てに改築した。教育の拠点を学部（学士課程）に置いた反面で大学院を科学や研究の拠点にしたことは、研究生産性を中心にした学問的生産性を高める大きな原動力になった点で見逃せない。

第三に、同時に、講座制ではなく学科制を敷設した大学の開放的な組織構造に依存する度合も少なくない。講座制と徒弟制度を特徴としたドイツの組織構造に対して、米国の場合は、学問中心地を極めたために注目されるようになったドイツモデルを摂取する時点において、それを丸ごと移植することを極力排除して講座制と徒弟制を否定した結果、学科制による学科所属教員全員が学生を指導する集団指導体制を施行した（Parsons and Plat 1973 : pp. 110-113）。

もちろん、徒弟制は米国でも行われてきたし、クリス・ゴールドとジョージ・ウォーカーらの書物を参考にすれば、最近その良い点を見直す動きがあるという（Golde, et al. 2008 : pp. 89-119）。その意味では、中世大学の遺物として現代において完全に払拭されたのではないとしても、少なくとも、一人の講座主任の下での複数の助手から成り立つドイツ式の閉鎖的な徒弟制度は、米国では敬遠されて廃止された。

学問中心地における講座制の弊害

講座制は日本で使用する言葉であるが、中世大学以来に発展した伝統的な形態を日本式に修正したものである。横尾は次のように述べている。

> 講座というのは、日本では教授・助教授・助手という人事や予算のユニットを意味したりするが、これは、ことばの本来の意味とはずいぶんかけ離れた、『タテ社会』の日本にしかあらわれそうにない組織の呼び名である。本来講座とは背の高い椅子のことでしかない。教皇や司教がすわる椅子、教師がかける椅子、あるいは一家の主がかける椅子はすべて講座と呼ばれた。教師は椅子にかけて講義をするから、その椅子は彼の

聖なる職場であり仕事の象徴でもある。（横尾 一九八五：一七六－一七八頁）

講座はもともとは教授が坐る「椅子」や「座席」（stuhl, chair）であったのが、日本では最初は「講坐」と言われ、帝国大学へ制度化された以後は「講座」となり、広く講座制として発展した（寺崎 二〇〇七：九一頁）。こうした経緯を踏まえて、私が主張している講座制は学問中心地形成において弊害が大きいという視点は、日本の大学にとって重要な視点であるから、少し紙面を割いて考察してみたい。

寺崎昌男は、講座制を捉える視点を「①制度的には一講座一教授で編成されたものであり、②講座制だけが単独で導入されたものではなく、帝国大学教官の職務俸制度とセットにしたかたちで導入され、③この二つの制度の結合の構造それ自体が講座制導入の政策意図を表現していた、という三つの観点からとらえられるべきものと思われる。」（寺崎 一九七三：五頁）と述べている。さらに次のように述べている。

私どもは、当時の帝国大学がまだ発足後六年しか経っていなかったこと、「帝国大学教授」のプレスティージが明治後半期のようには確立していなかったこと、教授になるための必須のコースであった欧米留学からの帰朝後、現業官庁へ転職・流出する研究者が少なくなく、政府はその対策に頭を痛めていたこと、などを念頭においておく必要がある。政府・官庁の威信や魅力の方が、「自治」制すら確立していなかった大学よりもむしろ高かった時代なのである。このような大学史的状況のもとで、講座制は、大学制度「近代化」の一つの装置として導入されたのである。（寺崎 一九七三：一〇頁、二〇〇〇：三八九頁）

この指摘のなかで、講座は「一人一講座」であったことが分かる。しばらくして、教授、助教授、助手など複数から編成される方式になったのであるから、講座制設置時点では中世大学以来の伝統と同じ方式であったと解される。こうして講座制は一八九三年（明治二六年）に制度化された。これは講座設置と給料優遇でもって留学帰朝組の官庁への流出に歯止めをかけるための政策であったことが分かる。この時点（明治の中旬頃まで）では、留学から帰ってきた人材が官庁へ流出したため、大学に給料を優遇した講座を設置して、人材を大学へ繋ぎとめたのである。官僚養成大学を追求する政府にとって、優秀な人材が止めどなく流出することは権威の喪失を招かざるを得ない。それゆえに、大学近代化の装置であると同時に、学問よりも官僚養成を優先する大学の拠点に講座制が位置づけられたのではないかと考えられる。そのことは、日本の大学のあり方に多大な影響を及ぼすことになった。天野郁夫は次のように指摘している。

帝国大学の「学術の独占体化」に何よりも重要な、決定的ともいうべき役割を果たしたのは、しかし、これからみる講座制である。……大幅な修正を経て、『帝国大学改正令』の形でようやく実施される運びになったのは、井上文相時代の明治二六年になってからである。講座制の導入は、井上が短い在任期間に実施した、その後長くわが国の大学のあり方を規定し続けることになる、その意味で最大の改革であった。（天野 二〇〇九：二〇二－二〇四頁）

こうして近代大学の先駆となったドイツの大学は講座、研究所が発達したのに対して、このドイツモデルに機を一にして注目した日本と米国は、なぜか異なる方向を辿ったのであり、言ってみれば米国は学問の自由を重視して講座制を忌避し、日本は学問の自由を看過して講座制を歓迎したのである。日本ではヨーロッパ、アジア、ラテンアメリカと同様に講座制を移植した。もっとも、寺崎によれば、日本ではドイツから講座制を直接導入したという文献的な証拠は何もないし、直接には井上毅がフランスをモデルに導入したと論究している（寺崎 一九七三：八頁、二〇〇〇：三八七頁）。

当時のヨーロッパの大学はいずれもギルドを基盤に発展した中世大学の末裔であるから講座制を共通に持っていた。西欧では中世大学以来の長い伝統を持ってきたが、講座保持者ないし一人の教授が他の者よりも著しく優位性に立つ方式、つまり多くの者が助手として仕える方式が講座制の特質である。ドイツ、フランス、イタリア、ヨーロッパ諸国、少ない割合で英国などはこの方式に依拠してきた（Clark 1987：p. 210）。その意味では、日本で輸入されたモデルが直接にはフランスモデルであってもドイツモデルであっても大同小異であったとみなして差し支えあるまい。実際、寺崎の指摘があるように、井上の場合も途中まではドイツモデルを検討していたのが、最後にはフランスモデルに乗り換えたとみなしている点に注目すると、必ずしもフランスに拘泥したのではないと推察できよう。

### 同床異夢

ここで私が問題にしているのは、講座制に対する日米比較である。日本と同じく講座制移植と対峙した米国は講座制を排除して、ハーヴァード大学でいち早く制度化されていた学科制をそれぞれ制度化して発展させた、この点が重要である。この最初の動きに見られる彼我の明確な相違は、その後において学問の発展を左右する看過できない影響をもたらしたこと、そこには学問中心地形成の成否を左右するカギを宿し、成否を導く直接の因果関係が隠されていたこと、この点が重要である。端的には成功と失敗の分岐点がそこには暗黙のうちに横たわっていたというほかない。その由来の原因はいまや明白である。米国は学問に精通した優秀な学者がシナリオを書き、日本では学問よりも官僚養成を急ぐ国家の役人がシナリオを書いた。ドイツの大学に学ぶという日米の着眼はみごとに同質的だが、大学観はみごとに異質的であった。言ってみれば同床異夢であった。その点を突き詰めれば、ベン＝デビッドが指摘したように、二〇世紀の学問中心地はドイツから離れて米国へ移動したことの原因が何処にあるかが理解できるというものである（Ben-David, et al. 1977、有本 一九九六）。

講座・学科などセクションの形態と「学問中心地」の形成には因果関係があるか否かは、国際比較では講座制のシステムから学科制のシステムへと変遷を遂げたことを参照して比較する以外に適切な方法が見出せない。クラークは、講座制は一九六〇年頃から存立困難に直面するようになったとして理由を三つ指摘した。すなわち、

①知識と顧客が増加したため専門分野や主専攻を一人の教授では支え切れなくなったこと、②民主化の時代に逆行するオリガキー（寡頭制）だとみなされること、③職位構造の改革が行われるようになったこと、である。③の場合、米国の学科制では二〇世紀になると、講師（instructor）を振り出しに、助教授（assistant professor）、准教授（associate professor）、正教授（full professor）へと連続的に昇任する職位構造が制度化された（Clark 1987 : p. 210）。教授に至るまでに終身雇用や年功序列ではなく、競争を科したことは重要と考えられる。また、現存の専門分野を保守するには講座制が適していても、新しい専門分野を発展させるには学科制が適している。したがって、なぜ米国ではヨーロッパで隆盛を極めていた講座制を忌避して学科制を導入したのかは、一人の教授の独裁を許さないことが学問発展に有利に作用するのだと判断されたことに起因すると理解できるのである。

エントツ型の講座制とピラミッド型の学科制

新堀は、かれこれ半世紀前に、英・仏・独・米など欧米先進国の大学の教員構成はピラミッド型、日本はエントツ型であるとし、前者は僅少な教授ポストをめざして下級ポストの多数教員による熾烈な競争が繰り広げられることを通して優れた人材を輩出するとし、他方、後者は多数の教授ポストへ少数の下級ポストの教員にとってトコロテン式昇任ができるので優れた人材を輩出できないと仮定した（新堀 一九六五）。当時の研究大学は教授一、助教授一、助手一（理系の実験講座や臨床講座では複数）の人員構成をとる「小講座」制が多かった。もちろん、戦後のこの時点では帝国大学設立時の「一人一講座」に由来する一教授一講座の体制はとっくに崩れ、日本的な講座制が普及していた。分析は主にこうした講座を持つ「研究大学」の教授と助教授の構造に向けられた結果、日本はこのままだと欧米先進国の後塵を拝するのは必至であるとの見通しのもとに、国際競争力を高めるべくエントツ型からピラミッド型への改革を行うことの必要性が提唱された。

この仮説がその後いかなる顚末を辿ったかは興味を引かずにはおくまい。潮木守一の最近の研究では、欧米先進国モデルは、その後今日までピラミッド型を維持したのに対して、日本はエントツ型からピラミッド型へと変容するとの仮説に反して、さらに教授ポストの多い逆ピラミッド型に変貌したことが証明された（潮木 二〇〇九）。この事実は誰しも耳目を疑うほど奇異な印象を与えるのではあるまいか。しかし誤報ではなく真実である。これでは、仮説通り欧米は優れた人材を養成し続けてきたのに対して、日本はさらに凡庸な人材を養成することに拍車をかけることになったと言われても仕方がないだろう。

大学が凡庸でもできるだけ多数の教授を任用することに価値を置くのならば、それでよかろうが、学問の最先端を開拓する世界的な競争力を備えた優秀な教授を任用することに価値を置くのならば、それでは困る。少なくともこれでは、納税者や授業料納付者に、税金や授業料に十分見合うほど大学教授職は学問発展に貢献していると説明できないのではないか。また、国際的にもピラミッド型を維持している他の先進諸国に、日本ではなぜそのようなことが半世紀にもわたって生じているのか説得力を持って説明できないのではないか。

特に後で見る世界大学ランキング調査の実績から類推すれば、上位一〇傑や二〇傑などのトップレベルを寡占する米英と日本の格差は一目瞭然としているばかりか、過去半世紀間にさらに容赦なく拡大したのではないか。その原因は講座制の構造の変化と関係がないとは言えまい。彼我の相違が指摘されて半世紀間に日進月歩を特色とする学問の世界では、「学問的生産性」の格差は拡大したはずであるし、とりわけ、米国との格差がもはや簡単に取り戻せないほど大きく拡大したのではないか、と考えてみる必要があろう。米英が占拠する上位の指定席に日本が割り込むのは至難となったのである。

講座制と学科制という日米の「セクション」にあらためて注目してみよう。そこには量と質の問題が存在するはずである。量的には、講座主任の教授の下に准教授、講師、助教等から構成される講座制は、概してエントツ型の縦割り構造を呈するのに対して、複数の教授や准教授等から構成される学科制は、ピラミッド型の横割り構造を呈するのである。前者は講座主任の個人的な権限が強いため構成員の間に概して序列関係が成立することに起因して「タテ型社会」の閉鎖体質が支配する。これに対して、後者は講座主任のような権限が作用せず、構成員の間には概して対等な関係が成立することに起因して「ヨコ型社会」の開放的体質が支配すると言えるだろう。

この講座制と学科制の相違はいまでこそ顕著であるが、先述の通り、明治期に講座制が導入されてしばらくは、一講座に一教授（または助教授）を配置していたから、学科制と変わらない変哲のない構造を呈していたのであった。それならば最初から学科制にしておれば、今日まで米国との差異は生じなかったはずである。

質的には、二つの構造は学問の風土としてかなり異なる力学を持つはずである。これも上で指摘したが、前者は特定の専門分野を継承するのに長所を持つし、後者は異なる学問の発展を促進する点に長所を持つからである。逆に前者は特定の専門分野にあくまで固執する体質からなる頑固な体制に起因して新しい専門分野が発展する可能性を阻害されやすい。実際、中山が指摘しているように、明治期に帝国大学において最初に設置された講座の学問領域が邪魔して新しい学問領域の講座を設置できなかった経緯がある（中山 一九七八：一五四頁）。最初に固定した専門分野以外はバスに乗り遅れたのであり、後から追加できないわけである。西欧の中世大学では個々の大学ごとに講座制が発達したのに対して、日本では国家が講座制を設置して大学を管理した結果、学問の発展を阻害することを招いた、と言ってもあながち誇張とは言えないであろう。このことは講座制の弊害を如実に示す事例である。これに対して、学科制は特定の専門分野に拘泥せず様々の専門分野を集めた集合体を形成するため、特定の専門分野の後継者養成には責任を持たないことから、一代限りの専門分野維持は負荷をもたらし、えてしてその領域の衰退を招きやすいという短所がある。

講座制と学科制の風土

このように考えると、講座制は教授、助教授、助手を擁し、講座主任の強力な主宰のもとに後継者養成を行うことによって、一つの専門分野を半永久的にしかも頑強に保守するのには何よりも優れた組織であり、砦であると言える反面、学問の新陳代謝が常態と化している現在、新しい学問分野を開拓するのには必ずしも適しているとは言えない。講座制における人事の閉鎖性は、学問発展の阻害とまさしく背中合わせの関係になっているのである。

クラークがいみじくも指摘しているように、「講座を充足するために凡庸な人物を選ぶという誤りがなされた場合、その影響は在職者の残りの学究生活全体とそれ以後にわたって長く持続する」（クラーク 一九九四：五七頁）という耐え難いメカニズムが作用する。一人の凡庸な教授が講座主任に四〇歳で就任し、定年の六五歳前後までの約二五年間、その講座に居座り、君臨すると、おそらく少なく見積もっても二〇人ほどの学生が深刻な影響を被らざるを得ないことになろう。仮に学生が優秀な場合は、教授が凡庸でも復元力が作用するかもしれないが、それでも優秀な教授ならさらに伸びる才能の芽は無残に摘み取られてしまわざるを得ないと想像するのは難しくあるまい。この講座主任の主宰する教授 - 学習過程は有能な人材を輩出する機能を阻害してしまうのである。経済的には、国立大学（公立大学も含む）の場合は、二五年間という長い間にわたって税金の無駄遣いをすることになるし、私立大学の場合は多額の授業料の浪費となる。

このように、学科制と講座制の二つの制度の風土は対照的でありかなり異なる。このような異なる風土を前提にして日米の制度を比較し、米国が学問中心地形成に優位に立った経緯を眺めると、講座制と学科制の導入の岐路が生じた一世紀前から以後の今日までにおいて、この種の風土の相違が作用し続けるのは避けられなかった。講座制よりも学科制のほうが「特殊主義」（または「個別主義」）（particularism）よりも「普遍主義」（universalism）の性格を持つと仮定すれば、大学教授職は閉鎖性から開放性を追求する場合には専門性を高め得ると想定されるわけである。

### エリート科学者と無能教授の再生産メカニズム

ハリエット・ズッカーマンのエリート科学者の研究に証明されているように、エリート科学者は、他のエリート科学者とインビジブル・カレッジ＝見えざる大学のネットワークを通して相互に交流し、しかも次世代のエリート科学者の候補を弟子に擁して指導し博士号を付与する傾向がある。端的に言えば、ノーベル賞受賞者は、ノーベル賞受賞者の恩師から、さらにはノーベル賞受賞を逃したいわゆる「四一番目の椅子」を占める超エリート科学者の恩師から、それぞれ輩出される可能性が高いというのである（ズッカーマン 一九八〇：一四八頁）。これは米国のノーベル賞受賞科学者の研究であるから、概して講座制ではなく学科制の下での話になるはずであって、講座制の場合には必ずしも該当しないかもしれない。それでも、エリート学者を輩出するメカニズムを語っている点の主旨を援用すれば、学科制と講座制では同様のメカニズムが作用するとの類推が可能であろうから、優秀な科学者のもとには優秀な学生が集まり、凡庸な科学者のもとには例外はあるとしても秀才は多分集まらず凡才がおそらく集まると想定できよう。類は類をもって集まるのである。

こうしたメカニズムが作用する以上、講座制において誰が講座主任になるかは、講座制の発展のみならず、そこで養成する学生の将来も左右する威力を顕在的にも潜在的にも発揮することは避けられない道理である。さらに言えば、学問の国内的かつ国際的発展を左右しかねない。優秀な指導者と学生が結合した講座は、講座が担当する特定の専門分野の発展に寄与するから講座制の成功をもたらす反面、凡庸な指導者と学生が結合した講座は、専門分野の発展を阻害しスポイルするだけではなく、国公立大学の場合なら国民の貴重な税金をどぶに捨てるようにやたら無駄に費やす公算は存外大きい。阻害と無駄の悪循環が生じる。

優秀かどうかを的確に査定するシステムが成立している場合は、阻害や無駄を未然に阻止できるのに対して、いったん助教や講師に任用されたが最後、テニュア＝終身在職権を付与され、よほどの不祥事がない限り定年まで身分を保証される場合は、不可抗力が作用し、阻止しようにも阻止できない。いわゆる年功序列制や終身雇用制によって庇護される場合には、凡庸でもいったん任用されれば、概して契約制や任期制の装置は作動しないがゆえに、准教授や教授へはベルトコンベヤー式やトコロテン式に自動的に昇任することが可能であろう。歯止めをかけなければ堕落するという「性悪説」が顕著な西欧の大学に対して、日本は概して歯止めをかけなくても自律性を保持するとの「性善説」が優勢であるのではないか。かくして、昇任して名刺に記載されている肩書は立派になるが、それに中身が伴わない確率は存外大きい。講師から助教授に昇任するときに提出した業績の論文一篇以外に何もみるべき業績のない助教授が教授へ昇任するような奇妙な人事が行われることも起こる。理由は学生の面倒見がよいとか、各種の業務に功績があるとか、まことしやかな説明がなされてインサイダリズム（身内主義）が作用するのである。極端な事例だが、過去には似通った人事は生じていた。終身雇用制や年功序列制と組み合わされた、学歴社会や肩書社会では、この種の実質よりも形式がえてして幅を利かす。このようなシステムが支配している場合は、人材を的確に査定する歯止め装置が欠如しているため、阻害や無駄は止めどなく延々と持続することになる。

## 米独間の相違と日米間の相違

これに対して、専門分野の単独組織を排除する包括組織である学科制は後継者養成には致命的ともいえる弱点があるとしても、新しい専門分野を開拓するのには適切である。学問的生産性の多寡や質量を吟味することによって、学者やそれを擁する大学の評判が決定され、ひいては学問中心地が決定されるメカニズムが大学市場において次第に強さを増す時代が到来するに至った以上、このような独米両国の大学における講座制と学科制という典型的な組織の学問的生産性を導出する上での相違が、両者の雌雄を決したのである。つまりドイツの後退と米国の躍進をもたらした重要な原動力であるとみなされる。同じく競争主義を標榜するシステムでありながら、学問中心地の盟主の座を維持することに関して、ドイツのシステムが短命に終わり、米国のシステムが長命を維持することができる背景には、この種の力学が作用していると考えられるのである。

講座制よりも学科制が学問の発展と学問的生産性の向上に優位に立つ傾向があるという同じ論理は、独米間にばかりか、日米間にも妥当するに相違ない。日本の大学は戦前にドイツ、戦後に米国のモデルを輸入した点でおのずから制度や組織のなかに独米の伝統を暗黙裡に踏襲しているとみなされる。日本では戦前も制度的には大学院を擁していたが、それは形式的なものであって実質性が乏しかったので、存在していても米国のごとく顕著に存在したとはいえない。その意味からすれば、戦前の学部のみの単層構造（一階建て）から戦後の大学院を擁した重層構造（二階建て）への変化は、ドイツ型から米国型への明確な移行を示しているとみなされる。このように両者のモデルを移植しながら、米国の強みを発揮するそもそもの原動力となっている組織構造を採用するに至らなかった点では、米国型よりもドイツ型の組織構造を暗々裏にとどめているのである。

その点に日米の共通性よりも日独の共通性が強く認められるし、その点が米国に先を越される原因となっているはずである。特に日本の場合は、講座制とワンセット化した徒弟制が存在することに加えて、自校の卒業生を講座スタッフにもっぱら任用することに起因して、講座を基軸にして学部、研究所、大学などにおいて総じて高い自給率を惹起する現象が定着してきた。それは高いインブリーディング率（自系繁殖率、自校閥率）として定着している（新堀 一九六五、新堀 一九六九、新堀・有本 一九六九、有本 一九八一、新堀 一九八四、山野井 一九九〇、山野井 二〇〇七、朝日新聞社 二〇一三）。

## 原理選択のもたらした結果

彼我におけるこの原理の導入の相違は、一世紀以上前を起点とするから、彼我の間には乗り越えられない大きな障壁が存在するとみなされる。一世紀は一〇〇年を意味する以上、この時間の浪費は残念ながらもはや早急には取り返せない。一〇〇年の遅れをわずか五年、一〇年のうちに挽回できるとは思えないし、歴史のツケはそれほど甘くないだろう。日米ともに当時の学問中心地であるドイツの大学の可視性、評判、実力に注目し、学問的生産性の後発国を率直に謙虚に自認し自覚する立場から、いわば無から有を創造する営みを開始すべく先進モデルに学び、それを咀嚼、輸入、移植する試みに乗り出した。それは時期的には一九世紀の後半からを起点とした。今日から回顧してみると明白であるが、そこには講座制と学科制の選択の岐路があった。起点での選択は二者択一であるから、方法的には単純明快であった。それにもかかわらず、この起点から今日の終点にいたるまでのその後の展開はシステムの明暗を伴う複雑な結果をもたらした。というのは、そうした選択の如何は、種々の相違――多極支配型－一極支配型、集団指導型－単独指導型、他系繁殖型－自系繁殖型、複数型経歴－単数型経歴、コスモポリタン型－ローカル型、等々の相違――へ帰結したし、究極には学問的生産性の実質的な相違をもたらすことへと帰結したと考えられるからである。彼我のこの相違は、一八九三年（明治二六年）の講座制開始から二〇〇七年（平成一九年）の廃止までの一一四年間にわたって、つまり約一世紀間かけて深まったのである。

もちろん、雌雄を決する性格を持った歴史的な選択は、大学改革の当事者である大学人によって行われたのであるから、責任の所在はそこにあるのだと推量するのは難しくない。しかし同時に大学人の選択が日米で異なった背景には、社会の文化や風土の相違が潜在的にも顕在的にもかなり強く刻印されていることも考慮すべきであろう。クラークの大学統合の官僚制的調整、政治的調整、専門職的調整、市場的調整（クラーク 一九九四：一五四－二〇一頁）を援用すれば、日本では前二者が強く作用し、米国では後二者が強く作用したと解されるのではあるまいか。特に専門職として大学教授職の主導性が発揮されるという専門職的調整が動員されないままで大学システムの構造が構築された。

上述したように、米国ではコイト・ギルマン、アンドリュー・ホワイト、チャールズ・エリオットなど優秀な大学人が決断したのに対して、日本では大学人の影は薄く、政府の役人である伊藤博文、森有礼、井上毅らが決断を下したのであった。その意味で両者には「学問の府」が何かを考えて大学システムの構築を調整するために作用する社会の文化や風土が異なっていた。前述の大久保が指摘したように、明治以降の日本の大学は「古来の伝統を継承し、政治性が濃厚である」のであった。米国は、国家から距離を置いて大学が発展した。そして大学への講座制制度化の起点から終点に至る過程において作用した社会の文化や風土の相違を考慮して、起点と終点のプロセスを考察することは必要であるし、先見の明を欠いた決断が後世へ与える影響は存外大きいことに思い知らされる。

終点は何か。少なくとも一つはアカデミック・プロダクティビティ＝学問的生産性の格差である。大学が「官僚の府」だと考えるならば、講座制はそれを補強した点でメリットがある。しかし大学が「学問の府」だと考えると、メリットはデメリットに変質する。すなわち「学問の府」であると正論的に考えれば、学問的生産性の不振に帰着するのは当然の理である。具体的に言えば、学問的生産性には「研究生産性」と「教育生産性」の両側面がある。前者の場合、各種調査のなかでとりわけ世界大学ランキングやノーベル賞のような国際学術賞等に依拠すれば、現在の学問中心地は米英の大学によって占拠され、ノーベル賞受賞者数や世界大学ランキングの上位ランクイン大学数などを見る限り、特に米国の大学によって寡占されている事実を認めざるを得ない。とすれば、かつてのドイツに後塵を拝した米国が、後発国から現在の先進国へ雄飛した起点がドイツモデルの創造的な移植という歴史的瞬間であったことを想起することは不可欠である。同じ後発国でありながら同じ出発点から近代大学の創設に取り組んだ米日における彼我の差が次第に拡大の一途を辿ったのはその時点からである。しかも内容的には講座制やそれと癒着した学閥である以上、日本の大学がこれを凌駕する条件は講座制とインブリーディングに代表される組織的な閉鎖構造を打破することが従来から欠かせない課題であったし、現在もしかりだろう。そして閉鎖構造の打破は、近代大学の理念・使命である教育と研究の学問的生産性の向上に通じるのである。

米国は大学の国際性を開拓することを決断した一九世紀の後半に、学問的生産性の向上を企図し、一方で新たに設置した大学院を中心とした研究生産性の向上への取り組みを開始し、他方では学士課程を中心とした教養教育改革を断行して教育生産性の向上の取り組みを開始するなど、研究と教育の両方への取り組みを同時に開始した。現在においても研究と教育の両立志向が強く、学問的生産性の向上を標榜する「フンボルト理念」に最も近い状態を国際的にも実現していると言わなければならない（Arimoto 2015)。

## 4　大学の社会的構造

これまでは動態的大学論の社会的条件、社会的構造、社会的機能の三つの側面のなかで、第一の側面である社会的条件に焦点を合わせて論じた。と言っても、冒頭で言及したように、社会的条件を論じる場合でも、構造や機能の側面が密接に関係するから、これら三つの側面を峻別して議論することは難しい。実際に、社会的条件の変化に対応して、大学の社会的構造のなかにどのような反応が生じたか、あるいは社会的機能に何が生じたかに関して、種々考察してきたところであるから、三つの側面を混在させて議論したことは疑いようがない。そのような混在をまぬかれえないという限界があるとはいえ、ここでは第二の社会的構造に焦点を合わせて組織体の社会的構造に注目することによって、大学という組織体がそのなかに一般社会と同様に社会的構造を具現する構成要素を備えている点を、これまでと同様、日米比較に留意しながら議論することにしたい。

## 大学社会のなかに出現する社会的構造

社会的構造とは大学社会のなかに出現する社会的構造のことを意味する。一般社会と同様、大学もれっきとした社会であるから、制度、組織、集団、役割などによって構成されており、社会的構造を擁する。一般社会と同様に社会を統合する理念、使命、エートスなどが作用しており、社会の構成員の役割分担があり、社会に果たす機能がある。組織あるいは組織体としての大学は、集団やさらに集団の集合した社会である以上、そこには当然ながら社会の憲法に相当する部分が存在し、大学という社会を価値的に律する規範やエートスや信念が存在する。その部分は総じて大学の理念や使命を指しており、理念・目的・目標（使命、エートス、信念）として存在し、知識の発見、伝達、応用、統制などの機能（研究、教育、サービス、管理運営）から成り立っている。

その場合、専門分野の性質に淵源する大学の理念や使命は、組織体を統合する機能を概して果たす。すなわち、知識のなかの上級知識である専門分野を基盤に成立するアカデミック・ワーク＝学事の遂行を通して学問発展、とりわけ学問的生産性の向上を担うところに、大学の理念や使命に深くかかわる特質が存在するのである。その理念や使命の構築は上級知識である専門分野の性質によって規定される度合いが大きい。専門分野を専攻する専門家である大学教員（科学者、学者、研究者、教師など）は講座、学科、学部などの組織や集団に所属する。これら組織や集団によって理念が共有されると同時に、必ずしも共有されないことが生じる。集団間の競合や葛藤が生じるのはその証拠である。同じ上級知識＝専門分野を素材に学事活動を展開しているにもかかわらず、例えば理系と文系の組織や集団では目的・目標がかなり異なり、異なった文化や風土を形成するのはその証拠である。

さらに集団は構成員（理事、教員、職員、学生など）から成り立っており、経営や教学の目的・目標、文化・風土、さらには行動・意識などの違いを形成している。中世大学のギルドのごとく、教員と学生の集団ではなく、マルティヴァーシティと化した現代大学では、研究や教育を主体とした教学の側面と、ビジネスを主体とした経営の側面に分化して、複雑な組織や集団の構造が顕在的かつ潜在的に作動している。

アカデミックな側面の教学とビジネスの側面の経営とは、同じ大学の理念や使命を追求するのであるから理想的には一心同体であるはずだが、実際には利害が異なることも多く、足並みを揃えて進むとは限らない。現実には理念や使命のめざす理想通りに事が運ぶとは限らず、必ずしも教学と経営の統合が実現できるとは限らない。それどころか実際には組織の無駄や不合理を排除して合理化を進める経営の論理は、研究や教育の豊かさを追求する教学の論理と衝突する。現在のように、定員割れに見舞われている組織体では、教学の真髄である研究や教育を追求したくとも、定員割れを解消すべく経営の論理によって縮小を余議なくされざるを得ないのは、そのような現実の断面を物語る。

経営と教学の間に衝突や葛藤が生じるばかりではなく、理念の追求に同調的な教学の場合でも多くの葛藤を生じるメカニズムを内在している。教学活動の土台をなす知識、とりわけ上級知識である専門分野に起因する葛藤が理念の実現を危うくする場合が少なくないからである。専門分野とかかわる文系と理系、ハードとソフト、学部と学部、学科と学科、講座と講座などに特有な文化や風土がマイナスに作用しないとは限らないからである。専門分野は互いに競合し、競争する性質を持つ以上、他の専門分野と対立、葛藤、摩擦を起こさないとは限らないであろう。

こうした教学の側面に対しては、大学構成員のなかでは主として教員集団が重要な役割を果たす。他方、経営の側面に対しては、教員集団よりも職員集団、とりわけ経営組織の理事や学長等は組織体の経理、管理運営、ビジネスの仕事を担い、組織体の持続発展に行動や意識の焦点を合わせる度合が大きいので、教学の側面とはおのずから異なる文化、風土、意識、行動をとることになる。マルティヴァーシティと化した今日の大学は、中世大学の共同体から企業体へと変質し、経営の側面が肥大して、大きな勢力を持つようになった。経営は大学内部に対すると同時に大学のサバイバル戦略を遂行するために大学外部の国家、社会、ステークホルダーなどに対する活動を担う。国家政府と大学の間に架橋し両者を接続する役割を果たすガバナンスの側面には、理事長、学長、理事、職員など経営集団が関与する度合いが高い。教学と経営の集団が存在し、競合する現代大学では、理念を標榜しながらも統合を阻止する要因である不信、緊張、葛藤の力学が陰に陽に渦巻くのは否めないであろう。

## 専門分野とセクター、セクション、ティア、ヒエラルヒー

このような大学の社会的構造を、知識の機能を縦軸と横軸にクロスさせて分解し、分析することによって内部の特徴を探ってみよう。クラークの指摘した大学構成要素のセクション（section）、ティア（tier）、セクター（sector）、ヒエラルヒー（hierarchy）の分類を援用すると、社会的構造には、セクション（ヨコの専門分野＝学部、学科、講座、研究所）、ティア（タテの専門分野＝学士課程、大学院）、セクター（ヨコの国・公・私の設置者）、ヒエラルヒー（タテの大学間の序列、階層、格差）、などがあるとみなされる（Clark 1983［一九九四］）。その詳細な検討は別稿に譲るとして、ここでは焦点を絞って歴史的には大学組織体が大規模化と複雑化を辿っている事実の一端に触れて若干の考察をしてみよう。

専門分野を基軸に、セクション（部門）、ティア（段階）、セクター（領域）、ヒエラルヒー（序列）などは成り立つ。セクションに即してみると、専門分野に分化した教員集団から構成される基本的な運営単位である講座、学科、学部（カレッジ、スクールを含む）などは、専門分野の最先端の学問の発明発見を追求して学問の発展、ひいては社会の発展に貢献するという理念や使命が付与されている。

### ⑴　セクション

第一に、セクションは、専門分野のスコープ＝「広さ」とシークエンス＝「深さ」のなかの前者の広さに対応

する分化を指している。具体的には、講座、学科、学部、研究所などの集団や組織がセクションの代表的な機能を果たす。知識を素材に専門分野を専攻する教員が形成する集団が基本単位である。講座は教授、准教授、講師、助教などの教員によって地位の序列をもって構成されるタテ型構造である。学科は教授、准教授、講師、助教はおしなべて対等な地位をもって構成されるヨコ型構造である。前者は中世大学以来の欧州大陸における大学で発展し、後者は米国で発展した。研究所や学部は、こうした講座や学科を組み込んで包括的かつ補完的に成立する組織である。なお、本書では department を学科としているが、阿曽沼明裕は米国の固有性を重視する観点から学科とせず、デパートメントとしている（阿曽沼 二〇一四）。

セクションにはこのような構造が見られるが、最近の国際調査によれば、世界的に大学教員のセクションに対する愛着度にはかなりの幅があると判明している。すなわち愛着度は、専門分野、講座、学科、学部、大学の順番に高いことを考慮すると、大学教員がいかに専門分野を大切に考え、講座や学科へのコミットメントを重視しているか、それに比較して学部やとりわけ大学をそれほど重視していないか、ということが分かって興味深い（有本・江原 一九九六、有本 二〇一一）。

クラークは、大学の権威形態を対象に専門分野、事業組織体、システムをそれぞれ基盤とした権威を区別している。第一の専門分野型の権威は個人的支配権と同僚的支配権から成り立ち、前者は講座を基盤にしたシステムで強いが、後者も同様のシステムで強い。両者はギルド的大学の伝統を踏襲して発展した。上述の通り、世界の教員がいまもって大学よりも専門分野を重視するのは、概してこの伝統的な構造を継承しているからであると解される。

第二の事業組織体型の権威は、理事会制と官僚制が主体に成立する。理事会制はヨーロッパ大陸では発達せず米国で発達した。米国では学長（プレジデント）の権限が強いのに対して、大陸では学長（レクター）の権限はそれほど強くない。時代的にはギルド的大学から企業的大学へ変遷することによって、同僚制支配から理事会制支配や官僚制支配が強まる方向へ移行し、学長もレクター型からプレジデント型へと移行することになった。

第三のシステム型の権威は、ビューロクラシー＝官僚制やアカデミック・オリガキー＝大学寡頭制などが強い。イタリアは学部レベルでも政府レベルでも大学教授の権限が強いので、その種の大学教授はアカデミック・バロン＝男爵と呼ばれてきた。クラークはこうした状況も踏まえて、ヨーロッパ大陸様式の権威分配を次のように述べている。

明らかに、イギリス、とりわけアメリカの様式に比較するとき、ヨーロッパ大陸様式の大学と学部レベルでの自律的権威は弱い。教授たちは、別箇の管理階級を欲しなかったのであり、短期間任用されてリコールが簡単にできる素人の管理者として、学部長や学長を単純に選出した。……この古典的な類型のなかで、下方へ進む官僚制が上方へ進む寡頭制と出会うのであって、中間部に自律的な第三勢力を創出することには、いかなる強力な集団も興味を示さなかったのである。（クラーク 一九九四：一四二頁）

さて、専門分野に近い距離にある講座や学科は、同じ速度で発展したのではなく、歴史的には発展速度にかなりの遅速がある。歴史的には中世大学以来、講座制が発達し、講座を主宰する教授が強い権限を保持し、彼らの互選によって学部長や学長が選出されたので、運営単位はあくまで大学組織体の下位に位置する講座に置かれ、権限はやはり講座に置かれたのであり、したがって大学の権力構造は、ボトムアップであった。

講座制がいつ登場したかは、上で述べた寺崎の研究がある（寺崎 一九七三）。それは日本の講座制の研究であるが、講座制はフランスから日本へ導入されたことを明らかにした。中世大学のギルド的構造は国境を越えて大同小異であったはずであるから、講座制は広範に普及していたはずであるし、それを基盤にした同僚制が強かったことは、学部の権限が強かった事実に反映されていると考えられる。別府昭郎は、大学の中世大学の意思決定の所在は次第に寡頭化を辿ったことを明らかにした。教師の全員集会、大学評議会、学長、学部教授会、学部長のなかのどこに権限が所在したかをハイデルベルク大学を対象とした事例研究によって検討してみると、大学レベルでは、全学の意思決定権は創設の頃では、全員集会であったのが次第に評議会に移行したとみなされている。そのなかで大学評議会の成員から選出される、大学を代表する役職である学長の権限は次のように述べられている。

学長個人が独断で大学運営にかかわる事項を決定し、実行することは不可能な仕組みになっていた。同僚教師の同意がなければ、何事もできなかったのである。学長が「同じ権利を持つ者の筆頭者」といわれる所以である。（別府 一九九八：六五‐六七頁）

学部レベルでは、学部長は学部教授会において選出されたのであるが、「しかし、学部長も、同じ権利を持つ教師たちのなかの筆頭者にすぎず、特別に強大な権力を持っていなかった。」（同上：六七頁）のである。この中世大学の意思決定のあり方がその根底に講座制と関係が深かったことは容易に想像できるところである。別府は彼の浩瀚な研究において、講座制になんら触れていないのは不思議であるが、触れるまでもなく当然視されているのだろう。

クラークは、ドイツの大学の特徴を「講座‐研究所」方式だと指摘しており、他の国々も講座制を前提にした視点から権威構造の分析を行っている（Clark 1983［一九九四］，1993［一九九九］，1995［二〇〇二］）。フランス、イタリア、ドイツ、英国など中世大学から発展した大学には同様の制度が大なり小なり機能していたわけである。欧州大陸で発達した講座制の構造は、後にドイツの大学の研究主義が米国へ移植される時点において、そのまま移植されたかと言えば、そうではなく、その徒弟制の閉鎖的構造が排除されて学科制が発展した。遅くとも一八二〇年から米国で開始された学科制の発達は、中世大学から開始された西欧の講座制の発達に比較してかなり日が浅い。米国と同じ時期の一九世紀にドイツモデルを移植した日本は、講座制の風土や徒弟制度などはドイツの影響を受けたと考えられるし、その点は上述した通りである。ただ、すでに言及したように、講座制は一八九三年に直接にはドイツではなくフランス型を導入した経緯がある。講座制はその後、日本の大学に甚大な影響を及ぼした。戦後の一九五六年に、教育組織を講座制は旧帝大を軸とした研究と教育、学科目制はその他の大学を軸とした教育に、それぞれ編成する措置が設置基準に記載され、二〇〇七年に削除されるまで長く持続し、そして両者間の人員や予算などの格差は拡大したのである。

### (2) セクター

次に他の横軸であるセクター（領域）に目を転じると、これは大学の設置者を区別する指標であると言えよう。この指標に照らして世界的な相違を比較してみると、国立、公立、私立などの設置者が各国のシステムごとに分化していて興味を引く。ヨーロッパでは国立、米国は州立、日本は私立がそれぞれ量的優勢を示す。イタリアのように国立大学のみの単一セクター、フランスのようにグランゼコールや大学の複数セクター、ドイツのように複数州立システムのなかの複数セクター、日本や米国のような公立と私立のシステムのなかの複数セクターなどの様々な形態が存在する。

ちなみに、日米を比較すると、日本では私立大学が八〇％近くを占有して国公立大学を圧倒しているのに対して、米国では私立大学に代わって州立大学が七〇％ほどを占有して私立大学を圧倒している。日米では公私の比率が逆転している。もちろん量的地位が質的地位と比例するとは限らない。むしろ事実は逆である。実際のところ、日米共に量的少数派が質的には優位の地位を形成しているとみなされるのであって、米国では州立のシェアが大きく私立のシェアは少ないものの、威信の上位校は私立に存在するのに対して、日本は逆に私立のシェアが大きく、国立や公立のシェアが少ないが、威信の上位校は国立に存在する。米国は地方分権が強く、大学も一九世紀の後半にモリル法によって州立大学が叢生するまでは、私立大学が先行して発展した経緯があり、そのことがセクターの威信に反映されていると解される。他方、日本は中央集権が強く、明治時代に国立大学の設置を認めても私立大学の設置は大正七年まで認めなかったという事例が示すように、「官尊民卑」の思想が強いなかで国家の大学設立を先行させて質を重視した経緯が、その後のセクターに反映されていると解される。つまり国立には少数精鋭政策をとり質的水準を重視した。日本の場合、国立大学は国家の人材、公立大学は地方自治体の人材、私立大学は法人の人材をそれぞれ輩出するという棲み分け的な理念や使命が付与されるが、明治維新以来の高等教育政策では今日まで一貫して国立優位の政策が遂行されてきた。

セクター間の相違は少なくない。私立優位の米国では、いずれのセクターも学科制を敷いている点では優劣の区別はつけられない。国立優位の日本の場合は、大規模な国立大学ほど概して講座制を採用し、とりわけ教授、助教授、助手から構成される小講座が支配的であった。文系は概して非実験講座で予算規模が少ないのに対して、理系では実験講座、医学系では臨床講座など予算規模の大きい形態を擁するなど、専門分野間に格差が存在した。一般に講座制の長所は後継者養成や特定専門分野の継承などにおいて発揮される反面、短所は学問の発展を阻害することにあるから、小講座を大講座に改組する動きが生じた。したがって形態的にはデパートメント制＝学科制にかなり近づいた。それでも講座制を完全に解消したわけではないから、依然として講座制の長所と短所は併存しているとみなされる。

日本では国立大学が「学問的生産性」の上位を占める構造を持つから、この構造を中心に世界的な学問中心地を形成する競争に参画するとみなしてよかろう。世界的には米国の私立大学を中心としたトップレベルとの競争が今後も持続すると想定される。とすれば、セクションとセクターとヒエラルヒーの三者の関係を考慮した戦略が欠かせないだろう。

そこで、セクターとヒエラルヒーをクロスさせると、概して国立（州立）の権威が高いヨーロッパ、私立がランキングの上位を占める米国、東大・京大をはじめ旧帝大などの国立が上位を占める日本、といった相違がみられる。換言するならば、権威を図るバロメーターはさしずめ大学の学問的生産性や威信などであるから、その視点から観察すると、日本では国立、米国では私立が優位を占める。世界大学ランキングを引き合いに出してみても、いみじくも上位を占めているのは、日本では国立大学の雄、米国では私立大学の雄である。このような上位校は全大学のなかのせいぜい五％程度を占める研究大学群から輩出されていると同時に、世界的な鍔迫り合いの厳しい競争を制して、概して高い学問的生産性の実現を証明していることから推して、研究大学における教員の専門職性も概して高まることになると考えられる。

### (3) ティア

第三に縦軸の片方にあたるティアに即してみると、ティア（段階）とヒエラルヒー（序列）が識別できる。前者のティアは学士課程と大学院課程の段階を擁した二層に区別できる。建物にたとえれば、一層とは一階建て、二層とは二階建ての建物を意味する。中世大学は学士課程のみの一層からなる一階建ての建物であったが、近代大学はそれに大学院課程を付加して二層からなる二階建ての建物に発展したのである。もちろん、現代はそのような構造が世界的に一般化しつつあるが、近代大学、といってもその当初の頃はアメリカを先頭にして他の諸国に先駆けてそのような変化が生じたことは注意しておく必要がある。この一階建てから二階建てへの移行という画期的な変化は、大学教授職の専門職化にはきわめて重要な意味があるからである。大学教員は前者の一階建ての構造の下では、歴史的に振り返ると明白だが、中世大学以来の長期間にわたって教育志向を持続した。教育志向が中心に位置したこの時期には、大学教員や大学教授は確かに存在したとはいえ、専門職としてのアカデミック・プロフェッション＝大学教授職はいまだ存在していない。これに対して、近代大学以後において登場した後者の二階建ての構造の下では研究志向に軸足を移した。そして、二階建ての二階部分にあたる大学院を中心に研究が制度化され、大学教員養成に専門分野の研究が必要となった時点から専門職が成立することになった（Light 1974）。

別の角度からティアを説明すると、専門分野の「深さ」と関係して「順次性の原理」というカリキュラムの難易度によって初級・中級・上級などに編成された学士課程、修士課程、博士課程などがティアを具現している。ティアは質の上下関係を示すので、それぞれの専門分野の到達水準の質保証を行うという理念や使命を付与される。初級に相当する学士課程卒には各システムで主要学位が付与されるのが普通であり、フランスのリサンス、イタリアのロウレア、ドイツのデイプローム、ラテンアメリカ諸国のリセンシアドなどがある。これは日本の学士に相当する。歴史的には、中世大学の時代から、学士、修士、博士が出現し、最初は未分化であった三者の関係は次第に分化して発展した。初期の頃の大学教員は、いまで言うマスター、ドクター、プロフェッサーなどと呼称されており、それらは同義語であった。

博士の重要性が高まったのは、一九世紀以来である。米国がドイツモデルを移植した一九世紀の前半から後半の時期では、ドイツの「哲学博士」が最高学位として輸入され、イェール大学で最初の博士号が一八六二年に授与されている。この時期以後、博士号は専門分野の研究の到達点を示すバロメーターになった観は否めない。米国では博士号が重視されはじめた一九世紀後半に、博士号に対抗するために「名誉博士」が濫発されたが、名誉博士は博士に比べて実力がないことがばれて馬脚を現したため、一八九〇年に最多の三九件にのぼったものの間もなく廃れた（ルドルフ 二〇〇三：三六四頁）。

博士号は学問中心地で授与される場合に権威が高い。その点、最初はドイツ、のちに米国の博士号が権威を持つようになった。その意味ではどこの国の博士号が最も権威があるかは、博士号の取得国を見ると了解できる。日本では、理系では国内、文系では大半が国内で若干が米国など外国で取得する傾向がある。この事実は、現在では国内の専門分野の水準が高いことを裏書きする証拠となるが、明治維新の頃では水準は外国に存在したので外国で博士号を取得する傾向があった。ちなみにお隣の韓国ではいまも外国、特に米国に留学して博士号を取って帰国する割合が多い。先述した明治時代の日本における科目の国別選択採用の事例は、さしずめ専門分野に即した世界一の到達水準を詮索することを物語る適例であり、当時の学問中心地と博士号を併せた威信が英・独・仏・蘭・米などの外国に存在したことを物語る。

### ⑷ ヒエラルヒー

第四に、縦軸のもう片方にあたるのはヒエラルヒーである。すなわちヒエラルヒー（序列）は大学組織体間および大学組織体内部における上下の序列化を示す概念である。大学が単数のみ存在する時点では他との比較ができないから大学間の序列は生じないであろうが、複数の大学が存在するようになると、威信の高い大学と低い大学の分化が生じ序列が形成される。中世大学では、起源の古いパリ大学やボローニャ大学などは世界から学生が蝟集し、名声を馳せるにつれ高い威信を誇った。とりわけ世界の大学が派生する原点の地位を占めたパリ大学は、可視性や評判を高めるのに伴って高い威信が付与されたのは不思議ではない。パリ大学からオックスフォード大学が派生し、オックスフォード大学からケンブリッジ大学が派生したといった現象には、拠点と周辺、上位と下位など大学の階層化が生じる過程が透けて見えるのではないか。現代大学は、大学の市場化がとめどなく進行することに伴って、学問中心地と周辺地、学問的生産性の高い大学と低い大学、大学ランキングの上位の大学と下位の大学、威信や格の可視性において優位な大学と劣位の大学、等々といった、地位や評判の様々な差異化や差別化を生じ、大学の階層構造の頂点から底辺までのコングロマリット状の序列を顕在化させている（有本 一九九六）。

**表1-1　世界大学ランキングトップ20（2013-14）**

| 順位 | 大学名 | 得点 |
|---|---|---|
| 1 | カリフォルニア工科大学（米国） | 94.9 |
| 2 | ハーヴァード大学（米国） | 93.9 |
| 2 | オックスフォード大学（英国） | 93.9 |
| 4 | スタンフォード大学（米国） | 93.8 |
| 5 | マサチューセッツ工科大学（米国） | 93.0 |
| 6 | プリンストン大学（米国） | 92.7 |
| 7 | ケンブリッジ大学（英国） | 92.3 |
| 8 | カリフォルニア大学バークレー校（米国） | 89.8 |
| 9 | シカゴ大学（米国） | 87.8 |
| 10 | インペリアル・カレッジ・ロンドン（英国） | 87.5 |
| 11 | イェール大学（米国） | 87.4 |
| 12 | カリフォルニア大学ロサンゼルス校（米国） | 86.3 |
| 13 | コロンビア大学（米国） | 85.2 |
| 14 | チューリッヒ工科大学（スイス） | 84.5 |
| 15 | ジョンズ・ホプキンス大学（米国） | 83.7 |
| 16 | ペンシルバニア大学（米国） | 81.0 |
| 17 | デューク大学（米国） | 79.3 |
| 18 | ミシガン大学（米国） | 79.2 |
| 19 | コーネル大学（米国） | 79.1 |
| 20 | トロント大学（カナダ） | 78.3 |

資料：THE 世界大学ランキング

## 学問中心地と周辺地の階層分化

現代では、数ある大学のなかでとりわけ研究大学の地位が高くなった。二〇〇三年から登場した世界の大学を対象とした各種の大学ランキングが示すデータの通り、序列の高い地位にランクインされた大学は概して「研究大学」(research university)の部類に属する大学群を形成していることが分かる。例えばロンドン・タイムズ(THE＝Times Higher Education)の世界大学ランキング(二〇一三－一四)では、上位にカリフォルニア工科、ハーヴァード、オックスフォード、スタンフォード、マサチューセッツ工科、プリンストン、ケンブリッジ、バークレー(UCB)、シカゴ、インペリアル・カレッジ・ロンドンなどの大学がランクインされており、いずれも研究大学のカテゴリーに入る大学である(表1-1参照)。このランキングの結果の信憑性が高いとすれば、一〇や二〇位にランクされる大学群は世界でトップクラスの研究大学群であり、言ってみれば概して研究・教育生産性が高く、研究・教育条件が整備されている大学群にこれらの大学は該当するわけである。

国際的なスカウト合戦が活発化している現代の大学市場では、研究・教育条件のすぐれた大学を求めて、大学教員は移動を繰り広げるし、しかも単に移動するだけではなく垂直移動のなかの下降移動を嫌い、上昇移動を好むステータス・シーカー＝地位追求者の傾向がある。著名教授のスカウト合戦が国内的にも国際的にも頻繁に展開される状況が出現している現在、著名教授がエリート大学に吸収される度合いはますます高まらざるを得ない。学者はますますステータス・シーカーと化し、大学も地位と評判をめぐって上昇移動を求めるから、スカウト合戦の成否を伴いながらアカデミック・ドリフト＝大学漂流が顕著に進行する。こうして学問中心地を占める大学とエリート科学者や研究者の結合は拍車をかけられることになり、とどまるところを知らない。ノーベル賞受賞者の集積数の多寡でもって大学の威信を競い合う風潮も世界的になきにしもあらずだし、実際に米国の主力大学などをみるとそのような実態が観察できる。

その意味では、学問的生産性とランキングは直結する関係が深く、学問中心地を構成する上位大学群ほど学問的生産性の高い研究者や科学者を集積する度合いが増すのはもとより、かかる学問中心地を基軸にして大学教授職の専門性の水準や質は高くなる傾向があるとみなされる。もちろん、異常に過熱する過激な競争は種々の「社会病理」を伴うことも否定できない。

　別の角度からヒエラルヒーを説明すると、「ティア」と同様に知識の深さと関係が大きいという特徴を備えている。カリキュラムの難易に起因する「順次性のヒエラルヒー」があるが、これは先述の通りティアに含められる。これに対して機関の威信格差による「地位のヒエラルヒー」があるが、この場合、専門分野の発明発見の先取権競争やそれを媒介した教育活動の評判獲得競争において、他の集団や大学よりも上位の地位を獲得することをよしとみなす理念や使命が付与される。ヒエラルヒーはセクターと結合する場合には、先述したように国立、公立、私立などのセクターの威信格差をもたらす。また、ヒエラルヒーが国家と結合すると、学問中心地の国家間の推移との関係が深まる。明治初年では、このような地位のヒエラルヒーの現実が当時の世界の学問中心地であった欧米列強に存在し、とりわけ英・仏・独・蘭・米に存在すると評価されたからこそ、後発国の日本はこれらの先進モデルを移植することに努めたのである。

　われわれが実施した「エポニミー」(eponymy)の研究を参考にして、世界の学問中心地を中心に学者や学生によって行われた国際的移動の実績を調べると、一七世紀から今日までの間に、中心地はフランス、英国から、一九世紀にドイツへ移行し、さらに二〇世紀以来は米国へ移動したことが分かる（新堀 一九八五、有本 一九九六）。国際学術賞においても同様の傾向が見られ、特にノーベル賞では、二〇世紀以後、米国がダントツの上位を形成している事実がある。現在では、世界大学ランキングが、大学のヒエラルヒーを喧伝する色彩が強まっていて、ロンドン・タイムズ（THE）（二〇一三‐一四）のそれでは、上位百傑以内にランク

**表1-2　世界大学ランキングの上位大学数　国別比較（2013-14）**

| 順位 | 英 | 仏 | 日 | 米 | 独 |
|---|---|---|---|---|---|
| 10傑 | 3 | | | 7 | |
| 20 | 3 | | | 15 | |
| 50 | 7 | | 1 | 30 | |
| 100 | 11 | 3 | 2 | 46 | 6 |
| 200 | 31 | 5 | 5 | 77 | 10 |
| 300 | 39 | 7 | 8 | 91 | 20 |
| 400 | 49 | 8 | 11 | 108 | 15 |

資料：THE 世界大学ランキング

インされた大学数は米国（四六）、英国（一一）、ドイツ（六）、フランス（三）、日本（二）となり、米国の大学が一番多く全体の四六％を占め、次に英国の大学が多く一一％を占め、米英がダントツに多い事実がある（表1―2参照）。特に米国は一〇傑では七〇％（一〇分の七）、二〇傑では七五％（二〇分の一五）を占め寡占状態に近い。日本は二〇傑までには登場していない。一〇〇傑では日本は、ドイツ、フランスに次いで五位である。これを上位四〇〇傑まで拡大すると、米（一〇八）、英（四九）、独（二五）、日（一一）、仏（八）となり、順位では日仏が入れ替わるが、米英がずばぬけて多い情勢はなんら変わらない。

### (5) 教学と経営

大学が社会変化と対応しながら理念・使命を追求して発展を遂げることは簡単なことではないし、対外的にも対内的にも様々な葛藤、緊張、軋轢に直面し、それを解決しなければ、組織体の維持発展はありえない。そのような現実を内包する大学において、知識の「三面性」に即した教育、研究、サービスは、この順番で歴史的には大学のなかに制度化を実現してきた経緯があるが、中世大学の教育万能から、近代大学の研究万能へと転換することによって、世界的にも国ごとにも研究と教育の両立をめぐる角逐が生じた。教育を重視するあまり研究を排除すること、逆に研究を重視するあまり教育を排除すること、などは大々的に生じた。最も遅れて登場したサービスはドイツでは研究を重視するあまりしばらく看過され、米国では研究を重視しながらも促進された。ドイツは大学の発展に失速し、米国は加速した。こうして理念・使命の統合に失敗すれば、組織体は衰退か最悪の場合は解体を余儀なくされるし、成功すれば繁栄の道を辿る。米国は概して三面性の統合に成功を収めて発展を遂げたと言える。

すでに、理念・使命の三面性の健全な発展が大学存亡のカギを握ることを考察した。これらの研究・教育・サービスの三面性は、いずれも教学の範疇に入る概念であるとしても、大学の発展は教学のみではなく、経営の力が作用していることを忘れてはなるまい。したがって、三面性の健全なる発展を期すには、教学との角逐が生じやすい経営との関係が重要であるとみなされる。歴史的に回顧すれば、中世大学は学問的に最も輝いたのは一三世紀であったが、その後は学問的に輝きを失った時期に、大学数は増加した（島田 一九九〇：七三頁）。教学の中味が衰退しているのに大学が経営的に栄えたのでは、学問を重視するところに本領が発揮される大学本来の理念・使命を果たしているとは言えない。教学と経営の両者のなかで教学が大切であると考えれば、経営が成り立っても、教学が滅んでいるのでは大学の理念や使命はやはり滅んでいるというほかないことになる。一四世紀以後のしばらくの時期はまだしも、教学も衰退し、経営も危機を迎えた一七世紀では、大学は理念・使命を名実ともに喪失し、発展の可能性を見失う状態に陥り、大学生活の荒廃が極限に達していた。再び島田の記述を引いてみよう。

　大学の国家と宗教への隷属とならんで、大学生活の顕著な荒廃があった。一七世紀は大学の歴史におけるいわば暗黒時代である。宗派的対立と政治的動乱にまきこまれた大学から闊達な研究精神も、落着いた勉学の態度も期待することはできない。そこにあるのはたかだか不毛の神学論争ばかりであった。（同上：一二二頁）

　大学の財政は極度に逼迫し、教授たちの給料は劣悪となり、その生活は苦しかったが、それが彼らに意欲を失わしめたらしい。彼らの怠慢をせめる声がいたるところできかれるありさまで、事実、講義がほとんど放擲された場合も少なくなく、しかもその教室はガラ空きであったのである。（同上：一二五頁）

経営の破綻と教学の危機——古くて新しい問題

このように、教学がとみに衰退の一途を辿り、教学を支えるはずの経営が破綻したのでは、お手上げの状態に陥るのは当然の成り行きである。その意味ではすでに論じたように、一七世紀に大学は死滅したとの説が登場するのは理解できないことはない。大学の理念・使命の本質はあくまでも三面性の調和的追求にあるが、中世大学の時代は、教育という一面性の追求のみに偏したため、いまだ三面性を追求する時点には距離があった。それゆえに衰退し荒廃したのだとは必ずしも断言できないかもしれない。さりとて教学も経営も衰退したのでは万事休すとなり、万策尽きて死滅に至るだろう。それを回避するための窮余の一策としては、何はともあれ「学問の府」の本質である教学から再建しなければならないし、その欠如は坐して死を待つしか残された手立てはないに等しい。そうした再建の時点の到来は先駆的にはハレ大学やゲッチンゲン大学の出現であり、さらに本格的にはベルリン大学などの出現を待たなければならない。

現代の大学においても、大学システムは繁栄しているが、個々の大学は死滅の危機に瀕している場合は少なくない。そこには幾つかの類型が見られる。つまり、①教学と経営が良好（＋＋型）、②教学は良好だが経営が不振（＋－型）、③教学が不振だが経営は良好（－＋型）、④教学も経営も不振（－－）、の四つのタイプである。①は安泰である。④は市場原理のもとでは生き残れそうにない。②はぜひ残したい大学だが、経営危機に見舞われている。③は残したい大学ではないが、残る公算が大きい。このなかで②はいくら教学が立派なことをめざしても、肝心のそれを支える経営が破綻したのでは、大学は破産するしかないことを意味する。

大学史をひもとけば世界の到るところで大学は誕生し、消滅したから、この種の教学と経営のバランスが崩壊を来したのだと容易に推察できる。例えば、米国の一九世紀には多くのカレッジが叢生したが、経営難のため教授の給料を支払わないケースが多発した。種々の事例を列挙しているフレデリック・ルドルフは、その一つを「カレッジが破産を逃れるために好んで用いた方法は、教授が辞職したり死亡したりしても後任を任命しないで、彼の担当科目を残った教授達に割り振るというやり方だった。このやり方は、ラファイエット・カレッジで一八六〇年に開発され、一時的に一〇〇〇ドルの赤字解消に役立った。」（ルドルフ 二〇〇三：一九三頁）と紹介している。現在の日本でも経営危機に見舞われている大学が多数存在する限り、この事例と大同小異の現象が見られるのではないか。消滅した大学はいまだ少ないが、私立大学を中心に定員割れが深刻の度を増している以上、これから大規模大学に吸収されるか破産するか、選択を迫られる大学は少なくないだろう。④（－－型）や③（－＋）は質保証が弱い点で生き残りには問題があるが、質保証の強い②（＋－型）の大学をいかに残すかの大学政策が問われるに違いない。

組織体は一枚岩ではなく、とりわけ内在する経営と教学の側面は異なった価値観を持つ場合が少なくなく、その点で不断に生じる圧力、葛藤、緊張を内包している。前者は大学の収支決算が赤字に転落するのを恐れ、あくまで黒字を維持することに力点を置くから、研究や教育の発展を重視する教学の論理を無批判に受け入れるとは限らない。むしろ容赦なく一刀両断に切り捨てることは少なくないに違いない。採算の合わない授業を廃止し、定員割れの学科を縮小し廃止する。受講者が五人に満たない授業は閉鎖されないとは限らないし、講師は解雇されないとは限らない。大学と社会の関係が密接になり、需要と供給の論理や「市場原理」が高まる現代では、知識あるいは専門分野に対する社会の要求も変動せざるを得ないし、需要が減少すれば供給過剰となり、需要が増加すれば供給不足になる。需要のない人気のない専門分野の授業科目は姿を消す。教学以前の問題としてあくまで経営が大切だとする論理がそこに介在するのである。

## (6) マルティヴァーシティの台頭

中世大学の時代でも、多くの大学が誕生して消失したとすれば、現代と同じではなくとも市場原理が大なり小なり作用し機能していたと解される。市場では需要と供給の力学が働く。この論理が多少でも作用する限り、その論理が不都合だとみなす教員も大学も淘汰の対象となる。教員の場合、最初の学生大学であるボローニャ大学では、学生が教員の品定めをするため何回か授業をさせて学生の眼鏡にかなえば採用した。授業料を払う価値のある教員のみを慎重に選別したのである。これはまさしく需要と供給の論理にほかならない。学生からそっぽを向かれた教師は就職できなかったのである。

翻って今日のように市場原理が支配する時代には市場競争力のない大学は容赦なく淘汰されてしまう。市場競争力の強い大学は概して中小規模大学ではなく、大規模大学であることが多い。概して定員を充足できるだけの受験生を集められない地方の私立中小規模大学は大規模大学よりも経営破たんを起こす度合いが大きい。中世大学の場合も、中小規模大学は誕生し消滅したし、現代大学も中小規模大学は誕生し消滅する。このように、大規模化を実現できない、スケールメリットを欠いた大学組織は、専門分野の論理に淵源する大学の理念・使命を組織として有機的に十分追求することが次第に困難になっている現実がある。そうなればそうなるほど中世大学の学問ギルドの集団のごとく「知の共同体」を構築することは次第に困難となる。その点では、中世大学のギルド組織は、近代大学が誕生した以後の時代には相当の変化を余儀なくされたことは容易に推察できよう。中世大学の学問ギルドは、学芸、法学、医学、神学などの学部から構成され、概ね凝集力を持つ単一の組織体であり、いわば「ユニ・ヴァーシティ=単一大学」であったし、社会に埋没せず拡散しない「象牙の塔」の性格をかなり擁した。だがこうした風景は一九世紀の後半から米国を中心に一変した。

ユニヴァーシティからマルティヴァーシティへの移行

誕生から今日まで連綿として、あるいは仮に一度死んだとしても、大枠としては約九〇〇年の年輪を刻んで長躯発展を遂げ命脈を保ってきた大学制度は、クラーク・カーが半世紀前の一九六〇年代に指摘したように、当時すでに「学問的な僧院」でもなく、「研究のための組織」でもなく、ユニヴァーシティからマルティヴァーシティへと変化している制度であったのである（Kerr 1963［一九六六］）。中世大学に対して近代大学は、次第に大規模化して学部、大学院、研究所などを集積した都市さながらのマルティヴァーシティ=複合大学へと変貌を遂げたのである。

マルティヴァーシティは、矛盾だらけの組織である。それはひとつの組織体ではなく、より合い所帯である。学部と大学院、人文、社会および自然科学者、各種職業訓練所、学問に直接関係ない職員、大学管理当局といったものの寄せ集めである。（カー 一九六六：一三三頁）

エイブラハム・フレックスナーは、一九三〇年頃、アメリカの大学の変貌ぶりに慨嘆して著書のなかで次のように述べた。

真の大学とは、高尚で明確な目的によって特徴づけられた一つの有機的組織であり、精神の目的である。しかし、私がこれまで述べてきた機関（私たちが所有する最高の機関）が有機的組織体ではないことは明らかである。それらの機関は、単なる経営的集合体である。……拡大を求め、さまざまな需要に迎合し、野蛮な努力を行った結果、有機的統一体としての大学は分解してしまった。（フレックスナー 二〇〇五：一九一頁）

さらに「いかさま医者、技術者、抜け目のない「セールスマン」、実践家が、泰然と支配力を獲得している。」（同上：二二七－二二八頁）と酷評したのである。

## 知の企業体とアカデミック・キャピタリズム

彼が三〇年後にカーの描いたマルティヴァーシティの現実を直視する機会を得たとすれば、大きな衝撃を受けたであろう。ましてや八〇年後の今日の大学を襲っている「知の共同体」を喪失した、あるいは少なくとも喪失しかけている「知の企業体」という経営的集合体の出現を観察すれば、慨嘆は如何ばかりであろうか。わずか一世紀足らずの間に大学をとりまく急激な社会変化が生じたのを背景に、もはや有機的組織を欠如した組織規模が出現したことの問題のみならず、それを支える予算、決算、財政が途方もなく膨張をきたしたことの問題を考えれば、大学は事業となり、企業となった。それどころかヤーロスラフ・ペリカンが論じた如く、大学はいまや「大企業」に匹敵する存在になった。

大学の任務を論じるにあたって、大学とは事業である。しかも大事業であると言えば、それはもちろんことば遊びになります。しかし、これはただのことば遊びではありません。毎年、各国や各州における高等教育の予算をめぐる議論をみれば、世界のどこでも、大学はかなりのパーセンテージの収支決算に関係し、サービス関係（あるいは非営利）の経済部門において重要な位置を占めていて、今や、現代社会の大企業の一覧表に大学をふくめなければならないことは明白です。（ペリカン　一九九六：一〇六頁）

社会の経済的メカニズムのなかに深く組み込まれるにつれて大学は紛れもなく「市場原理」によって動く存在になったこともはや見逃せない事実である。世界的にみれば、米国は一九世紀の後半以来、急速に市場化へ胎動したのは、大学の機能で言えばサービス機能が他の国々に先んじて発揮されるようになった経緯があること、大学を取巻く社会の機能で言えば、大学が社会に役立つことを求めるプラグマティズムの風土が根強い経緯があることなどを反映しているに違いない。大学は産学協同によって社会との提携を深め、社会は同じく大学の研究や教育との提携を深める方向を邁進したのである。上山隆大は『アカデミック・キャピタリズムを超えて』のなかで世界に先駆けて進行した米国における市場化の動きを詳細に考察しているのであるが、次のように述べている。

……一方、市場で評価をうけるということは、誰がそれを求めているか、そして、それに対してどのぐらいの値段がつくのかを考えることに他ならない。伝統的な大学における教育と研究は、普遍性と自律性の原則から、この市場メカニズムの参入をずっと拒否してきた。だが、アメリカの大学制度は、その歴史的成り立ちからずっとこの市場の力と強い親和性を持っているのである。（上山　二〇一〇：二四頁）

市場化の進展と呼応して大学は急速に市場化を呼び込み市場原理で動く組織体へとそれほど拒絶反応を示すことなく変貌を遂げ、現在では「象牙の塔」や「複合大学」どころか、シェイラ・スローターとゲイリー・ローズが米国の状態を観察して直截的に指摘したように、効率、能率、利潤を追求するアカデミック・キャピタリズム＝大学資本主義の色彩を強めたのである（Slaughter and Rhoades 2004［二〇一二］）。こうして教学が経営によって束縛を受ける度合いはますます増加せざるを得ない。市場原理を拒絶しない文化や風土が作用する米国の大学や社会では、大学と社会の関係は水と油のように交わらないのではなく、水と魚のように呼応し合う色彩が世界に先駆けて濃厚になったと言えるかもしれない。それでも大なり小なり教学は委縮し経営は肥大する傾向を持つことは否めないであろう。ノンプロフィットである大学に営利目的やそれに近い組織が公然と登場する時代においては、大学が理念・使命を節度のある状態に内的に保持する努力を維持しない限り、企業としての大学は大学外の社会から浸食される可能性は次第に高まらざるを得ない。実際に企業としての大学に外部資本が投入される時代が到来した。

グローバル化、市場化、ＩＴ化などと呼応してフェニックス大学のように、ｅ-ラーニングによる世界的ネットワークを持ったマクドナルド型大学とでもいうべき「知の企業体」も登場しているのである。米国には一三〇〇校以上の営利大学が存在していて、そのなかでフェニックス大学は最大の営利大学である。デレック・ボックによれば「アメリカの三八州に加えて、首都ワシントン、プエルトリコ、カナダ、メキシコ、オランダ、イギリスで分校をつくり、総在籍者数は少なくとも四〇万人に上る。二〇〇九年、三七・七億ドルの収入。」と紹介されている（ボック 二〇一五：二九頁）。

### 大学を脅かすデジタル・メディアの登場

それにとどまらない。土屋俊が指摘しているように、いまやＭＯＯＣと呼ばれる大学もどきの企業である授業料無料のデジタル・メディアが台頭して大学を脅かす存在になり始めている事実がある（土屋 二〇一三）。ＭＩＴやスタンフォードなど米国の一流大学の教授が講義をし、それをインターネットで配信したのを受講者は自宅で受信し学修し、要求すれば単位を取得して終了証書を得ることができるという仕組みが登場した。現在の若者が大学へ入学する動機の少なからぬ割合は就職に有利な単位取得であろうが、もしこの新種の大学が就職に有利であると証明されれば、受講者はうなぎ上りに増加し、旧来の大学の地位を脅かす存在になろう。そうなれば、九〇〇年の年輪を誇る大学は臨終を迎えるほかないだろう。

こうした動きは市場原理の浸食が顕著となった大学の現在から近未来の構図である。それと同時に、知識社会の知識に対する需要が大学内外で強まっている動きの反映である。その間に、大学の知的基盤を担う専門分野の分化や増殖に拍車がかけられ、知識の新陳代謝を強めた結果、学科や学部のスクラップ・アンド・ビルドが昂進し、再編成を加速する動きが強まった。学事の基礎たる専門分野の拡大・分化に伴い、今日の大学は、講座、学科、学部がことごとく増殖し、組織体の規模がいやがうえにも拡大した。中世大学のせいぜい四学部の編成から最近では一〇~二〇学部の編成へ増殖した大学が珍しくないのはそのれっきとした証左である。学部や学科編成の変化はその傘下に配した多数の学科や講座のめまぐるしいスクラップ・アンド・ビルドの現象の所産だと観察できよう。知識やとりわけ上級知識の所産である専門分野は科学や学問の探求をバネに、あるいは社会変化に起因する需要と供給の論理に応答しながら地殻変動を惹起して大学を変貌させる原動力になったのである。一方で大学の定員割れと淘汰が強まり、他方で大学の新陳代謝による拡大が強まるという矛盾に満ちた現象が同時進行しているのである。

### ⑺　大学構成員の多様化

現在の爆発的な変化は、伝統的安定社会の中世大学の時代にはほとんど生じることなく緩慢に進行していた大学組織体の拡大が、近代大学の登場以来のわずかに一世紀の間に一挙に爆発することになった現象にほかならない。かかる変化の時代には、組織に加えてそれを構成する人員の変化も頻繁に起こることは回避できない。ちょうど、学生の増加が大学教員を増加させ、それらの受け皿の大学規模を膨張させるように、構成員の増加は大学規模の膨張をもたらす。すなわち大学組織体の大規模化や多様化のみならず、それを下支えする大学構成員の多様化も否応なく同時並行的に進行する時代を迎えたのである。例えばノン・プロフィット（非営利）の大学は本来は利潤追求をめざす企業のような営利組織では決してないにもかかわらず、大学のなかに占める経営や管理運営などが比重を増すにつれて、その主役を務める経営者や職員などの世界、つまり大学教員とは一線を画すいわばビジネスの世界の固有文化が一段と強まることになった。それと同時に、アカデミック・キャリアを経由せずに銀行、商社、証券会社、などビジネス世界から教職員に直接任用されて教学や経営に参画する人材は増加の一途を辿っている。大学の企業化現象が急速な勢いで強まっているのである。

アカデミック・キャリアの変貌

他方、伝統的な教学に目を転じると、そこには学長、学部長、学科長、図書館長、教授、准教授、助教、講師などの教員や、大学院生、学部生などの多様な構成員が含まれる。そのなかで学生に限れば伝統的学生に加えて、留学生、社会人学生などの多様化が顕著になった。エリート段階には年齢、階層、学力、モラールなど概して同質的であった学生は、大衆化段階では「ニュー・ステューデント」の出現を含めかなりの多様化を遂げるに至り、さらにユニバーサル段階の今日では超多様化が着実に進展することになったのである。

同時にそれに劣らず教職員の多様化が生じている。教員のキャリア形成もいまや旧来型の経歴から未来型の経歴へと向かう過渡期の変化が生じることになった。教授、准教授、助教、講師など教員のキャリア・パスも職員と同様に、「ジプシー型」「アクシデント型」「融合型」などと言われるごとく正規のルート経由ではないバイパス経由が顕在化し、それにつれて伝統的なアカデミック・キャリア以外からの教員への参入現象が活発化し、多様化が日増しに進行しつつある。

そうした現象を先取りした先進国である米国では教員の半分以上はいち早くパートタイムと化したばかりか、その歩みを依然として強めている。その点では日本も遅ればせながら大同小異の歩みを辿っており、最近ではそれまで主流を占めてきた常勤職と新たに増加している非常勤職の割合が逆転して、非常勤職の比重が高くなった。

## おわりに

本章の主題である「大学とは何か」を考察するには、誕生以来九〇〇年ほどの年輪を刻んできた世界の大学を対象にしてその歴史の回顧を必要とする。なぜならば、大学は過去から現在まで命脈を保ってきた以上、その歴史を通じてすでに死に絶えた化石ではなく、誕生して長躯発展を遂げた組織体であること、その節目の時代ごとの空気を吸収し反映して固有の文化や風土を具体的に表現してきた「生き物」であること、といった実態が把握できると考えられるからである。

第一に、今日の法的定義に照らせば、大学は研究と教育を中心に社会に貢献する制度であると定義され、そこには年輪を重ねてきた長い歴史や伝統を踏まえて蓄積された経験や知恵が集約的に結晶しているとみなされる。こうして研究と教育が大学の理念を支える主たる柱であり、アカデミック・ワーク＝学事の根幹に位置する両輪であると概括できることは正当であるとみなされる。そのことは誰しも否定できないとしても、この理念や学事が歴史的には最初からいとも簡単に形成されたのではなく、社会と大学の合わせ鏡として、あるいは社会と大学の葛藤の所産として、今日まで命脈を保ったことも見逃せない事実である。

第二に、大学は各時代の種々の経験を踏まえて、理念や使命の総合性を構築することを追求してきたのであるが、その際には大学や社会変化や政府や知識などからの影響を受けて発展してきた。これらは大学を観察するためのいずれも不可欠の視点であるが、大学の学事を形成する基盤はあくまで知識にある以上、知識の発見、伝達、応用はそれぞれ研究・教育・サービスを形成し、それがそのまま大学の理念・使命の根幹を形成してきたことが分かる。この三面性を総合的、有機的、調和的に模索し実現することこそが大学のさらなる発展を約束する。

この角度に立脚して、歴史的かつ世界的な視点から、第一の波、第二の波、第三の波、すなわち農業、工業、知識社会に呼応した中世（および近世）、近代（および現代）、未来の各大学が標榜する大学像を追跡すると、すでに縷々論述したように、それぞれの時代を代表する巨視的な理念や使命は「教育」、「教育と研究」、「研究と教育と学修」を基軸に構築されて展開されていると解されるのである。

第三に、中世大学の理念は教育の追求に終始したのに対して、近代大学の理念はそれに研究を追加したのであり、その牙城となったドイツの大学は「研究主義」によって世界の先陣を切った。ドイツモデルをいち早く移植して「研究と教育の両立」を追求する理念を樹立したのは米国であったが、なぜ米国の大学が世界に先駆けてこの理念を実現したかはいまさらながら興味をそそる問題である。しかも研究と教育の両立志向のみではなく、社会サービス志向の観点も世界に先駆けて実現したがゆえに、大学理念・使命の三面性に図らずも接近し、結局は飛躍的に大学の発展を可能にし、今日まで「学問中心地」として世界の大学を牽引する可能性を一九世紀の終わりから手繰り寄せることができた。専門教育と教養教育、学士課程と大学院課程などの発展にも米国は並々ならぬ創造性を発揮した。同じ時期にドイツモデルの移植につとめた日本が米国ほど創造性を発揮して学問的生産性を拓く方向への大学改革を実現することにならなかったのとは対照的であった。学閥や講座制を抑制する方策に真剣に取り組むことができなかったのはその事例の一端を如実に示すのである。

第四に、この概括を踏まえて、今後の大学の理念や使命を構築するには、研究・教育・学習（学修）の軸と、専門教育・教養教育の軸を考慮しながら、それらを学士課程と大学院課程にいかに効果的に配置するかを問わなければならないし、過去の伝統を踏襲しつつ未来からの挑戦へいかに的確に対応するかを問わなければならない。これらの課題を直視するとき、とどのつまりは「R－T－Sの統合」は何よりも中心に位置する課題となるのではないかと思料することができる。二一世紀の現在から未来にかけて、この世界的な課題を遂行するために、日本に限らず世界の大学は新たな取り組みを開始しなければならないという課題に直面するのである。

中世大学以来このかた「大学とは何か」という命題を絶えず追求してきた世界の大学は、中世大学以来の遺産を継承しながら、それぞれの固有の歴史や伝統を踏まえながら、独自の創造的な対応を試行錯誤的に試みる営みを迫られるのは自明であるし、社会における大学の存在理由を問う以上、その営みに背を向けて「大学とは何か」

を問い続けることを放棄することはできないだろう。

第五に、こうした独自性や創造性を発揮するためには、ほかでもない個々の大学教員の意識や行動が重要なカギを握っているとみなされる。大学教員が単なるサラリーマンではなく専門職である「アカデミック・プロフェッション＝大学教授職」を自認する以上、学事の基盤となる専門分野へのコミットメントを中心にして自分のことは自分で考え、創造性や創意工夫を発揮することが不可欠であり、そのことを放棄して誰か他の人々に責任を委ねることは社会から無責任だと揶揄されても仕方がないであろう。

そしてその種の課題を解決するカギを握る大学教員の意識に照準し、国際調査を手掛かりに分析する限り、世界的に研究と教育の両立は必要であるとしながらも、その実現は研究志向が高まりを示す傾向のなかでかなり難しくなりつつあることが判明した。それに加えて、とりわけ日本の大学教員は研究志向が強いあまり両立志向に難色を示している度合が大きいのである。ましてや近代大学の理念でありながら、いまだ実現されているとは言えない、R－T－Sネクサスの実現にとってはさらに困難な将来が待ち受けているようにみえる。こうして「大学とは何か」を考えることは、その主要な担い手である大学教員にとっては、そもそも「大学教授職とは何か」を再考することにほかならないのである。

## 参考文献


Altbach, P. G.（1979）. *Comparative Higher Education: Research Trends and Bibliography*. London: Mansell.

Altbach, P. G.（2013）. *The International Imperative in Higher Education*（Global Perspective on Higher Education, Volume 27）. Rotterdam, Boston, Taipei: Sense Publishers.

Arimoto, A.（2015）. "The Teaching and Research Nexus from an International Perspective." In: Cummings, W. K. & Teichler, U.（Eds.）. *The Relevance of Academic Work in Comparative Perspective*. Cham: Springer, pp. 91-106.

Ashby, E.（1958）. *Technology and the Academics: An Essay on Universities and the Scientific Revolution*. New York: Macmillan.

麻生誠（二〇〇九）『日本の学歴エリート』講談社学術文庫。

天野郁夫（二〇〇九）『大学の誕生』（上）中公新書。

朝日新聞社（二〇一三）『大学ランキング２０１４年版』朝日新聞出版。

阿曽沼明裕（二〇一四）『アメリカ研究大学の大学院――多様性の基盤を探る』名古屋大学出版会。

有本章（一九八一）『大学人の社会学』学文社。

有本章（一九八七）『マートン科学社会学の研究――そのパラダイムの形成と展開』福村出版。

有本章（一九九六）「学生――アクセスと優秀性」有本章・江原武一（編著）『大学教授職の国際比較』玉川大学出版部、三九‐五〇頁。

有本章（編）（一九九四）『「学問中心地」の研究――世界と日本にみる学問的生産性とその条件』東信堂。

有本章（二〇〇五）「大学の誕生」諏訪春雄（編）『今、教育の原点を問う』勉誠出版、三七‐五〇頁。

有本章（二〇〇七）「ＦＤ制度化の現状と展望」『メディア教育研究』第四巻第一号、九‐一八頁。

有本章（編著）（二〇〇八）『変貌する日本の大学教授職』玉川大学出版部。

有本章（編著）（二〇一一）『変貌する世界の大学教授職』玉川大学出版部。

有本章・江原武一（編著）（一九九六）『大学教授職の国際比較』玉川大学出版部。

萬成博（一九六五）『ビジネス・エリート――日本における経営者の条件』中公新書。

Ben-David, J. and the Carnegie Commission on Higher Education.（1977）. *Centers of Learning: Britain, France, Germany, United States: An Essay*. New York: McGraw-Hill.（ジョセフ・ベン＝デビッド［天城勲監訳］『学問の府――原典としての英仏独米の大学』サイマル出版会、一九八二年）

Ben-David, J. and Zloczower, A.（1962）. "Universities and Academic Systems in Modern Societies." *European Journal of Sociology*, Vol. 3, pp. 45-84.

別府昭郎（一九九八）『ドイツにおける大学教授の誕生――職階制の成立を中心に』創文社。

ボック、デレック（二〇一五）［宮田由紀夫訳］『アメリカの高等教育』玉川大学出版部。

中央教育審議会（二〇〇八）「学士課程教育の構築に向けて」（学士課程答申）。

Clark, B. R.（1983）. *The Higher Education System: Academic Organization in Cross-National Perspective*. Berkeley: University of California Press.（バートン・R・クラーク［有本章訳］『高等教育システム――大学組織の比較社会学』東信堂、一九九四年）

Clark, B. R.（1987）. *Academic Life: Small Worlds, Different Worlds*. Princeton: Carnegie Foundaton for the Advancement of Teaching.

Clark, B. R.（Ed.）（1993）. *The Research Foundations of Graduate Education: Germany, Britain, France, United States, Japan*. Berkeley: University of California Press.（バートン・R・クラーク［潮木守一監訳］『大学院教育の研究』東信堂、一九九九年）

Clark, B. R.（1995）. *Places of Inquiry: Research and Advanced Education in Modern Universities*. Berkeley: University of California Press.（バートン・R・クラーク［有本章監訳］『大学院教育の国際比較』玉川大学出版部、二〇〇二年）

Cobban, A. B.（2009a）. "Concept of a University."In: Lowe, R.（Ed.）. *The History of Higher Education: Major Themes in Education*. Vol. 2. London and New York: Routledge, pp. 4-17.

Cobban, A. B.（2009b）. "The Rise of Universities."In: Lowe, R.（Ed.）. *The History of Higher Education: Major Themes in Education*. Vol. 1. London and New York: Routledge, pp. 67-80.

ファーラー、W・V（一九八二）「科学とドイツの大学制度――一七九〇年～一八五〇年」『大学研究ノート』第五一号「一九世紀における科学の制度化と大学改革――フランス・ドイツ・英国」（成定薫編訳・解説）。

Flexner, A.（1930）. *Universities: American, English, German*. New York: Oxford University Press.（エイブラハム・フレックスナー［坂本辰朗・羽田積男・渡辺かよ子・犬塚典子訳］『大学論――アメリカ・イギリス・ドイツ』玉川大学出版部、二〇〇五年）

Geiger, R. L.（1986）. *To Advance Knowledge: The Growth of American Research Universities, 1900-1940*. New York: Oxford University Press.

Geiger, R. L.（Ed.）（2000）. *The American College in the Nineteenth Century*. Nashville: Vanderbilt University Press.

Golde, C. M., Walker, G. E. and Associates. (2006). *Envisioning the Future of Doctoral Education: Preparing Stewards of the Discipline, Carnegie Essays on the Doctorate*. San Francisco, CA: Jossey-Bass.
Haskins, C. H. (1957). *The Rise of Universities*. Ithaka, New York: Cornell University Press.（C・H・ハスキンズ［青木靖三・三浦常司訳］『大学の起源』現代教養文庫、一九七七年）
Humboldt, W. V. (1910). "On the Spirit and the Organizational Framework of Intellectual Institutions in Berlin." Translated by Edward Shils, *Minelva* 8 (1970), pp. 242-250.
IAU (International Association of Universities) (2010). *International Handbook of Universities 2011*. New York: Palgrave Macmillan.
Jencks, C. and Riesman, D. (1968). *The Academic Revolution*. Garden, New York: Doubleday.
苅谷剛彦（一九八六）「普遍主義・個別主義」『新教育社会学辞典』東洋館出版社。
Kerr, C. (1963). *The Uses of the University*. Camblidge: Harvard University Press.（クラーク・カー［茅誠司監訳］『大学の効用』東京大学出版会、一九六六年）
クボタ、アキラ（一九七二）［福井治弘訳］『高級官僚』福村出版。
教育社（編）（一九八〇）『官僚――便覧』教育社新書。
児玉善仁（一九九三）『ヴェネツィアの放浪教師――中世都市と学校の誕生』平凡社。
児玉善仁（二〇一一）「起源としての『大学』概念」別府昭郎（編）『〈大学〉再考――概念の変容と展開』知泉書館。
Light, D. Jr. (1974). "Introduction: The Structure of the Academic Professions." *Sociology of Education*, Vol. 47, pp. 2-28.
松浦良充（二〇一四）「大学史から見た現代の大学――大学「教育」を捉え直すために」広田照幸・吉田文・小林傳司・上山隆大・濱中淳子（編集委員）『対話の向こうの大学像』岩波書店、二－二〇頁。
村上陽一郎（一九九四）『文明のなかの科学』青土社。
Merton, R. K. and Storer, N. W. (Eds.) (1973). *The Sociology of Science: Theoretical and Empirical Investigations*. Chicago: University of Chicago Press.
中山茂（一九七八）『帝国大学の誕生――国際比較の中での東大』中公新書。

大久保利謙（一九四三）『日本の大学』（一九八一年復刻版）日本図書センター。
Oleson, A. and Voss, J. (Eds.) (1979). *The Organization of Knowledge in Modern America, 1860-1920.* Baltimore and London: Johns Hopkins University Press.
Parsons, T. and Platt, G. M. (1968). *The American Academic Profession: A Pilot Study.* Cambridge, Mass: Harvard University Press.
Parsons, T. and Platt, G. M. (1973). *The American University.* Cambridge, Mass: Harvard University Press.
Pelikan, J. (1992). *The Idea of the University: a reexamination.* Yale University Press.（ヤーロスラフ・ペリカン［田口孝夫訳］『大学とは何か』法政大学出版局、一九九六年）
Perkin, H. (1984). "The Historical Perspective." In: Clark, B. R. (Ed.). *Perspectives on Higher Education: Eight Disciplinary and Comparative Views.* Berkeley: University of California Press.
Pierson, G. W. (1952). *Yale College: An Educational History, 1871-1921.* New Haven: Yale University Press.
パーキンス、ジェームズ・A（一九六八）［井門富二夫訳］『大学の未来像』東京大学出版会。
Rashdall, H. (1895). *The Universities of Europe in the Middle Ages,* 2 vols. in 3 parts. Cambridge: Cambridge University Press [orig. Oxford: Clarendon Press].（ヘースティングズ・ラシュドール［横尾壮英訳］『大学の起源――ヨーロッパ中世大学史』上・中・下、東洋館出版社、一九六六－一九六八年）
Ross, M. G. (1976). *The University: The Anatomy of Academe.* New York: McGraw-Hill Book Company.
Rothblatt, S. (2009). "The Idea of a University and its Antithesis." In: Lowe, R. (Ed.). *The History of Higher Education: Major Themes in Education.* Vol. 2. London and New York: Routledge, pp. 178-221.
Rudolph, F. (1962). *The American College and University: a history.* Georgia: University of Georgia Press.（F・ルドルフ［阿部美哉・阿部温子訳］『アメリカ大学史』玉川大学出版部、二〇〇三年）
ロソフスキー、ヘンリー（一九九二）［佐藤隆三訳］『ロソフスキー教授の大学の未来へ――ハーヴァード流大学人マニュアル』TBSブリタニカ。
Schelsky, H. (1963). *Einsamkeit und Freiheit: Idee und Gestalt der deutschen Universität und ihrer Reformen.* Reinbek bei Hamburg: Rowohlt.（H・シェルスキー［田中昭徳・阿部謹也・中川勇治訳］『大学の孤独と自由――

ドイツの大学ならびにその改革の理念と形態』未來社、一九七〇年）

島田雄次郎（一九九〇）『ヨーロッパの大学』玉川大学出版部。

佐々木力（一九九六）『科学論入門』岩波新書。

Sörlin, S. and Vessuri, H. M. C. (Eds.) (2007). *Knowledge Society vs. Knowledge Economy: Knowledge, Power, and Politics*. New York: Palgrave Macmillan.

新堀通也（一九六五）『日本の大学教授市場――学閥の研究』東洋館出版社。

新堀通也（編著）（一九六九）『学閥――この日本的なるもの』福村出版。

新堀通也（編著）（一九八四）『大学教授職の総合的研究――アカデミック・プロフェッションの社会学』多賀出版。

新堀通也（編）（一九八五）『学問業績の評価――科学におけるエポニミー現象』玉川大学出版部。

新堀通也・有本章（一九六九）「大学教授の経歴型の国際比較」『社会学評論』第一九巻三号。

Slaughter, S. and Rhoades, G. (2004). *Academic Capitalism and the New Economy: Markets, State, and Higher Education*. Baltimore: Johns Hopkins University Press.（S・スローター、G・ローズ〔成定薫・阿曽沼明裕・杉本和弘・羽田貴史・福留東土訳〕『アカデミック・キャピタリズムとニュー・エコノミー――市場・国家・高等教育』法政大学出版局、二〇一二年）

土屋俊（二〇一三）「デジタル・メディアによる大学の変容または死滅」広田照幸・吉田文ほか編集『グローバリゼーション、社会変動と大学』岩波書店。

潮木守一（二〇〇九）『職業としての大学教授』中公叢書。

高城和義（一九八九）『アメリカの大学とパーソンズ』日本評論社。

竹内洋（二〇〇一）『大学という病――東大紛擾と教授群像』中公叢書。

舘昭（二〇一五）『東京帝国大学の真実――日本近代大学形成の検証と洞察』東信堂。

寺崎昌男（一九七三）「『講座制』の歴史的研究序説――日本の場合（1）」『大学論集』第一集、広島大学大学教育研究センター。

寺崎昌男（二〇〇〇）『増補版 日本における大学自治制度の成立』評論社。

寺崎昌男（二〇〇七）『東京大学の歴史――大学制度の先駆け』講談社学術文庫。

Turner, R. H. (1960). "Sponsored and Contest Mobility and the School System." *American Sociological Review*, Vol. 25, No. 6, Dec., 1960, pp. 855-867.（R・ターナー［潮木守一訳］「教育による階層移動の形態」A・H・ハルゼーほか編［清水義弘監訳］『経済発展と教育——現代教育改革の方向』、東京大学出版会、一九六三年）
上山隆大（二〇一〇）『アカデミック・キャピタリズムを超えて——アメリカの大学と科学研究の現在』NTT出版。
Verger, J. (1973). *Les Universités au Moyen Age*. Paris: Presses universitaires de France（ジャック・ヴェルジェ［大高順雄訳］『中世の大学』みすず書房、一九七九年）
Veysey, L. R. (1965). *The Emergence of the American University*. Chicago: University of Chicago Press.
Wikipedia (2015). https://en.wikipedia.org/?title=Higher_education_in_the_United_States#Universities
山野井敦徳（一九九〇）『大学教授の移動研究——学閥支配の選抜・配分のメカニズム』東信堂。
山野井敦徳（編著）（二〇〇七）『日本の大学教授市場』玉川大学出版部。
横尾壮英（一九八五）『ヨーロッパ大学都市への旅——学歴文明の夜明け』リクルート。
横尾壮英（一九九九）『大学の誕生と変貌——ヨーロッパ大学史断章』東信堂。
吉見俊哉（二〇一一）『大学とは何か』岩波新書。
Zuckerman, H. (1977). *Scientific Elite: Nobel Laureates in the United States*. New York: The Free Press.（ハリエット・ズッカーマン［金子務監訳］『科学エリート——ノーベル賞受賞者の社会学的考察』玉川大学出版部、一九八〇年）

# 第2章　大学の理念と使命——大学の社会的機能を中心に

## はじめに

第一章では、第一に大学の社会的条件と、第二に大学の社会的構造に焦点を合わせた視点から、大学の理念・使命について検討した。翻って本章では第三に、大学の「社会的機能」に注目することによって、大学の理念・使命の根幹をなす研究・教育・社会サービス（以下、サービス）など「学事」の対社会的に果たす役割に注目することにしたい。すでに論じてきたように、社会的機能に焦点を合わせると言っても、社会的条件、社会的構造、社会的機能の間には相互に連関性があるので、完全に峻別することは難しい。それぞれ関連しているし、これまでの議論においても三者の関連性を同時に扱ってきたことは否めない。例えば、社会的条件の変容に伴い、大学の社会的構造は組織体の性格を中心に変容し、それを媒介に社会的機能も変容を来した点を論じた。すなわち中世大学の小集団から近代大学の大集団へ、あるいは中世大学の小世界から近代大学の大世界へと量的な側面からみた場合に大きな変貌を遂げた大学は、質的な側面からみた場合に標榜する理念や使命においても「知の共同体」の理念や使命の追求から「知の企業体」のそれらの追求へと大きな変貌を遂げることになったし、それに呼応しながら機能は研究・教育・サービスの間の葛藤をもたらした。

かかる変貌が生じるなかで、その間を貫いている歴史を通じて普遍的な理念や使命としていつの時代においても共通するのは、すでにジェームズ・パーキンスの所説を引用して説明したように、研究・教育・サービスという学事の「三面性」であり、三機能である。三面の機能がひとつも欠落せずに十全に調和しながら働く大学は概して発展する反面、三面性を損なうような三つ巴の摩擦や軋轢が顕著になって機能障害が起これば、次第に衰退するか消滅せざるを得ない運命が待ち構えている。こうした三面性のなかでは最初の中世大学では教育、近代大学では教育に研究が加わり、さらにサービスが加わるなかで理念・使命の内容が豊富になるという経緯を辿った。近代大学以後は教育、研究、サービスのすべてが揃って理念・使命を構成する時代を迎えたのであるが、そのなかでは車の両輪である研究と教育に主たる比重が置かれてきたのである。そのことは、第一の波、第二の波、第三の波の時代を通して変遷を辿ってきた理念や使命そのものに注目すればおのずから理解できる。以下では、中世大学の教育機能中心の理念から近代大学の研究機能の台頭によって教育と研究の統合が求められる状況が出現して以来、ドイツモデルを受容する米国や日本においていかなる反応とその後の展開を示したか、すでに考察した点と多少重複する場合もあろうが、歴史的な段階を追って理念の発達を見てみよう。

## 1 教育の理念

まず、第一の波の時代に誕生した中世大学の理念は何かと問うと、ほかでもない教育であった。昨日と今日と明日が緩慢に流れるのに加え、概して順接的であるがゆえに変化に乏しい社会である農業社会では、革新的な動きを求める機運は乏しく、あえて求める必要もなかったので、無理に求めれば社会にとって危険であった。知識の伝達は社会を持続するが発見は社会の改革や打破を導くから、社会の安定を脅かす原因となる。したがって研究は忌避されるかたわら知識の伝達を主とする教育の価値が大きく尊重されたし、何はさておき教育の比重が次第に増大し肥大した。「先生」から「後生」への知識注入の教育が大学の使命となり、教育は伝統的安定社会の維持機能としていやがうえにも増幅される方向を辿ったのは無理からぬことであったのである。教育と言っても革新的教育ではなく保守的教育が求められ、スコラ的教育が行われた。教授‐学習過程の中軸には徒弟制度が機能していた。バートン・クラークが指摘したように、そこには講座制の発生的根源がみられ、教師と学生の間にはギルドの徒弟制度が支配していた。

最下層にいる一般学生は、商売の要素を学習していて、しかも職人の親方の完全な支配下におかれているギルドの見習いと同等であった。次に位置する学士は上級学生であって、監督を受けて講義と討論をすることが許された。彼らは、日雇いの身で、いまだ商売で身を立てるほど成熟していない徒弟またはバチェラーと同等であり、名前はそこから由来している。（したがって、「バチェラーは独身であり」彼らは未婚であった）。当専門職の最上層には、大学とギルドの両方に共通する位階である親方がいた。彼らは技能と成熟度をすでに同僚の親方たちから十分に認められた人物であった。この段階への加入は、綿密な諸試験、教育技術の訓練、儀式的な叙任式……を経て達成された。マスター、ドクター、プロフェッサーという三つの称号は、中世では完全に同義であった。（クラーク 一九九四：五四‐五五頁）

こうした徒弟制度では三学四科（自由七科）、スコラ哲学などの鋳型にはめるトップ・ダウン式の徒弟教育が追求される下地があった。学科課程は、学芸、法学、医学、神学によって区々であるが、教育の基礎は学芸学部で行われた。チャールズ・ホーマー・ハスキンズによれば、「（七自由学芸は）文法、修辞学、論理学は三学としてまとめられており、残りの四つ、すなわち算術、幾何学、天文学、音楽は四科をなしていた。前者のグループのほうがいっそう初歩的なものであったが、後者のグループも相当初歩的であった。……自由学芸のこの貧弱なカリキュラムは、一二世紀のルネサンスによって大いに拡充された。」（ハスキンズ 一九七七：三九‐四一頁）。「最も初期の大学規則である一二一五年のパリの学則は、アリストテレスの論理学の著作全体を履修することを要求しており、これは中世を通じて学芸課程の中心であった。」と述べられているように、ラテン語で書かれた教科書が使用された。論理学ではアリストテレスが多かったが、医学はガレノスとヒッポクラテス、法律学はハユスティニアヌスなどが多かった。講義はラテン語で行われた。授業は講義を主に種々の形態で行われたのであった。

書物が少なく実験室もない当時にあっては、正式の講義は重要であったけれども、それはけっして唯一の教育手段ではなかった。大学教育の包括的な概観をするためには、単なる学士によって行われることの多かった、より非公式な「簡略」講義または「特別」講義〔前者パリの、後者はボローニャの用語で、午前に行われる普通講義にたいし、両者とも通常午後に行われた〕、夕方に宿泊所や学寮でしばしば行われた復習と「反復」、卒業論文を公開の席で弁護するという最終的試練の準備となる討論をも考慮する必要があるだろう。（同上：六二頁）

教育の実際は社会維持的であり、「親の肩代わり」「浸透過程」「ラテン語教育」「復唱教育」などの社会維持のための保守的教育と直接間接かかわる取り組みが大きな比重をもった。一四歳頃から入学する学生に対して親の肩代わり教育を軸に、定評のある教科を講義するかたわら暗唱・復唱させる授業を中心にして展開される教育では、昨日と今日と明日の変化の乏しいことを前提とした、単純再生産型の教育が支配的であった。「中世の大学は医学知識になんらの貢献もしなかった。というのは語句だけを問題にする演繹的な教条主義という広く行われている彼らの方法に、これほど不適当な学科はなかったからである。」（同上：四九頁）とハスキンズが述べているように、医学でさえ社会進歩にはなんら貢献していないのである。

教科書を暗記・復唱する形態の授業は中世大学に淵源するが、講義や討議に交じって記憶や復唱の比重も少なくなかったようである。その種の伝統が近代大学が登場する時期にも温存されていた事例は、次のように米国のプリンストン大学（正式には、その前身のニュージャージー・カレッジ）にみられるし、その種の授業風景は米国ではどこの大学でも同様にみられたのであった。ロジャー・ガイガーは次のように記している。

概してプリンストンの学生の授業課程は他の北米で二〇〇年間存在してきた型式に従っていた。特に最初の二年間の基本的学修はラテン語、ギリシャ語、数学であり、学生はほとんど毎日それらの科目の復唱を行った。復唱は午前七時（朝の祈りと朝食の間）、一一時、そして午後四時の日課とされた。……三年生はラテン語とギリシャ語は減らされたが論理学と純文学が追加された。しかし数学の微積分が強調され、カレッジの全課程の中で最難関科目になった。四年生はギリシャ語を少しだけ学修したが、化学、物理学、天文学、哲学の講義を受け復唱を行った。（Geiger 2000 : p. 81）

## 2　研究の理念

これに対して、産業革命によって科学主義と産業主義を包摂した工業社会が出現した時期に誕生したドイツの大学に目を転じると、様相は異なっていた。すなわちハレやゲッチンゲンなどの揺籃期の近代大学が追求した理念はすでに近代大学への動きを示していた。そこでは中世大学の静態的な色彩を打破して動態的な色彩へと転換する気運が胎動していた。この時代に急速に発展するヴィッセンシャフト＝科学に注目すると、権威や威信をいまだ持たない科学は当初は、ロバート・マートンが指摘したように、宗教の肩の上に乗って登場したが、その科学が次第に科学主義の独自性を発揮するようになるにつれて、宗教とスコラ哲学によって一体的に構築された保守的な価値観に対して批判的な価値観、すなわち創造性や発明発見に価値を置く研究が台頭し重視されることになった（Merton 1973、有本 一九八七）。教育のみに関心を払い、伝統の維持に理念や使命を専ら集中させる大学に対して疑問を持ち始め、専門分野の最先端を開拓する研究によって発明発見を行い、専門分野の発展に貢献し、ひいては社会の発展に貢献する気運が幕を開けた。このことは、大学において新たに制度化された研究を基盤に演繹されて創造的に模索される大学の時代を迎えた。つまり大学の新たな理念や使命が構築される時代を迎えたのである。

研究を基盤に構築された理念や使命に従えば、大学構成員、とりわけ大学教員の役割期待が一変する空気を醸成してもなんら不思議ではない。大学教員が社会の保守性に対して、観察、実験、調査などの方法を媒介に遂行する研究によって、容赦なく革新・改革のメスを入れる行動は、中世大学から当時の大学までを支配した価値観からすれば、まさしくパラダイム転換や科学革命に匹敵する。イタリアではパドヴァ、ドイツではハレやゲッチンゲンの諸大学が徐々に自然科学への助走を開始していた。しかしそれは真理の探究を行う行動として称賛されてしかるべきであるし、大学を揺さぶり発展を約束する震源となった点で旧時代と一線を画すのである。例えば、パドヴァ大学のガリレオ・ガリレイの「太陽中心説」の発見と主張は画期的な動きとなった。

中世大学以来長く培ってきた知識の伝達である教育機能を継承しながらも、その土台の上に新たに知識の発見である研究機能を追加した近代大学は、中世大学へ訣別し歴史を塗り替える革新の歩みを開始することになった。その牙城たるドイツの大学は実験室やゼミナールに研究を持ち込み、「教授の自由」と「学習の自由」を追求することによって、「学問の自由」を実践的に志向し、教員と学生が対等の立場に身を置いて同格に研究する風土を醸成した。

### ギーセン大学のリービッヒ

ドイツ型大学の研究志向を先導した事例として著名なのは、ギーセン大学で化学の実験を行ったユストゥス・フォン・リービッヒその人であった。彼は一八二二年にパリ大学に入学し、ヴィルヘルム・フォン・フンボルトの実弟の科学者アレクサンダー・フォン・フンボルトの紹介でゲイ・リュサックの研究室で学び、一八二四年にドイツに帰り弱冠二一歳でギーセン大学助教授に任命され、翌年の一八二五年に上司が突然亡くなったので正教授に任命された。その間、実験室を設置して有機化学の発展に尽力し、引き続き世界から集まった多くの学生を教育し、世界へ送り出し、ドイツが有機化学の拠点になる基礎を形成したのであった。そこでは教授と学生は実地教育のもとで共同の研究を展開した。W・V・ファーラーは次のように記している。

既知の化合物の調合と分析を繰り返すことで実地教育が始まり、これについて信頼できる結果が得られるようになると、すでになされた分析結果を確かめる（あるいは否定する）ために、学生はよく分かっていない化合物を取扱い、手順を踏んで、新しい未知の科学物の調合と分析という、論文にする価値のある研究に至るのである。（ファーラー 一九八二：二六頁）

## 3　近代大学の理念——フンボルト・モデル

ヴィルヘルム・フォン・フンボルトはこのような近代大学の革新的な試行を率先的に先導したとは必ずしも言えないとしても、側面から裏付ける理論として貢献したフンボルト・モデルの構想は近代大学の登場を宣言するために重要であると考えられる。少なくとも彼の提唱した研究・教育・学修の統合は近代大学の実現すべき理念として標榜されることになった意義は大きい（Humboldt 1910、Schelsky 1963［一九七〇］）。クラークは次のように記述している。

研究－教育－学修ネクサスの概念はヴィルヘルム・フォン・フンボルトによってなされた一八一〇年の公式化において歴史的な残存効果を持つ。マルガリタ・ベルティルソンの言葉では、フンボルト思想は「ぜいたくなイデオロギー」であった［Bertilsson 1992］。フンボルトは四つの統一性のなかですべてを他のすべてと結合させようとしたからである。すなわち、改革された一九世紀のドイツ大学をして研究と教育を統合させるばかりではなく、哲学によって様々な経験科学、科学と一般教育、そして科学と一般的啓発を統合させるべきだとした。しかしながらこれらすべての好ましい統一性が横たわるなかで特に重要な研究と教育の統一性は発見へ関与するものであった。フンボルトは高等教育を初等教育や中等教育とは何か全く異なるものとみなした。低い水準では「閉じられて確立された知識を提供し」、他方、高度に知的な制度では「科学や学問を究極的に無尽蔵な仕事を処理するものとみなして、それらの制度は絶え間のない探求に携わっていることを意味するのだ」と主張した。したがって、教師と学生の関係は異なってくるのであって、「高い水準では、教師は学生のために存在するのではなく、両者は対等に知識の遂行を行うのである。」〔Humboldt 1910〕一人と全体の探究者である教師と学生は共同研究者とみなされるべきであった。フンボルトドクトリンに隠れている多くの曖昧な理想主義のなかにあって、新しい知識の創造を行い、しかも古い考えを高等教育の仕事のなかに初めて改正を行うところの持続的な定式化があった。(Clark 2008 : pp. 411-412)

クラークの論拠にしているフンボルトの文献は一九一〇年に出版されたものであり、私もそれを論拠に使用している。したがって、文中の一八一〇年の公式化なるものが何を指すのか不明であるが、すでに確立された文献に依拠していると推察できよう。その点、フンボルト・モデルなるものがそれ以前のベルリン大学が誕生した一八一〇年前後から存在したか否かをめぐる議論があって、それは今日まで終息した気配はない。というのは、潮木守一は、その点を詳細に議論していて、「近代大学の出発点は一八一〇年に創設されたベルリン大学である。この大学の基本構想を作ったのはヴィルヘルム・フォン・フンボルトであり、近代大学はこのフンボルト理念からはじまった。これがドイツばかりではなく世界の大学を変えた。」という文言を引用して、「このようなフンボルト・モデルもベルリン・モデルも神話だ」と指摘したからである。二〇〇一年にシルヴィア・パレチェクが論文を発表し、一九一〇年のベルリン大学一〇〇年祭のときにベルリン大学の私講師エデュアルト・シュプランガーによってフンボルトの大学構想が発表されて、それがフンボルト理念やベルリン・モデルとなったというのである。潮木は、「フンボルト理念とは神話だったのか――パレチェク仮説との対話」と著書『フンボルト理念の終焉?』

において、ベルリン大学一〇〇年祭のときにドイツ皇帝ヴィルヘルム二世の演説原稿を起草したアドルフ・フォン・ハルナックがフンボルト理念を広めたのだと指摘している（潮木 二〇〇八：二〇〇－二〇二頁）。

このような疑義は考証学的見地から別途研究が進められるであろうから、それに委ねることとして、本書では、クラークとともにフンボルトのR－T－S統合が近代大学の理念である点を重視することにしたい。また、ドイツ大学の研究主義がベルリン大学やその他の大学を中心に活発に展開されたことは、それらの当時の学問中心地へはせ参じた留学生たちの伝聞を通して米国を中心に世界諸国のその後の発展に大きな影響を及ぼした点を重視したい。

フンボルトの文書が公表されていたか否かは別として、一九世紀には中世大学とは異なる研究志向や科学主義の理念が標榜され、授業が行われ、世界の留学生を惹きつけ、それら留学生が母国へ帰国して、ドイツの大学の学風や実践を母国へ伝播し、大学改革に乗り出した実態がある。それらの対象になったドイツやドイツの大学の主導性を総称してドイツモデルやドイツ大学モデルと呼称することは欠かせないであろう。

### 大学のドイツモデルの台頭

近代大学は研究と教育の両立を標榜することになったのであるから、それを理念とみなせば、現実との間の距離ははたして短縮したのであろうか。というのは理念と現実とは歩調を揃えるとは限らないからである。実際には研究パラダイムが席捲するなかで研究と教育の統合よりも研究への傾倒と教育への離脱とに拍車をかけることになった。しかし研究と教育の統合に先鞭をつけ、その牽引車の役割を果たしたドイツの大学は世界各地から学者や学生が蝟集する拠点、世界の「学問中心地」に躍進したし、そのことが世界の大学や高等教育の新たな発展に与えた影響は測り知れないほど大きい。ドイツの大学が世界の学問中心地を形成して世界的な先導性を示した以上、それをドイツモデルと呼ぶのは支障あるまい。実態としてのこうしたドイツモデルあるいはドイツ大学モデルが席捲することになったこの時期、すなわち一九世紀の前半から後半にかけて、大学の理念・使命に明らかにパラダイム転換が生じたと言うべきである。この時期を画期として、新たな理念や使命が世界の大学に受容されるか、あるいは拒絶されるか、二一世紀の今日に至るまでたゆまず与えた影響は少なくないとみなされるのである。この点を考慮すると、近代大学の発展の軌跡を検証する意味からして、特に研究と教育の関係、教養教育と専門教育、さらには学士課程と大学院課程の関係に注目するべきであろう。

### 米国――ドイツモデルの移植と翻訳

中世大学から近代大学の展開を牽引したドイツモデルに注目し移植に努めた国々のなかで優等生の役割を果たしたのは、なんといっても米国であるのは間違いないであろう。なぜならば、一九世紀になって「学問中心地」へ約九〇〇〇人とほぼ一万人近い留学生を大量に送り込んだ米国は他の国々に先立ってモデルの移植に先鞭をつけたからである（Oleson and Voss 1979）。一九世紀の後半の一八八〇年には、ドイツの大学は世界から全部で一一二五人の留学生を集めていたが、そのなかで比重の大きい国は、スイス（一九%）、ロシア（一八%）、オーストリア（一六%）、米国（一五・五%）の順であり、米国はヨーロッパ大陸以外から大きな比重の留学生を送りこんでいたことが分かる（中山 一九七八：三九頁、**表2-1**）。学生を多く送り込むばかりではなく、モデルの積極的な移植に努めた。米国はドイツモデルの優位性を率直に認めるとともにそれを独自に修正し翻訳して移植につとめ、学士課程は教育とりわけ教養教育、大学院は研究と専門教育に比重をおくという制度的な棲み分けによる役割分業を果敢に試みたばかりではなく、かかる役割分業の試みの先駆的かつ創造的な実現に成功したのである。とりわけ注目すべきは、ドイツでは学部のなかに教育と研究を包括していた方式を米国ではそのまま移植せず、前者を学部＝学士課程、後者を大学院＝修士課程・博士課程に配置することによって、分業しながら両立させる有機的な制度と方法を考案したことである。

**表2-1　ドイツの大学に登録した外国人学生数**

| 国　　名 | 1835年 | | 1860年 | | 1880年 | |
|---|---|---|---|---|---|---|
| | | % | | % | | % |
| オーストリア | 41 | 9 | 114 | 15 | 178 | 16 |
| スイス | 233 | 50 | 236 | 31 | 213 | 19 |
| ロシア | 64 | 14 | 156 | 21 | 204 | 18 |
| 英国 | 26 | 6 | 42 | 5 | 71 | 6 |
| フランス | 21 | 4.5 | 9 | 1 | 21 | 2 |
| スカンジナビア | 21 | 4.5 | 14 | 2 | 22 | 2 |
| ベルギー＆オランダ | 16 | 3 | 23 | 3 | 34 | 3 |
| 他のヨーロッパ諸国 | 30 | 7 | 77 | 10.5 | 167 | 15 |
| 米国 | 4 | 1 | 77 | 10.5 | 173 | 15.5 |
| 他の非ヨーロッパ諸国 | 6 | 1 | 8 | 1 | 42 | 3.5 |
| 合　　計 | 462 | 100 | 756 | 100 | 1,125 | 100 |

原注：『日本科学史体系』国際83頁、1880年の「他の非ヨーロッパ諸国」とあるのは、大部分が日本人学生で、医学部の登録が多い。
出典：中山（1978）39頁

## 4　知識の専門化と統合化への動き

世界初の発明である大学院は、一八七六年にジョンズ・ホプキンス大学を嚆矢に出現して以来、そのことに刺激され触発された種々の大手のカレッジは制度やカリキュラムの改革に乗り出した。一八八二年のイェール・レポートは精神の規律を重視する古典カリキュラムを擁護した。その点では当時の新しく台頭しつつある潮流に掉さし、あくまで保守的な立場を固執したと言えるし、その反動的改革を模倣する大学も出現し、その後の進歩的改革にブレーキをかけることになった。しかしこの時期からカレッジの行方を左右する二つの方向が出現した。換言すればそれは知識の専門化と知識の統合化の方向であり、言葉を換えれば専門教育と教養教育への模索であった。

ガイガーの研究に従えば、前者は現代語、数学、自然科学を強調して産業社会の到来に対応したのに対して、後者は旧来の古典教育から派生してラテン語、ギリシャ語に加えて歴史学、文学、美術を強調し、一八八〇年代までには「リベラル・アーツの理念（the liberal arts ideal）」へと発展した（Geiger 2000：pp. 223-228）。すでに言及した大学理念・使命の三面性からすれば、前者は社会変化に対応してサービスへの門戸を開きつつ研究へ志向し、後者は旧来の教育へ志向した。端的に言えばこのうちのいずれの方向を志向するかは、転換期を迎え、カレッジから大学への過渡期に直面していた各大学にとって、何はさておき真剣に考えるべき課題となったのであった。

例えば、ミシガン大学は一八九一年に大学院を設置してカレッジ（単科大学）から大学（総合大学）へと昇格した。この系譜で言えば、ミシガン大学の設置は、ヘンリー・タッパンが構想した時点では、後者の教育への方向を模索していたが、その後継者のヘンリー・フリーズとヘンリー・アダムズの時代では前者のサービスと研究への方向へ変質した。ドイツモデルでは研究と教育は両立することが理念であったが、ミシガン大学の設置時一八九一年では、その理念を喪失して研究に特化し、知識の専門化、功利的パラダイムへ移行したのである（同上 pp. 230-241）。

米国の大学院は大同小異の方向を辿った。その点で見れば、米国の大学院はドイツの大学の移植に失敗したとも言えるし、同時にカレッジをしてリベラル・アーツの理念を追求する拠点として温存したかたわら、時代の変化を先取りした研究志向と専門教育重視の理念を世界に先駆けて大学院の樹立によって実現したのだ、という解釈も成り立つだろう。

こうして一方では大学院が「科学の故郷」として研究と専門教育の拠点となり、他方ではそのことによって分離したカレッジは学部（学士課程）として教養教育の拠点となった。この分離政策の採用は、すでにカレッジが制度化され発展していた事情から生まれた苦肉の策であると同時に偶然の所産であるという僥倖の趣がある。だがこの所産は今日から後知恵的に回顧すると研究と教育を分離してなおかつ統合するという他の国のシステムに類例を見ない離れ業の制度を発明した偉業にほかならず、その所産が高等教育史のなかではパラダイム転換に匹敵するきわめて重要な発明であるとみなされる。こうして研究・教育、教養教育・専門教育の分業と統合という米国モデルを確立することができたのである。

## 英国の対応

ドイツモデルに対する他の国々の反応は区々であった点では国家間にかなりの異質性がみられると同時に、概して示し合わせたような緩慢な動きを示した点ではかなりの共通性がみられる。第一に英国の大学はドイツの動きにさして敏感ではなかったし、それどころか、そこから真摯に学ぶ姿勢を全くといってよいほど示さなかった。大学制度の先進国の後発国に対するプライドや優越性がそうさせたのかもしれない。伝統的な大学であるオックスブリッジはひときわ空高く聳える尖塔であったにもかかわらず、一九世紀後半までは過去の輝かしい伝統の上にあぐらをかいていっこうに改革らしき改革をしない状態に陥り、ほとんど仮死状態に瀕していたことも、その他の大学が辿った無関心の原因であったかもしれない。クラークは次のような論評を行った。

一八世紀半ばに入学者が二〇〇人ないし二五〇人程度に落ち込んだとき、大学はかろうじて生き延びた。減少が続く間、気風、実態ともに失われた。一八世紀まで生きながらえながら、「ドン」(dons)と呼ばれる大学教員たちは、のろまと放蕩と反逆の愚かな組み合わせという悪評を得た。一九世紀初頭、フンボルトが新しい理念のもとにベルリン大学を創設し、ナポレオンがフランスに中央集権的な国立大学をつくった頃、イングランドとウェールズにある(しかもわずかに)二つの高等教育機関は深い眠りのなかにあった。これらは理念においても実践においても、科学的研究とは正反対の機関であった。(クラーク 一九九四：七七頁)

学生と同様、スタッフもカレッジでは完全に寄宿制だった。ことにスタッフは「プロフェッサー」(professors)ではなく「フェロー」(fellows)であり「チューター」(tutors)であり「ドン」(dons)であって、大学人は学生の人格を形成することに関心があり、決して専門職的でなく、専門分野的でもない教養教育はそのことに見合った薬であった。「教室」は理念上は、個人授業すなわちチューターと学生との間の一対一の、したがってきわめて個人的な出会いの場だった。このタイプのシステムは、少人数制を基盤とするので本質的にコストが高くついた。各チューターが「一握りの学生にシラバスの内容すべてを教えなければなら」ないので、安く上げるすべはなかった。……精神と組織において、オックスブリッジのような形態の大学は、教育と学修の基盤として研究が全面に位置する新興のドイツ型の対照をなすものであった。(同上：七七‐七八頁)

こうして中世大学の伝統を引くリベラル・アーツ教育を軸にした人文主義を固守した反面、台頭する科学や科学研究へ門戸を閉ざした。他方、英国のなかでもイングランドやウェールズ以外に所在するスコットランドのエディンバラ大学やグラスゴー大学などは、オックスブリッジに追随せずいちはやくドイツの大学が着手した改革に反応して新たな理念を模索する動きを胎動させたのである。

フランスやロシアの対応

第二にフランスの大学もまたドイツの影響を受け入れる意思をほとんど示さなかった。英国と同じように中世大学以来継承してきた教育中心の伝統を温存したのをはじめ、ナポレオンの大学改革によって国家による大学の中央集権化を図った。大学のなかに教育と研究を配置したドイツとは対照的に、大学は教育の拠点であるのに対して、大学とは別置のアカデミー＝国立研究所を研究の拠点とした。教育中心の大学であるフランスモデルはロシアに移植されたばかりかさらにそこを媒介に一九六〇年代以前の中国にも移植されて少なからぬ影響を及ぼした。台頭する学問中心地ドイツの隆盛を横目で見ながら英仏は関心を示さず、ロシアもサービス化の点では異なるが、研究と教育の統合の点ではフランスと同じ道を選択した。その点では、二〇世紀の大学像を先取りしたドイツモデルに対して、周辺諸国において真反対ともいうべき賛否の反応が生じたのは興味深い。

ただ、このなかでロシアはドイツの大学へ多くの留学生を送り込んだ事実があること、あるいは後に科学でも応用科学の取り組みを行い、米国とともに産業社会の発展に成果を上げたのであるから、他の英国、フランス、ドイツなどは必ずしも同じ動きをしなかったと解されること、などは注意する必要がある。ハロルド・パーキンは、応用科学は専門学校に分離したドイツの大学はもっぱらヴィッセンシャフト（Wissenschaft）＝純粋科学に徹した、と述べている(Perkin 1984 : p. 40)。せっかく科学や研究を牽引しながらも純粋科学に専念するあまり応用科学への関心を示さず時間を費やしたので、産業社会の発展に貢献することは立ち遅れることになったのであった。

こうした経緯があるが、同じ旧大陸内に所在する地理的に近い英仏などの国々が拒絶して、旧大陸から海を隔てて地理的に遠い新大陸の米国が受容した。中世大学以来の長い伝統を誇る旧大陸の大国は消極的に反応し、新大陸における新興国が積極的に反応した。

なぜそのような違いが起きたのかは興味をそそる問題である。旧大陸の英国ではオックスブリッジの二つの大学がロンドン大学誕生までのゆうに六世紀間は尖塔として君臨したし、他方のフランスではグランゼコールは別格として除けば、パリ大学が尖塔として終始君臨した。これらに比較するとドイツの大学はそれほどの由緒来歴はない。パリ大学から分派して一四世紀半ばに創設されたプラハ大学（一三四七～四八年）を皮切りに、他の諸大学はそこから派生して発展した経緯があるごとく、大学の格や権威の上で後塵を拝したことは否めない。英国の場合は、オックスフォード大学もパリ大学から分派し、さらにそこからケンブリッジ大学が分派した歴史があるのであるが、ドイツ系の大学に比して歴史的には早い時期の一三世紀はじめまでに両大学は誕生していたのであった。

こうした大学の歴史に遡及する影響が作用したのに加え、ドイツ（プロイセン王国）は普仏戦争でフランスに敗北した敗戦国であった。有名なヨハン・ゴットリープ・フィヒテの「ドイツ国民に告ぐ」はナポレオン占領下のベルリンでの講演であったし、彼はベルリン大学の初代学長に就任して、フンボルトのベルリン大学像を踏まえてプロイセン王国の復興に努めた。全体的にみればドイツは欧州では後発国に位置したから、フンボルト理念に窺われるように、新しい大学を興し、学問を発展させ、その力によって国力を高め、後発国から先進国に躍進したいと抱負を抱き構想した。他の英仏などの大国はそのような必要性を望まなかったし、大学改革にもそれほど期待していなかった。

ドイツモデルは、伝統的安定社会の申し子的存在であった中世大学の閉鎖性を打破する方向を模索し開拓した点に重要性が存在する。この旧体制に風穴を開ける挑戦が旧大陸の大学において端緒が切られたのは当時としては革命的なことであり、まさしく瞠目に値することである。少なくとも社会変化が大学の変革を求めた側面がある以上に、大学の変革によって社会変化を追求するという哲学を構想した指導者たちの深い叡智と創造力に、人々は圧倒されるのではあるまいか。しかし他の国々の老舗の大学ではこの動きに積極的に同調する気配は起きなかった。

にもかかわらず旧大陸への対抗意識を持ち、新世界を構築するフロンティアの精神が横溢する米国は迫りくる未来を予兆することによって、一味も二味も違う反応を示した。米国だけは英国、フランス、ロシアなどとは構築すべき大学像において異なる理念と使命を描いたばかりではなく、ドイツモデルへの拒絶が大勢を占めるなかで、その本質を翻訳的、修正的、そして創造的に移植することによって先見性を証明することになったのであった。後知恵的に言えば、フランスやロシアなどが選択した大学における研究と教育の分離方式は失敗を導き、独米などの統合方式は成功を導いたと言えるであろう（有本 一九九四）。

ドイツモデルの限界

ただ、ドイツモデルが完璧であったのではない。ドイツの場合は、研究と教育の両立を理念通り実現することができず、研究一辺倒に傾斜したことが、その後、学問中心地から転落し、国自体が衰微する原因となったと観測できるからである。研究・教育・サービスの全方位に理念・使命を展開することが大学の発展を約束するという鉄則から逸脱した報いであると考えられる。研究一辺倒になるあまり、純粋研究を重視し、応用・開発研究を軽視し、何よりも研究のための研究に陥ったことは、研究によって社会の発展を導くという、知識の応用や開発、あるいは応用科学の側面に翳りが生じた。すなわち総じて社会サービス機能の側面を看過することになった。大学が社会発展の原動力や起爆剤になるほどの威力を発揮できず、躍進を遂げることはできなかった。その点は、モリル法以後の米国の歩みと対照的であると言わなければならない。

米国はドイツの研究主義を移植して、純粋研究のみに専念する方向を辿らず、純粋研究部分を基礎として、その上に応用研究を置いて、研究主義に幅を持たせた。大学は基礎研究を行い、応用研究は社会の産学連携に活用する方向を開拓した。したがって、モデル的には、米国は英国型の中世大学以来の教養教育を固守せず、授業科目選択制などの改革によって新しい教育を模索したし、ドイツ型の研究主義を基礎研究と応用研究に区別して、ドイツ型の閉鎖構造に陥る危険性を解除した。研究を実践に応用する意味では、すでにスコットランドが先行していたので、英国型、ドイツ型ではなく、スコットランド型を踏襲したといえるだろう。

また、ドイツ型の限界を打破した試みとしては、教育看過の方向を食い止めた点が注目に値する。教育と研究の両立を学部（学士課程）のなかで達成することを画策したドイツの大学では、結局のところは研究に熱心であるあまり教育を看過することを招き、大学の発展を阻害する原因になった。その点、米国では教育と研究を学部のみの単層構造のなかに配置したドイツモデルを移植しながらも、それにメスを入れ、独自の修正加工を施し、主として教育を学士課程に研究を大学院課程に配した形態の重層構造を構築した。研究と教育を単層構造に閉じ込めないで解放し、それぞれに相応の居場所を確保した。この米国モデルが次第に成功を収め躍進を遂げることになった。社会発展が大学改革を求める点では、米国の改革はいまだ社会発展が成熟していない段階の試みであったから、大学院の社会的需要はいまだ乏しく、卒業生の就職難という苦戦を招かざるを得なかったのであったとしても、大学院設置を先行させしかる後に社会発展を導くという哲学は次第に成功を収めることになったと言えるだろう。

他の国々も産業革命につづく情報化や知識社会化への社会変化が生じる段階に至ると、国家社会から大学へ向けて、研究、研究開発、専門教育などを組み込んだ大学院の必要性が一段と高まったから、米国が時代に先駆けていち早く模索した哲学を共有する方向に大なり小なり動かざるを得なくなった。その結果、世界の国々が米国モデルに注目して輸入や移植を開始したのをはじめ、もともと移植元であった本家本元のドイツもやがては米国モデルを逆輸入する方向に舵を取ることになった。その他の英国、ロシア（ソ連）、中国なども最近では概して米国モデルに追随する方向を辿ることになった。世界の大学は戦前はドイツモデル、戦後はドイツモデルを批判的に継承した米国モデルを導入することになったのである。

その意味では、一世紀以上前に、同じドイツモデルを世界が注目することになった時点において、世界に先駆けて創造的な移植、あるいは創意工夫を凝らした移植という比類なき独創性をいかんなく発揮した米国の大学人、とりわけ高等教育界の指導者たちには先見の明があったことになる。とりわけ、指導性を発揮したジョンズ・ホプキンス大学学長コイト・ギルマン、コーネル大学学長アンドリュー・ホワイト、ハーヴァード大学学長チャールズ・エリオットたちは大きな足跡を残した。

日本の対応

このように、英・仏・露・中などの国々では当初、研究を大学のなかで重視すること、さらに中世大学以来継承してきた教育偏重を見直して、研究に比重を置き、できるだけ研究と教育の両方をシステムのなかで統合的に追求するドイツ方式への移行は、米国は例外として、いずれの国々も概して緩慢であったし、むしろ拒絶的であった。翻って日本の大学はいかなる反応を示したのであろうか。

すでに論じたように、日本の大学は欧米先進国のごとく前史を持たないで、いきなり世界的舞台に遅れて登場してきた点に良くも悪くも固有の特徴がある。近代大学からスタートを切った後発国型であるがゆえに過去のしがらみが全然ないという幸運が作用したことを見逃せない。そのお蔭でもって、伝統に束縛されて新しい時代への動きに逡巡したり乗り遅れたりする国々が少なからずあるなかで、むしろ過去の伝統やしがらみにこだわる必要がない身軽な利点を生かして、自由闊達に大学像を描けるという幸運があった。優秀な先進国モデルを冷静に物色して選択的に移植し、一気呵成に近代大学の構築を試みることができたのであった。中山茂がいみじくも指摘したように、英、独、仏、米など先進国の講座や学科の品定めを「ウィンドー・ショッピング」方式で行うことによって、当時ではトップ水準の学問を移植することに成功した（中山 一九七八）。その意味では、単独システムを丸ごとパックにして輸入する一括型ではなく、個々の先進国モデルを混合して詰め合せる折衷型に特色を発揮したといえる。よく言えばそれは折衷型であるとはいえ、出来合いの文化を「切り花」や「果実」として気楽にもぎ取って移植する便法であった。しかし各モデルを切り花的、つまみ食い的に選択する方式に傾斜する便法を採択するなかにあって、学問中心地であった研究志向のドイツモデルへ注目して、戦前の「帝国大学」にその伝統を意図的に根づかせて以来、他の帝大も諸大学もこぞって研究志向の強い大学風土を形成した。科学社会学者のジョセフ・ベン＝デビッドは、日本がドイツモデルに偏重したことを皮肉交じりに記述しているほどである。

ドイツ大学は大変優勢で、どこの国もフランス型のモデルを選ぶことを想像することさえできないほど強いものであった。高度に集中化し、干渉好きの政府を持ち、フランス型の制度のほうがドイツ型？大学制度よりずっと似つかわしい日本でさえ、高等教育においては、ドイツのパターンになったのである。（ベン＝デビッド 一九八二：三八頁、有本 一九九四）

## 5 日本の大学の登場――近代国家の刻印と中世大学史の欠落

このような世界の大学制度の歴史をひもとくと、日本の大学が登場したのは、東京大学が誕生した明治一〇年（一八七七年）であるから、世界の九〇〇年に及ぶ大学史の年輪のなかのせいぜい最後の一四〇年以内の時点にやっと出現したと言わざるを得ない。それほど左様に大学史の舞台に登場するのは近々のことにすぎない東海の離れ小島に位置し、大陸から離れすぎた地理的条件があったとしても、欧米先進国に比してあまりに出遅れたのにはあらためて驚かされざるを得ない。世界的動向と擦り合わせると、一九世紀に端を発する第二の波の時代から制度化された日本の大学は、世界的には近代国家が登場し近代大学が制度化される時代と符合するのである。

そこには二つの圧力が作用することになった。一つは工業化時代と呼応して登場した近代国家の大学制度化に対する圧力である。二つは中世大学の遺産を欠如したまま大学制度化を期すことに関係して、過去の大学制度の新しい大学制度に対する圧力である。前者の場合は、近代国家創造の礎石としての大学制度創設への期待が発動した。中世大学が「テント大学」として教員や学生の自発的意思を主体に形作られて出現したのとは対照的に、近代大学は「国家の大学」のお墨付きを得て教員や学生の意思を超越する絶大なる権力を媒介に出現した。その動きは日本の場合では「帝国大学」の出現に象徴される。

後者の場合は、中世以来の伝統的な大学史を誇る先進国の大学モデルを移植する動きをもたらした。すなわち中世・近世大学の前史を全く欠如して、いきなり近代大学を創建する事業を興すには模範とすべき手本を探し、君臨する諸モデルのなかからクリームのなかのクリームを取捨選択して移植する以外に方法はなきに等しい。その種の選択と移植を行うために、すでに年輪を重ねてきた外国の主要な大学モデルを隈なく物色して、当代随一のモデルを輸入するのは好むと好まざるとにかかわらず、数少ない選択肢のなかの唯一というべきものであった。言ってみれば更地に家を建てるのである。この千載一遇のチャンスをいかに生かすかは、並み並みならぬ鑑識眼を必要とするし、しかも相当の眼力がなければその達成は不可能であったろうと容易に想像できる。先進国のフランス、英国、ドイツ、米国などをいわば「ウィンドー・ショッピング」して、それぞれの学問分野で優秀と思われる学問に的を絞って着眼して的確なモデルの輸入に成功を収めなければならなかった。

## 英・仏・独・蘭・米の選択と移植

中山は、明治三年現在に岩倉具綱（岩倉具視の長男）が自筆の「海外留学生規則案」のなかで欧米諸国の各長所を列記し、英仏独蘭米での学ぶべき科目を指定していると述べている。

例えば、英国（器械学、商法、地質金石学、製鉄法、建築学、造船学、牧畜学、済貧血窮）、フランス（法律、交際学［国際法］、利用厚生学、動植学、国勢学、星学、数学、格至学［物理学］、化学、建築）、ドイツ（政治学、経済学、格致学、星学、地質金石学、化学、動植学、医科、薬制法、諸学校の法）、オランダ（水利学、建築学、造船学、政治学、経済学、済貧血窮）、米国（郵便伝法、工芸学、農学、牧畜学、商法、鉱山学）、である。（中山 一九七八：四二－四三頁）

この種の選択と移植の方式は、世界の大学舞台に遅れてやってきた日本の大学が構造的な圧力を受けて切羽詰ってやむをえず採用したものだとしても、自主性や主体性の活力が脈々と息づいており、独創性を示した証拠であると言えるのではあるまいか。インドのような植民地が宗主国のシステムを半強制的にそっくりそのまま移植したのとは異なり、これらの国々のシステムを根こそぎ丸ごと輸入することはせず、あくまで選択的に折衷的に摂取したことは、日本の近代大学を創設する方法論としてユニークであったとみなされる。そこには、各モデルの長所を生かし採長補短する機能を果たす長所があるから、仮にあるモデルが失敗しても、他のモデルで代替できる瀬戸際作戦のチャンスがあるし、完全に失敗する道を回避できるメリットがあった。

それと同時に、すでに「切り花」や「果実」と述べたように、根本の思想や哲学を見極める作業を捨象して手っ取り早く採取できる部分をいとも無造作に拝借したかもしれない。出来合いの文化を模倣するから動きが速い反面、各モデルの寄木細工さながらの寄せ集めに終始するあまり、それらの影響力からの自由や独自性を追求することはせず、固有の日本モデル構想のビジョンや個性を発揮することを欠如するという短所を招来した点でデメリットがあったかもしれない。日本の風呂敷のようにいつも先進の外国モデルを移植して包み込む方式はフレキシブルになって確かによろしい。そこには見るべき長所がある。その反面いつも外国モデルに頼らないと舵が切れないという弱点を伴い、確固たる理念を欠如して優柔不断な立場に置かれてしまう点では功罪相半ばする。

しかしそれでも、後発国日本の置かれた立場をわきまえ、当時の「学問中心地」に注目して、その強さの秘密の輸入を試みた見識は見逃せないと言わざるを得ないし、幕末から明治維新の頃にそれができる先覚者や目利きがいたことこそ興味深い。中山は、「各国の長所の判断は、おそらくグイド・ヘルマン・フルベッキのようなお雇い外人顧問の意見によったのだろうが、明治初年にしては、あまり的はずれでない海外事情の認識をもっていたといえる。」と述べている。またこうも述べている。「この国別選択の話を国際学会の折などに西洋人に話すと、みな苦笑いする。彼らの知らないあいだに、極東の一孤島で欧米列強の品定め、採点評価が下されていたからである。日本人は国際比較の名手である。」（同上）その点では最初から学問中心地を的確にキャッチアップするアンテナを張り、ビジョン、先見の明、着眼点、意思が作用していたと解されるのではあるまいか。

### ドイツモデルと米国モデルへ注目

具体的には、英・仏・独・蘭・米など標的を絞った先進諸国を担保するなかで、戦前はドイツが主たるターゲットとなった。特に大学の中心的な理念や機能である研究と教育、とりわけ研究に注目することによって、世界有数の優秀なモデルを的確に選別した。この事実は、手探りで大学構想を志す場合に決して的外れではなくみごとに正鵠を射ていた点で評価できる。こうして戦前は研究志向のドイツモデルを導入し、学部のなかに研究と教育を同居させたのに対して、戦後は敗戦によって米国の影響を強く受けることになった。戦前は学部（学士課程）中心のドイツ、戦後は大学院を擁する米国モデルを導入して学部のなかに教養教育と専門教育を同居させることになった。このことを想起すると、そこには二つの先進モデルの折衷的な移植でもって成立した日本的大学の今日まで持続する特徴が見出されるし、そこには長所と短所がみごとに混在するとみなされる。しかし、戦前、米国と日本が同じドイツモデルへ注目して移植を試みた時点において、異なる方向を模索したことが、戦後になって米国モデルを移植する時点でいったん分岐した流れを一つに合流したことは見逃せないであろう。戦前の時点で米国と同様の着眼点を持って移植に努めていれば、回り道をせずに一世紀以上の空白を浪費せずに、異なった改革の方向が実現できたのではないかと考えられるのではあるまいか。

## (1) ドイツモデルに対応した米日の大学改革

大学の理念・使命の原型は、教育・研究・サービスの統合であり、それは各時代を超越して存在すべき理念である。しかし社会変化の度合によって原型が十分に発揮されるとは限らない。例えば中世大学は社会変化が研究やサービスを要請する時点まで発展しなかったため、教育偏重を来した。また社会発展は不十分な段階でも、原型の発展が大学の発展を導くとの観点からすれば、理念・使命の欠落部分を補う発想と哲学が功を奏することも否定できないはずである。ドイツの大学の急速な発展は社会変化の直接の影響を受けた側面に加え、大学改革が社会変化を喚起するとの哲学が作用した側面が強い。同様にドイツモデルを移植した米国では、それを惹起する社会変化はいまだ不十分であったが、社会発展の未来からの暗号を解読し未来社会へと離陸せんとする創造的な哲学が強く存在したと考えられる。

そうすると、ドイツモデルの移植のあり方が、その後の大学の理念・使命に照らした大学像の発展を左右するメカニズムと密接に関係することが把握できるはずである。その意味からすると、一九世紀以後には先進的なドイツモデルに対峙して、各国においてはその移植を通して研究・教育、教養教育・専門教育、学士課程と大学院課程、などのあり方が問われることになった、との仮説を立てることができるのではあるまいか。

ガイガーによれば、ドイツモデルの特徴として四点が指摘されている。

アメリカ人はドイツモデルには四つの主要な要素があるとみなした。第一は、ドイツ人はギムナジウムという予備教育と大学という高等教育とを明確に区別した。第二に、ドイツの大学はその使命として知識の振興と独創的な研究の訓練とを考えた。第三に、大学は教授と学生の双方に知識遂行のために必要な教授の自由 Lehrfreiheit および学習の自由 Lernfreiheit からなる独立性を与えた。第四に、この研究理念は、特色ある制度的編成の中で、研究者を訓練するためのセミナー、能力を証明するための Ph. D. 学位といった実体

を得た。（Geiger 2000: p. 222）

このなかでは、米国が見習ったのは、主として第二、三、四であると考えられる。総合的に言えば、学士課程と大学院課程の分離は米国でいち早く実現し、研究と教育の両立を有機的に可能にする米国方式となった。同じ問題に対して拒絶や逡巡など緩慢な動きを呈した他の国々は、長い目で見れば米国が描いた軌跡を徐々に辿ることになったし、日本の場合も大同小異の方向を辿ることになったのであった。

実際に日米比較をしてみると、彼我の差異は少なくなく、そのことが両国のシステムの発展にもたらした影響は少なくないと観察できる。特にこの一九世紀の後半のドイツモデルの輸入に際会した時点の日米の異なる動きは、その後今日に至るまでの一世紀有余の間に彼我の大学や高等教育の発展を左右するほどの明暗を帰結したと考えられるほど重要である。ドイツを模倣した米国は、教育と研究を分離してなおかつ統合する、という当時としては世界初の斬新な方式を考案したばかりか、同時に研究と教育の両立に欠かせない組織改革を断行した。この側面は大学の社会的構造の側面に関わるが、私はその改革の典型例として、学閥阻止と講座制阻止の二つの阻止活動が重要であると考えていて、講座制阻止と学科制の制度化に関しては、第四章において集中的に検討するので、ここでは学閥阻止の活動を事例にして検討してみよう。

## 学閥の抑性を決断した米国の名門大学——イェール大学の改革

研究主義は、その受け皿として発明発見に適した組織を必要とする。同じ釜の飯を食った教員と学生は、同じ文化、価値、エートスを内面化することによって、同じ意識を醸成され、同じ行動様式を形成されやすい。この同質性はいわば「和を以て尊し」とする文化の所産であるところに特徴がある。同じ文化を吸収し、保護し、継承するのにはおそらく適している。しかし異なる文化、価値、行動様式の間の緊張、葛藤、衝突、対立などから導出される発明発見にはあまり適していないのではないか。つまり正反合の弁証法の過程を経由してこそ発明発見は生まれる。米国は、ドイツの研究主義に着目した時点において、この原理を発見し、大学改革に乗り出した。例えば、それまでハーヴァードやイェールなどの有力大学（この時点では、カレッジの時代だが）において跋扈していたインブリーディング（＝自系繁殖＝自校閥）を廃止し、教授の自給率を二分の一以下に抑制する大胆な政策を導入した。例えばイェールの場合、ジョージ・ウィルソン・ピアソンは次のように述べている。

イェールはインブリーディングであったか？　非難はしばしばなされたが、いまや年輩者はこの問題に敏感であった。一九〇八年の『アルムナイ・ウイークリー』（Alumni Weekly）はそれまでの統計を総括し、一八〇一年から一八七七年の間にイェール・カレッジは他大学出身者をただ一人だけ教授に任用したと明示した。一八七七年から一九〇〇年の間には、既成秩序をひどく脅かさない程度に、優秀な他大学出身者を増強する政策を導入した。一九〇〇年以後は、教授任用の半数以上、若手教員任用の三分の一以上はイェールではなく他大学の大学院卒業者を任用した。文理学部教員の全職階では他大学出身者は一九〇〇年以前では二五％、一九〇〇年以後では四一％が任用された。（Pierson 1952: p. 291）

例えば、当時の米国では老舗の大学を代表する名門であるハーヴァード大学やイェール大学は、過去の教育中心の時代には授業を担当する教員をすべて自校卒業生から任用して、一〇〇％の自校閥を形成していたのであるが、一九世紀の後半にはそれを潔く反省して断固とした改革に踏み切った。具体的には、ピアソンが指摘したように、ドイツモデルに遭遇して研究の重要性を認識した時点で従来の政策を決然として翻意し、教授の二分の一以上、若手教員の三分の一を他大学出身者に開放するアウトブリーディング（他系繁殖）の政策に転じたのである（Ibid.、有本　一九八一）。言うならば、従来の自校出身者で独占する閉鎖組織から他校出身者に門戸を開く開放組織への転換を果敢に模索し断行したのである。人材の純粋培養組織である「自校閥」あるいは「学閥」を放棄して、国内外から学問的に優秀な学者をスタッフに招聘する改革の断行は正しくイノベーションにほかならず、先見の明があったというほかない。

当時、一九世紀後半の五〇年間にはハーヴァードやイェールに限らず米国の大学では自校閥が普通に見られるありふれた現象であった。例えばウイリアム・キャレルはこの五〇年間教鞭をとったカレッジ教授の八八%が彼らのアカデミック・キャリアを通じて母校のみの一校に勤務したと指摘している（Carrell 1968, Clark and Neave 1992: p. 1679）。

重要なことは、イェールにとどまらず、ハーヴァードやプリンストンなどの老舗の有力大学も期せずして同様の政策に転換したことである。教育志向の場合は同窓で固めても弊害が少ないが、研究志向の場合には自系繁殖は弊害が大きい。前者はローカルレベルの問題であり、名門大学の出身者が教授して、その学生が名門大学の卒業者になる分では、大学の名誉が毀損されることはなかろう。ところが後者の場合はコスモポリタンレベルの問題であり、名門大学の出身者であっても博士号に匹敵する研究能力を持たないで他大学出身の研究生産性の高い教員と競争すれば、遅かれ早かれ馬脚を現わし実力がないと批判されるのが落ちであるから、遅かれ早かれ大学の名誉が毀損されることになろう。「出版せざるは滅びる」（publish or perish）という論理が厳然と作用するからである。

こうした論理が容赦なく作用する可視性の高い研究の領域では、米国の学者がベルリン、ゲッチンゲン、チュービンゲン、ハイデルベルク、ミュンヘンなどドイツの大学が輩出した博士号保持者との競争に巻き込まれるのは必然的であると想定できるから、一敗地にまみれ国際的に後塵を拝する結果を招かざるを得ない。この自明の理を敏感に察知していたイェールやハーヴァードやプリンストンなどの指導者は迷うことなく断固としてインブリーディングを抑制したのである。このままではドイツの大学に後れをとり、世界の学問中心地から取り残され「孤児」になることは必至であり、それを回避する必要性を痛感した。すなわち研究における国際競争力の醸成を自覚したのである。その点は、当時後発国であったドイツがフランス、イタリア、英国などを凌ぐ国に発展するには、「学問の府」である大学の再建に期待をかけた構造と酷似しているかもしれない。フィヒテやフンボルトが新しい大学の構築を構想したのと同様、米国では、ギルマン、ホワイト、エリオットなどが自主的・主体的な取り組みを精力的に推進し、改革の政策を打ち出した。それは連邦政府から命令されて実施した政策ではなく、あくまで大学人たちの自覚と自主性に基づく政策であった。

### アルトホーフ体制のドイツ

いま連邦政府から命令されたのではないと言及したが、その点ではドイツの大学は、国家政府の権力が大きく、各大学が自主的に学閥阻止を行っていたのではない。他律的な学閥阻止の力学が作用していた。ちょうど一九世紀の終わりから二〇世紀の初頭は、ドイツではアルトホーフ体制の時期（一八八二～一九〇七年）であったから、各大学が三人の教授候補を推薦しても、そのうちの誰かを採用するか誰も採用しないかは文部大臣であるフリードリッヒ・アルトホーフその人が決定した。潮木の『ドイツ近代科学を支えた官僚』に詳述されているように、学部教授会で推薦する凡庸な教授候補によって教壇が支配されないように、税金で給料を支払う国家官吏である正教授をその実力を慎重に見抜くことによって厳選した（潮木 一九九三）。この時期にドイツの科学、学問、大学が世界の「学問中心地」に躍進した事実は、毀誉褒貶の多い人物とはいえ、「組織作りの天才」と呼称された彼の偉大な功績に負うところが甚大であったのである。国家が大学を支配する構造を呈する点では日本はドイツと同様だが、このような剛腕の「名君」は出ないかたわら大学での学閥はあくまで大学人の自主性に委ねられたから、米国とは違って大いに助長された。その点の風土はドイツとも米国とも異なるのである。

この時期にすでに人材獲得競争や研究の先取権競争などを含む市場原理が機能はじめていた米国では、正教授昇任をめぐって厳しい競争が展開された。他方、ドイツでの教授昇任は同じ州ではなく他の州の大学へ移動して行われる慣行がある以上、教授昇格は並大抵ではなかったし、正教授のポストが増えないため競争は激化した。例えば自然科学の領域で正教授へ昇任する平均年齢は次第に上昇した。一八六〇～一八八四年では三六・九歳、一九一〇～一九一九年には四〇・八歳、一九二〇～一九二二年では四三・九歳に延びた（同上：六八頁）。しかも、正教授の空席が少なく、候補の「私講師」は増加したので、競争倍率は上昇した。潮木はブアヒャルトの研究を紹介している。

彼の計算によると、一八六〇年代には毎年平均して八つの正教授の空席ができたのに対して、それを目指す私講師は六二名いた。つまり競争倍率は七・八倍である。……ところが、一九〇〇年頃になると、競争倍率は一六・九倍にはね上がった。つまり、空席の発生が一一だったのに対して、私講師の方は二六二名に増加している。これがさらに一九二〇年頃になると、空席の発生は一三に過ぎないのに、待っている私講師の方は二六二名に増加している。正教授になるための競争率は、実に二〇・二倍にまで上昇することになった。
（同上：六九頁）

## 自主性・主体性主導の米国

さて、米国の大学に立ち戻ると、これらの牽引性を発揮した大学は当時、米国の大学の頂点に立つエリート校であり、従来から自校出身者が世界のなかで一番優秀であるとの自負心が横溢していたから、他校出身者をわざわざ採用するさしたる必要はなかったし、必然的に一〇〇％の自給率を誇っていた。この慣行を打破するには、他校出身者が自校出身者よりも優秀であることが証明されなければならなかった。しかし、教育万能の時代には、教員の優秀性は最も威信の高い大学の肩書を持つ出身者であること以外特に特別の条件を必要としなかった。ハーヴァード卒やイェール卒はそのまま優秀性を証明する肩書であったし、大学の出自そのものが教員の市場価値を決定した。

これに対して、研究は出自という属性ではなく実力という業績が何よりものを言う。「どこに生まれたか」という属性主義ではなく、「何ができるか」という業績主義が問われるわけである。すなわち何を専門に研究し、何を発見し、何の独創性を発揮したかが問われる。その点、ドイツの大学へ留学し、研究訓練を受け、試験を受け、博士号を取得して帰国したドイツ帰りの学者は、スタッフを独占している自校出身者たちよりも優秀性を証明することになった。これらの名門大学の指導者たちはこの事実に直面して、またそういう優秀な博士号を輩出する大学へ赴き自ら実地検分して、目からうろこが落ちる衝撃を味わったに違いない。中世大学以来の教養主義の教育を行い、専門教育やとりわけ研究に無関心な国から、それらが盛んな国へ留学して驚き、新たな学問の洗礼を受けて帰国した。これらの留学生もそれを送り出した名門校も、このままだと学問中心地を究める世界的競争に乗り遅れ早晩脱落するのは必至であると自覚し、未来からの挑戦を先取りして一念発起せざるを得なかったのである。米国では名門校出身の肩書が重要であったが、ドイツでは大学での発明発見の研究力を証明する学位が重要であったし、学位証明書＝博士号が大学教員の「組合員証」となったのである。やがて教育の時代に代わって研究の時代が到来すれば米国の大学はドイツの大学の軍門に下り後塵を拝するのは当然至極である。近未来に到来する危機の予測はこの時点で強く自覚されたからこそ困難な改革が可能となった。

いま紹介したのは、ハーヴァード、イェール、プリンストンなど私立のエリート大学である。州立大学の動きはどうであったのであろうか。オーガスト・ホリングスヘッドは、インディアナ大学の事例を報告しているが、一八八五年から一九三七年の半世紀間になされた任用の四三%がインブリーディングであり、職位が上昇すると減少しているとし、さらにインディアナ大学は典型的な州立大学なので他の州立大学も大同小異であると観測している（Hollingshead 1938, 1940）。このことは教員のほぼ六割が他大学出身者によって占められ、教授ではさらに割合が増加することにほかならない。それならば、イェールの二分の一以上と遜色がないことになるのであり、私立の名門校のみならず、台頭しつつある州立大学においても「学問の府」としての大学の自覚が高まり、優秀な教員を採用する方向へ向かったとみなされる。

それと呼応して博士号取得者を任用する政策は各大学で普及したが、それに追いつかない大学は「名誉教授」を量産して急場をしのぎ、明らかに世間を誤魔化す政策をとったので、一時は名誉教授が増加した。しかし名誉教授では本物の博士号取得者に太刀打ちができないことが判明するに伴いその政策は頓挫した。

この時期に指導的な大学が大学改革を牽引し、米国の大学の水準を国際的水準まで押し上げるとの意欲と自覚を持ったことは、指導者たちが大学の理念や使命に何を標榜していたかを知る手がかりを与えるうえで重要であると考えられる。一九〇〇年には、米国大学協会（AAU）を結成し、高い水準を満たさないと会員資格を付与しない慣行が成立した。ジョンズ・ホプキンス、スタンフォード、ハーヴァード、コロンビア、ペンシルバニア、プリンストン、イェール、コーネル、ウィスコンシン、ミシガン、カリフォルニアなど最初は二〇大学程度が参画し、やがて五一大学が会員となった（Holligshead 1938, Clark 1987 : p. 17）。

ドイツに遅れたことが直接の契機だとはいえ、それを自覚して複数の大学が協力し合って行ったこの時期の決断と改革はまさに画期的であった。世界にさきがけてのこの種の英断的なヘッドスタートがなければ、これらの米国のいまだカレッジもどきの大学は世界競争において後塵を拝し、学問中心地を形成することはあたわず、今日のごとく世界大学ランキング上位に躍進する原動力、組織、システム、人材は形成されることはなかったに違いないと解される（Arimoto 2013）。この大学水準の底上げという質保証政策も、先述のインブリーディングの抑制政策と同様に連邦政府からの命令によるのではなく、あくまで大学の自主性を主体とした政策であったし、この思想は日本に先駆けて発展したアクレディテーションの概念に通底するのでもある。

### 学閥の促進を選択した日本の名門大学

これに対して、日本の有力大学は研究主義を輸入したにもかかわらず、自校閥、自給率、学閥の抑制政策ではなく逆方向の促進政策を採用した点に彼我の大きな相違が生じたのである（有本 一九八一）。それはなぜであろうか。当時の日本の大学のリーダーたちは、米国の大学のリーダーたちが考えたことに想いつかなかったのではあるまいか。この点は米国に比して大学数が少なく、ドイツへの留学生が少なく、国際比較のできる有能な学者の層が薄かったことから推察すれば確かに言えるだろう。しかし根本的な原因は、日本の大学は大学人が学問の発展のために創設する権限や機会を欠如して、国家官僚が学問よりも国家のために設置した点に存在していることとを問題にしなければならない。この点はすでに多少言及したが、学問のための大学と国家官僚養成の大学とは基本的に発想が異なるのである。中山は、国家の大学である帝国大学は、国家官僚の後継者を養成することに最大の関心があったと述べている（中山 一九七八）。そこには大学はれっきとした「学問の府」であるという発想は微塵も見あたらないのであるし、大学は人材を養成するグローバルな「学問の府」であるという発想が欠如していたといっても決して過言ではあるまい。

このことは、日本では近代大学誕生のそもそもの最初から世界の大学と学問の発展を競いつつ協同するという発想は見られないばかりか、国家に一番近い大学を構築するという論理に依拠して、国家権力を維持するために権力を媒介とした高く聳える巨大な「尖塔」を構築することに持てる資源やエネルギーを集中したのであった。よしんば国内の大学の威信秩序を確立することに最たる関心があっても、各大学に「学問の自由」を付与して国際競争力を構築することの発想が欠如していたのであったと言わなければならない。今日の時点から回顧すると、この時点で米国はグローバル化時代の到来を含め未来を解読するという洞察力ある選択を行ったのに対して、日本は未来を解読しない洞察力なき選択を行ったと言ってもあながち誇張ではあるまい。少なくとも前者が大学を大学として捉えようとし、後者は大学を国家の手段として捉えようとした選択の違いは、その後の方向を占う岐路となり、前者は発展を遂げ後者は発展を抑制されることになった。それはある意味ではボタンの掛け違いであったとしても、未来の解読を誤った点では禍根を残したのであり、後の祭りであったのである。

かくして、同時期に同様に研究志向を重視した日本の大学、とりわけ米国と同様に国を代表するような名門大学は、同様の政策を追求し改革を実現するための千載一遇のチャンスを生かすことに残念ながら失敗したわけである。すなわち分業と統合の政策を模索せず、学部段階に研究と教育を閉じ込めてしまい、大学院を構築するなど研究と教育の双方を解放し十分に発展させる方策を樹立することができなかった。このことに加えてスタッフは自校閥で固め、アウトブリーディング＝他系繁殖を阻む路線を歩み続けた結果、米国の大学が一九世紀前半まで辿ったのと同じ閉鎖的な内集団やインサイダリズムの支配する王国をひたすら築くことに専念する状態に低迷したままになったのであった。

このことは統計的に追跡してみれば一目瞭然である。それから一世紀後の今日に至っても日本を代表する東大や京大などは依然として純粋培養に拘泥していることが分かるからである。約四〇年前の一九七八年に小中陽太郎の行った調査では、日本の学閥の頂点に位する東大と京大の法学部において前者が五七人中五七人、後者が三七人中三七人を占め、共に実に一〇〇％という完璧な自系繁殖率を示したのであった（小中 一九七八：一七‐一八頁、有本 一九八一：二〇一頁）。今日では、さすがにひと昔前までの一〇〇％は影をひそめたとはいえ、両大学の割合はほぼ八〇％以上と依然として高い状態にとどまっているのには驚かされる。割合が高い他大学も威信が高いことを証明するかのごとく、両者の動きに追随して高い数値を維持し、いまだに五〇％以上、なかには七〇％のインブリーディング（自系繁殖）を維持する大学もみられるのである（朝日新聞社 二〇一三）。

かつて一〇〇％を占めた大学でも、時系列的に観察すれば、次第に割合が低下している事実は、インブリーディングの遂行が学問的発展を阻害する弊害を持つとの価値判断が生じている事実をそのまま裏書きしているに違いない。しかし割合の低下率が緩慢なのは、学問の発展を阻害するとの意識が米国の大学人のような断固たる決意に裏打ちされていないこと、学問的志向の高度な感度を欠如する事実を証明しているに違いないだろう。大学外の一般社会では「近親結婚」はタブーであるが、学問の世界においても同族同士の集団化や組織化は学問の発展を阻害するのは当然であるから、学閥の論理の追求は学問の論理の追求とは相いれないことは自明の論理である。それにもかかわらず、明治以来の一〇〇年以上の歴史を振り返ると明白になるごとく閉鎖的な日本的風土を形成して今日に至っているのである。

### ハーヴァードの改革と京都帝國大学の挑戦

米国の改革が一朝一夕にできたのではない。ハーヴァードの事例でも明確なように、ドイツ帰りのジョージ・ティックナーたちの革新派が授業改革を懸命に試みたが、保守派に阻まれ、エリオットの授業科目選択制の改革まで延々と四〇年間は失敗に帰し続けたのであった（ルドルフ 二〇〇三：一二九－一三一頁）。エリオットの成功とほぼ軌を一にして転換を迎え、ドイツの研究と教育の両立志向は大学院の制度化と博士号授与によって結実した。その間、博士号授与と保持者の任用は、それなしにはドイツの大学に匹敵するような研究生産性の向上に繋がらないことを反省した米国のリーダーたちによって推進され、そのことがインブリーディングの抑制へと帰結したのである。

ハーヴァードにおいて四〇年間にわたって生じた事柄の点は、潮木の指摘したように、学問の論理の追求による組織改革を追求したにもかかわらず結局は日本的風土の抵抗を打破できなかった事例、いわゆる「京都帝國大学の挑戦」が失敗した原因にも通底するだろう（潮木 一九九七）。しかし、米国と異なるのは、日本ではこの後に京大の試みに追随し、克服する動きが不発に終わったため、改革はあえなく頓挫したばかりかドイツの研究志向は定着しなかった点に見出される。同時に研究志向と表裏の関係にあるインブリーディングも抑制されることにならなかった。米国では追跡が行われ、所期の試みが成功裏に達成されると同時に、私立も州立も含めシステム全体に大きな転換が生じることになった点において彼我の相違がある。米日ともに先覚者が出現して改革を志向した点では共通するが、それを支援する社会勢力に差異があり、それを受容する受け皿の文化、風土、土壌に差異があったのである。

### (2) 日本社会の風土と論理

このインブリーディングをアウトブリーディングに転換することの失敗は、大学が社会と無関係に成立していないこと、むしろ社会の縮図である事実を雄弁に物語るのではあるまいか。日本社会の文化や風土を刻印して醸成された大学固有の体質の問題であると解されるからである。日本の大学が「学問の府」としての学問志向の確固たる理念構築に向けて出発するには、ドイツモデルを輸入した時点は、中世大学のしがらみを全然持たず、近代大学像を白紙のキャンバスに描きはじめる初動段階であった。先に指摘したごとく、まさしく千載一遇ともいえるほどの好機到来であったにもかかわらず、結果的には好機を逸して失敗した。米国のようにギルマン、ホワイト、エリオット、ウイリアムハーパーといった碩学、先見の明のある複数の大学指導者を欠如したからかもしれないし、それ以上に国家の大学が強力な力を持って独占的に設置されたことが大きな原因であると言ってよかろう。米国のように複数の大学が自由競争によって競合し、同時に理念を共有して相互に協同する風土も欠如した。

米国では連邦大学設置が挫折して、私立大学中心に複数の大学が建設事業に乗り出したのに対して、日本では巨大な国立大学である帝国大学を最初は唯一建設し、独占的な権力・権威を付与した。その権威は「学問の府」を象徴するよりも国家官僚養成機関に根差す権威であった。最高の権威を持つ大学の教員は留学生を除けばその卒業生以外には資格がなきに等しい。他の帝大卒業生は東京帝大に比べ序列的には格下の帝大に位置づけられている以上、優秀性において見劣りするとみなされる差別意識が作用するからであろうが、原則として教員に任用しない。他方、最初の頃は東京帝大の植民地となった他の帝大は、次第に自衛策によって自校閥を拡張する動きを示した。したがって、自校閥、自給率、学閥は歯止め装置を欠如したまま拡張することになるのは回避できないメカニズムとなったのであった。

## 教授の自由と学習の自由

米国と比較して日本の帝国大学設置時に作用した力学には国家の大学としての独自性が作用したと同時に、自校閥を阻止できないという大学を含む社会の文化、風土、土壌の未熟さに起因していたからに違いない。とすれば、それは研究と教育の理念の発展を阻害する学閥擁護の文化や風土や土壌が社会にも大学にも多少の差異はあっても大なり小なり存在することを裏書きしているはずである。言ってみればそれは社会と大学の文化や風土や土壌に固有に存在している個別主義や特殊性に起因するものと解されるのではあるまいか。

同じドイツモデルに触発された日米が異なる方途を辿ったのは、学問に対する本質的な考え方の相違に起因するのではないか。米国はドイツモデルを修正し固有性を発揮しているが、本質的な点では、ドイツの学問の精神を踏襲しているのに対して、日本は学問の精神を把握するのに失敗していると考えられるのではないか。フンボルト理念のなかで研究主義の根底には、教員の自由と学生の自由な学問への取り組みを尊重する精神が存在する。いわゆる「教授の自由」と「学習の自由」である。米国はこの精神を踏襲したのに対して、日本は踏襲していないのではないか。クラウディアス・ゲラートは次のように述べている。

公務員、教員、医者などになるために学生を訓練することは、真理探究の目的自由な過程の形態をとらねばならなかった。このことは、一方では大学に対して国家からの干渉からの独立を要請した。他方で、教員と学生が協力して客観的な真理の理解を遂行するという大学の内的再編を前提とした。この目的を科学を通しての陶冶（Bildung durch Wissenschaft）と呼んだヴィルヘルム・フォン・フンボルトは生徒と教師の間の権威の伝統的な関係は異なった水準の知識を持った学生たちの間の統制のない自由な協同によってとって代わられなければならないと確信した。したがって、大学教師はもはや教師ではなく、学生はもはや単に学習しているのではなく自分自身で研究しているのであり、教授は彼の研究を単に指示し支援するのである。

（Gellert 1992: p. 1635）

真理探究のために自由な教育を行うには、国家からの干渉を排除しなければならないとする理念を米国の大学は踏襲したのに対して、日本の大学は踏襲していないのではないか。また、学生が学習者ではなく研究者であるためには、教員と学生に自由が必要だということはドイツモデルの重要な前提になっていて、「教授の自由」と「学習の自由」を柱とする「学問の自由」が重要性を持つが、日本の大学はこれらのドイツモデルを真面目に輸入しているとは言えないのではないか。例えば、学生が自由に大学を渡り歩いて学習をするドイツの慣行は輸入されていない。パーキンは「実際、日本システムは Lehrfreiheit と Lernfreiheit を理解できなかったし、国立大学で教えられる内容を強く統制した。」（Perkin 1984: p. 40）と述べている。

このようなドイツモデルの根底にある精神が米国では摂取されたのに反して、日本ではその形跡が乏しいことは、日米比較では見逃せない視点であると考えられるのである。大学は、学問の探求によって学問の発展に寄与し、学会の発展に貢献し、そのことによって社会の発展に尽力する存在であるとすれば、大学には社会の存在性、保守性、病理性にひきくらべて、規範性、革新性、創造性などが横溢しているはずであり、社会を牽引する主導性が備わっていてしかるべきだと考えられる。それにもかかわらず、ユニバーサリズム（普遍主義）やアチーブメント（業績主義）を志向する「開かれた大学」よりも、パティキュラリズム（特殊主義または個別主義）やアスクリプション（属性主義）を志向する「閉じられた大学」の風土が根強く作用したというほかないであろう。その風土は間断なく持続することによって、日本の大学の権威構造と符合しながら固有の発展を培養するとともに、「学問の府」としての本質的な発展を阻害することによって、一〇〇年以上に亘る停滞をもたらしたと言っても過言ではあるまい。

この特殊主義の現象は大学を舞台に生じた大学的現象であるのは確かだとしても、決して大学固有の現象として大学だけの責任に帰すわけにはゆくまい。大学の動きは「社会的反射鏡」の動きでもあるからである。むしろ、エイブラハム・フレックスナーに従って、大学が「時代の表現」だという観点に立てば、大学の発展を妨げる日本社会の特殊主義を刻印された「社会的遅滞」がそのまま大学の特殊主義の現象を引き起こすように作用したことを物語ると言ってもよかろう（フレックスナー 二〇〇五：三三一頁）。

しかしながら、現在の日本では、「学問の府」の大学がいつまでも学閥主義に陥り、排他主義に陥っているのでは、「学問の府」として不十分だと認識する人々は少なくないだろう。大学の国際化やさらにグローバル化を標榜している以上、東大や京大の学長がその陋習を改めたいと真剣に考えているはずである。とりわけ、世界大学ランキングの上位に名乗りを上げたい大学であればあるほど、自校閥で固めた大学が上位に進出することは夢物語に終わるのが落ちであるから、そのことを自覚して自校閥を減らして世界水準の学者を招聘したいはずであると推察できよう。

## 東大の試みは成功するか？

その証拠に、平成二六年度「スーパーグローバル大学創成支援」において、トップ一三大学に選ばれた大学は、世界大学ランキング上位一〇〇傑へのランクインをめざして向こう一〇年間に達成する到達目標に現在よりも三倍ほど高い水準を設定していることが分かる（東京大学ほか一二大学の「構想調書」）。さすがに学閥是正の目標値を公表している事例は見あたらないものの、それに近いものは散見される。例えば、東大が女性教員の割合を現状の一五・六％から二倍の三〇・〇％へ上昇させる目標値を掲げているのはそのひとつの証左にほかならない。他大学は、東京医科歯科（三〇・〇％）、慶応（二七・五％）、筑波（二五・三％）などの数値が高い。女性教員、外国人教員などの比率を上昇させる政策は、大学の国際化を推進する開放政策である。

**表2-2　トップ13大学10年後の目標値（外国教員、留学生、女性教員）**

| | 外国教員 | 10年後 | 留学生数 | 10年後 | 女性教員 | 10年後 |
|---|---|---|---|---|---|---|
| 東京 | 18.0 | 40.0 | 10.0 | 25.0 | 15.6 | 30.0 |
| 京都 | 12.9 | 17.7 | 7.4 | 20.9 | 10.6 | 14.0 |
| 東北 | 28.0 | 35.0 | 8.1 | 12.0 | 12.6 | 25.0 |
| 北大 | 24.9 | 41.7 | 10.4 | 22.2 | 12.3 | 21.0 |
| 大阪 | 23.1 | 36.3 | 8.5 | 17.7 | 12.9 | 25.0 |
| 九州 | 24.8 | 64.9 | 10.6 | 18.8 | 11.6 | 17.0 |
| 名大 | 24.6 | 31.5 | 10.0 | 13.5 | 15.1 | 19.4 |
| 東工 | 13.3 | 21.6 | 17.1 | 22.0 | 7.2 | 11.2 |
| 筑波 | 24.9 | 52.2 | 19.7 | 30.4 | 16.4 | 25.3 |
| 広島 | 24.6 | 62.2 | 6.6 | 20.0 | 14.7 | 20.0 |
| 医科 | 30.9 | 34.5 | 6.9 | 9.6 | 21.4 | 30.0 |
| 早大 | 45.3 | 75.0 | 8.4 | 19.2 | 14.6 | 21.8 |
| 慶応 | 41.9 | 67.5 | 5.1 | 12.9 | 24.1 | 27.5 |

資料：トップ13大学調書（2015）

インブリーディングをアウトブリーディングに転換する政策も、国際化やグローバル化の開放政策の一環に位置付けられるのである。米国の大学が一世紀以上前に、現在のグローバル化を見越して、学問の国際化と同時にインブリーディングのアウトブリーディングへの転換を画策したのは、この問題との関係が深い。東大の場合、現在八〇％の自校閥率であるから、女性教員（一五・六％）では、約一二％は自校閥となる。これが一〇年後の数値（三〇・〇％）だと二四％が自校閥となると推計される。女性教員を三割程度に増加させる政策は好ましいのであるが、これまで進捗が遅々としていたことを勘案すると実現はかなり困難であろう。

それと比例して自校閥を八〇％から内集団と外集団が半々で緊張感が維持できる度合いの五〇％程度まで減少させる政策が望ましいであろう。せっかく女性教員を増やしても、自給率が八〇％程度で推移したのでは、学閥の解消にはならない。なお、目標値を上げるならば、女性教員もさることながら、自校閥の解消を数値目標にすることが望ましいはずである。なぜならば、トップ一三大学は、グローバル化の観点から世界水準の数値目標をめざしているのであるから内なる国際化の指標として学閥解消を目的に掲載することは価値があるからである。

グローバル化が進行している現在は、大学が教育研究力の実力を向上させようとするほど、教育や研究に卓越した能力を発揮できる世界的に優秀な人材を集めるしかないことを物語る。その事例はすでにスポーツの世界で顕著に見られる。例えば、頂点にオリンピックやワールドカップが存在するサッカーの世界では、それらの頂点を極めるために優勝するには相応の実力が欠かせない。世界のトッププレーヤーをスカウトし補強しなければ、自国中心のメンバーのみでは到底強敵に勝てない。世界でも日本でも、サッカーのチームには外国人の優秀な選手がスカウトされて活躍しているのは、そのようなメカニズムが作用している事実を裏書きしているのである。同様の事実はプロ野球でもバレーボールでもラグビーでも大同小異の原理が働いていることにみられるのである。これらのクラブから選抜されてオールジャパンのナショナルチームを編成する場合には、この原理が作用するのはなおさらである。その点、スポーツの世界ではなく学問の世界である大学の世界も例外ではないであろう。

### 世界水準の大学を形成する条件

かくして、世界のトップレベルの大学を自校閥や自国閥中心に実現できると考えるのは市場原理的な競争が激化している現在ではもはや幻想にすぎないだろう。世界を制覇するほどの学者が自校閥や自国閥中心に輩出可能だと考えるとすれば、時代錯誤もここに極まる。大学は元来、ユニバーサル、コスモポリタン、インターナショナルな世界である。その証拠に九〇〇年の歴史を誇るオックスフォード大学でも自校閥はいまや五〇％未満に抑制されているのである。この事実は最近、オックスフォード大学のロジャー・グッドマン教授から直接聞いた話であるから信用してよかろう。その理由は「世界ランキングのトップレベルに食い込むには、オックスフォードといえども自校出身者で固めたのでは、実現は果たせないと自覚しているからにほかならない」というものである。

### 内なる国際化

自校出身者を抑制して他の国の他の大学の優秀な学者、科学者、研究者をスタッフに招聘しない限り、学問中心地をめざす競争を突破するのはいまや到底無理な相談である。「学問の府」である大学は、学問的生産性の向上をめぐって先陣争いの熾烈な競争を繰り広げているのであるから、そのうちの研究生産性をめぐって世界一の発明発見を競う。ましてや研究大学を自認する大学は、研究の先取権競争によって発明発見の一番乗り競争を展開している以上、学問周辺地を脱して学問中心地をめざすという当然の使命を担う。米国の大学が一〇〇年以上前に、学問中心地であるドイツに比べて周辺地にあると気づき、周辺地を脱することを先見的に自覚した論理がそこに存在しているのである。この論理が世界の学界や大学に厳然と作用する以上、米国の大学に比してオックスフォードがはるかに立ち遅れたことはあるとしても、五〇%以下への自校閥の抑性は偶然の結果のなせるわざではなく意図的に追求された結果であることを明確に物語るのである。大学の「外なる国際化」を追求するには、まずは「内なる国際化」を追求しなければならないのである。

### 一〇〇年の遅滞が生じた原因

米国の大学が一〇〇年以上前に改革できたことが、いやしくも同じ大学を標榜し、教育・研究・サービスを基軸にした大学の理念・使命を追求する世界の大学、とりわけ日本の大学にとって不可能であるはずはあるまい。もし同じ土俵で同じ大学の理念・使命を追求するのであれば、日本の大学にとって不可能であるはずはあるまい。ましてや一〇〇年前は今日ほど国際化やグローバル化が声高に叫ばれている時代ではなかったからこそ、大学の本質を見極め、理念・使命を自覚し、創造力や想像力を働かせて大学一〇〇年の計を立てることが価値のある選択であったはずである。そこには社会変化によって中世大学に訣別する時期が到来していること、大学人の未来を先取りし洞察する進取性が欠かせないこと、大学改革による社会改革が求められること、などの三位一体の動きが結晶すべきであった。米国ではその機会を積極果敢に捉え挑戦を試み、いち早く種を撒いて、芽を育て、花を咲かせ、結実させるなどのパラダイム転換ともいうべき改革を断行し、やがて結晶をもたらしたのである。

それにもかかわらず、日本においては一〇〇年以上経た今日でさえ改革が遅々として進まない現実があるのは、いったん形成された大学社会の文化や風土は、利害集団であるステークホルダーの防衛本能に保守され阻止されて内部からはなおさら外部からも打ち壊すことが困難な要塞に変質するからではあるまいか。今日でも高い自校閥率を誇るのは要塞打破がいかに至難であるかを示唆しているに違いないのである。もし国家の大学として、国家官僚養成機関として設立された原理や体質が今日も依然として作用している結果が、学閥の解消に帰結しない桎梏と化しているのであれば、「国家の大学」から「学問の大学」への原理や体質の転換が欠かせない。それができない限り現状の改革は実現できないことになろう。そうなれば、第二の波の時代に設置された米国の近代大学が第三の波の時代を見越して改革を行ったのに対して、それに乗り遅れた日本の近代大学が第三の波の時代にはますます時代遅れになるのは避けられないであろう。

## おわりに

本章では、大学の「社会的機能」を中心に研究・教育・サービスという学事の三面性に注目し、最初の中世大学では教育、近代大学では教育に研究が加わるなかで理念・使命の内容が豊富になる経緯を辿った。近代大学以後は教育、研究、サービスが揃って理念・使命を構成する時代を迎えたのに伴って、車の両輪である研究と教育に主たる比重が置かれてきた。そのことを、第一の波、第二の波、第三の波の時代を通して変遷を辿ってきた理念や使命に着目して段階的に検討した。

第一の波の時代では、中世大学の中核の学事を占めたところの教育の実際は社会の単純再生産であり、「親の肩代わり」「浸透過程」をはじめ「ラテン語教育」「復唱教育」「スコラ的教育」などの社会維持のための保守的教育と直接間接かかわる取り組みが大きな比重を持った。

第二の波の時代は、近代大学が登場し、教育に代わって科学志向や研究志向を強めたところに特徴が見出される。中世大学以来長く培ってきた知識の伝達である教育機能を継承しながらも、その土台の上に新たに知識の発見である研究機能を追加した近代大学は、中世大学へ訣別し一線を画す革新や改革の歩みを開始した。社会的構造や組織体の点で、その牙城たるドイツの大学は実験室やゼミナールに研究を持ち込み、「教授の自由」と「学習の自由」を追求することによって、教員と学生が対等の立場に身を置いて同格に研究する風土を醸成した。

欧米諸国のなかで、中世大学から近代大学の展開を牽引したドイツモデルに対しては、英国、フランス、ロシアなどは関心を概ね示さなかったなかで、米国は例外的な関心を示し、しかも新しい大学像を牽引する役割を果たした。特に大学院を発明し、教養教育と大学院教育を分離して、教育と研究の分離と統合を実現することを通して、研究・教育、教養教育・専門教育の分業と統合というアメリカモデルを確立した。

ドイツの先進性を摂取する点では米国と同様にその長所に注目した日本は、未来社会を見通した先見性を持つことが米国ほど明確な形でできなかった。ドイツを模倣した米国は、教育と研究を分離してなおかつ統合するという当時としては世界初の斬新な方式を考案したばかりか、同時に研究と教育の両立に欠かせない組織改革を断行した。その改革の典型例として学閥阻止はハーヴァード、イェール、プリンストンなど名門私立大学を中心に断行され、州立大学を含めたその他の大学群もいち早く改革に乗り出した。他方日本は名門大学を中心に学閥促進の方向へ動いた。米国が徒弟制度と講座制を拒否して学科制を導入したこととは対照的に徒弟制と講座制を導入したことは、こうしたインブリーディングを制度化することへの基本的考え方に反映されたのである。

中世大学から近代大学の転換期は、大学の本質を見極め、理念・使命を自覚し、創造力や想像力を働かせて大学一〇〇年の計を立てることが価値ある選択であったはずである。そこには、社会変化によって中世大学に訣別する時期が到来していること、大学人の未来を先取りし洞察する進取性が欠かせないこと、大学改革による社会改革が求められること、などの三位一体の動きが結晶すべきであった。米国では叡智を働かせ結晶をもたらしその後の改革を持続したにもかかわらず、日本においては一〇〇年以上経た今日でさえ改革が遅々として進まない現実がある。両者の本質的な相違は何かを考えると、米国の大学が学問のための大学をめざしたのに対して、日本の大学は国家の官僚養成のための大学をめざした点に彼我の差異が見出されると言わなければならない。

いったん形成された大学社会の文化や風土は、利害集団であるステークホルダーの防衛本能に保守され阻止されて、内部からはなおさら外部からも打ち壊すことが困難な要塞に変質してしまうのであって、今日でも日本を代表する大学において高い自校閥率を誇るのは要塞打破がいかに至難であるかを示唆しているに違いないのである。ドイツの研究と教育の両立志向を梃子にしながら、大学の理念・使命の三面性を実現することを模索した米国は、研究を阻害して三面性の発達を損ねる側面を解消したのに対して、日本はこのような側面の解消に成功を収めることはできなかった。グローバル化の時代を迎えた一〇〇年以上後にその後遺症に悩まされなければならなくなることは想定外であったかもしれないが、千載一遇の機会を逸した結果、研究・教育・サービスに関わる三位一体的な改革が遅延することになったのは間違いあるまい。

### 参考文献


有本章（一九八一）『大学人の社会学』学文社。

有本章（一九八七）『マートン科学社会学の研究——そのパラダイムの形成と展開』福村出版。

有本章（編）（一九九四）『「学問中心地」の研究——世界と日本にみる学問的生産性とその条件』東信堂。

Arimoto, A. (2013). "Research and Teaching: The Changing Views and Activities of the Academic Profession." In: Teichler, U., Arimoto, A. and Cummings, W. K. (Eds.). *The Changing Academic Profession: Major Findings of a*

*Comparative Survey*. Dordrecht: Springer, pp. 117-163.
朝日新聞社（二〇一三）『大学ランキング２０１４年版』朝日新聞出版。
Ben-David, J. and the Carnegie Commission on Higher Education（1977）. *Centers of Learning: Britain, France, Germany, United States: An Essay*. New York: McGraw-Hill.（ジョセフ・ベン＝デビッド［天城勲監訳］『学問の府――原典としての英仏独米の大学』サイマル出版会、一九八二年）
Bertilsson, M.（1992）. "From University to Comprehensive Higher Education: On the Widening Gap betwenn 'Lehre und Leben.'" Higher Education, Vol. 24, No. 3, pp. 333-349.
Carrell, W. D.（1968）. "American College Professors, 1750-1800." Hist. Educ. Q. Vol. 8, pp. 289-305.
Clark, B. R.（1983）. *The Higher Education System: Academic Organization in Cross-National Perspective*. Berkeley: University of California Press.（バートン・R・クラーク［有本章訳］『高等教育システム――大学組織の比較社会学』東信堂、一九九四年）
Clark, B. R.（1987）. *Academic Life: Small Worlds, Different Worlds*. Princeton: Carnegie Foundation for the Advancement of Teaching.
Clark, B. R.（2008）. *On Higher Education: Selected Writings, 1956-2006*. Baltimore: Johns Hopkins University Press.
Clark, B. R. and Neave, G. (Eds.)（1992）. *The Encyclopedia of Higher Education*. Vol. 3. Oxford, New York: Pergamon Press.
ファーラー、W・V（一九八二）「科学とドイツの大学制度――一七九〇年～一八五〇年」『大学研究ノート』第五一号「一九世紀における科学の制度化と大学改革――フランス・ドイツ・英国」（成定薫編訳・解説）。
Flexner, A.（1930）. *Universities: American, English, German*. New York: Oxford University Press.（エイブラハム・フレックスナー［坂本辰朗・羽田積男・渡辺かよ子・犬塚典子訳］『大学論――アメリカ・イギリス・ドイツ』玉川大学出版部、二〇〇五年）
Geiger, R. L.（Ed.）（2000）. *The American College in the Nineteenth Century*. Nashville: Vanderbilt University Press.
Gellert, C.（1992）. "Faculty Research." In: Clark B. R. and Neave, G（Eds.）. *The Encyclopedia of Higher Education*. Vol. 3. Oxford, New York: Pergamon Press, pp. 1634-1641.
Haskins, C. H.（1957）. *The Rise of Universiteis*. Ithaka, New York: Conell University Press.（C・H・ハスキンズ［青

木靖三・三浦常司訳〕『大学の起源』現代教養文庫、一九七七年）
Hollingshead, A. B.（1938）. "Ingroup Membership and Academic Selection." *American Sociological Review*, Vol. 3, No. 6, December 1938, pp. 826-833.
Hollingshead, A. B. (1940). "Climbing the Academic Ladder." *American Sociological Review*, Vol. 5, No. 3, Jun 1940, pp. 384-394.
Humboldt, W. V.（1910）. "On the Spirit and the Organizational Framework of Intellectual Institutions in Berlin," Translated by Edward Shils, *Minelva* 8（1970）, pp. 242-250.
小中陽太郎（編）（一九七八）『東大法学部――その虚像と実像』現代評論社。
Merton, R. K. and Storer, N. W.（Eds.）（1973）. *The Sociology of Science: Theoretical and Empirical Investigations.* Chicago: University of Chicago Press.
中山茂（一九七八）『帝国大学の誕生――国際比較の中での東大』中公新書。
Oleson, A. and Voss, J.（Eds.）（1979）. *The Organization of Knowledge in Modern America, 1860-1920.* Baltimore and London: Johns Hopkins University Press.
Perkin, H.（1984）. "The Historical Perspective." In: Clark, B. R.（Ed.）. *Perspectives on Higher Education: Eight Disciplinary and Comparative Views.* Berkeley: University of California Press, pp. 17-55.
Pierson, G. W.（1952）. *Yale College: An Educational History, 1871-1921.* New Haven: Yale University Press.
Rudolph, F.（1962）. *The American College and University: a history.* Georgia: University of Georgia Press.（F・ルドルフ〔阿部美哉・阿部温子訳〕『アメリカ大学史』玉川大学出版部、二〇〇三年）
Schelsky, H.（1963）. *Einsamkeit und Freiheit: Idee und Gestalt der deutschen Universität und ihrer Reformen.* Reinbek bei Hamburg: Rowohlt.（H・シェルスキー〔田中昭徳・阿部謹也・中川勇治訳〕『大学の孤独と自由――ドイツの大学ならびにその改革の理念と形態』未來社、一九七〇年）
東京大学、京都大学、東北大学ほか（二〇一四）「スーパーグローバル創成支援」プロジェクト資料。
潮木守一（一九九三）『ドイツ近代科学を支えた官僚――影の文部大臣アルトホーフ』中公新書。
潮木守一（一九九七）『京都帝国大学の挑戦』講談社学術文庫。
潮木守一（二〇〇八）『フンボルト理念の終焉？――現代大学の新次元』東信堂。

# 第3章　大学の理念と大学論——第二の波から第三の波の時代への展開

## はじめに

そもそも「大学とは何か」を問うことは、過去の歴史を踏まえて現在の大学の立ち位置を探り、さらにそれを踏まえて現在から未来の大学の行方を見極める作業が必要となると考えられる。すでに前章では現在の大学を導くことになった過去の遺産である中世大学を多少探索した結果、大学の理念は教育に収斂することが明らかになった。アリストテレスを中心としたスコラ哲学が支配する世界、あるいは伝統的文化の伝承が支配する世界では、真理の探究にはおのずから限界があったし、本格的な研究が登場する条件や理由は存在しなかったと言ってもよかろう。ようやく、ルネサンスや宗教改革の時代を経由して、さらに一七世紀の科学革命の時代を経由して、科学が宗教の肩に乗って登場し、やがて大学のなかへ制度化され、定着することになった。近代大学では教育に加えて研究が学事の中枢に位置することになり、その時点を境にして教育と研究は大学の理念や使命において確固たる地位を占めることになったと言えよう。

教育と研究が車の両輪として大学の学事に占める重責を担うようになるのは、本格的にはベルリン大学をはじめ研究や専門教育を標榜してドイツの大学が台頭した一九世紀前半からであるが、当時の学問中心地に躍進したドイツの大学の精神は世界に向かって発信されることになり、欧州やそのほかの世界の国々へと波及する機運を遅かれ早かれ高めることになった。世界の国々から大挙してドイツの大学へ留学して博士号を取得して帰国した留学生が、新しい大学観に目覚め、ドイツ精神を伝道する役割を担うことになった。ドイツモデルへの追随に当初は背を向けた欧州大陸の英国、フランス、イタリアやロシアなどの国々とは異なって、米国はドイツモデルに創造的な修正を加えながら積極的に新大陸へ移植する試みに成功した。

旧大陸では中世以来の学部の組織構造が支配的であったのに対して、ドイツモデルの研究や専門職教育の拠点として大学院を制度的に発明し、旧来の教養教育の拠点を学部（学士課程）に残すことによって、教育と研究の分離と統合を実現した。さらに、ドイツモデルでは研究と教育の統合を標榜しながら、研究主義へ傾斜したため教育やとりわけ社会サービスへの取り組みが実現しなかったが、米国は研究と教育の統合を模索するとともに、新たに社会への大学のサービス機能を発展させることに徐々に成功し、大学が社会のニーズに応えると同時に社会の発展に貢献するという役割を世界の大学に先駆けて実現した。

このような大学の古い理念から新しい理念の構築という一大転換期が一九世紀の前半から後半であったし、教育と研究が大学理念として確立され、さらにサービスが模索されはじめた段階は、中世大学の時代に構築された理念と近代大学が構築せんとしている理念のせめぎ合いが生じ、緊張、葛藤、軋轢が高まる時代でもあった。この時期には、過去への郷愁と未来への挑戦と相対立する論調が登場し、新たな大学観や大学像を探る暗中模索の時代であったのであり、あらためて「大学とは何か」が問われたのである。

本章では、第一章で設定した枠組みを踏襲し、知識の機能を踏まえた、社会的条件、社会的構造、社会的機能のなかで、前章では最後の社会的機能に照準して、知識の発見、伝達、応用を中心に構成される大学の理念・使命に焦点を合わせ、研究・教育・サービスに関する大学論を検討した。本章では、さらに主要な大学論を対象に研究と教育の理念・使命がいかに議論されてきたかを検討する。第二の波の時代は、教育に加えて研究が大学理念の柱に登場してさらにサービスが登場する時代であるが、とりわけ研究と教育の両立が理念となりながら、実際には両立が困難であったことから、第三の波の時代ではその両立ばかりではなく、「研究・教育・学修の統合」

が課題となることになり、フンボルト・モデルの実現が一段と重要性を増したのである。

## 1　大学論のアプローチ

こうして、教育・研究・サービスという大学理念の三面性のなかで、教育と研究が歴史的にはじめて揃い踏みを行い、手を携えて新しい大学像を形成する機運が高まりつつある時点において、いかなる大学論が登場し、いかなる方向へ大学を誘わんとしたかは、現在から顧みても興味深い。論点としては、研究と教育の両立は可能であるか、教育に限れば教養教育と専門教育の関係は何か、教育はエリートのものなのか大衆のものなのかなどは、大学の理念・使命の新たな構築を試みる動きの中核部分を形成し、大学論の中核に位置づくと言わなければならないのである。

フィリップ・アルトバックは、四半世紀前に、哲学的な大学論を唱えた学者として、カール・ヤスパース、エイブラハム・フレックスナー、ホセ・オルテガ＝イ＝ガセット、ヘンリー・ニューマンなどを列挙した（Altbach 1979）。彼らの所論に注目するならば、いま指摘したのと同様の研究と教育、教養教育と専門教育、エリートと大衆などに関係した理念・使命が喧々諤々と論議されてきたことが読み取れる。

### ⑴　ヤスパースの大学論

ヤスパースはその著書『大学の理念』において研究と教育の統合を指摘しているので、当時の論調のなかでは新しい時代を先導していたと言えよう。

とりわけ、授業 Unterricht はそれの実体［実質］として研究を必要とする。だからこそ、研究と教授の結合 Verbindung von Forschung und Lehre が、大学の放棄すべからざる高い原則なのである。それは、経済上の理由から、〔研究者に、教授者の地位を与えることによって〕仕事の重複をさけるためでもなければ、研究者の物質的生存を可能にするためでもなく、「最良の研究者が理念上同時に唯一の善き教師である」からである。なぜか。研究者がよしんば教授法的に巧みでなく、したがって学習素材の単なる伝達が下手であっても、しかし研究者のみが〔学生を〕認識作用の本来の過程——学びうる死んだ結果でなくて学問の精神——にふれさすことができるからである。彼こそは、それ自身が生きた学問であり、彼との交渉において学問の根源的面目が〔学生にとって〕直観されるのである。彼は生徒のなかに、〔自分の衝動と〕同じ衝動をよびさます。彼は学問の源泉へつれてゆく。〔教師でも学生でも〕、自ら研究する者のみが、本質的に学習することもできるのである。自ら研究しない教師は、固定したことを伝達し、教授法的に順序立てるにすぎない。大学は〔単なる〕学校 Schule でなくて、大学 Hochschule〔高級学校〕なのである。（ヤスパース 一九五五：九三頁）

この議論には、中世大学のように教育のみに専念する大学はきっぱりと否定されており、教育のみの遂行ではなく研究との結合が不可欠であると主張している。教師も学生も研究が不可欠だとみなすこの主張は、研究を重視するフンボルト・モデルと通底する考え方であると言えよう。

なお、ヤスパースの時代にはドイツでは、Universität= 総合大学と Hochschule= 単科大学（または専門大学）が存在しており、前者は中世に誕生し、後者は一九世紀に成立した。ドイツは社会的にも文化的にもイタリア、英国、フランスに遅れていたので、長い間大学を創設するまでに至らなかった前史があり、遅ればせながら総合大学が登場したのは一四世紀中葉以後になってからであり、カール四世がプラハ大学（一三四七～四八年）を設立したのが最初であった。それを皮切りに一五世紀初頭までにウィーン（一三六五年）、ハイデルベルク（一三八六年）、ケルン（一三八八年）、エルフルト（一三八九年）、ヴュルツブルク（一四〇二年）、ライプチッヒ（一四〇九年）、ロシュトック（一四一九年）など七大学の設立をみた。プラハ大学が誕生する以前では貴族や裕福な僧侶の子弟はボローニャやパリに遊学していた。ヤスパースの著書『大学の理念』を読む限り、こうした総合大学を主として対象に大学を論じているが、引用した箇所では単科大学を指しているので、大学の概念を少し広く使用していると思われる。

ソクラテス的教育

ヤスパースの所説のなかで注目すべきは、当時は三つの教育類型が存在したことを指摘していることである。すなわち、アリストテレスやトマス・アキナスなどの権威ある著述家の教科書をもとに口述、注解が行われる「スコラ的教育」、教師の人物的権威が尊敬と崇拝の対象になるほどすぐれている「師匠による教育」、教師と生徒が意味のうえで平等の水準にたつ「ソクラテス的教育」を教育の三類型として指摘し、従来からの教育を総括していることである。ヤスパースの時代より前の中世大学の教育は、真理の体系がスコラ哲学によって限定されていた、研究によって革新不可である以上、出来合いの知識体系を教師が口述し、注解し、学生が暗記し、復唱し、議論する慣行が成立していた。その範囲内で成立する教育は、大枠としては教師中心の詰めこみ教育にとどまっていた印象は拭えないだろう。もちろん、現代教育のように教育の到達目標に向けて、計画的、合理的、組織的に学生の学力を高める教育方法は開発されていない。その意味でヤスパースの言うように、三類型の教育が成り立つ可能性があると解される。

こうした類型のなかでは大学教育の本質はソクラテス的教育であると彼は主張している。換言すれば「助産的教育」の重要性を主張している点が注目されるのである。つまり若者から「無知の知」を引出し自覚させる「産婆術」の方法である。「すなわち生徒（学生）の内にある諸力が生まれでるように教師が助力し、生徒内にある諸諸の可能性が目ざまされ、しかも外から強制されるのではない。」（同上：一〇五頁）と主張しているところに要点がある。

周知の通り、教育（education）の語源は、鋳型にはめ込む側面（educare）と潜在的能力を引き出す側面（educere）の両方が含意されているが、ヤスパースは後者の側面をかなり強調していることが分かる。もちろん、その側面のみを強調しているのではない。というのは、三類型を列挙して、その一つとしてソクラテス的教育を強調していることや、研究と教授の結合を重視していること、さらに後述の研究・教授・陶冶の結合を重視していること、などは鋳型にはめる側面を必ずしも看過しているのではないと解されるからである。さらに次のように述べている。

大学における教育は、その本質上、ソクラテス的教育である。ソクラテス的教育は教育の全部ではない。また学校で行われるような［性質］の教育でもない。学生は［学校の生徒とちがい］子供ではなくて、大人だからである。学生は成熟した十分な自己責任をもっている。教師は［学生に］何の支持も与えず、また個人的指導もしない。教団や、幼年学校や、トルコの近衛兵学校で大々的に行われたような教育が、もしも大学で行われることになれば、自由は失われる。自由こそは、大学の空気のなかで、個人の自己教育によって得られる高度の善さである。（同上：一〇六頁）

もう一つ注目すべき所説は、研究と教授の結合が大学の第一原則であり、これに加えて、研究・教授と陶冶過程との結合が第二原則であると主張している点に見出される。

この陶冶はそれだけを引き放すことのできない課題である。であるから、研究と教授の結合という原則とならんで、研究・教授と陶冶過程との結合が大学の第二の原則である。研究と専門的修練は、知識と技能を伝達するだけでなく、全体者の理念を目覚めさせ学問性の態度を発展させるものであるから、［人間を］陶冶させる作用をもっている。しかしこのような精神的に躍動する認識作用の形成だけではまだ成型された人間への完全な陶冶であるとは言えない。後者はより以上のものを含んでいるからである。ではあるが、大学によってなされる［認識作用を中心とした］陶冶は、［右の人間陶冶の］一つの本質的な契機である。（同上：一〇六－一〇七頁）

この引用のなかの陶冶、あるいは陶冶過程を学修あるいは学修過程と翻訳すれば、研究と教授と陶冶の結合は、フンボルトの研究と教授と学修の結合と通底することが理解できるのではあるまいか。ヤスパースの論調は研究を重視するフンボルト・モデルを支持していると同時に、R－T－Sの統合と符合する点で斬新であると言えよう。

### (2) フレックスナーの大学論

フレックスナーは大学理念として「知識と観念の保存、知識と観念の解釈、真実の追求、これらを実践し『続ける』ように学生を訓練することである。」（フレックスナー 二〇〇五：三四頁）と述べている。彼はドイツの大学やその移植であるジョンズ・ホプキンス大学を中心に、科学研究の機能を統合させた高度な研究と教育の推進に重点をおいた大学理念を唱えたところに特徴が窺える。そのことを通して当時（一九三〇年頃）のドイツの大学の素晴らしさを絶賛した反面で米国の大学のふがいなさを痛烈に批判した。すでに引用したフレックスナーによる米国大学批判は、このようなドイツの大学をモデルにして観察した場合に得られる大きな落差を伴った印象を吐露したものであることが理解できる。彼は、ジョンズ・ホプキンスを中心に米国の大学院が発展を遂げたことを述べている。

アメリカの高等教育がこれまでに受けた最も刺激的な影響が、当時のジョンズ・ホプキンスからもたらされたのであり、その影響力は、教育機関の規模に関係したところから発しており、ひとえに、小規模で等質の集団が妥協のない最高レベルで機能している所で求められていたのである。これ以降、大学院教育は多くの機関で発展を見るにいたったのであり、その発展は驚く早さでおこなわれた。ボルチモアの成功の経験に続いて、大学院が、ハーヴァード、イェール、コロンビア、プリンストン、あるいはその他で――シカゴ大学は一八九〇年代初頭に創設されたのであるが、大学院教育のための強力な学部を創設した――カレッジをもとに（あるいはそれと並ぶ形で）発展していったのである。この時代以降、大学院教育の機会とその質は、最善の場合は、疑う余地もなく改悪ではなく改善され、その範囲も明らかに縮小ではなく拡大されるにいたった。数学・物理学・英語・歴史・経済学、さらに中世や古典研究ですら、五〇年前には夢にも考えられなかったほどの高水準を達成できたのである。（同上：九二–九三頁）

このように大学院をある程度評価しながら、他方ではコロンビア、シカゴなどの大学院が学問研究から些末なサービスへと逸脱しているとの観点から非難し、比較的その度合いが低いとするハーヴァード大学も槍玉にあげて次のように酷評している。

ハーヴァードの教育学大学院は三七名の教員スタッフを擁しており、そのうち何人かは広範囲にわたる基礎研究に専心しているが、大部分の教員は、単純な実際的問題を——学生個人の経験や読書、常識や優れた一般教育にその解決を委ねるべき問題を——取り扱っている。この後者に含まれるのが、さまざまな科目の教授法のコース、劇やレクリエーションの専門家養成コース、公園や社会センター、サマーキャンプ、フェスティバルやページェントの指導主事のコース、消費者教育、地域社会レクリエーション、学校・地域社会での歌唱指導などの専門家のためのコースである。明らかにハーヴァードもまた、知性や個人のイニシアチブ、よそでの教育機会や技術的で非大学的なトレーニングに任せる余地をできるだけ残さないようにしており、歴史と哲学の重要性に少なくとも一部は目をつぶっているのである。（同上：一一八頁）

少なくとも米国の大学は、研究の水準が低いことを問題にしており、その水準を高める改革が欠かせないと指摘している。確かに当時の米国の大学は躍進を遂げていたドイツの学問水準に比較して、研究の制度化が大学院の急速な発展はあるとしても、研究そのものの発展がドイツに比較していまだ軌道に乗らない状態になったままかなり立ち遅れていたのであるから、この種の批判が出てきても決して的外れではなく驚くにあたらないであろう。ましてや研究よりも教育が逸脱しているとの批判は、純粋研究に専念し、応用研究や社会サービスへ関心を払わなかったドイツの狭隘な教育の動向からすれば、当然であったかもしれない。

しかし研究水準が低いばかりではなく、注意して観察すれば先進的な歩みが開始されていたことも事実であり、その点を看過してはならないのではないか。すでに多様な試みが創造的に行われている現実が存在していたことも否定できず、米国の批判者はその本質を看過し見極められなかったのではないか。その点に注目したクラーク・カーは、米国の大学がむしろこれからの時代を先導する新しい大学の動きを胚胎しているのであり、将来性を潜在的に内在している活力のある大学像をすでに提供しつつあるとの見解に立脚して、フレックスナーの大学論を痛罵している。この点から両者の論点を比較すると、大学の理念・使命の捉え方において両者の考え方には相当の落差があることになる。

フレックスナーは偉大な履歴を残した。その中心部分の大いなる過ちにかかわらず、彼は偉大な書を残した。しかしながら、時の試練の下で、ドイツのフンボルト理念よりもアメリカのウィスコンシン理念の方が世のなかの動きに合致しているということが、つまり、実力と同様に機会が、理論と同様に実践が、精神と同様に肉体が、研究大学と同様にコミュニティ・カレッジが新生の世のなかによりよく合っていることが証明されたのである。実際の近代大学そして世界の高等教育の制度は、ベルリンよりもウィスコンシンにより多く負っている。しかしこれは一九九四年の時点のことであって一九三〇年のことではない、当時はこれらのことははっきりしていなかった。（同上：二二一－二二三頁）

### (3) オルテガ゠イ゠ガセットの大学論

研究を重視するフレックスナーは、今後発展する近代大学の研究という一面性に焦点を合わせてそれを手放しで賛美した思い込みがなきにしもあらずだとの観察ができる。これに対して研究ではなくむしろ教育、それも中世大学の枢要部分に位置した教養教育の重要性にことさら注目した、オルテガ＝イ＝ガセットは、次のように述べている。

中世の大学は、研究（探求）ということをしてない。職業教育にもごくわずかしかかかわっていない。すべてが「一般教養――神学、哲学、学芸」（artes）であった。ところが今日「一般教養」と呼んでいるものは、中世におけるそれとは異なっている。中世のそれは、けっして精神の装飾品でも、品性の訓練でもなかった。そうではなくて、当時の人間が所有していたところの、世界と人類に関する諸理念の体系であった。したがってそれは、彼らの生存を実際に導くところの確信のレパートリーであったのである。生は混沌であり、密林であり、紛糾である。人間はその中で迷う。しかし人間の精神は、この難破、喪失の思いに対して、密林の中に「通路」を、「道」を見出そうと努力する。すなわち、宇宙に関する明瞭にして確固たる理念を、事物と世界の本質に関する積極的な確信を見出そうと努力する。その諸理念の総体、ないしは体系こそが、言葉の真の意味における教養［文化］（la cultura）である。だからそれは装飾品とはまったく反対のものである。教養とは、生の難破を防ぐもの、無意味な悲劇に陥ることなく、過度に品格を落とすことなく、生きていくようにさせるところのものである。（オルテガ　一九九六：二二一‐二二三頁）

教養教育の重要性

オルテガは、ドイツ大学の隆盛と研究の重要性が支配的になった時期に研究は第一義的に重要であるとは考えず、むしろ教育、特に教養教育の重要性を声高に主張したのであり、その点では彼の大学論は誰よりもユニークであった。中世大学が研究や職業教育には弱体であっても教養教育では強力であったことを強調し、中世大学的な教養教育の復活を唱導しているところに彼の論調の真骨頂があると解される。ただ、職業教育にはごくわずかしかかかわっていないという見解は職業教育が低調であったとする論調の展開であり、そのことは誤解を招くおそれが多分にあるし、そのまま無批判に受容できないだろう。というのは、中世大学が職業学校であったとみなせば、職業教育が低調であるとは言えないと考えられるからである。

確かに、中世大学において研究が弱体であったとの指摘は正鵠を射ているし、本章においてもその点を指摘してきたので特に異論はないが、職業教育にわずかしかかかわっていなかったとの見方は疑問なしとしない。教養教育を強調するあまり、専門職教育の源流としての中世大学の性格を一顧だにせず否定しているとの印象を与えかねない論調であるからである。中世大学の主要学部である学芸、法学、医学、神学の各学部のなかで教養教育を主体にカリキュラムを編成し教育を行った学芸学部はともかくとして、その他の法学、医学、神学の各学部は、そもそも法曹関係者、医者、僧侶などの職業人を養成する学部であったのであるから、職業と直結した職業学校あるいは専門学校的な色彩を持っていたはずである。実際、アラン・コッバンは次のように明確に述べている。

> 中世の諸大学はおおむね職業学校であった。それらは学生を訓練して、法学、医学、あるいは教育など世俗的専門職の一つか、教会のサービスに役立つ知識領域に精通させた。高等学術婦人たる神学はきわめて少数派に属する専門分野であって、諸大学において幾人かの最も有能な人物がそれを専攻したけれども、一般の学生にとっては著しく高尚で時間を消費するものであった……。通常の学生の野心は既成社会のカネになる職業に就き安定を志すことにあった。（Cobban 1975: p. 165、クラーク　一九九四：二四－二五頁）

オルテガは研究よりも教育を重視したのであろうか。確かに科学や研究以上に教養教育と専門職教育を中心にした教育を大学の第一の使命とした点は疑うべくもないが、著書をよく読むと必ずしも科学・研究を軽視しているとはいえない。そのことは、大学教育は「①教養（文化）の伝達、②専門職教育、③科学研究と若い科学者の養成」（オルテガ　一九九六：三〇頁）と順位は低いが③の観点を主張していることからも了解できる。しかしそれにもかかわらず科学・研究の比重が少ないことは明白であり、少なくともそのことがドイツの大学人からは批判を受けることになった理由である。『大学の使命』の訳者である井上正（私の広島大学教養部時代のチューターであった）は当時西ドイツ学長会議議長であったH・ハインペルがこの書はドイツ大学を「論難」すると批判したことに言及して、「研究を第一義とし、研究と教授の統一と自由を根本課題とする近代ドイツ大学の伝統からすれば、これは当然の反論であったであろう。」と指摘している（同上：一四二頁）。

「平均人」の教育

当時のドイツの大学生はエリートであったし、それを対象とした研究と教育を統合する哲学は、エリート主義になるのは当然の帰結であったのである。その点ではオルテガは、こうした学生の教育を第一義と考えず、むしろ平均的学生に焦点を合わせた。オルテガの論調がドイツの研究主義の中心を占めたエリート的学生ではなく、「平均学生」を対象に教育論を展開したことは、当時としては未来志向的だったのではあるまいか。もっとも、平均人と言っても、エリート時代の学生の平均人は、エリートの範囲にとどまるという限界があることはある。彼の主張する教養教育の模範が中世大学にあった点では、中世大学の学生がエリートである以上、エリート時代の教育や学生を対象に論じているように見える。その点は否定できないとしても、平均人を対象とした教育に重きを置いた点に拘泥すれば、むしろ近代大学や未来大学の教育や学生を志向していたと言えるのではあるまいか。

オルテガの主張がなされた時代は、時期的には、ちょうど米国のハーヴァード大学で一九四五年に「レッドブック」が出され、「一般教育」が導入された時期であることを考えると、中世大学以来エリート学生を対象として行われてきたリベラル・アーツ・エデュケーションから大衆学生を対象としたジェネラル・エデュケーションへの転換が米国で行われた、ちょうどその時代に符合する。それは「エリート教育」ではなく、「普通教育」である。大衆化時代の高校生と大学生を対象とした教育としてジェネラル・エデュケーションを使用したことを想起すれば、日本では「一般教育」と翻訳されたが、「普通教育」なのであった。その意味ではオルテガはそのような転換が行わる時代を先取りした考え方を主導したといえなくはない。そう考えると、オルテガの思想は当時ではドイツ的ではなく高等教育の大衆化を先取りした点でアメリカ的であったし、進歩的であった。これからの大学は研究機関ではなく教育機関でなければならないと彼は考え、そして「一般教養」に新しいウニヴェルシタス（総合大学）の統一理念を求め、さらにその中核学部は中世大学の「学芸学部」を昇格させた「文化学部」を構想したのである。

同年に出版された『大衆の反逆』では、大衆が蜂起したことを論じたが、これは「平均人」が登場したことにほかならず、これからの大学はこうした平均人が受ける高等教育として把握されていたのである。大学はまずもって教育機関であり、平均人のためであるという発想は、明らかに大衆化段階を越して二一世紀の高等教育のユニバーサル段階を先取りしていると言うべきである。伝統的大学よりも、第三期型教育の趣旨に合致する考え方であると言えるはずである。それはともかく、大衆人は「近代の野蛮人」である危険の側面も備えており、科学や研究の発達が大学によって「専門主義の野蛮性」を生み出していることを反省して、「教養ある人間」と「よき職業人」を第一の使命としなければならないと主張した。

### (4) ニューマンの大学論

さて、次の論者であるニューマンの大学論は、概括的にはオルテガと近似していることから、大同小異の論者として一括できるかもしれない。しかし詳細にみると教育とリベラル・アーツ志向の点で共通していながらも、紳士教育や宗教教育を重視する点ではかなり異なる。ニューマンの主張の要点を探るとリベラル・アーツは古典カリキュラムによってジェネラリストの養成を行うのであって、職業教育のようにスペシャリストの養成ではないと主張した点に主眼がある。

大学やジェントルマン＝紳士の特別な性格とか財産として、「リベラルな知識」「リベラル・アーツと学修」

「リベラル・エデュケーション」について無差別に語られるのであるが、言葉の真意は何か。まず文法的な意味からすれば、奴隷には当てはまらない。「奴隷の仕事」は教義問答書の教えるように肉体労働や単純な仕事などであり、そこでは知性は全くと言ってよいほど関係しない。……これに対して、リベラル・エデュケーションとリベラル・スタディは知性、理性、省察を発揮する。こうした奴隷の仕事と異なるのは芸術の仕事であり、詩人は彼らの仕事の起源や方法は技術ではなく一六勝負だと語っている。言ってみれば、やぶ医者の処置と手術なのだ。

しかしその説明には、肉体労働にリベラルなものとそうでないものがあることから、何かもっと必要である。例えば、古代では医者は通常は奴隷であった。その目的が神聖であるのに昔もいまも欺瞞、いかさま療法、詐欺などと品性を貶められているが、もともとは知的なやぶ医者であった。同様に、リベラル・エデュケーションは商業教育とか専門教育とは対比される。商業と専門職は最高かつ多様な精神力のための拡がりを供給できることを誰しも否定できない。そこには技術的に「リベラル」とは呼べない、きわめて変化に富む知的活動があるのである。(Newman 1996: pp. 80-81)

ニューマンの古典主義的なリベラル・アーツは、主としてリーダーの育成、徳育主義、教育重視、人格形成、古典主義、教条主義、教育のための教育、といった点を強調するところに特色があるともみなされる。他方、一七世紀以後の哲学的なリベラル・アーツは、批判精神、制約のない探求、実証主義、寛容、平等主義、個人主義、真理のための探究、といった特色があるとみなされる。吉永契一郎は、この相違点があることからみて、ニューマンの古典主義には限界があると指摘している(吉永 二〇一一:二七一頁)。

オルテガと同様に中世大学を理念として標榜することによって、古典主義的なリベラル・アーツ・エデュケーション=教養教育を擁護する観点からその衰退を慨嘆しながら新たな再生を主張する点において、両者の共通性がみられる。

## 教育と研究の分離を主張

それと同時に、社会変化を反映して教育に加えて研究を学事の中枢に据えるなど、パラダイム転換的に大きく変貌しつつある近代大学の潮流にあえて掉さす考えを表明しているところに注目すべき特色が見出せるであろう。とりわけ、フンボルトの主張した研究と教育（教授）の統合には反対を表明しているのであって、ニューマンの序文には研究と教育の分離が明確に述べられている。

知的活動を（研究のための）研究所と（教育のための）大学とに分離したらどうかという気にさせられます。発見することと教えることとはべつの機能であります。両者はまたべつの能力でもあって、ふつうは同一人物のなかに共存することはありません。また、来る者全員に自分のもっている知識を分け与えながら毎日を過ごしている人には、新たな知識を得るための時間もエネルギーもなさそうです。（ニューマン序文、ペリカン 一九九六：一一八頁）

ニューマン枢機卿は研究と教育の分離を主張し、教育こそが大学の唯一の使命であるという主張を肯定しているし、しかも教育の中心には教養教育を置く点ではオルテガと共通した見解を示した。研究を拒否する点でもオルテガほど強力ではないとしても両者には共通性が見られると言えよう。研究と教育の両立を大学内に実現するというドイツの大学モデルの理念は、長い目でみれば、米国に継承され、他国へと波及することになった。最初、英国は無関心、フランスは研究と教育の分離、ロシアや東ヨーロッパや中国はフランスに追随したが、結局はこうした国々の大学における分離方式の試みは失敗せざるを得ない結果を招き、今日では両立を模索することになった経緯がある。ヤーロスラフ・ペリカンが指摘しているように、大学と科学研究所を分離した結果失敗し、最近では再編成して研究と教育の統合を模索することになった（同上：一一七頁）。

こうした経緯をみると、英国が辿ったドイツモデルへの無関心の時代を先導したニューマンの果たした役割は大きいはずであるし、オックスブリッジの中世大学以来の教養教育を擁護する論理を押し進め、論陣を張り、両大学の近代化を抑制した罪は重い。別の箇所で記したようにこの時代の両大学は死んだような状態に低迷していたし、本来ならばドイツモデルへの注目によって覚醒される方途を辿るはずのところが辿らず、スコットランドの大学に先を越され、改革に背を向けることによって結局は新しい時代への転換に立ち遅れたことは否めない史実である。英国の視点からばかりではなく米国の視点からみても、そのことは評価できないニューマンの弱点であった。ドイツモデルは米国の大学改革を導いたのに反して、反動的なニューマンの概念は導くことはなかった。シェルドン・ロスブラットは次のように述べている。

オランダやノルウェーの Dannelse とかスウェーデンの bildning などのスカンディナビアの同族語を伴ってドイツの Bildung= 陶冶、あるいは Kultur または Wissenschaft 、あるいは Lehrfreiheit と Lernfreiheit の双子の決まり文句はニューマンには関係ない。これらの概念がアメリカ大学史にとってニューマンよりもはるかに大きな役割を演じているのは、研究大学モデルならびに自由、世俗、信念に関わるアメリカのリベラル・アーツ・カレッジの重要性に連結しているからであろう。(Rothblatt 2009: pp. 53-54)

ロスブラットは、当時のアメリカ社会は明らかにニューマンの模索した方向とは違う方向へ向かったことを指摘しているのである。その時点において米国社会が模索した大学像は「(階級の)資産よりも国家の資産としての大学：もはや権威を確立している教会との連携ではなく州との提携：ドイツの研究大学としての大学：主として専門職の訓練の源泉としての大学」なのであった(Ibid. p. 54)。

### (5) ハッチンスの大学論

アルトバックの列挙した学者群には列挙されていないものの、古典回帰とリベラアーツの重要性を主張したもう一人の人物に触れておきたい。ロバート・メイナード・ハッチンスの大学論は、過去の伝統や理念に範を求める点、近代大学の潮流に棹さす点でオルテガやニューマンらと共通性が高いと言ってよかろうと解釈される。ハッチンスはシカゴ大学の学長（一九二九～四五年）や総長（一九四五～五一年）として、市民の知的向上によって国家が完全なる社会へ高まると説き、教養教育を実践的に強調した人物である。その内容は『偉大なる会話』（一九五二年）、『ユートピアの大学』（一九五三年）、『グレート・ブックス』（一九五四年）などに描かれ、この最後の著では学生が読むべき西洋古典の必読書を指定したことで知られる。また学生の勉強を強調し、当時人気のあった大学フットボールは学生が勉強に打ち込む大学にとっては不必要な「騒乱」だと批判し、スタジアムを閉鎖（一九三九年）した。晩年には、今日の生涯学習社会論に通じる「学習社会」（一九六八年）の概念を提唱した。こうして当時のオピニオンリーダーであると同時に強力なリーダーシップを発揮したとの印象を与える人物である。それはそれとして新たな大学の理念・使命の構築に対して果たした役割がどの程度であったかと問うと、当時の研究や専門職教育を重視する方向へと動いている時代に照らしてみた場合には、少なからず反動的であったと解釈できるのではあるまいか。フレデリック・ルドルフは、ハッチンスの著書『アメリカの高等教育』（一九三六年）に言及しながら、ハッチンスをして次のように評している。

> 一九三六年に出版された一連の辛辣で、苦々しく、ときにはおかしな講演のなかで、かれはアメリカの高等教育は、無秩序と貪欲な社会に対する降服を特徴とし、商業学校や花嫁学校の資質によって定義されていると観察した。ハッチンスは、過去を打ち捨て、人生の適合を理想として推し進め、ユニヴァーシティの焦点として職業教育重視主義を思想に取って代える進歩主義、進化主義および経験主義の油断のならない組合せを敵とした。ハッチンスは、職業教育重視主義を打破せよ、経験主義を打破せよ、経験、適合、そして人生への準備といったもので仮想された反主知主義の機構全体を打破せよと叫んだ。（ルドルフ　二〇〇三：四三〇頁）

ハッチンスは、彼の活躍した当時一九三〇年頃の米国社会がそれまでの社会を克服して進歩主義や大衆主義や反主知主義へとひたすら邁進していた時点に、社会への影響力が強いシカゴ大学の総長などの要職に就任することによって反職業重視主義や主知主義を唱えたのであるから、当時の社会と大学の風潮に対して反旗を翻したことの影響力はかなり大きかったと想像できる。当時の社会や大学は迷走状態に陥っていると批判し、古代のローマ・ギリシャ時代に回帰しそこに焦点を合わせた一般教育を重視し、「グレート・ブックス」を提唱して、古典を徹底的に教授することの必要性を主張した。確固たる目的や指針を欠如し混乱した状態に米国社会が陥っていた当時、確固たる目的や指針を措定するべく提唱された哲学は、時代を切り開く上で一定の評価を受けることになったのは確かであろう。しかし、古典回帰、絶対主義、確実性をひたすら追求する固定的な真理へのコミットメントによって、不確実性の時代を色濃くしながら台頭している近代社会に対峙し、はたしてそれを超克することができるのであろうかという疑問が生じてもおかしくはないだろう。

その点を吟味するとそこには限界があると言わなければならないはずである。上級知識である専門分野を土台に活動して学事を展開する大学が標榜する「学問の自由」は、そのような固定的な理念や価値の追求によっては醸成されないのではないかと考えられるからである。むしろ、米国の近代大学が二〇世紀を通じて本領を発揮することになる「学問の自由」の原則は、その種の過去への癒着や傾倒する方法論ではなく、現在の混迷や混沌を直視し試行錯誤しながら理念を追求する方法論によって発展することになったとみなされるだろう。

### (6) 大学論の長所と短所

以上、ヤスパース、フレックスナー、オルテガ、ニューマン、ハッチンスなどの大学論を瞥見することを通して、大学とは何かを問うとともに大学の理念・使命を透視することを試みた。研究と教育、教養教育と専門教育、エリート大学と大衆大学などの関係において、いずれを強調するかに個々の論者には概して論点の異同があった。ヤスパースの大学論は近代大学を牽引することになったドイツ型の研究中心大学を基軸に理念を措定し、もっぱら少数エリートの大学を中心に論じていることから、この所論は時代的には第一の波から第二の波のエリート時代の色彩を投影して、明らかにエリート型＝下構型大学を擁護しているとみなされる。つまり、一二世紀から登場した中世大学以来の大学は、一九世紀に登場した小学校などの学校に比して、エリート的であり、その大学に入学するには予備門や準備教育など大学から下級学校へと下へ向かって伸びる梯子、つまり下構型を示す。小学校が登場し、その上に梯子を伸ばして中学校、高等学校、大学へと至る上構型とは逆のベクトルを辿るのである。したがって、ヤスパースの所論はエリートの大学観を演繹させる論点であって、論調の中核に位置するのはエリート大学論の展開である。

フレックスナーの大学論はドイツの大学の優秀性を称賛している反面、エリート型から大衆型へと変貌を遂げつつある米国の大学を水準が低いと批判していることから、ヤスパースのエリート大学論の見解に近い論調であるとみなされる。

オルテガの大学論は教養教育型であり、ドイツのエリート主義大学へ反対しているばかりではなく、中世大学の学芸学部やそれを昇格させた文化学部の教育に力点が置かれている点で特色がある。としても、近代大学において同様の視点を探すと米国の学士課程＝一般教育に近い考え方であることから、オルテガ自身の考え方は大衆型＝上構型大学を擁護していると解される。大衆の大学観を帰納させる論点であって、論調の中核に位置するのは大衆大学論の展開である。ただ、中世大学の一般教養を理念とする点では、内容的に古典主義へ拘泥する考え方から抜け出していないという限界が見られる。

ニューマンの大学論は、オルテガと通底し、中世大学の古典的リベラル・アーツを主張している点で近代大学のリベラル・アーツ論とは一線を画しているという特異性がある。しかも紳士教育を偏重する点も独特の主張である。それらに加え、最初国教会派の信者から後にローマカトリック派の信者へと改宗するなかで示されているように、宗教教育を上位概念とした教育を重視したことで知られる。そればかりか、何よりも大学は研究の場ではないと断定している点において、近代大学の理念とは折り合わない異質の見解となっている。

ハッチンスの大学論は、反主知主義批判の点ではフレックスナーと通底するが、台頭している科学主義に距離を置いたスタンスをとったし、古典主義を強調するあまり、研究と教育の葛藤を超克する課題に直面している近代大学の行方に対して何ら確たる方向性を提示しなかった点に限界が見出される。

紹介した大学論は、研究と教育を論じ、教育においては教養教育と専門教育のいずれかを重視して論じている点で大なり小なり共通性が見出されるのであるが、論調は区々であり、主張されている各論にはかなりの温度差があると解されるであろう。その点は是認されるとしても、観察の許容範囲をあまり厳密にせず緩やかにすれば、いずれの論者も概ね研究と教育を重視していると解される。

それにもかかわらず、「時代の表現」や「反射鏡」でもある大学に関する所論が、各時代の要求を色濃く刻印されている事実を免れえないという論調を呈している点では一定の制約と限界をそのなかに宿していることは否めない。別言すれば、近代大学がドイツ型の研究主義と専門教育を踏襲していまや研究や専門教育が重視される時代へとテイク・オフしかけている寸前だと考えれば、教養教育、一般教養の見直しに力点を置く論調は傾聴すべきそれなりの重要な意義がある。その反面、近代大学が研究を制度化した事実を無視して中世大学の教育とカリキュラムにそのまま回帰し、しかもそれに執着する論調を展開するのではおのずから時代錯誤に陥っているというほかなく、その点に限界があると言わねばならない。またドイツの大学モデルの理念である、研究と教育を分離するのではなく統合するという考え方に対して、批判的な論調が見られることも、その後の時代をリードする哲学を唱導できなかった点の限界を指摘できよう。

したがって、本章で取り上げた各大学論は、各々がそれなりに固有の長所を擁するとともに、今日からさえ傾聴に値する論調は少なくない。しかしながら、そのことは確かに首肯できるのであるが、第三の波の時代に入っている現在からみると、第二の波の時代の桎梏から解放されておらず、むしろ制約を強く内包するところにアナクロニズム的な短所を宿していると言わざるを得ないのである。その意味で、アルトバックが紹介した哲学的な大学論には傾聴すべき長所と敬遠すべき短所が相半ばして同居しており、とりわけ近代大学から未来大学を展望する論調としては帯に短し襷に長しの限界がある以上、あらためて今日の時代に見合う理念の構築が問われると言わねばなるまい。

## 2　研究と教育の統合からR‐T‐Sネクサスへ

### (1)　第三の波の時代における研究と教育

これまで縷々論じたことを踏まえて考えてみると、研究と教育の統合を指摘し、さらに「研究・教育・学修の統合」への展開を示唆した、フンボルトの大学論にはあらためて注目する必要があるのではあるまいか。なぜならば近代大学の理念・使命を的確に提示したのはフンボルトその人であるからである。もちろん、上で取り上げた論者たちと同様、中世大学から近代大学への転換期の比較的初期の時点で登場した人物の論調には他の論者との共通性が顔を覗かせていても決して不思議ではないかもしれない。すなわち論調においてはエリート的色彩や科学・研究志向的色彩が重視される点は共通性を擁するし、それがともすると批判の標的にされる原因になるのは避けられないかもしれないのである。事実、比較的最近の事例を引けば、中央教育審議会答申（二〇〇五年）の補足資料のなかで言及された次のような指摘のなかにはその種の批判を確認できる。

大学人を第一義的に研究者であると自己規定し、研究成果の披瀝が最高の教育であるとする考え方は、主として少数エリートに対する教育を想定して成立するものであり、二一世紀の今日では歴史的意義を有するに止まるのではないか。（中央教育審議会 二〇〇五）

この指摘はなるほどもっとものように見えるし、私自身もその種の疑問なしとしない。ただ、フンボルトは大

**表3-1　第三の波の時代と大学**

| 社会変化と大学 | グローバル化 | ユニバーサル化 | 知識社会化 | 市場化 | 生涯学習化 |
|---|---|---|---|---|---|
| キー・コンセプト | 競争力 | 成長発達<br>人間力 | 知の<br>再構築 | 効率<br>ランキング | ライフ<br>サイクル |
| 大学組織 | 国際競争力 | 大学開放 | スクラップ・アンド・ビルド | アカデミック・ドリフト<br>大学淘汰 | 第3期教育<br>リカレント教育 |
| 学生 | 国際学生 | 超多様化 | 学士力<br>創造力 | 就業力 | 能動的学修力 |
| 教員 | FD<br>専門職化 | R-T-S<br>ネクサス | 学問的生産性 | アカウンタビリティ | 学修支援 |
| カリキュラム | 通用性・共通性・普遍性 | 個性化・<br>自由化 | 研究と教育の統合 | 市場性 | シークエンスとスコープ |
| 職員 | SD<br>専門職化 | R-T-S<br>ネクサス支援 | 思考力・<br>創造力 | アカウンタビリティ | 学修支援 |

第三の波の時代

質保証の追求

学教員を研究者のみの一辺倒として捉えているのではなく、研究者と教育者の両方として捉えていることは留意すべき重要な視点である。しかしその点を十分考慮するにしても、フンボルトの場合もヤスパースと同様にエリート主義的な研究と教育の統合を主張している以上、フンボルト・モデルを第三の波の時代にそのまま適用して理念として標榜するには時代的な限界があることはやはり否定できないであろう。ユニバーサル化の比重がいよいよ高まる二一世紀では、大学教育の大半は超多様化した学生が対象となるのであって、少数のエリートを対象とする教育のみがことさら重要であるのではない。その点を見直し、フンボルト・モデルは第二の波の時代に構築された理念であることに拘泥せず、第三の波の時代におけるユニバーサル化に対応した理念として再構築することの意義を提唱しなければならない。

**表3-1**に示したように、「第三の波の時代」は、社会変化に対応して、大学組織、学生、教員、カリキュラム、職員など大学を捉えるキー・コンセプトに変化が生じており、その各々の改革が問われている。第三の波の時代の中核概念である「知識社会」（知識基盤社会）は、知の再構築が進行する社会であることを踏まえて、大学組織にはスクラップ・アンド・ビルドを求め、学生には学士力、付加価値、創造力を求め、教員には学問的生産性を求め、職員には思考力・創造力を求め、カリキュラムには研究と教育の

統合を求める、といった力学が作用する。同じく中核概念である「ユニバーサル段階」は学生の成長発達に即した人間力の涵養が課題となるが、この段階において大学に入学する学生は過去の学生とは比べものにならないほど超多様化を来しているので、教授－学修過程は困難の度を増す。教員はR－T－Sネクサスによって、職員はそれを支援することによって、学生の人間力形成を導かなければならないし、カリキュラムは学生の個性化や自由化を実現しなければならない。これらの各側面は、学士課程と大学院課程、教養教育と専門教育、科学のエートスと教育のエートスといった断面のなかで有機的な化学変化をきたしながら実現を期待されると考えられるのである。

### 教養教育と専門教育の関係

すでに歴史的に考察したように、教養教育と専門教育の対立や葛藤の問題は第二の波の時代である近代大学の登場した時点から出現した。農業社会を中心に進行した第一の波の時代は、産業や職業の分業化がいまだ未発達であるため、伝統優先社会の単純再生産を肯定して同質的なエリート主義社会の社会統合を理念的にも主導的にも担うカリキュラムが支配的であった。その支柱として自由七科や三学四科からなるリベラル・アーツ教育＝教養教育が大きな比重を占めた。文法、論理学、修辞学からなる三学は主要にはラテン語の勉強である。算術、幾何、天文学、音楽からなる四科はいまでいうと理系と文系の学問の勉強である。概して言えば、こうした教養教育を学芸学部が担当して、そののちに法学部、医学部、神学部からなる上級学部へ進学する仕組みが機能した。

こうした学問の対象に対して、その時代に特有な学問の方法が採用されたのであった。過度な社会変化を前提としない農業社会では、権威ある知識の伝授が主として口述で行われたのであり、紙が発明される以前の羊皮紙しかない時代では、講義や討論も行われたが、とりわけ暗唱や復唱が中心を占める授業が行われた。当時の学生は大学に入る前から、あるいは学芸学部においてラテン語を勉強したから、そのための余裕を捻出できない階層からの大学進学はほとんど不可能であった。学芸学部までにその種の淘汰のメカニズムが作用するために上級学部の法学部、医学部、神学部では、なおさら貧乏な家庭からの進学は閉ざされたのであった。ラテン語が一般社会では使われない時代にひたすらラテン語を学修し、授業の言語として使用されたことは、大学が一般社会から隔絶されたエリート社会であることを厳然と示すし、そこでの教養教育はエリート教育の象徴であった。第一の波の時代の中核を担った中世大学は概してエリート教育であったのである。

これに対して、第二の波の時代は、産業主義や科学主義を組み込んだ新たな社会の到来であったから以前とは異なった様相を呈することになった。産業革命後の分業化と科学・学問の専門分化との呼応によって以前とは異なる新たな状況が出現し、中世大学に発展した講義、討論、暗唱・復唱を中心にした知識伝達型教育が行く手を阻まれ、教養教育が後退しはじめ、専門分野の最先端を開拓する発明発見の営みを踏まえて展開される専門教育の比重が増した。このような新たな状況が進行する時期において、学問中心地として台頭したドイツモデルが産業主義と呼応した専門主義に傾斜し、専門教育を担う単科大学（専門大学）が叢生したのと、ヤスパース、フレックスナー、ヴィルヘルム・ヴォン・フンボルトなどの大学論がこぞって専門教育の重要性を声高に主張したのとは符合していてもなんら不思議ではなかった。米国において台頭中の専門教育を鋭く批判して時代の潮流に掉さしたハッチンスや、スペインにおいて教養教育の復興を唱えたオルテガなどの大学論は時流に逆らう反動の動きであったが、大局的には時代を逆戻りさせるまでには至らず、それとは逆方向を辿る新時代の潮流はますます加速されることになった。

## エリート段階、大衆時代、ユニバーサル段階

対象とした論者たちが所論を展開した時代には、高等教育のエリート段階に代わって大衆段階が徐々に登場してきた点では、中世大学のエリート段階とは一線を画される特徴を呈するとともに、そこにはすでに現在のユニバーサル段階を予兆する動きが胚胎されていたことも否定できない。しかし学生層が急激にエリートから大衆へと変貌したのではなく、社会のなかの少ない割合の学生が進学した時代にあたることは言うまでもない。マーチ

ン・トロウの有名な高等教育の発展段階論に従うと、歴史的にエリート段階、大衆段階、ユニバーサル段階を辿るとし、一八歳人口に占める大学進学率が一五％未満、一五〜五〇％未満、五〇％以上、がそれぞれの段階において学生層の占める割合の目安とされたのである（トロウ 一九七六）。この所論に従うと、いまだエリート段階にあった当時は、大衆が登場してきたと言っても、それはあくまでエリート段階の出来事にすぎない。例えば、一九六〇年の時点を事例にすると、この時点にはエリート段階から大衆段階への移行が世界的にはわずかに米国、カナダ、日本の三カ国のみではじまりかけていたにすぎず、世界の多くの国はエリート段階にとどまっていて、一九七〇年代以後に大衆段階をようやく迎えたのである。

したがって、歴史的には一二世紀から大学が出現して、二〇世紀の一九七〇年頃までの足かけ九〇〇年間はエリート段階であったのである。その意味では、大学史のなかでは大衆段階やユニバーサル段階はごく最近になって出現した現象にすぎない。エリート段階に大半を占めたエリート層の学生は大衆化やユニバーサル化の時代が到来しても消えるわけではなく依然として存在することは見落とせない事実である。ただし相対的な割合は減少する。このようなエリート段階の最盛期にあった時期においても、大学を大衆や平均人の教育機関とすべきだと構想し提唱したオルテガは、未来を予兆したのであるから先見の明があったと言えよう。

## 第三の波の時代における新局面への対応

しかしながら、第三の波の時代の中軸を占める知識社会（知識基盤社会）は、第一次産業から第二次産業さらに第三次産業を発展させた工業社会や情報社会の時代とは本質的に明らかに異なる様相を呈する社会である。社会にも大学にも知識の比重が一段と強まる時代に移行するからである。社会や大学からの知識への影響も、逆に知識からの社会や大学への影響もそこでは様変わりした。フレックスナーは社会の分業化が進行し始めた米国を観察して、大学の職業教育の比重が高まり、大学の水準に値しないほど質の悪いサービス化が生じているのを目のあたりにして、それを痛烈に非難した。しかしそれはカーが喝破したように、米国の大学が社会的ニーズに応え、未来を先取りした動きを胎動させている現象がすでに歴然と始動していたわけである。

その後、知識の新陳代謝を組み込んだ第四次産業や第五次産業が発展し、最近では製造業が後退しサービス業の比重が拡大するに至った。産業構造が変化しそれに呼応して職業構造がめまぐるしく変化を遂げる時代の到来は、ますます加速的に大学の革新を求めることになった。こうなると特定の職業と結合した専門分野を想定して行われる伝統的な専門教育では社会の動きに対応できなくなるのは必至であり、急激な社会変化が生み出す新たな産業構造には従来からの専門教育では対応できない状態に陥らざるを得ない。知識社会の不確実性を反映した産業構造の変化が生じ、分化型よりも融合型や統合型の専門教育の進行が優勢となるにつれて旧来の専門教育の見直しは避けられなくならざるを得ないから、大学に対して教育と学修の革新を求める動きが高まるのは当然の成り行きである。

研究と教育と学修はそれへの対応を迫られ、研究は専門分野の新陳代謝によって対応し、教育は産業や職業に対応するキャリア教育でもって対応し、学習（学修）は新しい人間力の醸成によって対応する運びになった。少なくともそうした必要性を意識せざるを得なくなったのである。過去の産業社会へ向けてではなく、あくまで新たな産業社会へ向けて船出することになる学生は、その未来からの派遣留学生として、分業化へ対応した専門分野別の学修よりも、専門分野の新陳代謝や再編へ基礎性、柔軟性、創造性の側面で対応できる教養教育的かつ汎用的な学修が不可欠となったのである。

それではこの新局面に対して、オルテガやニューマンやハッチンスの主唱した教養教育論が通用するかと問うと、豊かな人間性を涵養するために教養教育が不可欠である点を強調すれば、大枠的には通用性があるかもしれない。だが中世大学の教養教育志向のカリキュラムでは内容的にそのまま通用するとの考えは首肯できそうにない。第一の波の時代の古典的カリキュラムや研究抜きの教育に固執する方法論を第三の波の時代にそのまま援用したところでおのずから限界があると言わなければなるまい。産業革命以後の変動社会において手を携えて登場してきた産業主義と科学主義を無視しては、時代錯誤に陥るのは必然であるからである。それではどうするべきかと問えば、第二の波の時代に見合うフンボルト・モデルの方法論をエリート段階から大衆段階や今日進行しつつあるユニバーサル段階の方法論へと発展的に克服することによって第三の波の時代の水準へ高める課題があると言えるのではあるまいか。

### (2) 社会と大学の新たな関係の時代

知識社会やユニバーサル化が一段と進展するこれからの第三の波の時代の大学、すなわち二一世紀の現在の大学とそれに続く未来大学では、フンボルトの主張した「研究・教育の統合」のみならず「教育・学修の統合」、さらには「研究・教育・学修の統合」（R－T－S ネクサス）を追求する段階に突入するのは避けられないと考えられる。今後は、大学と社会の関係が有史以来経験したことのない、ボーダレス化の状態を経験する。知識が大学のなかだけに局所的に囲われるのではなく、広く社会のなかにも大学と同じように普遍的に開放される。大学と社会との境界がボーダレス化する方向に知識社会の圧力が作用するから、その動きは回避できないのである。

マイケル・ギボンズたちがすでにいち早く指摘したごとく、知識は「モード1」から「モード2」へと移行する時代が到来した（Gibbons, et al. 1994）。それどころか、大学はロバート・マートンの指摘したクドス「CUDOS＝Communalism［公有性］：Universalism［普遍性］：Disinterestedness［没私利性］：Organised Skepticism［組織的懐疑］」型の科学エートス支配の終焉を告げることになった（Merton and Storer 1973）。ジョン・ザイマンのプレイス「PLACE＝Proprietary［所有化］：Local［局所的］：Authoritarian［権威主義的］：Commissioned［委託］：Expert Work［専門家的振る舞い］」の時代が出現した（Ziman 2000）。

大学と社会の境界線が曖昧化し、ボーダーラインが消失に向かう新たな社会では、従来のように科学や研究を基軸に据えた科学社会型の大学の理念が社会にそのまま通用し、あるいは支配する時代は幕を閉じる以上、ボーダレス化した大学と社会を融合し統合した観点を踏まえて、大学と社会の両方に通用する理念の樹立が不可欠となる。

## CUDOSの終焉と科学エートスの再考

もちろん、マートンの提唱した公有性、普遍主義、没私利性、組織的懐疑からなる科学のエートスは、すべて価値を喪失してしまうかと言えば必ずしもそうではなく、社会に占める「学問の府」としての大学が有する固有性、主導性、牽引性といった役割が依然として重要である側面が認められるはずである。アカデミズム科学が優位の時代に唱導された理念は、科学者の純粋性、誠実性、真摯性などの価値を柱とする性善説がエートスの骨格を形成しているのに対して、社会と大学のボーダレス化する社会では、これらの価値とは反対の価値を柱とする性悪説が跳梁することになったと言えるかもしれない。前者のエートスの通用性は困難と化した。例えば公有性は企業的競争が激化する時代では、ザイマンが言うように、一部の資産家層が科学知識や研究を独占する傾向が生じ、科学者の善意のみでは機能しないとなれば、社会にも通用するような拘束力のある独占的な規制が不可欠となる。実際、『21世紀の資本』の著者トマ・ピケティがいみじくも指摘しているように、世界の富は人口のわずか一%ほどの金持ちによって五〇%も独占されているのが現実である限り、格差社会が支配的であることは歴然としているのである（ピケティ 二〇一五：四五四頁）。格差社会は経済に限らず、政治、社会、教育などの至るところに顕在化しているのである。

没私利性も企業の営利主義に科学や研究が組み込まれて公共性よりも金儲けを優先する私利私欲の行動が増える時代では、性善説による公有性への同調はもはや期待できないし通用しがたい。

その証拠に、科学の逸脱行動は大学内外で目を覆うほど不断に生じているのである。従来はフェアプレイが科学者の内面化したエートスであったが、今日では科学の「先取権競争」が激化したため、科学の剽窃、改竄、捏造などの逸脱行動や不正科学が増加した。サイエンス・エシックス＝科学倫理や科学者・研究者の職業倫理が頻繁に問題になるのである（ニュートン 一九九〇）。

衝撃的な出来事は、二〇〇二年にベル研究所のヤン・ヘンドリック・シェーンによる一六本の論文の捏造事件によって明るみに出た。彼の「超伝導」に関する論文は、『ネイチャー』と『サイエンス』の両誌に数本ずつ掲載されるなど天才科学者と呼ばれ、ノーベル賞受賞を噂されたが、その間、数年間にわたって不正を指摘する声は上がらなかった。科学のエートスにいう組織的懐疑がなぜはたらかなかったのであろうか。この事件を取材した村松秀は次のように述べている。

科学者は正しいことを言う。科学的真実のみを正しく報告する。そうした性善説に基づいた科学者同士の「信頼」が、科学社会には存在している。その社会の基本ルールを逸脱している人間がいることを、前提として考えていない、ということである。どんなに捏造を疑っても、それでもまだ、「信頼」に基づき、自分たちの科学的知識の不足を責める。科学者とは本来、そうした性分なのである。ある意味で、非常に健全な思考回路であるとも言える。しかし、その「信頼」を壊す人間が実際に出てきても、それでもその人間の言うことを本当だと信じていこうとする。こうした科学界の感覚は逆に、捏造の温床をも作り出してしまったのである。（村松 二〇〇六：一一八頁）

この事件の直後に、二〇〇五年のES細胞を作ったソウル大学黄教授グループの捏造事件があって、世界を揺るがした。世界的に同様の事件が蔓延していることに驚かされる（ブロードとウェード 一九八八）。日本ではその前年の理化学研究所（理研）の論文捏造事件があったし、日本初の「監査・コンプライアンス室」を設置して、不正防止対策に乗り出す運びになった。他の研究大学でも論文改竄や捏造など同様の不祥事が続発したが、理研においても最近の事例では、STAP細胞事件が起きたことは周知の通りである。せっかくの不正防止機能は効果を持たなかったというほかない（須田 二〇一四）。STAP細胞事件の場合は、早稲田大学理工学部が不正博士論文審査で偽装を見抜けなかったことに端を発し、さらにその後遺症は大学を超えて理研を舞台に発生したのであるから、大学や社会で同様の類似の不祥事件が生じている証拠であると同時に、その防止策が奏功しないことを物語る。対象療法では間に合わない現実が示唆されている。村松は「事件の本質はもっと深いところに眠っているというのが取材実感でもあり、対症療法的措置を講じたところで、すぐに第2、第3のシェーンが現れてくるのは時間の問題であるように思われるのである。」と述べた。まさしく予言通りの状況が進行しているのである。

普遍主義は、特殊主義の反対概念であるため理念性が高い概念であるが、現実が理念と同じならば理念は不要である。実際には理念と現実の落差は大きいだけに社会では特殊主義が依然として根強く蔓延しその裏で不正科学が跋扈している。科学が大学と社会にまたがって比重を高める現在、組織的懐疑は、不正科学が横行し、不正を正す反証、検証、実証などの機能が必要性を高めるにつれて一段と重要性を増していると言わなければならない。

これらのエートスは、大学の理念が社会と一線を画して自己完結的に機能していた時代、すなわち社会と大学のボーダレス化が進行する以前の時代には、アカデミズム科学の世界において支配的であったし、マートン型のエートスは機能していた。しかし、ジェローム・ラベッツのいう「産業化科学」(ラベッツ 一九七七)の時代が到来し、先述したギボンズらやザイマンの説が登場したころからはじまり今日では、かかるエートスの機能の通用性は次第に困難になり、衰弱し、なし崩し的に後退を余儀なくされて制度的な歯止めが効きにくくなっているとみなされる。

もし科学社会、あるいは科学者共同体が科学者というプロフェッション＝専門職によって形成された理念、価値、エートスによって発展しているのであるならば、理念が変化することは、それを支える科学者集団そのものが変化していることを物語るに違いない。科学者が専門職であるならば、その構成者も変貌を遂げていると推察される。大学社会は同じく大学教授職という専門職によって構成される以上、科学者、学者、研究者などが構成主体である。大学の構成者は、科学者たちが構成者である科学社会と同様に同じ科学者たちが研究機能を担う以上、科学社会とクロスした社会であり、科学者、学者、研究者は科学社会の理念やエートスを大学社会へ持ち込み、教育の担い手である教育者や教師と融合する部分は少なくない。その意味では、科学社会の変貌は大学社会の変貌と重複して進行することは回避できないのである。

### (3) 科学エートスから教育エートスへ

かくして大学は、科学社会と同様の変化を来すことになる。社会とは一定の距離をおいてアカデミズム科学や研究が支配する時代から、社会との境界がボーダレス化して、もはや明確な一線を画せなくなるに伴い、社会からのあからさまな要請が堰を切って大学へと押し寄せる時代を迎えた。旧来型のエートスや価値の存続を困難に陥れる動きに拍車をかけることになった。一九世紀の後半から二〇世紀の前半の頃、ドイツの研究主義が米国へ導入された時期には、研究に重点を置く大学を創設したばかりではなく、教育に研究からのテコ入れを行い、さらに研究を踏まえたサービスを社会へ拡大し、研究と教育とサービスの三面作戦でもって社会と大学の関係に新時代を開拓し、社会発展に貢献した。ドイツは研究志向が強く、しかも純粋科学志向が強く、応用科学や開発科学を抑制したし、研究からの教育やとりわけサービスへの進出に関心を示さなかったから、米国に比較して大学が社会発展へと接続し貢献を果たすことができなかった。大学のなかに応用科学の側面を導入して以来、米国とはかなりの遅れをとりながらも、ドイツの大学は産学連携の発展を促進するようになった経緯がある。そこには社会と大学のボーダレス化以前の大学とは何か、大学の理念とは何かを問う問題が横たわっていたにもかかわらず、それを解読する創造力に温度差が存在したのである。こうした経緯を経ながら、現在では社会と大学のボーダレス化が進行し、大学は社会へ影響を及ぼすが、それ以上に社会からの圧力や期待を強く受ける時代を迎えた。

こうしてすでに過去へ引き返すことは困難であるが、大学の理念・使命が知識を基盤に研究・教育・サービスの三面性を全面的に発展させるときに大学の発展があるという哲学を重視する以上、あるいは特に知識の研究機能の中核に科学知識＝専門分野の論理がある以上、いかにして科学のエートスや価値の再考を行うかは重要性を増すことになった。

緊密化する大学と社会の関係

大学は生き物である。霞を食べて生きる存在ではないから、予算、資源、財政が枯渇すれば、たちまち破綻するのは目に見えている。社会との関係性が重要なのは、社会から影響を受け、社会へ影響を与える関係であるばかりか、社会からの支援や援助を期待するからでもある。事実、社会が大学のパトロンやスポンサーの役割を果たす度合いは、近代大学では著しく増大したのであって、その証拠に学長の大きな仕事は何よりも学外から予算を獲得する資金調達者である。もはや「象牙の塔」ではない大学は、社会のニーズに応え、アカウンタビリティ（社会的責任）を果たさなければ社会的存在理由を果たせないし、とりわけ様々なステークホルダーの要望に応えなければ、価値ある存在として資金援助を受けることはできない。こうして大学が財政的に社会に依存する度合いは増加の一途を辿ったばかりか、社会が大学のスポンサーとなった途端にスポンサーは金を出すばかりか口も出すようになった。かつての英国の大学補助金委員会（UGC）はサポート・バット・コントロールと言われ、カネは出すが口を出さなかったので名声を博した時期があった。国家社会が大学に対してそのような寛容な態度を示す時代はとっくに終焉を迎え、いまでは夢物語になったのであった。国家や社会などスポンサーから財政的な援助を期待すればするほど、大学は大なり小なり干渉を受けなければならない時代を迎えたのである（秦二〇一四：二〇二－二〇三頁）。

例えば、日本の国立大学は、法人化した二〇〇四年以来、国家から運営費交付金など七〇%ほどの紐付き援助を受けているから、その見返りとして国家からの圧力や期待が作用する。干渉を拒絶するには、法人になったのであるから交付金など一切受けなければよいが、そうすれば大学財政は破綻するし、大学は路頭に迷うのは必至である。また、日本では二〇〇二年の文科省二一世紀COEログラムに端を発した「選択と集中」政策によって、優秀な大学を競争的に選別し、資金を重点的に投入し、一定期間内に設定されたアウトカムを実現して優秀な成果を上げた大学には、さらに再選別する傾向が進行した。このプロセスでは、大学自身がアウトカムを自主的に設定するのではなく、あらかじめ政府の設定した到達目標を達成しなければ、選考に漏れ援助を受けることはできない。政策には一定の到達目標が組み込まれているから、その水準に到達しない大学は容赦なく振るい落とされるのは必至である。例えば、五年間のプログラムにおいて設定した到達目標を中間段階で達成できない大学は、情け容赦なく予算をカットされ、あるいは中途で採択を取り消される。

こうした政府が設定する到達目標は、従来からの準備や実績の乏しい大学にはとてもクリアできないほど敷居が高いのが普通であるから、そのことを事前に想定して応募を遠慮し、辞退することになる。必然的に応募大学の範囲は狭まる。したがって選択と集中政策では、公有性や普遍主義の原理が適用されているように見えながらも、実際にはザイマンのいう所有化が進行するというメカニズムが働いている。ボーダレス社会では、科学のエートスは普遍的とか客観的な装いを濃くするメカニズムが虚像として作用するかたわら、現実にはタテマエではないホンネの力学が働くメカニズムが実像として作用しているのである。

### 教育エートス再生の時代

知識の発明発見を主体とした科学や研究の側面、あるいは知識の応用を主体としたサービスの側面に加えて、知識の伝達を主体とした教育の側面が大きな比重を占める。社会発展に見合う教育や学修が必要かつ重要な時代へと日増しに移行している現在は、科学のエートスの再考ばかりではなく、教育や学修を組み込んだ新たな理念が不可欠となったのであり、その側面が重要である。高等教育の大衆化段階を迎え、教育需要が増大している時代の大学が社会の高まる要請に応えるためには、大学は社会に背を向けるのではなく、大学自身を社会に向けて積極的に開く必要性が高まった。

科学や研究の理念が支配した従来の大学は、研究生産性と教育生産性から成立つ学問的生産性のなかで研究生産性に重点を置いて、研究によって社会発展に貢献した。一九世紀の後半から今日まで研究パラダイムが支配した。しかし高等教育のユニバーサル化の時代の到来は、学生の教育に対する社会的期待が高まったことは疑うべくもない事実である。大学とりわけ大学教員にとっては、研究の世界のみに安住できなくなり、教育の視点や教授‐学修の視点、とりわけ学生の学修の視点が次第に重視される度合が高まるなかで、新たな大学像をめぐる理念・使命の創造が問われるのは避けられなくなったのである。かくして、研究活動によって社会へ大学を開放したように、いまや教育活動によって大学を社会へ開放することが期待される時代を迎えた。換言すれば、現在は世界的に科学エートス万能時代から教育エートス再生の時代へ足早に移行しつつあると言えよう。そのことは研究と教育を車の両輪として成り立つ点で共通性を持つ大学院にも学士課程にもともに該当するのであり、大学全体に共通に該当する課題である。

### 大学院のパラダイム展開

第一に、大学院では従来の研究、専門教育の伝統は継承されるばかりか、大学があくまでも「学問の府」を標榜する限り、近代大学においてにわかにその地歩を高めた研究の価値は一層高まるものと同時に、研究拠点たる大学院や「研究大学」の比重がさらに増すのは回避できない。その意味では二一世紀が世界的に「学問的生産性」とりわけ「研究生産性」を競う「大学ランキングの時代」を迎えるのは否めない動きとなるであろう（Shin, et al. 2011）。世界の大学史のなかで、研究と専門教育にいち早く着目して、中世大学の教育志向から研究志向への転換を図ったのはハレ、ゲッチンゲンを先駆けに、後続したベルリンなどドイツの大学であったし、その研究志向の流れを継承したのは、米国をはじめ日本やその他の国々の大学であった。この新たな展開のなかで、とりわけ研究と専門教育の強化は、米国の大学院の制度化以来追求されてきた一九世紀後半以後から今日に至る主たる方向であり、世界的に遅速はあっても、いずれの国々も大なり小なりその方向性を辿ることになった。

日本の場合も、戦前からいち早くドイツ型の研究志向を学部レベルで制度化し、アメリカ型の研究志向も遅ればせながら戦後、二〇世紀半ば頃から本格的に踏襲して、戦前期に存在した形式的な大学院を見直して本格的な大学院の拡充を模索してきた。こうして、六世紀を経過した中世大学の教育パラダイムの後に、近代大学の研究パラダイムへの転換が生じ、開花し、花を咲かせたのである。しかしこの第二の波のモデルは新たな第三の波のモデルとしてそっくり通用するかと言えば、もはや通用しそうにない。

実際、日本に照準すれば、一九九〇年代以来の大学院拡充政策は失敗し、各大学の大学院重点化路線は挫折し、学生の就職難と大学院進学者の減少を招来した（金子 二〇一三）。市川昭午は一〇年以上前に、「大学院のインフレ現象、博士の粗製濫造、大学院の質的低下」をやがて迫り来るマイナスの未来像として予言的に予測し警鐘を鳴らした（市川 二〇〇一、有本 二〇〇六：八三―一〇五頁）。こうした考えを傾聴して「転ばぬ先の杖」よろしく先手を打つことが大学政策には必要であったのであるが、残念ながらその予測は正鵠を射ていて、まともに的中して、今日では対応が見事に後手に回ってしまっているのではないかと危惧される。

藤村正司と李敏は、大学院教育の現実と課題を調査しているが、「人口規模を考慮しても、日本の大学院の学位授与数は低い。アメリカの学位授与数は、二〇〇九年で修士は六五万人、博士は一五万人を超えている。」「しかし、日米の学位授与の違いは、規模だけでなく専門分野の分布にもある。……平成二一年度（二〇〇九）中の博士授与数八八五三件の割合は、『保健』三六％、『工学』二四％で六割を占めるとき、アメリカのPh. D.総授与数一五八〇〇〇件の内訳は、『保健』が三六％で日本と同じだが、『法律』が二八％と高く、工学は五％にすぎない。」といった点を指摘している（藤村・李 二〇一三：一四頁）。両国には規模や内容に大きな違いがみられる。また、「平成二三年度（二〇一一）、博士課程修了者中、新規に大学院に採用された者は一一％にすぎない」「保健と工学系の博士学位授与数の占める割合が一貫して高いが、理学、農学を含めて頭打ちで、近年は減少傾向にある。理由は、博士後期課程に院生が進学しなくなったからである。」と述べている（同上：一五頁）。大学院進学者の減少、博士課程修了者やポスドクの就職難、大学院と社会のミスマッチなどは深刻な問題と化した。

研究志向の制度化過程において、日本が米国と同じ土俵に立ちながら先見の明のなさに禍いされて一世紀の遅れをとったことは、ドイツモデルの輸入とかかわってすでに論じた。昔の一〇年が一年に短縮されて瞬く間に素早く動く現在では、一〇年の失敗のツケは一〇〇年の遅れにも匹敵するほど大きいはずである。かくして、遅ればせながら現在は大学院のパラダイム転換が必要な段階に直面しているのである。一九九〇年代以後、「大学院重点化政策」、二一世紀ＣＯＥプログラム（二〇〇二年）、グローバルＣＯＥプログラム（二〇〇七年）、などの世界的研究拠点形成政策、科学技術基本法（一九九六年）に基づく科学技術基本計画（一九九六年、二〇〇一年、二〇〇六年、二〇一一年など）が政策として実施された。これらの政策は「選択と集中」政策によって研究大学を重視したこと、文系よりも理系を偏重したことなど、大学院の発展にとって十分な柔軟な対応ができたとは言えない側面が多々あるとみなされる。研究大学の理系分野はある程度発展し、世界大学ランキングでもかなりのスコアを記録したが、他方で非研究大学や文系分野は、学問的生産性において衰退を来したことは否めない事実である。

知識社会は、従来の産業構造を崩壊させ、職業の新陳代謝を加速させ、融合化を生じるメカニズムを内包して進行するのであるから、こうした学問の分業化ではなく融合化の動きは、従来型の学問編成を崩壊させる力学として大学のカリキュラムへ作用するのは回避できなくなった。この作用を無視し、旧態依然としたカリキュラム編成を敷く場合は、狭い専門の専攻者たる大学院卒を敬遠する産業界と大学院の乖離が生じ、副産物としては産学のミスマッチは容赦なく就職難を強めざるを得ず、産業界の急速な動きに対応できない大学院が取り残される現象は生じるべくして生じる。知識社会では分業的な専門教育よりも、学際的、融合的な専門教育、さらに専門分野を包括し統合する教養教育の重要性を加速させることになるはずである。

市川の警告には盛り込まれていないが、大学院が外界の変化に敏速に対応できないのは、日本の大学院が有している柔軟性の欠如、硬直した閉鎖構造に起因するのではないか、あるいはグローバル化の進展など世界に開かれていない体質や風土があるのではないか、といった疑問が生じるに違いない。その結果、現在次第に深刻さを増しつつある諸問題、例えば生涯学習化、人口減少、地方自治体消滅、グローバル化に対応する人材養成などの問題は、もはや一刻も猶予できないのに迅速な対応ができないままになっているのではないか。一〇年前の大学院拡充政策の時点で、これらのことはシミュレーションによって診断できたはずだが、処方箋が書かれていないため、ツケが生じ、現在急遽対応を迫られているのである。

江原武一は、大学院教育改革の日米比較を詳細に研究しているが、それを踏まえて日本の大学院教育改革の方向を提言している。①日本にふさわしい大学院の将来構想の構築、②体系的なカリキュラムの構築、③教育研究の基礎的条件の整備、④教育も研究も重視する大学教員、⑤補習教育の充実、を列挙している（江原 二〇一〇：一八四－一八九頁）。

### 学士課程教育と教養教育の再生

翻って第二に、学士課程に目を転じれば、ユニバーサル化の進行は学生の超多様化を加速させ、個々の学生にきめ細かく対応した教育を不可欠とするので、学士課程の比重はいやがうえにも高まらざるを得ない。学士課程が教養教育（一般教育）のメッカである米国では、大学院で行う専門教育の前提に教養教育が存在し、専門基礎教育や共通教育が存在し、教養と専門の架橋と統合を可能にしている。これに対して、日本では学士課程における教養教育の形骸化が大学院へしわ寄せするため、そこでの専門教育の破綻を連鎖的に引き起こすという現実が浮上しているのである。学士課程で教養教育が充実していない現実に起因して、大学院で教養教育のやり直しが必要になったほどである。これでは大学院に拠点を置くはずの専門教育は足を掬われる羽目に陥るので、その充実は所詮あり得ない。

それに加え、一九九一年の大綱化以来、全国的に教養部の解体が進行した結果、学士課程が教養教育の拠点となる論拠を喪失して根無し草になってしまい、学士課程も大学院もおしなべて専門教育に偏重するという時代錯誤に陥っているのは否めないであろう。

### 教養教育と専門教育の分担は成功しているか

これでは戦前に実現していなかったのを反省して、戦後にいわゆるティアを分割して単層から重層の制度をせっかく構築し、教養教育を一階に残し、専門教育を二階へ回したにもかかわらず、その意義たるやなきに等しい結果を招いたというほかない。しかも下層と上層の両者を接続する役割を果たすはずの大学の理念・使命が未確立のままでは、下層の一階で教養教育を行って、創造力、問題発見力、問題解決力、応用力などを十分涵養して、上層の二階ではもっぱら専門教育を涵養するというカリキュラムの接続、さらには学修力の接続を実現することも不可能と化すのは当然の帰結であろう。ドイツ方式に傾倒した戦前はともあれ、戦後米国システムを導入したとき、大学の理念・使命を明確にし、学部と大学院の役割分担を明確にする改革が不可欠であった。

米国ではその種の改革を、ドイツモデルを輸入した時点で、学部と大学院の棲み分けによって実現した。カレッジ（単科大学）主義とユニヴァーシティ（総合大学）主義の激烈な角逐が繰り広げられた結果、その実現が生じたことは記述した通りである。日本ではその種の角逐は皆無であった。中世大学を欠如した日本では教養教育の前史が大学のなかに皆無であるため、もっぱら専門教育のみに限定した。その種の角逐を経て学士課程と大学院課程の体系的な接続を前提にして発達している米国のシステムでは、学士課程の教養教育と大学院課程の専門教育の接続が有機的に行われることになった。前者で学生が自主的かつ主体的に学力を形成するための教育が行われたのちに、大学院ではさらに学力を高めるための教育が行われる。その種の下層と上層を接続している学力は、アクティブラーニング＝能動的学修によって醸成される。

米国では能動的学修の開始は、正式には一九九〇年代の後半からであるが、そのそもそもの端緒は、ハーヴァード大学のチャールズ・エリオット学長が授業科目選択制度を導入し、学生の自主性・主体性を重視した学修を奨励し始めた時期、つまり一九世紀の後半にあると考えられるから、今日まで長い年輪を刻んだことになる。中世大学型の詰めこみ教育、強制教育から自主性・主体性を尊重する教育への転換は、一九世紀後半から今日まで一世紀以上をかけて発展した。そしてアクティブラーニング型の学力は、学士課程と大学院課程との接続をもたらす触媒の役割をはたしていると捉えられる。この種の長い年月をかけて形成された学生のアクティブラーニング（能動的学修）の概念を、米国の学士課程から日本の学士課程に移植したところで、その定着は所詮おぼつかないと言わざるを得ないが、今日の日本ではその制度化が開始されたことは周知の通りである。

こうして、第二の波の時代には、社会の不確実性に対峙して、確固たる理念・使命を措定することによって、個々の大学がいかなる打開策を図るかが問われるのであり、具体的には研究・教育・学習（学修）、教養教育・専門教育の組み合わせをいかに適切に構築するか、同時に学士課程と大学院課程の確たる分化と統合をいかに効果的に構築するかが、課題とならざるを得ない。特に学士課程と大学院の学生への時代に見合う的確な対応が、それぞれ重要性を増すことは見逃せない課題となるに違いないのである。

これからの知識社会（知識基盤社会）とユニバーサル化が比重を高める時代には、複雑な社会変化に対処できる創造力や問題解決力などの涵養がますます必要性を増すこと、個々の学生が固有の能動的学修力を発揮することが重視されること、などに伴い、学生は従来のようにどちらかと言えば教養教育よりも専門教育を中心とした、教員主導の知識注入型の授業の伝統を踏襲して行われる「学習」（learning）からの脱皮が期待される。そのような受け身的な学習にとどまるのではなく、産業の再編成と学問の再編成が呼応して進行する時代に対処するために、必要かつ有効な「学修」（study）を踏まえた能動的学修を発揮した豊かな学力の醸成が期待されるのである。その点、米国でいち早く開始されたアクティブラーニングの日本での展開が注目される所以である。

## ⑷　大学教員の対応

他方、大学教員には学生の主体的な学びを基軸にしたアクティブラーニング＝能動的学修を引き出すための教育が一層求められるから、その動きに対応するためには新たな教師像の創造が問われる。教員には研究の看過や無視を返上して、研究者としての研究力を担保して学生の学修力を引き出し深める教師力や教育力が欠かせない。それは研究と教育の両立を模索する研究者と教師の両立を模索する視点にほかならない。学生の側にアクティブラーニングが不可欠になる時代の到来は、教員の側にはアクティブティーチングが不可欠になる時代が到来していることを意味しており、換言すれば能動的学修に対応する能動的教育（授業）が求められるのである。

## アクティブラーニングとアクティブティーチングの開始――日米比較の視点

このことは、米国では一九世紀後半の一八六九年に、ハーヴァード大学のエリオット学長によって授業科目選択制度が開始されたとき、教員は専攻する専門分野において博士号を取得してから授業を行う時代が幕開けしたことを想起させる。その時点から単なる教員は専門職としての大学教授職に職を奪われる運命となった。米国では博士号取得者は一八九〇年には教授の多数になった。博士号を取得しなければ教授に任用されず、授業を担当できない風潮が成立した。ニューヨークのシティ・カレッジは、一九四〇年以後の教授は博士号取得者に限ると宣言した(ルドルフ 二〇〇三：二六四頁)。ドイツの研究と教育の両立志向が米国に転移したと解される。ハーヴァードでは、ベルリン大学での米国からの最初の博士号取得者のジョージ・ティックナーらが帰国後、ドイツ式授業への改革を画策したが、保守派に阻まれ成功せず四〇年間も遅延して、改革はエリオット学長によってやっと実現した経緯がある。授業科目選択制度がアクティブラーニングの端緒だと言えるのは、そこにはこの種の専門分野の研究によって博士号を取得した教員によって行われる教授－学修過程が成立した事実があるからである。また、学生は必修科目によって学習を強制されることなく選択科目を自主的・主体的に選択して学習するというこの時点で成立した仕組みは、アクティブラーニングの精神に通底する仕組みだからである。

かくして、米国におけるアクティブラーニングの端緒が一九世紀後半だとみなすと、日本ではようやく一九九〇年代後半になって米国から概念を輸入して、しかも最近着手したのであるから、一世紀以上後塵を拝することになったと言わねばならない。その意味でもはや米国の文化的・風土的な土壌で栽培された果実を輸入しても異なる土壌に簡単に根付くとは限らないだろうし、果実の根を移植するならまだしも果実のみでは根付かない。

学生の自主性を尊重するアクティブラーニングの概念はフンボルト理念と同じではないが、研究・教育・学修を重視する点で共通性があるのは、新たな発見に匹敵するほどの価値があるのではあるまいか。フンボルト理念が米国で輸入された時点で、教育改革を断行して、授業＝教授－学習過程に革命を起こした。同様の試みが「京都帝国大学の挑戦」において追求されたにもかかわらず、あえなく挫折した。米国ではいち早く成功を収め、その後の教育改革へ継承されて今日に至ったのに対して、日本ではそれを阻む文化や風土の壁が大きかったのであった。

ただ、学生の自主性を尊重する改革の動きが日本では皆無であったのではない。一九一八年（大正七年）の時点で、帝国大学の改革には、「学年学級を廃止すること、優等生を廃止すること、卒業式を廃止すること、試験方法のなかで科目試験の結果には数字評点を廃止すること、試験の成績に段階を設くること」などが帝国大学制度調査委員会によって答申され、評議会が同じ線で決議し、大学が決定した結果、それをもって臨時教育会議に報告し、同会議が答申した。この経緯のなかの学年学級制の廃止は、「授業科目選択制」をとる方式を意味したのであり、それは全学で実施されることになった。寺崎昌男は「この改革は、少なくとも近代日本で大学『教育』のあり方が最も大規模に、かつ内側から問われた結果だった。」（寺崎 二〇〇七：一六七頁）と評価している。

このような日米での紆余曲折を経て、フンボルト理念の伝播において一世紀以上が経過した現在、近代大学としての大学理念の構想過程にかなりの温度差が生じた。ドイツから米国経由で到来したこの新時代の大学の理念・使命を遅ればせながら追求せんとする日本の大学においては、とりわけ専門職としての大学教授職を自認する教員にとっては、フンボルト理念を援用し、再構築し、研究と教育と学修の連携を追求するために、R‐T‐Sの統合が課題とならざるを得ないのである（Humboldt 1910、Clark 1997、有本 二〇一三）。

第三の波の時代は、ユニバーサル化時代を迎える世界の大学が遅かれ早かれ、そして大なり小なり直面しなければならない宿命であるがゆえに、その時代的圧力からの逃避行は到底不可能である。個々の国の個々の大学が試行錯誤しながら、暗中模索しながら、十分な対応を迫られるのは必至であると言わなければならない。高等教育の先進国も発展途上国も、研究と教育への取り組みに強い大学も弱い大学も、それぞれ差異はあるにしても、このような課題の解決に向かって叡智を結集しなければ、高等教育機関としての大学の社会的存在理由は喪失せざるを得ないことになろう。そのような課題を遂行する主体は、いうまでもなく研究と教育の主体である大学教員自身であるから、あるいは大学教職員であるから、その双肩にかかる責任はきわめて重い。

## 世界と日本の消極的な動き

それでは今日、大学教員の準備は、世界においても日本においても十分な対応ができる状態になっているのであろうか。ちなみに、世界一九カ国で私たちが実施した大学教授職調査（CAP調査、二〇〇七年実施）を基にして現在の世界的動向を探ると、必ずしも十分な状態になっているとは言えない実態が浮上する。むしろ厳しい状態に向かっていると観測できるのである。というのは、大学教員は先進国、発展途上国を問わず過去一五年間に押しなべて研究志向へ傾斜しており、研究と教育の統合の困難性が進行しているからである（有本二〇一一、二〇一三 Arimoto 2015）。世界の大学教員は「研究が教育の強化に役立つ」と回答する割合が高いものの、彼らの回答を分析するとそれ以上に研究志向の増加率が高い事実があるので、それから目を離せないのである。すなわち研究志向の増加傾向は、とりもなおさず「研究と教育の両立性」の後退を示唆していることは否めず、研究と教育が困難であるにとどまらず、「研究・教育・学修の統合」はなおさら困難な状態に見舞われている現実を露呈しているのである。

世界的な動きが芳しくないばかりか、とりわけ日本の状況は芳しくない。世界的に研究と教育の両立性が困難とする大学教員の平均値は二〇％程度であるにもかかわらず、日本の値は実に五一％に達し世界一困難であるからである。世界の大学教員はまだしもであるが、日本の大学教員の意識には、直面する課題の解決にとって前向きではなく後ろ向きの現実が具現しているというほかない。この現実でもって今後の難問を打開できるのであろうかと単刀直入に問うならば、それは否であろう。

## 研究力を担保した教育力の創造

すでに論じてきた通り、近代大学として出発した日本の大学は、中世大学の前史やルーツを持たず、いきなり近代大学の建設に乗り出し、他の先進国の長所に注目し、特に当時世界の学問中心地を究めていた研究志向のドイツモデルを積極的に移植した。このことを想起すると、一九世紀から今日まで一世紀以上の長い年月をかけて何よりも研究を重視する姿勢を終始貫いてきたことになるのであって、そこには功罪半ばするところがあるのではないであろうか。もたらされた長所と短所に想いを致さなければならないだろう。先進国に追いつき追い越すことを追求してきた独特な文化的かつ風土的な傾向のなかにその成果が鮮明に表出していることは疑うべくもないのであって、少なくとも研究面では後発国のなかでは最速で先進国に追いついた。と同時に、研究偏重に起因する負の遺産がむやみに肥大した点も看過できまい。

中世大学の前史を持たない日本の近代大学の誕生は、中世大学に発達した教育志向の歴史や伝統を欠如して出発したにもかかわらず、当時の学問中心地のドイツは教育よりも研究に熱心であり、研究成果によって世界の学問中心地に躍進していた時期にあった。この動きは、新しく大学世界に参入した日本にはにわかには理解できなかったかもしれないが、中世大学と一線を画す動きであり、他の国々とは異なるある意味で革命的な動きであった。上述したパラダイム転換である。中世大学以来の学問中心地は教育を中心に発展したフランス、イタリア、英国などの大学であったことからすれば、ドイツの大学は教育力よりも研究力によって中世大学の伝統を凌駕したのであったし、全く新しい時代が出現しつつあった。この現実を観察して、日本の大学がドイツの大学をモデルに「帝国大学」を基軸にした大学像を形成したことはそれなりに必然性があったし、そのことは次第に効果を発揮し、今日まで日本の大学が発展する原動力になった。それと同時に、教育志向の歴史が欠如したことによる教育軽視や、研究と同等かそれ以上に教育が重要であるとの自覚が欠如したことは、米国と比較した場合、その後今日まで日本の大学が辿った大きな弱点としていまやそのツケが浮上しているのである。

戦前以来、醸成されてきた研究志向の理念が、第二の波の時代に適応すべき大学の形成をめざした日本モデルを導き、それを下支えする固有の大学文化や風土が着実に醸成されてきた。それはそれで日本特有の大学像の追求と解されるのであるから、いまさらそれを変更するのは遅きに失したし、急遽挽回を試みてももはや手遅れである。後知恵的には、米国と同様にドイツモデルを輸入した時点に、違う選択をする可能性があったはずであるし、それが実現していればその後一世紀には違う方向を辿ったに違いない。研究志向のあまり教育志向を疎かにし、研究大学ばかりか非研究大学＝教育大学を巻き込み、研究一辺倒の風土を醸成した。旧帝大に追随して発展した国立研究大学ばかりか、その他の国立、公立、私立を問わず、すべての大学にことごとく研究偏重を蔓延させ教育志向の軽視をもたらした。このことは、日本の大学を研究生産性の点では短期間に発展させる原動力になったことは否めないとしても、研究パラダイムが席巻した第二の波の時代へ同調過剰になった結果、米国が同調過剰にならず未来を先取りして大学力強化の布石をしたのとは違って、第三の波の時代に対応する大学力としては、レディネスを欠如したと言わなければならない。

## 「三面性」の見直しの必要性

かくして、今後の第三の波の時代に求められる大学像に照準した場合、こうした研究志向型の理念を標榜する文化や風土があまりに強固に作用するならば、これから進むべき将来の方向が何かを見失って時代錯誤に陥ることが危惧される。全大学のなかに占める割合がせいぜい四〜五％程度と少ない割合を占める研究大学が世界の研究大学と伍して競争するには、研究志向を強めなければ発明発見の先取権競争において敗北に見舞われるだろうから、現状維持や強化はある程度やむを得ないとしても、その他の大多数の大学がこぞって研究志向に偏して、教育とのバランスを失うのはアナクロニズムに陥ってしまい、未来大学へ架橋する視点からの大学像を見失うだろう。少なくとも大学の理念・使命が三面性のバランスを追求するときに最も大学が発展するという鉄則からすると、研究のみに集中するのは危険である。いったん学問中心地を究めたドイツの大学がやがて失敗して米国に先を越されたのは、研究偏重に陥り、教育やサービスへの関心を欠如しバランスを喪失したからである。日本はその失敗を教訓とし、他山の石としなければならない。かくして現時点に立脚して「大学とは何か」をあらためて問うならば、研究を担保した教育や学修の発展を理念や使命としていかに積極的に創造するかが問われるのである。

## おわりに

中世大学の誕生以来、大学は理念や使命を標榜して、大学のあるべき姿や「善さ」は何かを問い続けてきたが、その結果は法的には研究や教育に収斂していることが分かる。今日あらためて大学とは何か、あるいはそのコロラリーとしての大学教授職とは何かを問うことによって、現在から未来の大学観や大学像、あるいは大学教授職観や大学教授職像を構築するためには、過去の事実や哲学を参考にしながらも、その反復や復元ではなく、新たな創造が欠かせないと考えられるのである。

実際、大学とは何かを論じた著名な論客も、何が大学であり、何が大学の理念であるかをめぐって必ずしも共通の論陣を張っているのではなく、大枠としては研究と教育をともに重視している点では大同小異であるとしても、必ずしも研究と教育を同程度に強調しているとは言えないのである。あるいは研究を強調し、あるいは教育を強調し、あるいは研究と教育は両立し、あるいは両立しないとみなしている点では温度差は決して少なくない。さらに教育に限定すれば、あるいは教育を強調し、あるいは専門教育を強調し、あるいは教養教育を強調している点ではやはり温度差は少なくないのであったのである。

本章では、ヤスパース、フレックスナー、オルテガ、ニューマン、ハッチンスといった著名な論者の哲学的な大学観に依拠して論調を吟味して、ちょうど中世大学に訣別して近代大学を模索する過渡期の時代に、いかなる大学観や大学像が構築されたかを回顧してみた。その結果、現時点からはいささか復古調の見識であったり、偏った見解であったり、第二の波の時代に拘束された論点であったり、それぞれ限界が見られたにもかかわらず、示唆に富む哲学が展開されていることが分かった。そのことを評価した上で、現在の二一世紀の大学の理念や使命を考える際に参考にするという視点から吟味すると、これらの論調は、大学が誕生し形成された過去の時代的状況によって強く影響を受けて形成されていることが理解できた。それだけに概して第一の波や第二の波の時代に対応する大学観や大学像であるという特徴がそこに察知できたと言えるのである。

二一世紀の大学は第一の波の時代が教育、第二の波の時代が研究をそれぞれ強調したのに対して、第三の波の時代の課題として、両者の統合を実現しなければならないことに帰結する。そのことは、第二の波の時代にフンボルトが提唱して今日まで十分な実現を果たせなかった理念であるところのR-T-Sネクサスの十分な実現を図ることにほかならない。この理念は研究と教育の両立にとどまらず、一歩前進して研究・教育・学修の統合をめざしているのであり、そのことを実際に成就することを通じて、大学の社会へのサービスをかつての時代を遥かに超えて発揮する点でもって、大学の理念・使命の三面性を実現するものと考えられる。

## 参考文献


Altbach, P. G.（1979）. *Comparative Higher Education: Research Trends and Bibliography*. London: Mansell.

有本章（二〇〇六）「大学院教育に関する研究——回顧と展望」『大学論集』第三六集、広島大学高等教育研究開発センター八三-一〇五頁。

有本章（二〇一三）「学士課程教育の質保証——総論」『ＫＳＵ高等教育研究』第一号、一一-一九頁。

有本章（編著）（二〇一一）『変貌する世界の大学教授職』玉川大学出版部。

Arimoto, A.（2013）. "Research and Teaching: The Changing Views and Activities of the Academic Profession." In: Teichler, U., Arimoto, A. and Cummings, W. K.（Eds.）. *The Changing Academic Profession: Major Findings of a Comparative Survey*. Dordrecht: Springer, pp. 117-163.

Arimoto, A., Cummings, W. K., Huang, F. and Shin, J. C.（Eds.）（2015）. *The Changing Academic Profession in Japan*. Cham: Springer.

ブロード、ウイリアム／ウェード、ニコラス（一九八八）［牧野賢治訳］『背信の科学者たち』化学同人。

中央教育審議会（二〇〇五）「我が国の高等教育の将来像」（将来像答申）。

Clark, B. R. (1983). *The Higher Education System: Academic Organization in Cross-National Perspective*. Berkeley: University of California Press.（バートン・R・クラーク［有本章訳］『高等教育システム――大学組織の比較社会学』東信堂、一九九四年）

Clark, B. R. (1997). "The Modern Integration of Research Activities with Teaching and Learning." *Journal of Higher Education*, Vol. 68, No. 3, May June 1997, pp. 241-255.

Cobban, A. B. (1975). *The Medieval Universities: Their Development and Organization*. London: Methuen and Co.

江原武一（二〇一〇）『転換期日本の大学改革――アメリカとの比較』東信堂。

Flexner, A. (1930). *Universities: American, English, German*. New York: Oxford University Press.（エイブラハム・フレックスナー［坂本辰朗・羽田積男・渡辺かよ子・犬塚典子訳］『大学論――アメリカ・イギリス・ドイツ』玉川大学出版部、二〇〇五年）

藤村正司・李敏（二〇一三）「教員と院生から見た大学院教育の現実と課題――インプット・スループット・アウトプット」『大学院教育の改革』（戦略的研究プロジェクトシリーズⅪ）広島大学高等教育研究開発センター、二〇一三年四月、七－四三頁。

Gibbons, M., Limoges, C., Nowotny, H., Schwartzman, S., Scott, P. and Trow, M. (1994). *The New Production of Knowledge: The Dynamics of Science and Research in Contemporary Societies*. London: SAGE Publications.

秦由美子（二〇一四）『イギリスの大学――対位線の転位による質的転換』東信堂。

Humboldt, W. V. (1910). "On the Spirit and the Organizational Framework of Intellectual Institutions in Berlin," Translated by Edward Shils, *Minelva* 8 (1970), pp. 242-250.

市川昭午（二〇〇一）『未来形の大学』玉川大学出版部。

Jaspers, K. (1946). *Die Idee der Universität*. Berlin: Springer.（カール・ヤスパース［森昭訳］『大学の理念』理想社、一九五五年）

金子元久（二〇一三）「大学院の現実」『ＩＤＥ 現代の高等教育』五五二号、四－一一頁。

Merton, R. K. and Storer, N. W. (Eds.) (1973). *The Sociology of Science: Theoretical and Empirical Investigations*. Chicago: University of Chicago Press.

Newman, J. H.（1996）. *The Idea of a University*. In: Turner, F. M.（Ed.）. *Rethinking the Western Tradition*. New Haven & London: Yale University Press.
村松秀（二〇〇六）『論文捏造』中公新書ラクレ。
ニュートン、デビッド・E（一九九〇）〔牧野賢治訳〕『サイエンス・エシックス——科学者のジレンマと選択』化学同人。
Ortega Y. Gasset, J.（1930）. *Misión de la Universidad.*（J・オルテガ・イ・ガセット〔井上正訳〕『大学の使命』玉川大学出版部、一九九六年）
Pelikan, J.（1992）. *The Idea of the University: a reexamination*. Yale University Press.（ヤーロスラフ・ペリカン〔田口孝夫訳〕）『大学とは何か』法政大学出版局、一九九六年）
ピケティ、トマ（二〇一五）〔山形浩生・守岡桜・守本正史訳〕『21世紀の資本』みすず書房。
Ravetz, J. R.（1971）. *Scientific Knowledge and its Social Problems*. Oxford University Press.（J・R・ラベッツ〔中山茂訳〕『批判的科学——産業化科学の批判のために』秀潤社、一九七七年）
Rothblatt, S.（2009）. “Loss and Gain: John Henry Newman in 2005.” In: Lowe, R.（Ed.）. *The History of Higher Eduction: Major Themes in Education*. Vol. 2. London and New York: Routledge, pp. 51-63.
Rudolph, F.（1962）. *The American College and University: a history*. Georgia: University of Georgia Press.（F・ルドルフ〔阿部美哉・阿部温子訳〕『アメリカ大学史』玉川大学出版部、二〇〇三年）
Shin, J. C., Toutkoushian, R. K. and Teichler, U.（Eds.）（2011）. *University Rankings: Theoretical Basis, Methodology and Impacts on Global Higher Education*. Dordrecht: Springer.
須田桃子（二〇一四）『捏造の科学者——STAP細胞事件』文藝春秋。
寺崎昌男（二〇〇七）『東京大学の歴史——大学制度の先駆け』講談社学術文庫。
トロウ、マーチン（一九七六）〔天野郁夫・喜多村和之訳〕『高学歴社会の大学』東京大学出版会。
吉永契一郎（二〇一一）「ジョン・ヘンリ・ニューマンの『大学論』」『大学論集』第四二集、広島大学高等教育研究開発センター、二六五‐二七八頁。
Ziman, J.（2000）. *Real Science: What it Is, and What it Means*. Cambridge: Cambridge University Press.

# 第Ⅱ部　授業改革と大学教授職

# 第4章　教授‐学習過程の社会学——知識の機能と大学教授職形成

## はじめに

周知の通り、「大学改革の時代」とか「教育改革の時代」と言われる最近は、かつては大学審議会や最近では中央教育審議会から矢継ぎばやに各種改革案が公表されるばかりではなく、それらが文部科学省の省令を媒介した強制力を有した行政的施策を通して教育改革へと転換されてきた経緯がある。こうした教育改革の焦点である授業改革、すなわち「教授‐学習過程」(teaching and learning process) の改革には、少なくとも二点の相互に連動し合う重要な問題が横たわっていると解される。

第一は、授業の中核を構成する教授‐学習過程の研究が同過程の社会的条件や社会的機能を問題にする巨視的視点を等閑視する病弊に陥ったことである。言ってみればそれは社会的文脈を捨象してもっぱら微視的な枠組みに傾斜する傾向を示したことである。

第二に、教育の「質保証」(quality assurance) を高めるために、教育の主体である大学教員を対象にした政策が、所期の意図はともかくとしても、専門職としての大学教授職のあり方をかなり変質させたことである。換言するならば、「大学教員の資質開発」を意味するファカルティ・ディベロップメント＝ＦＤ (faculty development) が二〇〇七年の大学院、二〇〇八年の学士課程での義務化を通して制度化を達成されることになったのは周知の通りであるが、その過程を通して研究と教育の両立志向や一歩譲って研究を担保した教育の重視といった方向を辿らずに軌道を逸れてしまい、結果的には研究と両立すべき教育が研究から分離する政策になってしまったことである。このことは、専門職としての大学教授職の観点からは研究・教育・社会サービスなどから構成される学事＝アカデミック・ワークを包括して三者の調和性を発揮するという視点に反する。包容的な性格を志向することに背を向けて離脱する方向性を志向するという陥穽に陥ることになったのである。

これら二点の重要性を考えると、「教授－学習過程の社会学」の視座から、授業の中枢に位置している教授－学習過程に注目することが欠かせない。例えば社会、文化、風土、システム、機関、組織などの社会的文脈に注目することが欠かせないと考えられる。同時にFDの場合には、教育のみに特化した「狭義のFD」の視点に起因するところの袋小路に迷い込むのではなく、プロフェッション＝専門職の形成の視座から「研究・教育・学修の統合」を構想する「広義のFD」の視点を十分担保することが不可欠であると考えられる。

このような問題意識に焦点を据え、ここでは（1）研究の枠組み――知識と大学教授職、（2）専門職と社会変化・国家政府・知識の機能の関係、（3）大学教授職の使命、（4）知識の機能と大学教授職形成、（5）専門職の模索――研究・教育・学習（学修）の統合、の問題を考察することにしたいと思う。ここでは、「社会変化と大学教授職の形成」の観点が必要であるが、すでに第1章3で論述したので、割愛することにしたい。

## 1　研究の枠組み――知識と大学教授職

標題「教授－学習過程の社会学――知識の機能と大学教授職形成」が示す通り、大学教授職研究における知識の機能の重要性に注目する本研究は、「知識の機能」（function of knowledge）をそもそもの基盤に置いて研究の枠組みを構想するところに特徴があると言ってよかろう。私は長年にわたって科学社会学の理論的・経験的な研究から出発して、科学社会や知識社会の交錯した大学社会に関心を持ち、その主要なアクターである大学教員、とりわけ専門職である大学教員としての大学教授職を対象に研究をささやかながら手がけてきた。それとの関係上、知識を重視する「知識社会学」や「科学社会学」の観点からすでに若干の先行研究を行ってきた（有本 一九八一、一九八七、一九九四、二〇〇三、二〇〇八、二〇一一）。ここではすでに上で述べた問題意識を踏まえて特に「教授－学習過程の社会学」に視座の焦点を合わせ、知識と大学教授職形成の関係を考察することに主眼が置かれている。

大学教授職の環境

図４‐１の「大学教授職の環境」は研究枠組みをできるだけ平易に視覚化するべく構造的に提示したものである。大学の中枢には本章の焦点である教授－学習過程、あるいは授業が配置されていて、その主たる構成要素は教員、学生、カリキュラム、知識の機能などから成り立つことが示されている。そこでは知識の機能である研究・教育・学習（学修）を媒介にして教員・学生・カリキュラムの相互作用関係が成立すると同時に、この教員・学生・カリキュラムからなる授業の三点セットは知識を基盤にして相互に強い関係を結ぶゆえに、教員を中心に考

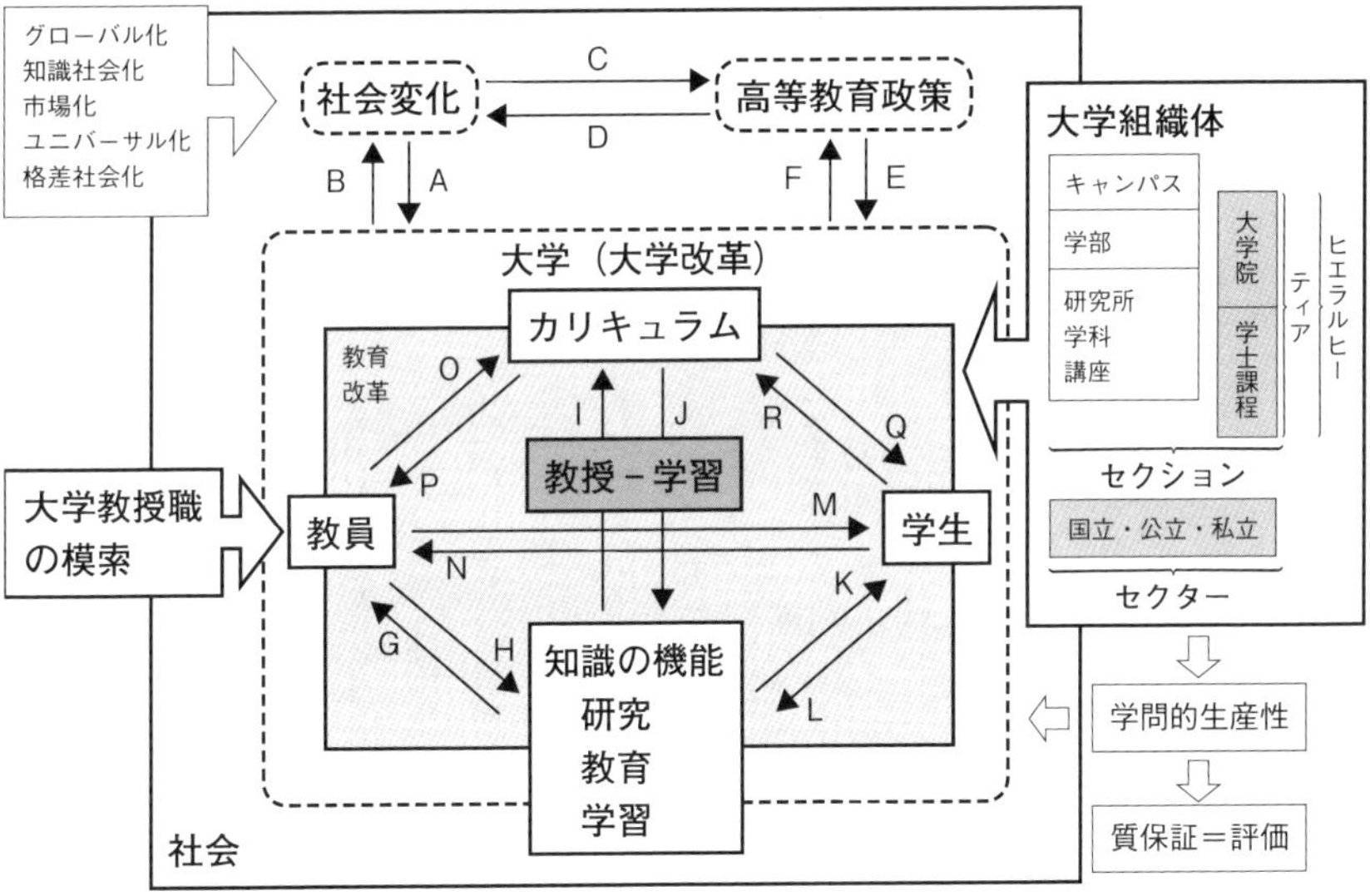

図4-1　大学教授職の環境

えた場合は大学教授職という専門職を模索する大学教員との関係が密接に展開される。大学教授職を模索するには、教員自身が教員の資質や技能を高めるのはもとより必要であるが、そのことと学生やカリキュラムの質保証を行う営みとは密接不可分な関係にあると言わなければならない。加えて、大学教員の主体的な資質や技能の向上は、大学組織体（academic enterprise）のなかの種々の役割や機能の分化と直接間接に関係している。大学教授職は知識の機能との関係によって研究生産性と教育生産性の向上のために活動を遂行して、大学組織体のアウトプットとしての学問的生産性（academic productivity）（研究生産性と教育生産性を含む）の追求をもたらし、とりわけ学生の育成（人材養成）を通して教育生産性の追求を帰結するのである。このように学問的生産性は教育の側からだけでなく、大学組織体の側からもその向上を試みる営みである。すなわち、大学教授職が学問的生産性の向上を志向すると同時に、大学教授職を主たるアクターとして成立する大学組織体もまた、主として学事とかかわる「教学」と主としてガバナンスや管理運営とかかわる「経営」の両面に関わって学問的生産性の向上を志向する。このように知識、授業（教授－学習過程）、大学組織体、大学教授職、学問的生産性は相互に有機的な関係を持っている構造として捉えることができる。したがって、大学教員が単なる教員ではなく専門職を模索する場合には、このような構造との相互作用を考慮しなければならないことが明確になるはずである。

## 2　専門職と社会変化・国家政府・知識の機能の関係

### 微視的枠組みと社会的文脈の捨象

これまでの説明によって指摘したように、大学教授職は主要には大学のなかの教授－学習過程というミクロな世界において、学生の教育に比重を置いたアカデミック・ワーク＝学事（academic work）を遂行しているのである。そのことはすでに問題意識の第一で指摘した点の陥穽に陥る危険性を孕んでいることに注意を払う必要がある。すなわち授業の中核を構成する教授－学習過程の研究が同過程の社会的文脈を捨象することによって微視的な枠組みに傾斜してしまう場合には、木を見て森を見ない研究になってしまうのではあるまいか。

例えば、田中毎実は、大学教育研究の四類型を、縦軸にマクロ（政策論的）とミクロ（日常的実践的）、横軸に技術的合理的（道具的）と実践的合理性（生成的）をクロスさせて、Ⅰ型、Ⅱ型、Ⅲ型、Ⅳ型に区分して、Ⅳ型（教育政策学、高等教育学会）、Ⅲ型（教育科学A、大学教育学会）に対してⅡ型（臨床的大学研究）の優位性を主張している（図4-2参照）。「主にテクノクラート親縁的なⅣ型を超克するために、〈暗中模索の試行錯誤がそのつどにみいだす目的や意義に拠る日常的実践レベルのⅡ型研究〉を遂行して、Ⅰ型に至ろうと試みてきた。つまり、ミクロレベル研究を通してマクロレベル研究に向かおうとしているのである。」（田中 二〇〇六：一三六頁）。この構図においては、提示された枠組みの範囲内ではマクロを志向しているので、マクロを完全に捨象しているとは必ずしも言えないかもしれないが、Ⅲ型、Ⅳ型は否定していると解される。言うところの「臨床性」を強調する意図があると容易に推察できるとしても、これでは社会的事実としての教育をとらえる視点は欠落していると言わざるを得ないだろう。

## 社会的事実としての教授 - 学習過程

もとより、教育は社会の反射鏡的な性格や社会の縮図的な性格を擁していると観察できることからすれば、教育の世界はミクロの世界のみではなく、社会構造との文脈を持つマクロな世界によって規定されていることは自明であろう。そうである以上、教授 - 学習過程は社会から遮断された真空のなかに成立するのではなく、エミール・デュルケームが指摘した意味における「社会的事実」として社会的文脈のなかで成立する社会現象なのである。換言すれば、教授 - 学習過程自体が社会を構成しているのでもある（新堀 一九六八）。

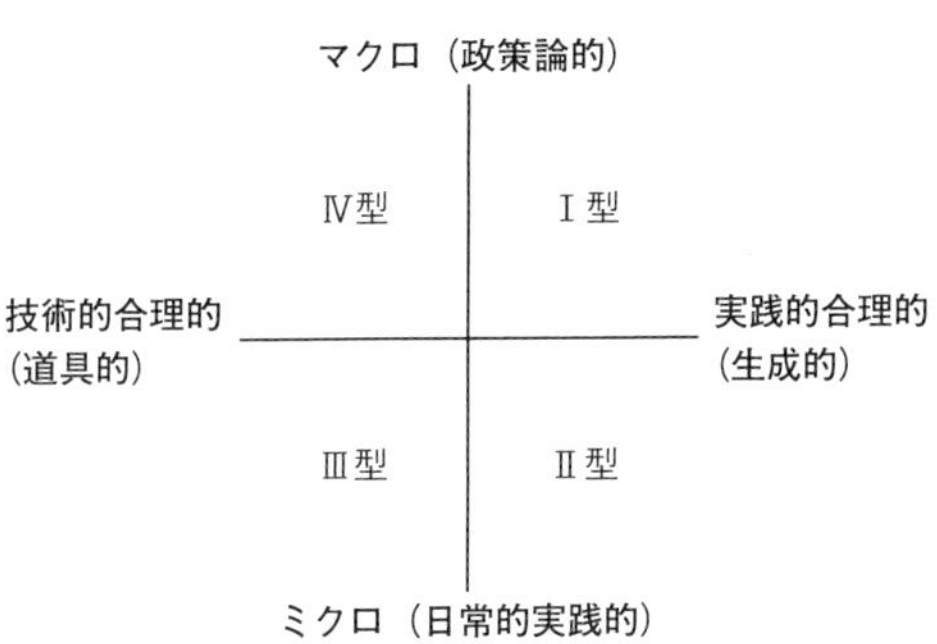

図4-2　大学教育研究の4類型

例えば、教授の主体たる教員が社会階層を反映するのと同様、学習の主体たる学生も社会階層を反映するから、両者は授業のなかで個人と個人が対応している場合であっても、それは単に個人と個人が対応しているように皮相的には見えても、実は階層と階層、集団と集団、社会と社会の対峙した現象として観察しうる。

現代のように格差社会化の進行する時代には、社会から孤立した「象牙の塔」であればまだしも、もはや社会から離脱して存在できない大学に対しては、格差社会の現実は社会の縮図として容赦なく浸透し影響を及ぼすのは避けられない。影響は教員にそれを投影するかたわら、学生には一層強力に投影しているのである。この事実は大学教員であれば誰しも経験的に観察できるのではあるまいか。授業料が払えなくなって退学を余儀なくされなければならない圧力が、豊かな階層からの学生を多く擁する大学ではいざ知らず、そうでない階層からの学生を多く擁する、いわゆるボーダーフリー大学やFランク大学などでは、授業のなかにまで刻印される。ある日忽然と学生の姿が消え去る度合いは少なくない。

大学進学の機会を研究した小林雅之は「所得階層は高等教育機会の選択を通じて学生生活の適応状況に影響を与えているだけではなく、同じような選択の場合にも、さらに、所得階層の影響の強いことが示された。」（小林 二〇〇九：一九二頁）と述べている。この種の社会階層の格差は授業のなかにも容赦なく浸透せざるを得ない。政治、経済、文化等の制度の社会構造が大学やそのなかの授業へ直接間接に影響を及ぼす以上、授業もまた社会構造を呈していることは疑うべくもないはずである。その点、言うところの「臨床的大学教育研究」はⅢ型、Ⅳ型を否定する以上、この種の社会や社会構造は看過されていると解されるのであり、この研究枠組みのなかの研究では社会集団や社会事実としての大学教員が欠落してしまう、という断定は必ずしもできないのかもしれないが、少なくともその危惧は大きいと言わざるを得ない。

**図4–1**に示したように、社会と国家との関係によって規定される大学のなかに存在する大学教授職もまた、直接間接にこれらの社会や国家などの制度によって規定されている。社会は社会変化の圧力、国家は高等教育政策を通してそれぞれ大学へ影響をもたらし、大学改革を惹起し、さらにはこうした大学や大学改革を媒介にして、

あるいは社会変化から大学や大学改革を経由しないで直接に大学教授職へ影響を及ぼす、との構図が成立する。逆に大学や大学教授職から発信された要請や圧力は、これらの制度への影響となって作用する側面も看過できない。このような構図を念頭におきながら、以下においては社会との関係を抜きには大学や大学教授職について説明できないことを具体的に述べてみよう。

### (1) 社会変化

社会から大学への影響

第一に、社会変化から大学への影響は「大学の社会的条件」を示す（矢印A）。一口に社会と言っても、社会には多様な顔がある。十把一絡げに社会と呼ぶには複雑すぎるほどの様相を呈するのが社会そのものの特徴である。国際、国家、地方、地域などのどこに照準するかによって、国際社会、国家社会、地方社会、地域社会などと社会の相貌はたちまち変化するのであるから、社会の定義は簡単ではない。ここでは個々の社会を掘り下げて個別の社会論を展開することに主たる目的があるのではないので、これ以上微細に詮索するのは控えることとし、個々の社会のいずれかに立ち入るのは止めて、総じて言えば国家社会に焦点を置くので、便宜的にこれらの社会を総括した社会としておくのにとどめておきたい。

グローバル化、知識社会化、市場化、ユニバーサル化、格差社会化などの現象に具現している社会変化は社会のなかに大小様々な構造転換をもたらし、社会の「下位社会」（sub-society）へ影響を与える。下位社会の一つである大学もそれへの対応を迫られ、対応しなければたちまちアナクロニズム、つまり時代錯誤に陥り、大学存亡の危機に遭遇せざるを得ないだろう。大学の社会的条件や社会的機能の一環である研究や教育の学事も社会と密接に関係しているのであって、そのことは歴史的にみても明確に証明できよう。例えば、前者の場合、教育は中世大学の誕生以来、大学のなかに制度化された経緯がある反面、研究は近代大学になってようやく制度化されたという事実があることを想起すれば、教育や研究は真空のなかで同時に発生したのでもなく、対等な立場でもって誕生したのでもなく、社会発展と変化によって時差的にそして差別的に登場してきたことは明白である。大学教員の研究や教育の役割も社会のなかに組み込まれた研究や教育の進化に呼応して成立したのであり、それに背を向けて社会との関係を欠落すれば社会的存在理由を喪失するのは明白である。歴史的には研究の欠如した教授－学習過程が成立し、近代大学以後に研究が参画してきたことが理解できるのである。

大学から社会への影響

逆に後者の場合について注目すると、大学から社会変化への影響は一般的には大学の社会的機能を通して行われることを示し、大学の存亡が社会の存亡をも左右することを意味する（矢印B）。研究や教育など学問の発展を担う拠点である大学が社会発展の鍵を握っていることは、知識社会では常識と化しているし、先進国がGDP比の一％以上を高等教育へ投資し、しかも何かと支援して大学や大学教員への期待を強めているのはその証拠にほかならない。この事実は大学が社会へ与える影響が大きいことを裏書きしているのである。OECDの調査では、GDP比に占める高等教育への公財政支出の割合（二〇〇五年調査）は、OECD各国平均で一・三％を示し、次第に上昇中である。とはいえ、国家間には富める国と貧しき国の相違を容赦なく浮彫にする格差社会が成立していているとデータは雄弁に物語っている。概していえば、国家の貧富差は大学の貧富差を規定すると言っても過言ではあるまい。豊かな国ほど大学の影響力が高く評価されていると言えそうである。

GDP比に占める高等教育への公財政支出の割合

ちなみに、全体の平均値を超過するのは一四カ国（デンマーク二・四％、ノルウェー二・三％、フィンランド二・〇％、スウェーデン一・九％、カナダ一・七％、オーストリア、アイスランド、ニュージーランド、スイス（以上はいずれも一・五％）、ギリシャ、オランダ（以上、一・四％）、ベルギー、米国、スロベニア（以上、一・三％））である。日本（〇・六％）を超過するのは一七カ国（フランス、ポーランド、英国（以上、一・二％）、オーストラリア、ドイツ、アイスランド（以上、一・一％）、ハンガリー、メキシコ、ポルトガル、イスラエル（以上、一・〇％）、チェコ共和国、スペイン、ブラジル、エストニア（以上、〇・九％）、イタリア、スロバキア共和国、ロシア（以上、〇・八％））にのぼる。これらの国々と比較すると日本は〇・六％と極端に低く、韓国とともに三二番目に位置することが分かる（OECD 二〇〇八：二六二頁）。

これを小学校から大学までの二〇一二年現在での公財政支出の割合でみると、平均（四・七％）、日本（三・五％）となって、OECD三四カ国のなかの一番下位の三二番目に位置し、スロバキアと同じ比率である。二〇〇五年の場合の高等教育と比較すると、全体も日本もともに上昇しているが、これは高等教育のみの統計ではないから当然である。しかし、全体と日本の格差は依然として大きいことが分かる。GDP比に対する比率が高いのは、ノルウェー（六・五％）、ベルギー（五・九％）、アイスランド（五・九％）、フィンランド（五・七％）、ニュージーランド（五・四％）、英国（五・二％）、米国（四・七％）、韓国（四・七％）などとなる。

大学レベルの公費支出は、OECDの平均（六九・七％）であるのに対して、日本（三四・三％）と少なく、一番低い韓国（二九・三％）に次ぐ低さである。報告書は「チリ、日本、韓国では、ほとんどの学生は高額の授業力を科されているが、学生支援システムは発達していない。……このことは学生と保護者に重い財政負担を強いている。」と述べているのである（The Japan Times. Nov. 26. 2015）。

このような事実を見る限り、先ほど指摘した、国家の貧富差は大学の貧富差を規定する、という結論は必ずしも正確ではない。少なくとも、日本は富める国であるはずなのであるのにもかかわらず、それに見合う高等教育費が支出されていないのである。これでは大学の国家への影響力が高く評価されていないのではないか。教授－学習過程の成果が乏しいため、大学が社会的に評価されていないからであろうか。もしそうなら、大学教育の質保証によってアウトカムを上昇させることによって社会発展に貢献しているとは言えないことになる。教員の教育や学習への関心が乏しい現実が、このような結果をもたらしているからだろうか。その原因が問われるのはもちろんだが、むしろその結果が効果を発揮していないことの前提となる条件の欠如こそが憂慮されるのではないか。換言すれば、この富める国を象徴するともいえる経済大国日本に全然似つかわしくない現実は、国家の大学援助の貧困に起因するのではないかという側面に原因があると解されるのであって、乏しい投資が貧困な教育結果を喚起しているのではないかと疑ってみなければなるまい。そのことは必ずや大学の教育研究の質保証の実質的な内容に反映されると予測されるし、その悪影響による悪循環はすでに露呈しているばかりか、二一世紀の学術にとっても人材養成にとっても暗い影を落とし、国家社会の発展に跳ね返るのではないであろうか、むしろ未来の芳しくない顛末が危惧されるのではないであろうか。この疑問は杞憂に終わりそうにない。

## 社会変化と高等教育政策

第二に、社会変化は国家政府に影響を与え、そこから社会や大学に対して発信される高等教育政策を左右する（矢印C）。実際、グローバル化、知識社会化、ユニバーサル化などの社会変化に起因する衝撃は政府の様々な対応を呼び起こし、大学審、中教審への各種の諮問と、逆にそれらに対する審議会側からの各種答申に反映されるとともに、それを受理して発行される文部科学省の省令に具現している。教授－学習過程の改革が必要とする高等教育政策は、この種の社会的条件の一翼を担う動きを反映しているのである。

上述のように世界的に見てＧＤＰ比があまりに少ない公財政支出になっている現実のなかで、それを見直す対策はすでに中教審答申に盛り込まれているから、政策に組み込まれているものの、改革には実現されていない（中央教育審議会 二〇〇五）。これは文部科学省と財務省の予算配分における力関係に依存する度合いが少なくないかもしれない。

社会から政府への影響とは逆に高等教育政策は社会への影響をもたらす（矢印D）。グローバル化や市場化によって国際競争が激化するなかで、それに敏感に対処すべき政策の立ち遅れは大学改革の立ち遅れを来すのは回避できないし、それにとどまらず、かかる立ち遅れを媒介に社会発展の立ち遅れを招かざるを得ないという危惧がある。かくしてＧＤＰ比の問題への政策レベルにおける対応の立ち遅れは、大学の教育研究力の向上を阻害するという疲弊を引き起こすことによって、大学の学術力の後退、教授‐学習過程の不振に起因する人材養成力の後退を惹起する。とりわけ次世代を担うべき人材養成に悪しき影響を及ぼすばかりか、むしろ失敗を来し、そのツケは日本社会の国際競争力の低下を招くなど社会発展の行き詰まりをもたらさないとは限らないのである。

## (2) 高等教育政策

### 政策の大学への影響

第三に、国家政府からの発信である高等教育政策が大学へ影響を及ぼす側面は少なくない（矢印E）。一九九一年の大学審の大綱化政策をはじめとして、一九九八年のFD半義務化政策、二〇〇〇年の第三者評価政策、二〇〇四年の国立大学法人化政策、二〇〇七年のFD義務化政策、二〇〇八年の学士課程答申政策、二〇一二年の質的転換答申政策、二〇一五年の改正学校教育法、などなど一連の政策が大学改革、とりわけ大学教育改革へ与えた影響はきわめて大きい（Arimoto 2005a, 2006、有本 二〇一五）。何よりも一九九一年以来の政策の焦点が標的を絞って教育改革に置かれたがゆえに、大綱化、カリキュラム、評価（自己点検・評価、第三者評価）、FD、学士課程、など次第に周辺部から中心部へと改革の矛先が向けられ究極的には授業＝教授‐学習過程の改革に拍車をかけることになった。授業改革による教育のアウトカムの質保証が社会的に要請されるようになった結果、政策を媒介に答申や省令の施行へと到達したのである。

政府から大学へのベクトルとは逆に、大学から高等教育政策へ与える影響は、理論的に考える限りでは、大学側のイニシアチブが大いに期待されるものの、最近は政策の繰りだされる速度に比較して大学側の対応や対抗措置をくりだす速度が緩慢であるがために、影響力や牽引力が後手に回る印象をぬぐえないかもしれない（矢印F）。大学の再生や復権をはじめ論理や自負がなければ、「学問の府」としての大学の存在理由はないにも等しいと言われねばなるまいし、政府や社会を動かすほどの原動力にはなるまい。しかし教授‐学習過程のアウトプットが衰弱すれば、やがてそのツケが社会発展の疲弊へと跳ね返ることは明白である。

## (3) 知識の機能

知識から大学への影響

第四に、大学に与える影響が社会や国家政府の要因に劣らぬばかりか、途方もなく大きいのは知識の要因であるとみなされる。もちろん、知識はいまや社会変化のまさしく中軸を占める知識社会化の主要な駆動力であるばかりではなく、大学や大学教授職の活動である「学事」そのものを規定する素材である点できわめて重要であることは言うまでもない。「学問の府」と称される大学組織体は種々の知識のなかにおいては最も高度に発達した上級知識＝専門分野（academic discipline）を素材にして知識の機能を遂行する以上、知識とは切っても切れない密接不可分の関係にある。このことから容易に想像できるように、知識の特性との関係が深い。そして、大学教授職にとって知識、とりわけ専門分野の比重が大きいことは、大学教授職の文化の中核を形成し、それに基づいて大学教授職の仕事（学事）が展開されているからである。アン・オースティンは次のように述べている。

> 第一の価値は高等教育の目的や教授の仕事は真理、知識、理解を追求し、発見し、創造するという信念である。研究、著作、公表、教授はすべてこの価値を実現するための車輪である。……第二に、大学教授職のメンバーは知的な誠実、正直、公正に専心する。……第三に、教授、学習、研究の自由は大学教授職に堅持される規範である。……大学教授はコミュニティの観念にも価値を置くが、それは大学やカレッジが学者あるいは職人のコミュニティだという洞察力を意味する。（Austin 1992 : p. 1620）

専門分野の重要性を指摘したアンソニー・ビグランは、専門分野の相違がハード・ソフト、純粋・応用、ライフ・ノンライフ、という三次元で生じるとみなし、それに基づき八つのカテゴリーを分類して実証研究を行い、大学教授はこのカテゴリーによって異なる仕事や目標や文化を分有しているとみなした（Biglan 1973）。さらにトニー・ベッチャーは、これらカテゴリーの下位文化は、大学教授の研究領域に使用される、探究・分析の技術、生産性の定義、知識伝播の方法などと関わって認識論に直接関係することを解明した（Becher 1984, 1987）。さらに専門分野は、ベッチャーとポール・トロウラーによって「学問知識のコルブ＝ビグラン分類」（Kolb-Biglan Classification of Academic Knowledge）を基に、次のように四つの性質に分類されている。すなわち、抽象的反省的（abstract reflective）（自然学や数学などハード純粋）、具体的反省的（concrete reflective）（人文科学や社会科学のようなソフト純粋）、抽象的活動的（abstract active）（科学を基礎とした専門職や医療関係の専門職のようなハード応用）、具体的活動的（concrete active）（社会的専門職、教育、ソーシャルワーク、法学のような具体的活動的）などである（Becher and Trowler 2001, Fry, et al. 2009 : p. 20）。こうした専門分野の織りなす性質によって、学事や授業＝教授－学習過程が規定される度合いは少なくないのである（Fry, et al. 2009: pp. 219-449）。

授業のなかの研究、教育、学修の質保証を決めるのは、ほかでもなく専門分野の達成水準である。そうであればあるほど専門分野の性質を見極めて、学問の発展を導くための最善の努力を行うことが欠かせないし、その営みは、組織体のなかにあっては学事や授業の実際の活動に直接に関与する人材である教職員、とりわけ研究・教育の主体である大学教員の双肩にかかるのである。すなわち授業の質は教員の研究力を媒介にした教育力や学修支援力にかかっているのである。

## (4) 知識の機能と教授－学習過程

教員との関係

上で若干指摘したが、図4-1の通り「教授－学習過程」を中心に構成される授業では、教員・学生・カリキュラムが三点セットとして重要な役割を担うと言わなければならない。これらのなかでまず研究・教育・学習（学修）など知識の機能と教員との関係に注目すると、前者が後者に影響を及ぼす（矢印G）。その場合、研究と教育ではベクトルは異なる方向へ向かう。すなわち、知識の発明発見＝研究は、教員の研究力を醸成することによって学問の最先端を開拓する方向へ作用し、研究生産性の向上へと至るのに対して、知識の伝達＝教育は研究の生産物である研究生産性を教育現場の授業へと結合させることによって学生の学習力や学力を開発し、教育生産性を高める方向へ至る。さらに知識の理解＝学習は、教員の知識の理解力を導出して研究や教育へと接続させる方向へ向かう。

同時に、同じ知識の理解＝学習のメカニズムは教員のみではなく学生にも該当するのであるから、学生の理解力を導出して学修力を高める方向へと至る。教授‐学習過程における学生の学習は、教員の教授を媒介に知識の理解を行い、それを担保して学習力を超えた学修力を形成する。したがって、授業を媒介にしない単なる学習と区別した学修が授業では行われることによって学修力が形成されるはずだとみなされる。こうして知識の機能は教員のアカデミック・ワーク＝学事の活動を通して学習・研究・教育の結合を追求するのである。

知識から教員の活動への影響とは逆に教員から知識の機能への影響は、教員が研究・教育・学習（学修）を変化させる力を発揮するときに生じる作用である（矢印H）。

カリキュラムとの関係

知識の機能とカリキュラムの関係は、まず知識がカリキュラム改革を促進する側面に具現する（矢印I）。研究によって開発された専門分野の最先端の知識が、授業においては学生へ教授されるべき対象として研究から教材へと翻訳され、カリキュラムに組み込まれる。それが授業のなかで主として教科書を媒介に学生へ伝達されることを通して、専門分野の最先端で発見された知識は、教員から学生へ伝授される形式知や暗黙知を媒介にして、いわば再生産過程を通して、学生の学修力、ひいては学力を涵養するメカニズムを発揮する。他方、この流れとは逆のカリキュラムの側から知識の側へ向かう流れにおいては、カリキュラムの陳腐化によってイノベーションが必要とされる状況が生じると、社会や時代や文化の日進月歩の発展に見合う新しい知識の開発を要請する（矢印J）。

学生との関係

知識の機能と学生の関係は、最初に知識の機能の側から学生の側への影響がある（矢印Ｋ）。知識の機能のなかでは知識の発明発見である研究（research）が学生にとって必要なことは、ともすると看過されやすいが、研究は創造力、想像力、洞察力、問題解決力、問題発見力などの能力と関係が深い以上、研究によってこれらの能力を開発することは学生の実質的な学力形成を培う上での重要な要素であるはずである。したがって、かかる能力を学生に涵養すべく教員の力量が問われるのは当然の成り行きであって、豊富な研究力のある教員の任用によって、あるいは触媒にして、「形式知」（formal knowledge）のみではなく「暗黙知」（tacit knowledge）が学生の研究力醸成に作用することがぜひ必要である。知識の理解たる学習は研究力と同様にとかく看過されがちだが、研究力の醸成にはその前提に学習（learning）や学修（study）が存在する以上、学生の学習力や学修力の涵養は不可欠である。

他方、学生から知識の機能への影響もまた見逃せない重要なベクトルである（矢印Ｌ）。教授－学習過程において知識の研究、教育、学習（学修）の営みは、いくら教員のみ存在しても学生の存在が欠如しては成立しないことを想定してみると、学生の存在はいまさらながら大きいと言わなければならない。学生こそが研究、教育、学習（学修）の発展や阻害を占うカギを握っていると言っても過言ではないのである。「学生は先生の飯の種」という言葉があるが、まさしく学生あっての教員であり、授業であり、ひいては大学なのである。

こうして、大学教育の中枢に位置する授業＝教授－学習過程の三点セットである教員、学生、カリキュラムとそれらの相互関係の成立する前提には、知識の存在があるのであって、知識の教員、学生、カリキュラムにとっての機能が不可欠の関係を持っていることが容易に了解できるのである。換言するならば、知識の機能を欠如しては、教授－学習過程そのものの成立は困難になると言うほかなく、研究と教育を主軸にした知識の機能を踏まえて授業を成立せしめる教授－学習過程の三点セットである教員と学生とカリキュラムの関係が成立すると言わなければならない。

教員と学生の関係

翻って、教授－学習過程における主たるアクターである、教員と学生の関係に焦点を合わせると、授業における教員から学生への対応が教授＝ティーチング（teaching）を意味するのである（矢印M）。これに対して学生から教員への対応が学修である（矢印N）。この学修は授業が予習・復習を媒介に成立するとの前提を考慮して、予習・復習を担保している以上、単なる学習とはおのずから一線を画される概念である。このように概念的には教授に対する学修（study）に対して教授とは関係なく行われる学生独自の学習（learning）が区別できる。ここでは、その点を留意しておき、包括的に学習を用いることにしたい。

教員および学生とカリキュラム

教員とカリキュラム、あるいは学生とカリキュラムの関係も重要な側面である。授業がめざすのは、学士課程の到達目標を教科ごとに達成することである以上、各教科の内容と直接かかわるカリキュラム自体の重要性を看過できないからである。したがって、教員からカリキュラムへの対応は教科に具現したカリキュラムの理解や教材研究を示しており（矢印O）、逆にカリキュラムから教員への対応は教科に具現したカリキュラムが教員の能力開発を要請する側面を示している（矢印P）。

このようなカリキュラムとの対応関係は、教員のみの専売特許ではなく、学生におけるその比重は教員に優るとも劣らないほど大きい。学生からカリキュラムへの対応はカリキュラムの学習や研究であり（矢印R）、反対にカリキュラムから学生への対応は、カリキュラムが学生の能力開発を要請する側面である（矢印Q）。前者の場合、カリキュラムの高度化が進行し、研究の成果を直接、間接を問わず反映した教科の難易度が高まる状況が出現している今日では、学習ではなく学修の必要性、さらには研究の必要性を不可欠とする力学が作用していると観察できる。後者の場合、カリキュラムの側から初級・中級・上級の難易度に応じた能力開発を学生に求めるのである。

英国・高等教育水準機関＝ＱＡＡ（Quality Assurance Agency for Higher Education）が開発した学科目到達水準の設定は、この種の専門分野ごとの能力開発を学生に求める先導的な試みである点で注目に値する。日本では、私たちがそれを翻訳した（有本 二〇〇七）。さらに日本学術会議がプロジェクトチームを編成して、日本版の学科目到達水準の設定作業を開始したのであった。この種の試みが専門分野ごとに確立されれば、教授－学習過程のアウトカムが客観性を持つ段階に到達すると考えられる。到達水準を明確にして、ＤＰ＝ディプロマ・ポリシーを明確にすることによって、ＣＰ＝カリキュラム・ポリシーやＡＰ＝アドミッション・ポリシーが明確になるという因果関係があることは確かな事実である。この文脈に照らせば、水準に見合う能力が開発されているか否かを吟味するアセスメント＝査定が必要となると同時に、カリキュラム・アセスメントを包括した教学マネジメントの確立が必要となるのである。その帰着点は、トータルにはアウトカムに基づく大学教育の質保証が可能になるに違いないのである（深堀 二〇一五）。

学生のこれらの対応（矢印のＭＮＯＰＱＲ）は、教授－学習過程において教員・学生・カリキュラム間に生じる対応の一環として表出していることを勘案するならば、その相互作用の善し悪しが、教育生産性という学問的生産性のアウトカムを左右することになる。

### (5) 専門職と大学組織体

大学は制度であり、組織であり、そして組織体（enterprise）である。組織体は経営と教学の機能を擁し、教学は研究と教育の機能を擁しており、このなかの教育機能の中枢に位置しているのは授業＝教授－学習過程である。かかる教授－学習過程を基軸に教育や授業を包括して成立している大学組織体に目を転じてみても、組織体にとって知識の機能の果たす役割がいかに重要であるかが理解できる。というのは、知識は発明発見＝研究、伝達＝教育、応用＝サービス、統制＝管理運営などの諸機能を遂行することによって大学組織体を動かす原動力そのものになっているからである。大学は社会から付託されて学問に主たる責任を担うところの「学問の府」

を自認する限り、こうした研究と教育とかかわる知識の機能をもっぱら十分遂行し、何よりも学問の発展に貢献するという使命を果たすことによって、社会発展に貢献することが期待されている。

研究と教育の機能

上述したように、学問の発展とは何かと問えば、それは「学問的生産性」(academic productivity)の向上を図ること、具体的には研究生産性、教育生産性、サービス生産性などの向上を遂行することにほかならないのである。そのことはとりもなおさず大学の理念・使命の三面性を追求することにほかならない。このなかで特に研究と教育はアカデミック・ワーク＝学事に占める車の両輪として教学の中枢に位置し、研究と教育の生産性を導く機能を果たす。その主舞台はほかならぬ授業である。教学を欠如すれば大学の理念、役割、資格などはもとより、社会的存在理由そのものを喪失せざるを得ないのは、かかる機能との関係が密接だからである。このことから推しても明白となるように、研究と教育の機能こそはまさしく大学組織体の存亡の鍵を握る本質であるといって過言ではあるまい。その意味で、この研究と教育の生産性を高め、質保証を遂行することこそが、大学教授職の何はさておき他に譲渡できない生命線ともいうべき主たる使命、任務、役割であるはずである。

大学組織体の構造

具体的に考察すると、大学組織体は知識を対象に成り立つ集団＝知識集団によって構成されている点に注目しなければならない。大学教授職は、その職場である学部、学科、講座、研究所などに典型的にみられるごとく、大小様々な知識集団を形成して学事に携わっており、研究・教育(教授)・学修など知識の諸機能を遂行することによって種々の役割を同時並行して遂行している。換言すれば、大学は知識の縦軸と横軸をクロスして出来るいくつかの知識集団を構成して成立しており、それらの集団に大学教員は専門職として関与している。知識の機能を基盤にして形成される集団の集合体が大学組織体であり、さらにそれを含めた大学制度の全体的な構造を描くことができる。バートン・クラークはこの構造を対象にして縦軸にはティア（tier）＝段階とヒエラルヒー（hierarchy）＝序列を、横軸にはセクション（section）＝部門とセクター（sector）＝領域を区別した構図を描いた（クラーク 一九九四：四三－七九頁）。先に取り上げた図4－1の組織体の構図は、この理論を援用して各関係を図解している（第一章におけるティア、ヒエラルヒー、セクション、セクターについての説明を参照）。

### (6) 知識の統制機能

さらに、図示はしていないし、クラークのコンセプトにもないが、知識の機能の一つとして存在する知識の統制機能は、大学組織体においては直接的には管理運営の側面にかかわると考えられる。具体的には、知識の統制機能によって個々に発現している、ガバナンス、アドミニストレーション、マネジメント等の機能が存在していることを指摘できる。これらの大学組織体の教学や経営の側面、とりわけ経営にかかわる機能は、総じて学問的生産性の向上に有効な作用を発揮するべく条件整備として追求されるのである。だが、その守備範囲は必ずしも狭小とは言えないし、それどころかむしろ広範であって、運営単位（operating unit）の最下部である講座や学科レベルから、そのすぐ上の学部レベル、さらにそのまた上の大学レベル＝キャンパス、そして最後には国家のシステムレベルに至るまで垂直的に長く伸びて分化しているからであって、これらの側面は、現在問題にしている教授－学習過程をとりまく直接の環境ではないとはいえ、これらの側面が十分機能しない限り、大学教育の根幹にかかわる機能も作用しないのは自明である。

学問の自由、学部自治

研究と教育を重視する大学のそもそもの誕生から今日に至るまでの長い歴史を辿ると、中世大学以来このかた原型であるところのアカデミック・ギルドの伝統を継承しながら、運営単位がアカデミック・オートノミーに重心を置いて固有の使命や役割を果たす形態をひたすら温存し維持してきた。そのことは、端的に言えば教授会の権限に比重を置いた構造をことさら大切にして発展させた、「学問の自由」や「学部自治」がことのほか尊重されてきたゆえんである。

大学組織は、他の様々な制度の組織にくらべて効率化や合理化を行うのが困難な性格を保持してきたし、その性格は「組織化されたアナーキー」という比喩で呼ばれることが多い。デレック・ボックは、次のように述べている。

そもそも大学を効率的に統治することは可能であろうか。企業、軍隊、政府機関とは異なり、大学はトップダウンのピラミッド型組織によって支配されたり導かれたりすることが難しい。大学幹部が教員によりよい授業を行うことを命令して教育の質を向上させたり、教員によりよい本を書くことを命令して大学の評価を上げることはできないのである。大学の成果を向上させるためには、教員の自発的な参加と協力が不可欠である一方、第一級の教育や研究のために教員が最善と思うことを実践できる自由と独立性を持っていることが必要である。結果として、大学というのはその活動の性格から、必然的に無政府状態になりがちである。この状況下では、衝突、行き詰まり、停滞のリスクはわれわれがよく目にする他のタイプの組織よりも大きくなる傾向がある。（ボック 二〇一五：四二－四三頁）

その主たる理由は、大学の権威の所在地が専門分野を基調にしており、専門分野を基に研究や教育の学事を行う個々の教員に存在しているからにほかならない。換言すれば大学の運営ユニットでは最下層に権威は存在するのである。中世大学のギルド以来の伝統に由来するため、講座の保持者である教授が一人一票の投票権を持って下からの選挙でもって投票するという方式である点で官僚制に反対する同僚制が作用してきた。クラークが指摘しているように、こうした「専門分野型権威」（discipline based authority）は、「組織体型権威」や「システム型権威」とは異なる（Clark 1987: p. 150）。

しかし、その種の大学固有の伝統は、社会変化の影響を被る過程を通して次第に変貌を遂げることになった。最近は大学が「象牙の塔」ではなくなるのはもとより、社会的アカウンタビリティを厳しく問われる状況が出現し、大学自体の社会的な存在価値が次第に重要性を増すのにつれて、大学外部からの期待、要望、注文、さらには大学統制が活発に展開されはじめ、種々のステーク・ホルダーの利害がとめどなく膨張を来すようになった。管理運営方式は、世界的に教授会に比重を置く従来からのボトムアップの構造から学長や理事会に比重を置く新しく台頭したトップダウンの構造へと転換する傾向が生じたことは否めないのである。

加えて、アイヴァー・ブレイクリーとメアリー・ヘンケルが指摘したように、国家や政府のシステムレベルの権限が強化される傾向の進行に伴って、システムの頂点に位する国家政府と下位に位する大学機関を接続する部分にあたる大学のガバナンス機能も強化される傾向が生じたのである（Bleiklie and Henkel 2005）。この点の変化は、アカデミック・ワークの研究・教育・サービスの最前線に立ち、知識の諸機能に精通し、運営単位の側面で学問の発展に主たる責任を担う大学教授職の権限や威信が次第に失われて低下している証左と考えられる。日本の場合は、ＣＡＰ調査（二〇〇七年）に依拠すると明白なごとく、大学教員の不満は高まった。特に二〇〇四年の国立大学の法人化以後において、研究大学以外の一般大学教員によってこれまで保持していた権限の弱体化が生じていることに対して不満を示す傾向が強く具現しているのである（有本 二〇〇八）。こうした大学を中心に学問の自由や学部自治の低下が次第に進行しつつあるという状況が、教学の中心に位置する教授－学習過程に対して直接間接の影響を与えることは想像に難くないであろう。

### (7) 評価システム

ユニヴァーシティからマルティヴァーシティへ

**図4-1**に示した質保証＝評価（quality assurance=evaluation）は、知識の所産である研究生産性や教育生産性などの学問的生産性を対象にして査定・評価する側面を指しているのであり、授業や組織体にかかわる学問的生

産性を吟味する側面として重要である。すでに「象牙の塔」と揶揄された時代から知識を対象に活動を展開することによって大学ギルドとしての「学問の府」を形成したため、教学も経営もギルド内で統制し、いわば自前によって評価を済ませた。その意味から学部自治や学問の自由は強かった。しかし、ガウンとタウンの戦いの時代では、ケッサッション＝授業停止によって都市から都市へと自由に移動することによって権力を維持したし、それに加えて法王、教皇、国王など権力によって保護される度合が高まるにつれて、大学以外の勢力によって影響を受ける度合いが増した。さらに近代国家の大学として創設された近代大学は中世大学からは一変し、国家や社会に統制を受ける度合いが強まり、パトロン、スポンサー、サポーターである社会に背を向けることは、大学の自殺行為となるのは避けられないことになったのであった。大学以外のステーク・ホルダーの意向を聞かなければ社会的存在理由を果たせない時代が到来したのであった。大学教員は、知識が大学だけの所有する専売特許ではなくなり、大学と社会との間を隔していた境界線が消失してボーダレスになる時代には、社会に背を向けた閉鎖性の風土を打破して開放性の風土を模索することを余儀なくされることになった。大学はクラーク・カー流に言うならば「ユニヴァーシティ」から「マルティヴァーシティ」へ移行した（カー 一九六六）。そして「知識共同体」から「知識企業体」へ変貌を余儀なくされることになり、さらには大学と社会を繋ぐ触媒である知識は「モード1」から「モード2」へと転換することによって大学の変貌を迫ることになった（Gibbons, et al. 1994）。

## 自己点検・評価と他者評価

こうして、システムや大学組織体の変化を大々的に帰結した背景には、大学の学事の基盤たる知識自体の変化に起因する影響に加え、社会変化に起因する影響が大きいことを否定できない。冒頭で述べたように、特に社会変化はグローバル化、知識社会化、市場化、ユニバーサル化、格差社会化＝階層化など大学改革の起爆剤となりうる様々な原因を形成したのであるし、そればかりではなく国家政府や文部科学省から次々とひっきりなしに繰り出される一連の高等教育政策は大学改革の直接の引き金になった。大学外からのかかる動きと連動して、大学は大学教員自身のピアレビュー（同僚評価）に依拠した自己点検・評価を取り組まなければならない状況に追い込まれることになった。しかし、米国の大学人たちが二〇世紀の初めからアクレディテーションを開始し、いち早く自己点検・評価を自主的に開始したのとは対照的に、日本の大学人はその歩みを遅々として進めないまま、いたずらに時間が経過した。学問の自由や学部自治への動きはあったとしても、概して中央集権や官僚統制が強い日本の大学では戦前以来、大学は国家によって統制されてきたから、大学人の自主性や主体性の出番はなかったわけである。米国では、評価のなかの第一者評価＝自己評価が発達したのに対して、日本では第二者評価＝国家主導型評価が支配的であったのである。ようやく一九九一年の大学審議会答申によって、その年から一九九八年までの七年間は自己点検・評価が自主的に行われる時期として設定されたにもかかわらず、この束の間の実験の時期には結局は定着しないまま失敗に帰したのであった。

一九九八年の大学審議会答申では自己評価の対極にある他者評価が提唱されることになった。これは、第一者評価、第二者評価とは区別して第三者評価に該当する。全国のすべての大学は、大学人以外からの他者評価や外部評価である第三者評価が参入した機関別の「認証評価」（accreditation）を法的な義務として受けざるを得なくなったのである。米国型のアクレディテーションを下敷きにしたとはいえ、ピアレビューの性格が薄れた第三者評価型の新たな評価システムの確立は、七年に一度各大学が法律によって義務的に認証評価を受審することを余儀なくされた。大学評価・学位授与機構、大学基準協会、日本高等教育評価機構から構成される三つの認証評価機関のなかでは大学評価学位授与機構の場合は、第二者評価に近い性格を持ったと言えよう。このような経緯を踏まえて、二〇一二年の中央教育審議会の質的転換答申以来、授業＝教授－学習過程に対する審査が厳しくなったため、学士課程教育のアウトカムに基づく質保証が焦点となったのであった。

## 専門職的調整

かくして、大学の運営単位に比重を置いたボトムアップの大学改革を模索するベクトルと、国家政府から大学へのガバナンスに比重を置いたトップダウンの大学改革を模索するベクトルが対峙、衝突、葛藤を深めつつある現代は、アングルを変えた角度から観察すれば葛藤の調整方法が問われる時代を迎えたことにほかならないだろう。国家政府からの官僚制的調整、社会からの市場的調整、政治からの政治的調整、専門職からの専門職的調整など調整機能が競合し合う時代である今日は、大学の立場からの調整機能としては専門職的調整がことさら強く求められるのであり、そのことはとりもなおさず、調整の主たるアクターである大学教授職の専門職的な識見や権威が問われているのである。

## 3　大学教授職の使命

### (1)　大学教授職における研究と教育の関係——一九九二年調査

カーネギー調査

大学教授職の専門職構築の問題を考える場合、教授‐学習過程に与える点で重要な視点は、R‐T‐Sの統合が授業のなかに反映されるか否かである。近代大学では、その観点が模索されることになったが、はたして現実はどうかを調査する必要がある。その点、一九九二年のカーネギー大学教授職国際調査（以下、カーネギー調査）では、この領域における世界最初の大規模な調査でないと発見できない類の種々の興味深い事実が明らかになった。そのなかで注目すべきは、参加国一四カ国（一地域香港を含む）の大学教員が研究と教育に対して抱く意識的な志向は、国によってかなり変化に富むという成果が得られたことである。概略的に言えば、ドイツ型、アングロサクソン型、ラテンアメリカ型の類型を識別することができ、それぞれは研究志向、研究と教育半々志向、教育志向を典型的な特徴として具現した。日本は、ドイツ、オランダ、スウェーデン、韓国とともにドイツ型の研究志向を示し、英国、米国、オーストラリア、香港などのアングロサクソン型の研究と教育半々志向とも、チリ、ブラジル、アルゼンチンなどのラテンアメリカ型の教育志向ともいずれも異なる傾向を示した（有本・江原 一九九六）。

国際比較によって、同じ大学教授職の仕事に従事している人々を対象にしながらも、世界のシステム間にはかなりの類似がみられると同時に相違がみられることが判明した。こうして類似性と相違性などの存在することが判明したが、その角度から眺めた場合に浮かびあがる世界のなかの日本の大学教授職の特徴は何であろうか。

## 世界のなかの日本の大学教授職

第一に、世界と日本の共通性、あるいは類似性である。すなわち、大学の原型の世界的な伝播によってもたらされた世界との共通性を遺憾なく映し出しているという意味での両者の合わせ鏡的な関係が、日本の大学教員の意識のなかに如実に刻印されていると読めるだろう。周知の通り、世界の大学は、中世大学によって端緒を開き、その原型が世界へ伝播して、年輪を刻むという長い過程を通して、現在の各国独特の特徴を呈するまでに至った。ボローニャ大学とともに最も古い大学の一つであるパリ大学の原型は、オックスフォード大学、ケンブリッジ大学を通して英国に継承され、さらにハーヴァード大学、イェール大学などを通して米国へ移植されたし、やがては日本へ移植された。また、こうしたアメリカルート以前には、ドイツルートによる日本への移植があり、パリ大学の原型はプラハ大学を通してドイツへと継承され、やがてドイツから日本へと移植された。ドイツのベルリン大学を嚆矢として、一九世紀に中世大学の教育志向から研究志向へと転換した経緯がそのモデルの輸入国へと受け継がれることになり、近代大学として登場した国々の大学へ大きな影響を及ぼした。研究を大学の外に置いたフランスやロシア（ソ連）は別として、イギリス、アメリカ、日本へ与えた影響は大きい（Clark 1995［二〇〇二］）。

第二に、米国と日本の相違が注目に値する。現在の米国は研究と教育の半々のアングロサクソン型を示した点に特徴が見出される。ドイツの研究志向に触発されて、一九世紀以来研究志向を導入したにもかかわらず、研究と教育の両立を模索して、同じドイツの研究志向を導入した日本が研究志向一辺倒に傾斜したのとは異なって、両立の方向を辿ったのは日本との比較だけではなく世界的に見ても興味深い点である。

第三に、世界と日本の異質性、あるいは相違性である。中世大学を起源としその原型を連綿と踏襲してきた西洋は原型との共通性を持つのに対して、それを欠如する日本は原型との共通性を持たないのに加え、そうした先進国から大学モデルを輸入した。特に戦前以来ドイツモデルを移植し、戦後は米国モデルを移植して、制度的にモデルチェンジをしたにもかかわらず、大学教員の意識の世界では今日に至るまで前者の影響を払拭することはできなかった。米国の場合は教育と研究を両立する方向へ動いたのに対して、日本の場合はあくまで研究志向が強く研究と教育の両立志向は弱い。その兆候はカーネギー調査に見事に刻印されたのである。

### (2) 二〇〇七年の日本調査——日本の大学教授職の変貌

二〇〇七年に一九九二年のカーネギー調査と同一の質問項目を踏襲した質問紙によって、ほぼ同じ全国の大学類型の教員を対象に実施した「日本調査」に依拠して、この一五年間に生じた大学教員の意識変化を分析した。その結果は依然として研究志向の強いドイツ型の特徴を典型的に示したのであり、研究志向が依然として強い点ではあまり変哲のない結果をもたらした。しかし、この結果は今後維持されるのか、それとも急激な変化に拍車をかける前兆なのかは分析が必要なのではないか。なぜならば、調査の実施された一九九二年から二〇〇七年までの一五年間には、高等教育にかかわる国家政府からの一連の大きな政策変化が持続的に介在した事実を無視できないからである。

一九九一年の大綱化政策の導入以来、大きな社会変化とそれに対応するさながら連発銃から発せられるような一連の高等教育政策の導入を受けて、第三の大学改革の一環としての教育改革が標榜されることになった。そして研究重視を放棄しないまでも強調せず、従来から軽視されてきた教育を見直し、教育重視の政策が徹底された結果、機関別認証評価が法的に制度化されて大々的に開始されるに至り、しかも教育に特化したＦＤが法的に制度化されるに至ったのである。

このような政策変化を前提にして先ほどの変化の乏しさを示す数字の動きを直視するならば、その示唆する方向が意味深長であると解されるのではあるまいか。政策的仕掛けが動いているなかで、二〇〇七年のデータはそれにもかかわらず、依然として研究志向が強いと読むのか、それによって教育への雪崩現象が生じ始める前哨の兆候と読むのか、これから進むべき岐路を暗示しているだろう。研究と教育の志向をめぐって、研究志向、研究と教育半々志向、教育志向のいずれの方向へとこれから展開するかを問うならば、研究と教育の綱引きを示す現時点の状況が今後の行方を占う微妙な段階にあることは確かなのである。現時点においてきわめて明白な事実は、政策や制度の面からは教育志向が急激に意図的に強化されたかたわら、教員の意識の面では依然としてなお研究志向が根強いことを意味することである。

研究と教育の両立と統合

大学の九〇〇年にも及ぶ歴史をひもとくと、研究と教育は手に手を携えて同時的に調和的に発展してきたとはお世辞にも言えないどころか、先行した教育志向を研究志向が追い越して研究パラダイムが台頭するという、どちらかと言えば紆余曲折よりもパラダイム転換があったことは否めない。それにもかかわらず、今日では研究と教育は学事における車の両輪の役割を果たすのであり、いずれもが看過したり欠落したりできない重要な役割を担っているとの見解が大切ではなかろうか。フンボルト・モデルは、近代大学の理念として両立を標榜した（パーキンス 一九六六）。またジェームズ・パーキンスが指摘したように、いずれかへの偏重は大学の発展を阻害する危険性を秘めているのである。その意味からして近代大学の登場以来において研究パラダイムへの転換が足早に生じる動きが強まるなかで、そこに至るまで実に九〇〇年もかけて紆余曲折しながらも試行錯誤しながらも、営々と構築した研究と教育の両立、そして統合という理念を重視し標榜するという視座に立脚するならば、研究か教育かの分離政策ではなく、統合政策が望ましいはずである。それでは、現状を直視してそれを打開するために筋道はどのようなものと考えられるのであろうか。

## 研究の大学への制度化

第一に、研究重視の視点は今日では看過できないどころかむしろ不可欠であるし、この前提は重要である。なぜならば、「学問の府」である大学が、知識の機能に依拠して、知識の発明発見である研究を志向するのは当然至極のことであり、この創造活動を抜きにしては学問発展も大学発展もはたまた社会発展もあり得ないからである。中世大学のようにアリストテレス的な宇宙観やスコラ哲学の学問体系と整合性を備えている限りにおいて成立し得た学問の世界では、それなりに真理の探究は標榜され成功したとしても、真の発明発見が解禁されていないこの時期は学問の発展には致命傷であるから、おのずから限界が大きい。天動説（地球中心説）が真理とされる時代に地動説（太陽中心説）を唱導したガリレオが宗教裁判によって有罪判決を受けたのは、学問の発展を阻む象徴的な出来事である。彼が当時所属したパドヴァ大学は、ボローニャ大学から分派して発達し、自然科学で進取性を示していたし、その行き着く先に到達した発明発見は宗教的世界からは受容されなかった。

このような中世大学的な閉じられた研究の風土を打破して開かれた研究の風土を拓くために新たな大学の進むべき方向性を模索したのは、イタリアよりもドイツの大学であったし、ゼミナールや実験を基盤に科学研究を制度化した。この種の科学を基盤にした学問の発展を促進する拠点として有史以来最初の発展を遂げ、大学史上画期的な地位を形成した。それだけにとどまらず、世界から留学生を集積し、研究主義を世界へ移植、喧伝、普及することに成功を収めた。そしてドイツモデルを移植した他の国々のなかで米国が大学の授業に研究を導入し、教育との両立を試行した意義は大きい。少なくともドイツや日本が研究志向一辺倒へ傾斜したのとは異なる歩みを開始したことは、今日の時点から回顧したときに先導性を持っていたと考えられる。

例えば、一九世紀に約一万人近くの留学生を派遣した米国は、科学や学問が低水準に低迷した当時の米国の大学の裏返し現象と言えなくはないとしても、ドイツの大学へ留学生を送り込んだ多くの国々のなかにおいて、大学に革命を起こすほどの比重をもって研究の重要性を最も敏感に受け止めた国である。中世大学さながら、もっぱらラテン語の教科書を暗唱することが大学の授業だといまだに確信して疑わなかった大学教員や学生に対して、研究を媒介とした授業の必要性を主張したのはドイツ帰りの学者であったし、彼らの行動はそのほかの種々の改革をもたらす導火線になった。アレクサンドラ・オルセンとジョン・ボスが縷々指摘しているように、授業改革にとどまらず、そのような改革と並行しながら、あるいはそれによって触発されながら、研究を媒介とした大学院制度の発明をはじめ、一連の改革――専門教育、学科、専攻、授業科目選択制、サバティカル・イヤーズ、大学出版部、インブリーディングの廃止など――の重要性をもたらし、中世大学以来連綿と続いた教育志向一辺倒の風土を乗り越えるパラダイム転換的な大学改革をもたらした（Oleson and Voss 1979）。少なくとも、ハーヴァード大学でチャールズ・エリオット学長が授業科目選択制を導入した一九世紀後半の一八六九年の時点から、研究を欠如した教育ではなく、研究を基盤とした教育が樹立されることになったのである。

研究パラダイムの進行

しかし、第二に研究の制度化は、研究を重視すればするほどそれまで大学を支配してきた教育との絶えざる葛藤の顕在化をもたらす契機になったことも否めない事実である。学問中心地を形成したドイツに後塵を拝した米国は、一九世紀からドイツ帰りの学者の努力もあって研究に重点を置く改革を開始したし、教員への博士号取得者の任用、授業科目に選択制を導入して教員の専門分野を重視するなど紆余曲折しながらも、世紀末にかけて徐々に改革が緒に就くことになった。しかしそれでも一九〇〇年の時点では、大学の実力、なかでも大学教育の実力の点で欧州とりわけドイツに大きく水をあけられていた。

潮木守一が指摘したように、ベルリン大学哲学部は、米国のカレッジ卒業者がドイツでは大学卒業者ではなくギムナジウム卒業者程度と認定した事実こそはその落差を示す証拠であったのである。授業も機械的な暗記と復唱であり、教員は教科書の復唱を監督するアカデミック・ブック・キーピング＝記録係であった（潮木 一九八二：二六頁）。ドイツに追いつき追い越すためには、このように立ち遅れた大学教育を見直すこと、とりわけ中世大学以来の教育重視の伝統において致命的に欠如している研究機能をいかに充実させるかに力点を置くことが重要となったのである。

こうして、二一世紀はドイツが発信基地として発信し、米国が受信基地として受信し発展させた「研究パラダイム」がひとり欧米にとどまらず広く世界中を席巻する時代を迎えた。その反面では、このようなスカラーシップは即ち研究そのものであるという研究単独主義に傾斜する時代が幕開けしたかたわら、研究と教育の並立、両立、統合を志向するよりも分化、断片化、対立化を志向する方向へ拍車をかけ、よく言って棲み分け、悪く言っていがみ合いが進行することになった。

米国方式の発明

もっとも、米国で研究パラダイムが進行したことは事実であるが、研究と教育の対立まで分化や断片化を深めない努力がシステム的に行われてきたことには注目しておく必要がある。例えば、学士課程と大学院とには研究と教育の分化を制度的に実現したが、両者を一か所に閉じ込めないで分散して、しかも統合するという方策が成功したことを汲み取れるはずである。先述したように、一階建てから二階建ての建物を世界に先駆けて発明し、一階に教育、二階に研究を配置して、それぞれの棲み分けを行い、しかるのちに両階の統合を図ったところに米国式のユニークさがある。こうして中世以来の伝統を引く学士課程教育は教養教育を基盤に成立するのに対して、新しくドイツの研究精神を制度化した大学院は研究と専門教育の牙城となった。その意味において、教育と研究は制度的に分離してしかも統合するという米国方式を創出したのであり、教育と研究の関係は一階部分に閉じ込めて完全に研究一辺倒になる危険性を回避した点を見逃せない。他方では二階建ての各部分に教育と研究を棲み分けて配置することによって両者が共存する方途を可能にした点も見逃せない。

研究主義に陥った日本

第三に、これに対して、日本の場合は対照的な道を辿ったと言うほかない。そこにあるのは、教育と研究を分離して、それぞれの独立を確保し、同時に有機的に統合する米国に対して、教育と研究の統合を追求しながらも結局は教育を捨象して研究主義に陥った日本、といった違いである。同じくドイツモデルの移植を試みた点で期せずして共通の出発線上に立脚したにもかかわらず、研究と教育の分化と統合を実現するのではなく、両者の分化と分離を実現する方向を辿ったわけである。言ってみればモデルへの着眼点はほぼ同じであるのに、しかも同じ研究主義を導入したにもかかわらず、モデルの移植の方法論が異なったのである。近代大学の制度化に立ち遅れた日本は、近代大学のモデルとして、欧米を中心に先進国の大学モデルを物色し品定めをする営みを通して、すでに学問中心地を形成していたドイツに白羽の矢を立て、それを模範にしてその研究主義を移植することに努めた。日本では近代大学の制度化を開始した明治時代から研究の制度化が進行した結果、旧帝大を中心に研究志向型へ傾斜した。橋木俊詔は帝国大学が研究よりも教育に重心を置いた方針をとったことを強調しているが、その側面がないことはないとしても、トータルには研究に重心を置いたのであった（橘木 二〇〇九：二一一頁）。そして研究志向の牙城は講座となったのであった。

## 講座制と徒弟制度の結合

他方、米国は日本とは異なって、ハーヴァード・カレッジを嚆矢として一七世紀からすでにカレッジを制度化していたから、中世大学との接続があった。しかもすでに一八二二年からハーヴァード大学において学科制が緒に就いていた米国では、ドイツモデルの中枢に位置した講座制と徒弟制の結合した方式を丸ごと移植することをきっぱりと拒絶し、徒弟制度の拠点となっていた講座制をあえて意図的に導入しなかった。これに対して、逆に日本では明治二六年に至って帝国大学において講座制を導入した。講座制では、もちろん昔のギルドと全く同じではないとしても、伝統的にその名残をとどめる制度である限り、大なり小なりギルドさながらの徒弟制度が作用するのはやむを得ない。そのような力学が作用するなかで、教員は親方であり学生は徒弟であるという関係を通して、講座固有の専門分野のエートス、価値観、行動様式が親方から徒弟へといわば秘伝的に伝達されることによって、学生は画一的にいわゆる鋳型にはめ込まれる。

もちろん、日本が移植したドイツの講座制は、本家本元の講座制と同じではない。その点に関しては、ハロルド・パーキンは「日本の講座制度はドイツと全く異なるのは、教授は個々の研究所を持たないこと、しばしば一専門分野あたり一講座より多くの講座を擁すること、無給の私講師の地位がないこと、有給の講師兼助手(lecturer-assistants)は従属者であるよりも同僚であり、ドイツでは有り得ないのだが、しばしば教授といっしょに飲み屋に行くこと、講座ではなくソファーであって、日本的な内集団の忠誠心に沿った懇親的なものであること」と指摘している(Perkin 1984: p. 40)。ドイツの講座制は、一人の教授が絶対的な権限を保持し、配下に助手や私講師などの従属者を擁した構造であったが、日本では一人の教授の権限は助教授や助手や学生などが所属する講座のなかで相対化された形態をとる点で彼我の差異が生じた。日本の講座制はいささか変形を示すとはいえ、教授と学生の関係は、総じて徒弟制度を基本に成り立っていることは首肯できよう。

中世大学の伝統を欠如した日本の大学では、学寮制、教養教育、チューター制などが一体となった教育の伝統が欠如しているのに加え、講座制度と一緒に研究主義が導入されたために、教育と研究の共存や統合に向かうせっかくの選択肢に目をそむけ、挙句の果てはほとんど研究一色に染まってしまわざるを得なかった。この点も、ドイツの研究主義と日本のそれとは異なる側面があることは留意しておく必要がある。ドイツは純粋研究に専念し、応用研究にそっぽを向いたが、日本はむしろ応用研究に重点を置いたからである。

> 純粋学術や科学そのものを意味するヴィッセンシャフト(Wissenschaft)の概念は手の届かない贅沢であるので、もっぱら実用的な専門分野や応用科学が強調された。ドイツの大学が工業専門学校(Technische Hochschule)に分離した工学は日本の大学ではごく最初から不可欠なものであった。(Ibid.: p. 40)

日本は、今日から後知恵的にこれまでの軌跡を回顧してみると、研究と教育の統合を唱えながらも結局のところは、ドイツの純粋研究主義そのものではないとしても大枠としては研究主義に傾斜し、今日まで研究志向型を持続することになった点では、ドイツの大学に淵源する研究志向型を呈することになったと言えよう。

日本の大学教授職の葛藤

その結果は上述の通り、ドイツ型の典型的ともいえる研究志向の意識が、カーネギー調査（一九九二年）においても、それを踏襲したCAP調査（二〇〇七年）や日本調査（二〇〇七年）においても鮮明に反映されていると言うほかはない。その種の意識にはドイツモデルを移植した戦前の時点からの軌跡が連綿と刻印されているばかりではなく、一九九一年以後に顕著に進行したように、政策的に研究と教育の統合理念を模索するのではなく、理念を欠如した現実の上に強制的に教育志向を制度化した結果もまた刻印されているはずである。政策的に進められた教育志向の制度と従来からの研究志向の意識の間に横たわる距離が拡大した結果、乖離が生じ、結果的には教員の葛藤が深まることになったと解されるのである。

### (3) ユニバーサル化と学生の多様化

ユニバーサル段階の発展

一九世紀の後半にドイツモデルを模索した時点では、高等教育はエリート段階を進行中であり、一握りのエリート学生の教育が大学に課せられていた。今日のような一八歳人口の五〇%以上が進学するユニバーサル段階が訪れるという予測は誰しも行わなかったに相違ないし、それを想定した教育体制の布石を行う必要はなかった。それにもかかわらず、米国の大学制度は、研究と教育の両立を試行したばかりか、やや穿った見方をすれば、やがて研究・教育・学修の統合を可能にする布石を行ったのである。特に学士課程を教養教育の受け皿とした制度は、高等教育の大衆化への圧力を吸収する役割を果たすことになった意義が大きいのであって、世界に先駆けて、高等教育の大衆化を推進したのは受け皿を用意したことが生きた証拠にほかならない。

翻って最近の四半世紀間に生じた大きな社会変化は、グローバル化、知識社会化、市場化に加えてユニバーサル化であり、それに基づき学生の大衆化と多様化は先行した米国を追いかけて世界的に一挙に高進し、多くの先進諸国が大衆化段階からユニバーサル段階へ突入することになった。日本は世界の国々のなかではいち早く一九六〇年代の半ばにアメリカやカナダと伍して大衆化段階に入りながら、他の国々に比較するとかなり長い時間をかけてその段階で足踏みを続け、ようやく最近になって次段階のユニバーサル段階へ移行するまでに至った。二〇〇九年現在の統計では進学率は五五%に到達した。中教審は先進国に比較して日本の進学率がなお低いとの理由で、さらなる進学率向上を画策する必要性を提唱した（中央教育審議会 二〇〇八）。しかしその後も伸び悩み、二〇一五年現在になっても五五%前後に佇立している。

進学率に歯止めをかける政策や何か大きな要因が突然生じない限り、この動向は一進一退を繰り返しながらも、二一世紀全体を通して一層進行するものとマクロ的には予測される以上、これからのユニバーサル段階の進行は、国立・公立・私立を問わずすべての大学に対してこれまで経験したことのないような未曾有の影響を及ぼすのは明白である。とりわけ、ユニバーサル化は第三期型教育を含めて中等後教育を一層開放するとの意味を内包している概念であることを勘案すると、新たな事態が生じる可能性が高い。それはとりもなおさず、学生の今後の多様化を超えた超多様化を予兆していると言わなければならない。したがって、この種の世界的かつ日本的な動向を勘案すると、大学のアカデミック・ワーク＝学事のなかでこれまでの第二の波の時代において研究パラダイムの進行が顕著であったのとは対照的に、今後の第三の波の時代においては教育パラダイムの進行が強まると予想するのは正鵠を射ているはずである。大学教員には教育に対する専門職の自覚と責任が一段と厳しく問われることになるに違いない。

## 専門職の責任

第一に、学生の変化に対応した教員の意識改革を本格化せざるを得ない。そうでなければ、ますます変貌を続けている学生に対応した的確な教育を行うこと、とりわけ授業＝教授－学修過程に携わることは困難の度を増し、さらには不可能となるのは自明であるからである。その点、教員の意識改革は進行しているのであろうか？　この疑問に対する明るい見通しを期待して現実を直視すると、期待に反して理想との離反性が高い。というのは、教員の意識そのものは学生の大衆化やユニバーサル化についていけないほど大幅に立ち遅れているという調査結果が厳然と存在するからである。

### 大学教員の意識改革

先述した一九九二年のカーネギー調査における日本の大学教員の意識では、大学進学許容人口が一八歳人口の四一％以上になる傾向を阻止するべきだと要望したことが明白になっているのである。このような大学教員の要望に対して、当時の進学率はちょうど四五％超の段階であったので、阻止を要望する意識の数値と進学率の現実の数値との乖離はわずかに四％であった（有本　一九九四：三九－五〇頁）。すなわち、現実が意識よりも多少ながら上回るという結果を得たのであった（有本・江原　一九九六：四二頁）。進学率を基準にすれば教員の意識は、すでにわずかながら時代錯誤の状態になっていたのである。

これに対して、二〇〇七年に実施されたＣＡＰ調査による大学教員への意識調査では、大学教員の要望はやや厳しくなって四〇％を要望しているのであるが、これとは明らかに対照的に、現実の進学率はすでに五五％超まで上昇していたのであるから、意識と現実との乖離は一五％と前回の調査時よりも四倍近くも跳ね上がってしまい、顕著に拡大したことが分かる（小方　二〇〇八：一一一－一二二頁）。こうして、学生の多様化が加速的な進行を遂げているにもかかわらず、教員の意識が同時並行的に進行していないどころか、むしろ離反を強めるという事実が露呈した。教員の意識と現実の間のギャップは縮小するどころかおもむろに拡大したのであった。学生はすでにユニバーサル化時代に到達したのに、教員はいまだにエリート時代に立ち止ったままであるというアナクロニズムが進行したのである。

この現実の背景には、大学教員の多くはエリート時代の学生体験者が多く、大学生は選抜された少数者であるべきだとみなす意識が作用しているに違いない。しかしこの幻想をこのまま放置したのではギャップは拡大の一途を辿るだろう。このままでは教員は現実から取り残されガラパゴスになってしまう。換言するならば、大学教員が従来のエリート的学生観の意識のままでは超多様な学生が増加しつつある現実への対応は無力化するばかりか、乖離の度を深めざるを得ない以上、現実に見合う意識改革は是非欠かせないことになる。具体策は、学生の成長発達段階の変化をありのままに観察し、客観的に見極めること、それを踏まえて新たな教授 - 学習過程の構築を試みること、などであろう。

## 高等教育政策

専門職的な対応の第二に、大学教員の意識改革を促す高等教育政策が欠かせない。意識改革は、本来ならば「学問の自由」を主張する本家本元の主役であり主体である大学教授職自身から出発するのが本筋である。他者から言われて渋々と受身的に改革するのでは、専門職の看板が泣くし、専門職の権威そのものがなきに等しいと批判されても仕方がないからである。しかし考察したように、意識と現実との距離が拡大し、修復できない状態を辿り、それをもはや放置できない時点にまで亢進したことは看過できないだろうという状況が進行するなかでは、大学教員の社会的存在理由の喪失すら招きかねないからである。

その意味では高等教育の大衆化が進行しはじめた一九六〇年代半ばから大学教員の意識と現実の乖離が始まり、一九七〇年前後の「大学紛争」時に学生が大学改革、とりわけ教育改革を突きつけた時点においてはその乖離を解消する千載一遇のチャンスがあったものの、大学人からの自主的改革の動きは生じなかった。机上の理論である改革案は多く出されても、実施に繋げる意識や行動は停滞した。なかからの改革が遅々として進まないままに時間が経過した。約二〇年経過した一九九〇年前後にはそのツケがピークに達した。少なくとも国家政府からの圧力なしには現状打開が不可能な段階にまで改革の機運は停滞したまま杳として生じず遅延したのであった。

その間、国家政府からはいわゆる一九七一年の「四六答申」が中教審を通して提案され、待ったなしの改革を提唱したが、現在からみれば妥当性の高い提唱であったし、改革の恰好の呼び水であったにもかかわらず、時期尚早だとする大学側からの反対によって陽の目を見ることなく挫折した経緯がある。当時は政府の提案でもよい提案は共に推進するという土壌は存在していない状況がそうさせたのであった。政府と大学の間に超え難い距離が存在していたのである。現実の変化を読み解く力量が醸成されないままに改革は遅滞した。このような改革の遅延や改革をめぐる後ろ向きの攻防などに起因して、大学教員の現実との距離を短縮する動きは定まらないまま紆余曲折の経緯を辿ったのであった。

### 大学審議会答申

その点では、一九八七年から中教審とは別個の審議会として登場した大学審が活動を開始していたが、大学改革に特化した審議会の切り札として改革に与えた影響は大きい。大学教員の意識改革に与える影響も否定的な側面も含めて少なくなかった。大学審が提唱した一九九一年の大綱化政策以後、教育改革の時代やむしろ「教育革命」の時代を迎え、種々の改革案が雨後の竹の子のごとく矢継ぎ早に提唱されることになった。特に自己点検・評価（一九九一年）、他者評価（一九九八年）など二八本の答申を提出したのである。これを継承した中教審も第三者評価（二〇〇四年）、国立大学法人化（二〇〇四年）、FDの半義務化（一九九八年）、そして義務化（二〇〇七～二〇〇八年）、学士課程答申（二〇〇八年）、質的転換答申（二〇一二年）、改正学校教育法（二〇一五年）などの政策を打ち出した。この二〇年間はさながら改革案ラッシュの時代の観を呈したと言っても言いすぎではあるまい。これらの一連の政策は、大学教育改革に焦点を合わせるとともに、教育の査定・評価・質保証、ガバナンスなどと直接関係の深い一連の政策であると言わなければならない。

かかる政策は、教授‐学習過程のからみでは、大学や大学教員の教育志向を誘導し、高等教育の大衆化段階さらにはユニバーサル段階に起因する学生の多様化に対する大学教員の意識改革と適切な教育の必要性を誘導するなど、相応の効果を期待したとみなされる。それにもかかわらず、研究志向の比重が高い意識結果は、政府の政策効果の希薄性を示したとも読めるし、政策へ対応して教育志向を強めるには学生の現実があまりに先行して無力感を露呈したとも読めるであろう。

政策的には、大学審や中教審が七年に一度の割合で答申を行って現実の社会変化に対応しようと試みたのに対して、教員の方は再々の政策変化に対応できるほど柔軟性を持たなかったと言えるかもしれない。その点、教員は保守的でもあるし、従来から形成された意識や行動を簡単に変更できないのでもある。その意味では政府は短期間に再々変化するのではなく、中長期的に変化しない、骨太の政策が求められるのではあるまいか。

## 研究を担保した教育の重視政策

第三に、第二と関連するが、研究を看過して教育のみの意識改革をすべての大学教員に促す政策には、大学教授職の本質的な資質形成に限界を生じるという危惧があることを指摘しなければならない（有本 二〇〇七、二〇〇八）。教育志向を強調するのであれば、研究も強調するか、少なくとも研究を担保した上で教育を強調しなければ、専門職におけるスカラーシップ＝学識観の調和が損なわれるのは明らかである。米国では、ドイツから研究志向モデルが移植された時点から、それ一辺倒にならずに、大学院の構築や学士課程の教養教育改革などの両方を試行することによって研究と教育の両立の方向を探究し、持続した結果現在の状態を達成した。これに対して、同じ時期にドイツから研究志向モデルを移植して以来、米国で行われた教育改革には手を付けないまま終始した日本は研究一辺倒に陥ったという印象は拭えまい。過去一世紀以上をかけて形成された風土の弛まない洗脳を受けて現在に辿りついた結果、研究志向の強い日本の大学教員は、それをいきなり否定して教育のみに比重を置く政策への転換が起きると、生き甲斐や使命感をたちまち喪失する公算が少なくないだろう。それにもかかわらず、一九九〇年代から最近までの日本のＦＤ政策は教育に特化した「狭義のＦＤ概念」を制度化し、法律によって遵守を期待する方向を邁進したとみなされる。

一世紀以上にわたって醸成された研究偏重の遺伝子が大学教員の遺伝子になるまで持続的に執拗に刷り込まれた結果、確かに研究主義の風土が根強く存在する日本の大学や学界では、それを一気に打破するべくひたすら教育主義の改革を断行することは一見、合理性を持っているかに見えて成功をもたらさなかった。そこには研究偏重のＤＮＡ＝遺伝子を一挙に教育偏重のＤＮＡに組み替える遺伝子組み換えの意図が透けて見えるのである。少なくとも研究に一極化し、反転して教育へ一極化する政策は研究・教育・サービスの全面性を尊重するという大学の理念から逸脱する局所主義に陥る危険性を秘めているのである。

長い大学史をひもとけば、大学の理念・使命を一極的に追求する方向とは明らかに異なる風景がほの見えてくるのではないか。研究と教育の分離政策はかつてのフランスやロシア（ソ連）が辿ったように、あるいは研究主義への一辺倒はかつてのドイツが辿ったように、それぞれ大学の衰退を招く危険性が内包されていた点を見逃せまい。大学のなかに研究と教育を併置した初期のドイツやそれを継承した米国の制度は成功し、教育のみを置いたフランスやロシア（ソ連）は明らかに失敗した前歴があった事実を看過できない。中世大学ですら教育一辺倒になり、研究を看過したため、ドイツの大学が研究主義を唱えて台頭した時点以来、衰退の一途を辿ったのではないか。そうであれば、その轍を踏み、二の舞を演じる愚策は是が非でも回避しなければなるまい。

## 教育主義一辺倒の愚策

第一に、明治時代以来、ドイツの研究主義を輸入して、研究志向型を形成してきた風土を一挙に覆して教育志向型に転換することを画策しても、その実現にはＤＮＡの現在を考えると無理があるし、仮にそれが可能となっても、枝葉末節にこだわって本質を見失い、やがて角を矯めて牛を殺す結果を招来するのでは元も子もあるまい。そもそも「学問の府」である大学にとって、大学教員が研究に熱心になることは当然であり、大学が大学たらんとすれば、そして大学教員が専門職たらんとすればむしろ尊重しなければならないのが当然の理というものである。

## 近代大学の理念の放棄

第二に、第一と関係するが、本質的に見て、九〇〇年の大学史を通して創出された英知を濃縮して形成された大学教授職の本来の使命や役割を無視している点を見逃せないのではないか。その英知は、大学が知識を素材にして、その基盤の上に学事を構築しているという事実を弛まず発酵させた結果、創造的に培われることになったのであり、言うならば、最初は教育志向、次は研究志向、さらに研究と教育の両立志向を徐々に段階的に理念として積み上げ追求することになったのである。しかもドイツの大学がフンボルト・モデルを標榜しながらも追求を開始した近代大学の理念、しかもドイツ自身をはじめ世界の大学が今日まで十分実現しているとは言えない近代大学の理念そのものの追求をあっさり放棄すれば、理念はたちまち後退を余儀なくされ、事態の悪化は加速するのではないかと危惧されるのである。

## 未来の大学への構想力の欠如

第三に、大学は過去からの遺産の上に立脚すると同時に、未来からの挑戦を受けて存在するシステムかつ組織体である以上、未来に対する責任を担うのは当然のことであり、その意味から未来の大学への構想力を喪失しているのではないかと危惧される。大学と同様に大学教員が未来に責任を担うことの重要な意味は、言うまでもなく目の前の学生を着実に未来に送り込む責務を全うすることにほかならない。その責務は優れた教育力の遂行によるる以外は実現されないから、何はさておき質の高い教育の重要性を標榜し、そうした教育の質保証が主張されるのは誰しも否定できない道理というものである。しかし、教育力は学生の能力を開発するのに際して単独では力を発揮できるものではなく、研究力に支えられてこそ創造力、想像力、問題解決力、問題発見力、汎用的能力などの能力を涵養できるのであることを見失ってはなるまい。

研究と教育を統合したスカラーシップ観

ましてや学生の多様化がそれでなくても加速されるユニバーサル化時代には、知識社会の課題でもある創造力をはじめ、想像力や問題解決力などが一段と学生が身につけてしかるべき学力として期待される以上、その涵養が研究力を欠如した教員の教育力のみによって行われるものと期待するのでは限界があるのは明白であろう。研究を前提とし担保した上での教育の質保証を追求することによってこそはじめて、彼らに十分な学修力や学力や豊かな人間性を身につけて社会へ輩出する仕事が全うできると考えられる。また、そうしなければ、新たな時代に期待される人材養成を一身に担うと目される大学教員の責任が十分果たせないはずである。かくして教員の研究と教育を統合したスカラーシップ観の樹立を推進する営みを欠如しては、超多様化に向かう学生に対する十分な学力保証や質的水準の維持は困難であると言わなければならないのである。

## (4) 教授－学習過程のなかの学習機能の再発見

大学史を回顧するならば容易に理解できることであるが、一九世紀から二〇世紀にかけて比重を置き、現在もなお優位を占めている研究パラダイム、あるいは研究主義にこのままなし崩し的に陥るのではなく、研究と教育の関係を見直すとともに教育の復権を模索することが欠かせない課題である。しかし、それは九〇〇年の大学史に大きな比重を占め、長く君臨してきた中世大学的な教育志向の伝統をそのままそっくり再現するのではないことは、いまさらながら言うまでもない。そうではなく、近代大学が制度化した研究志向との関係を踏まえ、しかもなおかつ緊張や葛藤を孕んだ研究との関係を踏まえて、現状を克服してしかるのちに調和的な関係を構築することでなければ、せっかくの努力も水泡に帰して、二一世紀型のスカラーシップ観の構築を模索することにはならない。

## 学習（学修）の主役たる学生

こうした文脈では、とかく研究と教育の関係のみが問題にされているとの印象を与えかねない。しかしはたしてそれだけで充分なのかと問うと、そうではない。研究と教育の二者関係のみに注目するのでは、教員に焦点を合わせても、学生には合わせていないから、学生が完全に欠落してしまう。確かに教育の主役は教員であっても、被教育あるいは学習（学修）の主役はほかでもない学生である点を看過してはなるまい。一歩後退して、学生を欠落させない場合でも、教員のみに焦点を合わせ学生を無視し看過するのでは、学生が量的に大量化し、質的に多様化する事態が目に見えている今後の時代には、明らかに大きな限界を招くのは必至である。

## DP→CP→APの流れ

ユニバーサル化の所産として入学した学生は、ボーダーフリーの大学を中心に本来ならば大学の授業へついていけない水準の学生も増加しつつある。教授－学修を軸に据えた授業では、学生＝学習者に注目して、仮に大学水準の授業についていけない学力程度の学生を受け入れた場合でも、学士課程のインプット、スループット、アウトプットの全行程を通して、所期の到達水準まで学力を高めて卒業させるという課題を遂行しなければならない。門戸開放しても、安易に到達水準を落としてしまっては、大学卒の資格を付与できないことになりかねない。学士力のインフレ現象を是が非でも阻止するには、学力のアウトカムを明確に設定する必要がある。米国のように水準に到達しない学生は落第させると大学システムの全体では、平均五〇％程度が落第することになるとみなされる。日本の場合は、伝統的に入学者の九〇％以上が卒業しているから、額面上は、水準に到達している学士力が九〇％存在することを示すと解される。しかし水準のアウトカムを設定していないまま、水準を下げて卒業させていないことを証明するカリキュラム・アセスメントは十分実現されていない現実がある事実は否定できないであろう。

学力の到達水準をディプロマ・ポリシー＝ＤＰによって設定し、その水準に到達するために欠かせないカリキュラムをカリキュラム・ポリシー＝ＣＰによって設定し、さらにそのような到達水準をめざすと同時に、それに見合うカリキュラムを学修可能な素質やレディネスを保持している受験生をアドミッション・ポリシー＝ＡＰによって発掘し入学させることが欠かせない。こうしたＤＰ→ＣＰ→ＡＰの流れのなかで教員が授業を中心に教育力を発揮し、学生の能力を鍛錬し、学習力から学修力の転換を実現しなければならないわけである。

## 学生の学習はなぜ看過されてきたか

学生の資質、能力、学力などの学士力（ほかに、短期大学では短期大学士力、大学院では修士力、博士力などがある）を大学入学から卒業までの数年間の間に授業を通して着実に高めるには、何よりも学習力（むしろ学修力）を射程に入れて十分な分析を基本に設定しなければ実現は無理である。それを欠如しては学士力を高めるための必要条件は充足されず、十分な成果は上げようにも上がらないであろう。その意味から学生の学習力あるいはそれ以上に学修力が成長を辿る軌跡を追跡することへの注目は欠かせない視点である。とすれば、教員の教育は問題にされても、学生の学習はほぼ看過されてきたのはなぜであろうか。中世大学以来、大学には教員ばかりか学生も当然存在したことを想起すると、大学には学生の学習も学習力も存在したはずであるにもかかわらず、それらは教員の教育や教育力、研究や研究力が注目されたほどには、当時から今日に至るまで注目を集めなかったのはなぜであろうか、不思議と言えば不思議である。

### エリート時代の学生

一つには、中世大学の初期の時代には学生層は同質的ではなくかなり多様であったから例外であるとしても、概して中世大学から始まって近代大学の一九六〇年代頃まではエリート時代が支配したからだと考えられる。学生数が同世代人口の一〇％未満と著しく少なく、概して同質的であり、学力水準も概して高かったはずだから、学生の学習や学修力に対して取り立てて関心を惹起するに至らなかった。もっとも、教員が熱心に講義をしても学生は居眠りをしたり、騒いだり、反乱を起こしたりして、熱心に聴講しないので、教員側がゼミナールを導入するとか、少人数教育を行うとか、「減点制度」を設けるとか、「放校処分」に処すとか、何かと種々の創意工夫を凝らしたという事実は大なり小なりあったに違いない（潮木 一九八二）。教員が終始超然として全然関心を示さなかったとは言えまいし、むしろ勉強しないので手を焼いて、暗記や復唱を課し、あるいは「筆記学問」を推し進めて学生を黙らせ、大人しくさせる作戦に出たと考えるべきなのだろう。それでももしかし今日のように熱心に学生の学修力に関心が向けられる時代はなかったに違いない。

### 授業の主役は教員

二つには、授業では学生は確かに居るには居ても主役ではなく、授業はそれを取り仕切る大学教員のいわば独壇場であり、学生はほとんど無視されていたと言ってもあながち的外れとは言えまい。中世大学の教授‐学習においては、教員の教授活動があっても学生の学習活動はなかったも同然であったからである。他でも言及したが、教員は「親の肩代わり」（in loco parentis）の役割を果たすことが重要であり、したがって学生に「牧羊者の世話」（pastoral care of undergraduates）をしたのであり、「浸透過程」（osmosis process）を図ったのである（Ross 1976、有本 一九八一：五八‐六〇頁）。徒弟制度のなかで学生をしつけたり、鋳型にはめ込む教育はあったとしても、学生の潜在的な能力を引き出したり、学習を支援する教育はいまだ発展していなかった。中世大学以来の教育には、独特の方法が用いられていたから、現代流の学習を喚起すること自体が生じないという構造的な問題があったことも見逃せない。

### 暗記と復唱の授業

例えば、中世大学の名残を引く米国のユニヴァーシティ＝総合大学になる以前のカレッジ＝単科大学、とりわけハーヴァード・カレッジは、一八六九年にエリオット学長が「授業科目選択制」を導入する時点までは、授業はもっぱらラテン語テキストの棒暗記とその復唱に明け暮れていたのであるから、現代から見れば教育（教授）も学習（学修）も十分成立していたとはお世辞にも言えない。学習もさることながら、教授の役割を担うはずの教員すら実際には「記録係」や「監督」にすぎないという有様であったのである。その後の展開を追ってみても、そもそも学習重視の観点から導入された授業科目選択制でさえも強制的選択制、コア・カリキュラム、コンセントレーション、主専攻などの形態を通して、学生の自主的な学習を尊重するよりもむしろ学生への教員の一方的な教育へ傾斜したことは疑えない事実である（松浦 二〇一四）。

このことを勘案すると、中世大学においてはもとよりであるが、近代大学においても「学習の発見」はいまだ不十分であったとみなさざるを得ないのである。学生が自主的・主体的に学習する方向へと先鞭が付けられる方向が浮上してきた時点では、過去からの伝統的な一斉教授方式が支配的であったことは否めない実態であったはずである。

日本の戦前の教育方式が、暗記方式の米国と近似していた事実は、ある教授の講義ノートが「総重量一七キロ、四千頁、高さ七〇センチ」になったというエピソードを交えた東京大学の実態を克明に描写した、潮木の論文に詳しい（潮木 一九八六）。黙々と筆記し、自宅に帰ってそれを清書し、試験のときにはノートを記憶して答案用紙に吐きだすのであった。これでは、創造的に学修する学生ではなく、機械的に記憶と復唱を繰り返すロボットであったというのが適切であるかもしれない。

### ドイツのエリート型の研究と教育の両立

三つには、前の二つとは、異なる方向を示すことになるが、このような中世から近代にかけての伝統的な教育方法が持つマンネリズムに風穴を開けたのは、ドイツの大学の革命的な教育方法であった。教員が学生に一方的に教授する方式ではなく、学生は教員といっしょに研究する方式である。教員が学者や研究者であるとすれば、学生も互角の研究者になることが求められたのである。それはエリート時代に登場した研究と教育の両立志向であると言ってよかろう。学生が学習ではなく、学修を追求したと捉えれば、これは今日の能動的学修と遜色ないほどであろう。少なくともその走りであると言えなくはない。私は別の箇所で述べたが、ドイツの方式が一八六九年に開始された米国の授業科目選択制を経由して、一九八〇年代に本格化したアクティブラーニング導入へ継承され、それがさらに日本の二〇一二年に導入された現在のアクティブラーニングへと伝播された、と考えている。ドイツモデルの原型は応用されて実に一世紀以上をかけて、米国を経由して日本へと伝播されたのである。

すなわち、ドイツの教員と学生が共に研究する方式が米国の大学院創設へと伝播したのとは別に、学士課程において授業科目選択制を経由して、教員と学生の研究志向を生じた経緯を想起すれば、この方式はドイツから米国へと渡り伝播したことになる。では米国までは到来したのであるとして、はたして日本まで到来したのであろうか。潮木の『京都帝国大学の挑戦』は、千種義人の試みが見事に失敗した事実を検証した（潮木 一九九七）。戦前は、成就しないまま、戦後に持ち越されたということになろう。金子勉も高根義人の「演習科」、福田徳三の「ゼミナール」を通して、フンボルト・モデルの日本への導入の顚末について論考している（金子 二〇一五）。

## 日本の改革は成功したか

翻って戦後の日本の場合は、こうした米国の大学教育改革、とりわけ授業改革の先例を積極的に学び導入して、アメリカ化の改革を執拗といってもよいほど断続的に推進してきたのであるが、しかしその割には改革に乗り出した終戦直後の時期にも現在の時期にもはたまたその中間期にも必ずしも成功しているとは言えないし、むしろ失敗しているとみなされるのではないか。移植する場合には、移植元の文化や風土と移植先のそれらが符合する度合いが高い場合は、成功を収める可能性が高く、符合しなければ可能性は低くなるだろう。その意味では米国と日本の間の符合性が弱いことと米国モデルの定着が弱いこととの関係が深いのではなかろうか。

教育改革が成功していない段階では、それと表裏の関係にある学習改革やさらには学修改革が成功していないのは不思議ではなく、むしろ必然の成り行きである。こうして二一世紀には従来から立ち遅れた教育改革は不可欠の課題になるのは当然のことであり、理念的には研究・教育・学習（学修）の統合が課題になるのである。

## 4　知識の機能と大学教授職の形成

### (1)　大学教育の不振と日本型ＦＤの限界

高等教育の後発国である日本の大学の教育改革は戦前以来このかた、外国モデルの輸入や移植に重きを置いてきた点に特徴が見出されるから、戦後になっても依然として主として米国モデルの直訳や翻訳に終始する傾向があるとしてもいまさら驚くに足らないであろう。その間、そのような翻訳型もしくは移植型の大学改革は、第一次アメリカ化とか、第二次アメリカ化と揶揄されてきたと言ってもよかろう。揶揄された翻訳や移植が成功したかと言えばそうではなく、残念ながら大方は失敗に帰したのではないか。

失敗の証拠――教養教育の後退

その証拠に、戦後からこれまでに次のような種々の批判がなされてきた。すなわち、研究志向が強い風土では、教員の教育改革への取り組みが活性化しない傾向があること、日本の教員は自主的・主体的に教育改革に取り組まないこと、学生の大衆化が進行しているのに相変わらずエリート型の教育を行っていること、米国の単位制を導入しているのに形骸化していること、学生は入学試験には「四当五落」と称されるほど熱心だが大学の教育や授業への取り組みには不熱心であること、大学はいったん入学したら最後、遊んでいてもトコロテン式に卒業できる「レジャーランド」に陥っていること、学生自身が「勉強」を厭い「楽勝科目」志向であり、「休校」を喜ぶ体質があること、一般教育は「般教」と呼ばれ高校教育の焼き直しにすぎないこと、といった批判が根強くあった（喜多村　一九八四）。

こうした状況のなかで一九九一年以来の教育改革は、一九七〇年代から蓄積した高等教育の大衆化段階のツケを払拭するために開始され、この種の批判を打開する方法が画策されることになった結果、少なからぬ改善を導いたと観察できるに違いない。しかしながら、そのことを肯定するとしても、改革は十分に成功したとは言えないままに終始し、米国モデルを移植した改革は必ずしもその理念や精神の真髄を体得して定着させることはできなかった。特に一般教育に代替した教養教育のその後は、その長年の拠点であった教養部の国立大学を中心にして生じた地滑り的かつ壊滅的な後退ともいえる現象と相俟って、質量ともに大幅に後退したのであり、その再建が焦眉の急を告げることになったのである（国立大学協会 二〇〇六）。

大学教員の自主性や主体性

米国の場合は、ハーヴァード大学の事例に典型的に窺われるように、大学教員自身が自ら自主的、主体的、自立的に改革を模索し、実現する慣行が確立されているのに対して、日本の場合は、概して大学審や中教審の提案を踏まえて文部科学省から発せられる「省令」によって改革が断行される方式をとっている。この構造では自主性、主体性、自立性は醸成され難いメカニズムが潜在的にも顕在的にも作用していることになり、自主的な試行錯誤による失敗を敢えて厭わないという挑戦的、冒険的な風土はなかなか育たない。「可愛い子には旅をさせよ」というが、甘やかしていては、子供は自立も自律もできない。それと同じで、自立や自律ができず上意下達型や指示待ち型の風土や体質が支配するのである。上からの命令が下るまで自主的には動かない体質が醸成されるなかでは、官僚制化が進行するとともにマニュアル化と他律化の進行は回避できないことになる。

日本型ＦＤの制度化

特に、大学教員の自主性や主体性の問題と直接かかわる側面は、一九九〇年前後から重点的に遂行されることになったＦＤ政策に如実に反映されていると観測できるに違いない。教育改革の重点政策が大学教員による教育の不振を克服するために導入された結果、何よりもＦＤの制度化に帰結した点に注目すると、そこでは当の概念自体が研究を排除して、教育のみを法律によって重視するまで極度に一極化をめざして進行した事実を直視せざるを得ない（有本 二〇〇七）。研究を排除した教育偏重の特化政策は、言ってみれば「日本型のＦＤ」の推進にほかならない。

その理由は、主として三点に求められるのである。①一九九八年の大学審答申以後、概念を「大学等の理念・目標や教育内容・方法についての組織的な研究・研修（ファカルティ・ディベロップメント）の実施」に限定した（大学審議会 一九九八）。②二〇〇七年に大学院、二〇〇八年に学士課程に狭義の概念を制度化した。③ＦＤの内容を「新任教員研修会、新任教員以外の研修会、教員相互の授業参観、教員相互の授業評価、講演会等の開催、授業検討会の開催、教育方法改善のためのセンターの設置、センター以外の学内組織の設置」等に限定している（中央教育審議会 二〇〇八：二二三頁）。

ただ、極論を避けるために留意しておく文脈がある。すなわち「ＦＤを単なる授業改善のための研究と狭く解するのではなく、我が国の学士課程教育の改革を目的とした、教員団の職能開発として幅広く捉えることが適当である。」（同上：三九頁）との指摘がなされている「職能開発」に注目すると、授業のみではなく学士課程教育を射程に入れるというやや広義の教育概念への含みが示唆されているとも解されるからである。だが、そのことを考慮するとしても、全体的には教育偏重の限界を解消するのではなく、狭義化を辿る点では大同小異というほかない動きがそこに認められる。とりわけ研究との統合を意図的に下した定義はなんら見られず、それだけに狭義化を辿っているとの印象は払拭できないし、それどころか「職能開発」も私の主張する専門職形成を意図的・体系的に志向しているとは前後の文脈からは読めない。

## 狭義のＦＤの限界

再度言えば、この狭義化への傾斜は教育の活性化による再生、復活、発展を追求するための乾坤一擲の苦心の方策でありながら、そこには致命傷とも言える欠陥があるのではないか。木を見て森を見ない近視眼的な見方に陥っているというほかないからである。これでは長い目でみれば教育の活性化ではなく、狭窄症に陥り、疲弊、荒廃、衰退に向けて拍車をかけるのではなかろうかという印象を払拭できまい。なぜならば、研究を捨象した観点からのみ教育の発展を画策するのは、研究を前提に成立するという高等教育の本質を看過した政策であるからである。ましてや、研究・教育・サービスを大学の理念や使命として標榜し、そのなかの一極に集中しない多極的な大学政策が大学のさらなる発展を約束するという「三面性」の観点からは明らかに逸脱しているのである。すでに述べたように、一極型のドイツ、フランス、ロシア、英国などは失敗した過去の歴史がある。そのことは、そうした高等教育や大学の本質の看過にとどまらず、研究と教育を車の両輪として成立する大学教授職の本質をも看過しているのである。

確かに長年培われてきた日本の大学の研究偏重の風土を改革するには、「狭義のＦＤ」に特化して授業改革あるいは教育改革をいわば荒療治的に追求するのはやむを得ない側面もなきにしもあらずであり、過去の政策の失敗を償うにはある意味では妥当な政策だと解釈できる側面は多少あるとしても、それでもやはり極論の域を出ないという限界がある。専門職の一部の機能を偏重するあまり専門職の全面的な機能を重視する「広義のＦＤ」を担保することを忘却した政策は、大学教授職という専門職を育成するという視点を欠落した短絡的な政策というほかないのである。このことは、論理的には、教授‐学修過程の構築は単なる教員ではなく専門職によって、単なるアカデミック・スタッフによってではなくアカデミック・プロフェッションによってこそ成就できるという論理に通底するのでもある。換言するならば、専門職が発展せずには教授‐学習過程は発展しないことを意味している。

米国のＦＤを輸入して翻訳している日本のＦＤに対して、米国では上述のハーヴァード大学の事例にも示唆されるように、政府による統制やマニュアル化を辿っていないばかりか、研究から分離された教育に特化する方向へは展開していない。この点を注意しなければならない。言うならば大学教授職の専門職的発展を十分担保する視座に立脚した上で運動を展開している点を見落としてはなるまい。ちなみに、現在、米国でＦＤの中心的役割を果たしているＰＯＤ（Professional and Organizational Development）は次の定義を行っている。

ＦＤは次の点を含む。すなわち、研究休暇と研究支援を通じての教員に対する伝統的な支援：教師としての教員や彼らの教室での教育技術へ焦点づけること：キャリア計画、研究費獲得調書、出版、管理運営力を擁した学者やプロフェッショナルとして教員を認識すること：福祉、人間関係技能、ストレス管理へ注意を払う人物として教員を把握すること。（Lunde and Healy 2002: p. 252）

広義のＦＤ概念の見直し

この動きにひき比べて、日本の動きは一九八〇年代から少なくとも研究レベルにおいては研究者が英米など外国の動きを先取り的に研究して、すでに英米で発展しつつあった概念をとっくに移植していたはずであるにもかかわらず、一九九〇年代からの高等教育政策にそれらの概念を摂取する段階において進むべき方向を見失った。なぜならば英国のＳＤではなく米国のＦＤ概念に特化して、しかも狭い概念に焦点を合わせて摂取することになったからである。しかしその時点において、内容的には本質からいささか逸脱した方向に重点を置くことになったことに無頓着であったというほかあるまい。表面的な名称に拘泥して本質を見極めないまま、広義の概念を担保せず狭義の概念の方向へとひたすら舵取りをした結果、「日本型ＦＤ」の陥穽に陥ったというほかない（有本二〇一〇）。

このことは、一九九一年から開始された教育改革政策に「ＦＤとは教育に関する教員の資質開発である」とする狭義の概念を結合させて導入したために生じたと解される。教育改革を短兵急に進めるために、近視眼的な見方に陥って、大学教員をアカデミック・プロフェッション＝専門職として見る広義の視点を欠落したのである。そこには教育を重視するあまり大学の理念の多方向性を看過し、しかも研究の視点を欠落したことと相俟って、何よりも専門職の視点を欠落することに連動していることは言うまでもない。しかしそれは専門職を構想する上からは誤解であり、失敗である限り、このまま放置すれば後遺症が次第に大きくなるのは回避できず、いまや目を覚まして遅ればせながら是正が欠かせないと言わなければならない。すなわち、ＦＤのそもそもの本質とは教員の研究、教育、キャリア全体を通して遂行される専門職的開発なのである。

### (2) 研究と教育の分離

研究と教育の関係は、本来は学事を牽引する車の両輪にも譬えられるほどの表裏一体の密接な関係を構築しているのであって、相互の有機的な連携によって学問の豊かな発展が導かれると考えられるはずである。クラークは大学が「探求の場」であるとみなした。パトリシア・ガンポートが、研究と教育の統合はクラークにとっては「探求の場」(Clark 1995)である大学の本質的に統合的な機能であると指摘しているのは、そのことを的確に示しているのである(ガンポート二〇一五：一六一頁)。不幸にしてどちらかが欠落し、あるいは支障を生ずるならば、たちまち車は動かず、学問の発展は停車せざるを得ない。しかし歴史を回顧すると理解できるように、両者はなかなか両輪として上首尾に機能しない事実が幅をきかしているのも真実ではあるまいか。

中世大学の体質

全体的には教育パラダイムが支配して研究の存在が希薄であった、中世大学の段階では、両者の関係はいまだ渾然一体としており、未分化であったとみなされ、車の両輪が歴然と存在したとは言い難い。スコラ哲学の範囲内での研究によって新しい学問の解釈が行われて、それが講義に使用されたとしても、真理の探究の範囲はおのずから限定されており、現代から見れば真の意味の発明発見は生じていなかったと解される。教育はあっても研究の影は薄く、実質的にはあってなきがごとしであった。大学は社会の似姿を呈した以上、大学内部からの改革が困難であるから、その状況を変革するには社会変革からのインパクトが必要であった。結局、研究の欠落は大学の外で生じた科学革命の大学への浸透まで待たなくてはならなかった。この中世大学の体質は、大学以外で科学革命が進行した一七世紀にも依然として踏襲されていたから、科学革命は権威の確立した神学の肩に乗って進行したのである（有本 一九八七：二四五‐二八九頁）。かくして科学革命は大学内部に変革をもたらすまでには時間を要した。一九世紀に科学が大学に制度化されるまでは大幅な変化は生じなかったのであった。

## 同床異夢の分業化

研究がいったん制度化されると、教育と研究の関係は統合や調和よりも分離や葛藤の方向を辿ることになった。従来の教育志向に対して、研究パラダイムが進行する時代を迎えた。研究と教育の統合は理念として登場するが、現実には統合ではなく分離や不統合へ向かう力学が強く働くのは、両者の親和性の性格よりも排他性の性格を反映しているとみなされる。同じ知識の機能である教育と研究は、前者が伝達、後者が発明発見である以上、本質的にそれぞれが同床異夢の分業化を具現しているが故に性格が異なり、両立はなかなか困難である。教育は研究を踏まえる必要があるのに対して、研究は教育を踏まえようとはせず、概して教育に先行して独走しやすい体質を備えている。研究成果を組み込んだカリキュラムを授業で使用するのが教育の立場であるにもかかわらず、研究はこうした教育の立場を顧慮するとは限らず、それどころかむしろ教育を無視してもっぱら研究の論理を追求する。伝達の前に発明発見がある限り、研究の仕事は教育に優先し、教育の内容であるカリキュラムや対象である学生を踏まえて行われるのではないからである。その点で教育の論理に研究の論理は対立する。

## 研究の論理と教育の論理

しかも、未知の世界を探究し、新たな最先端の知識を開拓し、無数の専門分野を輩出する営みである研究は、不断に日新月歩の活動を続け、新たな発明発見が古いそれを過去の遺物にしてしまうスクラップ・アンド・ビルド＝新陳代謝の世界を現出する。産出された知識や専門分野は、知識社会においては陳腐化する速度も速く、新陳代謝を日常茶飯事とし常態にするばかりか、専門分野によって遅速はあるとしても中長期のスパンで見ればなんらかの「知の再構築」やパラダイム転換を生じさせるのは回避できない。

これに対して、研究のように知識の発明発見が固有の対象ではなく伝達が固有の対象である教育は、究極的には人間の育成あるいは人間教育を追究する。現在と未来の接続が想定し難い現代社会では、古い知識では社会変化を読み違える可能性は高い。例えば医学では機器、技術、薬害などの知識不足による誤診や処方ミスは患者の命取りに直結する。どの専門分野でも大なり小なり最先端は日進月歩であるから、最先端の研究によって発見された知識を対象に教育を通して学生に伝達することは日増しに必要性を高める。それは必至であるから、研究と教育が分業化をする速度が高まるのと呼応して、研究と教育の統合化が急がれるのである。分化すればするほど同化が不可欠であるというパラドクスが生じることになる。

### 専門分野のコード化

専門分野における新発見をカリキュラムに組み、教材として学生に教授すれば、新発見の効果は短期的にも長期的にも発揮される。しかし専門分野によって教材化にはかなりの時差が生じるのが避けられないのは、発見のスピードというものは、科学のライフサイクルが異なる人文、社会、自然科学の領域によっても、個々の専門分野によっても温度差があることに由来するからである。概して新陳代謝が理系は早く文系では遅いので、前者は発明発見の速度が速く後者は遅い。その点からとかく誤解を招きやすいのであるが、前者は社会的に役立つと考えられがちであるのに対して、後者はあまり役立たないと考えられがちである。比較的最近のことだが、新聞が文部科学省は国立大学へ通達を出して、早く役に立つ領域を残し、立たない領域のスクラップ・アンド・ビルドを要請していると報じていたのは、この種の専門分野が持っている性格と関係があろう（二〇一五年六月九日、朝日新聞）。

それはそれとしても、「科学のコード化」に照らした場合、「ソフトな学問」よりも「ハードな学問」の多い自然科学の領域ではスピードはかなり速く、発見が転位して教育効果が早く現れる確率は高いに違いない。しかもコード化が明確であるために科学者の間で繰り広げられる「先取権競争」によって「単独発見」に伍して「同時発見」や「多重発見」は頻発するので、スピード化にはますます拍車がかけられるというものである（Merton 1973、有本 一九八七：二九六-二九九頁）。

### 研究と教育の同時化の実験

そのような研究で得られた最先端の成果を教育によって学生に伝達する営みは、理論的には急がれるが、さりとて専門分野によって時差があるがゆえに容易なことではないことを踏まえて、知識の新陳代謝と陳腐化が早いのを理由に、専門分野の最先端における発見の成果を手間を省いて直接学生に教育すべきとの主張が生じるのは必定である。この期待の帰結点は、教員側からは研究と教育の統合であり、学生側からは研究と学修の統合である。一九世紀にドイツの大学が先鞭をつけた文系のゼミナールや理系の実験室では、この種の教員と学生が直接最先端の研究を行うことが即ち教育であるという研究主義が支配することになったのである。この種の研究主義は、大学院博士課程学生のようにすでに基礎学力ができており、最先端の研究に携わる能力を保持している場合には、それを導入してもなるほど可能であろうし、しかもそれほど違和感がないであろう。しかしいまだ基礎学力の乏しい学士課程学生にはそれをいきなり導入することは時期尚早であり、むしろ不可能であろう。研究者である教員が研究の現場のタコツボ（蛸壺）から出てきて、教授-学習の現場である教室で最先端の発明発見の成果を直接教授しても、学生は食傷や消化不良に陥るのが落ちであろうから、研究即教育になる構造は成立しがたい。

### ドイツモデルの授業から現代大学の授業へ

ドイツの大学の初期の実験であるともいえる研究と教育の両立型の授業は、ドイツの大学のエリート学生や現代の博士課程学生を対象として行われる専門教育には通用しても学士課程学生には通用しがたいし、高学年にはまだしも低学年には困難であろうと推察される。エリート段階ではなく今日の大衆化段階において、アクティブラーニングの方法を援用すれば、学生の学習から学修への転換が欠かせないばかりではなく、カリキュラムは一年次から四年次までの縦軸と教養教育、専門教育、キャリア教育などの横軸を組み合わせた体系化が欠かせない。しかもまた大衆化し多様化した現代の学士課程の学生には、できれば専門教育の前に教養教育の教育が必要であるはずであることも看過できない。種々の要因がからまって成立するこうした背景を考えると、授業はいまさらながら複雑系の仕事であると言うほかないのである。

そのなかで教員には、学生を学習から学修へ転換させる力量が問われるし、カリキュラム体系のなかで卒業時の学士力の到達水準に至るための授業設計が必要であり、とりわけ授業における研究と教育の架橋が問われる。そのことを通して、専門分野の分化と統合に向かう新陳代謝を調整する機能が教育には必要であるのであって、例えば専門教育と教養教育の棲み分けと役割分担とはその一例である。

現代社会のごとく科学や学問の新陳代謝が早い時代にはむしろ基礎基本として巨視的な統合機能を先に学修させ、しかる後に分化機能を後に学修させるべきとの主張が生じるのはそれなりに肯定できる論理である。例えば、大学院では研究や専門教育を重視し、学士課程では専門教育よりも教養教育を重視すべきだという考えが生じるのは不思議ではなかろうし、実際にこの観点は一九世紀以来このかた、米国の大学制度に制度化されて今日に至るまで実績を積んできたところである。紙幅の関係で割愛するが、ハーヴァード大学の授業科目選択制とコア・カリキュラムの関係の変遷には、専門教育と教養教育の角逐が如実に反映されていて興味深い（有本 二〇〇三）。

### 教員の資質や能力

ドイツのエリート型学生への研究と教育の同時化は成功しても、現代の大衆型学生へは成功がおぼつかないのは、学生の研究へのレディネス、能力、学力、モチベーションなどに限界があると同時に、教員の能力や資質が同時化に対応できるとは限らないからである。このように、研究と教育は簡単に統合されるのではなく、統合を試みると、両者の間に横たわるすぐには短縮できかねる距離の問題が浮上してくるのである。研究成果をカリキュラム＝テキストに編成して教授－学習過程において学生に伝達し、学習を喚起するには、研究と教育の間に接続過程が介在し、そこには研究から教育に接続するまでに何らかの障害物を孕んだ距離が存在する。学生の成長発達段階、学士課程、大学院課程、学年、カリキュラム番号、教養教育、専門教育、演習、講義など、カリキュラムのシークエンスやスコープと関連させながら、研究から教育への転換が行われなければならないのである。この過程が複雑になれば、距離が拡大するのは避けられず、研究と教育は分離の度合いを深めるのは否めないわけである。

### (3) 研究と教育の統合

研究時間の減少と教育時間の増加

現代の大学教授職は学事の車の両輪である研究と教育の統合が重要であるにもかかわらず、制度的にも意識的にもその分化、乖離、葛藤に直面している現実がある。上述したごとく、中世大学は学事のなかでは主として教育に専念できたのに対して、近代大学になって研究とサービスが学事に追加され、管理運営も増大したから、大学教員が担当する役割は次第に複雑さを増し、現在はデパートさながら種々の役割が噴出し混在している。現在の大学教員は研究、教育、サービス、管理運営などの仕事を多面的に遂行することが期待されるあまり、肝心の教育・研究、特に研究の時間が劣化の一途を辿るという顕著な事実が観察できるのである。上で言及した「日本調査」に従えば、二〇〇七年では一九九二年に比較して教育時間が休暇中に増加し、管理運営の時間が学期中も休暇中も増加した反面、研究時間が学期中も休暇中も減少した事実が判明した（長谷川二〇〇八：一九八－二二一頁）。多数の教員は研究時間の減少に不満と危機感を募らせていることが分かったのである。

## 教学と経営の境界線

仕事の総量が増加するにつれて、一人の教員がこれら全役割を果たすのは至難の業とならざるを得ない。もとより教員はスーパーマンでも、スーパーウーマンではないし、それらを期待してもおのずから限界がある。であるから、分業化を推進して大学教員が何はともあれ研究と教育の車の両輪にこそ専念できる環境を醸成することが欠かせなくなっている。教学部分を確保するには、教学を圧迫する要因のなかで大きな比重を持つ側面に着眼することが欠かせないが、その意味では教学とのボーダーラインが曖昧化するにつれて増殖した経営部分を分離して、その部分に充てている教員ポストを確保する必要性があるに違いない。その証拠に、管理運営に専念する職員を中心として構成された専門家集団が今日ではますます増殖しつつあるし、固有の文化を形成しつつある。教員が研究や教育を犠牲にしてエネルギーを消費する度合いを無闇に高めるのではなく、それを極力抑制して本来の学事を全うする時間を捻出することは、研究と教育に専念できる構造を整備するのには何はさておき不可欠な条件になりつつある。

この種の方策が望ましいとしても、それを可能にする条件は大学によって区々である。経営が安定している大学には可能性が高い反面、不安定な大学には低い。定員割れが増加する大学では、経営を切り詰めるために、人件費削減が厳しく、勢い合理化が進行するのは必至であろう。このような経営と教学の境界線に生じる問題があると同時に、教学の内部にも両立を阻む役割分業が進行している。すなわち教学の場合でも、研究と教育の両立ではなく、分離が進行する。研究教授や教育教授が増加している事実は、研究と教育を意図的に分離させることを意味するはずである。

## 研究と教育の分離政策の限界

研究を教育から分離することは、研究の欠如が教育に関する研究をする場合を除いては大きな弊害を生じないかもしれないとしても、それにとどまらず教授－学習過程に直接関与する教育そのものから研究を分離することは、教育自体へ支障をもたらす危険性は少なくない。いやしくも学生に高い資質、学習力、学力などの形成を導くために教員の教育力を高めることを期待するのであれば、研究力のない教員が単なる月並みの教育を行うのでは学生をして研究力や創造力に裏付けられた学習力（むしろ学修力）を形成するのはおぼつかないであろう。したがって、研究と教育を分離させる政策には教育効果の点からみて限界があると言わなければならない。

二一世紀の大学

学生の超多様化が進行する二一世紀には、大学の機能分化が回避できないだろうし、中教審が七つの種別化を提案したのは、その一例である（中央教育審議会 二〇〇五）。だが、大学の種別化は大学の分業化を適切に導いても、超多様な学生に対応した教育のあり方を適切に導くものであろうか、そうではないはずである。種別化した大学のなかで従来型の教育がそのまま変化なく行われるのでは、大学教育改革を実現したことにはならないからである。それにも増して、すべての学生が同じ教育や学習に組み込まれる画一的構造の温存は、教育の没個性化に歯止めをかけることや一人ひとりの個性を開発する教育を追求することから逃避する危険性を内包しているからである。理想的にはマンツーマンのチュートリアル方式の教育、少人数教育、さらには一人ひとりの学生の成長発達に即応した教育などの人間教育の深化につながる方法の導入が欠かせないはずである。そのような前提に立脚するならば、学生の多様化が一層深刻の度を深める二一世紀の大学では、種別化という教育の容器による対処が問題の解決をもたらす側面は皆無とは言えないが、そのことのみを追求するのではなく、あくまでも人間教育の本質を直視することに徹することに大学教育改革の起点と終点があるはずである。その観点に立脚するならば、近代大学の理念である研究と教育の統合は実現されるべき価値を依然として備えていると言わなければならない。

## 5　専門職の模索――研究・教育・学習（学修）の統合

### (1)　知的コミュニティの形成

専門職の原点

大学教授職というプロフェッション＝専門職の原点が教育と研究の統合に胚胎する事実は、そのことが歴史的に中世大学の伝統と近代大学の革新の有機的な接合によって合わせ鏡的に達成されるのであるから明白である。このことは、あくまでも教育のみではなく研究との連携によって、大学教員が教育者と研究者の同時実現を果たすことを意味し、しかもそれは足し算ではなく掛け算であり、むしろ融合を意味する。研究者は、研究室や実験室を拠点にして知の最先端を開拓する営みによって、学問の発展に貢献する研究の専門職ではあっても、それがそのまま教育の専門職を実現しているとは言えないことを鑑みるとき、単なる研究者の役割を遂行するだけでは決して大学教授職とは言えないのである。研究者と教育者の接続の視点がそこには全く欠如しているからにほかならないのである。最先端の研究知識を教室の授業によって直接学生に伝達しても、学生のレディネスが欠如している場合には、学生を効果的に教育することにはならないし、学生の基本的な学修の場である授業において出遭うカリキュラムの次元を媒介にしなければ、最先端の知識は学生の血肉になる機会を失い、そのまま宙に浮いてしまう。言ってみれば絵に描いた餅にとどまる。

知的コミュニティの形成

せっかくの最先端の発明発見であっても、学生の創造性を喚起できるようにカリキュラムや教材に翻訳、咀嚼、転換する営みを経由しなければ、いくらそれを学生に提供したところで、学生の学修力を喚起することは不可能であろうし、学生は消化不良になるのは回避できないであろうし、とどのつまりは教育の失敗を帰結せざるを得ないであろう。各研究者がタコツボやトンネルを連想させるような最先端の研究基地から出て来て、英知を結集して適切なカリキュラムを形成することによって学生の学修力を惹起できるように研究と教育を融合させるときにこそ、「学問の府」たる大学の大学たる活力が発揮されるのであって、そのときこそ単なる研究者ではなく大学教授職という専門職の資質や力量が発揮されることになる。比較的最近出版された、ジョージ・ウォーカーたちの『学者の形成』というアメリカの大学院の教育再考論では、創造的な教育を可能にするために、教員相互の合意や共同を促進する学科の「知的コミュニティ」(intellectual community) の形成が重要であると提唱しているが、このことは学士課程にも通用するはずである (Warker, et al. 2008 : pp. 120-140)。

### (2) スカラーシップの見直し

従来のスカラーシップ＝学識は、研究そのものであるという考え方が一九世紀から最近まで長年にわたって学界といわず大学内外と言わず当然のこととして流布し、跳梁してきたきらいがある。しかし、近代大学の誕生が中世大学以来連綿として持続してきた教育志向を顧みることなく研究志向に点火し、燃え盛り、研究パラダイムを招来し、研究の跋扈をもたらしたことからすれば、その期間はせいぜい一九世紀のベルリン大学の創設から今日までの二〇〇年間にすぎない。大学の九〇〇年の歴史のなかでは最近のわずか四分の一程度の期間に集約的に位置するにすぎないのである。残りの四分の三は中世から前近代に至る時代を占めており、それを通じて絶え間なく教育が支配した。「太平の眠りを覚ます蒸気船」ではないが、教育パラダイムの時代に突然研究パラダイムが登場してくるのであるから、旧体制に大きな衝撃を与えることになったのは想像に難くないことである。

日本の大学が存在しなかったこの時期に中世大学以来の伝統を継承した米国のハーヴァード、イェール、プリンストンなどの老舗の大学は、教養教育を主体とするカレッジとして発展したから、それはちょうど新しい研究の時代が到来するそもそもの端緒の時期に相当するのであるが、そこには伝統的な教育に拘泥する人々からの大きな抵抗が見られた。ハーヴァード大学はジョン・カークランド学長時代の一八二〇年頃からジョージ・ティックナーが辞職する一八三四年までドイツのゲッチンゲン大学で博士号を取得したドイツ帰りの研究者型教授四人を採用したが、そのなかの二人が中心となって、それまで支配的であったラテン語のテキストの復唱からドイツで発展していた研究を基礎にした教育への転換を試みたが見事に失敗に終わった。特にティックナーは授業科目選択制の一部導入に漕ぎ着けながらも結局は旧守派の抵抗に合って挫折した。後にエリオット学長の授業科目選択制の改革が成功したのと比較して「五〇年早すぎた改革」であった（潮木 一九八二：一九－五二頁）。

### 研究主義の波及と「Ph. D. 蛸」

エリオット学長が授業科目選択制を敢行するまでに半世紀以上の時間を要したのは、裏を返せば、まさしく中世以来の旧来の授業方式がいかに根強く頑強であったかを示唆するのである。旧体制のもとに生計を立てている教員にとっては新体制の導入は失職を意味するから、大きな抵抗勢力になったことも見逃せない。その意味ではこの時期は、旧体制から新体制へのもはや改革ではなく、革命の時期であったことになる。

一九世紀から二〇世紀の初頭にかけて、ドイツが世界の学問中心地に躍進したこともあって、それに由来するドイツ効果というか副産物というかはともかく、研究志向は欧州大陸のみではなくはるばると海を越えて世界へと普及し、長い時間をかけて醸成されてきた旧弊を打破して研究主義、専門主義が勢力を強めた。ドイツでは、ゼミナールや実験が重視され、教員はもとより学生にも研究が重視され、教員と学生がゼミナールや実験を通して共に研究するタイプの研究主義が横行することになった。この時期に世界の先進国の大学モデルを物色して取捨選択して輸入に努めていた日本の大学も、当然ながらこのような伝統を革新するパラダイム転換に注目したのであった。英米の大学の中世大学から継承されてきた教養教育のモデルには触手を伸ばさず、この新しく台頭してきた研究志向に比重を置いたドイツ方式を鋭意輸入したため、旧帝大を中心に研究志向を強めることになったのであった。

研究志向に傾斜した点では米国の場合も同様であった。しかし日本と同じように研究一辺倒の方向へ舵を切らなかった点ではいささか異なる同床異夢の道を歩んだ。米国は、研究志向のドイツモデルを踏襲して大学院を創設することによって、ドイツ型の学部のみからなる一階建ての大学システムを構築するのではなく、学士課程と大学院の両方からなる二階建てのシステムを構築し、一階には教育（教養教育または一般教育）を配置し、二階には研究（それに専門教育）を配置して創造性を発揮した。この動きが開始された一九世紀後半までは、中世以来の伝統的な教育を踏襲したハーヴァードやイェールなどのカレッジに顕著にみられたごとく、ほぼ一八一〇年代から一八六〇年代までの間は新たに台頭したドイツモデルの研究志向の大学観を移植することに対して守旧派が強く抵抗した。

だがこの傾向はジョンズ・ホプキンス大学の大学院を主体にした画期的なシステムの設置（一八七六年）を契機に大きな転換を遂げることになった。研究志向への転換に対してあれほど抵抗の強かったハーヴァード大学の場合、ジョンズ・ホプキンス大学がPh. D.を輩出した時点から大いに触発されて、教員スタッフのなかに積極的にPh. D.の保持者を任用して研究志向を強めたばかりか、時期的に多少前後するとしても、教育のなかに研究と緊密に結合しあう関係にある専門科目を重視する方式を採用した。つまり授業科目選択制を導入した（Oleson and Voss 1979, Pierson 1952、有本 一九八一）。のちに博士号授与にはハーヴァード大学の哲学者のウイリアムズ・ジェームズは、研究が教育を阻害するとの観点から「Ph. D.蛸」と痛烈に揶揄した（Geiger 2007: p. 320）。

### 研究＝スカラーシップの台頭

米国を代表する有力大学のこうした一連の政策転換は、一カ所だけにとどまることなく波及的に他大学へ与える影響も少なくなかった。その結果、中世大学の誕生以来数世紀にわたって命脈を保ってきた、従来の教育優位の時代が退潮を来たしはじめるのとひきかえに研究優位の時代が幕開けしたのである。研究＝スカラーシップの思想が広まり、徐々に定着し、大学や大学教員の世界を席巻することになった。そもそものはじめから研究を重視する制度的な権限を付与されて出発した大学院では、お墨付きを与えられた研究主義が跳梁し、研究大学を中心に研究生産性が重視される傾向を生んだのは当然といえば当然の帰結である。大学院と区別して教育重視の制度として残置された学士課程に注目してみても、やがて二〇世紀の後半になる頃に至ると、本来教育志向であるはずの教養カレッジにおいてすら、大学教員に研究生産性を求める傾向が進行したのは皮肉といえば皮肉な現象というほかない。それほど左様に研究パラダイムが一気呵成に支配的になったのである。この種の動きが概ね一九世紀末から二〇世紀末まで一世紀にわたって持続し、研究偏重が顕著になり、教育の看過が進行する状況が生じた。

スカラーシップ再考

こうして教育を軽視して研究を重視するスカラーシップ観が支配的になった結果、極端な動きに歯止めをかけて揺り戻すためにスカラーシップ観の見直しの動きが生じた。アーネスト・ボイヤーが『スカラーシップ再考（邦訳：大学教授職の使命）』を出版し、警鐘を鳴らしたのは二〇世紀の末の一九九〇年であり、それを契機に教育を重視する視点が復活することになった（Boyer 1990［一九九六］）。しかし、研究と教育を統合した上で教育の優位性を強調したボイヤーの主張は、画期的なものであったが、研究と教育を射程に入れた概念に依然としてとどまったままであり、学生の学習（学修）の視点にいまだアクセントを置いた概念ではなく、その意味で学習を考慮していない点で限界が見られる（Nicholls 2005、有本 二〇〇七）。というのは、二〇世紀の世紀末から二一世紀の初頭にかけて登場することになったユニバーサル化を基軸にした各種の社会変化、学生の超多様化、学習者の重要性と支援の必要性、学習観から学修観への転換、などの「第三の波の時代」の大きなうねりが生じている事実を無視できないからである。そのことを勘案すると、知識の機能のなかでは発明発見、伝達、理解がますます重要性を増すのに呼応しながら、研究・教育・学修の統合がますます重要性を増すことは自明であり、その三位一体的な実現に向けて大学教員の意識改革とそれを支えかつ促進する高等教育政策の転換が模索されなければならないと言わなければならない。

## おわりに

以上、本章では、主題を集中的に考察することによって、具体的には「教授－学習過程の社会学」的考察に焦点を合わせることによって、教授－学習過程を構成する知識的、社会的、文化的な文脈の重要性に注目するとともに、それとの関係において、二一世紀の大学教授職が単なる大学教員から専門職としてのアカデミック・プロフェッション＝大学教授職へと脱皮する必要性を論じ、それを個人的、集団的、組織的に乗り越えて「専門職の資質」を形成するための方向性を探ることに努めた。概略、次のような点を明らかにした。

第一に、知識（知識の機能）の観点に立脚することによって、教授－学習過程における知識と大学教授職の関係を論究するために措定すべき研究枠組みを構造的に明らかにする試みを行った。この研究枠組みに照準した場合、社会変化、国家政府、大学、知識の機能の四者の関係が重要であることを指摘し、とりわけ四者の相互関係において大学が知識や知識の機能を基盤に成り立つ組織であることに留意し、そうした知識あるいは知識の機能が遂行する中枢性に注目した。特に大学組織のなかにおいて研究、教育、サービス、学習、管理運営等の学事と関わる知識あるいは知識の機能の視点を強調した。

第二に、知識の機能によって規定される教授－学習過程において主たる担い手である大学教授職は、学問や社会の発展を担うために固有の役割を果たすことを論述した。知識に加えて社会変化・国家政府・大学の機能によって影響を受けつつ学問的生産性（研究生産性、教育生産性など）の向上によって学問の発展に貢献し、ひいては社会の発展に貢献する点に大学教授職の他の追随を許さない真価や真骨頂があるばかりではなく社会的存在理由があることを論究した。知識の機能との関係では、学事の中枢に位置する研究と教育のそれぞれの生産性に最も関与している以上、大学教授職は研究の発展と教育の発展の両方にいかに強く貢献するかが問われているのである。

そのためには知識の発明発見によって研究生産性を高めると同時に、高等教育の発展段階がもはや大衆化段階の時代を超えてユニバーサル段階の時代を迎えた二一世紀では、旧来から踏襲されてきた教授－学習過程を通した人材養成によって教育生産性を高めるのではなく、新しい時代を切り拓くための教授－学修過程を通した人材養成によって教育生産性を高めることが期待される。

第三に、大学教授職が諸活動の本拠地とする大学組織体は、知識を媒介に大学教授職と相互作用を行うことによって、持ちつ持たれつの密接な関係を持たざるを得ないことからして、両者が理念や使命について類似した機能を果たすのは回避できない。そのような関係を考慮する視座を留意しながら大学組織体の構造や機能を検討した。大学教授職が所属する大学組織体は、知識の機能に対応して、大学教員や職員を配置した下位組織や集団から構造的に成立しているのであるから、各集団や組織の内部での類似性や同質性はそれなりに高まる反面、集団間や組織間の類似性や同質性は必ずしも高まるとは言えないどころかむしろ低くなる。

クラークの分類に従って、そのような集団や組織から成り立つ大学制度の構造を縦横に分解すると、ティア、ヒエラルヒーなどの縦軸とセクション、セクターなどの横軸へと展開し、そのなかで知識の機能に即したアカデミック・ワーク＝学事の活動を行っていることが分かる。横軸のセクションやセクターでは講座、学科、学部、あるいは国立、公立、私立の大学などで研究や教育の学事を遂行し、縦軸のティアやヒエラルヒーでは、学士課程と大学院課程、あるいは上位、中位、下位の大学階層などの各層でそれぞれ研究や教育の学事を遂行しているのである。そうした学事の総括的なアウトプットは学問的生産性を帰結するが、学問的生産性は大学の研究や教育の質保証を行うために大学内外に設置されている評価システムによって評価される仕組みが発展している。

第四に、教授－学習過程に関わる大学教授職では研究と教育は統合されるべきであるという理念的な課題があるにもかかわらず、現実には制度的方向と意識的方向には乖離が進行している事実を一九九二年と二〇〇七年の世界と日本における大学教員調査に依拠して論じた。特に日本の大学教員の意識には制度的期待とは異なる方向へ偏倚する動きが強いと観測される。その事実は日米比較によって顕著に認められるところである。すなわち国際比較を行うと米国は研究と教育の統合の方向へ進行しているのに対して、日本は分離を強める方向へと進行していることが分かる。両国は図らずも一九世紀の終わりに、学問的生産性において世界をリードしていたドイツを範としてドイツモデルを同時的に移植しながらも、研究と教育の関係のあり方に対して政策的に異なる対応をし、徐々に異なる現実を帰結した。両者は興味深いことに時間が経つほど顕著になるような対照的な動きを辿ったのである。

その違いは、単層と重層の制度、講座制と学科制の運営単位、インブリーディングとアウトブリーディングの人事などに具現している。とりわけ大学教授職の専門性に本質的に関与する点での違いに注目するならば、FD政策においても看過できない相違をもたらした。端的に言えば、米国は、FDを研究と教育を包括した視点である専門職的開発の視点から推進しているのに対して、日本の政策は研究から教育を分離する方向を深めている、と言えるだろう。このことを直視すると、教授－学習過程の今後の発展を着実な軌道に乗せることにとっても、FDの本質を踏まえた実り豊かな発展を確かなものにすることにとっても、日米比較を十分に行い、的確な診断と処方によって狭義のFD政策に陥った日本の現実を再考することが欠かせないであろう。

第五に、第四と関連するが、米国が研究と教育を分離せず統合する方向を辿った理由には、特殊主義から普遍主義への価値転換が不可欠であるとする大学観が作用したことと関係が深い事実、同時に、アカデミック・キャリアには閉鎖性と開放性のシステムの実態がまざまざと投影されている事実のあることをそれぞれ考察した。ドイツモデルが移植される過程で日米に相違が生じたのはなぜかを探索すると、その原因は知識の機能が双方の大学にとって同様に作用して共通のメカニズムを持ったとしても、大学をとりまく社会、文化、風土、システム、機関、組織などの性格が大なり小なり異なる点に起因すると考えられる。その事実の一端は、米国の大学システムが国家主義、官僚制、講座制、インブリーディングを抑制したのに対して、日本の大学システムがむしろ促進したことに如実に例証されるところである。

大学が大なり小なり「社会的反射鏡」という性格を担う限り、社会の有する普遍主義と特殊主義、あるいは開放性と閉鎖性の性格は、意図的にせよ無意図的にせよ社会から大学に投影されるのは否めない。グローバル化、知識社会化、市場化を強める二一世紀には、国境を挟んで異なるシステムが同じ土俵に上がる公算は高まらざるを得ないから、システム間の緊張、対立、葛藤を伴いながらも総じて特殊主義から普遍主義への転換は一層進行するはずである。

第六に、やはり第四の観点と関連するが、ユニバーサル化の時代には、研究と教育の分離は学生の創造力、想像力、問題解決力などを醸成する教授 - 学習過程に背馳する可能性が強くなるだけ無理が生じる。このことを勘案すればおのずから理解できるように、分離よりも統合へ向けて改革が迫られることになる可能性が大きい。研究のみのスカラーシップ観を研究と教育を統合したスカラーシップ観に転換するばかりで課題が解決するかと言えばそうではなく、さらに国境を越えて学生の超多様化が進行する時代に求められるスカラーシップ観としては、学習の再発見を喚起することによって、学習を学修に転換し、研究・教育・学修の統合の模索が鋭意遂行されなければならないと考えられるのである。

## 参考文献


有本章（一九八一）『大学人の社会学』学文社。

有本章（一九八七）『マートン科学社会学の研究——そのパラダイムの形成と展開』福村出版。

有本章（二〇一〇）「日本型FDの陥穽——教員と学生の距離との関係」『比治山高等教育研究』第三号、三一 - 一二三頁。

有本章（編）（一九九四）『「学問中心地」の研究——世界と日本にみる学問的生産性とその条件』東信堂。

有本章（編著）（二〇〇三）『大学のカリキュラム改革』玉川大学出版部。

有本章（代表）（二〇〇七）「学位に関するベンチマーク・ステートメント——英国・高等教育水準機関（QAA）の学科目別報告」広島大学高等教育研究開発センター、四三九頁。

有本章（編著）（二〇〇八）『変貌する日本の大学教授職』玉川大学出版部。
有本章（編著）（二〇一一）『変貌する世界の大学教授職』玉川大学出版部。
有本章（二〇一五）「改正教育法と大学改革の行方」『大学評価研究』第一四号、大学基準協会、七－一六頁。
有本章・江原武一（編著）（一九九六）『大学教授職の国際比較』玉川大学出版部。
Arimoto, A. (2005a). “National Research Policy and Higher Education.” *Journal of Educational Planning and Administration*, pp. 175-198.
Arimoto, A. (2005b). “Structure and Function of Financing Asian Higher Education.” In: *Global University Network for Innovation, Higher Education in the World 2006: The Financing of Universities*. New York: Palgrave Macmillan, pp. 176-187.
Arimoto, A. (2006). “National Research Policy and Higher Education Reforms with Focus on Japanese Case.” In: Meek, V., Suwanwela, C. (Eds.). *Higher Education, Research, and Knowledge in the Asia Pacific Region*. New York: Palgrave Macmillan, pp. 153-173.
Austin, A. E. (1992). “Faculty Cultures.” In: Clark, B. R. and Neave, G. (Eds.). *The Encyclopedia of Higher Education*. Vol. 3. Oxford, New York Pergamon Press, pp. 1615-1623.
Becher, T. (Ed.). (1984). “The Cultural View.” In: Clark, B. R. (Ed). *Perspectives on Higher Education: Eight Disciplinary and Comparative Views*. Berkeley: University of California Press.
Becher, T. (Ed.). (1987). “The Disciplinary Shaping of the Profession.” In: Clark, B. R. (Ed). *The Academic Profession: National, Disciplinary, and Institutional Settings*. Berkeley: University of California Press.
Becher, T. and Trowler, P. (2001). *Academic Tribes and Territories: Intellectual Enquiry and the Culture of Disciplines*. 2nd ed. Buckingham: Society for Research into Higher Education and Open University Press.
Biglan, A. (1973). “The Characteristics of Subject Matter in Different Academic Areas.” *Journal of Applied Psycology*. Vol. 57, No. 3, pp. 195-203.
ボック、デレック（二〇一五）［宮田由紀夫訳］『アメリカの高等教育』玉川大学出版部。
Boyer, E. L. (1990). *Scholarship Reconsidered: Priorities of the Professoriate*. Princeton, N. J. : Carnegie Foundation

for the Advancement of Teaching.（E・L・ボイヤー［有本章訳］『大学教授職の使命——スカラーシップ再考』玉川大学出版部、一九九六年）
Bleiklie, I. and Henkel, M. (2005). *Governing Knowledge: A Study of Continuity and Change in Higher Education: A Festschrift in Honour of Maurice Kogan*. Dordrecht: Springer.
中央教育審議会（二〇〇五）「我が国の高等教育の将来像」（将来像答申）。
中央教育審議会（二〇〇八）「学士課程教育の構築に向けて」（学士課程答申）。
Clark, B. R. (1983). *The Higher Education System: Academic Organization in Cross-National Perspective*. Berkeley: University of California Press.（バートン・R・クラーク［有本章訳］『高等教育システム——大学組織の比較社会学』東信堂、一九九四年）
Clark, B. R. (1987). *Academic Life: Small Worlds, Different Worlds*. Princeton: Carnegie Foundation for the Advancement of Teaching.
Clark, B. R. (1995). *Places of Inquiry: Research and Advanced Education in Modern Universities*. Berkeley: University of California Press.（バートン・R・クラーク［有本章監訳］『大学院教育の国際比較』玉川大学出版部、二〇〇二年）
大学審議会（一九九八）「二一世紀の大学像と今後の改革方策について——競争的環境の中で個性が輝く大学」（答申）。
カミングス、ウィリアム（一九七二）［岩内亮一・友田泰正訳］『日本の大学教授』至誠堂。
Fry, H., Ketteridge, S. and Marshall, S. (Eds.) (2009). *A Handbook for Teaching and Learning in Higher Education: Enhancing Academic Practice*. New York and London: Routledge.
深堀聰子（編）（二〇一五）『アウトカムに基づく大学教育の質保証——チューニングとアセスメントにみる世界の動向』東信堂。
長谷川祐介（二〇〇八）「生活時間」有本章（編著）『変貌する日本の大学教授職』玉川大学出版部、一九八－二一二頁。
苅谷剛彦（一九八六）「普遍主義・個別主義」『新教育社会学辞典』東洋館出版社、七六〇頁。
Kerr, C. (1963). *The Uses of the University*. Camblidge: Harvard University Press.（クラーク・カー［茅誠司監訳］『大学の効用』東京大学出版会、一九六六年）

小林雅之（二〇〇九）『大学進学の機会――均等化政策の検証』東京大学出版会。
Gumport, P.（Ed.）（2007）. *Sociology of Higher Education: Contributions and Their Contexts.* Baltimore: Johns Hopkins University Press.（パトリシア・ガンポート（編著）［伊藤彰浩・橋本鉱市・阿曽沼明裕監訳］『高等教育の社会学』玉川大学出版部、二〇一五年）
Geiger, R. L.（2007）. "Research, Graduate Education, and the Ecology of American Universities: An Interpretive History." In：Wechsler, H. S., Goodchild, L. F. and Eisenmann, L.（Eds.）. *The History of Higher Education.* 3rd ed. Boston: Peason Custom Publishing.
Gibbons, M., Limoges, C., Nowotny, H., Schwartzman, S., Scott, P. and Trow, M.（1994）. *The New Production of Knowledge: The Dynamics of Science and Research in Contemporary Societies.* London: SAGE Publications.
金子勉（二〇一五）『大学理念と大学改革――ドイツと日本』東信堂。
喜多村和之（一九八四）『大学教育の国際化――外からみた日本の大学』玉川大学出版部。
経済協力開発機構（ＯＥＣＤ）（二〇〇八）（編著）『図表でみる教育――ＯＥＣＤインディケーター（二〇〇八年版）』明石書店。
国立大学協会（二〇〇六）「国立大学法人における教養教育に関する実態調査報告書」国立大学協会教育・研究委員会調査報告。
Light, D. Jr.（1974）. "Introduction: The Structure of the Academic Professions." *Sociology of Education,* Vol. 47, pp. 2-28.
Lunde, J. P. and Healy, M. M.（2002）. "The Basics of Faculty Development." In: Gillespie, K. H.（Ed.）. *A Guide to Faculty Development: Practical Advice, Examples, and Resources.* San Francisco: Anker Publishing Company.
松浦良充（二〇一四）「大学史から見た現代の大学――大学「教育」を捉え直すために」広田照幸・吉田文・小林傳司・上山隆大・濱中淳子（編集委員）『対話の向こうの大学像』岩波書店。
Merton, R. K. and Storer, N. W.（Eds.）（1973）. *The Sociology of Science: Theoretical and Empirical Investigations.* Chicago: University of Chicago Press.
Nicholls, G.（2005）. *The Challenge to Scholarship: Rethinking Learning, Teaching, and Research, Key Issues in Higher*

*Education*. London: Routledge.
小方直幸（二〇〇八）「学生観――大衆化への対応」有本章（編著）『変貌する日本の大学教授職』玉川大学出版部、一一一―一二二頁。
Oleson, A. and Voss, J. (Eds.) (1979). *The Organization of Knowledge in Modern America, 1860-1920*. Baltimore and London: Johns Hopkins University Press.
Perkin, H. (1984). "The Historical Perspective." In: Clark, B. R. (Ed.). *Perspectives on Higher Education: Eight Disciplinary and Comparative Views*. Berkeley: University of California Press, pp. 17-55.
Pierson, G. W. (1952). *Yale College: An Educational History, 1871-1921*. New Haven: Yale University Press.
Ross, M. G. (1976). *The University: The Anatomy of Academe*. New York: McGraw-Hill Book Company.
新堀通也（一九六六）『デュルケーム研究――その社会学と教育学』文化評論社。
新堀通也（編）（一九八五）『学問業績の評価――科学におけるエポニミー現象』玉川大学出版部。
橘木俊詔（二〇〇九）『東京大学――エリート養成機関の盛衰』岩波書店。
田中毎実（二〇〇六）「大学教育研究の現在――臨床的大学教育研究の立場から」『京都大学高等教育研究』第一二号、京都大学高等教育研究開発推進センター、一二九―一五一頁。
潮木守一（一九八二）『大学と社会』第一法規出版。
潮木守一（一九八六）『キャンパスの生態誌――大学とは何だろう』中公新書。
潮木守一（一九九七）『京都帝国大学の挑戦』講談社学術文庫。
Walker G. E., Glode, C. M., Jones. L. Bueschel, A. C. and Hutchings, P. (2008). *The Formation of Scholars: Rethinking Doctral Education for the Twenty-First Century*. Carnegie Foundation for the Advancement of Teaching.
横尾壮英（一九九九）『大学の誕生と変貌――ヨーロッパ大学史断章』東信堂。

# 第5章　大学教授職と学士課程教育の質保証

## はじめに

大学の九〇〇年になんなんとする長い歴史を振り返ると、中世大学の誕生以来大学の使命の中核を占めてきたのは教育の仕事であり、教育こそは大学の歴史とともに古くて新しい仕事とみなされる。大学が高等教育の機関である限り、この教育を本業とすることの重要性とそれぞれの時代に対応したその使命の自覚こそは何にも増して不可欠であると言うことができるだろう。しかし、その教育の仕事がそもそも中世大学や近代大学においても経験したことのない未曾有の変化を生じることになった。それに対応して旧来の教育機能ではそれに対応できない事態が惹起されるに至ったために、新たに教育のあり方が問われる状況が出現した。こうした今日的な状況を直視するなかであらためて大学の機能や使命が問われているのが偽らざるところである。

特に大学進学率が五〇％を超え、マーチン・トロウ流の区分に従えばいわゆるエリート段階からマス段階を経過し、いまやユニバーサル段階に突入して、過去の時代に経験したことのない層のニュー・ステューデントが大学に入学し、学生の多様化どころから「超」多様化が日増しに進行しているのである。このような状況では、学士課程や大学院課程を包括した大学教育全体の改革が焦眉の急を告げることになるのは当然の帰結であり、世界的に教育改革あるいはむしろ「教育革命」の時代を迎え、それまで追求してきた大学教育の量的拡大は反転して概して大学教育の質保証が問われることになったのである。

他方、中世大学の時代には存在したとはいえ、可視化の点では乏しく影の薄かった研究の仕事は、近代大学の登場によって大学の表舞台に登場し、仕事の中核に位置することになり、教育の仕事と同等あるいはそれ以上重視されるようになった。その時点から教育と研究は大学の仕事＝学事において肩を並べ、いずれも欠如できない「車の両輪」となったと言ってよかろう。ドイツの大学を皮切りに近代大学では研究の比重が高まり、研究を中心に世界の学問中心地がドイツの大学において形成され、それに追いつき追い越すための競争が世界の大学にわたって広く展開されるようになり、さらに二一世紀になると研究を中心に「世界大学ランキング」が行われる時代を迎えることになったのである。世界的に研究に比重を置く「研究志向大学」あるいは「研究大学」が台頭し、旋風を巻き起こし、大学ピラミッドの頂点に位置づく時代を迎えるという新たな動きに拍車がかけられることになった。それにつれて、教育と研究の両輪としての均衡は理論的に成立するのはともかくとして、現実的には破綻し崩壊することになったため、その見直しと再建は二一世紀の大学像を見極めるためにも欠かせない視点となった。

翻って「大学教授職」は専門職である大学教員の総称であることに注目すると、大学の仕事＝学事が教育と研究を両輪とする以上、大学教授職はそれを遂行する使命を社会的に信託されているばかりか、その使命に自覚的に取り組まなければ社会的存在理由をたちまち喪失してしまうのは避けられまい。そのことの遂行には単なる教員ではなく専門職に課せられる責任があると言わなければならないのである。教育だけとか研究だけとかに責任を持つのではなく、あくまで教育と研究の両方に責任を持ち、両者の質保証を遂行することは、結局は研究と教育の両立に結実するのである。別言すれば、二一世紀のユニバーサル化の時代には、超多様化した学生の一人ひとりをして短期大学士課程、学士課程、大学院課程、とりわけ学士課程を通じて学修力を涵養し、所期の到達目標の水準まで高める力量が問われることを意味するのである。それはひと言で言えば「研究・教育・学修の統合」であるはずである。

## 1　大学教授職の課題は何か

### (1) 大学教授職とは何か

大学教授職とは、英語のアカデミック・プロフェッション（academic profession）を翻訳した日本語である。日本では一方で「アカデミック・プロフェッション」を使用し、他方で「大学教授職」を使用する傾向があり、特にどちらかの用語に統一して使用しているとは言えない現実がある。本書では、必要に応じてアカデミック・プロフェッションを使用することとし、基本的には大学教授職を使用することにしたい。大学教授職とは、一口で言えば、大学でアカデミック・ワーク＝学事に携わり、教育、研究、サービス、管理運営などの仕事を遂行している大学教員のことを指している。単なる「大学教員」、「大学教師」、「大学の先生」という呼称もあることはあるが、総称的には「大学教授」を意味する。現在でこそ大学教授は知らない人はいないほどポピュラーな職業であるばかりか、世界の大学史上では大学誕生と機を一にして出現したと考えられやすいにもかかわらず、必ずしもそうではなく、大体一六世紀頃から統一的に使用されるようになったとみなされる。ドイツの大学教授職の研究で著名な別府昭郎は『学生辞典』（*Studentenwörterbuch* 1983）の Professor の項を要約して次のように概括している。

①ローマ帝政時代の公的な（Öffentlich）教師、とくに文法とレトリックの教師をさす。②中世後期以来、Professor は大学の教師を言い表す言葉として、一般に受け入れられるようになった。これは、"sacrae theologiae professores" というように、初めは神学の教授の呼称として使われていたのであるが、一六世紀にはいると、いまだ doctor とか magister という呼び名が支配的であった他の学部で使われるようになった。

しかし、今日ほど一義的な意味でつかわれていたわけではない。③今日では、Professorは、基本法（Grundgesetz）によって、研究の自由や教育の自由、身分の安定が保証されている大学教員の職名である。④Professorという称号は、学術上・芸術上特別優れた業績をあげた者にたいして、ドイツでは州政府によって、オーストリアでは大統領によって、授与される。⑤南ドイツやオーストリアでは、中等学校やギムナジウムの教員も、Professorと呼ばれることがある。（別府　一九九八：七頁）

このように、「教授」の使用が統一的になったのは一六世紀からであって、それ以前はドクトール、マギステル、プロフェッソールは同義語として使用されていたのである。教師ギルドの世界では、バチェラーから教育を受け、試験を受けてマギステルとなり教授権を付与されると、インケプティオ（inceptio）＝教師組合加入式によって正式に教師ギルドへ加入を許可された。加入は現代流の契約方式ではなく、宣誓方式であり、偽誓は致命的罪悪とみなされた。ヘースティングズ・ラシュドールはパリ大学の例を次のように述べている。

あたらしい教師は、頭に一つの帽子を戴いたが、それは、生徒という従属的身分からの解放、離脱を祝った、古代ローマの儀式だったとも言われる。このビレッタ帽こそは、教師のシンボルであったのであり、新任の教師は師匠から、それと、指輪、開かれた書物――別のシンボルであった――を受領し、あわせて接吻と祝福を与えられた上、教師の講座に腰をおろして、就任の講義、あるいは同じく就任の討論を行うことによって、その職能を披露するのであった。（ラシュドール　一九六六：上巻二四二―二四三頁）

日本ではこのような中世大学のようなマギステルを養成するシステムを持ったことはないし、教授の概念も発展しなかった。一九世紀に近代大学が成立したので、「教授」の概念は基本的には欧米で発達した概念を輸入した。ただ、日本の上代には、中世大学→近世大学→近代大学の正当な流れに乗らない大学が存在したことは知られている。当時は中国から文物が輸入されていたし、当時存在していた大学にあたる「太学」や教授の概念が他の文物に交じって日本へ上陸した可能性はある。しかし設置された大学寮では大学教授職は使用されておらず、教官組織は博士と助博士であったし、養老令では助博士が「助教」に改称されたし、幕末では番所調所で教授職が使用されるようになったという経緯がある（高橋 一九七八、二見 一九七九）。このような日本的な経緯は近代大学と接続していない以上、ここで扱っているアカデミック・プロフェッションの成立とは直接の関係はないとみなされる。

西欧においても、大学教授職の概念が成立していなかった事情は大同小異である。アルバート・ハルゼーとトロウは『ブリティシュ・アカデミクス』を一九七一年の時点で著したが、それをひもとくと当時の英国では次のような多様な呼称が academic profession と同列に同義に使用されていることが分かる。

すなわち、academic man（大学人）、academic staff（大学教師陣）、academic members（大学のメンバー）、university teaching profession（大学教職）、university teacher（大学教師）、academics（大学人）、university profession（大学専門職）などと同列に academic profession が扱われている。このなかで、「大学のメンバー」には「教師」（teaching staff）と「研究者」（research staff）を含むものとする用例がみうけられるため、大学教師には「教育」と「研究」が区別して包含されていることが分かる。両機能を含む概念がこれらの用語にこめられ、それが、academic profession だという意味が汲みとれる。（有本 一九八一：七五頁）

### 専門職としての大学教授職

大学教授が大学教授職と呼称されるようになったのは、大学の長い歴史のなかでは最近のことにすぎない。大学教師の伝統的なギルド的性格は中世大学において形成されて、その後、研究が大学に制度化される一九世紀まで持続したものの、工業社会の台頭による社会の変化と専門職化の時代的潮流から大学が孤立することはできなくなったために、古い体質から脱皮を余儀なくされることになったのは当然の成り行きである。サービス機能の最も早く発展した米国を中心に、大学と社会の関係がボーダレスになり、大学教師も専門職化の波に見舞われることになった。ドイツの研究主義が輸入され、ジョンズ・ホプキンス大学が設立された時点が過去と現在の分岐点となった。専門職化はこの世界初の大学院を擁した大学が設立された一八七六年以後である。

バーナード・バーバーによれば、専門職は①高度の知識、②私益ではなく公益に志向、③倫理綱領による高度な自己統制、④褒賞体系、などの点に職業的な固有性を持つことが重要である（Barber 1965: pp.15-34）。一般に、学芸、法学、医学、神学の学部を擁する中世大学の時代から、法曹（弁護士、検事など）、医師、僧侶は「三大専門職」と称されてきたが、大学教授は専門職と称されてこなかった。ということは、専門職、準専門職、マージナル専門職、一般職というヒエラルヒーのなかでは、何処に位置付けられたのであろうかという疑問が生じてもおかしくはない。しかし、ハロルド・パーキンが指摘したように、大学教師はこれら弁護士、医師、僧侶などの専門職を養成する教師であり選抜者であるという「鍵専門職」の地位を持っていたという見方もある（Perkin 1969 : p.1）。

それならば、古くから専門職であったことになるし、いまさら専門職の成立を詮索する必要はなくなる。その点、すでに論究したように大学教員が古くから大学教師であり、研究者ではなかった時代には専門職ではなかったという解釈が成り立つわけである。それでは教師から研究者になったのは何時の時点かと問えば、ドナルド・ライトが大学教員の担当する教育が「オックスフォード型」「スコットランド型」「ドイツ型」に区別されるとしたことを引き合いに出すと、伝統主義、実用主義、研究主義と変遷するなかで最後のドイツ型が優勢を占めるようになった一九世紀後半である（Light 1974）。

呼称のインフレ現象

さて、大学教授職という場合は、語源からも理解できるようにプロフェッション＝専門職としての使命や役割を標榜し、社会的信託や責任を追求している個人やその集合体である集団を指している。具体的には、教授、准教授、講師、助教などがそのカテゴリーに含められる。これらの職階から構成されている現在の日本の大学教授職に話を戻すと、このなかで従来から存在した助手は二〇〇四年以後に中教審の答申を受けて、助教と助手に改組されたので、原則としてはアカデミック・キャリアに組み込まれた助教のみを大学教授職のカテゴリーに含めることになった。なぜ助手が助教に改正されたかその理由は定かではないが、名称的には先述の上代の「助教」を拝借したと思われる。興味深いのは、改組の年まで存在した助教授の職階は准教授といきなり改正されたため忽然として消失することになった。それと機を一にして、本来「教授を助ける」という職階であった助教授は、准教授という教授と対等の職階に機械的に上昇したのであった。米国には助教授のポストがあり、その上のテニュア身分の准教授に昇任するには、助教授として並々ならぬ業績と七年前後の年数を積まなければならないのに対して、この改変の時点では、助教授は特に審査を受けて准教授に昇任されたのではなく、一律に機械的に昇任されたのであるから、ポツダム将校のように一夜にして忽然と昇格したと言う印象を与えざるを得ない。実力は助教授のままで肩書は准教授になったと言っても過言ではあるまい。この肩書は米国の准教授（associate professor）と同等であるという意味では肩書にインフレ現象が刻印されたと言ってもよかろう。

ちなみに、日本語の呼称としては消失したのであるが、英語の呼称では消失したとは言えない。なぜならば今日、助教は英語では assistant professor を使用する事例が多いからである。以前の助手は博士号未保持者の場合は assistant とか research assistant、博士号保持者の場合は research associate が使用されていたので、助教はその呼称を踏襲してもおかしくはないのにもかかわらず、以前の助教授の英語名称に格上げした呼称を使用することになったと言えるのである。国際的には、旧来の助教授も助手もこぞって英語の呼称変更によって地位上昇というインフレ現象を起こしたと言うほかないのである。

世界の大学教授職の職階は区々であるから、比較が困難な側面もある。日本の改革は、少なくとも米国の職階の名称に近づけたと言えよう。米国では、一九世紀には、学長とフェローが存在したが、一八九一年にシカゴ大学のウイリアム・ハーパー学長が三段階一一等級からなる職階制を導入した。大雑把に言えば、一年契約のフェロー、リーダー、レクチュラー、ドセント、アシスタントを一番下に配し、その上に二年契約のアソシエイト、三年契約のインストラクター、四年契約のアシスタント・プロフェッサー、さらにその上にテニュア身分のアソシエイト・プロフェッサー、プロフェッサー、チーフ・プロフェッサーを配した（Rudolph 1962: p. 398）。この目的は、職階をピラミッド構造に編成して、正教授へ昇任するまでに任期付の契約制を入れるなど、競争によって優秀な教員を任用しようとしたことにある。この構造はその後の米国の大学の職階制度の原点となった。先ほど問題にした助教授から准教授に昇進する場合、最低七年間の任期制のなかで研究と教育の業績を挙げ、通常はテニュアの准教授へ昇格した。昇任を拒否されることは頻繁に生じた。

### 大学教員数の増加

現在の日本における大学教員の統計的数字を簡単にみると、現在は有史以来最大の量に発展した。二〇一四（平成二六）年現在の統計で調べると、本務者＝常勤教員が一八万一〇〇〇人（短期大学は八〇〇〇人）、兼務者＝非常勤教員が一九万四〇〇〇人（短期大学は一万九〇〇〇人）で、合計すれば三七万五〇〇〇人（二万七〇〇〇人）である（**表5-1**）。現在は常勤よりも非常勤が多くなっており、最近はこうしたパートタイムの教員が増加し続けている。本務教員での男女比は、女性二二・五％（五一・七％）で、女性は男性の四分の一程度である。約五二％を占める短大はともかく、大学の女性比率は依然として少ない。もちろんそれでも多少の伸びは認められるのであって、一〇年前の二〇〇六年では、一六・〇％であったから、この間に六・五％の増加をみたことが分かる（**表5-2**）。

大学には国公私のセクターが存在するので、それぞれの人数を調べてみると各セクター所属の教員の割合は異なっていて、国立（六万四〇〇〇人）、公立（一万二〇〇〇人）、私立（一〇万四〇〇〇人）となる。割合を計算すると国立（三五・五％）、公立（七・二％）、私立（五七・三％）となって、私立が六割近くを占め圧倒的に多い。戦後

### 表5-1　教員数（2014年度）

| 区　分 | | 教　員　数（人） | | | | | |
|---|---|---|---|---|---|---|---|
| | | 本　務　者 | | | 兼　務　者 | | |
| | | 計 | 男性 | 女性 | 計 | 男性 | 女性 |
| 大　学 | 計 | 180,882 | 140,139 | 40,743 | 194,122 | 137,336 | 56,786 |
| | 国　立 | 64,252 | 54,507 | 9,745 | 39,449 | 30,980 | 8,469 |
| | 公　立 | 13,015 | 9,373 | 3,642 | 15,191 | 10,947 | 4,244 |
| | うち公立大学法人立 | 11,869 | 8,764 | 3,105 | 13,746 | 10,023 | 3,723 |
| | 私　立 | 103,615 | 76,259 | 27,356 | 139,482 | 95,409 | 44,073 |
| 短期大学 | 計 | 8,449 | 4,084 | 4,365 | 18,843 | 9,196 | 9,647 |
| | 公　立 | 529 | 301 | 228 | 1,060 | 671 | 389 |
| | うち公立大学法人立 | 297 | 170 | 127 | 695 | 433 | 262 |
| | 私　立 | 7,920 | 3,783 | 17,783 | 16.4 | 8,525 | 9,258 |

出典：学校基本調査

### 表5-2　本務教員数（大学）

| 区　分 | 計（人） | 男性 | 女性 | 国立 | 公立 | 私立 | 女性教員の比率(%) |
|---|---|---|---|---|---|---|---|
| 平成16年度 | 158,770 | 133,397 | 25,373 | 60,897 | 11,188 | 86,685 | 16.0 |
| 21 | 172,039 | 138,509 | 33,530 | 61,246 | 12,402 | 98,391 | 19.5 |
| 22 | 174,403 | 139,349 | 35,054 | 61,689 | 12,646 | 100,068 | 20.1 |
| 23 | 176,684 | 140,260 | 36,424 | 62,702 | 12,813 | 101,169 | 20.6 |
| 24 | 177,570 | 139,850 | 37,720 | 62,825 | 12,876 | 101,869 | 21.2 |
| 25 | 178,669 | 139,639 | 39,030 | 63,218 | 12,871 | 102,580 | 21.8 |
| **26** | **180,882** | **140,139** | **40,743** | **64,252** | **13,015** | **103,615** | **22.5** |

出典：学校基本調査

### 表5-3　本務教員数（短期大学）

| 区　分 | 計（人） | 男性 | 女性 | 国立 | 公立 | 私立 | 女性教員の比率(%) |
|---|---|---|---|---|---|---|---|
| 平成16年度 | 12,740 | 6,842 | 5,898 | 240 | 1,418 | 11,082 | 46.3 |
| 21 | 10,128 | 5,124 | 5,004 | - | 716 | 9,412 | 49.4 |
| 22 | 9,657 | 4,835 | 4,822 | - | 692 | 8,965 | 49.9 |
| 23 | 9,274 | 4,601 | 4,673 | - | 638 | 8,636 | 50.4 |
| 24 | 8,916 | 4,420 | 4,496 | - | 581 | 8,335 | 50.4 |
| 25 | 8,631 | 4,201 | 4,430 | - | 544 | 8,087 | 51.3 |
| **26** | **8,449** | **4,084** | **4,365** | - | **529** | **7,920** | **51.7** |

出典：学校基本調査

間もない時期の私立の割合はそれほど多くなかったから、戦後高等教育の大衆化が進行した時期に私立大学が増え続け、それに伴ってその教員が増加したことを裏書きすることが理解できる。現在では全セクターの大学は国立大学法人、公立大学法人、学校法人など法人である。それぞれの役割期待は、もともとは国家人材、地方自治体の人材、法人の人事を養成することにある。このなかで国家人材輩出に責任を担うとされる国立大学は大学数も学生数も量的に規制されて質を維持した反面、逆に法人の人材養成を担うとされる私立大学は高等教育の大衆化の受け皿として大学数も学生数も量的に拡大する方向を辿ったために、量的には優位に立ち、国立や公立に比較して大学卒の七〇~八〇%をも輩出して、社会に貢献した反面、マスプロ教育に伴う質保証が課題となって久しい。

その間、一貫して国立は費用のかさむ理工系や医学系の学部学科の学生数や教員数を確保する方向を辿り、私立は比較的費用が安価な社会科学系や人文科学系の学部学科の学生や教員の量的拡大に進出した。国立は大学院を中心に研究を重視し、私立は学士課程を中心に教育を重視するという棲み分けの構造が定着した。その意味では、本書の主題である学士課程教育の質保証が問われる現在は、とりわけ量的拡大によって大衆化を担ってきた私立大学の重責が問われることになったと言うほかないのである。

### 大学教員の構成

職階別では、学長(〇・四%)、副学長(〇・六%)、教授(三八・五%)、准教授(二三・八%)、講師(一一・八%)、助教(二二・一%)、助手(三・二%)という構成になる。一見して気づくように、教授層の割合が大きい。日本の大学教員は国際的に見れば、教授の比率が多いが、そのことは特筆すべき意味がある。潮木がいみじくも指摘したように、教授が少ないピラミッド型ではなく教授が多い逆ピラミッド型である場合には、あまり競争なしに教授への昇進が容易にできるのであるから、欧米先進国に比べて教授に容易に昇任できる「教授王国」になったというのである。

いまから四〇年前、新堀は日本を煙突型と特徴づけたが、この現代では煙突型どころか、ピラミッド型を通り越して、見事な逆ピラミッド型と上に行けば行くほど大きくなっており、教授の比率が四〇％ときわめて高い。この四〇％という数字はアメリカの二五％、ドイツの二二％、フランスの二二％、イギリスの一三％と比較すると、いかに突出して高いかがはっきりする。つまり日本では准教授のほぼ倍近くの教授がいる。教員全体のなかで教授の占める割合は四〇％、准教授が二四％、講師が一二％、助教が二〇％、助手が三％となっている。イギリス、フランス、ドイツのようなピラミッド型とは対照的である。この逆ピラミッドを見ていると、途中淘汰どころか准教授の全員をそのまま教授に昇格させても、まだ足りなくなるのではなかろうかと思えてくる。いったいどうしてこのような「教授王国」ができあがったのか。（潮木 二〇〇九：三二一–三二二頁）

実際、准教授、講師、助教の数を合計すると教授数より多くなって一・四九倍になるのではあるが、例外はあるとしても概して教授に直接昇任する公算の大きい准教授の割合は教授より少なくなっていて、全体では教授数は准教授数の一・六一倍を占めている。これをセクター別でみると、国立（一・二一倍）、公立（一・二五倍）、私立（二・〇四倍）となる（図5–1）。国公立はまだしも、私立は准教授が教授へ昇任する際には広き門であることが明白である。これでは教員構成はエントツ型でもピラミッド型でもなく逆ピラミッド型と言わねばならないし、五〇年前に教授と助教授とが同等のエントツ型を呈しており、欧米先進国並みのピラミッド型へと移行することが期待されたのに反し逆行することになったわけである。このような構造では准教授は競争なく教授にトコロテン式に昇任できる状態になっていると言われても仕方ないのである。この点は欧米諸国と国際比較すると奇妙な現象と言うほかなく、日本的な陥穽現象に陥っていることになろう。この日本的現象の改善は不可欠であろう。

女性教員の少なさも国際的に見れば、早急に改善すべき日本的な現象であると言うべきである。女性の比率は少なく、上述したように全教員に占める女性教員の割合は二割強といまだに低迷している。それればかりではなく、職位ごとに見ても、学長（八・四％）、副学長（七・一％）、教授（一四・〇％）、准教授（二二・〇％）、講師（二九・九％）、助教（二七・一％）、助手（五四・八％）となっていて、アカデミック・キャリアから除外される助手層が半分以上の比率を占めるなど下位ほど比率が増加しているとはいえ、上位職階ほど比率は少ない（表5-4）。

### 女性教員の比率——米国の事例

諸外国に比して女性教員の比率が頗る少ないことも日本的な特徴を呈していて、この構造の是正が課題となる。二〇一四年現在、欧米先進国での女性比率は概ね四〇％前後であるから、日本での改善の立ち遅れが顕著である。もちろん、女性比率の高い先進国でもそう簡単に今日の高い比率になったのではなく、改善の果敢な取り組みの結果現在の状態になったのであって、その陰では男性に比べてかなり低い地位にあったのを克服する歴史的な事実が観察できるのである。過去の歴史をひもとくとその事実が明らかに証明される。例えば現在四〇％程度である米国を事例にすると、その割合に至るには自然現象ではなく、人為的、政策的にアファーマティブ・アクション＝積極的差別是正政策（affirmative action）というマイノリティ政策が行われた経緯がある。というのは、米国で最初にアカデミック・プロフェッションの専門書が出版されたのは七〇年以上前に遡り、ローガン・ウィルソンの『アカデミッ

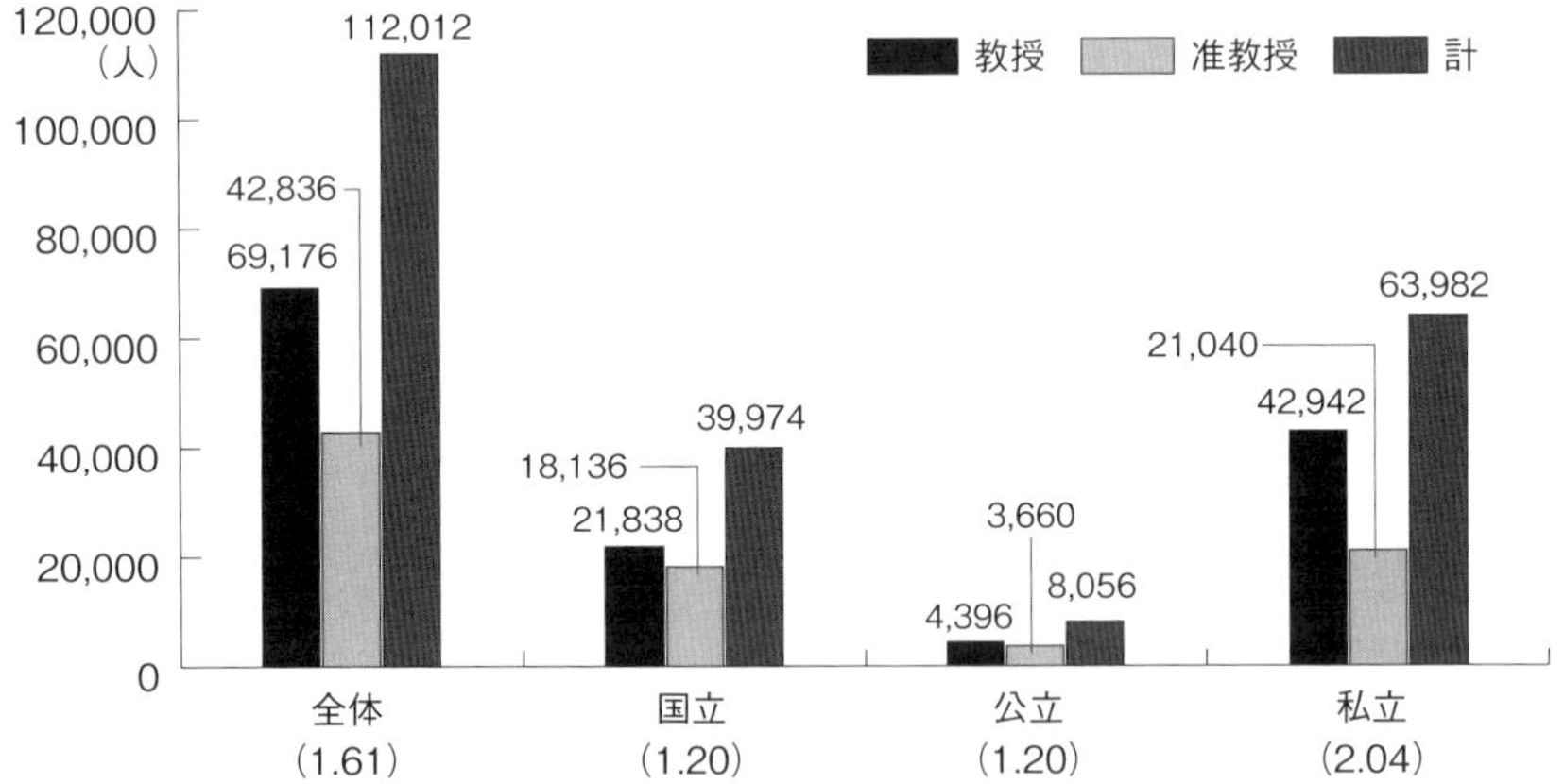


**図5-1　教授と准教授の構成比（2014年）**＊（　）内は准教授数に対する教授数の倍率。

**表5-4　教員数　本務者（2013年度）**

| 区　分 | 計（人） | うち女性 | 国立 | 公立 | 私立 | 女性教員の割合（%） |
|---|---|---|---|---|---|---|
| 学　長 president | 746 | 63 | 86 | 82 | 578 | 8.4 |
| 副学長 vice-president | 1,047 | 74 | 347 | 98 | 602 | 7.1 |
| 教　授 professor | 68,758 | 9,595 | 21,597 | 4,373 | 42,788 | 14.0 |
| 准教授 associate professor | 42,549 | 9,345 | 18,010 | 3,591 | 20,948 | 22.0 |
| 講　師 lecturer | 20,261 | 6,060 | 4,908 | 1,681 | 13,672 | 29.9 |
| 助　教 assistant professor | 39,520 | 10,720 | 17,637 | 2,682 | 19,201 | 27.1 |
| 助　手 assistant | 5,788 | 3,173 | 633 | 364 | 4,791 | 54.8 |

出典：学校基本調査

ク・マン』（一九四二年）であるが、その書物の書かれた時期では約四分の一が女性であったという（Wilson 1942）。実際には、一九〇〇年に二〇％、一九四〇年に二八％でそれから次第に減少したとする記述があるから、少なくとも四分の一を充足していたのは確かであろう（Clark and Neave 1992: p. 1683）。この書物の復刻版の解説を行ったフィリップ・アルトバックの解説は酷評である。本書の著者であるウィルソンは、女性教員が四分の一もあった時期の一九四二年に、こともあろうに『アカデミック・マン』の書名で出版して女性教員に一顧だに注意を払わなかったのは不当だと指摘しているからである。言われてみればその通りであり、確かにそれは重要な指摘である。ここではむしろ次の指摘に注目したい。すなわち、米国ではそれ以後女性教員の割合が減少して、先ほどの法律が出た時期（一九七六年）以後やっと、一九四二年頃の比率に回復したと指摘している点である。この点に注目すれば、現時点において女性教員比率が多い先進国に匹敵する米国でさえも歴史的には簡単に増加して現在の状態に至ったのではないことが分かって興味深いと言えるのではあるまいか。

　米国大学史とジェンダーの問題を研究して足跡を残した坂本辰朗は、名著『教育を受けた女性たちとともに』の著者であるバーバラ・ソロモンがその書物を書き始めた一九七〇年代では、女性教育史に注目する研究者はほんのわずかであって、高等教育研究者の「多くの書物では高等教育に女性が存在していることを無視するのが当たり前であった。」の文言を引用している（坂本 二〇〇二：三二頁）。

**表5-5　学生数（国・公・私立別）**

| 区　　分 | 計（人） | うち女性 | 国立 | 公立 | 私立 | 女性の割合（%） | 私立の割合（%） |
|---|---|---|---|---|---|---|---|
| 昭和30年（'55） | 523,355 | 65,081 | 186,055 | 24,936 | 312,364 | 12.4 | 59.7 |
| 35（'60） | 626,421 | 85,966 | 194,227 | 28,569 | 403,625 | 13.7 | 64.4 |
| 40（'65） | 937,556 | 152,119 | 238,380 | 38,277 | 660,899 | 16.2 | 70.5 |
| 45（'70） | 1,406,521 | 252,745 | 309,587 | 50,111 | 1,046,823 | 18.0 | 74.4 |
| 50（'75） | 1,734,082 | 368,258 | 357,772 | 50,880 | 1,325,430 | 21.2 | 76.4 |
| 55（'80） | 1,835,312 | 405,529 | 406,644 | 52,082 | 1,376,586 | 22.1 | 75.0 |
| 60（'85） | 1,848,698 | 434,401 | 449,373 | 54,944 | 1,344,381 | 23.5 | 72.7 |
| 平成 2年（'90） | 2,133,362 | 584,155 | 518,609 | 64,140 | 1,550,613 | 27.4 | 72.7 |
| 7（'95） | 2,546,649 | 821,893 | 598,723 | 83,812 | 1,864,114 | 32.3 | 73.2 |
| 12（'00） | 2,740,023 | 992,312 | 624,082 | 107,198 | 2,008,743 | 36.2 | 73.3 |
| 17（'05） | 2,865,051 | 1,124,900 | 627,850 | 124,910 | 2,112,291 | 39.3 | 73.7 |
| 21（'09） | 2,845,908 | 1,158,390 | 621,800 | 136,913 | 2,087,195 | 40.7 | 73.3 |
| 22（'10） | 2,887,414 | 1,185,580 | 625,048 | 142,523 | 2,119,843 | 41.1 | 73.4 |
| 23（'11） | 2,893,489 | 1,200,182 | 623,304 | 144,182 | 2,126,003 | 41.5 | 73.5 |
| 24（'12） | 2,876,134 | 1,206,134 | 618,134 | 145,578 | 2,112,422 | 41.9 | 73.4 |
| **25（'13）** | **2,868,872** | **1,216,012** | **614,783** | **146,160** | **2,107,929** | **42.4** | **73.5** |
| 学　　部 Undergraduate | 2,562,068 | 1,113,812 | 447,973 | 127,144 | 1,986,951 | 43.5 | 77.6 |
| 大　学　院 | | | | | | | |
| 修士課程 Master's | 162,693 | 48,659 | 94,668 | 10,685 | 57,340 | 29.9 | 35.2 |
| 博士課程 Doctor's | 73,917 | 24,406 | 51,061 | 4,682 | 18,174 | 33.0 | 24.6 |
| 専門職学位課程 Professional degree | 18,776 | 5,335 | 6,609 | 794 | 11,373 | 28.4 | 60.6 |

出典：学校基本調査

なお、日本では現在、大学教員の女性比率は米国の一九四二年当時より少し少ない割合であるから、単純に計算すれば日本の現状は米国よりも七〇年以上立ち遅れた状態に低迷していると言わなければならない。しかしその米国でさえも、さらに低下した後に回復し、現在の比率まで上昇したことは注目すべきであろう。こうして米国が辿った経緯を考慮して合わせ鏡にしてみた場合、本格的に比率を高めるには、すでにポジティブ・アクションは作用しているものの米国のアファーマティブ・アクションほどの効果が見られていない現実の反省的な見直しが必要であるとみなされるのである。専門分野に格差があり、自然系分野、とりわけ工学などはきわめて低率であることなども注意すべき視点である。

## (2) 現代大学教授職には何が問われるか

歴史的に見れば、大学教員は戦後数十年間に未曾有の増加を遂げた。その事実は、高等教育が普及し、大学の重要性が増し、タテの学歴主義を反映した学歴社会によって拍車がかけられるなかで、一九六〇年代では米国、カナダに次いで進学率が高くなるなど、大学進学の先進国であったので、大学進学が急速に進行していた経緯を想起させるのである。そのことは社会的には学生の価値が高まり、同時に教員の価値が高まったことを反映したことにほかならない。下世話には学生は教員の「飯の種」であるから、学生がいなければ教員は無用の存在と化してしまう。統計的に瞥見すると、大学は学生の増加と呼応して戦後急速に増加した。

二〇一三年現在の学生数は、学部（二五六万二〇〇〇人）、大学院（二五万六〇〇〇人、合計（二八一万八〇〇〇人）となる。これは、一九五五年（五二万三〇〇〇人）に比べると、半世紀間に五・四倍も増加した勘定になる。セクター別では、国立（一八万六〇〇〇人→六一万五〇〇〇）、公立（二万五〇〇〇人→一四万六〇〇〇人）、私立三一万二〇〇〇人→二一〇万八〇〇〇人）となり、伸び率はそれぞれ三・三倍、五・九倍、六・七倍である。軒並み伸びているなかで、国立は少なく、公立と私立は多くなっており、特に私立は絶対数も伸び率も大きい（文部科学省統計要覧 二〇一三）（表5-5）。このことには高等教育の大衆化を私立大学が一手に引き受けて下支えしてきた事実が裏付けられる。

米国では大衆化に対して州立大学を増加させて対応したのに対して、日本では私立大学を増加させて対応した事実が明白であることになるのであり、米国では授業料、入学金、各種施設設備費を公費でもって対応したのに対して日本では保護者の負担でもって対応したことを裏書きする。

私立大学が優位を保つ米国において、公費による大学支弁が行われ、国立優位の日本において私費による大学支弁が行われるという対照性は興味深い事実であるし、そこには大学の輩出人材が社会のために貢献することを尊重する文化と尊重しない文化の相違が存在するかもしれない。

学生の増加と教員の増加

ところで、なぜ学生は増加したのであろうか。私が学生であった一九六〇年代は、まだ高等教育のエリート時代であったので、高校卒業生に占める大学進学者数の割合は一五%未満にとどまっていた。一九七〇年頃には二〇%を超え、半世紀を超えた今日では六〇%に迫る勢いを示すなかで、最近やや陰りが見えるとしても、有史以来の最高比率であるところの五七%前後に到達したのである。上で指摘したように、一九六〇年には、日本は世界的に見て米国、カナダに次いで三番目に進学率が高いトップランナーであったので、その勢いで進学率の増加が生じるものと予想されたにもかかわらず、それ以後、停滞し急速に伸び悩みを生じることになった。停滞している間に当時日本より後続であった英国や韓国など多くの国々が日本を追い越して高等教育の大衆段階を一気に駆け抜け、いまでは六〇%を超えた国々がめじろ押しであるという有様になってしまったのである。したがって現在では、日本は大学進学率の世界トップクラスのグループに入らず、今後伸びが期待される段階のグループにとどまっていると言わなければならない。それでも有史以来、未曾有の割合の若者が大学へ進学し、大学生になっていることになんら変わりない。

なぜ大学生は二一世紀に入ってかくも短期間に増加したのかは、興味ある問題ではあるまいか。それは、学校の語源がギリシャ語のスコレーであり余暇を意味するように、社会的生産の余剰によって、若者を大学に進学させる余裕が社会的に急速に可能になったことは大きな原因であると考えられるし、同時にそれは大学に学生や保護者が進学する価値があると認め、期待を寄せる度合いが有史以来の最高に到達したからであるに違いない。学生の親や祖父母は大学に進学した経験が全然なくとも、子供や孫には進学を期待する現象、大学進学のいわゆる第一世代が増加している現象が日本に限らず世界中で認められるのである。大学進学には価値があるからこそ進学がかくも増加するのであるとすれば、そこにはどのような価値が存在するのであろうか。その一つの目安は進学理由を調べてみると分かるだろう。例えば、武内清の調査に注目してみると、大学類型（伝統総合大学／中堅大学／新興大学）による進学理由は次のようになっている（武内 二〇一四：四六－四七頁）。

①「自分の将来の進路や仕事について考えるために」（六四％／五七％／五四％）
②「大学の学歴を得るために」（三一％／二四％／二五％）
③「友人関係、サークル、スポーツ、趣味を楽しむために」（二四％／一七％／一五％）
④「専門的な知識や技術を得るために」（二四％／二三％／二九％）
⑤「幅広い教養を身に付けるために」（二三％／二〇％／一三％）
⑥「資格などをとるために」（九％／三九％／五一％）

これを伝統総合大学、中堅大学、新興大学の別に見ると（　）内の％の差異が生じていることが注目される。伝統総合大学と新興大学を比較すると、前者は①②③⑤などで比重が高いが、後者は④⑥などで比重が高く、とくに⑥で比重が高い。大学類型に見合う受験生の違いによって、差異が受験理由に生じていると解される。大学を就職のための資格を獲得する場として進学する学生層が増えていることを示すであろう。大学が「資格社会」の一翼を担うことが分かると言えるかもしれない。

こうして学生が増加するのに伴い、大学設置基準に従って学生数に応じて教員数の確保が必要であるから、必然的に教員数は増える計算となる。すなわち学生増と教員増は比例する。大衆化段階に増加している学生層が就職の資格など新たな要望を担って増加している事実は、大学が変貌しつつあることと同時に、大学教員が多様な学生を対象に授業を行う時代が到来していることを意味する。

教員対学生の比率における国立と私立の格差とその意味

教員が学生を教授する場合、できるだけ少人数クラスで学生が深い学修ができるよう配慮したい。しかしセクター別に見ると、一律の発展状態になっているとは言えない。国立と比較すると私立は、多量かつ多様な学生が押し寄せるのであるから、教員数の伸びが最も多くなることが期待される。現状では、学生対教員の比率が国立に比べ私立は四倍近く多いので、教員数を増やして国立に近づけることが望ましいにもかかわらず、統計的には国立大学では、教員一人が八人の学生、私立では三〇人の学生を教えていて両者の格差は少なくないという事実があるのである。このことは、教員一人あたりが国立は少ない学生を教え、私立は多くの学生を教えていることを意味する。端的に言えば国立が教育に金をかけ私立は安上がりであると言ってもよかろう。実際、一人あたりの学生に国立は一〇万円以上の税金を使っているのに対して私立は一万円余りである現実を見れば一〇倍以上の格差が存在することになる（朝日新聞 二〇一四年九月）。

全学生数の実に七三・五％を占める私立には国家は国立ほど国税による支援をしていないことは、常識的には逆ではないかとの疑念を持つのが妥当であろう。このままでは、私立の教育の質が国立よりも劣る結果をもたらすのではないかと誰しも疑問を持たざるを得ないであろうからである。国立は国家の大学であるから国税を使うが、私立は法人の大学だから国税は使わず保護者の財布で自弁すべしとの考え方が作用していると目されよう。実際、ＧＤＰ比に占める公的高等教育費の割合はＯＥＣＤのなかで最低であるのは国税を使わない日本の現実を裏書きしているのであって、その分は保護者の支出によってカバーしているのである。

大学教育は法人的には、国立は国家、公立は地方自治体、私立は法人とそれぞれ対象が固定されるかに見えるが、考えてみれば、いずれのセクターも学生のためにだけ教育を行っているのではなく、学生が卒業して社会で働き、社会の発展に貢献することを担保しているのは自明である。その意味で大学教育は「公的」な性格を付与されている。しかも私学を卒業した学生も社会人となれば、国家へ税金を納めて、国家社会へ貢献する。その国税を国家がどのように使うかは重要な意味がある。その点、私立大学の人材養成は国家へ貢献した反面、政府はかかる税金を使って国立大学への公費援助を行ったのである。例えば、矢野眞和の試算では、国立は私的収益率（七・四％）が財政的収益率（一一・二％）より大きいのに私立は前者（六・四％）よりも後者（九・六％）が大きい（矢野、二〇一三、一八〇頁）。私立は公費負担の多い国立に税金による金銭的奉仕を行っているのである。「私」が「公」に奉仕する構造がそこには歴然と存在するのである。政府は国立だけではなく、私立へも公費援助を行うことが正解であろう。

しかし現実には、政府の政策転換がない限り、現状の格差が持続する。学生や保護者側の顧客からすれば一般に、私立が国立よりも授業料や納付金などは高額であるが故に教育費が高くつき、具体的には授業あたりのコストが高くつくと思わざるを得ないはずである。学士課程教育の質保証の観点は現在は少人数教育が質の向上に有効と考えるのは理に適っており、その点では私立よりも国立が条件に適していると解される。私立がそれを挽回するには、国立よりも優れた教員を配置し、優れた施設を整備し、優れたカリキュラム、優れた教授法、など総じて優れた教育方法を駆使する必要があるとの結論を導く。その結果は、学生の学士力が授業あるいは教授–学修過程を通して向上し、十分達成されたか否かによって評価されると考えられる。学生一人あたりの教育費用に格差がある以上、私立大学が国立大学の質保証以上の質保証を達成するのは、このままの格差を放置していたのでは至難であると思われる。予算や財政の問題はあるが、予算を確保し、教授–学修過程を充実し、アクティブラーニングの効果を上げ、学生に付加価値をつけ、就業力を磨き、豊かな人間性を涵養するなど学力の質保証をいかに高めるかは基本的な課題である。

## (3) 日本の大学教授職は課題に対応しているか

一口に「大学教員」と言えば、大学教員たるものは画一的で一色であるとの響きがあるかもしれない。もちろんそうではない。言葉の上では画一的な響きがあっても実際には多様な人々を包含している。専任は一八万人にのぼるし、兼任を含めれば倍以上に膨れ上がるし、これだけの教員の一人ひとりが異なる文脈のなかに位置しているからである。先述したように、大学には教授、准教授、講師、助教という職階をはじめ、理事長、学長、副学長、学部長、副学部生、図書館長、所長などなどいちいち列挙できないほど各種の役職が見られる。例えば教授と言っても、正教授、教授、名誉教授、顧問教授、特任教授、特別教授、特命教授、専任教授、常勤教授、非常勤教授など呼称は数多い。

さらに間口を拡大して観察すると、国公私のセクター、大学院・学部のティア、学部・学科・研究所のセクション、研究大学と非研究大学の種別、大規模大学と小規模大学の規模、女性・男性のジェンダー、都市と田舎の地域、等々、大学教員を捉える範囲は広範な広がりを見せるのである。こうして瞥見しただけでも、大学教員は様々なポジションに位置し様々の役割を果たしていることが了解できるし、それらの役割は多様な大学教員像を描いているのである。それを十把一絡げに包括して画一的な大学教員像や大学教授職像を描くのは困難であると言わなければならない。バートン・クラークは「小さいが多様な世界」と表現したゆえんである。その点を留意しながらもミクロな世界に立ち入らずにここでは全体像を描く作業は欠かせない。虫瞰図的に個々の教員の描く「状況の定義」に迫ることは必要でありながらも、同時に鳥瞰図的に全体的な観点から包括的に現実を捉え、枝葉末節に陥ることを極力避け幹や森の状態を把握することが欠かせない。

その観点から、現在の日本の大学教員を観察した場合に、大学が直面している現実的な課題に十分対応しているかが問われると同時にその成果が問われる。第一章で概観したように、大学教授職の歴史的に辿りついた現在の課題は、研究・教育・サービスの「三面性」の統合的実現であり、とりわけ研究と教育の統合であり、究極的には「R－T－Sの統合」の追求である。この観点を敷衍した場合、日本の大学教授は歴史的に研究志向が強いという長所がある反面で教育志向が弱いという短所があり、その結果、二一世紀の大学が標榜する課題である研究と教育の両立を実現することが困難な現実に直面していることが判明した。ましてやR－T－Sの統合の実現が一層困難になっている現実に直面していることが判明したのである。現在のマクロ的な大学教授職像としては、この課題を如何に達成するかが大学教授職を標榜する大学教員の一人ひとりに求められることになるのである。

### (4) 学士課程教育の質保証の問題

かくして、R－T－Sの統合を追求する視点の深化を突き詰めると、教育の質保証を大学教員がいかに実現するかが問われるとみなされるのであり、本書の主題とかかわる課題である「学士課程教育の質保証」を追究することが今日の大学教員の自覚すべき使命であり役割であると言わなければならない。具体的には、後述する「教学マネジメントシステムの構築」と関係が深いのであるが、学士課程に入学した学生を所期の水準の学士力を涵養して卒業に導くことが学士課程教育によって組織的に行われなければならない。そのためには、学士課程教育のアウトプットであるディプロマ・ポリシー（DP）を措定し、それを実現するためにカリキュラム・ポリシー（CP）を措定し、さらにそれに見合う学生を入学させるべくアドミッション・ポリシー（AP）を措定することが欠かせないし、カリキュラム・アセスメント（CA）を実現し、それらを統括するために教学マネジメントシステムを構築する作業が必要である。そして、このような所期の目的を実現するために、実践的には大学教育の周辺を整備するとともに、質保証のまさしく本丸に位置づく授業や教授－学修過程の内容を充実させる以外に方法はないに等しい。

## 2　学士課程教育とその質保証とは何か

### (1) 学士課程教育

「学士課程教育」という用語は、英語の undergraduate education を日本語に訳した適訳であり、訳語的には違和感を与えないであろうが、あまり耳慣れない言葉であるばかりか、概念的には必ずしも市民権を十分に確立していると言えないだろう。その証拠に本来ならばこの言葉をあてるべきなのに、「学部教育」の言葉が従来から頻繁に使用されて来た経緯があるからである。両方の言葉は、似て非なるものを指して使用されている以上、本質的に異なるにもかかわらず、混同されて使用されてきた。したがって、学部の教育を学部教育と呼ぶのと、学士課程の教育を学士課程教育と呼ぶのは大きな違いがあるにもかかわらず、えてして混同して使用される傾向があると言わなければならない。この点に注目する必要がある。なぜそうなるかと言えば、学士課程教育の概念の登場が比較的新しいことだから、新しい概念への理解が遅れていることに起因するであろう。すなわち、この概念は、学界では「大学教育学会」を中心にかなり以前から主張されてきていたのにもかかわらず、高等教育政策の俎上に載せ論議され政策として実施されるに至ったのは、比較的日が浅く、最近のことだと言ってよい。

学士課程教育の定義

その嚆矢としては、二〇〇五年の中央教育審議会（中教審）答申「我が国の高等教育の将来像」（「将来像答申」）において、次の指摘がされた。

現在、大学は学部・学科や研究科といった組織に着目した整理がなされている。今後は、教育の充実の観点から、学部・大学院を通じて、学士・修士・博士・専門職学位といった学位を与える課程（プログラム）中心の考え方に再整理していく必要がある。（中央教育審議会 二〇〇五）

さらにその後、学士課程教育を本格的に俎上に載せて議論して、概念そのものの意義を提唱した、二〇〇八年の中教審のいわゆる「学士課程答申」では、将来像答申に基づいて学士課程教育なる概念を次のような含意をもって使用されている。

今後、我が国において、上記の観点から学士課程教育を構築するには、学部・学科等の縦割りの教学経営が、ともすれば学生本位の教育活動の展開を妨げている実態を是正することが強く求められる。本答申を契機として、「学士課程教育」という概念が、大学関係者はもとより、一般に広く理解されることを期待したい。（中央教育審議会 二〇〇八）

この時点において、学士課程教育の概念が社会的な認知を得るに至ったとすれば、以後今日まで費やされた歳月はわずかに七年程度にすぎない。すでにこの概念が登場したのは日が浅いと言ったのであるが、「学部教育」が使用された年月に比して、日が浅いことは確かである。もちろん、すでに新入生が卒業するまでの十分な時間である七年程度の歳月が経過しているとの反論があるかもしれない。審議会の答申に加えて、外部評価においても今日ではその内実が評価項目に設定されるようになっているから、大学人なら誰しもその事実を知らないとは言えない。要するに時間は経過した。それはそれとして、制度化と現実の意識にギャップが生じるのはいまに始まったことではないから、知る人は知り、知らぬ人は知らぬという現実が進行している事実があっても不思議ではあるまい。すなわち、第二ラウンドに入った機関別認証評価の評価基準「教授‐学修」の項目では学士課程教育の観点が重点的に採用されている事実が厳然とあるとしても、大学の教育現場には当該概念がいまだに十分定着していることは言いがたい現実のあることは否めないであろう。

言うまでもなく、「学士課程」（undergraduate course）は大学の四年間に該当し、従来は「学部」（faculty）と言われていた部分に相当する（短期大学の場合は、短期大学士課程と称するが、本章では学士課程を中心に論議することとする）。したがって学士課程教育は、大学院課程と区別されるのはもとよりであるが、学部が単位になって教育を行う学部教育とは峻別される概念である。具体的には大学一年生から四年生までの四年間の教育は学士課程教育として全学的に行われることを意味し、例えば文学部、教育学部、理学部、医学部、工学部などの各学部が個々に行う学部教育とは一線を画すと言わなければならない。概して学士課程教育は専門分野にまたがって包括的であり、学部教育は専門分野に特化して集中的である。同じ大学のなかにあっても、学部が例えば音楽学部、食文化学部、子ども教育学部などと複数存在する場合には、各学部が独自の特色を発揮して、固有の教育を行う慣行が存在し、各学部固有の教育が展開されるため、大学としての包括的な学士課程教育は成立しがたい。そうではなく、大学の学士課程教育を遂行する観点からの理念、目的、目標に照らした各学部教育は遂行されなければならず、その意味からすれば、学部を超えたいわばササラ型の学士課程主義が必要であって、個々の学部に埋没したいわばタコツボ型の学部主義が排除されるのは当然の帰結である。

### 学部主義の克服

すでに学部主義の学部教育では、学士号を授与する基盤になる「学士」の種類は五八〇種（二〇〇七年現在）に増加し、さらに七〇〇種超（二〇一二年現在）に増殖した現実があり、専門分野の支配下に組み入れられ増殖の一途を辿ってきた。これでは、学生は学士課程段階に必要な広く深い教養を身につけるとか、不確実性の高い未来に対して柔軟に対応できる汎用的な能力によってレディネスを醸成するどころか、狭い専門主義のトンネルに踏み込んでしまわざるを得ない。その意味から、学士課程教育は、専門主義の能力が問われる時代に呼応した概念ではなく、専門主義を超えた専門分野間の融合性や汎用的能力が問われる時代に呼応した概念であると言えよう。

したがって、学部主義ではなく、学士課程全体から学生の教育にあたる必要性は、予測困難な社会の出現と学生が大学に入学してから将来を決める現実との関数的関係を反映しているのでもある。川嶋太津夫は次のように述べている。

学士課程進学率が五〇％を超えるユニバーサル段階の高等教育システムでは、かつてのように入学時にすでに進路を決定している大学生は少数派であり、将来は明確ではないが、とにかく大学に進学し、入学後に将来の進路を考えたいという学生が増えているのである。このような状況の下で、従来どおり学部や学科ごとに学生を受け入れる意義は低下している。初年次から学部・学科の専門教育を提供することは学生の可能性を狭めている危険をはらんでいる。そこに「学部」教育ではなく、幅広く、一般的な（General）な教育を目指す「学士課程」教育を構築する必要性がある。（川嶋 二〇〇八：二五－二八頁、杉谷 二〇一一：一一四－一一五頁）

## (2) 学士課程教育の質保証

本章は、このような学士課程教育の質保証の問題を考察することに焦点を合わせるのであるが、従来の学部教育に比較すると、学士課程教育は大学教育全体のなかでは学部を中心にした部分的な教育から大学全体を中心にした全体的な教育へと転換しているのであるから、その点を周知して論点を明確にした上で、所期の理念・目的に照準した質保証を行うことは不可欠である。従来の学部教育はともすると、教授－学習過程（teaching and learning process）において教授主体である教員にもっぱら比重を置き、学習主体である学生をとかく看過する傾向にあったことは否めないだろう。もちろんそれは中世大学以来踏襲された暗記や復唱ではないとしても、教師から学生への一方通行の教育が支配した。したがって、授業では学部学科単位の専門分野に依拠した教育が強まる色彩が濃くなるばかりか、教員の専門分野が高い比重を持つから、所詮は教員が主で学生が従の構造が出来上がる公算は大きい。概して伝統的な教員中心の一斉教授型の授業が行われることにならざるを得ないのである。

学習から学修への転換

教授－学習過程は教員主導の授業中心に限定される度合いが高い以上、学生が古い学習形態から脱皮する可能性は少ない。換言するならば、学習の段階にとどまっている学生は授業を担保して主体的に「学修」（学習 learning ではなく学修 study）することや授業を媒介に予習・復習を行って考える力や創造力を涵養することは、はなはだ困難を極めるか等閑に付される。確かに古い構造を固守するのが本来の授業だという意見ならば、教員自身が自主的に構造を変革するのは困難である。なるほど、そのような構造が支配的な時代に学生を経験し、授業を受けて卒業した多くの教員は、それこそが授業の基本であり原型であると自己の体験を踏まえて考えても不思議ではないとしても、それではアナクロニズム、つまり時代錯誤に陥らざるを得ない。現在の段階は、そのような構造を打破する方向を追求する教員の意識や行動を前提にし、授業の現場において指導しなければ、学生の意識や行動を変える授業は惹起されないと考えられるのである。学士課程教育は、授業の主役が教員主体から学生主体に転換すること、しかも学習から学修への転換を導く観点からの授業が実際に成立しているか、あるいはそれに見合う学力が実際に醸成されているかが詮索されなければならないのである。

## 3　学士課程教育の重要性

日本の高等教育政策が教育に注目し焦点を合わせたのは、一九九一年の大学審議会（大学審）の大綱化政策以後であることを想起すると、今日までですでに二〇年以上の歳月を費やしたことになる。その間に出された主な審議会答申を数えてみると、一九九八年の大学審答申、二〇〇五年、二〇〇八年、二〇一二年の中教審答申と四つの答申が出されていることが分かる。このなかで学士課程教育の質保証の問題を考える場合には、その問題を直接のターゲットにした二〇〇八年と二〇一二年の答申が明らかに重要である。この二つの答申については以下にやや立ち入って触れることにするが、その前に学士課程教育の質保証の問題が日本の高等教育の世界においてクローズアップされるようになったのは、近々二〇年以内にすぎないことにあらためて注目する必要があろう。というのは、高等教育の質に焦点をあてる現象は、日本ばかりではなく広く世界的に生じている共通現象だからである。その点に注目するならば、比較的最近になって高等教育は世界の国々において量の時代から質の時代に突入したことが理解できるであろう。実際、世界の高等教育政策を見ると、グローバリゼーション、知識基盤社会化、高等教育の大衆化段階、さらにユニバーサル段階への移行などを背景にして、量的拡大から質保証の実現へと足早に政策転換が生じたことが理解できるのである。山田礼子はこの世界的状況を次のように述べている。

大学は社会の変化、そして政策転換と無縁の存在ではない。ましてグローバリゼーションが急速に進展する現在、大学という存在は国境を越えて、どの国においても、共通した改革が求められる存在になっていることを忘れてはならない。二一世紀の知識基盤社会を意識した、人材養成のための教育課程の構築が、世界で同時に進展していることが、グローバリゼーションを象徴している事象でもある。（山田 二〇一二：三六頁）

この指摘にもみられるように、世界的に同様な社会的変化が生じ、それに対応した人材養成を行う状況が出現している今日、同様な授業改革が必要になると想定するのはそれほど難しくあるまい。実際、各国が高等教育に力点を置くのはその証左にほかならないのである。もちろん、世界は広いので、同様の現象が生じると言っても、二〇〇以上の国々が全く同じ現象を呈するとは限らないし、むしろ現実には変化に富む以上、安易に共通性が存在すると言うべきではない。しかし、そのことを考慮しても、世界的に第三の波の時代と言うほどの大きなうねりの時代が到来していることは否定できないであろうし、国家政府や大学などがこの大波に向かっていかなる対応を行うかは興味深い問題である。その点、日本政府の政策がどのようなもので、どのような特色があるのか吟味が必要であろう。

### (1) 中教審答申の意味

第一の特色は、能動的学修への転換である。中教審答申「新たな未来を築くための大学教育の質的転換に向けて――生涯学び続け、主体的に考える力を育成する大学へ」は二〇一二年八月に公表されて、先行の「学士課程答申」(二〇〇八年)をさらに前向きに推進する、「質的転換答申」の観点を明確にした。答申の一節を引用すると次のような説明が見られる。

> 生涯にわたって学び続ける力、主体的に考える力を持った人材は、学生からみて受動的な教育の場では育成することができない。従来のような知識の伝達・注入を中心とした授業から、教員と学生が意思疎通を図りつつ、一緒になって切磋琢磨し、相互に刺激を与えながら知的に成長する場を創り、学生が主体的に問題を発見し解を見いだしていく能動的学修(アクティブラーニング)への転換が必要である。すなわち個々の学生の認知的、倫理的、社会的能力を引き出し、それを鍛えるディスカッションやディベートといった双方向の講義、演習、実験、実習や実技等を中心とした授業への転換によって、学生の主体的な学修を促す質の高い学士課程教育を進めることが求められる。学生は主体的な学修の体験を重ねてこそ、生涯学び続ける力を修得できるのである。(中央教育審議会 二〇一二)

こうして、この答申の一節に示されているように、最も強調されている点は、学生が主体的に問題を発見し解を見出していく「能動的学修」への転換を図ることが必要であることだと言えるだろう。

アクティブラーニングの効果

第二の特色は、アクティブラーニングの効果への期待である。答申自体が効果を詳論しているわけではないので、現状では予想の段階の域を出ないことは自明である。だが答申がその必要性を提言した背景には、効果があることを前提にしているからだと解されて然るべきである。実際、この種の方法の効果は、ラーニング・ピラミッドで指摘されるところである。

このラーニングピラミッドは、National Training Laboratories が平均学習定着率（Average Learning Retention Rates）を調査したもので、授業から半年後に内容を覚えているかどうかを、学習形式によって分類比較したものである。これを見ると定着率は「講義」では五％しかなく、「読書」が一〇％、「視聴覚」が二〇％、「デモンストレーション」が三〇％、「グループ討議」が五〇％、「自ら体験する」と七五％、「他の人に教える」と九〇％となっています。このピラミッドでは下のほうに行くほどアクティブラーニングの要素が強まっており、そこでの相関関係が明瞭にあらわれます。実際、アメリカ、ヨーロッパ、オーストラリア等では、「モジュール科目」等と称され、週に二コマの時間を設けて、一コマは講義、もう一コマは講義の内容を定着させるためのアクティブラーニング等を行う授業が一般的に採用されています。（河合塾 二〇一一：一二一－一二三頁）

この概念の発祥は、すでに七〇年近く前に米国オハイオ州立大学教育学教授エドガー・デールがその著書『学習指導における視聴覚的方法』（*Audio-Visual methods in teaching* 1946）で提唱した学習経験の分類図＝「経験の円錐」（Dale's Cone of Experience）が最初であるとされる。彼は「学習」は「経験」の一般化にあると定義して、直接的で具体的な経験から様々な抽象化の段階を経て、最後に概念化に至ることを説いた。この結果を踏まえると、先ほどの説明にあるように、伝統的な授業形態の講義は、学生の学習定着には効果が乏しいことが判明する。

視聴覚、デモンストレーション、グループ討議など様々な授業形態を混合することが望ましい。教員が主体の授業よりも学生が主体の授業が効果を発揮する。特に自ら体験する場を取り入れること、とりわけ他人に教える場の取り入れは効果が高いとされ、学生同士が相互に話し合い教え合う場を設ければ、学生の学習は促進される。受け身的な授業ほど内容が身につかない。

こうして、米国でこの種の考えが考案されたのは、七〇年程前であり、それが大学教育に導入され、教養教育の重要なコンセプトになって定着し、主として一九七〇〜八〇年代にFD概念のなかで発達した授業概念を媒介にアクティブラーニング観が導入され、さらにその成果が三〇年以上経過した時点において、遅まきながら日本へ輸入されたことを注目すると、その移植が遅きに失した感は否めない。そのことに加えて、少なくとも、日米間に遅滞があること、米国からの翻訳であること、教養教育の一環であること、FD概念のなかで発達したことといった問題がそこには内包されている。

## 教員の教育力と授業改革

第三の特色は、教員の教育力と授業改革の必要性である。答申が力点を置いている点は、学生が主体的に学び、考える力を身につけ、社会に出て「生き抜く力」に連動することの実現を大学教員が授業等で配慮する必要性を論じていることである。そのためには、従来形骸化していた単位制を見直し、一日八時間勉強することを配慮した単位制に見合う学修量を授業を媒介に学生の生活時間に組み込むことが欠かせない。中教審も指摘しているように、米国の学生が一日八・二時間学修するのに対して、日本の学生は四・六時間しか学修していない。これで四年間に一二四単位以上履修して卒業しているとすれば、米国の学生の半分しか勉強しなくても卒業できる計算になるわけである。しかもなかには一七〇単位も、さらには風評によれば二〇〇単位以上も履修して卒業する学生のいる大学もあるのであるから、その場合は計算上は一日に一五時間程度学修していることになるから、誰しも正常とは見なさないであろう。この現実はまさしく異常なのである。現実の学修時間は五時間未満であるから明らかに勉強不足なのに卒業はできているのである。これでは単位制は崩壊していると言われても仕方あるまい。現状を直視すれば授業時間をとめどなく多くするのではなく、逆にできるだけ少なくして「浅い学修」ではなく「深い学修」を行うように改革が欠かせないのである。詰めこみ教育ではなく、授業科目を統合し精選して、学生の履修単位を絞り込んで質的保証を優先するのである。いまどき履修単位が多いほど優れた授業が行われていると信じている経営者、教員、学生、保護者がいるとすれば、時代錯誤の証左というべきである。未来の責任を担う学生を輩出することには決してならない。この種の現実を打破するには教員主導の授業改革と教育力の発揮が必要であると考えられる。

一時間（九〇分単位）の授業に対して、一時間の予習と一時間の復習を確保するには、そのことをシラバスに明示して徹底することが欠かせないし、授業とは関係なく勉強する従来の「学習」から授業を媒介にして、それを担保して勉強する「学修」へと転換する必要がある。学習から学修への転換は、今回の答申で明確に言及されているが、大学設置基準にはすでに措定されている事実であるから、決して目新しいことでも新しい方針でもなく、明らかに古くて新しい問題なのである。その意味では、戦後長きにわたって設置基準が遵守されていなかった事実を、図らずも露呈したにすぎないと解されるのである。むしろ、大学教育においてはなぜこの設置基準が遵守されないのかが問題なのである。

### 大学教育のパラダイム転換

第四に、これらの特色を概括的に言えば、大学教育のパラダイム転換が特色であると言えよう。大学教育というと、大学院課程も学士課程も含めて考えなければならないのは当然至極であるとしても、現在の焦点はそのうちの学士課程教育を対象にしかも授業＝教授－学修過程に焦点が置かれる。政府の改革の動きも過去から現在まで追跡すると分かるように、最初の頃における組織周辺に焦点を合わせたいわゆるハードの改革から今日では組織内部に焦点を合わせたいわゆるソフトの改革へと移行した。

上で指摘したように、従来の改革では単位制など大学設置基準に照らして有効に作用していない事実があったにもかかわらず、厳しく詮索せず放置される現実があった。その種の問題に矛先が向けられるようになった今日では、改革の中枢に位置する単位制にかかわる改革が焦眉の急を告げることになったのであった。このように、一九九一年の大綱化に関する大学審答申以来推進されてきた大学教育改革においては、概して教育の組織や制度に焦点を合わせる傾向があったのに対して、二〇〇五年の答申以降は授業の中身や教授 - 学修過程のメカニズムに焦点を合わせる傾向が生じた点で、パラダイム転換が起きていると言って過言ではなかろう。

加えて、授業そのものの改革は、授業の主たる構成要素である学生、教員、カリキュラムの改革を余儀なくさせるのは当然であるとみなされる。このうち学生と教員に限っても、答申では学生の主体性を強調する意識改革ばかりではなく、従来は看過されやすかった大学教員の意識改革と授業改革を連動させて提言しているところが画期的であると言えよう。清水亮の次の指摘はこの文脈のなかで参考になろう。

現在の日本の大学は、グローバル化（国際的な大学間競争・市場メカニズム）とユニバーサル化（五〇%を超える大学進学率と一八歳人口の減少）のなかで、知的基盤社会・サステイナブル社会の構築に貢献できる高度の安定した人材育成への大学教育の転換と大学の教育の質保証に関する答申は、大学を取り巻く環境の変化の中で、大学が社会的責任を果たすために、今何が求められているかを明示しているにすぎない。その実現のため、日本の大学では、学士課程教育のパラダイム・シフトを求められている。

①「教育パラダイム」から「学習パラダイム」へ、②「教員の視点に立った教育」から「学生の視点に立った教育」へ、③「何を教えるか」より「何ができるようになるか」へ、④「授業内容や教育方法の改善」から「学習の質が向上したか、学習成果があがっているか」へ。（清水・橋本 二〇一二：七頁）

## (2) 高等教育政策の提言と大学の対応

### ①大学は対応できるか

大学教育のパラダイム転換が政策的に要請されている事実は、世界的に大同小異の動きを示唆するのであるから、いかなる国のいかなる大学も、いかなる大学人もそれを拒絶するのは困難であろう。日本においても例外ではなかろう。しかしながら、この種の改革案が求める大学改革は、旧来の教員中心や一斉授業型の伝統的な教育方式を踏襲し温存している大学にとっては、容易に予想されるように、その早急な実現は簡単ではないはずである。

#### 学士課程教育が対象

なぜならば、第一に学士課程教育が対象であるからである。学部ごとの部分ではなく、学士課程の全体へと照準した改革が不可欠の課題となるからである。上記したように学部主義から学士課程主義に転換するには、学士課程の出口を明確にするディプロマ・ポリシー（DP）を措定し、それとの関係において学士課程内部に関わるカリキュラム・ポリシー（CP）や入口に関わるアドミッション・ポリシー（AP）を有機的に関連させた教学マネジメント体制を確立すること、すなわち出口、内部、入口への対応である入口、内部、出口、あるいはインプット、スループット、アウトプットが有機的に連関して機能するための作業に取り組まなければならない。こうした教学マネジメントの改革は、部分的な改革ではなく、総合的な改革だけに決して簡単に実現できるものではない。

#### トップダウンとボトムアップ

第二に、トップダウンとボトムアップの角逐があるからである。全学的な教学マネジメントの構築は具体的には、個々の学部を巻き込んで学士課程のすべてを包括した全学的な教学マネジメントの推進が不可欠となるし、大学の理念・目的・目標を前提に、その実現を学部学科等が追求することが不可欠となる。こうして、大学組織体の上からの要請と下からの要請が統合されなければ、教学マネジメントは機能しないと予想される。その点、中井俊樹が考察しているが、「英雄型リーダーシップ」のように、上からのコントロールが作用するのか、「ポスト英雄型リーダーシップ」のように、その他の多数のリーダーシップが作用するのかは興味ある問題である（中井 二〇一二）。

この問題は別の機会に論じる必要があるが、大学の組織構造の特色を考慮すると、教学マネジメントは大学のガバナンスやマネジメントとの関係が深い点に帰着するのではないか。大学のガバナンスは、伝統的な同僚制が次第に官僚制や法人制を経由して企業制の方向へ転換する時代を迎えている今日では、従来からのボトムアップ型の威力が次第に減退しつつあると観測できるであろう。しかし大学組織は「学問の府」であるし、あくまでも学問やとりわけ専門分野に比重を置く組織である以上、権威はトップにではなくボトムに位置することも否定できまい。政府と大学を結ぶガバナンスはマネジメントの比重をトップへ移行させている現在においても、このメカニズムが重要であることには依然として変わりないのである。

こうして、大学組織体には、機関、学部、学科、講座、専門分野などのレベルが重層的に組み合わさって構成されている点に注目すると、この構造のなかでは権力は上位の機関に存在する反面、権威は下位の専門分野（academic discipline）に存在するとみなされる。実際、大学は諸活動の基盤に据えている知識の役割が大きい。その大学は本来、下部に比重を置く組織である点に世のなかの他の多くの組織とは異なる特性があるから、こうした伝統的な下部の文化や風土では最近になって比重を高めてきた上部からのガバナンスやマネジメントに起因する圧力とは葛藤を起こす度合いが少なくない。

## 知識の重要性

第三に、大学組織は知識を素材に構成されている点でユニークであるからである。クラークが指摘したように、大学は知識あるいは上級知識（advanced konowledge）である専門分野を素材にアカデミック・ワーク（academic work 学事）を遂行する組織体である以上、知識の機能を無視して諸活動を展開することは不可能である（クラーク 一九九四）。大学が対象とする知識の機能とは、研究、教育、サービス、管理運営などであるから、これらの学事の諸側面になんらかの欠陥、遅滞、手抜きなどがあれば、おのずから諸活動のアウトプットは機能障害を生じ、やがて麻痺せざるを得ない。研究が阻害された場合には研究活動が停滞し研究力に翳りをもたらし、研究生産性が不振に陥る。教育が阻害された場合には、教育活動が活力を喪失し教育力が沈滞し、教育生産性が落ち込む。サービスが阻害された場合には、サービス活動が下降線を辿りサービス力が乏しくなり、サービス生産性が減退する。管理運営が阻害された場合には、管理運営活動が機能しなくなり管理運営力が不活発化して、管理運営生産性が逓減する。こうして、研究力、教育力、サービス力、管理運営力を部分的あるいは全体的に喪失した大学は、とどのつまりは大学力を喪失することを意味せざるを得ないのである。

学事を構成する諸活動のそもそもの根源が知識にある以上、大学組織体は知識を対象とした学事に取り組む集団を基礎に成立していると言うほかなく、こうした基礎をなす集団こそは、とりもなおさず上級知識である専門分野を専攻する学科や講座の教員集団であるとみなされる。換言すれば、教授、准教授、講師、助教などの職位から構成される教員集団である。それを学事に関わる専門職（profession）とみなせば大学教授職（academic profession）であることを意味するのである。

かくして、教学マネジメントの論理が大学組織体の上位から下位へと発動される動線を描くのに対して、専門分野の論理は下位から上位へと発動される動線を描くため、上位と下位の間に対立を招来し、軋轢、緊張、葛藤を招来するのは回避できず、学士課程教育の質保証という理念・目的・目標を実現するための相互間の協力や調整が欠かせない。

②教員は対応できるか

こうして、教学マネジメントを阻む条件が大学に組み込まれている厳然たる事実があると観察するならば、大学構成員のなかに大きな位置を占める大学教員にも同様の抵抗を生じる遺伝子が組み込まれているのは自明であろう。とはいえ、大学教員にも職位や階層があるのであるから、必ずしも同質であるとはいえない。例えば、管理職の学長とそれ以外の教員とは同様の意識を持ち同様の行動を行うとは限らない。したがって、こうした構造が作用するとき教員はいかなる対応ができるかと問えば、次のようになる。第一は、学長と教員では異なる立場にあるから対応が異なる。大学組織体に作用する管理運営を基盤に成立する教学マネジメントの構造に対して、知識、上級知識、専門分野を基礎に成立する教学活動の構造が対峙的に存在することから、両者の対立に巻き込まれざるを得ない教学マネジメントが容易に構築されるとは言えないし、むしろ現実的には様々な軋轢、緊張、葛藤を招来せざるを得ない。大学組織体の教学組織が学長を頂点に、副学長、学長補佐、学部長、学部長補佐、学科長、学科長補佐、講座主任、個々の教員などの組織的かつ集団的なヒエラルヒーの拡がりを通して展開される限り、大学レベルの教学マネジメントを形成する過程では概して同調度が上位ほど高く下位ほど低い力学が作用するのは必至である。上位の変化は早く、下位の変化は緩慢である。

このことは、調査にも具現しており、大学審答申や中教審答申などの大学改革に関する提言が断続的に発表される現在では、それに対応して各組織体が改革を遂行する必要性が高まるなかで、学長が改革の必要性を痛感し、ある種の旗振りをする傾向が強いかもしれないという事実がある。この動向が示唆するように、学長と一般教員の間の意識的な落差が概して大きい傾向があるのであって、その現実を通して改革の進捗状態が緩慢である状況が出現していると窺われるのである。

大学セクターの違い

第二に、大学セクターによって異なる反応を示す。もちろん、大学組織体はセクターやセクションが多様であり区々であるから、画一的な結果を描くことはできない。セクターに関してみると、国立大学法人は二〇〇四年の法人化以降、従来の国立大学から国立大学法人となった途端に学長の権限を強めたので、学部自治の強かった従来の組織体の構造と力学に大きな変化を来すことになったのであった。このことに対しては、その後、教員の間にかなりの不満が昂じている事実は各種調査によって指摘されているし、同じ国立大学間にも階層の上位層に比べて下位層で不満が増加するなど大学格差によって相違がみられることを指摘できるのである（有本 二〇〇八）。

このような動きはあるとしても、法人化以後の全体的な動きとしては、学長の権限強化によって、トップダウンの改革が進行していると観測できるだろうし、その意味では学部よりも大学全体に比重を置いた改革を必要とする教学マネジメントの構築は、そのような権限強化が起きる以前よりも比較的容易に進行するとみなされる。公立大学も国立大学と前後して法人化を推進しているので、国立大学法人と大同小異の構造や力学を展開していると観測するのは困難ではない。

翻って私立大学は、国公立大学に比較して組織体の性格に大きな差異が存在するため、国公立大学ほど比較的単純明快な構造や力学が作用しているとの観測はしがたい。概して、理事会が米国の大学に近似した形態をとっている私立大学は、教学組織の長である学長よりも、経営組織の長である理事長の権限が強い場合が少なくない。特に、オーナー制をとる大学の場合は、理事長が学長を兼務する形態は少なくないから、両者の分権が確立していない結果、教学の経営への従属を帰結しやすいことから、教学の独立性が脆弱だとみなされるし、さらに理事長が学長を兼務しない場合でも、教学の独立性が弱い構造と力学が働いている公算は少なくないとみなされる。

学士課程教育の質保証に徹した教学マネジメントを確立せんとすると、セクター間のこうした温度差に起因して組織体間に差異が生じる結果、進捗状態において遅速が生じていても不思議ではないだろう。大学組織体といっても種々多様であり、組織体間に温度差があるのは否定できないのであるから、一口に教学マネジメントを構築すると言っても、単純な青写真を描くことは至難であると言わざるを得ないのであって、個々の組織体の事例に即して計画しなければならないことになる。

## 4　第三の波の時代の課題

### (1) 第一の波・第二の波・第三の波の変遷

大学の歴史を巨視的に観察すれば分かるように、最初の大学が誕生した中世以来、社会変化に対応して大学の性格は次第に変遷を辿ったことは明瞭である。大学とは何かを問う場合に、理念とか使命を問うのは当然であるが、その理念、使命、役割なども社会の影響を受けて性格付けられる。端的に言えば、前章で多少考察したように、中世大学は教育の時代、近代大学は研究と教育の時代、現代大学は研究・教育・学修の時代、であると指摘できるに違いない。第三の波の時代の課題を考えようとすれば、その前史の第一と第二の波の時代を踏まえた構想を描くことが欠かせない。前章と多少重複するかもしれないが、その観点から論点を整理してみよう。

第一の波の時代

まず第一の波の時代は、教育重視が大学の特徴であった。現在の中学生に匹敵する年齢の一四歳頃から学生が入学した中世大学では、大学の理念や役割は主として教育に置かれ、教育の真髄は教員によって行われる、「親の肩代わり」、「浸透過程」などに重点が置かれた。教育の比重が高いのに比して研究はほぼ皆無であった、とは必ずしも断言できないとしても、研究はスコラ哲学の範囲内で行われ、現代の大学のように調査に基づく真理の解明、実験、実証に基づく発明、発見などは大学で行われることはほとんどなかったし、そこに今日的な性格を持った研究が存在したとは言い難いだろう。

社会的にも「魔女狩り」が中世から近代まで持続した事実、ガリレオ・ガリレイの「地動説」（太陽中心説）は異端であり宗教裁判にかけられて否定される時代が長く続いた事実、などを想起すると科学不毛の時代的な特徴が強かったことが分かる。オーギュスト・コントの神学的段階、形而上学的段階、実証的段階へと社会変動が生じるなかで、一九世紀後半のフランス革命前後から実証的段階に到達した歴史的展開のなかに据えてみればこれらの段階の推移に占めるところの実証的段階の登場はごく最近のことにすぎないのである。

科学への動きは大学よりも外部社会が先導した事実も否めず、一七世紀の科学革命は、大学のなかから生じた動きではなく外部から生じた動きであったのである。すでに絶大な権威を擁して君臨していたが宗教に比して、遅れて登場してきた科学は無力に等しいものであった。ロバート・マートンが指摘しているように、権威がない新興の科学は権威のある宗教の肩の上に載って登場したのである（Merton 1973）。

教育の時代は研究の立ち遅れと、「学修」の立ち遅れを伴ったために、研究に基づく「学修」が行われることはなかったのであった。いうまでもなく、教員が保守的な時代に学生のみが革新的であったのではない。学生は中世大学の最初の時期から存在した以上、現在と同様に学習を行ったはずであるが、スコラ哲学の範囲内での真理を探究し学習する以上、その学習の性質は多くは発明発見に関わる研究や「学修」を行うよりも教師の講義を聴講し、討論に参加し、暗唱や復唱を行う類の学習であった。この慣行は、中世大学以後も継承され、一九世紀になっても、米国の大学で持続されていた。いち早く近代大学に脱皮したハーヴァード大学においてさえ一九世紀後半になって改革の緒に就いたのであり、チャールズ・エリオット学長によって一九世紀後半に授業科目選択制が導入されるまでは、教員が研究に裏付けられた専門分野を教授する方式は実現しておらず、もっぱら独りの教員が多くの科目を担当して監督者の役割を果たしていたのである。

### (2) 第二の波の時代は研究と教育の統合が課題

第二の波の時代は一転して研究重視へと展開した。一九世紀に登場した近代大学は、中世大学が一二〜一四世紀頃に隆盛を極めた後に宗教戦争などを媒介に衰退の一途を辿り、ある意味では終焉を遂げた後に、不死鳥のごとく再生した。それはハレ大学やゲッチンゲン大学などを嚆矢にやがてベルリン大学において顕著になる動きであり、科学や研究を大学内に摂取した。従来の教育中心の伝統を克服して、研究中心に志向することになった。というよりも、教育を否定したのではなく、教育に加え研究を導入して教育との統合を模索する時代に突入したと言うべきであろう。一八一〇年創設のベルリン大学を先頭にして、ゲッチンゲン、ハイデルベルク、ライプチッヒ、ミュンヘンなどドイツの大学は教員が研究すると同時に学生も教員と肩を並べて研究することを奨励した。このことはフンボルト理念の中心的な考え方である（Humboldt 1910）。こうして第一の波の時代が大学にとって教育が理念の時代であったのに対して、第二の波の時代では研究と教育の両立が理念であると目されることになったのであった。しかし理念と現実が手を携えて首尾よく前進するとは限らず、両立を唱えたフンボルトのお膝元のドイツをはじめ世界的に現実には研究志向が優勢を占め、研究パラダイムが成立し、研究主義が跋扈することになったのは皮肉な現象と言わなければならない。

日本の大学における研究主義の跳梁

ちょうどこの時期にドイツの研究モデルを輸入した「帝国大学」などは研究志向を強めることになった。ドイツの場合は、すでに中世大学の教育中心主義の前史があるので、教育を意識した研究志向を標榜したが、実際には研究志向へ傾斜した。これに対して日本の場合は、そのような前史を欠如したまま研究志向へ傾斜したため最初から「教育」の歯止めがないまま研究主義の台頭がみられたのであった。その結果、戦前戦後を通じて研究主義は梃子でも動かないほど強固に定着した。戦前期に研究主義が蔓延し、戦後に叢生した国公私立を問わず、研究大学と「教育」大学を問わず、四年制大学と二年制大学を問わず、あまねく大小の大学群はこの動きに追随し、最近まで大学教員の研究志向が跳梁することになった。一九九二年のカーネギー大学教授職国際調査では、日本はオランダ、ノルウェー、ドイツ、韓国などと共に、研究志向のドイツモデルを典型的に示したし、最近の二〇〇七年のCAP調査においても同様の傾向を示した（有本 二〇〇八、二〇一一）。このことに関しては、第Ⅲ部において議論することにしたい。

### (3) 第三の波の時代は学生が主役

過去の時代を振り返ってみると、第三の波の時代はそれ以前の時代と異なる新たな課題に直面することはなかった。第二の波の時代にバトンを引き継ぐ第三の波の時代が、何時頃から開始されたかと問うと、それはほぼ知識社会（知識基盤社会）の台頭と符合すると言ってよかろうから、それほど古い話ではない。農業社会、工業社会、情報社会、知識社会と発展する社会構造のなかでは、最後の段階に位置するし、一九九〇年代からその知識社会の時代に突入したと考えられる。一九六〇年代から開始された、一つ前の段階にあたる情報社会が情報の収集、集積、活用に主たる機能が置かれたのに対して、知識社会は情報の収集、集積、活用に機能が置かれるばかりではなく、単なる活用を乗り超えて、むしろ自分の頭脳のなかで情報を加工、再生して、創造的に活用する過程が重視されることになったとみなされる。知識社会は知識の新陳代謝と陳腐化が早いため、知識を記憶し集積する以上に、知識の有機的な連携を創造的な活動に生かすために思考力や想像力や創造力を十分発揮する営みが重視される。

そのような知識の伸縮自在な性質を刻印した社会では、知識のスクラップ・アンド・ビルドが旺盛になるのは避けられず、必然的に過去、現在、未来の連続性よりも不連続性を特徴とした社会を出現することになるから、とりもなおさず未来の予測が困難な時代が登場する。こうしてイノベーション化や知識経済化は時代の特徴となるのである（James 2012）。当然ながら、新たな教育を踏まえた新たな学力の開発が不可欠となり、自分の頭で創造的に考え、判断し、決断し、現状を打開し、問題解決する学修力に価値が付与され、必要性を高めざるを得ない。

ロボット以上の能力

このような知識社会を基軸とした第三の波の時代の到来は、新たな学修力を涵養する新たな教育の必要性が高まる時代であるが、さりとて第一の波の時代と同じ教育を志向するのではなく、当時支配的であった鋳型にはめる教育はもはや時代錯誤と化し、未来を創造する教育が欠かせないものとなった。模範解答を前提に詰め込み教育を行う受験教育や資格取得型の教育はなお依然として必要であるとしても、それだけでは未来を切り開く創造的な能力としては明らかに不十分である。現在開発中の第五世代型のロボットでも、その程度の段階はすでにクリアして、思考力や判断力を持った人間的なタイプが登場し始めている状況のなか、こうしたロボットと人間が共存しつつ競争しなければならない近未来の時代は、人間はロボット以上の能力を持たない限り淘汰される運命にあり、もはや生き残れない時代の到来を意味すると言わなければならないのである。有史以来の存亡の危機とでも言える苦戦を強いられる人間にとって待ち構えている今後の時代は、よし悪しの時代であるが、かくなるうえは人間の潜在力を高める必要性が一段と増すのは自明であるというほかないだろう。

このことは、第一の波の時代への回帰でないのはもとより、研究と教育の両立を実現できなかった第二の波の時代の課題を再考しなければならないという必要性を招くだろう。この課題は教育の世界、とりわけ授業の世界にも容赦なく侵入する。教員が一斉教授によって学生に対して知識を注入し、詰めこむ授業ではアナクロニズムに陥るのは必定であり、この一方通行の旧弊を打破し克服するには学生が自主的・主体的に学ぶことを誘い、思考力を鍛錬する授業がいよいよ欠かせなくなる。教員側では、学生の能動的学修（active learning）を促進するためディベート、ディスカッション、グループ・ワークなど教授法の工夫、授業を担保した予習・復習の確保、課外のインターンシップ、サービス・ラーニング、スタディ・アブロードなどの改革が不可欠となる。一口に言えば、アクティブラーニングの必要性が急浮上しているのである。その点、アクティブラーニングを提唱した中教審の答申は次のように指摘した。

伝統的な教員による一方的な講義形式の教育と異なり、学習者の能動的な学習への参加を取り入れた教授・学習法の総称。学習者が能動的に学ぶことによって、後で学んだ情報を思い出しやすい、あるいは異なる文脈でもその情報を使いこなしやすいという理由から用いられる教授法。発見学習、問題解決学習、経験学習、調査学習などが含まれるが、教室内でのグループ・ディスカッション、ディベート、グループ・ワークなどを行うことでも取り入れられる。(中央教育審議会 二〇〇八)

## (4) 大学と第三期型教育の棲み分け

### ①大学は下構型の高等教育

第三の波の時代は、過去の時代を克服して新しい時代の課題を解決することを大学に期待するのであるから、大学は未来からの挑戦を受けて立つための改革やイノベーションを試みることを期待されているし、それだけに従来に比してはるかに困難な時代に突入するのである。社会のなかにインフォーマルな教育やノンフォーマルな教育が活発に展開される時代においては、中世大学のように大学が教育を独占することは困難となる。大学に課される教育の課題と同様の課題を大学以外の高等教育機関も生涯教育機関もそれぞれ取り組むから、大学との競合が強まるのは避けられないだろう。例えば、現代はちょうど第三期型教育(tertiary education)が拡大する時代の最中なので、大学との競合が強まるばかりか大学の役割との棲み分けをめぐって葛藤が次第に深まるのは避けられないわけである。その動きが今後いかなる方向へ向かうかはにわかには予想できないが、大学がユニバーサル化を強め、超多様な学生を対象にした教育を引き受け、学生の学習から学修への転換によって、新しい学生像を涵養する動きは強まるものと予想される。

大学のユニバーサル化は、言ってみれば高等教育の大衆化の延長である以上、社会人のリカレント型や生涯学習型の入学が次第に増加するのに加え、高等学校卒業者の大学進学の割合が増加する。もちろん直線的に増加するとは限らない。実際、しばらくの間増加を続けてきた大学と短大を合わせた一八歳人口の進学率は伸び悩みを来した結果、五七%前後に停滞し、最近数年間は減少傾向に転じ、減少か増加かを逡巡しつつ微増しているように見える。そのような停滞の動きが短期的にはあるとしても、過去から現在までの巨視的にみた動きでは徐々に増加を遂げてきている事実が歴然と認められるので、それを敷衍してみる必要があろう。したがって、この動きを延長して予測すると、早晩、六〇%を超えるものと見込まれるから、大学入学者の多様化は一層進展し、超多様化に拍車をかけるはずであるし、それに対応した教育改革が一層必要性を高めることは必然の理であると言えよう。

下構型と上構型の高等教育機関の角逐

本来、第三期型教育が大衆的性格を持つのに比べると、大学はエリート的な性格を持つ機関である点において対照的な制度である。この大学の本来の性格に反して、最近大衆化やユニバーサル化への動きに拍車をかけている事実は、大学が過去に同様の事実を多少経験したとしても、今日ほど強烈に経験した前例はないから、いまや紛れもなく新たな時代を迎える徴候を示しているのである。大学は本来、大学を起点にそこへの進学を準備する予備門や高校教育など下方への拡大を辿る下構型の高等教育機関であるがゆえにエリート的な色彩を保持してきたし、従来に比較してかなり緩和したとはいえいまだに少なくとも局部的には選抜的色彩が強い性格を備えている。したがって、大学人は誰でも入学できる大学、すなわち全員入学の門戸開放大学へと移行することには、難色を示すとともに強い抵抗感を抱く傾向があると指摘できるだろう。

例えば、多少繰り返しになるが、一九九二年のカーネギー調査に依拠すると、大学進学率は四〇%以下に抑制することを希望した大学教員がほとんどであるという事実が存在したのであった。この保守的な意識は、一五年後の二〇〇七年のCAP調査の時点でも微動だにせずなんら変化を示さずに継承されていたのであった。そのことは、大学が従来から選抜的な機関であるばかりか、なおも選抜的機関であるべきだと大学教員が保守的な意識を堅持している紛れもない証左であると言って過言ではあるまい(Altbach. ed. 1996、有本・江原 一九九六、有本 二〇〇八、二〇一一)。

このような性格を刻印された機関やそれを支える意識が新たな方向にいきなり変貌を遂げるのは並大抵のこと

ではなく、大きな抵抗があって然るべきであろう。しかし着実に大衆化が進行してユニバーサル化が進行するなかで、この種の保守主義をあくまで堅持することは、アナクロニズムに陥る羽目になるのは当然であろうし、そのことは大学の自殺行為だと言って過言ではあるまい。

こうした状況のなかで、第一期型、第二期型の上に第三期型の教育がますます強まる構造が展開することになれば、大学がエリート機関から大衆機関へ転向して、生き残る方途を模索しなければ、社会的存在理由を喪失する事態を招くのは明白である。あるいは、その道を辿るのを拒絶する場合は、大学はその種の教育から身を引き、第三期型教育の高等教育にその役割を委ねるほかはあるまい。

### ②大学と第三期型教育の競合と葛藤

下構型機関の場合は、大学入学基準を明示して、水準以上の学力や資質を持つ人材を入学させる選抜方式が強固に作用する。この系譜は、概して「研究」大学へと発展を遂げた。これに対して、上構型機関の系譜は概して「教育」大学へと発展した。小学校を起点に中学校、高等学校を経由して最終的に大学へと至る上構型機関の場合は、落第や飛び級を極力抑制するシステムを敷き、学力水準をそれほど重視せず、トコロテン式の進級を可能にする。そこでは年功序列的な進級を基本とすることから、学業成績よりも年齢的基準が評価尺度として幅をきかす度合いが大きい。進学率がかつてのエリート段階のように一五％程度未満ならば、選抜制が作用して優秀な人材を選抜できたのに対して、五〇％を超えるユニバーサル化の段階では、全員入学を可能にする大学開放性を進行させ、極端な場合は無試験でも入学可能となる。「教育」大学は大衆化やユニバーサル化の受け皿として発展を遂げた。

CUNYの実験

実際、歴史的にはその種の「教育」大学の系譜に沿って大胆な実験を試みた大学がある。ユニバーサル段階以前の大衆化段階にニューヨーク市立大学は、最後は市の財政難に遭遇して断念せざるを得なくなって頓挫したとはいえ、長い間、無試験全員入学を断行したことがあるのである。喜多村和之はその状況を次のように論評した。

一九五〇年代から六〇年代にかけてのアメリカ全土の都市部には、急激な人口動態の変化がみられ、とくにニューヨーク市では中産階級の白人市民が郊外へと移住をはじめ、これにかわって南部からの黒人やプエルトリコ人たちが増加しはじめていた。……市当局は、一九六一年からシティ・カレッジをはじめとする四年制大学四校と地域短大四校を併合して、ニューヨーク市立大学群（CUNY）を発足させ、大学大衆化の波に対応しようとした。……選抜入学主義から自由進学制度へのラジカルな転換をはかったCUNYには、当然のことながら入学者が増加した。こうして、六九年から七四年の間に、……学生総数は二七万人という超マンモス大学にふくれ上がっていたのである。（喜多村 一九八〇：六二－六六頁）

この世界的にまれな実験である事例は、壮大な理念のもとに実施されたにもかかわらず、夢はかなく挫折に見舞われた。無試験と大衆化が進行した結果、低学力者が増加し、補習教育がその教員の増加を招き、挙句の果ては破綻をきたしたのであった。

話を日本の現在に戻すと、研究大学と教育大学の二極分解が進行した。すなわち現実には選抜と無選抜の二極分解が進行していて、一般入試、センター試験を受験して進学する層はかなり高い学力水準を示す反面、指定校、推薦、AO入試などの推薦系の入試を経由して進学する層は、いわゆる筆記試験に類する試験を受けないことも災いして、大なり小なり無試験に近づくのは否めないからである。この状態にいかなる歯止装置をかけるかが問われるのであるが、学力水準を低下させてでも定員割れを極力阻止したいとする悪しき経営主義が作用している以上、それがかなり困難であるという状況がすでに進行しているのであるから、当然の帰結として入学者の間には超多様化が顕著に増加するのは回避できない。

### ③大学は何を焦点化するかが課題

#### 偏差値による輪切り現象

現実に、大学は偏差値地獄の難関を突破しなければ入学できないエリート校から、全員入学やそれに近い水準のFランクやボーダーフリー校まで、偏差値による輪切り現象を基軸にして、十重二十重と幾重にも階層化が進み、構造的には頂点が尖塔でしかも裾野が広いピラミッド構造を呈することになった。全国の約七八〇校の大学はれっきとした格差社会を形成し、ピンの大学からキリの大学まで背の高いヒエラルヒーが出来上がっていることは明白な事実である。したがって、今日の大学像は複雑多様化した様相に彩られており、単純明快な像でもって描けない。受験産業は、偏差値によって入学できる大学を紹介し、受験生は偏差値によって輪切り化した個々の大学めがけて殺到するから、輪切り状の偏差値の配列が成立する。受験産業の発表する偏差値ランクによって、階層が形成される。ちなみに受験雑誌によれば、東京では、東大を頂点に国立大学等が存在し、私学では上智、慶応、早稲田、MARCH、日東駒専、大東亜帝国などの順位が形成され、関西では、関関同立、産近甲龍などの順位が形成されているのが偽らざる実態である。これらの順位の上位は研究大学によって占拠されているのである。

#### 大学のピラミッド状序列構造

こうした階層分化は大学のヒエラルヒーの形成にほかならない。全国では、クラークが指摘したように、国際的にはフランスのグランゼコールやパリ大学を頂点とした尖塔型、あるいは英国のオックスブリッジを頂点にした尖塔型に匹敵するとも言える、東大、京大を頂点にした尖塔型のピラミッドが形成されているのである(Clark 1983)。クラークは、この構造が比較的平坦な階層構造を持つドイツやイタリアとは異なるし、中程度の連峰型を示す米国とも異なる、世界的にも特異な構造を呈していることに注目した。もちろんこのような構造は未来永劫に存在し続けるものではなく、長期的には変化を来すと見なされるものであるが、それでも例外的には英国のように八〇〇年の年輪を刻んだ結果形成されてきた半永久的なものもあるので、簡単に消失する性格のものではなかろう。

日本の構造はミクロに見れば変化している部分もあるが、マクロに見ればピラミッドの頂点はすでに一三〇年前に形成され、今日まで全然変化していない。その理由は、その間に国家の資源が選択的かつ集中的に投資されて、意図的、体系的に格差が形成されたからにほかならない。国家人材を輩出する機関と地方人材を輩出する機関とそれ以外の法人の人材を形成する機関に棲み分けされている構造の中では、おのずから階層構造の固定化を促す力学が生じるのは回避できないのである。大ざっぱに現実を眺めると、ピラミッドの上位には旧帝大、中位には国立大学、公立大学、一部の私立大学、下位には私立大学が位置づく階層構造が存在する。概して歴史や伝統を誇る戦前以来の大学、戦後誕生した大学、そして最近誕生した新興大学が上・中・下の階層に位置づく。加えて、研究大学と非研究大学、都市の大学と地方の大学、総合大学と専門大学と単科大学などの要因を絡ませると、この構造はさらに複雑さを増す。

もちろんこの種のピラミッド状の構造は、現在急速に形成されたのではなく、戦前にはすでに「国家ノ須要」の序列として国家によって官立と私立の二元、大学と専門学校の二重を組み合わせて「二元二層」構造として形成されていた。そのことを指摘した天野郁夫は次のように述べている。

このピラミッド状の二重構造について重要なのは、それがピラミッドを構成する学校間の自由な競争、さらには資源の競争的な配分の結果としてつくり出されたものではないという点である。

資源の大きな部分とそれを配分する権限を握った政府は、その限られた資源を可能な限り国家目標の実現のために重点的に投入しようとはかった。その国家目標とは、具体的にはいえば「文明開化・富国強兵」に象徴される近代化・工業化の推進に必要な人材の育成である。政府は、その人材のなかでも「国家ノ須要に応」ずる度合の大きい、戦略的な重要性の高い部分の育成にかかわる学校に焦点をあて、そこに資源の集約的な投入をめざしたのである。

法科大を頂点とした帝国大学——農工商の実業専門学校を中心とする官立専門学校——特別認可学校や指定学校、認可学校——それ以外の私立専門学校とならべてみれば、高等教育のピラミッドと、それを裏うちしている資源の傾斜的な配分構造とが、「国家ノ須要」尺度と、いかに見事に対応していたかがよくわかる。

……

こうして、帝国大学の発足から十数年の間につくりあげられた、資源の傾斜的な配分に支えられた、硬直的で流動性に乏しいピラミッド状の二重構造は、ゆるぎないひとつの「体制」へと発展していったのである。

（天野 一九九三：一〇四‐一〇五頁）

研究大学と教育大学の役割

地方の法人大学である私立大学は、国立研究大学と競争をするようにもともと設置されていないし、多くの私立大学はよしんば競争したところで最初から勝負は決まっていて、歯が立たないどころか太刀打ちできそうにない。研究大学を名乗っても、それに伴うヒト、モノ、カネ、情報、評判など匹敵すべき実力が欠如しているので、すぐさま馬脚を現すことになりかねない。この現状を勘案すると多くの私立大学は、いわゆる「研究大学」を志向するのではなく、大学設置の理念や目的に応じた、使命や役割を追求し、その実績を積むことによって、社会貢献を志向する以外に存在価値を証明する方法はないに等しい。

実際、全国の八〇〇近い大学のなかで、わずか四～五％相当の大学が研究大学として位置づけられていて、実数としてはせいぜい三〇～四〇前後の大学がそれを占拠しているのにすぎないのである。その大半は国立大学である。その他の大多数の大学は非研究大学であり、「研究」大学ではなく概ね「教育」大学の範疇に一括されるとみなされる。二〇〇五年に中教審が提唱した大学種別化構想は、このような現実に見合う役割分担であるとみなされるものである（中央教育審議会 二〇〇五）。それを勘案すれば、大枠として一括できる多数派の「教育」大学は細分化すれば、総合大学、専門大学、教養大学、地域貢献大学、生涯学習大学などである。

## (5) 大学の種別化

### ①研究大学

現在の第三の波の時代は、第二の波の時代に実現できなかった研究と教育の両立の課題を再考し、実現しなければならない使命がある。しかし、第二の波の時代には研究パラダイムが跋扈して次第に勢力をました結果、教育の形骸化を招いた。そのことは、現在の第三の波の時代にも持ちこされて、研究志向を一段と強化する状況をもたらした。その動きは世界大学ランキングの登場と研究大学の地位の向上に収斂しているとみなされる。

周知の通り、二〇〇三年以来突如として大学の世界ランキングが発表され、世界的に注目される時代に突入し、上位進出をめぐる大学間の競争は、単に大学間にとどまらず、国家間の競争を惹起しつつ世界的な広がりを持って激化することになった。グローバル化の進行と呼応したこの新たな動きのなかでは、世界の大学、とりわけ研究大学を自認する大学が世界的な評判を高めるためには、研究と教育、とりわけ研究の質量の優劣を見究める世界的な競争の埒外に逃避することは困難となるのは必至である。すなわちランキングに名前を刻まれることは研究大学を世界に周知させる指標となるし、上位への格付けは世界の学問中心地＝ＣＯＥとして名前を馳せることになるから、研究大学の使命は世界的な研究生産性を上げて世界トップ水準のランキングに食い込むことが実現すべき課題となる。「山があるから山へ登る」の諺を引けば、「ランキングがあるからランキングに挑戦する」との論理を導くのは容易であり、当然の成り行きとして研究大学間の競争は世界規模で熾烈になるのは回避できないことになったのである。

世界大学ランキングにおける日本の研究大学の実力

現実に公表されているロンドン・タイムズ（ＴＨＥ：Times Higher Education）、トムソン・ロイター、ＱＳ、上海交通大学、USニューズ&ワールド・レポート、などの世界大学ランキングでは、世界の研究大学はもとより日本の研究大学もピラミッドのどこかに格付けされて、地位が一目瞭然になるのは周知の通りである。THEの事例（二〇一四〜二〇一五年ランキング）に依拠すると、日本の大学は東大（二三位）、京大（四三位）が一〇〇位以内にランクインされている以外は上位には登場していないし、四〇〇傑までで一一校を数えるにすぎない。他の旧帝大は一〇〇位以内には皆無だが二〇〇位以内までカウントすると若干登場しているものの全国の八〇〇近い大学群における出現率は二％程度にも及ばない極少の数字にすぎない。こうした結果には、日本の大学が世界的なランキングの席次獲得競争において悪戦苦闘している状況が透けて見えると言えよう。その点、一九世紀の後半以来、国際的な競争力をつけるために、ドイツに触発されながら、米国が中世カレッジ以来の伝統を転換して大学改革を推進してきた成果が一世紀以上の経緯を経て開花している事実が察知できると言わなければならないだろう。

米国に比較して、明治以来一三〇年間、優先的かつ集中的に予算や資源を投入してきたほんの一握りの研究大学でも、世界的には一〇位以内にランクされていないし、一〇〇位以内でも二校にすぎないという惨状を呈しているのである。ましてや他の大多数の「教育」大学に属すると考えられる大学群には、研究大学を志向するのは絵空事に近いほど絶望的な乖離が横たわるし、世界ランキングの一〇位以内は言うに及ばず、一〇〇位以内に入ることも到底かなわないほど無理難題となるのは自明である。このような現状を踏まえて、世界ランキングエントリー競争に参画せんとすれば、全大学のなかで代表選手格の地位を占めて輿望を担っている研究大学の足腰を鍛える作業は何よりもまず欠かせない。政府は今後一〇年以内に、上位一〇〇傑に一〇大学を輩出する計画を画策し、二〇一五年からトップ型一三大学を選択し、各大学に毎年五億円を配分する政策によって一握りの大学群に集中的に資本を投入することになった。また、上位一〇位以内に東大と京大を輩出する計画も発表した（日本学術振興会 二〇一五）。THEの調査（二〇一五〜二〇一六年）では、さらに日本の大学の地位は急減したので、一〇位どころか一〇年以内に一〇〇傑に一〇大学をランクインさせるという安倍晋三首相の構想は後退した（有

本 二〇一六）。

## 研究大学の裾野への目配り

これら旧帝大系の大学へ資源を選択的に集中投資することは、必要悪であるとしても、「一将功成りて万骨枯る」ではないが多くの大学のエネルギーや存在価値を喪失させては元も子もないのであり、明治時代から研究に肩入れしてきた大学政策が「九仞の功を一簣に欠く」結果になりかねない危惧がある以上、そうさせない政策が欠かせないだろう。一〇〇位以内に二校しか入らないのが問題であるよりも、むしろ上位四〇〇位までに全国約八〇〇校のなかでわずかに一一校しか格付けされていない事実こそが問題なのであり、選択と集中政策によって上位の研究大学のみに資源投入を集中するばかりではなく、GDP比に占める公的高等教育費を先進国並みに引き上げることの実施によって、大学全体に対するサポートを拡充することと並行させて、底辺の底上げを図ることが肝要であろう。

阪彩香と桑原輝隆は、「国・地域別論文発表数」を上位二五カ国・地域についてトムソン・ロイターのウェブ・オブ・サイエンス（WoS：Web of Science）を材料に、自然科学分野のデータ・ベース（1989-1991, 1999-2001, 2009-2011）の論文発表数を分析している（**表5-6**参照）。その結果、この間の論文数は増加した（四万五八〇九→七万三八四四→七万六一四九）にもかかわらず、日本の占有率は第三位から第二位へ上昇したのちに第五位へと後退したのであり、その原因が日本の研究生産性の主翼を担う国立大学の後退にあるとしている（阪・桑原 二〇一三）。このように最近日本の研究力が後退し、その原因が国立大学の後退、とりわけ財政的疲弊に大きく起因している事実が指摘されていることに鑑みると、日本の研究生産性の国際競争力を本気で高めようとするならば、財政的支援をまず保証することが第一の課題である。国立大学は法人化以後、運営費交付金が一三〇億円減少し、目減りに伴って各大学を直撃し、人件費がかさみ少ない予算を教育費に捻出せざるを得ないことによって生じる、研究費の減少現象が増加している。この現実に救済の手を差しのべずして、窮状の克服はあり得ない。運営費交

**表5-6　国・地域別論文発表数：上位25カ国・地域（全分野）（1989‐2011年）**

| 全分野 | 1989-1991年（平均） | | | | | |
|---|---|---|---|---|---|---|
| | 論文数 | | | | | |
| 国名 | 整数カウント | | | 分数カウント | | |
| | 論文数 | シェア | 順位 | 論文数 | シェア | 順位 |
| 米国 | 207,157 | 34.6 | 1 | 195.346 | 32.7 | 1 |
| 英国 | 50,661 | 8.5 | 2 | 45,887 | 7.7 | 2 |
| 日本 | 45,809 | 7.7 | 3 | 43,638 | 7.3 | 3 |
| ドイツ | 44,598 | 7.5 | 4 | 39,541 | 6.6 | 4 |
| ロシア | 37,789 | 6.3 | 5 | 36,659 | 6.1 | 5 |
| フランス | 33,240 | 5.6 | 6 | 29,279 | 4.9 | 6 |
| カナダ | 27,147 | 4.5 | 7 | 24,003 | 4.0 | 7 |
| イタリア | 18,066 | 3.0 | 8 | 15,841 | 2.6 | 8 |
| インド | 14,788 | 2.5 | 9 | 14,172 | 2.4 | 9 |
| オーストラリア | 12,947 | 2.2 | 10 | 11,686 | 2.0 | 10 |
| オランダ | 12,552 | 2.1 | 11 | 10,919 | 1.8 | 11 |
| スウェーデン | 10,327 | 1.7 | 12 | 8,843 | 1.5 | 13 |
| スペイン | 10,016 | 1.7 | 13 | 8,957 | 1.5 | 12 |
| 中国 | 8,504 | 1.4 | 14 | 7,551 | 1.3 | 14 |
| スイス | 8,501 | 1.4 | 15 | 6,739 | 1.1 | 15 |
| イスラエル | 6,265 | 1.0 | 16 | 5,244 | 0.9 | 16 |
| ベルギー | 5,989 | 1.0 | 17 | 4,951 | 0.8 | 18 |
| ポーランド | 5,944 | 1.0 | 18 | 5,011 | 0.8 | 17 |
| デンマーク | 4,929 | 0.8 | 19 | 4,141 | 0.7 | 19 |
| チェコ | 4,231 | 0.7 | 20 | 3,750 | 0.6 | 20 |
| フィンランド | 4,027 | 0.7 | 21 | 3,516 | 0.6 | 21 |
| オーストリア | 3,885 | 0.6 | 22 | 3,299 | 0.6 | 22 |
| ブラジル | 3,576 | 0.6 | 23 | 3,055 | 0.5 | 24 |
| 南アフリカ | 3,452 | 0.6 | 24 | 3,194 | 0.5 | 23 |
| ノルウェー | 2,932 | 0.5 | 25 | 2,471 | 0.4 | 27 |

| 全分野 | 1999-2001年（平均） | | | | | |
|---|---|---|---|---|---|---|
| | 論文数 | | | | | |
| 国名 | 整数カウント | | | 分数カウント | | |
| | 論文数 | シェア | 順位 | 論文数 | シェア | 順位 |
| 米国 | 240,912 | 31.0 | 1 | 211,477 | 27.2 | 1 |
| 日本 | 73,844 | 9.5 | 2 | 66,714 | 8.6 | 2 |
| 英国 | 70,411 | 9.1 | 3 | 56,527 | 7.3 | 3 |
| ドイツ | 67,484 | 8.7 | 4 | 53,086 | 6.8 | 4 |
| フランス | 49,395 | 6.4 | 5 | 38,676 | 5.0 | 5 |
| イタリア | 32,738 | 4.2 | 6 | 26,543 | 3.4 | 6 |
| カナダ | 32,101 | 4.1 | 7 | 25,209 | 3.2 | 8 |
| 中国 | 30,125 | 3.9 | 8 | 26,192 | 3.4 | 7 |
| ロシア | 27,210 | 3.5 | 9 | 22,280 | 2.9 | 9 |
| スペイン | 23,149 | 3.0 | 10 | 18,823 | 2.4 | 10 |
| オーストラリア | 20,756 | 2.7 | 11 | 16,581 | 2.1 | 11 |
| オランダ | 18,653 | 2.4 | 12 | 13,983 | 1.8 | 13 |
| インド | 17,863 | 2.3 | 13 | 16,166 | 2.1 | 12 |
| スウェーデン | 15,168 | 2.0 | 14 | 11,159 | 1.4 | 15 |
| スイス | 14,201 | 1.8 | 15 | 9,600 | 1.2 | 16 |
| 韓国 | 13,828 | 1.8 | 16 | 12,041 | 1.6 | 14 |
| ブラジル | 10,630 | 1.4 | 17 | 8,638 | 1.1 | 18 |
| ベルギー | 10,175 | 1.3 | 18 | 7,171 | 0.9 | 20 |
| ポーランド | 10,070 | 1.3 | 19 | 7,748 | 1.0 | 19 |
| 台湾 | 10,035 | 1.3 | 20 | 9,033 | 1.2 | 17 |
| イスラエル | 9,249 | 1.2 | 21 | 7,067 | 0.9 | 21 |
| デンマーク | 7,864 | 1.0 | 22 | 5,542 | 0.7 | 23 |
| オーストリア | 7,388 | 1.0 | 23 | 5,373 | 0.7 | 24 |
| フィンランド | 7,341 | 0.9 | 24 | 5,586 | 0.7 | 22 |
| トルコ | 5,977 | 0.8 | 25 | 5,317 | 0.7 | 25 |

| 全分野 | 2009-2011年（平均） | | | | | |
|---|---|---|---|---|---|---|
| | 論文数 | | | | | |
| 国名 | 整数カウント | | | 分数カウント | | |
| | 論文数 | シェア | 順位 | 論文数 | シェア | 順位 |
| 米国 | 308,745 | 26.8 | 1 | 253,563 | 22.0 | 1 |
| 中国 | 138,457 | 12.0 | 2 | 121,209 | 10.5 | 2 |
| ドイツ | 86,321 | 7.5 | 3 | 60,551 | 5.3 | 4 |
| 英国 | 84,978 | 7.4 | 4 | 57,725 | 5.0 | 5 |
| 日本 | 76,149 | 6.6 | 5 | 65,167 | 5.7 | 3 |
| フランス | 63,160 | 5.5 | 6 | 43,939 | 3.8 | 6 |
| イタリア | 52,100 | 4.5 | 7 | 39,222 | 3.4 | 7 |
| カナダ | 50,798 | 4.4 | 8 | 36,128 | 3.1 | 9 |
| スペイン | 43,773 | 3.8 | 9 | 32,497 | 2.8 | 11 |
| インド | 43,144 | 3.7 | 10 | 38,162 | 3.3 | 8 |
| 韓国 | 40,436 | 3.5 | 11 | 34,649 | 3.0 | 10 |
| オーストラリア | 36,575 | 3.2 | 12 | 26,088 | 2.3 | 13 |
| ブラジル | 31,592 | 2.7 | 13 | 27,068 | 2.4 | 12 |
| オランダ | 28,759 | 2.5 | 14 | 18,975 | 1.6 | 17 |
| ロシア | 27,840 | 2.4 | 15 | 22,594 | 2.0 | 14 |
| 台湾 | 23,883 | 2.1 | 16 | 21,051 | 1.8 | 15 |
| トルコ | 21,886 | 1.9 | 17 | 19,770 | 1.7 | 16 |
| スイス | 21,774 | 1.9 | 18 | 12,340 | 1.1 | 20 |
| ポーランド | 19,518 | 1.7 | 19 | 15,564 | 1.4 | 18 |
| スウェーデン | 18,812 | 1.6 | 20 | 11,620 | 1.0 | 21 |
| イラン | 17,268 | 1.5 | 21 | 15,518 | 1.3 | 19 |
| ベルギー | 16,234 | 1.4 | 22 | 9,928 | 0.9 | 22 |
| デンマーク | 11,466 | 1.0 | 23 | 7,115 | 0.6 | 25 |
| オーストリア | 11,301 | 1.0 | 24 | 6,782 | 0.6 | 27 |
| イスラエル | 10,849 | 0.9 | 25 | 7,683 | 0.7 | 24 |

トムソン・ロイター社 Web of Science を基に、科学技術政策研究所が集計　　出典：阪・桑原（2013）29頁より作成

付金の増額、によって研究生産性を実質的に担うこれら研究大学の活性化が確保されることが欠かせないのではないか。確かに一〇〇〇兆円以上の借金を抱える日本は、ＧＤＰ世界三位にもかかわらず選択と集中政策によって少数精鋭主義に徹しなければ財政がもたないという理由があるかもしれない。しかし明治時代の日本がなけなしの財布をはたいて大学づくりに投資したように、いまこそ大学づくりに投資しなければ、将来禍根を残すに違いない。研究大学以外の大学も研究体制の一翼を担う点では研究大学を底辺から支える責任を担う以上、相応の力を発揮するように公的高等教育費の増額による財政支援を中心に条件整備が欠かさせないはずである。

研究生産性は、ピラミッドの頂点の研究大学のみでは達成されないことを勘案して、裾野部分の研究大学ではなくても準研究大学などの活力を枯渇させない政策が必要である。その枯渇は長期的には上位と下位の間の人材の周流現象を阻止することをもたらし、そのことに起因して、下位はもとより上位の疲弊や枯渇をドミノ的に招く恐れがある。上位の大学の自給自足によって世界水準の競争に参画できる人材供給ができるわけはないし、とりわけ学閥や自校閥型の人材供給は学問や研究の発展を阻害するし、優秀な人材は特定の研究大学のみに存在するとは限らないことに留意が欠かせない。

## 「教育」大学の人材養成機能の重要性

加えて、学問の発展や社会の発展が研究のみではなく、教育との両立によって成り立つことを重視すれば「教育」大学を軽視しないことはなおさら重要である。将来の保育園、幼稚園、小学校、中学校、高校などの各種学校において、人材育成に携わる教師は主としてこれら「教育」大学のなかの文字通り「教育大学」に該当する教員養成系学部から輩出されるのであり、これら教師の卵である学生が「形式知」においても「暗黙知」においても名実ともに研究力の豊かな大学教員によって「形式知」やとりわけ「暗黙知」の発動によって育成されなければ、優秀な教師は輩出できない。

ましてや優秀な学校教師が育成されなければ、優れた児童・生徒・学生は育成されない。換言すれば、優秀な大学教員から優秀な学校教師が養成されるという好循環が断たれ、優秀でない大学教員から優秀でない学校教師が養成されるという悪循環が生じるからである。学校教師に限らず、市民養成をはじめ各種人材養成においても同様の原理が作用するはずである。概してピラミッドの頂点ではなく底辺において研究を担保しながら教育に比重を置く、「教育」大学の役割を決して軽視してはなるまい。研究と教育は有機的に統合され、研究と教育のシステム的な好循環が形成されなければ、研究生産性と教育生産性を包括する役割を担う学問的生産性は効果を発揮することは不可能であるからである。

**②研究を担保した教育の時代**

第三の波の時代は、研究と教育の両立を模索する。そのためには研究大学と教育大学の両立は欠かせない課題である。そして、研究大学と教育大学の分業化が進行しつつある現状があるとしても、各機関のなかでは研究と教育の両立が欠かせない課題である。「教育」大学は、研究を捨象して教育のみに比重を置く大学群ではなく、研究を担保しながらも教育へ比重を置く大学群である。高等教育の大衆化段階では従来の小学校並みに大学の学生数が増え、高等教育のユニバーサル化は大学進学を権利よりも義務に近くさせるばかりではなく、実際にも国民の大半が何らかの形で高等教育を享受する段階に突入させることになる動きを意味する。そのことは今日すでに射程距離に入ったと言ってよかろう。すべての国民が誕生から死亡までの生涯を通じて、学習の主体者として学習を持続する生涯学習時代が到来したことは、有史以来最初の画期的な社会的機能が問われることになるのはもとより、大学はそのような新たな社会的機能の必要不可欠な一翼を担うことになった。大学は従来からのエリート的機関であることを維持しながらも、エリート化一辺倒の役割を担うのではなく、高等教育の大衆化の時代においては大衆化の受け皿になり、高等教育のエリート化の時代には考えられない、新たな社会的機能を果たすことになった。ということは、従来の伝統的なエリート学生を対象に特化した大学の社会的機能を一新するとともに、新たな多様化した学生を対象とした社会的機能を遂行しなければならなくなったのである。

学生の変化への対応と教育改革

新たな機能、とりわけ教育機能への対応は、少なくとも学生が変化していることへの配慮が欠かせないことにほかならない。エリート段階の学生は階層、資質、能力が平均的に同質的で概して高質であるが故に、教育の仕方は同質的かつ均質的であったとしても、同質性の高い学生同士の間の違和感は少ないものであったはずである。一人ひとりの学生に対応して潜在力を引出し独創性や創造性の発揮を期待する度合いも少ないものであった。実際、一九世紀まで支配的であった講義、討論、暗唱・復唱型の教育は、教員が考える教育の模範へと学生を同化させる教育であって、鋳型に同調させる点で演繹型の教育であった。教育＝education の語源には、鋳型にはめ込むこと（educare）と潜在力を引き出すこと（educere）の二つの意味が含意されているが、前者が支配的であったとみなされる。

前者の鋳型にはめ込む教育が支配的であった前近代は、学生の多様化と個性化が生じる以前であったこともあって、その時代は大人と区別した子供もいまだ発見されておらず、子供は大人の雛形であった。例えばピーテル・ブリューゲルの「子供の遊戯」に見られるように、すでに一六世紀に子供を子供として描いたものも例外的にあることはある（森 一九八九）。美術や絵画の世界にはブリューゲルのように子供を子供として描いた作品はほとんどなく、描かれたのは大人を縮小した姿であったことからも了解できるように、子供は小さな大人にすぎなかった。「子供の発見」以後に子供固有の人権も擁護されるようになり、発達したのであって、ようやく一七世紀以後になって、子供が子供として対象化されるようになったし、大人と異なる子供服も編み出されたが、それ以前の子供は人間ではなく動物と同じとみられた（アリエス 一九八〇）。

一四歳頃から二五歳前後頃が多数を占めた中世大学の学生は、現代の青年に該当する年齢層も含まれたことからすれば、歴史的には「子供の発見」より遅れて発見された青年も当時では子供とともに大人の雛形とみられたわけである。この種の子供や青年が社会的に発見されていない段階の教育では、「親の肩代わり」の教育はあっても、学生の人権や個性や潜在力は重視されなかったのは当然であったし、教員は研究力を必要としないばかりか、専門分野の研究を踏まえて学生に教授することもせず、学生がテキストの暗唱や復唱をするのをひたすら監督する存在であったとしても、あながち不自然なことではなかったのである。

近代になって学生の大衆化や多様化が生じる時代には、学生の潜在力を引き出す教育が脚光を浴びることになったことに伴い、伝統的な教育は限界を露呈せざるを得なくなった。その証拠は進学率が一五％を超え二〇％前後に到達した一九六五〜七〇年時点で生じた「大学紛争」でもって鮮明に裏書きされることになった。この当時の学生への対応は、従来の鋳型にはめ込む教育から新たな潜在力を引き出す教育への転換を余儀なくされることになったし、そのことを意図した教育改革が焦眉の急を告げることになったのであった。それにもかかわらず、改革案は全国の大学において山積した反面、十分な改革が行われないまま経過した。改革案が山積したことは、大学教員が大学改革、とりわけ教育改革の必要性を痛感した事実の証拠を示すものであるとはいえ、実践に結合しないままに終始した事実を示すのでもある。

### 教育改革――研究を担保した教育

進学率四〇％程度の時点の一九九一年に大綱化政策が導入され、遅ればせながら教育改革が着手されたとはいえ、本格的な改革は一日延ばしにずるずると持ち越され、ようやく二〇〇五年の中教審答申において教育改革が具体化される運びに至り、二〇〇八年の学士課程答申、二〇一二年の質的転換答申において一層拍車がかけられる運びになったのである（中央教育審議会 二〇〇五、二〇〇八、二〇一二）。こうした牛歩戦術さながらの遅れが顕著に進行した時代には、教育をターゲットとした改革すらできなかったのであるから、ましてや研究を担保した教育改革などは、改革の蚊帳の外に置きざりにされたのは当然の成り行きであった。

立ち遅れが進行するなかで、ようやく二〇〇八年の中教審答申では、教育改革の前提に「研究」の担保が必要なことを一連の答申では初めて正式に提唱した。教員が学生の潜在力を引き出すためには、学生の学修力を引き出し涵養するだけの力量が欠かせない。鋳型にはめるだけならば一斉教授によって記憶させせれば事足りるのに対して、潜在力を引き出すには一人ひとりの個性に即した学修力を引き出し、涵養するだけの力量が予め教員自身に身についていることが求められる。そのためには、専門分野に精通し他の研究者に先駆けてその最先端を開拓できる確かな研究力を擁することが前提になるし、教育のなかにかかる研究力を担保しない限り学生の学修力を正面切って真に涵養することは不可能である。学生の学習力を学修力に転換するには、その前提として教員が教育力を従来型から未来型へと転換する必要があるからこそ何よりも研究力を十分担保することが必要であると言わなければならないのである。この観点は、二〇一三年から導入されたアクティブラーニングの根幹にかかわるので、教育のなかに研究を担保することは待ったなしの状態になったことを裏書きしている。研究を担保した教育の実現によって研究と教育の統合は陽の目を見ることができるわけである。

研究と教育の統合

私は早くから研究と教育の統合を指摘し、二〇〇八年の中教審の中間報告後の中教審での参考人ヒアリングに招かれた折にその必要性を提言した。特に、学生に「論理的思考力」を育成するには、それを指導する教員自身が自分のことは棚に上げて学生のみに期待するのではなく、まずもって教員自身の研究力が欠かせないことを強調した。比較的最近でも次のように指摘していたので、引用したい。

今後の大学は、知識社会化とユニバーサル化の進行によって、知識の価値が高まり、超多様化する学生の資質・能力・学力の涵養が不可欠の課題となるのは陽を見るよりも明らかである。学生の創造力・想像力・問題解決力・思考力などの能力や学力が一段と重要性を増す中で、その前提となる「論理的な思考力」を育成することは肝要である。そのためには、教授－学習過程において主要な役割を担う教員の教授力はもとより、その基盤をなす研究力、とりわけ「高度な研究能力」の涵養が欠かせない。その欠如は学生の創造力をはじめとする思考力や研究力を阻害するばかりか、多くの学生が社会を担うアクターになる今後は社会発展に負の影響をもたらすと予測するのは難くないだろう。その点を鑑みれば、現在の研究と教育の分断政策ではなく、「研究・教育の統合」の政策が必要であり、さらには「研究・教育・学習の統合」の政策が必要であることは言うまでもない。（有本 二〇一〇：一九－二〇頁）

学士課程答申（二〇〇八年）では、遅ればせながらこのような主張が実現された。日本の大学教員が長年の政策によって培われた研究志向であるのに、いきなり政策転換によって研究を捨象して教育志向のみを提唱しても、かえって教員からの反発を招き、彼らの内面にはむしろ葛藤が深まるばかりであるから、研究を担保して教育志向を強化することは、留意すべき大切な視点である。教育力の強化にはあくまで研究力の強化を担保しなければならない。大学教員が研究するのは当然であり、奨励されるべきであるのに加え、研究は授業や教育と関係が深い点を看過してはなるまい。教育志向の必要性は、学生の学習力の基軸たる「主体的な学び」を育成し、自分の頭で考える学生を養成する点に主眼を置くのであるから、そのことを着実に実現するためには授業の果たす重要性が一段と増す。教員は単に教授するだけではなく、新分野開拓のための創造的な研究を踏まえて教授する場合にはじめて学生の学修力を喚起する効果が発揮されるのであり、教員自身が研究をせずに学生の想像性、創造性、問題解決力といった学力を涵養することはできないと考えられる。換言すれば、学生のアクティブラーニング（能動的学修）を喚起するには、教員の側の研究を担保したアクティブティーチング（能動的教授）が不可欠なのである。

教員の研究力

ハリエット・ズッカーマンは、ノーベル賞受賞者のエリート科学者が持っているところの「暗黙知」（tacit knowledge）を盗んだ弟子たちから将来のノーベル賞受賞者が多数輩出すると指摘した（ズッカーマン 一九八〇）。このことを想起すると、エリート科学者とその弟子に限らず一般の大学教員と学生の間にも最先端の研究は暗黙知となって想像力を刺激する点では変わりあるまい。もっとも、エリート科学者の弟子は大切なものは何かを考え、しかもそれを師匠から盗む意欲があることを前提にしている反面、一般の学生は何が大切であるかを考える意欲や能力が欠落し、盗む意欲すら持ち合わせていないかもしれない。すなわち学習意欲、動機、好奇心、やる気に遜色があるかもしれないのである。

今日の大衆化段階やさらにユニバーサル段階に登場している超多様化した学生層には、エリート段階の学生とは異なる現実が拡大していることを考慮しておく必要があろう。そうした学生層の教育使命を担う今日の大学教員は、エリート科学者の弟子の教育に比較して遥かに困難な状況に置かれていると言わなければなるまい。ズッカーマンの言及した学生は、大学院生であろうからまだしも研究へのレディネスが高いだろうが、学士課程の学生ならばその点は低いであろうし、高学年ではまだしも低学年ではなおさらであろう。教員がほんものかにせものか真贋を見極める力が欠如しているかもしれない。

さすればなおさらである。教師の意欲や熱意や力量がなければ、仮に学生が潜在力を秘めていても、それに点火することは不可能に近いからである。研究力の豊富な教員は必ずしもすべてとは言えないとしても概して、授業によって学生の潜在力を刺激し、学習意欲、モラールを引き出し、学生の学修力の向上を支援することができる一方で、学生はこうした研究力の豊富な教員の迫力によって学修意欲を喚起され、学修力を促進され、潜在力を引き出され発揮することができる。このように、学生の学修力や研究力を引き出すには、その前提にあくまで教員の研究力に裏付けられた教育力が重要なことを看過してはなるまい。そのことは、教育は授業を中心に成立する以上、「研究」大学にのみ必要なのではなく、「教育」大学においても同様に必要であることを意味するのである。授業あるいはその前提において教員の研究力を欠如すれば、大学はもはや大学ではなくなり、おそらく研究と教育の両立を求めないであろう、小学校か小学校もどきになってしまわざるを得ないであろう。

### ③研究と教育の分離

研究と教育の両立の重要性を考察したが、その必要性が高いことは裏を返せば、両立が困難な現実が世界的にも日本的にも横たわっているからにほかならない。研究と教育の両立への必要性が高いにもかかわらず、現実には分離への圧力が強く作用する現象が進行しているのはなぜであろうか。その点を日本に焦点を合わせて検討してみよう。

研究偏重の政策

第一に、日本の大学教員は戦前以来、今日に至るまで研究志向政策が強い環境のもとにおいて、研究と教育が分離する傾向に陥ったと考えられる。研究を偏重し教育を軽視するという政策によって刻印された風土や風潮は、ドイツモデルを移植し研究重視を追求した旧帝大の対応を皮切りにして開始され、その後、国立大学を中心にした研究志向の風土が醸成されることによって踏襲され、戦後叢生した私立大学や短期大学にさえこの風土が蔓延することになった。研究パラダイムが確立し跋扈したのである。

研究偏重の人事——教育大学の事例

第二に、大学教員の研究偏重の人事に起因している。今日では修正されつつあるが、任用や昇任などの教員人事は国立、公立、私立の大学を問わず概して研究中心に行われ、教育能力や技能が低く扱われやすい慣行が成立したのは、戦前以来の慣行が累積した結果のなせる業である。私の見聞や体験では、戦前の師範学校の教授は戦後、新制の教員養成大学になった時点において助教授に格下げされたケースが多かったし、旧帝大の助手から赴任してきた若い教員は助教授を飛ばして一気に教授に昇任したのであった。この人物が目を光らせている限り、大学院の人事は研究重視であって、研究業績のない教員は担当を断固阻まれた。このような「事件」を四〇年前には観察することができたし、このような鬼軍曹が存在したからこそ、研究志向の風土が「研究」大学ではなく

「教育」大学においてすら時々刻々と醸成されたはずである。

## 教育重視の人事――米国の研究大学の事例

約四〇年前というちょうど同じ時期（一九七六〜七八年当時）に米国のイェール大学に客員研究員として二年間滞在したが、そのときに観察したことは、日本とは異なる光景であった。「イェール高等教育研究グループ」を主宰するクラーク教授は二人のポストドクトラルを研究員として任用した。彼らはいまでは著名なロジャー・ガイガー教授とダニエル・レヴィー教授であったのであるが、当時は大学院を卒業したばかりの駆け出しであった。研究所の研究員であるから、研究能力が問われるのは当然だし、二人とも優秀な研究者であったが、意外であったのは講義能力を試されていたことであり、二日間滞在している間に、種々の人々の面接などを受け、おそらく才能や人間性が多面的に観察されたことはともかくとして、それとは別に模擬授業が行われたのには驚かされた。そこには研究と教育の能力を等しく吟味されて採用される慣行が存在していたのである。当時の日本の大学では、研究能力の吟味は盛んに行われていた反面、教授能力の吟味は全くと言っていいほど行われていなかったし、模擬授業などは論外であった。

米国の大学が研究と教育の両立を重視することは、イェール大学のような研究大学でも名だたる研究所でも当然のごとく重視されていたのは瞠目に値することであった。この点は他の米国の大学でも従来から行われていた。クラークは、むしろ教育はすべての教授を含め大学教員が担当するのが当然であって、研究はその合間に行うものだという不文律が支配していると述べている（Clark 1987）。

その点、ついでに観察したことを記すと、一九七六年当時すでに学生による授業評価がなされていて、その結果が図書館に開架式で展示されていた。クラーク教授がどのような採点をされているか興味があったので覗いてみた結果、案外な評点も散見された。学生の評価は厳しいものだと痛感した記憶がいまよみがえる。その後、二〇年近く経て一九九三年十二月三日にＮＨＫ大阪放送局のテレビ番組「発信基地」の「学生が大学教授を採点する」に出演して、米国ではとっくに学生による授業評価が行われ、教育が重視されている事実を述べた。その後、日本では徐々に学生による授業評価は実施されることになった。

専門分野への志向——大学教員は専門分野、講座・学科、学部、大学の順に志向度が高い

第三に、大学教員は、大学、学部、講座・学科、専門分野のなかでは世界的に専門分野、講座・学科、学部、大学の順に志向度が高いという傾向が見られる（有本・江原 一九九六）。この事実は、世界の大学教員が「きわめて専門分野志向である」と言っても語弊はあるまいと考えられる。概して、専攻する学問への愛着が強く、特定の専門分野を専攻し、その学会に会員として所属し、学界の大会において口頭による研究発表をし、学会誌に投稿し、学会賞などの評価を受け、各種審査員としてゲート・キーパーを務め、理事や評議員などの役員を務めること、などに生き甲斐を感じていると観察できるのである。こうして専門分野は研究志向を強め、コスモポリタン志向になるのに対して、講座・学科はまだしも、学部はかなり異なり、さらに専門分野の対極に位置する大学は教育志向でローカル志向になることが分かる。したがって前者の専門分野への同調は後者の大学への同調を弱めることになる。

研究と教育の可視性

第四に、研究で卓越した業績を上げた大学教員は、ノーベル賞をはじめ国際学術賞を受賞し、世界的な可視性を高め、評判を得て、有名になる可能性は少なくない。著名学者は、高給でスカウトされ、地位を保証されることも少なくないのである。研究の世界はコスモポリタン志向であり、国際学会は土俵が世界に据えられているのが常識であり、世界的範囲での移動が生じることも多く、知名度の及ぶ範囲が広い。学部や学科の人事の水準が研究業績において世界的に著名な学者の任用だと謳っている大学も少なくない。そこにはマタイ効果が歴然と作用する。研究とは対照的に教育の場合には、評判を高め有名になる場合も希にあるが、地域的範囲ではともあれ、

世界的範囲で評判を高める度合いは概して低い。

世界大学ランキング

第五に、第四と関連するが、二〇〇三年から世界的に顕著になったごとく、ロンドン・タイムズ、トムソン・ロイター、上海交通大学、QSなどの世界大学ランキングによって、研究の重要性が高まったことは研究志向に拍車をかける圧力として見逃せない動きである（Shin, et al. 2010, Arimoto 2010）。上位にランクされる大学は概ね研究大学であるし、ノーベル賞受賞者をはじめ著名な科学者、研究者、学者などのスターやスター級を擁していることが常態となっている。世界大学ランキングにおいて上位にノミネートされるためには、研究生産性、その可視性や評判などで著名な学者をできるだけ多く集積する必要があり、大学教授市場や学会や広く学界に目を向け、論文生産数、引用数、可視性、評判などで出色の科学者、研究者、学者をターゲットにして世界的な範囲でスカウト合戦が繰り広げられるのは避けられない現象となっているのである。それにもかかわらず、日本の学界も例外ではなく、国際調査では研究生産性は世界的にみても高いという結果が得られた。日本の大学教員の研究活動は世界から高く評価されているとは限らない。ジャパノロジスト＝知日家で著名なウィリアム・カミングス教授は、日本の大学教員が研究熱心で研究生産性がきわめて高いが、外国へ発信しないため、外国からは見えにくいと苦言を呈している（Arimoto, et al. 2015）。こうした日本的事情があるとしても、このような研究パラダイムの風潮を反映して、世界的に大学教員は教育志向よりも研究志向を強めても不思議ではないし、実際にもCAP調査の結果が示す最近の動きは、その事実を明確に裏付けているのである（有本 二〇一一）。

**④研究・教育・学修の分離と統合**

研究と教育の分離から統合へ

このような研究と教育の両立よりも分離の傾向が世界的に進行すればするほど、大学が今後向かうべき方向との距離が拡大して、乖離が生じることになり、問題は沈静化するどころか深刻となるのが目に見えている。こうした動きがあるにしても、二一世紀が教育の比重を高める時代であることは明白であるから、研究大学も教育大学も何はさておき共通課題を解決しなければなるまい。すべての大学にとっての課題は、ユニバーサル化時代の学生に対処して、主体的に学ぶ能力を開発するために研究と教育の分離を克服して、研究と教育の両立や統合が欠かせない、ということである。とはいえ日本の大学では、ドイツモデルを移植した時点から久しく研究志向一点張りの風潮に隠れて教育は看過され、等閑に付されてきた歴史があるのであるから、改革は口で言うほど簡単ではないのであって、正直なところ「笛吹けど踊らず」のしらけた空気が支配しているのが実情である。次の証拠がそれを如実に物語るのではないか。

旧来の慣行を急遽挽回するために、一九九一年の大綱化以後の高等教育政策はいきなり教育改革を強調し、教員の教育志向を有無を言わせず強引に強化しようと試みた。しかし爾来二〇年間持続したこの視点からの政策は成功するに至らず、従来からの研究偏重を打破することはできなかった。この点はすでに多少言及したが、少なくとも二〇年間にわたる高等教育政策は失敗に帰結したと言って過言ではあるまい。そのことは伝統的な研究志向の風土の見直しと転換は、その風土を完全に無視することを徹底して行う教育一辺倒の政策では不可能だということを図らずも証明したのであった。上記のように、その政策は「質的転換答申」によってようやく反省された結果、研究を担保した教育志向を提言することに変質したものと解されるのである。答申では反省したと一言も吐露していないが、反省なくして転向はなきに等しいのであるから、事実は事実であると推察されざるを得ない。この解釈が正当であるとすれば、研究と教育の統合はようやく大学政策のアジェンダに上った、あるいは少なくとも上り始めた、と解されるのである。しかし、第三の波の時代には、それだけではいまだ不十分な状態にとどまっていることは言うまでもなく、さらに一歩先をめざす必要がある。

## 学習から学修への転換

研究と教育の統合は、あくまで教員レベルの問題が解決することであって、学生を射程に入れて考えれば、いまだめざす目的地の半ばに辿りついた程度にすぎない。主体的に学ぶ学生の訓練と養成を改革の柱に据えるならば、いまだ「学習者」を脱皮していない学生を授業のなかにしっかりと位置づけ、教員が創意工夫を凝らし、学生の意欲や動機を促進し「学修者」に変容させなければ改革はいまだ成功しているとはいえないのである。学生を授業のなかに位置づけるとは、教授‐学習（学修）過程に学生を惹きつけ、教授を担保して学生を学習に誘うことにほかならない。とすれば、これも上記したように、「学習」に誘うまでは従来の授業の域を出ていないのであり、さらに学習から学修への転換が欠かせないわけである。授業とは直接関係しない学生の学習は、学生が自主的に関与していても、従来から学習と呼ばれてきた域を出ないのに対して、今回の授業を意識し、教授‐学修過程のなかに組入れた学習は、大学設置基準に従って、学修と呼ばれる。

したがって、教員は、単なる学生の学習ではなく、授業を担保した学習であるところの学修を開発しなければならないという課題を突き付けられる。当然ながら、上記したように教員の研究力を担保した教育力がそこには作用するし、意図的に動員される。そのことは、教授方法の革新、予習復習を常習化するシラバスの用意、予習復習を授業のなかで確認する方法、ディベート、グループワーク、反転授業、能動的学習、能動的教授、ルーブリック、ティーチング・ポートフォリオ、ラーニング・ポートフォリオ、などの導入が欠かせないことを意味すると同時に、授業外でのインターンシップ、サービス・ラーニング、スタディ・アブロードといった改革も欠かせないことを意味するのである。

## 授業のあり方

実際の授業では、学生の学修力を喚起するためには、学生自身の意欲や動機が基調となると予想されるが、それを引き出し、学修力を育成するには授業のあり方が問われる。金子元久は、二〇〇六～二〇〇七年に全国一二七大学四八、一二三三人を対象に「全国学生調査」を実施した結果、次の事実を把握している。

第一に、専門・職業知識、汎用能力、自己認識のいずれにわたっても、学生自身の学習動機・意欲が大きな影響を与えることが確認される。学ぶ個の主体が学習の成果の獲得にきわめて重要な基盤となることは疑いない。（中略）しかし第二に、授業の形態も、学習成果の形成に重要な影響を与えている。それは専門知識の獲得において事実であるが、とくに汎用能力の獲得に、授業のありかたが大きな影響をもつ。学生に興味を持たせるなど誘導型の授業、学生の主体的な参加を促す参加型の授業は、それ自体が汎用能力の形成に重要な影響をもつと同時に、授業外での自主的な学習を喚起し、それが汎用能力に結びつく可能性がある。また、第三に、一般に「やりたいことがみつからない」といった一般的な意欲の欠如が問題とされるが、これについても、授業のあり方が一定の影響を与えることが明らかになった。（金子 二〇一一：一二三三－一二三四頁）

この実証結果を敷衍すれば、学士課程教育の要衝を占める授業では、その基礎として学生自身の学習動機・意欲があくまで重要であり、これが欠如すれば、学生の学修はもはや成立しない。しかし、誘導型や参加型の授業の形態が学生の学修効果を高めることも見逃せないことも確かであって、しかも意欲の欠如に対しても誘導型や参加型の授業の効果が少なくないのである。してみると、授業においては研究を担保した教員の教育力が発揮されてこそ、この種の成果がもたらされるはずである。

## 5　学士課程教育構想と質保証――A大学の事例

### (1) 学士課程教育の構想

学士課程教育の質保証について、総論的な問題を論議してきたので、A大学（仮称）の実情を事例的に考察してみよう。A大学は研究大学ではなく「教育」大学であり、私立大学であるのに加え、大学ランキングの上位に登場する「有名」大学ではなく、地方の小規模大学であって、地域社会の人材養成と関わる教育を重要な使命としている。日本の大学のなかで八割を占める私立大学の一角を占め、しかも地方の小規模大学であるから、戦後発展した大衆型高等教育の一翼を担う典型的な大学であると言って過言ではあるまい。中教審答申を契機に、学士課程教育の構想を提唱し、その実現に向けて全学的に着手することによって、いわば「学士課程教育改革元年」に乗り出すことになった。ここでの検討は、学士課程教育に焦点を合わせることにする。総論的に言えば、この構想は、仏教を基盤に豊かな人間性を涵養するという建学の精神を踏まえ、学生が主体的に学び自分の頭で考える学士力を育成すべく、教養教育、専門教育、キャリア教育の有機的な統合による教育を各学部学科等が遂行することを基本的な理念・目的として標榜しているのである。

学士課程教育の縦軸と横軸

具体的には、入学から卒業までの縦軸には四年間を通しての人間形成の過程が存在するのである。他方、それとクロスさせる横軸は、建学の精神、教養教育、専門教育、キャリア教育から構成されている。これら縦軸と横軸をクロスさせて、各年度ごとの人間形成の教育とそれと対応した学修の課題を展開する。こうして、大学に入学した学生が建学の精神を基盤にして、教養教育、専門教育、キャリア教育によって教育を受け、自主的・主体的に学修を展開して、四年間に豊かな人間性に裏付けられた学士力を形成し、就業力を形成する。その営みを通して、建学の精神を極める水準に到達する。学生側では、自主的・主体的に学びを育成するために、独自の学修を行うのであるが、そのことは各年度の授業単位履修を計画し、履修単位登録を行い、実際に必修や選択の授業科目に対応した授業を受けて、単位を修得することを意味する。ラーニング・ポートフォリオに基づいて、授業内容を咀嚼し、予習や復習を行い、授業科目の水準を極める学修活動を行う。

その結果は教員が授業科目の到達水準と学生の学力を勘案して評価が行われ、それが無事終了した段階で学生は単位を修得することになる。学生は授業を中心に自己の描く人間像に向けて自主的・主体的に思考力、創造力、想像力、問題解決力などを醸成する活動に携わる。学生は自らの人間形成を追跡し、アイデンティティを形成する営みを持続するのであって、それは具体的には授業や教授－学修過程において教員との往復作用によって行われるのであるから、教員側では学生の人間形成過程を様々な方法（例えば、ティーチング・ポートフォリオ、シラバス、オフィスアワー、予習・復習、グループ討議、反転授業、GPA、CAP制、インターンシップ、フィールドサービス、スタディ・アブロードなど）によって追跡し把握する営みを持続する。中教審答申に次の指摘がある。できるだけ、そのような教授法や体験活動を取り入れる工夫を行っているわけである。

学生の主体的・能動的な学びを引き出す教授法を重視し、例えば、学生参加型授業、協調・協同学習、課題解決・探求学習などを取り入れる。大学の実情に応じ、社会奉仕体験活動、フィールドワーク、インターンシップ、海外体験学習や短期留学等の体験活動を効果的に実施する。学外の体験活動についても、教育の質を確保するよう、大学の責任の下で実施する。（中央教育審議会 二〇〇八）

答申と同じではないとしても、学生の自主性・主体性を伸ばすためには、各種の改革が必要であり、大学側の教学マネジメント構築に向けての一貫性が確立されなければならない。そのためには、個々の教員が自己の授業を通して個々の学生の軌跡を把握するのはもとより、こうした軌跡の記録を集積しながら、全学的に個々の学生の入学から卒業までの自己形成の過程を共有して、教職員が個々の学生に即した教育指導を展開することが重要な課題である。

### (2) 学生の自主的な学びを育成

A大学では現在、文部科学省大学間連携共同教育推進事業（以下、大学間連携事業）を四大学が二〇一二年一〇月から連携で推進している最中である。上で論じたことは、この連携プロジェクトに包括できる内容である。プロジェクトの主題は「主体的学びのための教学マネジメントシステム構築」であり、このプロジェクトを推進する主なコンセプトは、アクティブラーニング、HIP（ハイ・インパクト・プラクティス）、ルーブリックなどである。アクティブラーニングは中教審の答申になされている次の定義がある。

生涯にわたって学び続ける力、主体的に考える力を持った人材は、学生からみて受動的な教育の場では育成することができない。従来のような知識の伝達・注入を中心とした授業から、教員と学生が意思疎通を図りつつ、一緒になって切磋琢磨し、相互に刺激を与えながら知的に成長する場を創り、学生が主体的に問題を発見し解を見いだしていく能動的学修（アクティブラーニング）への転換が必要である。すなわち個々の学生の認知的、倫理的、社会的能力を引き出し、それを鍛えるディスカッションやディベートといった双方向の講義、演習、実験、実習や実技等を中心とした授業への転換によって、学生の主体的な学修を促す質の高い学士課程教育を進めることが求められる。学生は主体的な学修の体験を重ねてこそ、生涯学び続ける力を修得できるのである。（中央教育審議会 二〇一二：九頁）

ハイ・インパクト・プラクティス（HIP：High-Impact Practices）とは、全米大学協会（AAC&U：Association

of American Colleges and Universities）が提唱している概念である。その特徴は「アクティブラーニング（能動的学修）や教室外体験学習プログラムなどを構造化し、学生に強いインパクトを与えるよう工夫した教育プログラムの総称である。また、入学後できるだけ早期の段階で、強い経験を与えることにより、学生の大学生活への適応を早めるという効果もある。」（有本 二〇一四：五頁）とされている。

ルーブリックは、米国から輸入した概念である。それは次の特徴を持つ。

ルーブリックは定性的な評価に向いているといわれている。課題と同時にルーブリックを学生に提示することにより、学生が到達目標を意識することができる。また、評価後のルーブリックを学生に返却することにより、自分が現在どのレベルにあるかを、学生自身で認識することが可能である。……教室外体験プログラムや共通教養教育のルーブリックを連携校で協働して開発し、実際に活用する。（同上：六頁）

### ルーブリックと教養教育の崩壊

拠点大学でテレル・ローズ教授（全米大学協会副理事長・一般教育学会会長）の講演を聞いたときの私の感想では、ルーブリックは米国で長年実績を積んできた教養教育の概念を基礎に置いているので、教養教育がいまやかなり形骸化している日本への移植はかなり困難な面もあるとの印象を得た。

第一に、ルーブリックは、講師のテレル・ローズ氏の反復的な言説を待つまでもなく、学生による「統合的な学習」に重点が置かれているとみなされる。それは、規準とレベルの組み合わせによって、学生が主体的に学習（学修）を深めて、低次のベンチマークの段階からマイルストーンの段階を経由して高次のキャップストーンの段階へと到達する過程を具体的に構造化している視座である。

第二に、このようなルーブリックの視座を導入して学生のアクティブラーニング（能動的学習）を実現すべく授業を改善することは、個々の教員（教職員）の課題であると同時に教員（教職員）集団全体の課題であるとみなされる。ローズ氏が指摘したように、アメリカのルーブリックの実践は、レベル6から4に次第に縮小統合されたように、全国の教員集団が実践を通して試行錯誤しながらこのレベルへと達成してきた経緯がある。一朝一夕に今日の成果とその水準が実現したのではなく、全国の様々な活動を通して長期間にわたって成就した所産である。他方、日本では今回の四大学プロジェクト自体が先端的な取り組みの一つである。実践の経験がいまだ十分蓄積されておらず、今後の発展が期待される段階にとどまっていることは否定できない。日米の落差はかなり大きい。（同上）

プロジェクトの目的である教学マネジメントシステムの構築は、以上の日本の大学固有の文化や風土に風穴を開けて、大学教育改革の突破口を開くために、現在までに蓄積された問題点や課題を直視し、解決すべき事柄を包括的に実現するための構想である。次のような性格を持つと考えられるものである。

本連携取り組みにおける教学マネジメントの確立とは、HIPによる教育方法の充実と、学修成果の評価方法の開発を柱として、教員一人ひとりの教授スキルの向上に加え、教員の個性を活かしながら、体系的な教育課程にもとづいて、教員間の連携、科目間の連携を図り、組織的な教育を実現させることである。また、教授スキルだけでなく、シラバスの充実、授業外学修時間の確保、厳格な評価など授業全体のデザイン力を向上させ、授業の進行管理を行えることが重要な要素である。

……教員個々人が個別に授業デザインを行うのではなく、授業を受ける学生の視点に立って、相互に関連付けられた内容に構築していくことが必要なのである。そのためには、科目間連携や教員間連携が有効となる。（同上）

### (3) 学士課程教育の質保証

学士課程教育（短期大学士課程教育、学士課程教育、修士課程教育の総称。ここでは学士課程教育を対象に論じている）は、入学後から、一年次、二年次、三年次、四年次と辿り、最後に卒業する課程に即した教育の展開を意味する。高等教育の大衆化によって入学時の資質や学力が多様化することは回避できない以上、その水準を卒業までにDPで追求する大学水準に底上げするには、学生側にも大学側（教員）にも相応の努力が欠かせない。学力の一応の目安は入学時の偏差値で評されることが多いが、現在は多様化が進行していることは否めない事実である。偏差値が真の学力を意味するか、あるいは学力を予測するか否かは議論のあるところであるとしても、高い偏差値で入学する場合と低い偏差値で入学する場合では、大学側の対応の仕方に大きな差異が生じるのはやはり否めないのである。仮には、①大学生型、②大学生至近型、③大学生可能型、④大学生困難型、などが類別されるのではあるまいか。大学生に直行できる①②はともかく、「高校四年生型」とも言える③④は大学側のきめ細かな対応が欠如すると、なかなか大学生に移行できない。特に③④の場合には、大学の授業を受けられる水準にまで学力を上げるにはリメディアル教育、転換教育、初年次教育などを動員した対応が必要であるし、それを欠如すると中退や退学の原因になりやすいはずであるから手を抜けない。逆に偏差値が高い場合には、授業の理解力が高まるばかりではなく、卒業時に高い学士力をひいては就業力を帰結する可能性をもたらすはずである。

A大学では、「大学力強化のための教職員の意識改革」を重点目標に掲げ、学士課程教育の見直しを行っている。インプットにおける定員充足、スループットにおける教授－学習過程の質保証、アウトプットにおける就業力の充実などが主な目的である。優れた受験生を確保し、十分に主体的な学修を導き、優れた学士力を涵養して、卒業時に所期の就職先に就職して、さらに社会に持続的に貢献する水準まで育成することが必要である。特に、自主的・主体的な学修力を伸ばすには、学生側に大学の教育方針や教授－学修過程に関するビジョンの理解を得ることによって、それを実現するための相応の努力を期待するのはもとよりとしても、それにとどまらず、教授－

学修過程に焦点を合わせて、教員側において種々の教授方法や教育方法が工夫されなければならない。予習・復習などを記入したシラバス、オフィスアワー、ティーチング・ポートフォリオ（学生にはラーニング・ポートフォリオが対応）、アクティブラーニング、インターンシップ、ラーニング・アブロード、ルーブリック、GPA、CAP制、厳格な授業評価、科目のナンバリングなどは、大道具、小道具として必要である。

## おわりに

大学の歴史を回顧すると、一二世紀に誕生した中世大学以来今日まで約九〇〇年の時間を費やして営々と発展したことが分かる。中世大学から近世大学までの第一の波の時代は、教育中心の時代であったが、近代大学の誕生から今日までの第二の波の時代は研究が台頭し、教育との統合を模索する時代であった。しかしながらこの両者の統合は理念に反して実現せず、分離が進行し、とりわけ研究偏重に拍車をかけた。こうした状況のなかでグローバル化、大衆化、ユニバーサル化に直面しつつある二一世紀の大学は、教育と研究に加えて、学修の比重が高まり、いかにして研究・教育・学修を統合するかが大学にとっても、大学教員にとっても重要な課題になったのである。

現実にはフンボルト理念のように、かかる統合を追求する反面、世界的に研究志向が強まる傾向が見られることを考慮した対応が必要であろう。大学院課程では、研究が強まるのは当然であるとしても、大衆化し多様化した学生を一層受け入れるのに伴い、教育の比重をますます高めざるを得ない学士課程では、教員の研究志向が強まるばかりか研究と教育の分離に拍車がかけられる動きは極力回避しなければなるまい。従来の日本の大学は大学政策的にも大学教員の意識的にも研究志向が強いあまり、教育が看過されてきたが、一九九一年の大綱化政策以来に生じた大学政策の転換による教育改革あるいは「教育革命の時代」には、教育偏重の政策が正面切って遂行されることになった。その結果、従来から大学教員の間に定着してきた研究志向の意識と新たに登場した教育志向政策との間ににわかには解決しがたい乖離が生じることになり、スカラーシップ観に混乱が生じた。研究志向を捨象して教育志向へ同調を期待される大学教員の意識には葛藤が生まれることになったのであった。

そのなかで、一九九二年のカーネギー調査と二〇〇七年のCAP調査に具現しているように、理念に反してかえって研究志向が強まったのは皮肉というほかない。教育に関与する実質的な授業時間は着実に増加している事実のあることは否定できないとしても、少なくとも教員の意識の上では研究志向は減少していないことが判明した。こうした紆余曲折を経て言えることは、政策的に研究のみとか、教育のみとかの分離を深めるよりも、できる限り研究を担保した教育をいかに実現するかが課題となるはずである、ということである。政策のなかに適切なスカラーシップ観やFD観が欠如すれば、意識や行動に予期せぬ混乱が生じることは避けられないのである。

今回の二〇〇八年とりわけ二〇一二年の中教審答申では、従来の政策を見直して、研究の重要性を提言したのであるから、遅きに失した感はあるがこの二〇年来はじめて研究を担保した教育重視の時代に転換したと解される。このことは、学士課程教育の質保証を推進する上でも価値ある転換であり、なかんずくアクティブラーニングの遂行にとっては不可欠の転換であると言わなければならない。研究を担保した教育なしにはこの新たな改革は推進しようがないからである。しかしながら、研究と教育の両立のみでは理念の追求はいまだ半分しか実現していないのであり、さらに研究・教育・学修の統合という課題が政策的に追求されなければならないと言えるのである。

研究志向と教育志向の両立に紆余曲折が生じている間に、学士課程の概念は、二〇〇五年の中教審「将来答申」によって先鞭がつけられ、二〇〇八年の「学士課程答申」において定着し、さらに二〇一二年の「質的転換答申」では一段と踏み込みが行われた。こうした経緯を辿るなかにおいて、最も大きな政策的なパラダイム転換は何であったのかと問えば、学士課程教育のなかの授業あるいは教授‐学修過程の転換に辿りついたことにほかならないのである。端的に言えば、それは学習観から学修観への転換であると言わなければならない。厳密には転換よりも再強調であると言えなくはない。というのは、大学設置基準では戦後導入された時点から当然のことになっているにもかかわらず、授業を担保した学修は遅々として一向に実行されないまま今日を迎えるに至ったのであったからである。学習から学修への転換は、単位制の根幹に関わる問題である以上、これ以上放置し看過できない時点を迎え、改革の矛先が向けられたと解される。

未来の不確実性社会から留学してきた学生を未来へ送り返すにあたっては、確かな学力を涵養する学士課程教育が欠かせないし、その必要性が待ったなしの時点にさしかかったとみなされる。これまで数次の改革によって要請されながらも実現しなかった改革が、今回の答申によってはたして実現に至るか否かは疑問であるし、実現することの確たる保証は何もない。それにもかかわらず、学修の定着を教学マネジメントシステムの構築によって遂行することは、グローバル化が進行し、知識社会化が進行し、さらに学生の超多様化が進行している現代では、各大学にとってもはや一刻も先送りのできない不可欠の課題であることは論を待たないのである。すなわち、各大学にとって学士課程教育の質保証の課題を達成することは、教育機関である各大学が教育によって学生の能動的な学修力を喚起し、学生の自主性・主体性・独立性を高めることを社会的に付託されている以上、各大学そのものの社会的存在価値があらためて問われるのはもとより、「学問の府」としての鼎の軽重が問われる問題なのである。

## 参考文献

Altbach, P. G. (Ed.) (1996). *The International Academic Profession: Portraits of Fourteen Countries*. Princeton, N. J.: Carnegie Foundation for the Advancement of Teaching.

天野郁夫（一九九三）『旧制専門学校論』玉川大学出版部。

Ariès, P. (1960). *L'Enfant et la Vie Familiale sous l'Ancien Régime*. Paris: Plon.（フィリップ・アリエス〔杉山光信・杉山恵美子訳〕『〈子供〉の誕生――アンシァン・レジーム期の子供と家族生活』みすず書房、一九八〇年）

有本章（一九八一）『大学人の社会学』学文社。

有本章（二〇一〇）「日本型ＦＤの陥穽――教員と学生の距離との関係」『比治山高等教育研究』第三号、三－二三頁。

有本章（二〇一六）「世界大学ランキングにおける日本の研究大学の将来展望」『ＫＳＵ高等教育研究』第五号、一四一－一五〇頁（印刷中）。

Arimoto, A. (2010). "Japan," Dill, D. D. and Van Vught, F. A. (Eds.). *National Innovation and the Academic Research Enterprise: Public Policy in Global Perspective*. Baltimore: Johns Hopkins University Press, pp. 116-147.

Arimoto, A., Cummings, W. K., Huang, F. and Shin, J. C. (Eds.) (2015). *The Changing Academic Profession in Japan*. Cham: Springer.

有本章（編著）（二〇〇八）『変貌する日本の大学教授職』玉川大学出版部。

有本章（編著）（二〇一一）『変貌する世界の大学教授職』玉川大学出版部。

有本章（編）（二〇一四）『主体的な学びのための教学マネジメントシステムの構築』（文部科学省大学間連携共同教育推進事業研究成果報告書（中間））、ＫＳＵ高等教育研究センター、二〇一四年四月。

有本章・江原武一（編著）（一九九六）『大学教授職の国際比較』玉川大学出版部。

Barber, B. (1965). "Some Problerms in the Sociology of the Profession." In : Lynn. K. S. (Ed.). *The Professions in America*. Boston: Houghton Mifflin.

別府昭郎（一九九八）『ドイツにおける大学教授の誕生――職階制の成立を中心に』創文社。

中央教育審議会（二〇〇五）「我が国の高等教育の将来像」（将来像答申）。

中央教育審議会（二〇〇八）「学士課程教育の構築に向けて」（学士課程答申）。

中央教育審議会（二〇一二）「新たな未来を築くための大学教育の質的転換に向けて――生涯学び続け、主体的に考える力を育成する大学へ」（答申）。

Clark, B. R. (1983). *The Higher Education System: Academic Organization in Cross-National Perspective*. Berkeley: University of California Press.（バートン・R・クラーク［有本章訳］『高等教育システム――大学組織の比較社会学』東信堂、一九九四年）

Clark, B. R. (1987). *Academic Life: Small Worlds, Different Worlds*. Prinston: Carnegie Foundation for the

Advancement of Teaching.
Clark, B. R. and Neave, G. (Eds.) (1992). *The Encyclopedia of Higher Education.* Vol. 3. Oxford, New York: Pergamon Press.
Cobban, A. B. (2009). "The Rise of Universities." In: Lowe, R. (Ed.). *The History of Higher Education: Major Themes in Education.* Vol. 1. London and New York: Routledge, pp. 67-80.
二見剛史（一九七九）「蕃書調所の成立事情」『日本大学精神文化研究所・教育制度研究所紀要』第一〇集、一五－五六頁。
Humboldt, W. V. (1910). "On the Spirit and the Organizational Framework of Intellectual Institutions in Berlin," Translated by Edward Shils, *Minelva* 8 (1970), pp. 242-250.
James, R. (2012). "Aligning Universities and Higher Education Systems with the Challenges of Emergent Knowledge Economy." In: Neubauer, D. E (Ed.). *The Emergent Knowledge Society and the Future of Higher Education: Asian Perspectives.* New York and London: Routledge, pp. 41-51.
金子元久（二〇一三）「大学教育と学生の成長」『名古屋高等教育研究』第一三号、二一一－二三六頁。
河合塾（編著）（二〇一一）『アクティブラーニングでなぜ学生が成長するのか――経済系・工学系の全国大学調査からみえてきたこと』東信堂。
川嶋太津夫（二〇〇八）「学士課程教育の構築に向けて――その論点と課題」『大学教育学会誌』第三〇巻第一号、二五－二八頁。
喜多村和之（一九八〇）『誰のための大学か――大衆化の理想と現実』日本経済新聞社。
Light, D. Jr. (1974). "Introduction: The Structure of the Academic Professions." *Sociology of Education,* Vol. 47, pp. 2-28.
Merton, R. K. and Storer, N. W. (Eds.) (1973). *The Sociology of Science: Theoretical and Empirical Investigations.* Chicago: University of Chicago Press.
森洋子（一九八九）『ブリューゲルの「子供の遊戯」――遊びの図像学』未來社。
中井俊樹（二〇一三）「大学教育改革におけるリーダーシップの主体――オーストラリアの公募型プログラムの事例」『名

古屋高等教育研究』第一二号、九五－一〇九頁。
日本学術振興会（二〇一五）「スーパーグローバル大学等事業　スーパーグローバル大学創成支援」http://www.jsps.go.jp/j-sgu/h26_kekka_saitaku.html
Perkin, H.（1969）. *Key Profession: The History of the Association of University Teachers*. London: Rutledge & Kegan Paul.
Rashdall, H.（1895）. *The Universities of Europe in the Middle Ages*, 2 vols. in 3 parts. Cambridge: Cambridge University Press [orig. Oxford: Clarendon Press].（ヘースティングズ・ラシュドール［横尾壮英訳］『大学の起源――ヨーロッパ中世大学史』上・中・下、東洋館出版社、一九六六－一九六八年）
Rudolph, F.（1962）. *The American College and University: a history*. Georgia: University of Georgia Press.（F・ルドルフ［阿部美哉・阿部温子訳］『アメリカ大学史』玉川大学出版部、二〇〇三年）
阪彩香・桑原輝隆（二〇一三）「科学研究のベンチマーキング二〇一二――論文分析で見る世界の研究活動と日本の状況」文部科学省科学技術政策研究所。
坂本辰朗（二〇〇二）『アメリカ教育史の中の女性たち――ジェンダー、高等教育、フェミニズム』東信堂。
清水亮・橋本勝（編著）（二〇一二）『学生・職員と創る大学教育――大学を変えるＦＤとＳＤの新発想』ナカニシヤ出版。
Shin, J. C., Toutkoushian, R. K. and Teichler, U.（Eds.）（2011）. *University Rankings: Theoretical Basis, Methodology and Impacts on Global Higher Education*. Dordrecht: Springer.
杉谷祐美子（編）（二〇一一）『大学の学び――教育内容と方法』玉川大学出版部。
高橋俊乗（一九七八）『日本教育文化史（一）』講談社学術文庫。
武内清（二〇一四）『学生文化・生徒文化の社会学』ハーベスト社。
潮木守一（二〇〇九）『職業としての大学教授』中公叢書。
Wilson, L.（1942）. *The Academic Man: A Study in the Sociology of a Profession*. London: Oxford University Press.
山田礼子（二〇一二）『学士課程教育の質保証へむけて――学生調査と初年次教育からみえてきたもの』東信堂。
矢野眞和（二〇一三）「費用負担のミステリー――不可解な幾つかの事柄」広田照幸・吉田文ほか編集『大学とコスト

――誰がどう支えるのか』岩波書店。

ズッカーマン、ハリエット（一九八〇）〔金子務監訳〕『科学エリート――ノーベル賞受賞者の社会学的考察』玉川大学出版部。

# 第Ⅲ部

# 日本の大学教授職

## ——国際比較の視点

# 第6章　大学教授職の現状と課題——カーネギー調査の分析

## はじめに

大学教授職（academic profession）の研究は、これまで次第に発展を遂げてきたとはいえ、対象である大学教授職が果たして単なる大学教員から専門職へと深化を遂げたかを詮索すると、いまだに十分な状態にあるとは言えないのであり、専門職化を研究する場合にはいまもって改善すべき状態にあるとみなされるのである。

第一に、大学教員の専門職化を研究することからすれば、近代大学が登場して、中世大学のように教育一辺倒から研究やサービスが学事に追加された時点に至り、その時点から専門職化が開始された経緯がある。特に近代大学が標榜した研究と教育の両立は二〇世紀には十分に実現する段階に到達しなかった点を注目すると、二一世紀においても専門職確立が依然として最大の課題であることが明白になるのであって、この観点に引き寄せて国際比較によって世界的動向を調査すると同時に、それとの対比で日本の実情を把握することは欠かせない課題である。

第二に、大学教授職の研究はこの半世紀間に大きな発展を遂げたが、研究が深められたからといって全貌が理解できたわけではなく、新たな問題や課題の登場をみたことも否めない事実であるし、その点では研究の歴史はいまだ浅いと言わなければならない。大学教授職に関する研究が開始されたのはせいぜい半世紀前からであるから、中世大学以来九〇〇年もの年輪を重ねてきた大学や大学教員の歴史に対比すると比較的新しいと言わざるを得ないのである。

この領域に早く先鞭がつけられた米国では、一九四〇年代からローガン・ウィルソンの『アカデミック・マン』、ソルスティン・ヴェブレンの『有閑階級の理論』、セオドア・キャプローとリース・マギーの『アカデミック・マーケットプレイス』などの研究が見られた（Wilson 1942, Veblen 1954, Caplow and McGee 1958）。これに対して、日本の高等教育研究の領域では、一九六〇年代の「大学紛争」の時期に関連研究が開始され、大学人自身による「タブーの打破」が着手されることになった。日本の大学教授職研究の草分けは、新堀通也の『日本の大学教授市場』であり、これは米国のキャプローとマギーと同様の主題であったことは興味深いし、シカゴ大学へフルブライト交換教授として留学して帰朝して書かれ、米国の書物の出版からわずか六年後に出版された。それに続くのは、ウィリアム・カミングスの『日本の大学教授』であり、これは彼の学位の翻訳版であった（新堀 一九六五、カミングス 一九七二）。これらの書物が一九六〇年代から早い時期に出版された著書である。

一九六〇年代は、大学や大学教員を研究対象にすること自体が珍しく、研究を忌避する風潮があるほどのいわば「研究過疎地帯」であったし、それに取り組む大学や大学の研究者は多少変人扱いされる趣も手伝って、ごく少数であった。しかし当時の「六〇年安保」と関係した「大学紛争」は、森羅万象を何でも研究するくせに、自分の居る場所の大学あるいは自分自身のことを研究対象にしない研究者に不意打ちの打撃を与え、おもむろに触発し刺激して、研究に駆り立てることになった。少なくともこの時期には以前とはかなり異なる雰囲気が大学内外に醸成されたことは確かであったと言えるのではないか。私事で恐縮だが、私の場合は、ちょうどその時期に大学に入学して、偶然にもそのような空気を吸ったので、卒論は迷わず大学論に関する主題を手掛けることとし、指導教官も当時としては数少ない高等教育研究者であった、新堀通也教授（当時は助教授）にお願いした。このことは確かに偶然のことであったと思われるが、それから今日まで高等教育の研究を持続し、現在も大学教授職論を研究していることを考えると、単なる偶然ではなかったのかもしれない。

第三に、大学教授職を社会学的に研究する専門の領域にも種々の研究が蓄積されてきた。すなわち、一九六〇年代を皮切にしてそれ以来、専門職、高等教育、科学に関する社会学的研究（科学社会学）が展開され、「大学教授職の社会学」（sociology of academic profession）が徐々に構築される時代を迎えた。過去二〇年間に、高等教育や大学教授職に関する社会科学的研究は急速に発展し、先行研究が次第に蓄積されることになった（Cummings et al. 1979、有本 一九八一、新堀 一九八四、江原 一九八四、潮木 一九八四、山野井 一九九〇）。私はその間の研究動向について概観する作業を行った（有本 一九八七、特に第一章一節三「アカデミック・プロフェッションの社会学」。有本 一九八九、一九九三ほか）。

### 奇妙な職業

その間、学者、科学者、研究者、教師としての大学教授職の役割や機能は大学内外の人々によって多角的に研究されることになり、大学教授職像が徐々に解明されるようになった。しかし、バートン・クラークが図らずも一九八〇年代後半に指摘したように、一九六〇年代から二〇年ほど経過した時点の米国においてさえ、大学教授職は徐々に実態が解明されて来つつあったにもかかわらず、何かと理解できない職業であるとの疑念は払拭できないまま、依然として「奇妙な職業」（odd profession）であることに変わりなかったのであった。クラークの言葉を引用してみると「実に不思議な専門職であり、それは、すべての他の指導的な専門職に属している通常の特質よりも一段と意味深長に見えるような、独自の複雑難解な特徴を備えているのである。」（Clark 1983, 1987［一九九四］）と観察しているのである。その三四年前に同じクラークの「高等教育の社会学の展開」という論文が書かれているが（Clark 1973）、その論文を起点に以後の高等教育の社会学の展開を編著によって追跡したパトリシア・ガンポートは、米国において大学教授職の研究が重要だが展開はなお遅々としているとみているので、三四年後の二〇〇七年頃の事情は大同小異だったと言えよう（ガンポート 二〇一五：三五‐七六頁）。この主として欧米の状態に関する古典的な観察は、すでに一昔も二昔も前の評論であり、なるほど古いと言えば古いのでもはや価値を失ったか言えば、必ずしもそうではない側面を含んでいて、現在の日本の大学教授職論を主題にする場合にも、そのまま妥当するに相違ない点が少なくないのであり、その意味では観察は古くて新しいと言わなければならないだろう。

第四に、大学教授職像は時代的、社会的に時々刻々と変遷しているのであるから、動態的に把握することが必要だと言えるだろう。大学が古くから理念・使命を求めて変遷を遂げてきたし、いまもなお変遷してきたように、大学教員も大学の理念・使命に照らした大学教授職像を求めて変遷を遂げてきたし、いまもなお変遷している最中である。中世大学は教師像を追求し、近代大学は研究者像を追求し、さらには奉仕者像を追求する傾向が強まった。こうした歴史を敷衍すると、未来大学は、これらの教育、研究、サービス志向と混合するか、融合するかしながら、包括的な専門職像が追求されるであろうし、少なくとも、本書で検討した「R-T-Sネクサス」の模索は専門職像の追求において基礎基本となるとみなされるであろう。

第五に、大学教授職像は変遷している以上、静態的な側面ばかりではなく動態的な側面をできるだけ様々の方法によって研究し、実像や虚像を分析する作業が欠かせない。その点、種々の研究があり、概念があり、法的規定があるので、静態的にはそれらに照準した定義が必要である。例えば、大学教授の定義は学校教育法（一九四七年）の法規定に従えば、大学教授は厳密には正教授に限定されるが、本章では慣例に従って教授のみに限定せず、助教授、講師、助手（本調査では除外している）を教授職に包括して論じる（二〇〇四年以後は教授、准教授、講師、助教、助手に改正されたが、本稿の時点では未改正）。ここでは、さし当たって必要な最低限の定義を下すこととし、大学教授職とは「大学に奉職し、専門分野を専攻して、学術活動に携わる教授、助教授（二〇〇四年以後は准教授）、講師、助手（同上、助教）の総称」と総論的定義を施すだけにとどめておくことにしたい。

それと同時に動態的には、専門分野を媒介に成り立つ世界は決して単純で画一的なものではなく、詳細に観察すればするほど、「奇妙な職業」にまつわる複雑な実態が現出することに変わりないのである。したがって、その実態を追究する作業は必要である。ただ、新事実の発見ができてもそれがかえって複雑な実態を助長する側面を伴う以上、実態に追究のメスを入れることは単純ではなく、現実には困難な課題であるといわなければならない。さらに理論的な彫琢をめざす必要性が十分あることは指摘するだけにとどめ、理論的側面を深めるよりも調査結果を分析するという現実的側面に焦点をあてることを目的に設定することにしたい。

### 国際調査と日本調査

具体的には、国際比較調査を手がかりに表題に関する若干の検討を行うこととしたい。つまり、カーネギー大学教授職国際調査（Carnegie International Survey on Academic Profession）の一環として一九九二年に実施された大学教員の日本調査を基礎にし、研究を主とする「研究大学」（research university）とその他の大学（以下では「研究大学」と区別して「非研究大学」と呼称）における教員の特徴を分析することに主眼を置く。研究大学（あるいは研究志向大学）はもともと米国の大学分類を手掛けた「カーネギー分類」を基に分類された研究主体の大学であり、全大学のせいぜい四～五％程度を占めるにすぎない。その意味では研究大学は良くも悪くも日本の大学ピラミッドのトップレベルの大学を代表する大学群を形成しており、世界の大学と比較する価値があるし、同時に非研究大学を比較に含めることによって、日本の大学構成に占める階層構造の特徴が明確になると仮説することができる。これらの研究大学と非研究大学を機軸に世界と日本の大学教授職の比較研究によって日本の大学教授職の特質を探る試みは、この領域での研究における新しい試みとしての意義を十分持つものと思われる。

**表6-1　分析対象国**

| 地域 | 国名 | 有効回答数 | 回収率（％） |
|---|---|---|---|
| 北米 | 米国 | 3,529 | 46.5 |
| ヨーロッパ | 英国 | 1,948 | 54.1 |
| | ドイツ | 2,830 | 27.5 |
| | オランダ | 1,364 | 51.2 |
| | ロシア | 436 | 14.5 |
| | スウェーデン | 1,122 | 44.9 |
| ラテンアメリカ | メキシコ | 1,027 | 85.6 |
| | ブラジル | 984 | 97.2 |
| | チリ | 1,071 | 57.6 |
| オセアニア | オーストラリア | 1,420 | 39.4 |
| アジア | 日本 | 1,889 | 47.2 |
| | 韓国 | 903 | 27.6 |
| | 香港 | 461 | 37.0 |
| 中近東 | イスラエル | 502 | 22.6 |
| | 計 | 19,486 | 40.6 |

出典：カーネギー大学教授職国際調査（1992）

カーネギー調査

ここで依拠するカーネギー調査は、世界の大学教授職の比較研究を目的として実施された世界最初の大規模調査であった。一四カ国（一地域の香港を含む）（オーストラリア、ブラジル、チリ、ドイツ、香港、イスラエル、日本、韓国、メキシコ、オランダ、ロシア、スウェーデン、英国、米国）の大学教員による質問紙への回答者数は一万九四八六名という多数に上った（表6-1）。

そのなかで実施された日本調査に限定した集計では、都合一九頁に七四問の質問項目を配した四〇〇〇部の質問紙を一九九二年三月に二三機関（サンプルの二二・七％に当たる研究大学四校の九〇八名、残りの七七・三％に当たる非研究大学一九校の三〇九二名を含む）へ発送した。その結果、一八八九名（研究大学四一七名〔回収率四五・九％〕、非研究大学一四五五名〔回収率四七・二％〕）からの回答を得ることができた。日本のみの全体の有効回収率は四七・二％に上ったので、世界の平均回収率（四〇・六％）を上回った（注）。

調査内容は、大学へのアクセス観、仕事、管理運営、大学と社会、国際的次元など五つの大項目を含んでいる。ここでは、これらを網羅的に論じる紙幅がないのでそれは断念して別の機会に譲るとして、以下では上記の問題意識と関連する部分を中心に、大学教授職の規模、プロフィール、学術活動などに焦点を合わせて若干の問題を扱うことにしたい。

## 1　大学教授職の規模

### (1)　大衆化

国際調査の分析に入る前に、国際比較の視座から現在の日本の高等教育システム、特に大学システムに関する特徴を素描すると、拡張性、多様性、階層性という三つの基本的な特徴が指摘できよう。

拡張性

第一に、拡張性は一九六〇年代以降に進行することになった顕著な動向であり、マーチン・トロウのエリート、マス、ユニバーサルの三段階に区分した見解に従えば、目下の動向としてはマス段階からユニバーサル段階へと移行する真最中にあることが分かる（Trow 1973）。一八歳人口の一五％が大学進学を達成したことによって大衆段階に到達した一九六三年以後、進学率は休みなく膨張を続けた結果、現在（一九九四年）は遂に四割超（四三％）までに至った。中等後教育の水準まで含めると、進学率は六〇％に到達しているのである。この数字は、今回の調査に回答した大学教員の意識をすでに超えていることを示していて興味深い。というのは、日本の大学教員は高等学校生徒の七五・六％が高校を卒業でき、そのなかの五六・五％が高等教育機関へ入学を許容できる割合だと本調査に回答しているからである。このことは、大学と短大の進学率が四三％に達し、各種高等教育機関への進学率が六〇％に達している現在では、大学教員の考える理念的な許容値をすでに凌駕していることを意味するのである。

多様性と階層性

第二に、高等教育の領域には、もとより大学のみではなく種々の類型の機関が含められているのであるが、大学以外の短期大学、高等専門学校、専修学校などのいわゆるショート・サイクル部門を含めて特徴を観察してみると、種々の類型を擁した多様性と階層性が認められる。これらの中で、大学に焦点を合わせて統計的にその動向を概観すると、最近までの発展の軌跡にはあらためて驚かされることが少なくない。とりわけ規模の拡大には目を見張るほどの動きが察知されるのである。戦後大学改革から程ない時期の一九六〇年に二四五校を数えた四年制大学は、一九六五年に三〇〇校を越え、一九七〇年に四〇〇校近くになり、一九八〇年代初頭には約四五〇校へと倍近くに膨れあがり、さらに一九九四年現在では五五二校に達した。三〇年間に機関数は二・二五倍に拡張したのである（文部省 一九九二）。

日本の高等教育と大学システムは、共に主として二つのセクターから成り立つ。つまり、国立と公立の下位セクターを含む公立と私立の各セクターである。その内訳をみると一目了然であるが、公立セクターに比較して私立セクターの巨大性が顕著であるという事実が浮上する。一九九四年現在、国立九八校、公立四八校、私立四〇六校を数え、全体における私立のシェアは七割強（七三・六％）を占めており、一九六〇年時の六割弱（五七・一％）に比して、かなりの伸び率を示している（同上）。このことは概して私立セクター主導型の構造を示しているのであって、公立セクターの比率が大きい欧米の大学とは対照的に、日本のシステムでは戦後の高等教育の拡張を主として私立セクターが支えたことを如実に物語っているというほかないのである。

## 序列構造

第三に、多様化と階層化と裏腹の関係になっている構造として、機関、すなわち大学の上から下までに連なったピラミッド的な序列構造が顕著に認められる。序列は機関の伝統、タイプ、セクターなどを反映して形成されてきており、旧制、研究志向、国立セクターなどの特徴を刻印された諸機関は、新制、非研究志向、私立セクターなどの特徴を刻印された機関に比較して、概して高い威信を享受していると観察される。それはいたって常識的な見方であろうというものであるが、実際に調査して現実を分析しても大差はない。とりわけ上述したように量的にも質的にも希少価値の大きい「研究大学」は階層構造の頂点から上位に位置することから言えば、エリート的性格を付与され、享受していることが分かる。それらの少数の大学群は、いわゆる「旧帝大」を軸とした旧制大学の伝統を引く諸機関を主体に構成されている集団であり、戦前以来一貫して日本の学術研究体制の中枢に陣取ってきたし、旧制を廃止して新制の大学を構築することになった戦後においても基本的には変わらない構造を示しているのであった（Nagai 1971、天野 一九八六、一九八九）。こうして、日本の大学の階層構造は概して国公立セクターが上層、私立セクターが下層に配置されていると解されるのである。

こうした序列構造が存在するなかで、カーネギー調査で抽出された諸機関の構成は、研究大学四校（国立三校［すべて旧帝大］、私立一校）、非研究大学一五校（国立四校、私立一一校）である。サンプリングは、国公立対私立の類型の視点では特に実施していないことを考慮すると、国公立大学対私立大学の比較を行う十分条件は満たされていないが、しかし前者には四校中三校は国立大学、後者には一五校中一一校は私立大学が含まれているのであるから、結果的に研究大学は国公立セクター、非研究大学は私立セクターをそれぞれ代表していると言ってもよかろう。

### (2) 大学教授職の発展と特質

瞥見したように、日本の大学システムの急速な拡張と呼応しながら発展を遂げた大学教授職には、いくつかの生態的かつ社会的特徴が見出せるのではあるまいか。

私立セクター

第一に、大学教授職も国公立よりも私立セクターにおいて、しかも概して私立セクターに比重を占める非研究大学群において、量的側面での大衆化が進行したといえる。その事実は、一九六〇年から一九九四年の間に、全大学の教員数は三・一倍に膨張した事実があるかたわらで、国公立セクターが二・二倍にとどまった反面で私立セクターが四・六倍にまで飛躍したという数字に明らかに具現している。

国公立セクター

第二に、第一の点と関連して、非研究大学が多くしかも大衆化が顕著に進行した私立大学セクターに比べて、研究大学が多くしかもエリート的性格を依然としてかなりとどめてきた国公立セクターの大学、したがってその教員はことのほか研究志向を強めたと推察できるはずである。実際にそのことは妥当するのであって、研究拠点となる大学院担当の教員数に注目してみると、それは、国公立セクターが顕著に多くなっており、私立セクターの二倍に達している。ちなみに一九九一年次での数字をセクター間のシェアで比較してみると、国立（六三・九%）、公立（五三・九%）、私立（二七・七%）となっていることが分かる（文部省 一九九二）。

### 大学院

日本の大学院は、米国の大学院のように学部（学士課程）と大学院を明確に区別して一階を前者、二階を後者にそれぞれ振り分けた「二階建て」にするのではなく、学部と大学院の分離を曖昧な状態にとどめた「一階建て」のまま発展した経緯があるのが従来の特徴である。そのような独特の発展の仕方を辿った経緯のなかにあって、研究に対して大学が果たすべき責務を国公立が私立よりも積極的に果たしてきた構造があると察知できる。それと同時に、戦後の高等教育大衆化過程を通じて、研究大学と非研究大学の二つの機関タイプ、公立と私立の二つのセクターに、それぞれ役割分化が進行したと解せるはずである。

こうした文脈を考慮するとき、研究大学の教員が研究志向になるのは至極当然だと予想される。常識的にはこの予想になるにもかかわらず、現実の実態は以下で議論するように、非研究大学でも研究志向の風土が頑強に形成されているのであって、このことは予想を裏切る興味ある問題といわなければならないだろう。両タイプも両セクターも、共に研究を偏重する風潮のなかで教育を軽視したり看過したりする状態に陥っている事実、とりわけ量的拡張の大半を引き受け学生層の大衆化が大幅に進行を遂げた私立セクターにおいてすら、その事実が顕著に認められることは注目に値するといわざるを得ない。大学教員だから小学校や中学校などの学校教員に比べて研究志向が強まるのは首肯できるとしても、その度が昂じると教育に支障が生じないかという問題はあらためて検証を要するだろう。

アカデミック・ドリフト

第三に、大学の上昇移動や下降移動など上下移動によって生じるアカデミック・ドリフト（academic drift）や階層移動は、大学システムや大学教授職の拡大によって進展した側面を多分に示すことを否定できない現象である。この現象は大学市場の活力を占うバロメーターの役割を担うことに留意すれば、果たして日本の大学市場は国際的にみて活発なのか不活発なのかを吟味する目安になろう。アカデミック・ドリフトには、大学と大教教員の両方を含み、前者は大学市場、後者は大学教授職市場において生じるのである。後者を媒介に前者が生じる場合が少なくないと考えられる。従来から日本の大学の階層移動は、とりわけそれを支える大学教員の大学間移動が少ないと言われてきた。

今回の調査に依拠してみても、大学市場の移動も大学教授職市場の移動も多少生じているものの、それが大規模に進展したのではなく、依然として小規模にとどまっているとみなされるところに特徴がみられる。これは大学全体には従来とは比べようのないほどの大衆化や多様化が進行している事実がある反面、全体的な階層構造のスクラップ・アンド・ビルドや再編成に至るまでには至っていないばかりか、それを阻止する抑止力の力学が作用しているものと観察できるのではあるまいか。

大学教授市場の分析に従えば、特定の有力機関とその他の機関との人事交流は制約された状態に停滞していることがつとに指摘されて以来久しい。例えば、東大出身者の大学教授市場占有率は一九六二年の二四・八％から一九八〇年の一五・四％に一〇％ほど後退しているものの、依然として高い占有率を示す状態となっている。加えて、自給率はこれも一九六二年の九五・三％から一九八〇年の八七・九％に多少後退しているものの、やはり依然として最高の自給率を誇っていることが証明されている（新堀　一九八四、Arimoto 1978）。

威信の高い大学と低い大学の間には、人事交流を阻み続けるなかなか越え難い大きな障壁が存在するのであって、そこには大学の階層移動を促進し流動性を高めることを阻止する抑止力が作用していると言わなければなるまい。大学審議会は最近、この制約の壁を打破する政策として人事の活性化を遅まきながら提言したところである（大学審議会 一九九三）。それは当然だとしても、公立と私立セクター間、研究大学タイプとその他の大学タイプ間の交流を実質化するまでにわかには展開しそうにない気配である。明治時代に開始され、戦前、戦後を通じて一貫して保守されてきた風土に一挙に風穴を開けることは至難であるからである。従来の経緯を踏まえる限りではその打開はさながら「一〇〇年の河清を待つがごとく」といった状態が続き、今後相当の時間を要するであろうことは想像に難くないばかりか、その間はこの種の閉鎖的構造は依然として改善されたことにならないだろうとみなされるのである。ちなみに一九八二年に行われた全国調査では主要研究大学が軒並みそろって自給率の高いことを指摘されている。つまり、東大（八七・九％）、京大（八一・六％）、早大（八〇・六％）、慶大（七八・〇％）、九大（六五・五％）、北大（六五・三％）、阪大（六〇・八％）、東北大（五九・一％）、東工大（五六・四％）などとなる（新堀 一九八四：六三頁）。

## 大学格差

第四に、閉鎖的な大学構造は、ヒト、モノ、カネ、情報の流れの閉鎖性を示し、持てる集団と持たざる集団の相互間における人事交流の格差、モノ、カネ交流の格差、情報交流の格差など、種々の格差をもたらすという現実を裏書きしている。このなかではモノ、カネの格差もさることながら、特にヒトとまつわる人事面の格差によって内集団と外集団を形成しやすい傾向があるはずである。内集団は同質的な人材の結合によって、異質的な人材の結合による外集団を恣意的にも意図的にも想定し形成することによって、両者間の緊張や対立を深める力学を持っているとみなされるからである。内集団は外集団に対して優位性や優越感を抱く心理構造やそれを支える社会構造を擁するとみなされるのである。

## 女性教員と外国人教員

そのような特徴の一端は、日本の大学教員の集団に占める女性教員と外国人教員の比率が、今日においても依然として少ない現実に観察できるに違いない。一九九〇年時点では、全教員の驚くなかれ実に九〇・八％は男性、わずかに九・二％が女性であるにすぎないことが判明したのであった（文部省 一九九二）。もちろん、女性教員が実質的に多数を占めている短期大学の教員を調べると、女性教員が多いという事実が確認できたのであった。その割合は一九五五年には三〇・四％、一九九一年には三八・四％とかなりの高率を示しているのである。上述の各職階に見られる比率は、一一・八％、一〇・三％、二五・五％、三八・一％、四六・三％、七七・四％となっていて、上位ほど比率が減少する法則性が歴然と読み取れるのである。

カーネギー調査、すなわち本調査の場合をみると、その標本（八七二人）のうち、女性教員の比率は七・九％（研究大学一・七％、非研究大学九・六％／教授五・八％、助教授九・七％、講師一二・四％）を示した。この割合は世界の国々全体の平均値（二三・九％）を一六％という大きな落差をもって遥かに下回っており、最低値を示すものであったのである。ちょうど三七年前にあたる一九五五年では日本における女性教員の割合は五・二％であったから、これとの比較では二・七％の改善がみられるとしても、あまりに微々たる伸び率にすぎない。今日（一九九二年現在）に至っても七・九％であることは、先述の世界平均二三・九％にくらべて見劣りがするだけでなく、個別にも国際的に米国（二六・七％）、スウェーデン（二五・八％）、英国（二三・二％）、ドイツ（一七・〇％）などと比較した場合には、大きく水を開けられて相当少ないと言わざるを得ない。日本は世界的に見てシステムとしての閉鎖性が強く、排他的な内集団を形成していると言っても決して過言ではあるまい。

### システムの閉鎖性

システムの閉鎖性と同時にシステム内の組織や集団にもシステムの性質を反映して、あるいはその似姿としての閉鎖性が認められるのではないか。とりわけ研究大学は非研究大学とくらべて閉鎖性が高いと言うべきかもしれない。また、上位の職階では下位の職階よりも閉鎖性が高くなり、それだけ女性教員の割合は少なくなるのは国際的に共通に見られるハイヤー・アンド・スモーラーの法則であり、その点では日本もその例外ではないとみなされるかもしれない（同上）。その意味では、このような傾向を示すのはあながち日本だけの問題ではないと言えそうであるが、その点を十分差し引いても上述の数字を見る限りでは、日本の場合は世界のなかでは例外的に閉鎖性が強い傾向を持つことは否定できないであろう。こうした閉鎖的構造は、日本の場合、概して研究大学、国立大学、とりわけ「旧帝大」系国立大学を中心に形成されていることはあながち否定できない事実である。

同質性を優遇し異質性を排除するという同様の傾向は、女性教員の場合だけではなく外国人教員の場合にも該当するだろう。外国人教員は一九九一年時の統計では二四一五名（全教員の一・九％）を数えたにすぎなかった（同上）。この数字は、国際的観点からすれば、「普遍主義」や「コスモポリタン主義」を志向しているとはお世辞にも言えない状態に停滞しているのであり、その対極に位置している「特殊主義」や「ローカリズム」の域を脱していないことを物語るのである。

## 2　大学教授職のプロフィール

本章では、一九九二年に実施されたカーネギー調査のデータに依拠して、主として日本の大学教授職に関して焦点を合わせ、その機能、専門分野、職階などの視点からアプローチすることによって、若干の特徴を分析するところに主たる意図がある。すでに上の個所では機関の特徴について多少言及したのでここではその点を割愛し、専門分野と教員にかかわって本調査に具現している専攻、職階、年齢、社会階層、学位、労働経験、収入などについての主な特徴に触れておきたい。

### 教員構成

(1)　教員構成は、全体（一八七二人）のなかで研究大学（四一七人、二二・三％）、非研究大学（一四五五人、七七・七％）という形状となる。教員（本務者）は通常では、教授、助教授（准教授）、講師、助手（助教）の職から成り立つ。これらのなかで、本調査では助手を対象者から除くことが世界共通のマニュアルによって指示されているため、結果的に回答者は助手を除いた他のすべての職階から構成されている。分析に使用した標本（一八五一人）の構成比は、教授（一〇二六人、五五・四％）、助教授（六三九人、三四・五％）、講師（一八六人、一〇・〇％）である。

サンプル数

(2)　大学教員は実際の人口（実人口）とサンプルに計上された人口（サンプル数）とが区別できるので、両者の整合性を見てみよう。実人口構成（九万一六〇九）と本調査の現実のサンプル数（一八一九）との関係を比較してみると、医歯学系が実人口に比べて少ないことが分かる。これは、教授層での回答が予想値を下回ったことに起因すると考えられる。ちなみに、実人口とサンプル数を併記すると、人文科学（一五・八％／一〇・〇％）、社会科学（一一・〇％／九・五％）、理学（一一・三％／一二・四％）、工学（一六・一％／二二・三％）、農学（四・九％／五・六％）、医歯学・健康（三〇・六％／一三・五％）、教育（六・一／一二・五％）、その他（一・四％／七・三％）、となる。

年齢構成

(3)　回答者の年齢構成は、実際の人口構成よりも年輩者の方へ幾分傾斜を高めている。これは若年層の多い助手層をサンプルから除外していることに起因するとみなされる。回答者の平均誕生年は一九四一年（職階別にみると、教授一九三五年、助教授一九四七年、講師一九五一年）となり、平均年齢は調査実施年の一九九二年現在に換算した場合、五一・四歳（教授五七歳、助教授四五歳、講師四一歳）となる。国際的平均年齢は四〇代半ばの四五・五歳であり、日本の平均より六歳ほど若くなるばかりではなく、世界の大学教員は比較的若い世代から構成されていることが了解できた。これに対して、日本の大学教員は最も高齢化している部類に入ることが判明した（例えば、日本と同値のロシアを除いては、イスラエル五〇・五歳をはじめ、米国四八・二歳、スウェーデン四六・七歳、韓国四五・三歳、英国四四・五歳、ドイツ四一・一歳など、軒並み日本の値を下回る）。

年輩層へ傾斜している日本の場合、この調査の標本に限らず大学教員の実際の人口構成においても高齢化が進行している実態が観察できるのであるから、もともと問題が横たわっているはずである。換言するならば、それを国際比較に位置づけると、少子高齢化現象を顕著にしつつある日本社会の一般社会の現象と同様、大学世界においても高齢社会化の動きが急ピッチに進行しているのであり、こうした動きが実際にいかなる問題を生じているかを直視して、そうした問題への対応の立ち遅れが深刻になりつつある事実を真剣に受け止める必要があると言わなければならないわけである。

父親の最終学歴

(4) 教授職(一八四六人)において、その父親の最終学歴が「高等教育卒業程度」の割合(五一・一%[研究大学五八・八%/非研究大学四八・九%])は、日本社会学会の一九八五年調査の人口全体にみる割合(八・九%)と比較してみると、それよりも遥かに高いことが判明した(菊池 一九九〇:二二〇頁)。

研究大学の教員の父親が同様の学歴を占める割合は、非研究大学の教員の父親が同様の学歴を占める割合よりも一〇ポイント高い。職階では教授(四九・一%)、助教授(五二・五%)、講師(五七・一%)となり、若い世代ほど父親の最終学歴は高くなっている。これらの事実は、大学教員の出身階層は、日本全体の階層に位置づけた場合、著しく高いことを示す結果である。また、回答者はほとんどすべてが「高等教育終了」であるから、同じ全国調査の「高等教育終了」の割合(二五・二%)に比べて遥かに高いことも判明した(同上)。これは予想通り学者の世界が世代連結的に「高学歴社会」になっている事実を裏書きする証拠を示していると解されるのである。

学位取得者——二つの文化

博士学位取得者の割合の平均値(五七・二%)は機関、専門分野、職階によって相違があるものの、全体的には概して高い。専門分野ごとに見ると、理系(例えば、医歯学九七・六%、理学八一・二%、農学八九・三%、工学七八・六%)

では高率であるのに対して、文系（例えば、人文科学一一・二％、社会科学二七・九％）では低率を示しており、博士学位に文理によって難易度があるのではないかと疑われても不思議ではないほど、理系と文系では相当の格差が見られる。このことに加えて、学士号取得のみの教員が理系には皆無に近い反面、文系（例えば、芸術六七・九％）では相当の割合がみられるから、文理間の特徴が指摘できる。芸術系が少ない事実の背景には、音楽や美術など人文系の学問分野では、演奏や個展などの創作活動が主流であり、博士号取得はかなり限定される傾向があるという力学が作用しているだろう。これに対して、理系ではいずれの専門分野においても、三〇歳前後で博士号を取得するのはありふれた常態とも言うべき現象になっているだろう。これらの現象は、専門分野に組み込まれた「二つの文化」の相違と解される。

職階間には教授（五九・七％）、助教授（五五・一％）、講師（五一・六％）と多少の差異が生じていて、上位の職階になるほど若干ながら、博士号取得率が上昇している。しかし職階間に大きな格差が生じていないことは、年齢による格差が縮小していることに由来するのではないか。だとすれば、今後はむしろ下位の職階での博士号取得者が増えるに違いないと推察される。

### 国内での博士号取得

大多数の教員（九三・四％〔研究大学九四・四％／非研究大学九三・一％〕）は、研究大学と非研究大学を問わず一様に国内で博士号を中心にして最高学位を取得している事実が判明した。世界の留学生は、中世大学の誕生以来今日に至るまでその時代の先進国、とりわけ学問中心地へ留学する傾向があり、現在では世界から欧米へ留学生の蝟集現象がみられると言ってよかろう。そのことを勘案すると、国内での博士号取得者が圧倒的に多い事実は、日本が先進国であることを証明することを物語る。韓国において半分近くが欧米で博士号を取得して帰国する慣行がみられるのとは異なって、両国間の差異が大きい。日韓比較をすると、国際化やグローバル化の観点から見た場合には、日本より積極的に外国留学を行う韓国が先進国であるという結果を示唆しているようにも読める。

外国留学型が増え続けるのか、それとも国産型が盛り返すのか、韓国の今後の動きが注目されるところである。日本の場合、残りの一割に満たない割合は、米・英・独・仏などの外国で取得しているが、そのなかで最高の割合（四・一％）は米国で取得している。

### 移動性

(5) 日本の大学教員は、大学内外を通じて二〇年近い年数（一七・一年）の勤務経験を持つことが分かった。回答者の四分の三は大学以外での勤務経験は五年未満であるとし、半数近くの者（四九・四％）は大学以外で労働をした経験を持たないとしている。こうした事実は、大学教員が人生のほとんどの時間を概して大学内で過ごしてきたことを示唆するものである。しかも大多数の者（六二％）はひたすら単一機関に勤務し続けるばかりで、他の機関や他大学へは移動しないというアカデミック・キャリアを形成しているのである。大学外と大学との間の移動も大学相互の間の移動もかなり制約されているばかりか、しかもほぼ全員（九九・一％）が常勤職であり、非常勤職（〇・九％）はきわめて少ない。しかもなおかつ、常勤職はほぼ任用されたら定年まで身分が保障される終身雇用形態を意味しているのであるから、労働形態は線や面への広がりを欠き、一点に集中した状態を示している点で、国際的には典型的に閉じられた構造を呈していると言わなければならないだろう。

### 非常勤職

指摘したように、日本での回答者には非常勤職はきわめて少ないのであるが、世界の非常勤職の平均値（一三・六％）を上回る国々には、ドイツ（一八・〇％）、スウェーデン（一八・三％）、イスラエル（一九・〇％）、チリ（二一・六％）、メキシコ（三八・五％）、ブラジル（五〇・〇％）などがあり、二〇％弱から五〇％に達している。ドイツやスウェーデンなど欧州にも二〇％近くと数値が高い国もみられるが、ラテンアメリカは軒並み高く、チリはともかくとしても、メキシコ、とりわけブラジルなどは非常勤職の比率が顕著に高い。これらのラテンアメリカでは、大学とそれ以外での兼職が常態になっている実態が読み取れるのである。日本の場合も、最近では常勤職の本務教員よりも非常勤職の非本務教員の割合が増加しているために、非常勤職が増える傾向があることは否めない。その意味では世界的に非常勤職は増大する時代を迎えつつあるのである。

## (6) 給与体系

給与体系は、国立、公立、私立の大学セクター間に差異があり、年功序列賃金が適用されている国立以外は一律に論じることが困難であるという制約がある。本調査の日本の回答者は、総収入の九五％（中央値）が所属大学から支給されているとしている。総収入額については大学教員全体の半数以上（五二・三％）は、五万五〇〇〇ドルから八万五〇〇〇ドルの間の収入を得ているとしている。これらの数字から判断して、日本の大学教授職の絶対値は、世界的水準から見ればかなり高いと思われるが、それにもかかわらず、その教員自身が下した評価に関しては、後述するように良好とは言えないし、むしろ不満が高くなっていると指摘できる。

以上、本調査の標本に具現している日本の大学教授職の属性に関わるデータを対象にして、国際的視座から若干分析して見ると、いくつかの特徴を拾い上げることができた。例えば、①四年制大学に女性教員の割合が少ないこと、②外国に比較して平均年齢が高いこと、③雇用形態は常勤職、終身雇用、年功序列が常態であること、④高等教育機関以外の勤務経験を持つものが少ないこと、⑤大学教員の父親の階層や学歴が高いこと、⑥総収入の絶対値は国際的にかなり高いこと、などの特色が現れている。これらの基礎データの国際比較を若干試みても、世界の大学教員には画一的な把握が困難な種々の多様性が見られること、諸外国の現状を勘案すると日本の大学や大学教授職が改善を迫られる問題点や課題が多々あること、など示唆に富む事柄がほの見えてくる。さらに、個別には機関、専門分野、職階などに差異が認められ、具体的な内容に分析を進めると、その度合は一段と深まると予想される以上、それらを加味しながら、特に機関間の相違を軸に据えて、学術活動の実際について世界と比較した日本の大学教授職の特徴を探ってみることにしたい。

## 3　学術活動

### (1) 時間配分

専門職活動

大学教員を専門職とみなし、大学教授職と考えれば、その取り組む活動は専門職活動を意味することは言うまでもない。こうした専門職活動は、教育（teaching）、研究（research）、社会サービス（social service）と呼ばれるアカデミック・ワーク＝学事の中核を占める学術活動の役割を指しているのであって、さらにこれに大学の管理運営（administration）の役割が追加されるのがふつうである。そして、大学教員がこれらの役割をどのように組み合わせて日々の活動を行っているかは、仕事時間の内容に具現するはずである。

研究時間の比重

そこで大学教員が携わっている活動について、一週間の平均労働時間をみてみると、それは学期中には四七時間、休暇中には四一時間を充てていることが分かる。一週間に諸活動に使用される時間配分（中央値）は、教育一九時間、研究二〇時間、社会サービス二時間、管理運営四時間、その他の学術活動二時間となる。これらの活動は学事のなかで占める比重の所在を示しているのであるから、その比重に応じた活動が時間に具現すると予想するのは難しいことではない。実際、専門職活動のなかで最も重要な役割と目される教育と研究に費やされる時間の合計は三九時間（全体の八三％）に上ることが分かる。そして研究に費やされる時間が教育よりもほんのわずかではあるが多く、その意味では大学教員の仕事に占める研究の比重がいかに大きいかを汲み取れるだろう。

研究大学と非研究大学の研究時間

研究大学と非研究大学の時間配分の差を調べると、興味深い結果が得られる。前者は学期中に教育に一二時間、後者が同じく二〇時間を費やし、両者ともに研究には二〇時間を費やす。これに対して休暇中には両者において三〇時間（全体四一時間の七三％相当）が研究のみに費やされており、不思議なことにこの割合は両者とも差異が生じていない。休暇中だというのにともに七〇％以上を研究だけに使用するという「研究の虫」さながらの驚くべき勤勉さと集中度を示しているのである。このことは、学期中には非研究大学での教育負担が大きい構造を示しているので、研究大学と非研究大学とを差別化する実質的な差異は、研究大学が学期中に研究時間を実に二倍近くも多く使用できる構造にあると言わなければならない。非研究大学の教員は、この研究時間の劣化を休暇中になんとか挽回して取り戻したいと思っているに違いない。その証拠は、休暇中の時間配分によって見事に証明されているというものである。

非研究大学では、学期中に教育時間に圧迫されて捻出できなかった研究時間を奪回するために、休暇中には研究にフル稼働によって専念する。その結果、研究時間の差異はなんとか解消するのである。両タイプの機関では休暇中にものんびり過ごさず、ペースを落とさず、必死に研究に専念することを物語る構造が誰の目にも明白に見えてくるだろう。この事実は、日本の大学教員が、総じて研究に熱心であって、教育時間に阻まれない限り、研究に専念したいという意識を色濃く持っていることをものの見事に裏書きしているのである。非研究大学あるいは「教育」大学では、実質的に教育時間の増加が研究時間を阻む構造になっている以上、多くの教員は、できれば非研究大学から研究大学へ移動したいとの潜在的な願望を少なからず抱いているのではないかと想像できよう。

## (2) 研究

学会活動

教員は、自分が専攻する単数または複数の専門分野の研究者として、単数または複数の専門分野の学会に所属して学会活動を行うのがふつうの姿である。したがって、教員個々人が参加している学会の会員や活動状況（中央値）を調べてみると、日本の教員は平均して少なくとも四つの学会に所属しているという事実が得られた。学会への過去三年間の参加度は一年につき七回を数えるが、種別にみると、研究大学一〇回、非研究大学六回となっていて、研究大学のほうがかなり多い。過去三年間の参加実績の度合からみると、国内の学会への参加回数がかなり多いのにもかかわらず、海外の学会への参加回数はあまり振るわない状態に低迷していることは明白である。すなわち、会員登録数の有無を調べるとわずかに一件（研究大学一件、非研究大学一件未満）と、きわめて少ないことが判明したのである。

### 大学教員の忠誠心――研究志向度

それでは、大学教員は研究に対してどの程度の愛着度、関心度、あるいは志向度をもっているかを専門分野、所属学科、所属大学への忠誠心でもって調べてみると、次の結果が得られた（図6-1参照）。すなわち専門分野（世界七一・三％／日本六八・九％〔以下、世界と日本を併記するときは、数字のみ略式表示する〕）、所属学科（四六・八％／三九・〇％）、所属機関（三二・二％／三一・一％）となる。

この結果から得られる実態としては、世界でも日本でも、大学より学科、学科よりも専門分野と、忠誠心の度合が高くなっていて、総じて専門分野志向の度合が他を引き離して著しく高いことが判明した。日本の場合、大学類型間の差異は全く認められない。ということは、いずれの大学の教員も何はさておき自分の専攻する専門分野が最も大切だと声高に宣言していると言うほかはない。上で見た研究時間と教育時間の比較から得られた結果と照合すると、専門分野へのコミットメントが高く、とりわけ教育よりも研究へのコミットメントが高いことが判明するのであった。大学の教員は学問が好きだから教員となって、科学者、学者、研究者の役割を果たしているると自認している反面、教師や教育者の役割を果たしているとはあまり自認していない。ましてや大学への忠誠心を果たしているとは自認していないと解される。この点には大学へのローカル志向よりも学問へのコスモポリタン志向が窺えるのではあるまいか。反面、大学が教育機関であり、教員が教師や教育者として給料を得ているのであるとすれば、現実との矛盾がないとは言えないことになる。

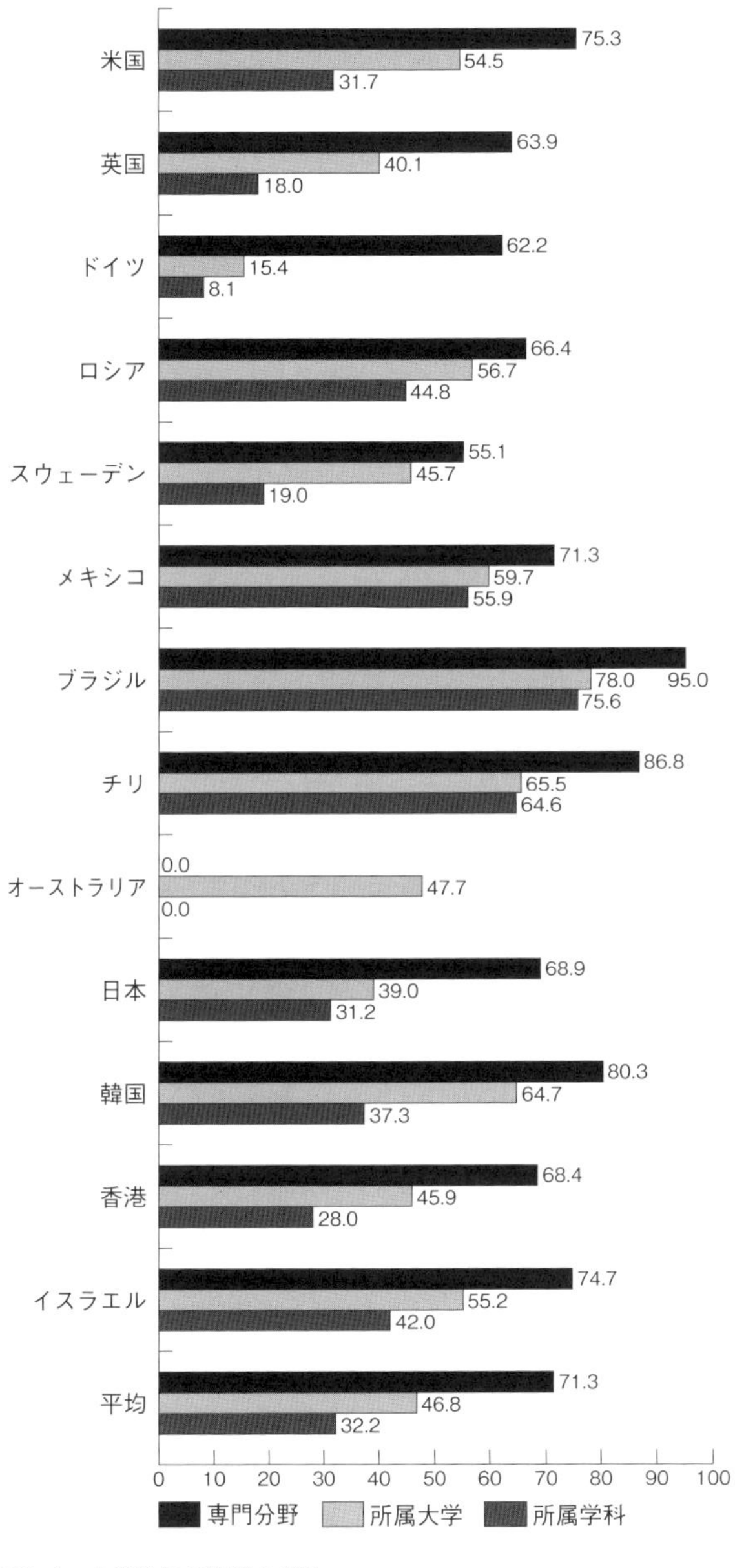


**図6-1　大学教員の忠誠心（%）**

ドイツ型、アングロサクソン型、ラテンアメリカ型

　さらに、「あなたご自身の関心は主として教育あるいは研究のどちらにありますか」と「役割志向」を尋ね、教育と研究の関心度をみると、きわめて興味深い結果が得られた。単独の選択では「両方だがやや研究」（五五・三％）が最も多く、これに「主に研究」（一七・二％）をプラスすると「研究関心派」（七二・五％）の比率が大勢を占めることが明白となったからである（図6-2）。日本の研究志向の比率は高い反面、教育志向の比率は低い。これを世界の結果と比較してみても、研究関心派（五六・一％／七二・五％）は教育関心派（四三・九％／二七・五％）を世界レベルでも遥かに凌ぐという高い数字を示しているのである。

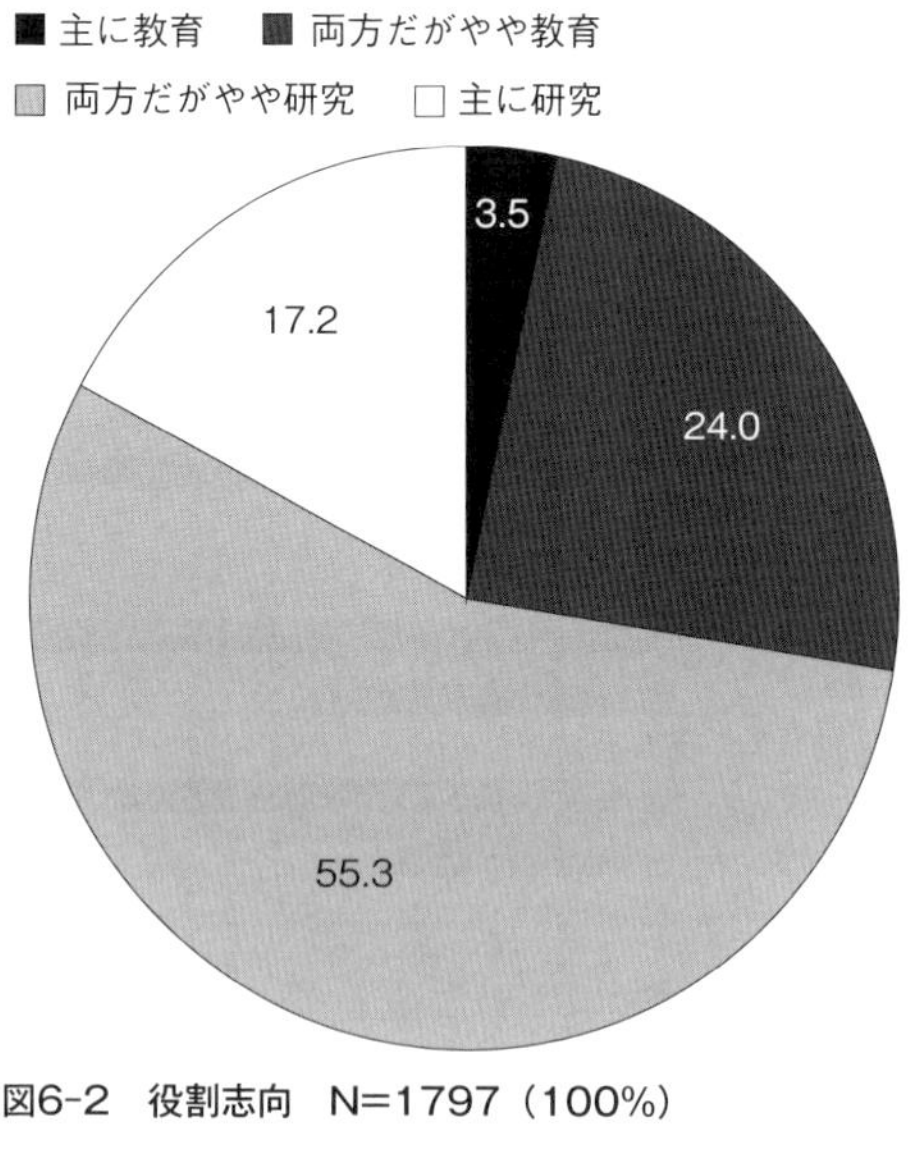

図6-2　役割志向　N=1797（100%）

　そのことは、研究大学（九〇・四％）のみではなく、非研究大学（六七・三％）でも世界の水準を超えて高い比率になっているのである。研究大学が非研究大学よりも優れて研究志向であるのは機関の性格からして当然であろうし、その妥当性は「継続的な研究活動が期待されている」（全体六二・三％／研究大学七七・八％、非研究大学五七・七％）の回答を見ても歴然としており、研究大学のほうが高い比率を示しているのはある意味で当然の結果である。

### 世界的に研究志向度が高い日本の大学教員

　しかし、日本の大学教員の平均七割以上が研究志向という割合を示す事実は、国際的にはかなり特異な現象と

いうほかないのではないか。その証拠に日本を凌ぐ国はわずかにオランダ（七五・二％）のみであり、その次に高い比率を示している、スウェーデン（六六・九％）、ドイツ（六五・七％）、イスラエル（六一・六％）、韓国（五五・七％）、英国（五五・六％）、米国（五〇・八％）などは軒並み日本を下回るのである。この結果、世界の大学は、近代大学が登場して以来この方、連綿と辿ってきた「研究パラダイム」の下にあって、中世大学がひたすら追求した教育よりも、それを脱皮して研究に傾斜する傾向があるのは確かである。としても、日本は一つの典型例を示しているように思われる。

調査対象国の特徴を簡単に示せば、ドイツ型（ドイツ、オランダ、日本、スウェーデン、イスラエル、韓国）が研究志向、ラテンアメリカ型（チリ、メキシコ、ブラジル）が教育志向、アングロサクソン型（英国、米国、オーストラリア、香港）が半々志向、という構造を呈していることが指摘できるだろう。これらの国々の中で、米国と日本を比較して、なぜ両者の相違が顕著になったのかを分析することは重要な視点であると考えられる。すでにエリート段階を通り過ぎ、大衆化段階やポスト大衆化段階に至り、さらにユニバーサル段階を迎えて、「第三期型教育」とか「高等普通教育」が重視される時点に到達している点では、共通の時点を通過している米国と日本を比較してみることは適切であるに違いないからである。

日米比較の意味

その意味からして米国の状態は日本と比較すべき対象として考えられるのであるが、米国での研究志向は日本の半分近くの割合、つまり四割未満にとどまる事実は、単純に考えて、なぜそれほど少ない割合なのか興味深いと言わなければなるまい。米国での別の大学教員を対象にしたカーネギー調査では、研究大学の研究志向はやや強いとしても、大学教員全体においては教育志向が優勢であることが指摘されており、本調査から得られた米国の実態とまさしく符合するのである（Boyer 1990［一九九六］：一三九頁）。すなわち、教育志向優勢の点は首肯できるのであって、研究大学（教育志向三三％）と少ないのは研究大学の性格上ともかく、その他の大学では四年制大学（五八％）、博士授与大学（五五％）、総合制大学（七七％）、教養カレッジ（八三％）と軒並み教育志向が高く、二年制カレッジ（九三％）に至っては著しく高い。総じて、米国の大学システム全体にわたって教育に志向し教師としての自己像を自覚する教員が多いのが特徴であるという構図が成立しているのである（図6-3参照）。

翻って日本では、機関間の役割分担が鮮明になっている米国とは対照的に、役割分担がなきに等しい状態になっていて、研究大学はもとよりそれ以外の非研究大学＝教育大学でも同様に、教師よりも研究者としての自己像を

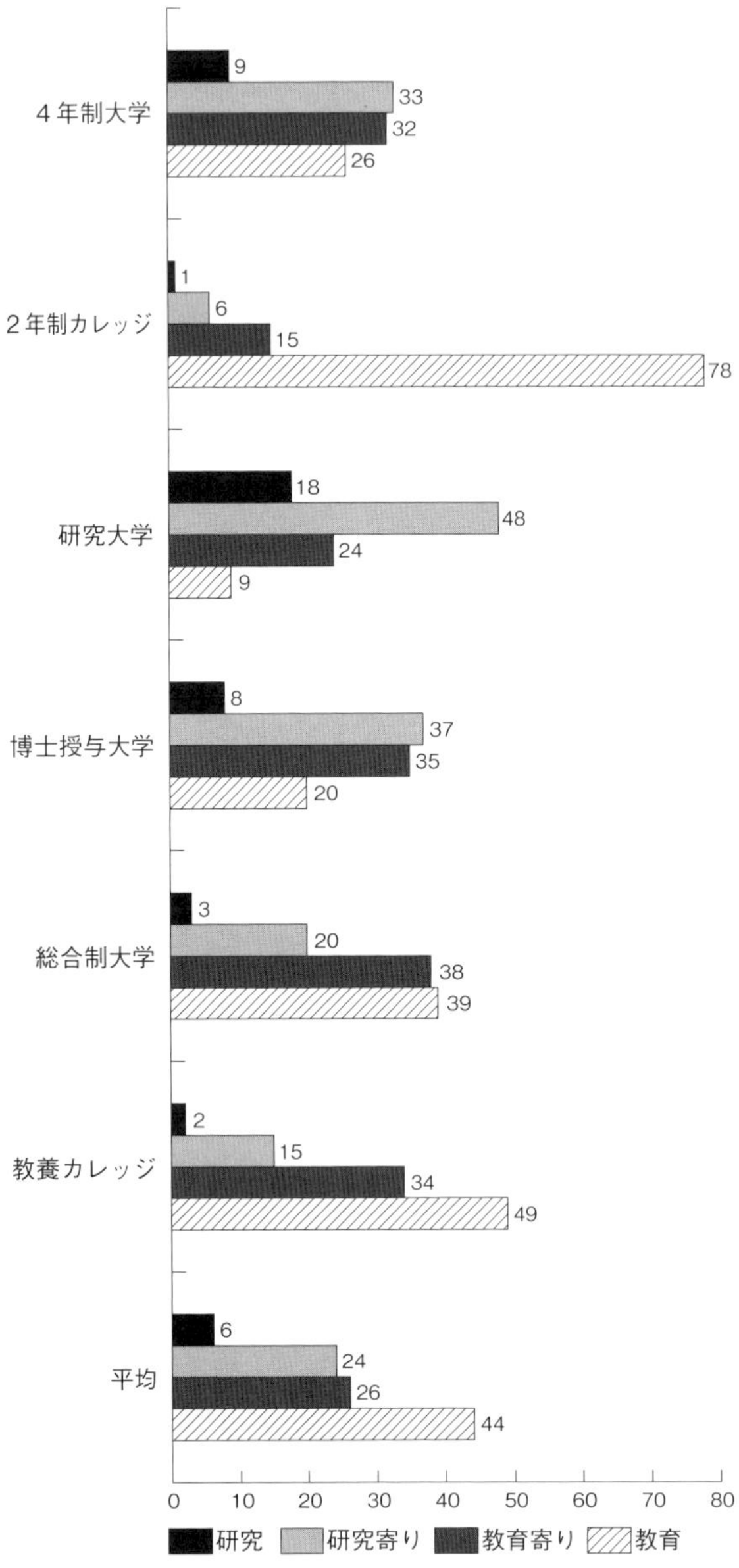


**図6-3　あなたの関心は主に研究と教育のどちらにありますか(%)**

描く教員が多いのである。

## 研究生産性

こうした研究志向の強い日本の教員の実態から演繹すれば、「研究生産性」はとりもなおさず高いと予想されるであろうし、実際、予想に違わず日本の大学教員の研究生産性は高い。図6-4のように、過去三年間に出版された業績の平均値は、著書、編著、学術論文、報告書・モノグラフ、学会発表などのいずれの平均値をとって

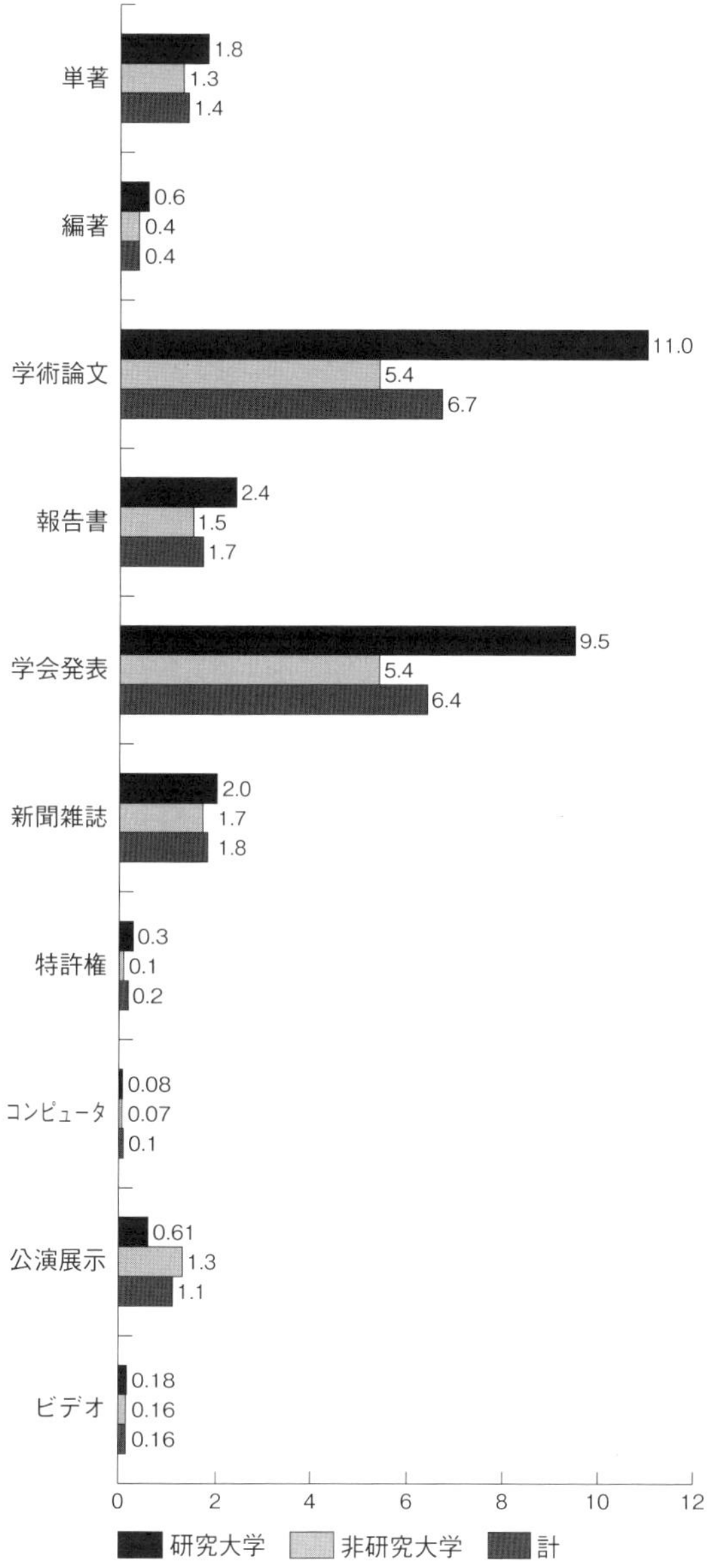


**図6-4　研究生産性**

もかなり高い（著書一・四、編著〇・四、学術論文六・七、報告書・モノグラフ一・七、学会発表六・四回など）。

これらの数字は、研究志向度の強い大学とそうでない大学と比較すれば、当然差異が存在すると予想される。事実、研究大学と非研究大学の機関間でくらべてみると差異が少なくなく、そのことは学術論文（研究大学一一・〇篇、非研究大学五・四篇）を例にしても、学会発表（研究大学九・五回、非研究大学五・四回）を例にしても顕著に窺えるところである。ご多分に漏れず研究大学の「研究生産性」が著しく高いことが証明されたのである。

ちなみに職階では、教授、助教授、講師の順で業績生産が高い傾向を示している。職階が高いほど生産性が高い事実は、所属機関の如何を問わず年配者ほどよく研究をしていることを示唆する。若いときには研究を活発に行い、教授に昇進したら、ぱったり研究しなくなる教員は経験的観察によれば結構多いように見えるが、この調査結果ではそうではなさそうである。また、逆ピラミッド型の教員構成になっていて、教授層が多い日本の大学では、「教授王国」と呼ばれ地位が高くても実力を伴っていないという、別の箇所で述べた新堀や潮木の仮説には対応していないように見える。今回の調査では、確かに数量的な研究生産性は高いのであるが、質的なそれが高いか否かは調べられていない。その点はこの調査の盲点であるかもしれない。

研究生産性は、論文数のみではなく、引用数、インパクト係数などの質的側面の比重が重要であることを看過できまい。論文の量と質の両方が優れているのか、量は多くても質が悪いのか、量が少なくても質が良いのか、量が少なく質も悪いのか、それぞれの側面での実態と照合させなければ、真の実力は測定できそうにないと言ってもよかろう。日本の逆ピラミッド型の中の年輩教授層が量的に多産だと自己申告しているからといって、それに質がそのまま伴っているか否かはあらためて検証が必要になるのであろう。その点では、ピラミッド型の欧米諸国の年輩層の研究生産性がもっと質的に高いかどうかの検証が必要であるとも言えるのであろう。

それはともかく、教授層の研究生産性が高いと言っても専門分野間の相違を見るとかなりの相違が存在する。専門分野間では学術論文数を事例にすると、理系、特に医歯系の生産性がダントツに高いからである（医歯系八・四、農学系五・五、人文系三、芸術系一など）。概して医歯系や農学系など理系での生産性が高いのに対して、人文系や芸術系など文系での生産性が低い。そこには理系と文系の二つの文化が存在するように見える。

文理の相違を生じる理由の一つは、理系では共同研究が多く、共同研究者は論文数が多くなるメカニズムがはたらくことが考えられる。教授の生産性が上がるのも共同研究に負うところが大きいかもしれない。他方、文系では社会科学で多少共同研究が増えるが、人文系は単独研究が比重を占めるだろう。教授層の論文が多くなる場合でも、理系ほどにはならないだろう。文理の相違の他の理由としては、芸術系の場合で異なる活動が主流であることに注目する必要があろう。

確かに芸術系では学術論文数は少ないが、芸術系特有ともいえる公演会や演奏会などの発表回数（九・二回）は他の領域とは比べものにならないほど飛び抜けて多い。研究生産性は、研究を媒介に成り立つ概念であるが、教育生産性は教育を媒介に成り立つ概念であることを考慮すると、芸術系のピアノ、ヴァイオリン、フルートなど器楽演奏、オペラ、独唱、合唱など声楽の演技、指揮者の演奏といった各種の生産性は、発明発見の研究よりも伝達の教育に近い生産性ではないかと考えられるかもしれない。その意味では、研究生産性と教育生産性を包括した学問的生産性の視点から判断することが必要ではないかと考えられる。

### 理系教授層の研究生産性はなぜ高いか

理系の教授は著書や学術論文や学会報告などのほとんどの業績生産性の指標において高い数値を示しているのはなぜであろうか。このような理系優位現象の結果に関する直接の因果関係が何かを質問した項目が皆無なので、さしあたり推察する以外に適当な方法が見あたらないので、的外れを覚悟で類推してみよう。

①学問のコード化がソフトの専門分野が発達している文系に対してハードの専門分野が発達している理系においては、概して世界水準の規範、価値、競争が研究者間に内在化されていること。②いま指摘した①と関係するのであるが、英語の学術論文を世界の学術誌に多数投稿し、多数引用され、高いインパクト係数を得ることに価値を置く普遍的な競争文化が存在していること。②『ネイチャー』や『サイエンス』などの一流学術雑誌に掲載

されて評価されずに教授昇任を果たすことは不可能だとみなす文化や風土が支配していること。③国際的な研究ネットワークに所属する共同研究集団に準拠することに起因して、研究者の意識や行動がローカル志向であるよりもコスモポリタン志向であること、④講座主任教授と講座構成員が内外の学術雑誌に共同論文を公表する機会が多いこと、⑤教授の評判は外部研究資金獲得の多寡によって規定される度合いが大きいこと、⑥研究生産性の測定に使用される指標は、文系専門分野に比較して、理系専門分野との親和性が強いため理系専門分野の研究者の可視性を高める効果があること、などが考えられるだろう。こうした理系専門分野に特有に働いている世界共通の文化をかなり強く反映することによって、とりわけそれらが有利に作用する教授層において高い生産性を維持していると解されるのではあるまいか。

もちろん④の点では、上述したように、文系でも社会科学係の専門分野などは結構共同研究を行うことが多いので、共同研究体制が必ずしも理系特有とは言えないし、理系に近い文化が観察できるかもしれないが、それでも理系ほどそれが徹底しているとは言えないに違いないだろう。

### 研究の促進要因と阻害要因

これまでの考察の結果から、大学教員、とりわけ日本の大学教員にとっては教育よりも研究の重要性が大きいと指摘できることが判明した。とすれば、教員の研究を妨げる阻害要因、促進する推進要因、のそれぞれは一体何かを尋ねてみる必要があろう。このうち阻害要因としては、管理業務が多いこと（四六・四％）、担当授業科目が多いこと（三六・五％）、授業の登録学生数が多いこと（二七・二％）、となって、管理運営や教育に関係した要因が上位を占める。管理運営要因はともかく、教育要因が研究阻害要因になることは、教育と研究が対立関係になって、離反し合っている証拠であると推察できるから、両者が学事を担う車の両輪という視点からすればゆゆしいこととなり、その点で注意を引く興味深い事実であると言うほかない。

他方、研究推進要因としては、研究資金の獲得のし易さ（四六・八％）、研究施設・設備（四四・七％）、学外での専門職的活動（三七・九％）、といった研究資金・要因や専門職の学外活動などが上位を占める。この論理を敷衍するならば、資金が豊富であるほど研究生産性は高まるとの仮説が成り立つことになる。

### 外部研究資金獲得の格差

それでは、ここで推進要因のトップと目されている研究資金に関して焦点を合わせた場合、どの程度の割合で資金を獲得しているのであろうかを詮索してみる必要があろう。そこで過去三年間に自己研究と共同研究を含めて研究費を交付された割合はどの程度かを調べてみると、平均七割強（七二・六％［研究大学八九・五％／非研究大学六七・四％。以下、［　］内は研究大学と非研究大学の数値を示す］）に達していることが分かった。この割合は国際的には高い比率を示しているから、日本の大学教員が研究資金の獲得に恵まれており、そのために研究推進が捗っている事実を裏付ける証拠となるというものである。特に研究大学は非研究大学よりも平均して二〇％多く外部資金を獲得している事実がある以上、そのことが世界的にも国内的にも大いに有利な立場を享受していることを裏書きするのはもとより、当然のことながら、外部研究資金が研究生産性を促進するために交付されることを勘案すれば、研究生産性が上昇しなければならない必然性があるはずである。

政府や財団などから取得されている研究資金の額は、大小多様であり、変化に富む。そうではあるが、調査に回答した大学教員に額を尋ねた結果、回答者の半数以上の平均取得額は二万五〇〇〇ドル未満であるのでそれほど多くはない。その反面、わずかに一割程度（一一・七％［二六・八％／六・三％］）は一〇万ドル以上であり、平均値に比して五倍近くも多いという格差が歴然と認められるのである。言ってみれば寡占傾向が顕著である。

機関別では研究大学の割合が非研究大学のそれの四倍以上も多い現実がみられ、ここでも寡占傾向が顕著である。専門分野別では文系に比して理系での割合がほぼ五倍以上は上回っているので、文理の格差が頗る大きい（人文三・一％、社会科学一・六％、工学一八・二％、理学一三・九％、農学一四・六％、医歯一七・九％、芸術一・〇％未満）。格差のピラミッドに位置づけると、理系の工学系や医歯系が最上位、文系の芸術系、社会科学系が最下位に位置している。これらの数字の意味するように、文系では外部からの研究資金を取得するのははなはだ困難であるとの現実が作用していると容易に推察できるのではあるまいか。

職階では教授が助教授や講師の二倍程度になっている実態が存在する（各一五・九％、八・一％、七・九％）。理系の教授層が多額の外部資金を獲得している事実は、先述したように、なぜ理系教授層が高い研究生産性を上げているかを説明する理由の一つだろう。

以上から、研究志向は文理の専門分野を問わず、所属機関を問わず、職階を問わず、あらゆる大学教員に共通に強く認められるにもかかわらず、外部研究資金の配分は、専門分野、機関、職階などによって相当の格差が生じており、総じて研究大学、理系、教授での配分額が多く、逆に非研究大学、文系、准教授以下では少ないという構造が認められるのである。研究志向の意欲が大学教員全体に画一的とも言えるほど一律に強く作用している現実があっても、それを実際に研究生産性へと転化させる条件は一様ではなく、大学格差、専門分野格差などが容赦なく作用し、概して上に厚く有利、下に薄く不利の構造が作用している現実が透けて見えることになった。先述の鶏と卵の関係はあるとしても、仮に研究費の額が研究を促進する必要条件だと仮説を立てれば、かかる条件を満たせる属性では生産性を高めるはずであり、現実にも研究業績は高まっているという事実を察知することが可能になったのである。研究費と研究生産性の相関性は高いとの仮説は、少なくとも量的側面では立証されているものと思われる。

### (3) 教育

大学は高等教育機関である以上、教育を担当するのは不可欠であり、いわば教育は義務であるとみなされる。教育を担当するから給料を支給されている教育職だと言っても過言ではあるまい。調査結果を見てみても、日本の大学教員（一八三〇人）のほぼ全員（九九・三％）は教育に携わっている事実があり、その点では教育＝義務説が例証されているはずである。いくら研究が好きで研究志向であっても、「研究所」ならいざ知らず、また「研究教授」ならいざ知らず、教育機関でしかも教育職であると自認する大学において、もっぱら研究のみに専念することは許されないから、時間を捻出しつつ研究志向を可能にする条件を追求するのは当然の帰結だろう。

### 学士課程と大学院課程の担当

それでは教育の比重が高い学部（学士課程）と研究の比重が高い大学院のそれぞれにおける担当の度合いはどの程度であろうか。調査に回答した大学教員の三分の二（六〇・一％）は学部と大学院の両方を担当していて、大多数を占めているのに対して、三分の一（三七・三％）は学部のみを担当していて、二番目に大きい比重を占めており、残り僅少（二・〇％）が大学院担当と授業非担当（〇・七％）となっている。最後の類型は授業なしで研究のみに専念できるが、その比率は著しく少ない。大学院重点化の開始された一九九三年以前では、学部担当者が大半を占め、大学院担当者は少なかった。学部は本籍、大学院は現住所、つまり兼坦であった。だが、それ以後は「大学院教授」が増え大学院を本籍として、学部を兼坦する傾向が顕著に進行したのであった。特に研究大学では大学院担当者が増加した。実際、学部教育のみ担当する者の割合は研究大学（一一・九％）、非研究大学（四四・六％）となり、研究大学では大学院を担当する割合が九割近くにまでなっていてきわめて高い。それだけ研究志向と研究生産性を高める条件を備えているのである。

### 教育志向が弱い原因は何か

もともと教育は教員にとっての義務であるのに加え、教育の重要性が日増しに高まっているのにもかかわらず、大半の教員は教育よりも研究に志向している事実はすでに指摘した通りである。なぜこの不思議な現象が起こるのであろうか。教育が大切だという規範に基づく評価が行われていないのかと問えば、確かにそのことは肯定できそうである。なぜならば、それを裏書きするように、「仕事は定期的に評価されているか」という質問への肯定率（四四・四％）は半数に満たないからである。これは制度的には、日本の大学においては大学評価がいまだにからである)。

未定着である事実を示唆すると言わなければならない(機関別認証評価型の大学評価が導入されたのは、二〇〇七年からである)。

江原武一は、大学教員の教育研究活動の評価と意見に関する日米比較をカーネギー大学教授職国際調査のデータに基づいて詳しく行っている(江原 二〇一〇:四八頁)。それによれば、「教育活動は定期的に評価されている」の回答は、日米の平均は(六〇・八%)と六割に達しているにもかかわらず、日米の格差は日本(一六・一%)、米国(八三・四%)と雲泥の差があることが分かる。米国では、公立研究大学(八一・四%)、私立研究大学(七六・六%)、公立一般大学(九〇・五%)、私立一般大学(八六・二%)と私立研究大学以外は軒並み八割を超えているのに対して、日本は国立研究大学(七・三%)、私立研究大学(一九・五%)、国立一般大学(九・九%)、私立一般大学(二七・九%)となり、私立が若干高いがそれでも三割を超えていないし、国立は一割未満と低調である。このように教育に関する定期的な評価の有無が歴然としている限り、日頃から教育に熱心な米国とそうでない日本の相違が顕著に具現しても決して驚くに足らないだろう。

こうした結果は、国際的にみて日本の大学教員の教育への取り組みが意識的には、はなはだ脆弱なことを如実に物語る証拠でもあると言ってよかろう。ちなみに、外国における同じ質問に対する大学教員の反応を回答結果で見ると、世界の平均値(六一・四%)が日本のそれを凌いできわめて高率を占めているのに対して、日本はドイツ(二五・三%)に次ぐ低率を示し(なぜドイツが低率かは検討に値するのだが)、いま指摘した米国やさらに英国(七九・二%)には遥かに及ばない状態に低迷しているのである。

教育の質を評価するシステムが未確立であることは、教育方法の不十分さを暴露しているのではないかという疑問を容易に喚起するに違いない。そして、この疑問は簡単に打破できそうにないのである。実際に疑問を打ち消すための根拠が乏しいと言わざるを得ないし、事実、調査結果は、教育方法の取り組みが伝統的な講義方式に依拠していて不十分な状態にあると明らかにしているからである。

一人の教師が多数の学生に一斉教授する中世大学以来の伝統的な方式は、演習、ゼミ、実習、芸術系のレッスンなどは別として、概して講義方式で行われるのが常態であった。このような従来から採用されてきた古典的な教授形態の「講義」を採用している教員は、両タイプの機関や専門分野（芸術系は除外）を通じて高率（六八％）になっていて、実に約七割を占めているという現実がある。（この数字は、大学審議会が少人数授業、セミナー、対話・討論などディスカッションの導入の必要性を提言した事実と決して無関係ではないことを裏付けるとみてさしつかえあるまい。）こうした旧来の教育方法は授業の中核を構成する基礎基本の方式であるとしても、それを見直して、新たな方式と組み合わせたり、融合することによって改善することは、学生の多様化が急ピッチに進行している現在、学生の学習のレディネス、動機、ニーズ、態度、などを勘案する営みの中で当然必要不可欠になっているのである。

### 教員と学生の乖離

すでに指摘したように、教員の学生観が消極的かつ懐疑的である事実は、とりもなおさず教員が伝統的な教育方法によって現在の学生を教育することを前提として学生観を形成しているからだと推察される。そうであればなおさら問題なのであるが、こうした従来の教育方法ではもはや授業が成立しないことは明白だろう。学生の多様化は必然的に学力の多様化を押し進めるから、個々の学生の成長発達段階やニーズを踏まえない授業はアナクロニズムに陥らざるを得ない。

事実、回答者は「学生は十分な数学的・論理的能力を持つ」（四一・三％）や「学生は十分なコミュニケーション能力を持つ」（四一・六％）への反応では、（ここでは肯定ではなく否定の回答を集計しているのであるが）実に四割以上が否定していることが判明したのであった。要するに学生の能力は教員が描く水準からは程遠いところまで低下しているとしているのであった。特に機関別では前者の質問の場合、研究大学（一九・六％）よりも非研究大学（四八・二％）が、後者の質問の場合においても、研究大学（二九・六％）よりも非研究大学（四四・八％）が、それぞれ遥かに高い比率を示しているのであった。教員と学生の乖離は前者よりも後者において大きいのである。

すなわちそこにあるのは、非研究大学＝教育大学では学生の大衆化の影響が教員と学生の格差を次第に乖離させる点においてきわめて深刻な影を落としていると解釈できる傾向が出現していることであろう。

大衆化段階ではもとよりながら、さらにユニバーサル段階ではなおさらのことながら、このような学生の学力の低下現象に対処するためには、変化した学生の実態を見極め、機関の目的を整理し、専門分野の実情を見直して、的確な学力や付加価値を付与できる体制の確立が問われるのは必至である。にもかかわらず、いずれの機関でも判で押したように教育的関心が脆弱なのは現実との明らかな乖離と矛盾を露呈しているとみなさざるを得ないわけである。

この問題は角度を変えれば、教員が学生の声を十分聞かずに唯我独尊に陥っているのではないかと疑ってみる必要がありそうである。その点、上記した江原の「所属大学における教育活動の定期的な評価」は参考になる（同上：六六頁）。そこにおいては、学生による評価が日米平均（五三・七％）では五割を超えているにもかかわらず、日本（八・九％）は一割にも満たず、他方の米国（七七・七％）は約八割となり、大きな格差が存在するのである。日本は学生からの教育評価を受ける度合いが日頃から低い日本の大学教員にとっては、学生の要望に耳を傾ける態度を醸成する根拠が脆弱となろう。

## (4) 社会サービス

第三の学事

社会サービスは、歴史的には最後に表舞台に登場したのであるから教育や研究ほどには重要性を持たないとみなされがちである。だが、近代大学では教育と研究に次ぐ第三の「学事」の位置を占める点で重要性が高い。二一世紀の今後において大学が地域再生のカギを握る度合いが高まると予想される現在では、この学事の果たす役割はますます重要性を増していると言わなければならない。そこには、学生のフィールド・サービス型の学修も含まれるので、教員の活動にはそれに対応した教育が求められるのと同時に、他の大学機関での講師、地域行政への学識や技術の提供などが主たる活動として求められるとみなされる。これらの活動を回答者の三分の一が行い、その他に企業へのサービス活動を四分の一が行っている。大学教員の学事に占めるこうしたサービス活動のシェアは三〇％前後を占めるのである。

それを国際的活動かどうかという視点でみると、国際機関でのサービス活動を行っている者はほとんどみられないという結果が得られたので、この現状は改善を要するであろう。それではかかる国内的サービスを有償で行っているのであろうか、それとも無償で行っているのであろうか。サービス活動はあくまでサービスであるとの観点に立てば、無償で行われる場合が多くなるはずであり、実際にも有償の割合が二〇％未満とする者の割合は半数近く（四六％）に達しているから、大半は無償である。

無償であるから、重要ではないかと言えば、必ずしもそうとは言えない。無償でも、サービス活動自体に対しては文系の教員を中心にかなり積極的態度を表明しており、大学教授職が果たすべき重要な役割であるとの認識が窺われる。それでも、全体には、研究や教育と同じほどに重要であるかと詮索すると、そこまで重要であるとは考えられていないふしがあるのは否めない。これは研究よりも教育、教育よりもサービスが、教員の任用、昇任、報賞授与などの評価対象においては重視されていないことを反映した結果であると解される。その傾向は世界的にも認められるところであるが、日本での傾向が強いとみなされる。

### (5) 管理運営

研究・教育・サービスのほかに、学内での管理運営の活動が教員の学術活動の一環のなかに、あるいはそれに近い準学術活動のなかに組み込まれているが、その内容は機関によってかなり異なっていた。大学教員が実際に携わっている管理運営活動の特徴とは一体何か、その実態を具体的に理解するために実施された質問項目に対する回答を読むと、いくつかの事実が明らかになったのである。

## 悪化する教員と管理者との関係

とりわけ注目に値するのは、世界的に共通して「教員と管理者との関係は良くない」とする比率（六二・五％／七五・二％）はきわめて高い事実であることであった。世界平均ではすでに六〇％強を示し、それどころか日本平均は七五％にも上っている事実にはそれほど関係が悪化しているのかと驚かされざるを得ない。しかしながら、少し考え直してみると、これは産業社会では、合理化、効率、能率などを重視する企業の論理が容赦なく大学の経営や運営の領域に持ち込まれる現実のあることを勘案すれば、あながち不思議であると言えないかもしれないし、むしろ容易に理解できるはずであるかもしれないのである。産業社会化の影響を受けて「知識共同体」が崩壊し、それに代わって「知識企業体」が展開され、「同僚制」から「官僚制」へと展開される昨今の大学の趨勢がそこに見出されると言えなくはないのである。いずれにせよ、現実を直視するかぎり世界的には教員と管理者との間にかなりの緊張が厳然と横たわる事実が浮上しているのであった。

日本は韓国（八四・三％）ほど極端ではないものの、それでも管理者と教員の間の関係は悪い状態になっていて、両者の間に作用する緊張度はかなり高いという結果が露呈していると読み取れたのである。しかし「官僚制」（bureaucracy）の支配が強まっている事実が顕著になるかたわらで、それとの関係において、「同僚制」（collegiality）が全く機能していないかと言えば決してそうではなく、他の国々に比べれば、その点が極端に悪化しているとの印象を与えない結果が得られた。すなわち、極端に悪くもなく、極端に良くもなく、中間的位置を占めている事実が判明した。

## 官僚制と同僚制の角逐

結論から先に言えば、日本の教員は、所属大学の管理運営体制を「中央集権」と「地方分権」の角度から分析した場合、半々の見解を示すことになっていたのである。具体的な項目では、必ずしも半々とはならず、次の結果が得られた。例えば財政政策では大学教員の約五分の三（五七・八％）は、執行部が財政政策の決定権限を持つと見なしており、その割合は高まっている。その際、機関の間には、官僚制と同僚制に傾斜する度合いが異なる実態が観察された。研究大学（四三・六％）と非研究大学（六一・九％）には、前者が同僚制、後者が官僚制を示しており、その点でのかなりの格差が現れている。研究大学に同僚制が強いのは、教授会の権限がなお強固であるのに対して、非研究大学は急速に学長や執行部の権限が強化され、教授会の権限が弱体化していると解されるのではあるまいか。江原が指摘したように、官僚制と同僚制のせめぎ合いのなかで、大学管理の近代化と大学管理の伝統をいかに調整し、伝統を生かすかは重要な課題であると言わねばならない。

日本の大学改革の提言をみても、大学の管理運営の近代化を主張する立場と、大学教員の自治的な管理運営を主張する立場が併存している場合が少なくない。したがってこれからの大学の管理運営を考える際には、一方で伝統的な同僚制の雰囲気も確保できる管理運営が、強く求められているように思われる。（有本・江原 一九九六：七九頁）

### 中央集権型と地方分権型

官僚制＝中央集権と同僚制＝地方分権がどの項目あるいは領域に影響力を強く持つかは区々である。例えば、主要管理者の選考、教員昇任、終身在職権、新しい教育プログラムの決定などの経営と教学がかなり重複していると思われる項目に関しては、中央集権と地方分権がほぼ互角の状態でもって競合した状態になっている。これに対して、教員は新任教員の選考、教育負担、学生の入学資格などの教学の中味にかかわる度合いの大きいと思われる項目に関する決定にはかなりの程度参画していると回答している。講座や学科の運営単位での政策決定過程に参画する度合いが高い理由は、大学教員が一番コミットする専門分野に密着する項目であるからだと解される。一般に、中央集権型の弊害を指摘し不満を表明する声は、研究大学よりも非研究大学の教員、さらには年輩教員よりも若手教員に多い傾向を示しており、非研究大学の若手教員にその傾向が最も強いことが明らかになった。なぜかと言えば、非研究大学では、同僚制が崩壊して官僚制が強化されていること、年輩教員よりも若手教員が多く所属しているのに加え、彼らは官僚制の圧力を強く意識していること、などが考えられる。

## 官僚制と同僚制の動向——世界と日本

それでは、日本の大学は外国に比較して、官僚制が進行しているのであろうか、それとも同僚制をなお残存させているのであろうか。このことに関して、大学教員自身がどのように意識しているかを確かめてみることにして、具体的に、機関の管理運営システム、政策決定過程、学問の自由などに関する回答者の反応をみると、世界的に二つの傾向が読みとれることになった。

第一に、所属大学の管理運営システムは「民主的」であるよりもどちらかといえば「独裁的」(autocratic)であるとの反応が見られる(図6-5参照)。例えば、「管理者(経営者)はしばしば独裁的である」(五四・七%/四〇・四%)では、世界の平均値は日本の平均値よりも一〇%以上高い割合を示しているのである。個別に見ても、ドイツ(六六・四%)、英国(六四・一%)、香港(六三・六%)、オーストラリア(六二・三%)、チリ(五八・〇%)、米国(五七・七%)などの国々に比べると、日本の比率はかなり少ない。日本の研究大学(二四・八%)と非研究大学(四一・七%)では、非研究大学のほうの比率がかなり高くなっている理由は、非研究大学のほうが官僚制の作用が強いという先述の結果と符合するのであるが、それでも外国ほどには高くはない。この結果は非研究大学のほうがいち早く世界の動きに追随する方向へ動いている現実を物語るのかもしれないと解される。

その他にも、「教員と管理者(経営者)の意思疎通は貧弱だ」(四七・九%/四二・九%[三六・八%/四四・五%])、「教員が意思決定過程に参画していないことが問題である」(四七・四%/三三・三%[一五・六%/三三・八%])、などの項目への回答結果は、外国や非研究大学の数字が大きいという結果が表れており、上で述べた内容とほぼ同様の結果を示しているのである。

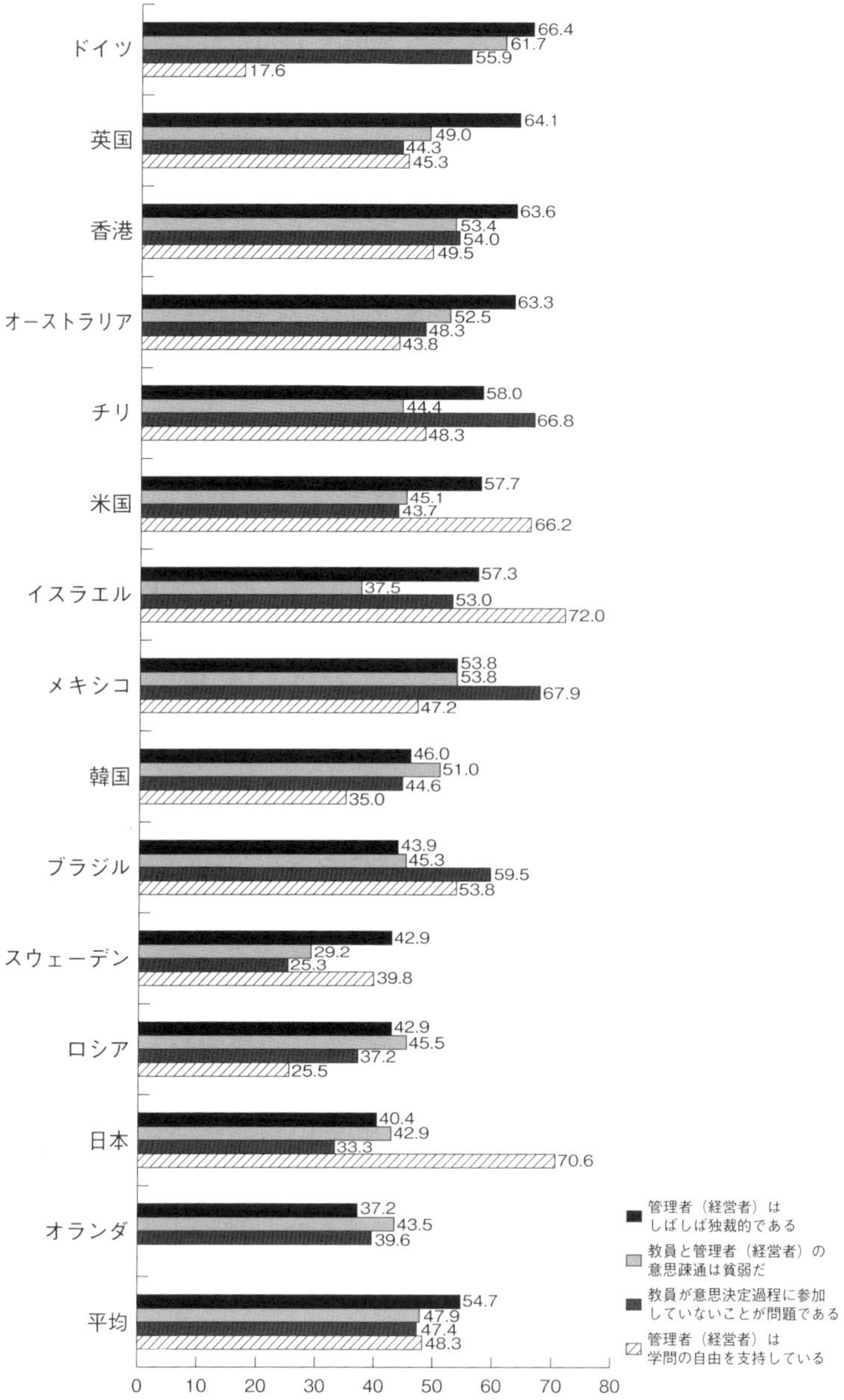


**図6-5　管理運営に対する評価（%）**

学問の自由の度合

第二に、回答者の所属大学は「学問の自由」を支持しているとの認識が顕著に見られる。大半の教員が「管理者（経営者）は学問の自由を支持している」（四八・三％／七〇・六％［六九・三％／六六・一％］）としているからである。外国よりも日本のほうが肯定する割合がほぼ二〇％ほど大きい。日本の機関別に見た両タイプの場合も、ほぼ互角に高い比率で賛成していることから、押しなべて学問の自由度が高い。しかも世界的に見た日本の肯定度は、イスラエル（七二・〇％）に次いで第二位になっている点で特筆すべきであろう。

日本の大学では、大学教員と管理者（経営者）との関係が良好ではないとか、管理者がやや独裁的になっているとか、管理者と教員の関係が最近ではとかく問題にされがちである事実は、統計的な数字に反映されているとしても、諸外国ほど官僚制の進行が顕著とは言えないし、むしろ管理者が学問の自由を支持している点では諸外国よりも賛成度が高いという特徴が現れている。しかし世界の動きに日本の動きが遅れているとの仮説を立てることもあながち否定できない以上、世界的に官僚制化がますます進行すると予想される今後の時代において、いかなる変貌を遂げるかは引き続き目が離せないだろう。

### (6) 国際的学術活動

大学システムと活動を国際的視点から比較して立ち遅れた点を鋭意改善することは、日本の高等教育が直面する重要な課題の一つである。ジョセフ・ベン＝デビッドが指摘したように、日本の学界や大学は世界の「学問中心地」（ＣＯＬ）からみると長い間立ち遅れ「周辺地」に甘んじていたのであった（Ben-David, 1977、新堀 一九六五）。しかしながら日本の学界や大学は、主として研究大学の研究生産性向上によって次第に逆境を克服してきたことも否めない事実である。最近では物理学、化学、生物学、生理学などの自然科学系の領域をはじめ種々の領域で世界水準を超え、主導的役割を果たすまでに飛躍を遂げていることが「科学引用索引」調査によって確認されることになった（慶伊 一九八四、有馬 一九九〇、新堀 一九八四、有本 一九九四）。こうした現状は、近代大学創設の明治期を中心にした戦前期に世界の水準に追いつくことを目的に開始された大学政策の効果が、ここに至ってようやく発揮され、花を咲かせつつあることを物語る何よりの証拠であろう。

## 実体はやや不振

その点は大学教員の世界にも同様に生じているか否かを調査結果で吟味してみよう。大学教員の意識面から観察した場合、客観的な実体面ではあまり活発な状態にあるとは言えない現状が観察されるのとは逆に、主観的な意識面では積極性が彷彿と現れていると観察できると言ってよかろう。例えば、「学習や研究のために海外へ行った」［五七・六％／五五・五％］はほぼ世界の平均値と同程度の数値を示しており、しかも世界的には決して活発だとはいえない実態を示した。また、過去一〇年間に、国際的学術活動に参加した度合いを尋ねたところ、約半数（四七％）は外国での出版を全く行っておらず、半数以上（六〇％）は外国で教えた経験が全然なく、三分の二は外国の研究者との共同研究の経験が全然なく、五分の四は外国人学生を教えた経験が全然ないから、これらの否定的な回答は、やはりそれほど活発ではない活動の実態をそのまま裏書きしているとみなされる。これらの結果を見る限りでは、活動はやや不振であるとの印象を拭えないというほかないのである。

外国での出版について具体的に機関のタイプや専門分野ごとに詳細に観察すると、かなり変化に富んでおり、活発な部分と不活発な部分との格差がまだら模様状に存在する。それとともに、その限りでは秘めたる潜在力は少なからず認められると言ってよかろう。機関では研究大学（一〇年間に外国で出版された論文数は研究大学一五、非研究大学一三）、専門分野では理系（理学及び医歯一〇、農学八、工学六）、職階では教授層（教授及び助教授五、講師三）、がそれぞれ活発であって、量的には研究大学、理系、教授における論文生産性が高いことが窺える。

しかも国際的活動は回答結果を目安にすると、徐々に増加傾向がみられ、潜在的活力は少なくないといえそうである。所属大学での外国人教員による授業の実施（七二・二％［六八・七％／七三・二％］）、国際セミナーの開催（五六・九％［八三・八％／四八・七％］）などはその兆候を示しており、かなり積極的であるように見える。前者は機関間の相違があまりなく、後者には格差がみられ、国際セミナーの開催では研究大学が現実の学術活動に対して積極性を示す結果となっている。外国からの留学生受入（八四・九％［九三・五％／八二・三％］）、自校の学生の外国大学進出（七七・七％［八六・一％／八五・三％］）などは両機関を通じてかなり活発であるとの結果が得られる。

### 意識は活発

こうして実体面はやや不活発ではあるが、潜在力が旺盛であるのに加え意識面では積極的であることが把握できた。意識水準では、国際交流の必要性に関して高い支持率を示しているからである。例えば、「国際交流は非常に重要」（八七・六％［九三・四％／八五・八％］）、「学者は外国で出版された書物、雑誌を読まなければならない」（九二・七％［九五・九％／九一・八％］）、「大学は学者や学生の国際交流をさらに促進すべきである」（八七・五％［八九・二％／八六・九％］）などに対する反応は九〇％前後の高率を示して積極的である。「所属大学のカリキュラムはもっと国際化すべきである」（六五・三％［六八・四％／六四・四％］）にもかなり高い支持率がみられる。これらの項目への支持率はいずれも研究大学で高い傾向を示しているので、研究大学を先頭に意識的には国際交流に対して前向きの姿勢をもっていることが現れた結果といえるから、この意識を現状の改善に着火し転換することがこれからの焦眉の課題である。

## 4　キャリアへの満足度

### 専門分野・キャリアへの高い満足度

大学教授は教育、研究、社会サービス、管理運営など複数の役割を多角的に遂行しているため、「役割葛藤」（role conflict）に直面するのは避けられないはずであるとの予想ができる。しかしながらこの予想に反して、自己の専門分野やキャリアに対しては、概して積極的な態度を示しているのである。なぜならば半数以上（六二・八％［六八・四％／六一・一％〕）の教員は、「自己の領域では現在は特に創造的かつ生産的時期である」という項目に「賛成」している点に、積極的な態度が表出しているだろうと読めるからである。同様に、比率の上では同じ割合（六〇・六％〔六六・六％／五八・九％〕）が「自己の領域では現在は大学教員になるにはきびしい時期だ」に今度は「反対」を表明しているから、現在は大学教員になるのにきびしい時代ではないと読める結果が得られるのである。その割合は研究大学（六六・六％）、社会科学（六〇・六％）、理学（五七・八％）、工学（五二・七％）において万遍なく高い。「仕事全般の満足度」にも半数以上（五三・四％〔六五・八％／四九・九％〕）が満足を表明していて、研究大学が非研究大学よりも高い満足度を示しているのであるが、そのことはこれまでの結果から予想される通り恵まれた地位を形成しているからであろう。

## 社会的威信の低下

ところで、大学教員の威信は、一〇年ごとに実施される日本社会学会の調査によって実証されているように、年々低下傾向にあることは否めないだろう。それでも「威信得点」でみると、大学教授（八三・五）は、裁判官・弁護士（八七・三）、医師・歯科医（八二・七）、国会議員（八一・二）、会社社長（七三・三）などと比較すると、裁判官や弁護士には及ばないとしても医師・歯科医、国会議員、会社員を凌いでおり、依然として相対的に高い数値を得ている事実がある（直井・盛山 一九九〇：一八八―一九二頁、富永 一九七九）。

それでは、大学教員自身は社会的威信の低下が進行していると判断しているのであろうか、それとも判断していないのであろうか。大学教員の大衆化が急速に進行した状況を勘案すると、恐らく低下したと判断しているのではないかと推察できるに違いない。実際、今回の調査に現れた大学教員自身が「大学教員は尊敬されなくなってきている」という項目への回答結果（五九・三％〔六八・五％／六二・一％〕）は、六〇％を超えており、推察通りの結果である。世界的にも低下を肯定する傾向があるが、日本の平均値は世界のそれよりも少し高い。

日本は、諸外国のなかでブラジル（八二・八％）、英国（七二・七％）、韓国（六九・〇％）に比べると低いから、これらの国々の大学教員は、日本以上に威信低下を感じていると推察されるところである。対照的に、スウェーデン（四二・六％）、オランダ（四三・七％）、ドイツ（五〇・六％）、米国（六二・〇％）などに比べると日本の平均値は高いから、これらの国々が日本に比べてそれほど威信が低下しているとは感じていないと推察される。ドイツ系のドイツ、オランダ、北欧諸国の大学は元来威信が高く、現在もそれを肯定する結果となった。米国はほぼ五〇年前に私たちが「大学教授の経歴型の国際比較」というアンケートでも、調査した時点では威信が低かった（新堀・有本 一九六九）。プラグマチズムの国である米国では大学教授が口ばかり達者で現実には役に立たないとみなされ、当時としては威信が低かった。その後上昇に転じたのである。それとは対照的に英国は高かったが最近下降した。

いずれにせよ、世界的に大なり小なり大衆化が進行している大学教授の世界では、威信低下は大なり小なり進行していることの証拠がこれらの動きに現れていると観察できる。日本もそうした動きのなかで共通の傾向を示しているのであった。研究大学と非研究大学では大差ないが、どちらかと言えばエリート性をなおも強くとどめている研究大学の教員のほうが威信低下をやや強く意識しているとの観察ができるのである。

## 世界的に高い給料でも不満

威信低下は大学教授の経済的状況とかなり関係がありそうだとするのは正当であろう。ただ、そのことを直接質問した質問項目は皆無であるから、推察の域を出ない。日本の大学教員の給料は国際的には上位を占め、いわば「高級とり」の部類に属す。しかし多くの教員は、国際的にみて絶対額は多いのにもかかわらず、給料への大きな不満を抱いていることが明らかになった。なぜであろうか。所属大学から支払われる給与を「良くない」とみなす教員の割合は、平均して四割以上（四三・一％〔五七・一％／三九・一％〕）に達しており、研究大学は非研究大学に比べ、また助教授や講師（五〇・九％と四九・七％）は教授（三七・三％）に比べ、それぞれ高い不満を示していることが判明したのである。

とりわけ職位では若手教員、機関では研究大学での不満が高い。研究大学の場合、給料が他機関に比して少ないと考えているのであろうか、それとも自分たちの働きに見合わないと考えているのであろうか。ちなみに、教育研究のため旅費が「良くない」とする割合（六三・七％［八三・一％／五八・一％］）でも、研究大学の不満の割合は飛び抜けて高いことが目を引く。本調査の研究大学は上記の通り国立大学主体の構成であるから、私立を多く含む非研究大学よりも俸給が二号俸程度は少ない現実を反映して不満が高まるのかもしれない。

全体に給料に満足している者は少ないばかりか、驚くなかれ、わずかに一割（一一・二％）が現在の給料に満足だと回答したにすぎない。フリンジベネフィットに関しても大同小異の結果が得られるのである。調査では、その原因を立ち入って尋ねていないので憶測の域を出ないが、おそらく他の専門職に比較して、大学教授職の俸給が少ないことが、この種の不満を帰結していると想像できるのではあるまいか。現実が悲観的な状態にあるだけでなく、今後五年以内の改善の見込みについても、楽観的に見通す層は一割未満（八・五％）にすぎないという有様である。これに対して、悲観的な見通しを行う層は四割強（四二・四％［五八・〇％／三八・〇％］）に上るのであって、その際、職階では四割前後で大差がないにもかかわらず、研究大学は非研究大学に比べ今後の見通しについても圧倒的に悲観的な観測を行っているのがひときわ注目に値する。

### ストレスは世界一高い

日本の大学教員は、すでにみたように、仕事へかなり満足しながら、職業的威信の低下を意識し、給料への不満が高いなど、キャリアに明暗が刻印されていることが観察できた。この状況のなかで心理的緊張やストレスをどの程度抱いているのであろうかという疑問が生じる。この点、キャリアへの日本の大学教員の回答がほかの国々と最も異なるものの一つは、「仕事は相当な心理的緊張の源泉である」への「そう思う」と肯定する回答（四〇・六％／五五・九％［六五・三％／五二・九％］）に認められると言わなければならない。世界とは一五％も高い比率を示す結果になった。例えば、ロシア（五一・一％）、韓国（五〇・二％）、英国（四七・四％）、オーストラリア（四五・八％）、

**表6-2　仕事に関する意見**

| 仕事の諸側面 | 研究大学 | 非研究大学 | 全体 |
|---|---|---|---|
| **給与に対する意見*** | | | |
| 満足 | 3.5 | 3.3 | 3.3 |
| 今後5年以内の改善の見通し | 3.6 | 3.3 | 3.4 |
| **学究生活に及ぼすベネフィットと条件**** | | | |
| 知的雰囲気 | 2.3 | 3.0 | 2.8 |
| 教員と管理者の関係 | 2.7 | 3.0 | 2.8 |
| 教員のモラール | 2.4 | 2.8 | 2.8 |
| 所属大学の使命の明確性 | 2.6 | 3.0 | 2.9 |
| 共同体の感覚 | 2.8 | 3.0 | 2.9 |
| 退職時の待遇 | 3.3 | 3.2 | 3.2 |
| 有給研究休暇の可能性 | 3.6 | 3.3 | 3.4 |
| 教員旅費 | 3.8 | 3.5 | 3.6 |
| その他のフリンジベネフィット | 3.4 | 3.2 | 3.2 |
| **施設と設備に関する意見*** | | | |
| 教室 | 3.3 | 3.2 | 3.2 |
| 教育機器 | 3.4 | 3.2 | 3.2 |
| 実験室 | 3.5 | 3.3 | 3.4 |
| 研究装置・道具 | 3.3 | 3.3 | 3.3 |
| コンピュータ施設 | 2.9 | 2.9 | 2.9 |
| 蔵書数 | 2.8 | 2.9 | 2.9 |
| 教員研究室 | 3.3 | 3.2 | 3.2 |
| 教育研究支援職員 | 3.4 | 3.3 | 3.3 |
| **学生の質に関する意見**** | | | |
| 5年前に入学した学生との比較 | 3.4 | 3.4 | 3.4 |

注：*最大と最小の範囲は1-4　**最大と最小の範囲は1-5

スウェーデン（四四・七%）、香港（三八・六%）、ドイツ（三七・八%）、米国（三六・九%）などの高率を示す国々と比べても、それらを凌駕して最高の割合を示しているのである。その限りでは、日本は大学教員のストレスが世界最高の国だと言わなければならないことになる。それはなぜであろうか。

この原因は解析を必要とするが、大学教授職の威信低下をはじめ、経済状態や環境の疲弊などの物的要因、種々の社会的期待に伴う問題点の山積、等々があるものと推察できよう。

機関間の相違に注目すると、研究大学と非研究大学には異なる傾向が表れていて、研究大学の教員のほうがストレスを意識する度合が高い。それは、表6-2「仕事に関する意見」に示したように、「仕事の諸側面」への満足度を四段階（または五段階）で評価した回答の平均値（数値の低いほうが良好）をとると、研究大学教員は非研究大学教員に比較して、概して満足度が低いことから推察できるのである。「給与」に関してはもちろんだが、「学究生活に及ぼすベネフィットと条件」に関しては物的要因（退職時の待遇、有給研究休暇の可能性、教員旅費、その他のベネフィットなど）での満足度が低く、「施設・設備の質」に関しては「蔵書数」以外は軒並み満足度が低いという結果が得られた。これらの結果からもストレスを押し上げる原因が存在すると推察できるだろう。「知的雰囲気」（二一・三）や「教員のモラール」（二一・四）が非研究大学（三・〇、二・八）のそれとは著しく高いことと照合させると、そうした良好な点との対照性が注目されるのである。

### されど再び大学教員になりたい

このような回答結果から判断すると、日本の大学教員は大学教授職に嫌気がさしており、もう二度と同じ職業に就職したくないのではないかと想像しても決して的外れではなかろう、と推量するのは的外れではあるまい。しかし、この推量は見事に外れる。つまり、「もしやり直すとすると、大学教員にはなりたくない」という項目への支持率（一五・八％［一六・一％／一五・七％］）は二割にも及ばず、予想を裏切って著しく少ない。一〇〇人中一六人が大学教員になりたくないとするから、嫌気がさした人々もいないのではないし、そのことはそのことで注目すべきである。それでも大半の八六％程度はいまだに嫌気がさしていないどころか、再度大学教員を希望しているのである。しかも、「大学教員は最も影響力のあるオピニオンリーダーに属す」の肯定度（二四・三％／二九・〇％［四二・六／三八・〇％］）は、四〇％近くに達し、それほど少なくはない数値を示した。世界的にも韓国（六二・八％）には遥かに及ばないものの、スウェーデン（三〇・二％）、米国（二〇・四％）、ドイツ（一四・七％）、英国（一一・二％）などの国々を凌いでいるのである。機関間、職階間での差は少ないため、教員全体を通じて肯定度がかなり高いとの観察ができる。これは上記のように、日本の大学教員は、一方では威信の衰退を冷静にリアルに認識しているかたわら、しかも物的条件の悪化やストレスの増加などを日増しにひしひしと痛感しているかたわら、他方では大学教員の仕事になおも強い熱意を抱き、執着心、自負心、自尊心などを表明していると読めるのではあるまいか。

## おわりに――問題点と課題

本章では、カーネギー国際調査のデータに基づいて、日本の大学教授職の特徴を社会学的に分析することに主眼をおいて論じた。あくまで意識調査であるから、客観的な調査によって補完すべき作業が残されているし、各国の詳細な報告を待たなければ全貌を十分分析できないという問題もあるなかで、国際比較を基に日本の大学教授職の現実を追求した点において、それなりの意義が見出されるはずである。そこでは調査項目全体にわたる検討には踏み込まず、国際比較から見た日本の大学教授職の現状と課題を考察の中心に据えた上で、私の現在の問題意識に引き寄せて重要と思われる項目を中心に論じることにした次第である。これまでの分析を通じて得られた主たる結果と発見は中間的まとめとして次のように整理できるだろう。

### 研究大学と非研究大学の比較

第一に、二つの機関類型として区別した研究大学と非研究大学にはそれぞれ固有の特徴があり、文化、風土、体質の相違が見られたのであった。日本の大学を代表する一典型としての研究大学は、歴史的にエリート的かつ閉鎖的構造を備えており、伝統、人事、社会移動、学歴取得などにそれが具現しているかたわら、学術活動面での高い「研究生産性」(research productivity)を示している機関であるところに特徴があった。その事実が調査結果を通じて十分窺えることが明らかとなった。研究大学には、国の政策によって他大学と区別して、COE構築に見合う資源の重点投資、大学院の設置、大学教員の拡充などが行われてきたが、その成果が研究生産性に直接間接的に具現すると考えれば、本調査分析において同様の結果が得られても不思議ではなくむしろ当然の結果であると言えなくはなかった。

しかし、これらの研究大学という機関は、現在の世界の学問中心地である欧米の研究大学と競争せざるを得ない固有の使命や役割を付与されている以上、学問的生産性を一層高めるべき制度的な課題を必然的に担わざるを得ないのであるから、従来の組織や人事に見られる閉鎖性、排他性、庇護移動などを克服して、国内外にもっと広く開放されたシステムを構築しなければならないはずである。研究生産性との密接な関係を無視できない教育志向への同調度が、研究志向への同調度と比較してきわめて弱い点も改善を迫られる課題であると言わなければならない。

他方、非研究大学は、機関の性格上、研究を重視する重点的政策や整備の恩恵から除外されてきたはずであるにもかかわらず、意識面で見る限り研究志向の点で研究大学と遜色がない印象を与えるのであった。研究面での生産性を上げるには、意識面に限ればすでに十分なレディネスを持つのであるから、欠如している物質面への投資、つまり研究大学並の資源投資が保証されることが要請されるのかもしれない。少なくとも、「選択と集中政策」によって、研究大学のみに資源の投入を図るのではなく、研究大学を支える裾野部分の活力を減退させないように十分な考慮が欠かせない。その欠如は、システム全体の学問的生産性、特に研究生産性の衰退を招くと危惧されるからである。せっかく、意識が高く、研究生産性への基盤が形成されているのに、「選択と集中政策」によって、一極集中するあまり多数を除外すると、「一将功成りて万骨枯る」の結果を招く危惧があるのであった。しかし、すべての機関が研究一色になるのは、高等教育の観点からは教育志向の衰退と疲弊という深刻な問題を孕むことは言うまでもなく、機関の役割分担や特色を発揮する方途をシステム的に考える必要があろうというものである。

強い研究志向と弱い教育志向

第二に、他の国々と同様、日本の大学教員が遂行している主たる機能は、研究、教育、社会サービス、学内管理運営などの役割セットであって、この役割セットのなかでは、社会サービスや学内管理運営よりも、研究と教育に比重が置かれている。日本の大学教員は、研究と教育では研究への志向度がきわめて強力であるという事実が判明したのであった。日本のみにとどまらず国際的に見ても、そのことはかなり妥当するのであるが、その動きを勘案しても、日本の大学教員にはその傾向がとりわけ強い。研究志向が強いばかりではなく、研究生産性も高い。研究生産性には質量の側面が問われるが、少なくとも量的側面の生産性は高いことが認められた。学術論文発表、学会活動などを指標にする時、活発な状態にあるし、国際学界への関心度もかなり高い。おしなべて研究者としてのアイデンティティを持ち研究活動に多くの時間と精力を投入する事実がすべての教員に認められると言ってさしつかえあるまい。その傾向は類型別では研究大学のとりわけ理系分野の教授層に顕著に観察できるのであった。

他方、こうした研究パラダイムが席巻する状況があるかたわら、教育志向は不十分な状態に低迷していることは、検討すべき課題とされるべきである。特に大衆化やさらにユニバーサル化によって増加しつつある学生の多様化に直面して、多様かつ個性的な「高等普通教育」の必要性が高まっている大学、とりわけその主たる受け皿である非研究大学＝「教育」大学においてすら、同様の傾向が強く認められたのは注目に値するものであった。

こうした教育軽視にして研究偏重ともいえる傾向は、調査に参加した国々の類型を世界的に見ると、ドイツ型の特徴を典型的に示しており、教育志向のかなり強い英米型とは異なるとみなされる。学生の超多様化が進展することが確実になるポスト大衆化時代に対応した大学モデルとしては、アナクロニズムにすでに陥っている、あるいはこれから陥ってしまうとの印象は拭えまい。一八世紀の近代大学草創期のいまだエリート時代に登場したドイツ型からの脱皮が今こそ必要であろうと言わざるを得まい。換言すれば、高等教育の大衆化段階の時代において学生のエリートから大衆化への変化に対応して登場した英米型への移行が今や要請されているはずであるし、その意味では日本の大学像や大学教員像は再検討の時期を迎えていると指摘できると考えられるのである。

確かに明治以来の長い年月をかけて醸成された研究志向は、日本の学術発展の原動力であったし、世界に誇るべき特色の一つであるとしても、それのみでは今後のポスト大衆化段階の進行には対応がおぼつかないのではないかと危惧される。それどころか、黄信号やさらに赤信号が点灯するのは必至であると見込まれるのに違いあるまい。このような現実を克服して大学や大学教職員、特に大学教員にとって、授業を軸とした教育の改善が要請されるのであり、それをいかに実現するかが避けて通れない課題となるのである。

### 物理的環境と労働条件の劣悪化

第三に、物理的環境と労働条件の劣悪化を訴える度合いは、本調査の参加国の中で最高の部類に入ることに注

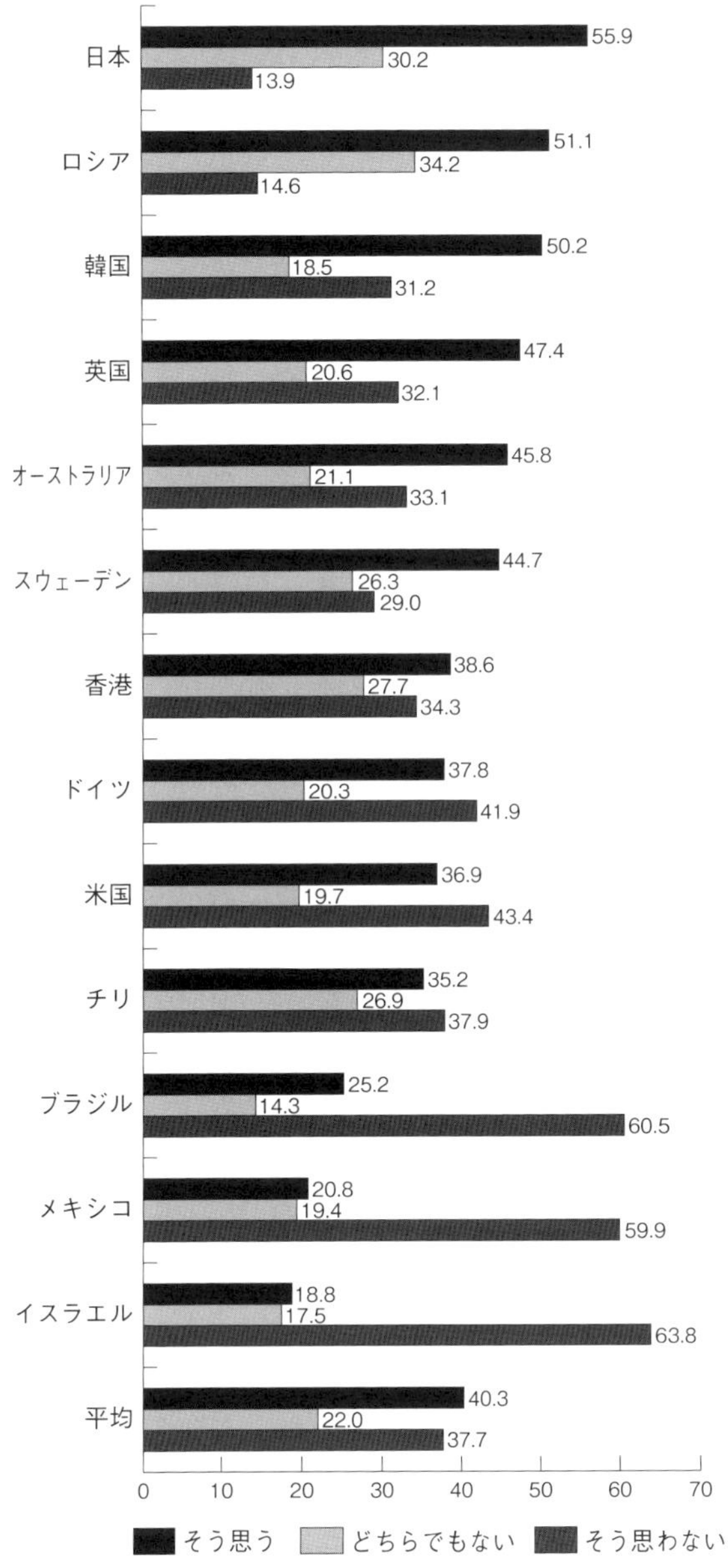


**図6-6　国別にみたストレスの感じ方（%）**

目せざるを得ない。何よりも大学財政のきびしさが元凶である。主として国立大学を中心に生じた財政悪化を反映して、過去一〇年間に環境や労働条件が急速に疲弊したことは、その背景を形成しているかもしれない。給料とフリンジベネフィット、施設・設備などが満足のいかない状態に陥り、すでに日常の教育活動の充実に支障を来たしていると本調査に回答した大学教員達は意識的に強く指摘しているのであった。そればかりではなく、教育活動の根幹をなす授業においての主たる対象である学生の資質や学力が相当の後退を遂げていることも意識的にきっぱりと指摘しているのであった。

労働条件が大学教員の意識、行動、モラール、ライフスタイルに影響を及ぼす点を回避できない以上、必然的に心身の緊張を高め、モラールの退化を招来しているはずであると予想するのは難しくない。実際、本国際調査の参加国の中では、最高の割合が「心理的緊張」を経験していると回答しているのであった。こうしたストレスの高い傾向は物質的条件の疲弊に不満を募らせている研究大学の教員において一段と強く認められたのである。

## 大学教授職の強力なアイデンティティ

第四に、大学教授職の確立を物理的に支えるはずの労働条件の疲弊を大学教員が強く意識しているにもかかわらず、そうした大学教員の多くは大学教授職に強く嫌気がさしているかと言えば必ずしもそうではない。むしろ大学教授職に強力なアイデンティティとモラールを保持している事実も観察できた。確かに彼らは、施設・設備、給料、管理運営、さらには学生さえ含めて、外部環境の悪化に対して並々ならぬ不満を募らせているのであるが、それでも仕事自体に対して専門職的誇りを持ちつつ積極的な自己像を保持しているのである。

仕事に誇りを持つ原動力である研究志向の基本的ニーズは、おそらく「科学のエートス」(scientific ethos)と関係しているはずである(Merton 1973、有本 一九七八、有本 一九九三)。科学のエートスは本来は発見発明を導く創造性と先取権に焦点を合わせて行動する科学者、学者、研究者の役割を持つ大学教員に作用する外的圧力と化す度合いは大きいはずである。だが、同時にそのような役割を大学教員が「科学的社会化」あるいは「学問的社会化」の過程を通して内面化している以上、内的圧力として作用するはずである。それは、今日次第に影響力を強めている官僚制とトップダウン型の統制に対して内的圧力として作用し、従来から踏襲されてきた同僚制からの警戒や抵抗として機能しているのではあるまいか。実際、回答結果を読むと、そのことは大学教員が金銭的、物質的報酬の犠牲を払っても専門分野、自治、学問の自由に大きな価値を置いている点に見出されたのである。

### 教育への社会的期待と自己認識とのギャップ

第五に、このような日本の大学教員にかかわる調査結果を諸外国の大学教員のそれと比較してみた場合、日本の大学教員は専門職として、つまり大学教授職としては、予想以上に「健全な」状態にあるとの結論が導かれても必ずしも極論とはいえまい。多少の幻想や自己満足や自惚れがあるとしても、科学者、学者、研究者として概して積極的自己像を保持し、学術活動に熱心に取り組み、自らは大学教授職が魅力ある職業であると自認しているように観察できるからである。これらの諸点では、非研究大学よりも研究大学、文系よりも理系、講師や助教授よりも教授が、それぞれ積極的な状態を示していることが明らかになった。換言すれば、研究大学の理系教授が典型像を構成していると観察できたのである。

もちろん、コインには表裏があるので、表側のみを見ると全体像を誤解するかもしれない。コインの裏側を見ると、大学教授職への社会的信頼は社会的威信や尊敬の低下によって明確に証明されるように、次第に低下しており、その事実は大学人自身が率直に認めざるを得ない地点に来ていることが確かになったのであった。そのことは、日本だけではなく、外国でも大なり小なり起きていることは否めない事実である。それはなぜか。この傾向は、社会変動が顕著に進行し、大学への社会的期待が変化しているのに、大学教員がそのような変化に見合った形で自己の役割期待を十分に遂行できない事実に帰因するものと考えられる側面は少なくない。

これは世界の大学教授職が大なり小なり直面している現実であるが、日本でも例外ではなく、とりわけ教育への社会的期待と自己認識とのギャップが大きい点に収斂しているのである。研究に比して教育や社会サービスへの期待に十分対応していないことは調査結果にも具現している通りであるのであった。その点は、大学の理念や使命が、研究・教育・社会サービスを中心に構成されていることと関係が深い以上、いまやあらためて大学の理念や使命が問われていることにほかならないだろう。大学と社会の亀裂、緊張、葛藤の深まりを調整し、アカウンタビリティを果たす課題がそこに横たわると見てさしつかえあるまい。

管理運営組織の変容

第六に、大学内部の管理運営組織に関しては、「中央集権」と「地方分権」が相半ばして機能していることが分かった。世界的に管理者層と教員層の対立、摩擦、葛藤はますます深まる傾向を示しており、日本もその点では大同小異であり、似通った状態にある。これは、産業社会の論理が大学経営や管理に急速に浸透していることを裏書きするだろう。具体的には、総じて合理化、効率、能率、さらにはアカウンタビリティを追求する企業制や法人制や官僚制が同僚制に対抗して顕在化する事実となったのである。

官僚制と同僚制との比較の観点から分析すると、欧米諸国、特に米国において両者の間の葛藤が深まっていると観察できる一方で、日本は一見したところ現状ではそれほど深刻な状態に至っていないかに見える。その点では特に私立大学を中心とした非研究大学よりも国立大学を中心とした研究大学において、同僚制をベースにした伝統的風土が根強く存在していると観察できた。こうした閉鎖的構造の強い機関は、伝統を踏襲する傾向が強く、エリート性や閉鎖性の風土は、こうした機関に刻印されたギルド的性格の強い事実の裏返しにほかならないと考えれば、いま行った観察は決して不思議な論調ではないに違いない。国立大学を含めた全機関において合理化やアカウンタビリティの視点から大学組織の見直しが進行する今後は、ギルド的性格を希薄化する過程のさらなる浸透を余儀なくされるはずである。したがって、その到来は現実の状態を米国型の官僚制化をあるいは法人制や企業制への展開を強める方向に作用させる可能性が高いと予想するのは困難ではなく、その当面の過程では官僚制と同僚制の角逐、葛藤、摩擦にかかわる調整は一段と重要な課題となろうというものである。

## 大学評価の立ち遅れ

第七に、世界の大学に比して、日本の大学では大学評価が定着していないことが意識調査を通じて明確に現われていると解される。（本調査の時点以降、第三者評価の導入、機関別認証評価の導入などを実現した日本の状態は飛躍的に変化した事情は考慮するとしても）、依然として大同小異の問題をはらんでいるものと考えられるだろう（新堀 一九九三、喜多村 一九九三ほか）。

その点では、研究大学も非研究大学も似たりよったりの状態である。これは第一の観点と関連するが、日本の大学あるいは大学教員は日常の学術活動が効果を上げているのか否かを吟味することが十分評価の対象になっていない点で、国際的には立ち遅れた状態に置かれているといえるのであった。特に日米格差はきわめて大きい事実が判明した。本調査を踏まえると、米国や英国など研究と同時に教育への取り組みが積極的な国々と比較すると、日本での教育への取り組みが研究に比較して立ち遅れている事実が窺われるとともに、その背景に大学評価が制度的に未発達のままであることが関係していると推察できるのである。今後改善すべき課題であろう。

なお、機関類型の相違以外に学問領域、年齢、職階によって様々な文化、風土、体質が存在し、それを反映して異なった意識が表れている事実は、小論の展開過程においてその都度指摘した通りである。冒頭の定義の問題と関連づければ、各教員にアングルを据えて大学教授職を捉える視点は、木々や枝葉の微視的な観察に徹するあまり、森の構造的な観察を疎かにする危惧が生じるので、包括的な一元的な定義をますます不可能にせざるを得ないように見える。大局的には、ミクロとマクロ、虫瞰図と鳥瞰図の統合が欠かせないわけである。人文、社会、自然系の専門分野が違えば、若年、中年、老年の年齢が違えば、教授、助教授、講師の職階が違えば、大学や大学教授職の「状況の定義」は大きな変貌を遂げることが証明される。「小さな世界、されど多様な世界」あるいは「奇妙な職業」の実像が彷彿と現出するのである。これらの要因間の相互の関係を含めた総合的な大学教授職像を明らかにする作業が今後必要である。

## 注

（三六六頁）

本調査では、資料（大学基準協会、一九九〇）の一九九〇年六月三〇日現在の資料に依拠して二段階のサンプリングが行われた。最初、大学機関が選ばれ、これらの機関から教員が選ばれた。それに先立ち、分類基準は、天野「大学分類の方法」（一九八四）に依拠して研究大学と非研究大学に分類され、研究大学三〇校と非研究大学四七五校が選定された。その際、機関五〇五校を本務教員（八万三六一九名）各五％に一校の割合に配分した場合のサンプル数は研究大学四校と非研究大学一五校、合計一九校となる（具体的には、研究大学三〇校［本務教員一万八九九三名／二二・七％／サンプル数四校］、非研究大学四七五校［六万四六二五名／七七・三％／サンプル数一五校］、合計五〇五校［八万三六一九名／一〇〇・〇％／サンプル数一九校］）。一九九〇年時点の統計では、これら三〇校は全大学数の五・七％相当にあたる。カーネギー調査マニュアルに従って、三〇校は研究大学と非研究大学に対してそれぞれ大規模校（一〇／一五八）、中規模校（一〇／一五九）、小規模校（一〇／一五八）、合計（三〇／四七五）に配分した。詳細は、有本（一九九三）参照。

## 参考文献


天野郁夫（一九八四）「大学分類の方法」慶伊富長（編）『大学評価の研究』東京大学出版会。

天野郁夫（一九八六）『高等教育の日本的構造』玉川大学出版部。

天野郁夫（一九八九）『近代日本高等教育研究』玉川大学出版部。

有馬朗人・金田康正ほか（一九九〇）「科学諸分野の研究論文評価」昭和六〇～六二年度、科学研究費補助金特定研究2研究成果報告書（研究代表者：有馬朗人）。

有本章（一九八一）『大学人の社会学』学文社。

有本章（一九八七）『マートン科学社会学の研究――そのパラダイムの形成と展開』福村出版（特に第一章一節三「アカデミック・プロフェッションの社会学」）。

有本章・金子元久・伊藤彰浩（一九八九）「高等教育研究の動向」『教育社会学研究』第四五集、六七－一〇六頁。

有本章（一九九三）「研究の研究における回顧と展望」『大学論集』二二集。

有本章（編）（一九九三）『大学評価と大学教授職――大学教授国際調査［一九九二］の中間報告』。広島大学大学教育研究センター。
有本章（編）（一九九四）『「学問中心地」の研究――世界と日本にみる学問的生産性とその条件』東信堂。
有本章・江原武一（編著）（一九九六）『大学教授職の国際比較』玉川大学出版部。
Arimoto, A. (1978). "The Academic Structure in Japan: Institutional Hierarchy and Academic Mobility." *Yale Higher Education Research Group Working Paper*, No. 27.
Ben-David, J. and the Carnegie Commission on Higher Education. (1977). *Centers of Learning: Britain, France, Germany, United States: An Essay*. New York: McGraw-Hill.
Boyer, E. L. (1990). *Scholarship Reconsidered: Priorities of the Professoriate*. Princeton, N. J. Carnegie Foundation for the Advancement of Teaching.（E・L・ボイヤー［有本章訳］『大学教授職の使命――スカラーシップ再考』玉川大学出版部、一九九六年）
Caplow, T. and McGee, R. J. (1958 [2001]). *The Academic Marketplace*. New York: Basic Book [New Brumswick and London: Transaction Books].
Clark, B. R. (1973). "Development of the Sociology of Higher Education." *Sociology of Education*, Vol. 46, pp. 2-14.
Clark, B. R. (1983). *The Higher Education System: Academic Organization in Cross-National Perspective*. Berkeley: University of California Press.（バートン・R・クラーク［有本章訳］『高等教育システム――大学組織の比較社会学』東信堂、一九九四年）
Clark, B. R. (1987). *The Academic Life: Small Worlds, Different Worlds*. Princeton: Carnegie Foundation for the Advancement of Teaching.
カミングス、ウイリアム（一九七二）［岩内亮一・友田泰正訳］『日本の大学教授』至誠堂。
Cummings, W. K., Amano, I. and Kitamura, K. (Eds.) (1979). *Changes in the Japanese University: A Comparative Perspective*. New York: Praeger.
大学基準協会（一九九〇）『平成二年度大学一覧』。
大学審議会（一九九三）『組織運営部会における審議の概要』。
江原武一（一九八四）『現代高等教育の構造』東京大学出版会。

江原武一（二〇一〇）『転換期日本の大学改革——アメリカとの比較』東信堂。
Gumport, P.（Ed.）（2007）. *Sociology of Higher Education: Contributions and Their Contexts.* Baltimore: Johns Hopkins University Press.（パトリシア・ガンポート（編著）［伊藤彰浩・橋本鉱市・阿曽沼明裕監訳］『高等教育の社会学』玉川大学出版部、二〇一五年）
慶伊富長（編）（一九八四）『大学評価の研究』東京大学出版会。
菊池城司（編）（一九九〇）『現代日本の階層構造3　教育と社会移動』東京大学出版会。
喜多村和之（一九九三）『大学評価とは何か——自己点検・評価と基準認定』東信堂。
文部省（一九九二）『文部統計要覧』第一法規出版。
Merton, R. K. and Storer, N.（Eds.）（1973）. *The Sociology of Science: Theoretical and Empirical Investigations.* Chicago: University of Chicago Press.
Nagai, M.（1971）. *Higher Education in Japan: Its Take-off and Crash.* Tokyo: University of Tokyo Press.
直井優・盛山和夫（編）（一九九〇）『現代日本の階層構造1　社会階層の構造と過程』東京大学出版会。
新堀通也（一九六五）『日本の大学教授市場——学閥の研究』東洋館出版社。
新堀通也（編著）（一九八四）『大学教授職の総合的研究——アカデミック・プロフェッションの社会学』多賀出版。
新堀通也（編著）（一九九三）『大学評価——理論的考察と事例』玉川大学出版部。
新堀通也・有本章（一九六九）「大学教授の経歴型の国際比較」『社会学評論』第一九巻三号。
富永健一（編）（一九七九）『日本の階層構造』東京大学出版会。
Trow, M.（1973）. “Problems in the Transition from Elite to Mass Higher Education.” *Policy for Higher Education.* OECD.
潮木守一（一九八四）『京都帝國大學の挑戦』名古屋大学出版会。
Veblen, T.（1954）. *The Higher Learning in America: A Memorandum on the Conduct of Universities by Business Men.* Stanford: Academic Reprints.
Wilson, L.（1942）. *The Academic Man: A Study in the Sociology of a Profession.* London: Oxford University Press.
山野井敦徳（一九九〇）『大学教授の移動研究——学閥支配の選抜・配分のメカニズム』東信堂。

# 第7章　研究志向と教育志向の国際比較研究――CAP調査の分析

## はじめに

カーネギー大学教授職国際調査（一九九二年）に従えば、調査対象の一四カ国（一地域を含む）は研究志向のドイツ型、研究と教育への半々志向のアングロサクソン型、教育志向のラテンアメリカ型に区別できることが明らかになった。他方、CAP調査（二〇〇七年）では、ドイツ型は参加一九カ国（一地域を含む）の間で増加した反面、アングロサクソン型とラテンアメリカ型は後退していることが判明した。

フンボルト理念によれば、R‐T‐Sネクサス（研究・教育・学修の連携）は一九世紀以来このかた大学教員を主たる構成者とする大学教授職が学事を遂行するときに模索すべき理想と考えられてきた。しかしながら理念に反して、研究と教育から構成される学事への大学教授職の関与の仕方を類型に分類した場合、最近では教育と研究の分離によって分業化を深めるばかりではなく、さらに教育志向よりも研究志向を強化する傾向が強まったのである。

私は長年にわたって教育社会学や科学社会学の方法を基盤にして大学教授職の研究に従事することによって、大学教授職の国際比較研究に携わってきた（有本 一九八一、一九八七、二〇〇五）。これまでの研究を踏まえて回顧すると、世界的に最近生じている研究パラダイム支配ならびに研究と教育の分離の動きは注目すべき興味ある問題であると言わなければならないばかりか、私自身がすでにその実証的な検証をささやかながら種々試みてきた結果、さらに一歩踏み込んで、研究と教育の統合の問題に焦点を合わせた視座からの検証に踏み込む必要があると考えているところである（有本 二〇〇八、二〇一〇、二〇一一）。

こうした問題意識に立脚して、本章では主として、①研究志向と教育志向の実態、②研究と教育の両立性の実態、のそれぞれに関する国際比較分析を試みることにした。分析に先立って、結論的に言えば、世界的に研究志向型がますます増加する傾向があるのに反比例して教育と研究、さらにはR－T－Sの統合を理念とするフンボルト・モデルの実現は後退を余儀なくされているのであり、その見直しが今後の課題になると目されるのである。

本章において扱う主たる内容は次の通りである。

1 研究の枠組み
2 一九九二年調査と二〇〇七年CAP調査の比較
3 研究志向の特質
4 研究生産性の動向
5 なぜ研究志向への収斂は生じているか
6 事例研究――米国
7 研究と教育の両立性
8 研究・教育・学修の統合は可能か
9 結論

## 1 研究の枠組み

図7－1「研究枠組み－知識、学事、R－T－Sネクサス」は、本章の研究を知識、学事、R－T－Sの統合

を焦点において行うことを示している。

### 知識の機能

第一に、知識の機能を基本に研究枠組みは編成されている。それはバートン・クラークやトニー・ベッチャーなどの科学社会学理論を基盤にして、知識の機能を重視する枠組みを前提に置き、知識が大学組織や学事（アカデミック・ワーク）を規定する主たる要因であるとみなす視座を踏襲して構成されている（Clark 1983, Becher 1989, Becher and Trowler 2001）。知識の機能を中心に据えて大学の制度や組織のはたらきを眺めてみると、知識そのものを基本に大学の諸活動は成立し、知識の理解、発見、伝達、応用、統制から成り立つことが明白になるし、今日の知識社会では、知識のスクラップ・アンド・ビルドによって専門分野の再編が生じているように、知識の再構築が重要になっている。

### 学事のなかの研究と教育

第二に、学事に注目すると、この知識の機能に対応して学修、研究、教育、社会サービス、管理運営などの諸活動が「学事」という大学の仕事の屋台骨の部分を構成していると言ってさしつかえあるまい。換言するならば、大学組織の追求する理念や使命の中枢に位置する基本活動たる学事は、学修、研究、教育、サービ

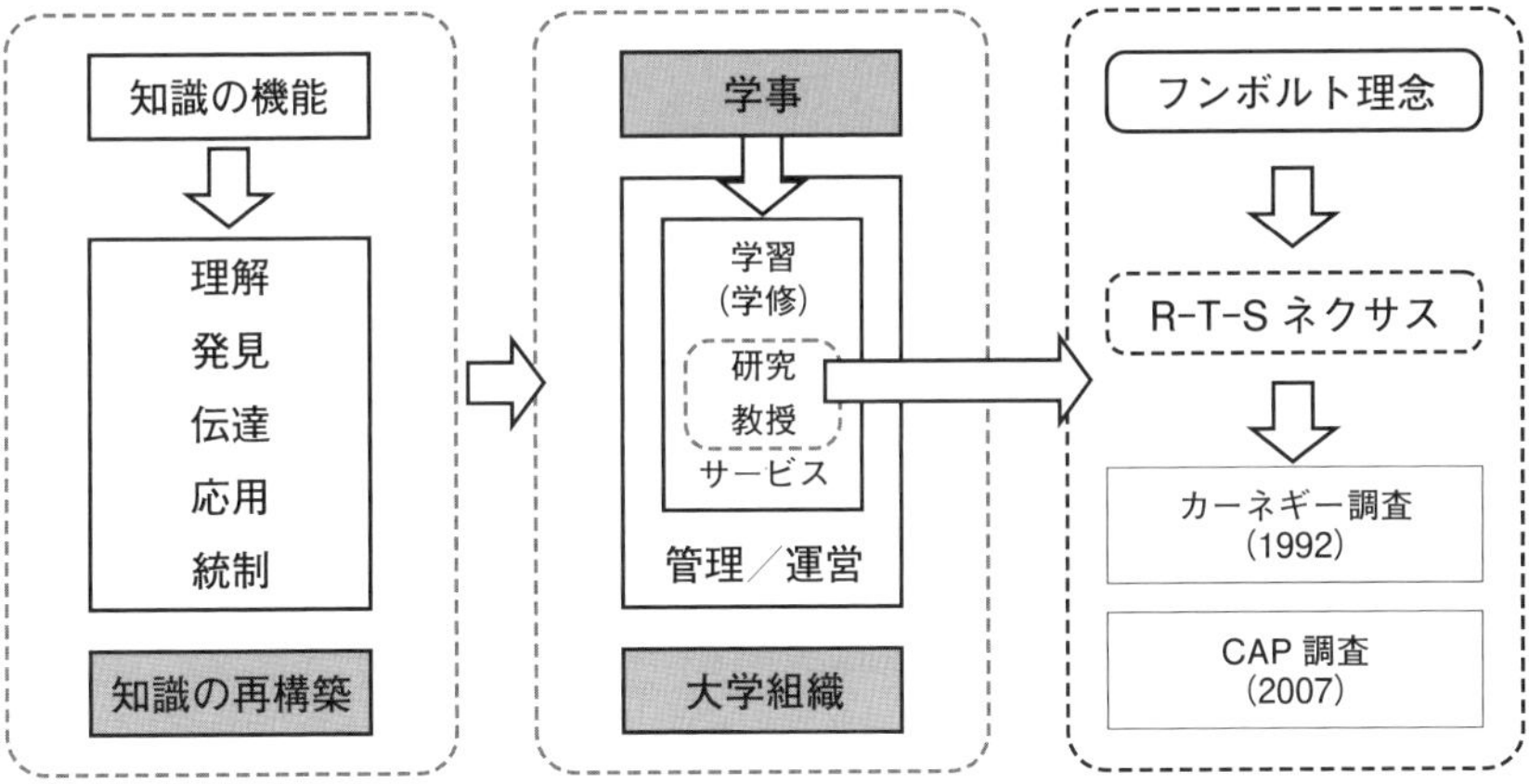


図7-1　研究枠組み（知識、学事、R-T-S ネクサス）

スなどによって、さらにそれと併せて管理運営などの諸活動によって総合的かつ有機的に集成され作動しているとみなされるのである。これらの諸活動は学事の傘下に位置して相互連携を担う以上、学事が効果を発揮して大学がますます発展するためには、それぞれの活動はそれぞれの役割分担を十分に遂行しなければならないとみなされる。

学事のなかでは研究と教育（教授）を重視する視点を基本に編成されている。知識の機能が学事における役割分担を担うことを認めることは、知識を基盤にして成り立つ学事の役割を重視する限り当然だとしても、それだけにとどまるのではなく、個々の役割分担の重要性は必ずしも同等ではないのである。というのは、知識の機能から構成される仕事である「学事」は、発見と伝達、あるいは研究と教育という主要機能をいわば「車の両輪」として心臓部に配置しているからである。両者が車の両輪である以上、両者が無闇に勝手気ままに作動せず、車を円滑に動かすべく連携と統合を意図的に追求する必要があるのであって、研究と教育が調和を喪失し、個々ばらばらに運動を行うと、学事は中枢性を損ない、破綻せざるを得ない。

## R-T-Sネクサス

第三に、R-T-Sネクサスを研究枠組みの基本に置いている。学事そのものに内在する研究と教育の固有のメカニズムを前提にするならば、R-T（Research and Teaching=研究-教育）の連携の必要性を意図するフンボルト理念は、学事の発展に立脚しながらその土台の上に大学の発展をめざす、大学の理念や使命の構想そのものにとって有意義であるとみなされると言わなければならない（Humboldt 1910）。

## 歴史的視点

第四に、**図7-1**には記載されていないが、学事に占める研究と教育の必要性、あるいはR-T-Sネクサスの必要性を説明するには歴史的視点が必要であるし、その観点を重視する。その観点はすでに各章において考察してきたように、書物のヨコ糸である国際比較調査（カーネギー調査、CAP調査）が不可欠であるとともに、タテ糸として不可欠である。

なぜ、研究と教育の連携の必要があるのかをタテ糸の視点からあらためて思料すると、大学の初期の発展段階ではそのような連携は必ずしも必要とはされていなかった事実に突き当たる。教員が学生を教授するという教育活動は、大学の草分けの雄であるボローニャ大学にしてもパリ大学にしても、大学のそもそもの起源を契機に強烈に存在したと容易に想像できる反面、教員が調査や実験によって真理を探究するための発明発見を行う営みである研究活動そのものの存在を容易に想像することは困難である。むしろ教育に比して研究の存在はなきに等しく、仮にあっても微々たるものであったと想像されるのではあるまいか。

実際、中世大学の誕生から近代大学の登場までの六〇〇年ほどの長い間は、あくまでも教育が中心であったのであった。スコラ哲学が支配する時代には、真理の探究を追求する研究の出番は、多少はあったとしても限られた範囲に限定されていたのであり、研究は教育の陰に隠れて陽の目をみなかった。ようやく一七世紀、科学革命の到来によって、あるいはハレ大学やゲッチンゲン大学の台頭によって、科学研究へ向けての自由な空気がみなぎる風土が醸成された。それを経由したのちの一九世紀に至って、ベルリン大学を嚆矢として登場した近代大学によって、科学制度の態勢が整備されはじめ研究を本格的に制度化する運びになったのである。したがって、科学が発展の緒に就き研究が登場するまでは、従来から存在してきた教育との連携が詮索される必要性は生じなかったのであった。こうして研究と教育の連携は何世紀にもわたって看過されてきたが、研究が制度化を果たす時点ではもはや看過できない不可欠の課題となったのである。

国際比較

第五に、ヨコ糸にあたる国際比較によって、国ごとのフンボルト理念追求の実態を明らかにすることは重要な視点である。中世大学以来の歴史的変化の観点を敷衍すると、フンボルトが提唱して近代大学の理念となった概念の重要性をクラークが見直したように、研究と教育の連携の次段階には、学修（学習）を加えて、R‐T‐S（研究‐教育‐学修）の統合が課題となる点も近代大学登場以後に見逃せない動きであることになった（Clark 1997, 2008）。フンボルト理念を基本に研究・教育・学修の統合を重視するという新しい世紀的課題に主役を演じる国は、ほかでもない近代大学の発展を牽引することになった独米である。ドイツの大学のように中世大学以来発展した伝統的な学部構造を継承してその中に教育と研究を共存させる方向を辿るか、はたまたアメリカのように同じく中世大学以来の伝統を踏襲した学士課程に教育を配しそれとは別に大学院課程を新設してそこを拠点に研究を配するかは異なる連携の在り方であることになった。だが、いずれも近代大学が研究と教育の連携・統合を模索する際に知恵を絞って選択した動きであることに変わりはない。

したがって、本章における主たる視点は、近代大学においてはこのような研究と教育の両立、さらには研究・教育・学修の統合の理念が標榜されることになったとの仮説に対して、世界の各国がどのような動きを示しているかを国際調査によって確認することに主題のひとつがある。その際に理念への同調よりもむしろ、非同調の動きが強まる現実を直視する点に主眼を置きたいと考える次第である。

## 2　フンボルト理念とスカラーシップ再考

潮木がつとに指摘しているように、一九世紀の米国の大学や日本の大学においては、教師が教科書を読み学生は暗唱し復唱するという中世大学さながらの方式をそのまま踏襲していたが、まさに同じ時期に、教師と学生が研究に携わる方式をすでに開発していたドイツの大学の教授‐学習過程が、いかに革新的な水準にあったかは容易に理解できるところである（潮木 一九八二：一一‐一三頁）。実は、今日発展しつつあるアクティブラーニングの原点はこのドイツの大学において見出されるのであり、それが米国へエレクティブ・システムの導入の時点に移植され、さらに日本へと移植されたのであった。しかしながら、こうして導入された教員と学生が研究の営みと連携するという理念の追求は、高等教育のエリート段階である一九世紀にはそのまま通用しても、高等教育のユニバーサル段階に入った二一世紀の今日の大学においてはそのままでは通用しないのではないか、という疑問が生じても決して不思議ではあるまい。時代や社会の変化を考慮する限り、この疑問はなるほど当然であり、確かに否定できないのである。

それは確かに否定できないが、考えてみれば、ユニバーサル段階では、学生が「超」多様化するのであって、変貌した学生一人ひとりの学修力（study）・学習力（learning）や学力をいかに質保証して、所期の到達目標をいかに適切に達成するかは大学教育の基礎基本の使命となるのは明白である。したがって、研究と教育の連携や研究と教育の統合は、エリート段階のみに通用するのではなく、むしろユニバーサル段階が進行する二一世紀にこそ一段と必要性を増す理念であるに違いないのではないかと考えられるのである。

それにもかかわらず、現実の世界はこの理念に反して、教育志向よりも研究志向が長年優位を占め支配的であったし、現在も世界の大学において一層支配的になっているのではないか、という仮説が肯定的に成り立つに違いない。この仮説を検証することがここでの主題となる。

### 世界一四カ国を対象

世界一四カ国（一三カ国・一地域＝オランダ、日本、ドイツ、韓国、スウェーデン、イスラエル、米国、英国、オーストラリア、香港、チリ、アルゼンチン、ブラジル、ロシア）を対象に一九九二年に実施されたカーネギー大学教授職国際調査は、大学教授職の意識分析に依拠して、ドイツ型、アングロサクソン型、ラテンアメリカ型の三類型を区別することができた（有本・江原 一九九六）。研究志向のドイツ型は、オランダ、日本、ドイツ、韓国、スウェーデン、イスラエルなど、研究・教育半々志向のアングロサクソン型は、米国、英国、オーストラリア、香港など、教育志向のラテンアメリカ型は、チリ、アルゼンチン、ブラジル、ロシアなどによってそれぞれ構成されることが調査結果に具現したのであった。このような類型が得られる状況から判断すると、フンボルト理念が十分に機能すれば、理想的には研究と教育の両立の観点からみてバランスがとれたアングロサクソン型へと、これからの世界の大学教授職の意識は次第に収斂するものと容易に予想されてもなんら不思議ではなかったのであった。

### (1) 二〇〇七年調査——研究志向への収斂

ところが、興味深いことに、あるいは驚くべきことに、現実の動きは一五年という歳月が経過する間に予想とは異なる方向へと向かったのであった。第一に、研究志向と教育志向に注目すると、概して前者のほうが優勢になったことが判明した。図7-2は、研究志向と教育志向の度合いについての国別比較を示したものである。分析には、参加一九カ国（一八カ国と一地域）のなかで、先進国一三カ国（カナダ（CA）、米国（US）、フィンランド（FI）、ドイツ（DE）、イタリア（IT）、オランダ（NL）、ノルウェー（NO）、ポルトガル（PT）、英国（UK）、オーストラリア（AU）、日本（JP）、韓国（KR）、香港（HK））と後発国六カ国（アルゼンチン（AR）、ブラジル（BR）、メキシコ（MX）、南アフリカ（ZA）、中国（CH）、マレーシア（MY））を便宜的に区分している（（　）内の記号は図中における各国の略記を表示したものである）。このように区別したのは、先進国と後発国には研究や教育の発展段階にかなりの差異が存在することを配慮して、両者の包括よりも分割を適切とみなしたからである。

#### 先進国と後発国の研究志向と教育志向

全体平均を先進国と後発国のグループ別に比較すると、先進国（研究志向六五％／教育志向三五％）、後発国（研究志向四七％／教育志向五四％）となり、研究志向の先進国、教育志向の後発国という相違が存在することが分かった。すなわち先進国では研究志向（六五％）が教育志向（三五％）の比率より三〇％ほど高いとの結果が得られた。

研究志向度が高いのは一三カ国となっていて、比率の高い順に並べると、次のようになる。すなわち、ノルウェー（八三％）、イタリア（七七％）、日本（七一％）、オーストラリア（六九％）、カナダ（六八％）、韓国（六八％）、英国（六七％）、フィンランド（六五％）、ドイツ（六三％）、香港（六三％）、オランダ（五六％）、ポルトガル（五三％）、アルゼンチン（五一％）である。逆に、教育志向度が高いのは六カ国となっていて、メキシコ（五七％）、米国（五六％）、中国（五六％）、南アフリカ（五三％）、マレーシア（五三％）、ブラジル（五三％）の順となる。

これらの国々のなかで、カーネギー調査には参加せずＣＡＰ調査において新規に参加した中国、南アフリカ、マレーシアは別として、アルゼンチンを除くラテンアメリカ諸国は依然として教育志向型を示したのであった。

この動きを踏まえると、研究と教育が半々志向のアングロサクソン型のなかで、オーストラリア、英国、香港がすべて研究志向を強めたのに対して、ひとり米国のみが教育志向を強めたことは衆目一致のもとに注目すべき現象であると言える。それほど目立つ以上、なぜ異なる方向を求めるのか検討してみる価値のあるほど興味深い

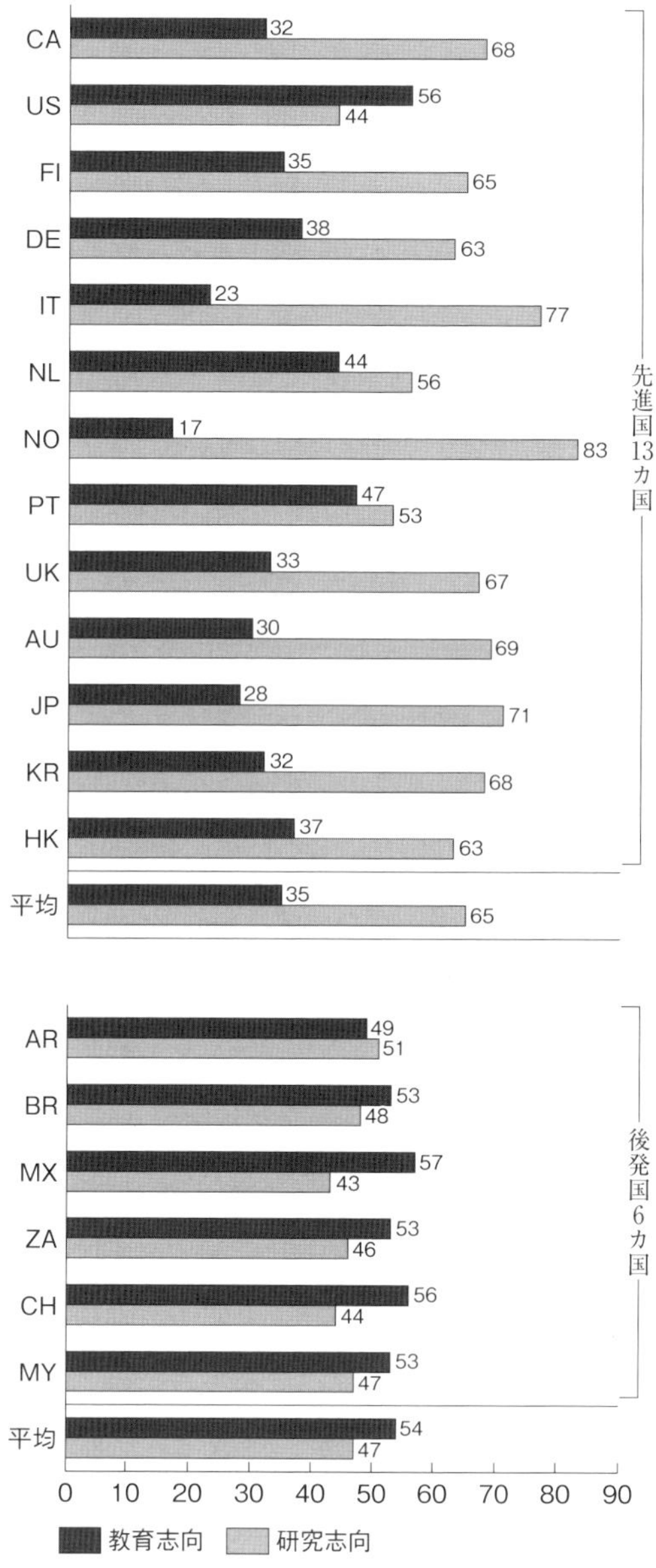


**図7-2　教育志向と研究志向の国別比較（%）**

と言わなければならない。

他方、二〇〇七年において、研究志向の強い国は、ノルウェー、イタリア、ドイツ、日本、オーストラリア、韓国などとなったのであるが、このなかで一九九二年においてもドイツ型を示したドイツ、日本、韓国は、それから一五年経過した時点でも依然として研究志向が強い傾向を示している国々であることになったのである。ノルウェー、イタリアは今回新規に参加した国々であるから一九九二年当時の様子は確かめようがないが、おそらく研究志向は当時も強かったに違いない。

オーストラリアは、アングロサクソン型の半々志向から米国のように教育志向を強める方向へ向かわず研究志向を強め、同様に英国も研究志向を強めた。アングロサクソン型のこれらの国々の動静は、米国とは袂を分かつ反対方向への振幅を示すのであるから、ある意味で衝撃的な結果であると言わねばならないだろう。

それでは、この一五年間に教育志向が減少した反面、研究志向が増加した理由は果たして何かは、検討してみなければならない疑問となるに違いないのである。この問題に関しては後述することにしたい。

世代間の格差

第一の箇所では、研究志向が先進国を中心に進行したことが明らかになったのであるが、このことと直接関係している動きとして、第二に研究志向の世代間格差は全体ではほとんどないのに、先進国と後発国の間の格差はかなり大きいことが判明した点を指摘できる。図7-3によって、研究志向を年輩世代（シニア）と若手世代（ジュニア）の世代別に比較してみると、年輩世代（先進国平均七四％／後発国平均五二％）は若手世代（先進国平均七〇％／後発国平均四九％）よりも多少大きな比率を示すことが、先進国と後発国の両グループ間に見られた。このように、世代間では年輩層が若手層よりも研究志向への傾斜を示しているものの、両グループ間に大きな格差は認められない（オーストラリア、香港は例外的に格差が大きい）。世代間に大きな格差がない点では、日本（八五％／八三％）の場合も大同小異の状態であるといえる。なお、以下の国々は若手世代が年輩世代よりも研究志向優位となっている国々である。すなわち、カナダ、フィンランド、オランダ、ノルウェー、アルゼンチン、そしてメキシコなどが該当する。

### スカラーシップ観

第三に、スカラーシップ観には先進国と後発国の相違が顕著に表れていることが判明した。図7-4によって、スカラーシップ観（学識観）をグループ間において比較すると、一つには、「独創的研究」（七三％／五八％）では、先進国がかなり高い比率を示している。ちなみに日本と中国の状況を調べてみると、日本（七七％）は先進国の

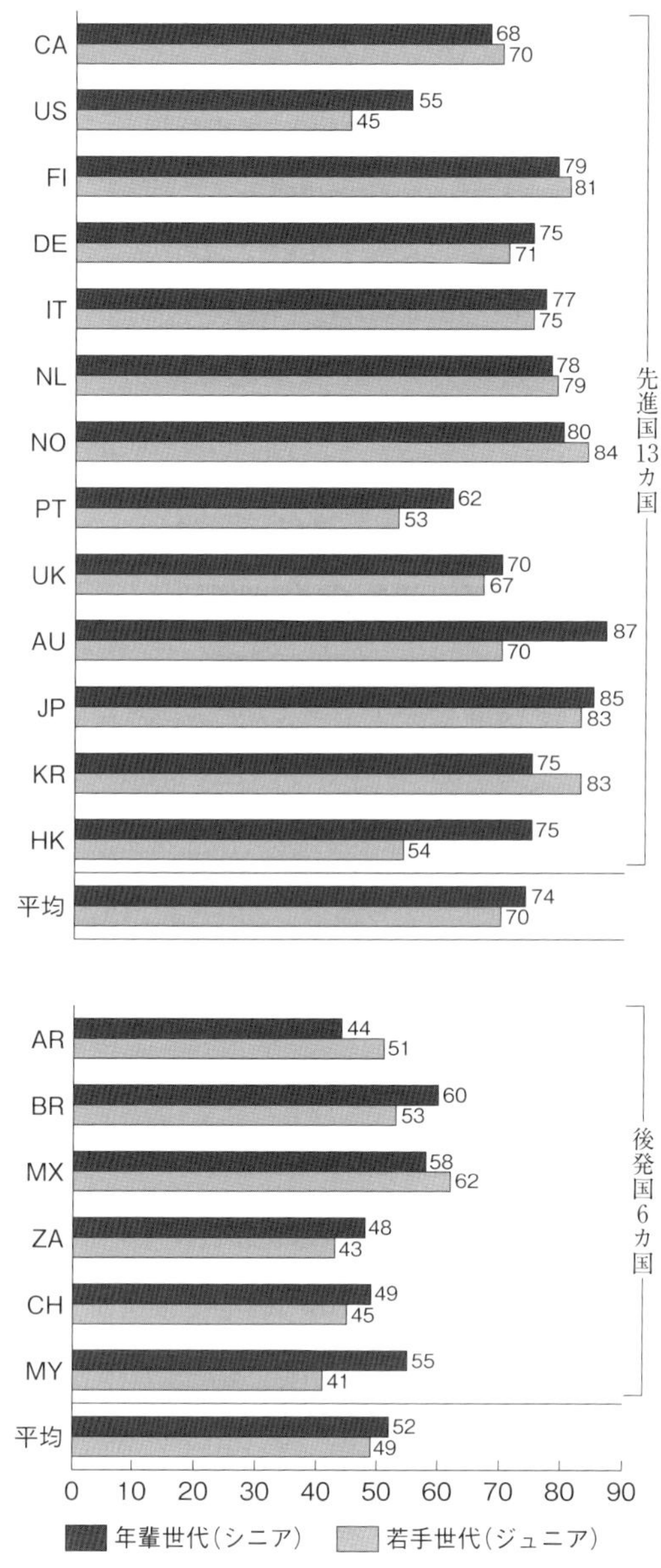


**図7-3　研究志向のシニアとジュニアの比較（%）**

平均値よりもやや高いのに対して、中国（五三％）は後発国の平均値よりやや低いことが分かる点で両者の相違が生じているのであって、別言すれば日本は独創的研究をきわめて重視するのに対して、中国はそれほど重視していないことが分かる。

二つには、「学術的知識の社会への応用」（七二％／八二％）では、逆に後発国のほうが先進国よりも高い比率を示している。日本（七五％）が後発国（八二％）よりも低い比率を示す理由は、日本の大学教員は学問の社会への応用やサービスの側面を諸外国に比してあまり重視していないことを示唆していると解されるのではあるまいか。そのことは大学の発展を阻害し、ひいては社会の発展を阻害するのではあるまいか。大学は研究・教育・サービスの三面性の開発によって発展するという法則に従えば、サービスの不振は大学の発展を阻害することに

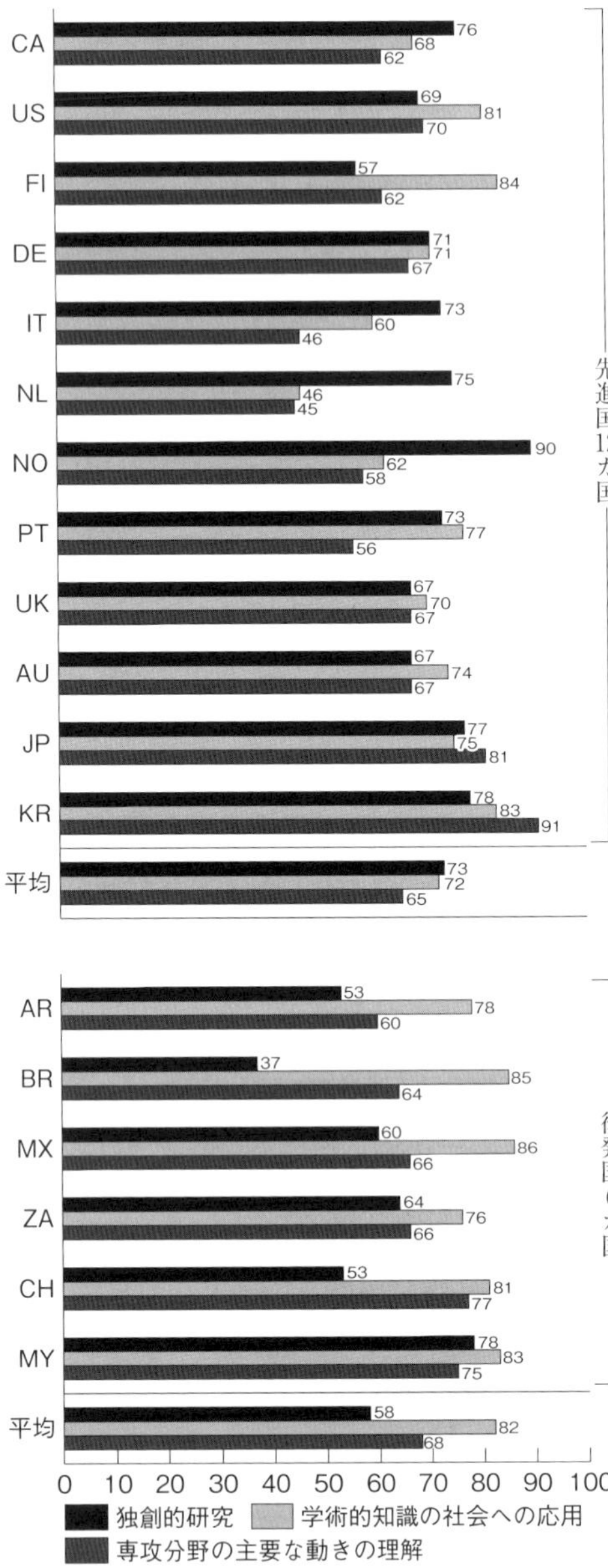


図7-4　スカラーシップ観（％）

なるとともに、大学のサービスを欠如した社会もまた発展を阻害されることになる。ちなみに中国（八一％）は、後発国の平均値並みであるが、日本よりも学術的知識の社会的応用に力点をおいていることが理解できる。

三つには、「専攻分野の主要な動きの理解」（六五％／六八％）は両グループで七〇％にやや満たない程度の割合を示しているが、両者間にほとんど差異がない。その中で日本（八一％）はかなり高い比率を示しており、これは自己の専門分野へのコミットメントの高いことを裏書きしていると読めるが、その点では中国（七七％）もかなり高いほうの数値を示した。

### 科学のエートスと独創的研究

以上から、スカラーシップ観は先進国では後発国にくらべて「独創的研究」が重要だとする点で優勢であるとの事実が示唆するように、その背景には独創性を重視する伝統的な科学のエートスを踏襲している事実が隠されていると解されるだろう。そこには、科学を大学へと制度化する専門分野志向の大学文化を形成し、アカデミズム科学の形成に対して強いコミットメントを行ってきた近代大学の価値観が強く作用していると観察できよう。この点は、過去の価値観の現在への反映を裏書きするはずである。

例えば、マートンの科学のエートス論を想起すると、それは科学研究の比重が社会よりも大学において大きい時代に、アカデミズム科学を中心に構想された概念である点でいまや古典モデルに属するものである。その所論に従えば、科学社会に支配するエートスであるクドス＝ＣＵＤＯＳの中軸概念において、独創性が重要だと考えられていた。科学者、学者、研究者である大学教員は、この種のエートスを内面化して研究活動を行うので、そのことによって科学者、学者、研究者としてのアイデンティティ＝自己像が形成されることになった。現在では当時とは比較にならないほど大学と社会の境界線はボーダレス化しているので、大学の科学エートスと社会の科学エートスが別箇に存在するとは考え難いし、その点では大学教育自身のアカデミズム科学のエートスを内面化したアイデンティティそのものが弱体化しつつあるに違いあるまい。

しかしそのような時代変化のなかにあっても、大学において、とりわけ研究大学の大学教員において独創性の価値へのコミットメントが依然として高いことは、発明発見を何よりも重視する科学制度の性格を如実に反映した結果を示唆するに違いないのである。そのことが上記のような調査結果に具現していると解されるはずである。類いまれな独創性があってこそ発明発見は導かれると考えられるからであり、それを欠如すれば学界の発展も、それを媒介とした社会の発展も喪失される運命に見舞われてしまう。

先進国グループと後発国グループの相違

こうして、大学に科学が制度化され、科学のエートスが強い構造や機能を占めた時代から依然としてその構造や機能を残しながらも、新しい時代や社会の到来に対応して変化を余儀なくされている現実が存在するのである。本調査結果には、その過渡期の現象を読み取ることができると言うべきであろう。先進国は応用科学よりも純粋科学を依然として重視しているのに対して、後発国においては純粋科学から応用科学への移行が顕著である事実が調査結果に具現しているのである。そのことから判断すると、世界の大学は変化し、大学教員の意識や行動が変化している事実が回答の中に刻印されているはずである。したがって、両グループにはかなり異なる科学のエートスが支配し、それを支える文化、風土、雰囲気が支配していると考えられるに違いない。

端的には、先進国は過去の文化との連続性を示し、後発国は不連続性を示す傾向があるに違いないのである。そのことをマイケル・ギボンズ流に言えば、後発国は先進国よりもかなり早く「モード1」から「モード2」の段階へ向かって移行しているとみなされよう（Gibbons, et al. 1994）。あるいは別の観察をするならば、発展途上国の時代には独創性や純粋科学よりも現実に役立つ応用科学を追求しても、やがてさらに社会発展を遂げた段階では、独創性や純粋性を追求する時点に到達すると推察できるのかもしれない。

先進国は歴史的に大学を中心にして基礎科学や純粋科学を重視し、やがて産業化科学の時代へ移行して、社会を中心として応用科学や開発科学が重視されるに至り、それに呼応し大学の科学も応用科学や開発科学の比重を高める方向に変化した経緯がある。このような大学や社会の歴史に位置づければ、後発国は過去の時代の経験を積まずにいきなり現在に焦点を合わせて発展を開始したとみなされるのであって、国家社会の経済発展にとって即効性のある科学や学問を重視するあまり、学術政策が応用科学や開発科学の活用へ傾斜し、基礎科学や純粋科学を敬遠するという限界が露呈しているのかもしれない。かかる方式では先端の応用科学や開発科学への到達は迅速である反面、新陳代謝が速いこれらの科学のライフサイクルに追随できなければ、科学や学問の体系が破綻する危険性は存外高いはずであり、先進国型の基礎科学、応用科学、開発科学の重層構造を備えた科学や学問の体系を擁することが長期的には大学の発展を導くはずであるから、中長期的な展望としては、先進国型の構造を摂取する方向へ向かう可能性は少なくないであろう。

こうしてスカラーシップ観には、先進国グループが独創的研究と純粋研究を重視するのに対して、後発国グループが独創的研究はあまり重視しないことに加えて純粋科学よりも応用科学を重視する点で、二つのグループ間には現状においては温度差がかなりあることが判明したのである。

### (2) 専門分野と研究志向

第四に、概して研究志向が強化されつつある世界的動きの中にあっても、専門分野による相違はかなり大きいことが判明した。**図7-5**によれば、理系（自然科学・工学・技術・医学）の研究志向（七一％／五二％）は文系（人文科学・社会科学）の研究志向（六二％／四三％）よりもほぼ一〇ポイント程度大きな比率を示していることが分かった。換言すれば、研究志向は理系中心に推進されつつあるのである。国別に比較すると、理系が文系よりも研究志向優位の傾向を示しているのは南アフリカ以外すべての国々に認められる。日本（七五％／六六％）は他の国々に比較して研究志向の高い点に特色がみられるが、理系が文系よりも優位の点では他の国々と同様の傾向を示している。ちなみに中国（五三％／四〇％）は後発国の平均値並みであるから研究志向は高くない、というよりもむしろ低い。

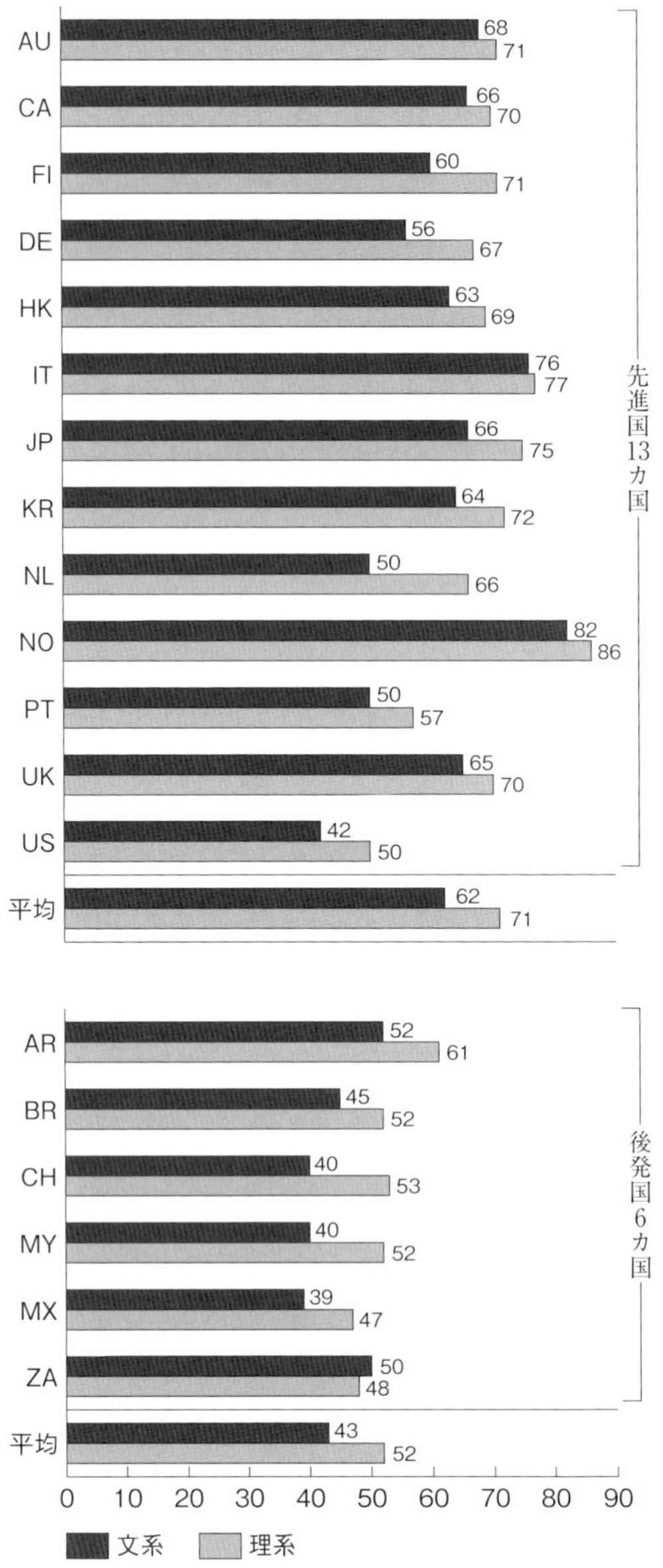


図7-5　専門分野別の研究志向（%）

以上から見ると、理系は国際的におしなべて研究志向が優勢であることが判明するのである。それではなぜ理系で研究志向が増加しているのであろうか。その理由としては、理系では物理学や数学を典型に専門分野のコード化（codification）が高いことが指摘できるだろう。また、ハリエット・ズッカーマンやロバート・マートンの『物理学評論誌』の事例研究によって証明されているように、これらの専門分野はコード化が概して高いため論文のレフェリー審査において審査員間の評価のずれが生じる割合が少ないのに対して、コード化が概して低い文系の専門分野ではずれが生じる割合が大きい傾向が認められるのである（Zuckerman and Merton 1971）。加えて、理系はハードな学問が多く、文系はソフトな学問が多いことに起因して、理系では文系よりも評価が客観化しやすい文化や風土が作用しているとみなされる。概して言えば、理系と文系では、異なる二つの文化が存在するのである。

理系の文化と文系の文化

このような専門分野間の文化、風土、雰囲気を比較することによって観察した場合、概して、理系は普遍主義の価値観が作用し、これに対して文系は特殊主義の価値観が作用すると解されるのではあるまいか。前者は仮説の実証的な検証や反証を重視し、仮説を分担作業に分解して研究チームを編成して集団的研究を行う傾向が強い。他方、後者は仮説の検証や反証を行うとしても、自然科学ほど厳密な手続きを踏むのではなく、客観主義よりも主観主義や直観主義をかなり重視し、集団的研究よりも個人的研究を重視する文化や風土を擁する傾向が強いとみなされる。文系でも理系に近い社会科学とそうでない人文科学では相当の温度差がみられるに違いない。

例えば、人文科学の最右翼である芸術の分野を事例にすると、客観性に基づく査定や評価はかなり困難であろうし、主観性が作用する比重は少なくないだろうと推察できるに違いない。例えばピアノやバイオリンの演奏は審査員の評価がかなり分かれるのが常態であるようであるが、これは主観性によって芸術性が審査されるからだと推察される。音楽の場合、フランス、ドイツ、イタリア、ロシア、米国などによって流派が多様に分岐しており、特定の師匠から弟子へと連なる系列が支配していると観測できるであろう。流派間の対立や葛藤は少なくないであろう。

こうした流派が林立している限り、流派の同じ系列に所属する審査員と異なる系列に所属する審査員では同じ演奏に対する採点では大小の食い違いが起きるのは当然のことであろう。師匠と弟子の間に訓練が積まれる間に流派の個性が師匠から弟子へ徒弟制度を通じて秘伝的に伝承され、それが弟子の演奏の仕方に固有の芸風として刻印されることからすれば、審査の採点には流派の違いが作用しやすいのは道理というものである。学者の世界には学風が存在すると同様、芸術家の世界には芸風が存在するに違いないのである。こうして芸風が刻印された演奏がコンクール、音楽会、審査会などで行われる。客観的には演奏は事実として行われても、無形文化の作品であるから、これを自然科学のように調査や実験を介して反証することは難しい。

いま事例に挙げたピアノやバイオリンなど音楽や広く芸術の世界はやや極端な事例かもしれない。それにしてもマートンらが指摘したように、コード化が明確な理系文化と曖昧な文系文化が存在し、ハードな学問とソフトな学問の相違が存在することは経験的に理解できるであろうし、理系は客観性に、文系は主観性に、それぞれ重きを置く傾向があることは否めないのではあるまいか、と考えられるのである。

報賞システムとそのメカニズム

このことを勘案すると、現在、世界的に研究志向が強まりつつあるという調査結果は何を物語るのであろうか。この問題を考えると、世界の大学・大学教員は客観性に重きを置く理系型の文化、風土、雰囲気に向かって収斂しつつあると言ってもあながち過言ではあるまい。『ネイチャー』や『サイエンス』などの世界的に著名な科学雑誌への掲載を指標として、世界共通の土俵での競争が激化するなかで、そうしたレフェリー制度に採択されている基準を突破しなければ、科学者、学者、研究者などは世界的な可視性や知名度を高めることはできない仕組みが存在する。この報賞システムが作用する限り、より高い威信を持つ雑誌に掲載されることで科学者の優位な地位や評判を規定するメカニズムが容赦なく作用するのは避けられないのである。

したがって、この報賞システムのメカニズムに組み込まれれば組み込まれるほど、理系教員は高い学問的生産性＝研究生産性を発揮せんとするばかりではなく、世界的に共通性、通用性、可視性の高い意識と行動を形成するはずである。科学者、学者、研究者の一翼を担う理系大学教員が所属する学会や学界においては、かかる意識や行動を醸成する顕在的・潜在的な文化や風土が成立しているのである。二〇〇三年から上海交通大学が先鞭をつけて以来、ロンドン・タイムズ、上海交通大学、トムソン・ロイターズ、ＱＳなどによって持続されている世界大学ランキングを、理系教員は容易に受容する風土を形成しているのではないかと考えられる（Thomson

Reuters 2010)。これに対して、同様の学会や学界に所属している文系教員は、理系とは多少距離を置き、やや異なる文化、風土、雰囲気を擁しているとしても、調査の動向を追って観察する限りでは、次第に理系と同様の方向へ向かいつつある気配が読み取れるのである。

### (3) 研究の特質

第五に、第三の箇所で述べたスカラーシップ観に先進国と後発国の相違があるのと同様、研究志向の内容にはこれら二つのグループ間に相当の相違がみられることが判明した。図7-6によって、主要な研究の性格を基礎的・理論的、応用志向的・実践志向的、商業志向的・技術移転志向的に分類して比較すると、先進国と後発国の動向には次のような特徴が見られることになった。

応用志向的・実践志向的

一つには、「応用志向的・実践志向的」(六八%/七三%)は、平均値で見た場合に後発国が先進国よりも若干高い比率を示している。このことは上で考察した純粋研究よりも応用研究にすでに軸足を移している後発国の動きと符合する動きである。日本(六九%)は先進国の平均値とほぼ同じであるが、中国(八六%)はすべての国々のなかで最高値を示していることから推して、世界的に最も応用志向的・実践志向的に比重を置いた研究を行っていることが鮮明になるのであった。

基礎的・理論的

二つには、「基礎的・理論的」(五七%/五九%)は、先進国と後発国の平均値の間にはほとんど差異が見られない。しかしながら日本(六二%)は比率がかなり高いのに対して、ブラジル(五五%)、南アフリカ(五〇%)などの後発国はかなり低い比率を示した。他方、中国(七八%)は最高に高い比率であることが分かった。中国

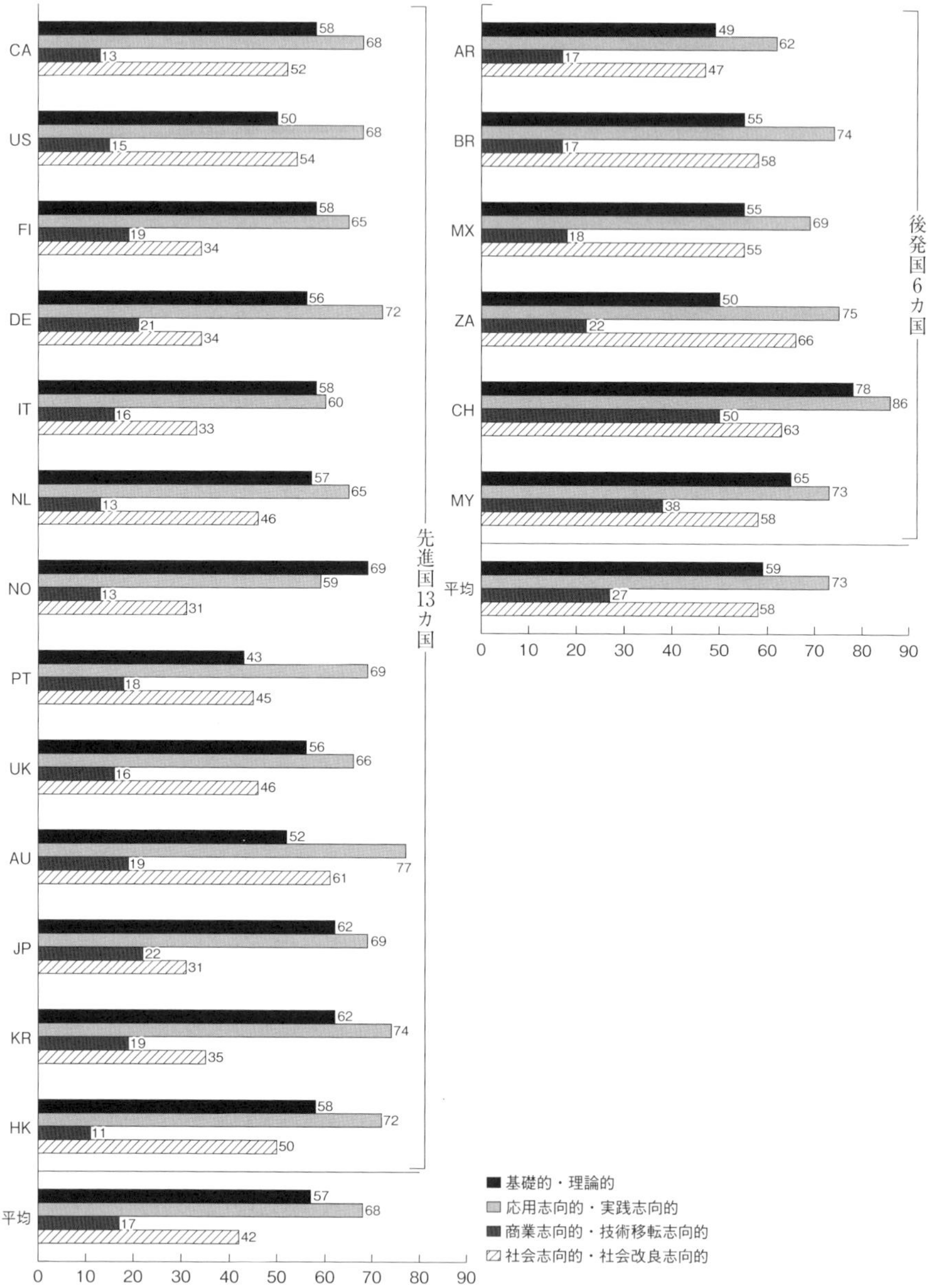


**図7-6　主要な研究の性格（%）**

は応用志向的・実践志向的でも基礎的・理論的でも高い比率を示していて、どちらかに比重を置く傾向の強い他の国々に比較して、どちらにも比重を置く点できわめて興味深い傾向を示しているといえるのである。

社会志向的・社会改良志向的

三つには、「社会志向的・社会改良志向的」（四二％／五八％）は、後発国が先進国よりかなり高い平均値を示しているので、後発国型であると言ってよかろう。そのなかにあって日本（三一％）は、かなり低い比率を示しているから、先進国型の典型を示しているといえるかもしれない。これに対して、南アフリカ（六六％）、中国（六三％）は、顕著に高い比率を示していることから、後発国型の典型となっているのであった。

商業志向的・技術移転志向的

四つには、「商業志向的・技術移転志向的」（一七％／二七％）は、全体に低い数字を示していて、重要度がかなり低いことを示唆している。そのなかでは後発国が先進国を凌いでおり、やや後発国型の傾向を示すと言えよう。日本（一二％）は後発国よりさらに低い。他方、中国（五〇％）、マレーシア（三八％）は顕著に高いので、後発国型の典型であると言えそうである。

以上を勘案すると、三つの志向型のなかでは「応用志向的・実践志向的」は先進国と後発国の両グループにおいて共に最高値を示しており、そこには世界的に先述したモード2型を志向しつつある状況が如実に反映されていると解される。この傾向を世界的に比較してみると、中国の先鋭的な動きが最も典型的な動きであると観察できる。日本の同様の動きはやや旧守的かつ伝統的な段階にとどまっているとみなされるのであって、中国の挑戦的かつ革新的な動きには遥かに及ばないと観察できるのである。

CA
61
63
61
81
17
67
58
52
13
US
42
0
41
67
13
50
30
32
23
FI
58
51
40
66
26
52
31
39
17
DE
59
54
49
75
17
55
44
43
15
IT
55
53
61
80
15
70
43
58
4
NL
37
34
30
45
8
32
13
10
50
NO
52
43
39
79
12
74
37
34
11
PT
37
35
25
54
12
23
19
29
37
UK
31
28
27
51
11
39
25
23
44
AU
38
36
39
66
14
50
37
30
29
JP
62
70
46
81
13
69
45
68
6
KR
61
71
54
88
13
90
65
46
0
HK
39
43
53
79
12
63
52
42
16
平均
49
45
43
70
14
56
38
39
20
先進国13カ国
0 10 20 30 40 50 60 70 80 90
0 10 20 30 40 50 60 70 80 90
実験・調査等の準備
実験・調査等の実施
研究チームや大学院研究助手の監督
研究結果や発見を含む学術論文の著述
技術移転過程への関与
科研費への応募活動
研究契約・予算の管理
装置・研究物資の購入や選択
無回答


**図7-7　研究の類型（%）**

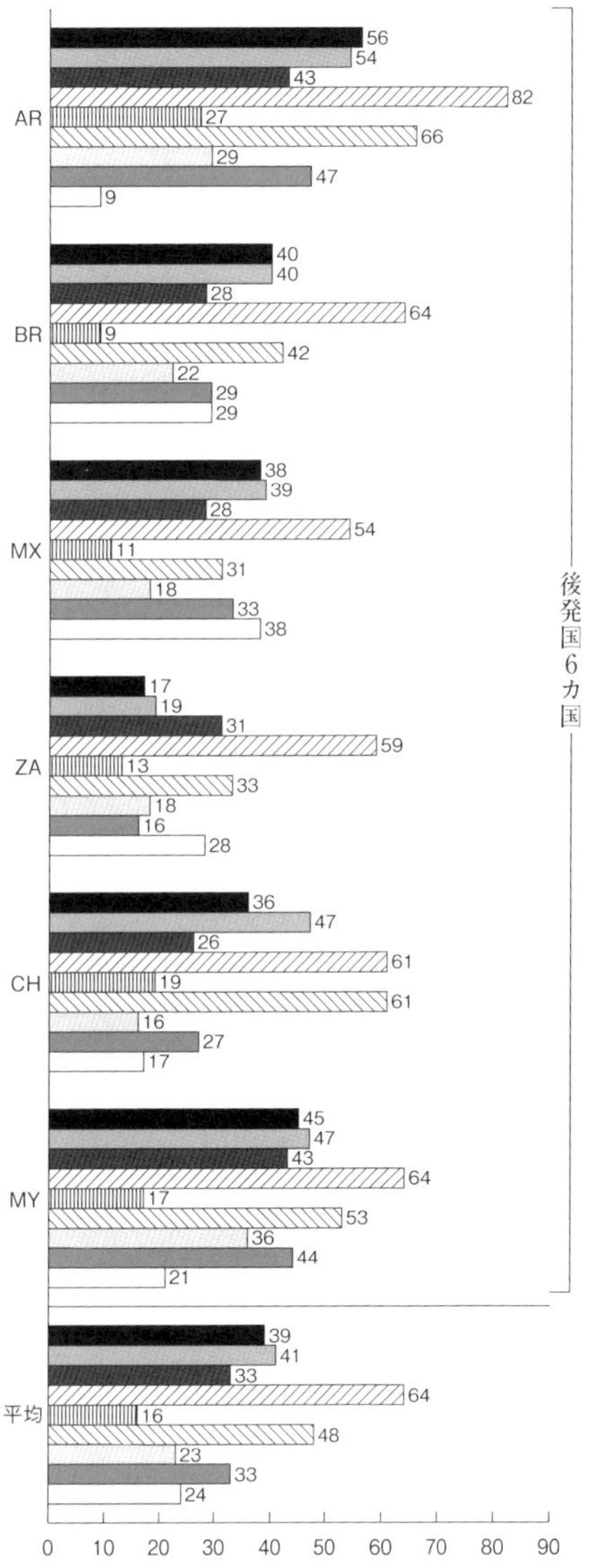


（442頁からのつづき）

## (4) 研究活動の類型

第六に、研究活動の類型を観察すると、二つのグループの間にいずれの類型においてもやや先進国型に分類できる傾向が判明した。図7-7によって、研究の類型を見ると、両グループは巨視的にはほぼ同等の比率を示すが、微視的には先進国型が優位であることが読み取れたのである。

研究結果や発見を含む論文を書くこと

一つには、「研究結果や発見を含む論文を書くこと」（七〇%／六二%）は、先進国が後発国を平均値で凌ぐので先進国型であると言えるとともに、上述した独創性重視型に通底するものとみなされる。それにしても日本（八一％）が顕著に高いのはなぜであろうかと問うと、発見や独創性を大切にすることと論文を書くことが結合している結果と解釈できるであろうと推察されよう。世界的に見ても、研究やそれによる発見を基にして論文を書くことに比重が高いという事実を示しているのであり、その点が注目に値するのではあるまいか。こうした独創性重視型は、日本をはじめ、韓国（八八％）、カナダ（八一％）、イタリア（八〇％）、ノルウェー（七九％）、香港（七九％）がトップグループを形成していることが判明したことから、概して研究生産性の高い国々がここに含まれていることが分かるのである。これに対して、オランダ（四五％）、英国（五一％）、ポルトガル（五四％）、メキシコ（五五％）、中国（五六％）などの比率は低く意外な印象を与える。なぜ、オランダ、英国などの先進国は低いのか、興味深い結果であると言わなければならない。

科研費への応募活動

二つには、「科研費への応募活動」（五六％／四八％）は、先進国が後発国を凌いでおり、先進国型を示す。日本（六九％）は先進国の平均値を一〇ポイント以上凌ぎ、かなり高い比率を示したのをはじめ、韓国（九〇％）、ノルウェー（七四％）、イタリア（七〇％）などがトップグループを形成する。韓国の比率はダントツに高いが、これは研究資金と論文のきわめて密接な結合の関係を物語るであろうから、興味深い結果を示していると言えよう。逆に言えば、研究資金を取らなければ論文を書けないこと、あるいは研究資金のテーマが論文の内容を規定すること、といった現実が存在することを示唆する。そうであれば、研究が細切れになり、ライフワークのような長いスパンを擁する研究が閉ざされるのではないかと危惧されるかもしれない。その点は別途研究が必要である。

これらの国々に対して、ポルトガル（二二％）、メキシコ（三一％）、オランダ（三二％）、南アフリカ（三三％）などが低い値を示し、下位集団を形成している。ここでも、なぜオランダが低いのかは興味深い。

実験・調査等の準備

三つには、「実験・調査等の準備」（四九％／三九％）は、一〇ポイントの差をつけてやや先進国型である。日本（六二％）の比率は最も高いが、それに続いて、韓国（六一％）、カナダ（六一％）、ドイツ（五九％）などが高い国々である。それに対して、南アフリカ（一七％）、英国（三一％）、中国（三六％）などが相当に低い国々である。なぜ英国は低いのか興味深い。

実験・調査等の実施

四つには、「実験・調査等の実施」（四五％／四一％）は、グループ間においてはほとんど差異がない。日本（七〇％）の比率は著しく高いのに加え、韓国（七一％）、カナダ（六一％）などが高い。これに対して、米国（〇％）、南アフリカ（一九％）などが低いことが分かる。なぜ米国は〇％なのか興味深い。

研究チームや研究助手の院生の監督

五つには、「研究チームや大学院研究助手の院生の監督」（四三％／三〇％）は、数字は低くなるものの、その範囲内ではやや先進国型であることを示す。日本（四六％）は先進国の平均値とほぼ同じ程度である。

以上から研究活動の類型について五つの項目それぞれを比較すると、先進国型は四項目では弱いとはいえ、五項目のすべてにほぼ該当することが判明した。すなわち「研究結果や発見を含む学術論文の著述」「科研費への応募活動」「実験・調査等の準備」「実験・調査等の実施」「研究チームや大学院研究助手の監督」は、すべて先進国が後発国の比率を大なり小なり凌いでおり、その意味で先進国型を示していると言えるのである。これらのなかではとりわけ比率の高い「研究結果や発見を含む学術論文の著述」は、先進国型の典型を示しており、上で述べた独創性重視型に通底する性格を具現している。しかも最高の比率を示すのが日本である。

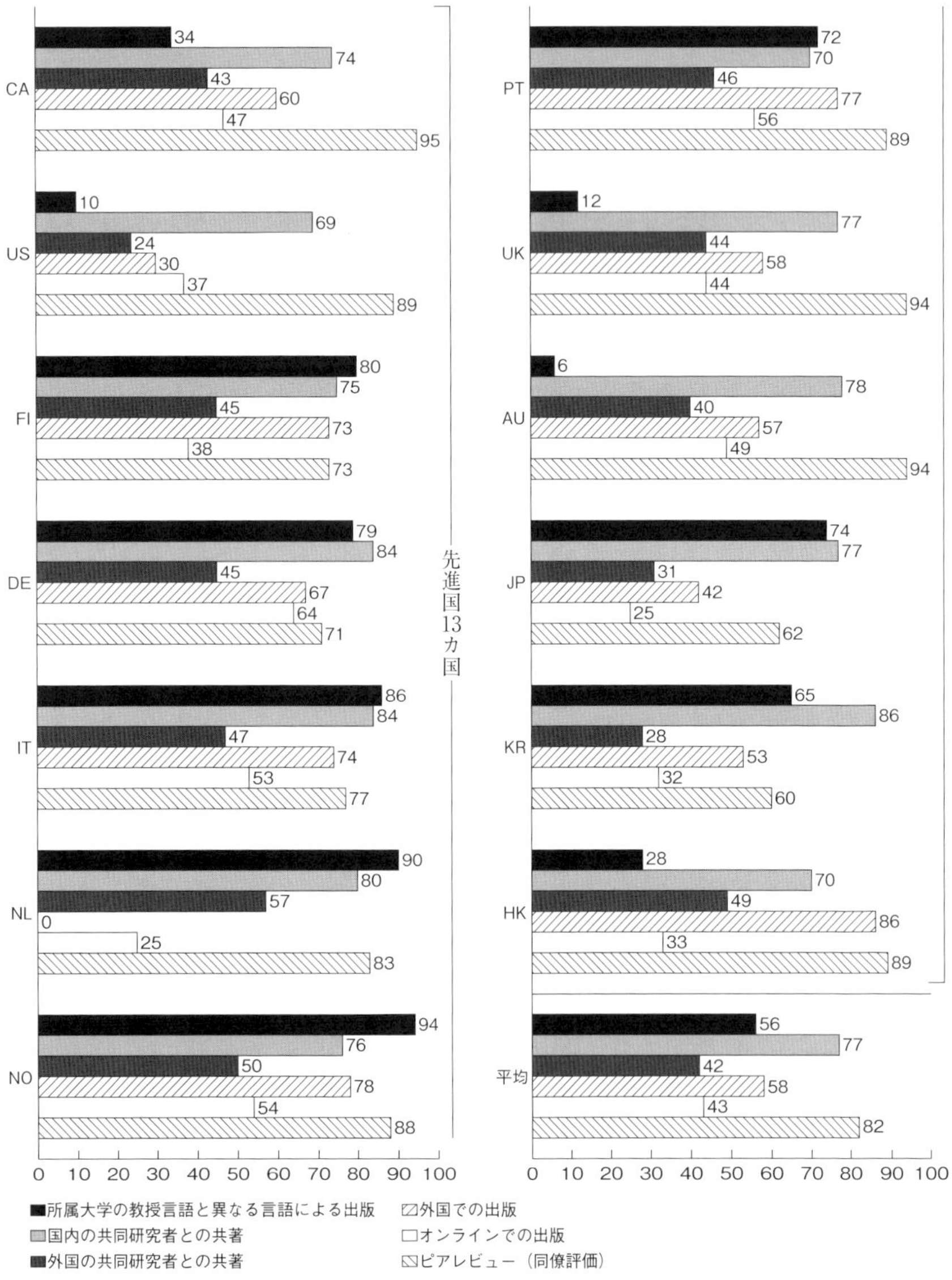

CA
34
74
43
60
47
95
US
10
69
24
30
37
89
FI
80
75
45
73
38
73
DE
79
84
45
67
64
71
IT
86
84
47
74
53
77
NL
90
80
57
0
25
83
NO
94
76
50
78
54
88
先進国13カ国
PT
72
70
46
77
56
89
UK
12
77
44
58
44
94
AU
6
78
40
57
49
94
JP
74
77
31
42
25
62
KR
65
86
28
53
32
60
HK
28
70
49
86
33
89
平均
56
77
42
58
43
82
0 10 20 30 40 50 60 70 80 90 100
0 10 20 30 40 50 60 70 80 90 100
所属大学の教授言語と異なる言語による出版
国内の共同研究者との共著
外国の共同研究者との共著
外国での出版
オンラインでの出版
ピアレビュー（同僚評価）


**図7-8　出版の形態（%）**

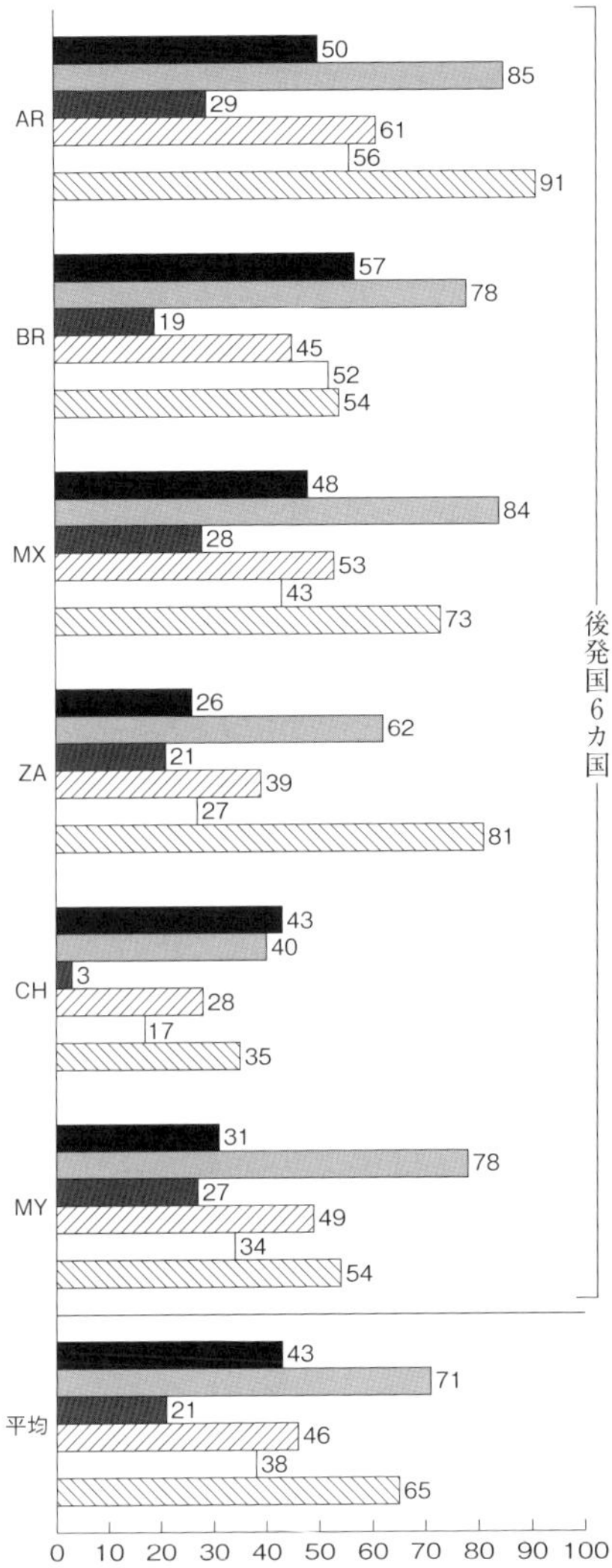


（446頁からのつづき）

## (5) 出版の形態

第七に、出版形態に関しては、二つのグループ間の相違がかなり見られ、先進国型が多くなっていることが判明した。すなわち、図7-8によって出版の形態を比較してみると、先進国が後発国よりも全項目にわたって肯定的回答をしているのである。六項目の比較のなかで上位をみると、次のような結果が得られる。

ピアレビュー＝同僚評価

一つには、「ピアレビュー＝同僚評価」（八二％／六五％）は、先進国の比率が大幅に大きいので先進国型の出版形態であるとみなされる。ピアレビュー（peer review）は、一般には「同僚評価」と翻訳される外来語であることは周知の通りである。研究者の業績は、その研究者と同等の専門分野の研究に携わる大学教員の研究者でないと的確に理解できないことを前提にして、大学教員の研究者同士が業績の質的な査定を行う慣行を指している概念である。したがって、この概念は主として大学外部の人々が評価するという意味合いの「外部評価」とは異なって、主として大学内部の人々（大学教員）が評価する「内部評価」に属する概念であり、端的には研究者仲間が相互の業績審査を行う慣行に言及する概念である。

自己点検・評価を基にした評価システム

さて、先進国の比率が大幅に大きいことは、自己点検・評価を基にした評価システムの定着度が後発国ではいまだに低いことと関係があるかもしれない。比率の高い国を見ると、カナダ（九五％）、英国（九四％）、オーストラリア（九四％）、米国（八九％）、ポルトガル（八九％）などがトップグループを占めている。他方、中国（三五％）、ブラジル（五四％）、マレーシア（五四％）などは最底辺層を形成している国々である。このことから、「ピアレビュー」による出版形態は先進国型を示すと言えるだろう。ただ後発国のなかでは、アルゼンチン（九一％）はなぜか例外的に高い比率を示しているので目を引く。日本（六二％）と韓国（六〇％）は後発国の平均値もクリアしていないほど低率なのであるから、その意味では立ち遅れの事実が歴然とすると言うほかなかろう。このうち、日本の立ち遅れの原因は後述することと関係があるが、ピアレビュー型の評価システムとしての自己点検・評価の未定着と関係があると考えられよう。

国内の共同研究者との共著

第二に、「国内の共同研究者との共著」（七七％／七一％）は、両グループ間に大きな差異はなく、先進国がやや高率を示している程度である。日本（七七％）は先進国の平均値と同等の割合である。中国（四〇％）は平均値よりかなり低い。なお、「外国の共同研究者との共著」（四二％／二一％）を参照すると、先進国も後発国もともに比率が低く、とりわけ後発国の比率は低い。外国の共同研究者との出版は、先進国では六〇%、後発国では八〇%が皆無ということは、国際化がいまだ立ち遅れた状態にあり、国内中心の共同研究とその出版形態が支配的であることを物語ると言わねばならない。二〇〇三年から開始された世界大学ランキングでは、例えばロンドン・タイムズの場合、国際共同研究の重要性を指標において考慮しているから、日本のように国際化の立ち遅れた状態では上位にランクされる可能性は低いと推察されるところである。

外国での出版

第三に、「外国での出版」(五八%／四六%)は、平均値では先進国優位であるから、先進国が一歩リードしている出版形態である。比率は先進国で過半数以上を占め、後発国で過半数未満を占める。全体に、香港(八六%)、ノルウェー(七八%)、ポルトガル(七七%)などがきわめて高い比率を示している反面、オランダ(〇%)、中国(二八%)、米国(三〇%)などは低い比率を示している。日本(四二%)は先進国のなかでは低い比率を示した。オランダ(〇%)はにわかには信じ難い不可解な数字である。

米国が予想以上に低い比率を示しているのは、英語圏の中枢に存在することに起因する「米国中心主義」を物語るのであろうか。あるいは外国から学者を呼び込む型の「頭脳流入」に依存する風土が存在していても、外国に学者が出かけて行く型の「頭脳流出」は回避する風土が存在していることに起因して、国際化の立ち遅れが生じていることを物語るのであろうか。いずにせよ、この結果は、米国の学者が外国へ行かなくても自国内で出版活動を含めたすべての研究活動が可能になる環境が醸成されていることを示唆するはずである。これでは米国の大学教員は外国へ行かなければならない圧力も作用しないし、実際に多くの教員が外国へ行かない現象が生じていてもそれは当然の帰結であるのであって、そのことは国際化が立ち遅れていることを物語るというほかないのである。少なくともこのことは「輸入型の国際化」は顕著であるとしても「輸出型の国際化」は緩慢であると言わざるを得ない結果である。

さらに、なぜ日本の比率は低いのかを考えると、広大な市場を擁する米国とは異なるかもしれないが、外国市場をあてにしなくても国内市場で十分間に合う環境が存在していることを示唆するのではなかろうか。それはともかく、低率の数字について明確に言えることは、国際化に背を向けた、立ち遅れを示唆する数字を裏書きすることである。中国も同様の理由が作用しているかもしれない。

## 所属大学の教授言語とは異なる言語による出版

第四に、「所属大学の教授言語とは異なる言語による出版」（五六％／四三％）は、上の第三の形態である「外国での出版」の数値と類似しているという結果が得られた。日本（七四％）は、今度はかなり高い数値を示しているのであるから、日本語で出版するのではなく、外国語でかなり出版していることが判明したわけである。世界的には、ノルウェー（九四％）、オランダ（九〇％）、イタリア（八六％）、フィンランド（八〇％）、ドイツ（七九％）は高い。これらの国々では、日本と同様、母国語での出版は、国際化を阻まれるので、外国語で出版する必要に迫られるとみなされる、との推察が成り立つに違いない。他方、オーストラリア（六％）、米国（一〇％）、英国（一二％）、南アフリカ（二六％）、香港（二八％）などは低い比率を示した。これらの国々は米国と同様に教授言語が概して英語であるため、それ以外の言語で出版する必要性が乏しいと推察される結果であると解される。中国（四三％）は後発国の平均値であるが、中国語以外の言語で出版する割合はいまだにそれほど高くはなく、先進国に比べると低い。

このような動向を観察すると概して、英語圏の国々はわざわざ英語以外の外国語を使用して出版する必要がないし、実際にも出版しない傾向があること、非英語圏は英語を使用して出版する必要があるし、実際にもする傾向があること、といった力学が作用するなかで、現実に行われている出版形態が把握できたと言える。こうして、大学教員の世界である学界は、世界的に英語パラダイム、あるいは英語支配の時代を進行中であることが指摘できるだろう。

ピアレビュー型の出版

以上を総括すると、ピアレビュー型の出版が全項目のなかで世界的に最高の比率を占めていることは、大学教員は専門分野志向である事実を端的に証明している結果であると言える。外国での出版や外国の同僚との共同出版は、国際化やグローバル化の時代には増加すると予想されるにもかかわらず、また世界大学ランキングの上位進出には欠かせない指標であるにもかかわらず、現状では後発国よりも先進国において多少進展しているとしても、出版形態全体のなかではいまだ優勢な状態になっているとは言えない段階にとどまっていると観察できる。今後の展開が注目されるところである。

## (6) 研究活動は教育活動を強化する

図7-9は「研究活動は教育活動を強化する」という質問に回答した割合を示すが、それによると先進国と後発国の平均値の相違は少ないことが分かった（七七％／七四％）。しかし、先進国と後発国を問わず全体に平均値に占める肯定度が七〇％超とかなり高いことは、研究活動の教育活動への貢献を大学教員自身が肯定することを示唆する。日本（七九％）は先進国の平均値とほぼ同等であって、特に注意を引く結果となっていなかったが、八〇％の高率でもって研究活動が教育活動を強化するとみなしている点は、重要な結果である。その度合いが高い国は、韓国、カナダ、イタリア、ノルウェー、メキシコ、ブラジルなどであり、その度合いが低い国は南アフリカ、マレーシア、中国、フィンランドなどである。フィンランドと同じ割合である中国（七〇％）は、南アフリカ、マレーシアに続いて三番目に低い。

研究が教育を強化するとする肯定度が世界的に高いことは、研究志向は教育志向をもたらすという印象を与えるのではないか。少なくとも研究と教育が分離して相反する関係になることを拒絶しているように見える。つまり研究と教育は両立する関係が成立するようにみえる。それならば、フンボルト理念を首肯する意識が世界の大学教授職に醸成されていることにほかならないことになるが、果たしてそのように短絡的に結論づけられるであ

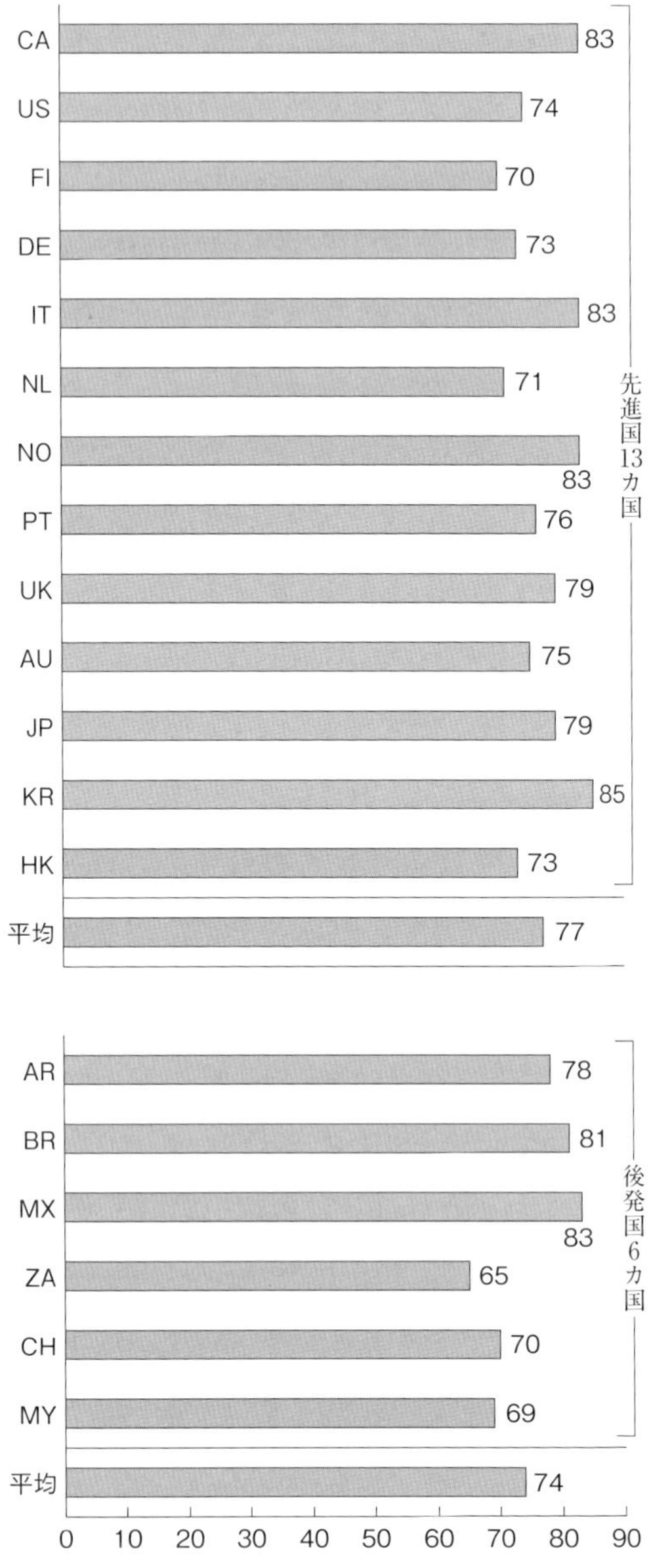


図7-9　研究活動は教育活動を強化する（%）

ろうか。特に日本の場合は、研究活動が強いことがそのまま教育活動の強化をもたらしているであろうかと問えば、にわかには肯定できそうにないのである。この点については、さらに検討してみる必要があろう。

### 世界の大学教授職の意識にみられる特徴

ここで世界の大学教員の意識に具現した特徴を国別に分類してみると、次の結果が得られる。

①研究活動は教育活動を強化するとする度合いの高い国（上位六カ国）＝韓国、カナダ、イタリア、ノルウェー、メキシコ、ブラジル

②研究志向の高い国（上位七カ国）＝ノルウェー、イタリア、日本、オーストラリア、カナダ、韓国、英国
③教育志向の高い国（上位六カ国）＝メキシコ、米国、中国、南アフリカ、マレーシア、ブラジル
④研究と教育の両立性が高い国（上位九カ国）＝アルゼンチン、ブラジル、韓国、米国、メキシコ、ノルウェー、イタリア、カナダ、南アフリカ
⑤両立性の度合いが低い国（下位五カ国）＝日本、中国、オランダ、ドイツ、マレーシア
⑥研究生産性が高い国（上位七カ国）＝韓国、香港、日本、イタリア、ドイツ、オランダ、中国
⑦研究生産性が低い国（下位九カ国）＝南アフリカ、メキシコ、アルゼンチン、米国、フィンランド、ポルトガル、ノルウェー、カナダ、英国

以上から、次の傾向があると解される。

研究活動が教育活動を強化するとする国（韓国、カナダ、イタリア、ノルウェー、メキシコ、ブラジル）のなかで、
①研究志向が高い国＝韓国、イタリア、ノルウェー
②教育志向が高い国＝メキシコ、ブラジル
③研究と教育の両立性が高い国＝韓国、ブラジル、メキシコ、ノルウェー、イタリア、カナダ（アルゼンチン、米国、南アフリカを除くすべての国が該当）
④両立性の低い国＝なし
⑤研究生産性が高い国＝韓国、イタリア
⑥研究生産性が低い国＝メキシコ、ノルウェー、カナダ
となることが分かる。

以上を総合すると、両立性の高い国は、研究が教育を強化するとする割合が高いことが分かる。この事実を踏まえると、日本は両立性が低く、研究活動は教育活動を強化するとする割合が低い国のカテゴリーになるのである。したがって、停滞している両立性をさらに高くしなければ、せっかく研究志向が高くしかも研究生産性が高

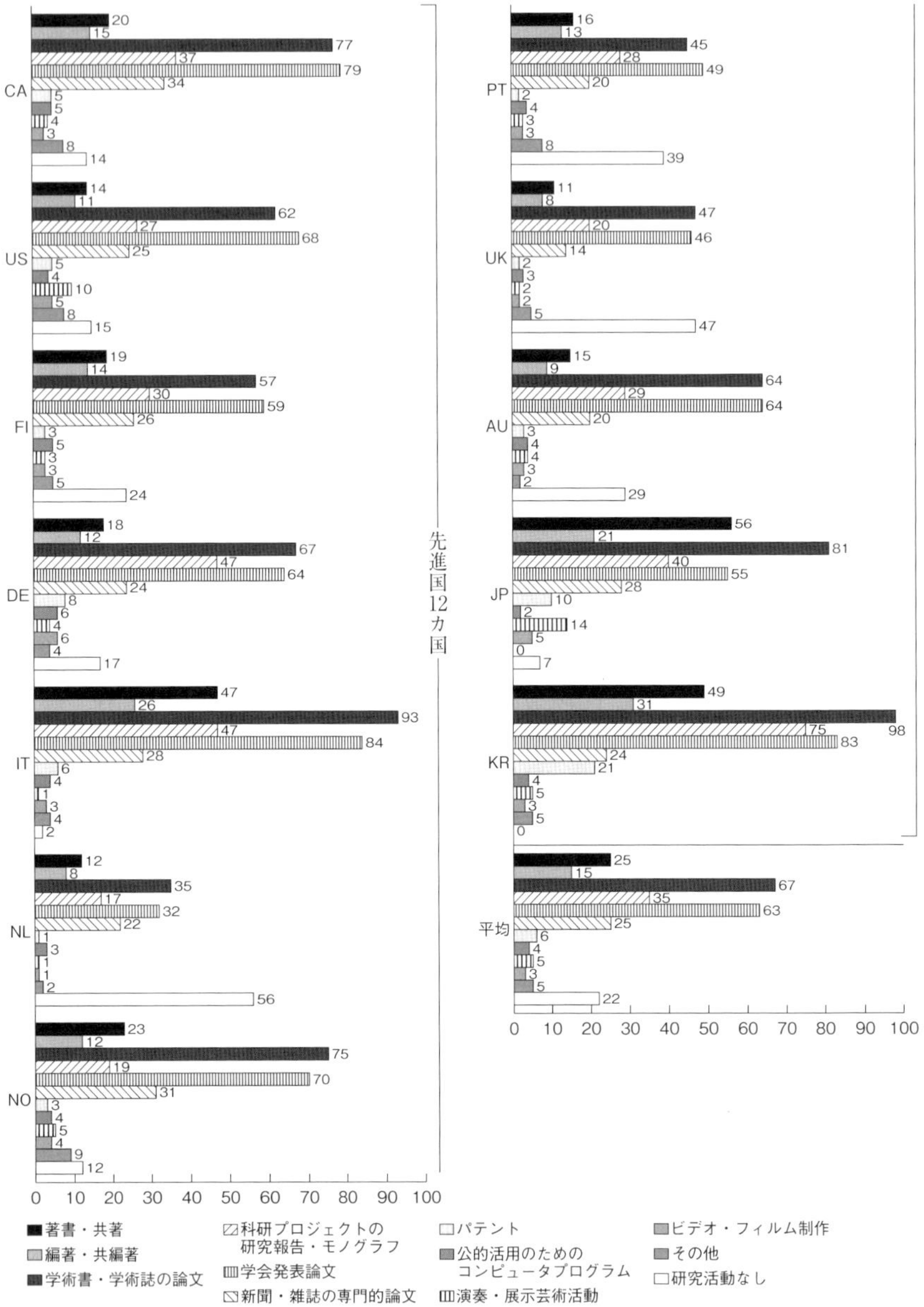


**図7-10　研究出力の国際比較（%）**

いという活発な研究活動があっても、それを教育活動の強化に繋げられないのではあるまいか。

## 3　研究生産性の比較

図7-10は、研究生産性の国際比較を国別研究出力の観点によって示したものである。先進国と後発国の両グループの比較をすると、次の結果が得られた。

### 学術書・学術誌の論文

第一に、「学術書・学術誌の論文」（六七％／五二％）は、先進国が後発国よりも一五ポイントも高い比率を示

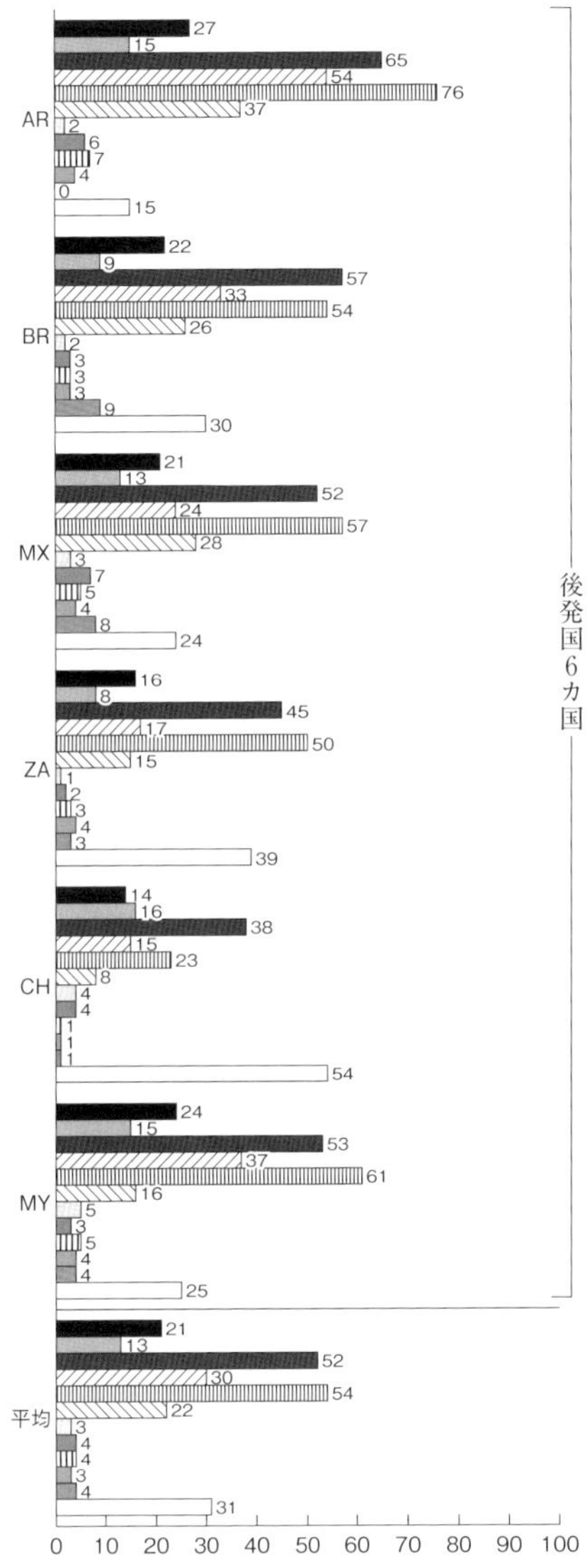

（454頁からのつづき）

しているので、先進国型の研究生産性を表している。この項目への回答では、先進国は全項目のなかで最高の割合を示すのに対して、後発国は全項目のなかで第二位の割合を示すとはいえ最高ではないことが判明した。日本（八一％）は、韓国（九八％）、イタリア（九三％）に続いて三番目に高い比率を示しており、世界的にも生産性が高いことを実証した。中国（三八％）は、後発国でも全体でもともに最も低い比率を示した。

第二に、「学会発表論文」（六三％／五四％）は、先進国が後発国よりもかなり高い比率を示したから、これも先進国型の研究生産性を表していると解されるだろう。先進国では全項目のなかで二番目、後発国は一番目に高いことに注目すると、両者における比重が異なる点で興味深い。イタリア（八四％）、韓国（八三％）、カナダ（七九％）がベスト3であるのに対して、中国（二三％）、オランダ（三二％）、英国（四六％）はワースト3である。日本（五五％）は先進国のなかでは低い。

第三に、「科研プロジェクトの研究報告・モノグラフ」（三五％／三〇％）は、両グループに大差はなく、しかも上の二つの項目に比べると低い割合である。そのような低い平均値のなかでは日本（四〇％）はやや高い。しかしダントツに高い韓国（七五％）はもとより、アルゼンチン（五四％）、ドイツ、イタリア（ともに四七％）などには遥かに及ばないのである。中国（一五％）は全体で最も低い。

第四に、「新聞・雑誌の専門的論文」（二五％／二二％）は、全体にかなり低い数字であることが分かった。日本（二八％）も先進国の平均値をやや上回る程度の低率であるが、全体ではアルゼンチン（三七％）、カナダ（三四％）、ノルウェー（三一％）に次いで第四位であった。中国（八％）はまたしても最低を示した。

第五に、「著書・共著」（二五％／二一％）も同様に低い割合を示していて、これらの生産性を高めることは簡単ではないことが分かるというものである。そのなかにあって日本（五六％）、韓国（四九％）、イタリア（四七％）はベスト3であり、飛びぬけて高い比率を示した。日本は上述の「学術書・学術雑誌の論文」でもベスト3で飛びぬけて高かったから、著書や論文に対する比重が世界的にも高いことが鮮明に窺われることになった。これに対してオランダ（一二％）、中国（一四％）、オーストラリア（一五％）はワースト3であり、その比重が低い。

二人に一人がサイレント型である国々が存在

以上から、先進国では、著書・学術誌の論文が最も高い比率を示し、特に日本、韓国、イタリアは最高値を示し、さらにこれら三カ国は単著・共著による著書においても最高値を示したのであった。こうした活発な研究活動がある反面、「研究活動なし」が存在することは興味深いのではないか。換言すれば「生産性皆無」、すなわち「鳴かず飛ばず」の「サイレント型」がかなり存在する事実があるのである（先進国二二％／後発国三一％）。このことは、全体の教員のなかで先進国の五人に一人から後発国の三人に一人の割合でもって研究活動をしておらず、著書や論文を書いていない事実を裏書きするのである。新堀通也は一九六五年時に日本の大学教員の四人に一人（二五％）が五年間に全く業績のないことを実証した（新堀 一九六五）。また、ジャック・シュスターとマーチン・フィンケルスティンは、一九六九年時に米国の大学教員の二人に一人（四九・五％）が三年間に全く業績のないことを実証した（Schuster and Finkelstein 2006: p. 99）。こうした昔の事例はいざ知らず、今日でも同様の事例が得られたのである。特に中国（五四％）、オランダ（五一％）、英国（四二％）、南アフリカ（三九％）、ポルトガル（三五％）、ブラジル（三〇％）などは瞠目すべきほど高い数値を示している事実が得られた。中国やオランダは、驚くなかれ米国の約半世紀前と同じく、二人に一人が鳴かず飛ばずに該当する事実が具現したのである。これに対して、韓国（一％）、イタリア（二％）、日本（六％）などは一〇％にも満たないのであり、このことからすれば、目を疑うほど対照的な現象が生じているというほかないだろう。その点、これらのサイレント型が多い国々の統計に問題がないのか疑問なしとしない。

その点の疑問はあるとして、サイレント型の少ない国々は、一様に研究生産性の高い国々であることは注目しておく必要があろう。すなわち、韓国、イタリア、日本に加え、ノルウェー、米国（ともに一〇％）は、「サイレント型」の割合において少ない数値を示していると同時に、米国を除けば概して研究生産性の高い国々が顔を揃えているのである。

## 4　研究生産性の動向

### (1) 国別著書・学術誌の論文

図7-11は、過去三年間で著書・学術誌において生産された論文数を国際比較によって示していて、これによると、先進国が後発国よりも論文数の平均値がかなり多いことが明らかになった（七・二／四・七）。先進国と後発国のなかで高い平均である先進国の平均（七・二）以上の論文生産性を示している七カ国の内訳は、先進国では、韓国、香港、日本、イタリア、ドイツ、オランダなどであり、後発国では中国である。中国の生産性は後発国のなかでダントツに高いのである。しかし、先述の通り「研究活動なし」の割合が高い中国がなぜ著書・学術誌の生産性がこのように高いかははなはだ判断しがたい。無生産性も多いが、生産性の高い人々も多いということであろうか。

### (2) 出版量の平均値——年輩層と若手層の比較

図7-12は、出版量の平均値を年輩層と若手層の大学教員の間で比較したものである。先進国の年輩層と若手層（一一・一／五・八）を見ると、倍の割合となって圧倒的に年輩層の比率が大きい。

他方、後発国の年輩層と若手層（六・三／三・四）で比較してみると、こちらも年輩層の比率が圧倒的に大きいが、先進国に比較すると年輩層も若手層もかなり低い割合にとどまっている。中国（一〇・一／四・八）は、年輩層の比率はかなり高く、若手層も後発国のなかでは高い。先進国の年輩層において平均値以上の高い生産性を示しているのは、韓国、ドイツ、オーストラリア、日本、オランダなどであり、他方、先進国の若手層において高い生産性を示しているのは、日本、韓国、オランダ、イタリアなどである。さらに、年輩層と若手層の両方で高い生産性を示しているのは、韓国、日本、オランダなどであることが明白になった。

## 5　なぜ研究志向への収斂は生じているか

### (1) 研究志向の理由

これまで行った議論を踏まえると、次の二つの興味をそそる問題があると言わなければならないだろう。一つは、研究志向の理由は何かという問題である。もう一つは、なぜ過去一五年間に教育志向が減少し、研究志向が

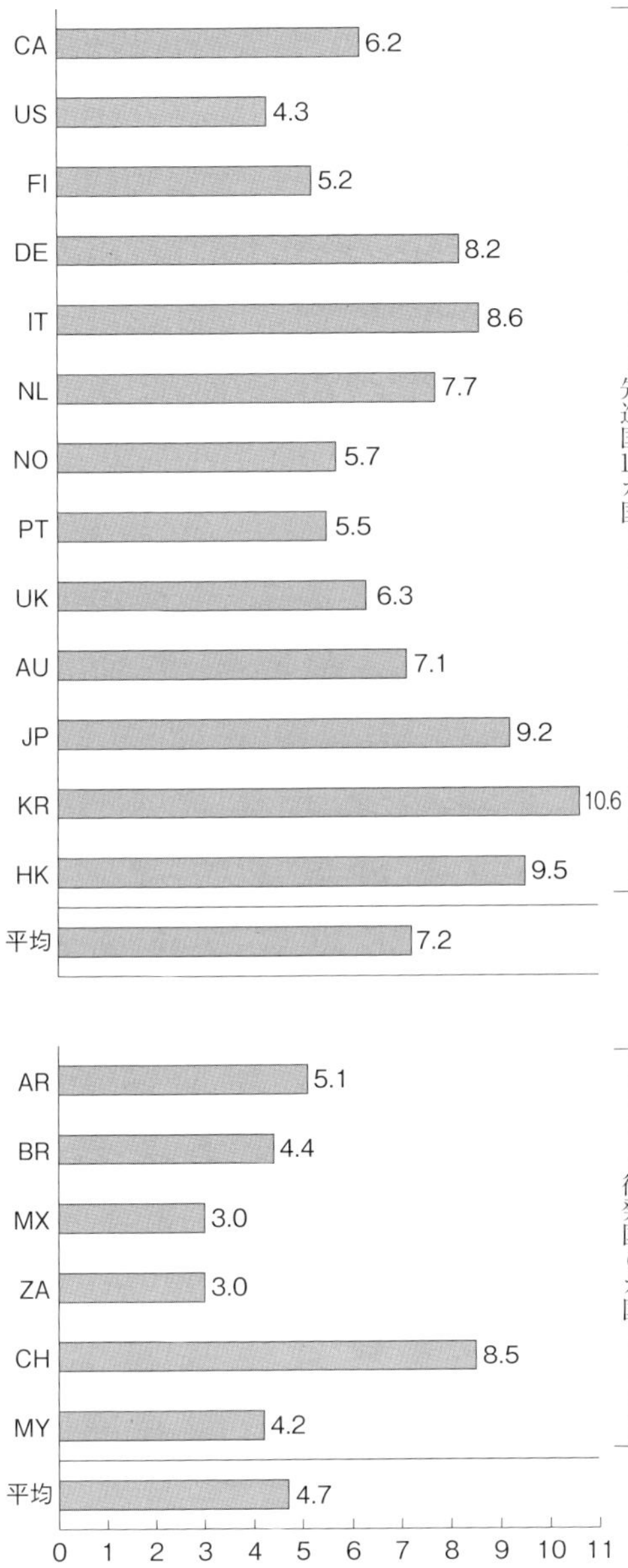


図7-11　著書・学術雑誌の論文数

増加したのか、という問題である。

まず、第一の問題は各国の実情に即して考える必要があるので、ここでは簡単に日本の事例研究を行うことによって、その理由を探ることにしたい。

## 日本の事例研究

理由の第一は、研究志向の伝統的風土が存在する事実を指摘することができる。日本の大学では戦前以来このかた、長い年月を費やして、英国、フランス、ドイツ、米国など先進国を注意深く物色し、研究の強い国のモデ

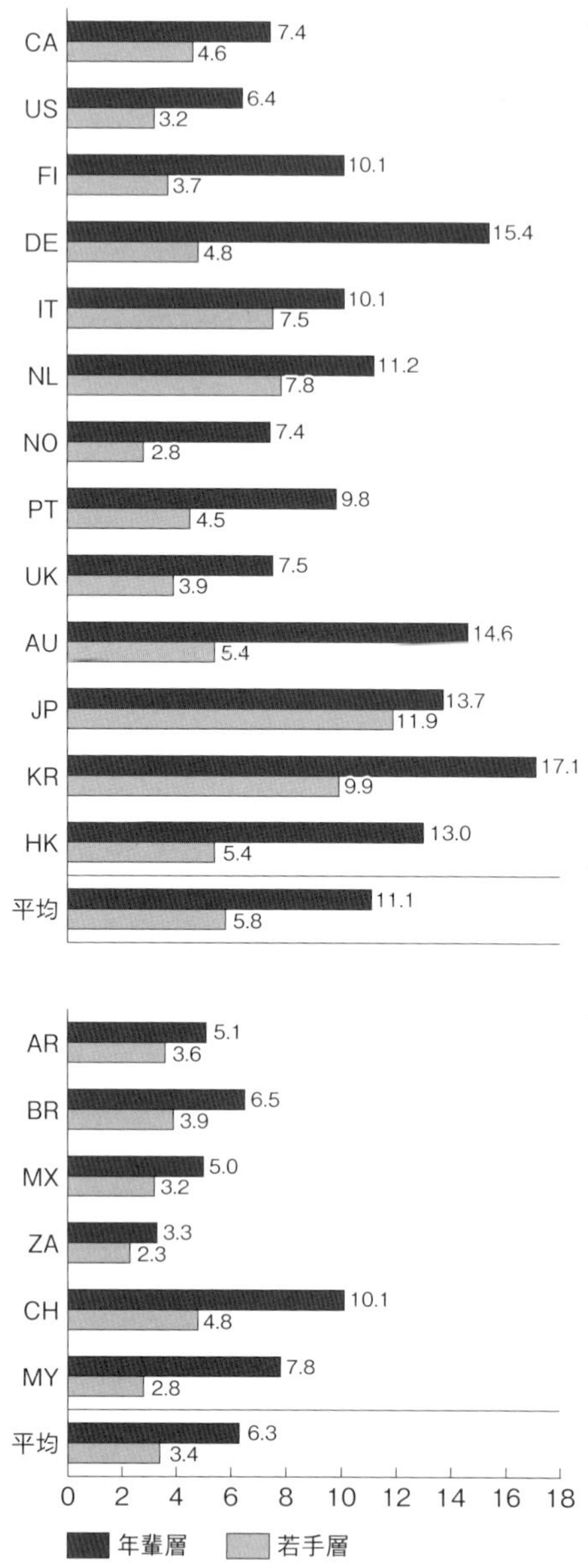


**図7-12　著書・学術誌で出版された論文数の世代間比較（過去3年間）**

ルに白羽の矢を立ててそれらを重点的に移植したのを皮切りにして、研究志向を追求する風土が着実に定着した経緯がある。とりわけ一九世紀以来に電光石火の勢いでもって世界の研究拠点に躍進したドイツにいち早く注目して、ドイツモデルを鋭意輸入した経緯がある。そのことと関連して、「お雇い外国人教師」を招聘して、先進国の科学研究を移植することに努めた（中山 一九七八）。さらに旧帝大に「講座制」を敷いて研究人材を優遇し、確保し、優秀な人材が大学外へ流出することをできるだけ阻止する政策を導入したことも見逃せない（寺崎 一九七三、天野、一九七七）。

この帝国大学型の研究重視政策は、戦前のみならず戦後も旧帝国大学でそのまま持続されたし、その他の国立大学を中心に戦後叢生した多数の大学群は、旧帝大追随の文化、風土、雰囲気を醸成した結果、国立大学にとどまらず公立や私立を含めた、言葉は悪いが「猫も杓子も」あらゆる大学を通じて「研究パラダイム」の支配を招来することになった。総じて大学機関全体を通じて、大学教員全体を通じて、研究大学志向を促進することになったのである。言ってみれば研究志向のオールジャパン体制が成立したのであった。

理由の第二は、高等教育政策との関係を指摘できる。戦前は帝国大学を中心に研究大学モデルを追求し、後発の国立大学をはじめ、公立大学や私立大学などその他の大学群もその動きに追随する傾向を示し、高等教育の大衆化が進行することになった戦後もその風潮はむしろ加速することはあれ後退することなく持続した。その風潮は明治、大正、昭和と実に三つの時代を貫いて、一世紀以上にわたって絶え間なく持続したと言っても過言ではあるまい。しかしながら、戦後もかなり経過した時点で導入された大綱化政策（一九九一年）、さらに大学院を研究、学部（学士課程）を教育と、それぞれ拠点に分化させた大学院重点化政策（一九九三年）以来は、一転して大きな方向転換が生じることになった。この大転換は、二つの問題を孕み、今日に至る後遺症を残すことになった点で罪が重いと言えるかもしれない。それはＦＤの導入と自己点検・評価の導入にまつわる二つの失敗である。

## 狭義のＦＤ政策の陥穽

いわゆる大綱化政策の導入によって大学教育改革の時代を迎えるとともに、学士課程を中心にして、政策的には研究志向を排して教育志向の追求に転じ、特に教育志向のＦＤ政策が一九九八年以来重点的に追求されることになった。周知の通り、ＦＤには二つの概念が包含されてきたのであって、大学教員を多角的にとらえる「広義の概念」と、教育に限定して狭くとらえる「狭義の概念」がそれにあたる。このなかで日本の高等教育政策にＦＤが組み込まれた段階では、後者の狭義の概念へ焦点を合わせる方向へと舵をとったのであった。すなわち日本では、ＦＤ概念は研究を担保せず、ひたすら教育偏重を追求したのであり、その点で広義の概念に比重を置く諸外国よりも狭く限定することになったのである（Cook 2002、有本 二〇〇五）。そこにはＦＤ政策の日本的な陥穽が見られるだろう。それから今日までの間、政策的には研究を担保しない教育偏重に傾斜したため、研究と教育の連携、さらにはＲ－Ｔ－Ｓの統合が全く顧みられないどころか、むしろそれを完全に度外視する結果を招いた。

## 自己点検・評価政策の不振

さらに、一九九一年の大綱化政策では「自己点検・評価」を導入したにもかかわらず、その舌の根の乾かないわずか七年後（一九九八年）に外部評価政策に転換し、大学評価機構の見直しに着手（二〇〇〇年）、さらに米国方式のアクレディテーションを志向する「機関別認証評価」の導入（二〇〇七年）を敢行したのであった（大学審議会 一九九八、中央教育審議会 二〇〇五、二〇〇八、有本 二〇一〇）。しかし、この政策転換によって自己点検・評価よりも第三者評価の重視を優先するあまり、大学設置基準の部分を緩和し、もっぱら市場の需要と供給のメカニズムに委ねる結果を招いたことは、大学政策の鼎の軽重を問われかねない事態を招いたのである。

いわばレッセフェール方式の市場原理政策を導入したために、結果的には大学設置基準の緩和に拍車をかけると同時に、大学はインチキまがいの低質の大学も含めて野放し的にとめどなく量産されることになった。しかも大学教員自身による大学教育そのものの自主的、主体的、自律的な質保証の営みを不問に付したため、大学教育の内的な質保証である「内部質保証」は、実質的に形骸化する悪しき方向を辿った結果、後遺症をもたらしたのである。

その結果、大学の有史以来の未曾有の量的拡大には成功を収めたと言えても、大学の質評価と質保証が十分に機能しないという事態を招かざるを得なかった。端的には大学栄えて教育滅ぶというゆゆしき事態を招いた。総じて言えば政策は失敗したのであった。その顚末は、大学の「内部質保証」の重要性とその見直しを必然的に浮上させることになり、二〇一〇年には機関別認証評価のあり方を重点的に改めて大学教育の本丸部分の教授－学修過程に焦点を合わせて質保証を徹底するために、かつて見切発車していた「自己点検・評価」を重視する政策へと回帰することになったのである。

第三に、大学教員の葛藤を招来したことを指摘しなければならない。一九九一年以来の教育改革志向の増大、とりわけ一九九三年以来の研究と教育を分離した上でのそのことは、教育の制度化としてFD、機関別認証評価などの導入を実現したのであるが、そのことによって本来が研究志向の強い大方の大学教員が保持している意識を逆なでしてしまい、現実の意識との乖離を増進する事態を帰結した。そして政策的に「笛吹けども踊らず」の予期せぬ結果を生じることになった。言ってみればそれは、政策と現実の不幸な結婚というミスマッチのなせる所産である。上述したように、日本の大学教員が世界的にみても研究志向の強い傾向を持つことに加え、さらに後述する研究と教育の両立性が最悪である傾向をもたらした事実こそは、笛吹けども踊らずの後ろ向き現象をもたらす証拠であると解されるのである。

### (2) なぜ過去一五年間に教育志向は減少し研究志向は増加したのか

それでは、第二の問題に対する解答を少しばかり探ってみることにしたい。

### 研究パラダイムの時代を反映

第一の理由は、総じて現代は研究パラダイムの時代であることに起因して、大局的には研究主義席巻現象になんら変化がないという説に由来する。一九世紀のドイツの大学の制度化以来、今日に至るまで世界的な広がりをもって連綿と持続してきた「研究パラダイム」の支配の時代が、巨視的には現在も慣性的に連続する動きとなって機能しているのである。機能している以上、一九九二年のカーネギー調査の結果によって生じた教育志向への変化は、一五年間に起きた一時的でしかも部分的な異変現象にすぎないという解釈が成り立ってもあながち否定できない。

### 米国と英国が異なる方向を辿っているのはなぜか

第二の理由は、しかしながら、一九九二年調査では三類型が実在した事実が厳然と存在する以上、なぜ一五年間に教育志向よりも研究志向が増加するという変化が生じたのか、という疑問を払拭できないとする解釈は正当性がないとは言えないだろう。しかも近代大学の理念的方向を先導していると思われた国々でドラスティックな変化が起きたのである。したがって、かかる変化を生じた各類型には、その変化を余儀なくされた理由をめぐって、それぞれ固有の解釈が成り立つのではないか。ドイツ型は概して研究志向の圧力が持続して今日に至った。アングロサクソン型やラテンアメリカ型は研究志向型への圧力が作用して今日に至ったのに対して、米国やメキシコなどには例外的に教育志向への圧力が作用して今日に至った。こうして、各国に固有な圧力が作用したとみなされるのではないかという仮説を立てて考えれば、各類型を掘り下げるべく事例的に検討してみる必要がある。

### 英国の事例

したがって第三に、英国の事例は研究・教育半々志向から研究志向へと転換したことを示す格好の事例であるので、その理由を探索してみよう。英国では、休暇以外の平均研究時間は一九九二年と二〇〇七年の両方で一〇時間であるのに、休暇中には二〇時間から二五時間に増加した。ここでの問題を解くカギは、この変化の原因にありそうである。ジョン・ブレナンとウイリアム・ロックとラジャニ・ナイドは、一九九〇年代の研究と教育半々志向が二〇〇〇年代に研究志向に転じた背景には、英国では一九九〇年代は研究と教育を分離する政策によって「研究」大学を優遇したため、教育を強制された「教育」大学の教員が反発した経緯がある、と観察している。したがって、研究志向の背景には、二〇〇〇年代には研究と教育の分離政策を改めて研究志向へと政策が転換し、現在は研究大学と教育大学を問わず研究志向が強まったことが原因であると解されるのである。

現在英国には評判、資源、機能が実質的に異なる一六八の大学が存在する。とりわけ、COEの研究に集中投資する国家政策が行われたので、いくつかの大学では教育のみ担当する教員の大幅な増加を見た。英国では二〇〇三〜〇四年時には大学教員の二四%が教育担当のみの契約、二二%が研究のみ担当の契約、五二%が教育及び研究担当の契約（後者の二つの割合は減少中）によって雇用された。残りの二%は教育にも研究にも雇用されなかった。教育のみ担当の契約が増加している理由は、研究査定実施期間中に成果を上げる戦略に照らして、成績の悪い研究者を大学が研究から教育へと変更したことにある程度起因している。（Brennan, et al. 2007: p. 168）

調査結果はこの理由を反映した結果だとみられる。すなわち、一九九二年に「主に研究志向」を選択した教員は一五%であったのに、二〇〇七年には二四%へ増加したのである。さらに、ウイリアム・ロックらの詳細な分析によれば、二〇〇七年のデータを年代的に比較した場合、「主として研究」は三〇歳以下が六三%、三一－四〇歳が三四%、四一－五〇歳が一七%、五〇歳以上が一三%、平均が二四%となった。このなかで、三〇歳以下の割合が圧倒的に高いのは、イギリスでは契約制の研究者としてアカデミック・キャリアを開始するからであると説明されている（Locke and Bennion 2011: pp. 179-181）。したがって、若手層を中心に研究志向が高まっていることが理解できるのである。

ラテンアメリカの事例

第四に、ラテンアメリカ（メキシコ以外）は、教育志向から研究志向へ変化した事例にまさしく該当するので、その理由を探ってみよう。この類型は、従来から今日に至るまで中世大学型の教育志向を維持してきていたのに、いきなり近代大学型の研究志向へと飛躍的に転換した点で興味深い動きを示していると観察できる。その背景には、フランシスコ・ロペス・セグレラとコリン・ブロックとホセ・ディアス・ソブリーニョが考察しているように、発展途上国の生き残り政策が影響を及ぼしているのであって、研究志向によって大学の活性化を促進して経済発展を導く国家政策が作用していると解される（Segrera, et al. 2008）。

大学市場の一元化現象

第五に、こうした研究志向の強まる傾向には、世界的にグローバル化の進展に伴って発展している知識経済が次第に勢力を増すことによって、個々の国に発展した大学市場を世界的に結び付けて一元化する力学が作用していると読み取れるに違いない。そのような力学を観察するならば、総じて世界の大学には「知の共同体」から「知の企業体」への転換が見られると指摘できるのである。アカデミック・キャピタリズム＝大学資本主義が大学組織体に浸透し、学事の主要要素である研究・教育・サービスのそれぞれが市場価値によって刻明に評価される時代の到来は、教育よりも研究の市場価値を重視する力学と親密性が高くなるのは避けられない動きであるかもしれない。

## 6 事例研究——米国

それでは、先進国がこぞって研究志向を強める動きのなかで、米国が例外的に教育志向を強化する動きを示しているのはなぜであろうか。そこには次のような理由が作用していると考えられる。

### 中世大学以来の教育志向の伝統

第一に、教育志向の長い伝統は中世以来の大学教育に制度化されてきた教養教育志向の伝統によって培養され、近代大学に至っても継承されてきた恩恵に浴していると観察できる。テッド・タッパーとデイヴィッド・パルフレイマンが指摘しているように、中世以来長い間にわたって英国のオックスフォード大学やケンブリッジ大学は最も有名な教養大学として年輪を刻んできたのであった（Tapper and Palfreyman 2011）。この英国の伝統と米国の伝統は少なからず連続性を持つ点に注目する必要があろう。英国の大学はこれらオックスブリッジに限らず、大なり小なり教養教育のメッカとしての伝統を醸成し継承してきたのであるし、米国の大学はその伝統を英国の植民地時代から継承したからである。

換言するならば、米国の大学は、このような中世大学以来の教養教育を志向した英国の大学の伝統を主として学士課程教育に継承した経緯があるのであった。一九世紀の後半以後、ドイツの研究大学モデルを移植して大学改革を実施した時点においてすら、研究は大学院に移し、教育は学士課程に温存する政策を遂行することによって、リベラル・アーツ・カレッジを基軸に教育の伝統を保守した（ブレネマン 一九九六）。しかも、他でも言及したように、エレクティブ・システムの導入以来、研究と教育を統合するドイツモデルを教養教育に組み込み、アクティブラーニングの基礎を築くことになった。

### スカラーシップ再考

第二に、一九九〇年にアーネスト・ボイヤーが唱導した「スカラーシップ再考」においては、研究、応用、統合、教育（research, application, integration, and teaching）の概念からなるスカラーシップ観の頂点に教育（teaching）を置いて、研究、応用、統合の概念のすべてを統合する概念として教育は把握されているのである（Boyer 1990）。すでに第一でこの研究パラダイムの優位性を阻止する流れは、それ以後今日まで踏襲されているとみなされる。すでに第一で指摘した、教育と研究の分業体制によって教育の温存を制度的に実現したにもかかわらず、研究パラダイムの支配が大学院から学士課程を呑みこむほど勢力を増した情勢に対する危機感のバネが作用したのである。

ちょうどこの時期には、アラン・ブルームの『アメリカン・マインドの終焉』がベストセラーとして全米を震撼させ、教養教育の危機が叫ばれる風潮のなかで、教育の復権を強調したボイヤーの著書もベストセラーとして読まれ影響を及ぼしたのであった。日本ではこのベストセラーを私たちが翻訳して紹介したものの、いまだ機熟せず読者からの関心は乏しかった。実際、一九九一年の大綱化政策以後に形骸化の一途を辿っていた教養教育の再生があらためて政策的な注目を集めたのは、二〇〇二年の中教審の答申以後であったのであった。

### 「教育」大学の優位性

第三に、カーネギー分類（Carnegie classification）に従えば、約四〇〇〇を数える高等教育機関のなかで約二〇〇大学は研究大学であり、その他の大学は非研究大学、あるいは「教育」大学であると分類される（Carnegie Council 1976、天野 一九八四）。このことは、巨視的に概観してみれば、全体のせいぜい五％程度が研究大学の範疇に収まるのにすぎないのであって、残りの九五％程度は「教育」大学を意味することにならざるを得ない。この構造を直視すると、米国の大学は研究よりも教育を主体とする大学が大半を占めるのであるから、総じて教育志向が顕著にみられても不自然とは言えないであろう。

サンプリングの問題

第四に、以上の理由のほかに、今回のCAP調査のサンプリングにおいて、研究大学の比率が少ないのではないかという率直な疑問が生じないことはない。なぜならば米国においても、研究大学の教員は圧倒的に研究志向であるからである。ちなみに、私たちが翻訳したボイヤーの著書には、一九八九年の全米調査結果が掲載されている。それによれば、「主として研究志向」は研究大学一八%、四年制大学九%、二年制カレッジ一%である。「研究寄り」まで含めると、順番に六六%、四二%、七%である。他方、「主として教育志向」と「教育寄り」を合わせると、順番に三三%、五八%、九三%となる(Table-A26, 邦訳一三九頁)。明らかに研究大学は研究志向であり、四年制大学や二年制カレッジは教育志向であることが分かるのである。

興味深いのは、日本の大学の全教員が、ちょうど米国の研究大学の教員の回答と同じほどの研究志向度を示していることである。その意味では、日本の大学は「教育」大学が「研究」大学に変質して両者の制度的区別が曖昧になっていると言ってもおかしくはないことになる。これでは、システムのメリハリが作動していないと言われても仕方がないかもしれないのである。

## 7　研究と教育の両立性

研究と教育の両立性に関する質問項目は、二〇〇七年のCAP調査のみにおいて使用されているので、一九九二年調査との比較を行うことは不可能である。しかし、CAP調査に見る限り、両立性そのものは比較の観点から質問していないとしても、少なくとも研究志向と教育志向が前調査と比較して増加したか減少したかは把握できる。その結果は、すでに指摘したように、半々志向から研究志向へ、教育志向から研究志向へ、それぞれ増加に転じた事実のなかに具現していたのであるし、この動きのなかに研究と教育の両立から研究と教育の分化が過去一五年間に出現したことを指摘できるのであった。それと同時に、両立の有無を尋ねた調査結果では、過去からの増減は把握できないとしても、研究志向が増加する状況を背景に両立が困難とする度合いが増加しつつある、と読める動きはかなり把握できた。特に日本は世界的にみて最も両立が困難であるという状態になっていることが判明したのであって、その背景には研究志向が根強いという事実が厳然と存在するのであった。

研究と教育の両立不可能性——日本の場合

**図7-13**に明示されているように、CAP調査では、教育と研究は両立不可能“teaching and research are hardly compatible with each other”に賛成した教員は、先進国で二五%、後発国で二〇%を示した。逆に言えば、両立可能は、先進国七五%、後発国八〇%とかなり高い割合を示しているのであったと言える。これらの割合のなかで、日本(五一%)は「不可能」とする割合が異常に高く、一九カ国のなかで最も高いという結果を示した。それ以下に中国(四二%)、フィンランド(三八%)、ドイツ(三三%)などが続いた。中国の比率はかなり高いが、それでも日本には及ばないのであった。日本で両立性が困難とする理由は、すでに指摘したように、研究志向が世界的にみてもきわめて高いかたわら、教育志向がきわめて低い事実があるから、そのギャップを埋めることはもはや困難になっていると考えられるであろう。

両立不可能性——専門分野別の国際比較

**表7-1**は、CAP調査に基づいて国別ならびに専門分野別に、教育と研究の両立が不可能とする割合を示したものである。専門分野別(人文科学、社会科学、自然科学、工学、農学、保健、教員養成)に比較してみると、全体に両立可能性の平均値(三・四九)を凌ぐ点でみた場合、両立可能性の高い国は、アルゼンチン(四・四二)、ブラジル(同上)、メキシコ(四・一二)、イタリア(三・九二)米国(三・八五)の順になっていた。これに対して平均値を下回っていて不可能とする割合の高い国は、日本(二・六六)、中国(二・八〇)、フィンランド(二・八八)、ドイツ(三・一一)、マレーシア(三・二五)、ポルトガル(三・四五)、オーストラリア(三・三八)、香港(三・四一)、英

国（三・四八）などの順になっていた。日本は専門分野全体の順位では最下位の一八位を示しているのである。日本の順位は、すべての専門分野で一六〜一八位と平均して最下位、もしくは最下位近くに低迷していることが分かった。

日本の困難度が世界的に最も高いことは、専門分野間の違いに注目しても変哲がなく、大同小異であるのは興味深い。研究志向の高い自然科学（二・七五）とやや研究志向が低い社会科学（二・五〇）では若干の差異があるにはあるのであるが、それでも世界的に比較してみた場合には、自然科学（三・四九）、社会科学（三・五六）の平均値に比較して、両方ともに著しく数値が高いことに変わりないのである。

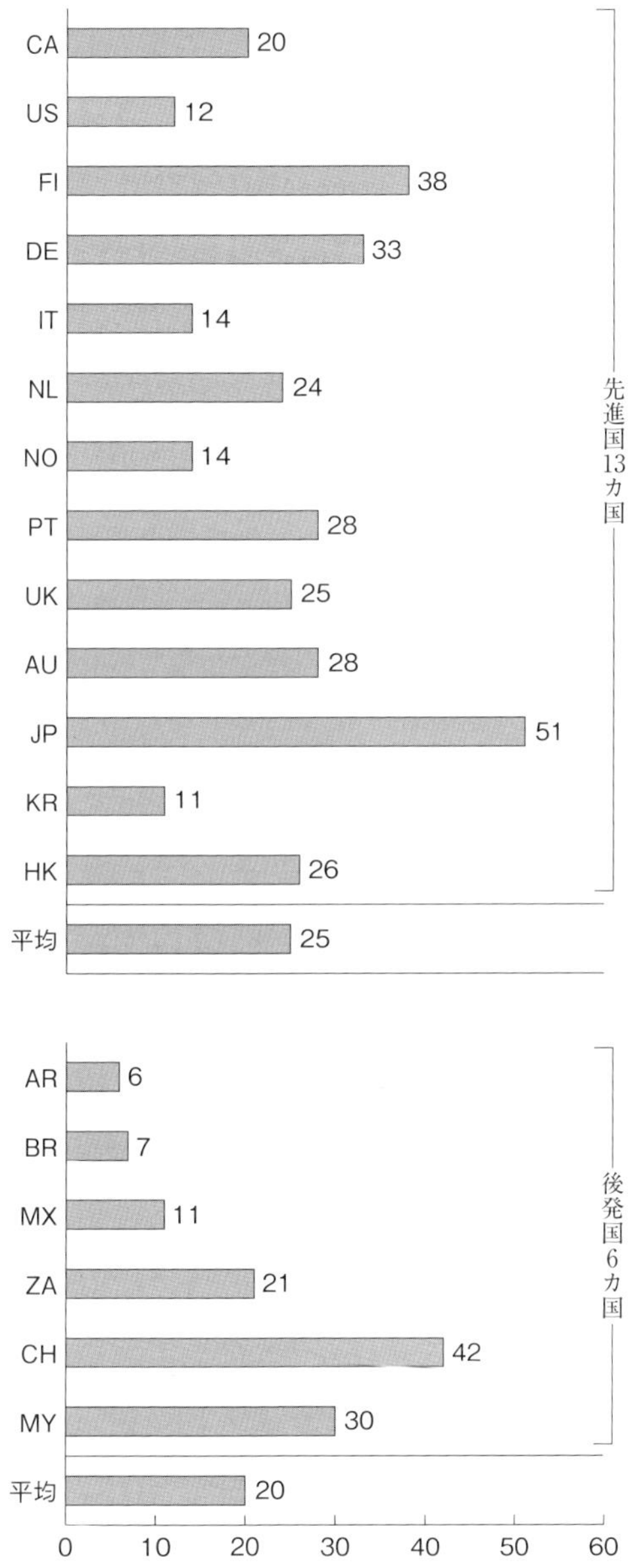

図7-13　教育と研究は両立不可能（%）

**表7-1　国別・専門分野の教育と研究の両立性**

| 国名 | 全体 | 人文科学 | 社会科学 | 自然科学 | 工学 | 農学 | 健康科学 | 教員養成 |
|---|---|---|---|---|---|---|---|---|
| アルゼンチン | 4.42（1） | 4.42（1） | 4.43（1） | 4.31（2） | 4.42（1） | 4.35（2） | 4.51（1） | 4.49（2） |
| オーストラリア | 3.38（12） | 3.27（13） | 3.49（11） | 3.41（12） | 3.44（11） | 3.07（13） | 3.23（14） | 3.45（11） |
| ブラジル | 4.42（2） | 4.37（2） | 4.37（2） | 4.52（1） | 4.40（2） | 4.53（1） | 3.52（2） | 4.50（1） |
| カナダ | 3.72（8） | 3.75（8） | 3.63（9） | 3.83（7） | 3.87（6） | 3.62（9） | 3.57（10） | 3.90（4） |
| 中国 | 2.80（17） | 2.77（16） | 2.82（17） | 2.79（17） | 2.69（18） | 3.07（14） | 2.97（15） | 2.82（16） |
| フィンランド | 2.88（16） | 2.63（18） | 2.91（16） | 2.94（16） | 2.99（16） | 2.94（15） | 2.96（16） | 2.63（18） |
| ドイツ | 3.21（15） | 3.02（15） | 3.13（15） | 3.41（13） | 2.35（13） | 3.24（12） | 2.87（17） | 2.02（15） |
| 香港 | 3.41（11） | 3.41（11） | 3.35（13） | 3.69（8） | 3.51（10） | | 3.43（11） | 3.26（13） |
| イタリア | 3.92（4） | 3.80（7） | 3.94（4） | 3.87（5） | 4.12（4） | 3.88（6） | 3.88（5） | 3.80（5） |
| 日本 | 2.66（18） | 2.65（17） | 2.50（18） | 2.75（18） | 2.74（17） | 2.61（16） | 2.58（18） | 2.76（17） |
| 韓国 | 3.74（7） | 3.82（6） | 3.83（6） | 3.67（9） | 3.69（8） | 3.74（7） | 3.60（9） | 3.69（8） |
| マレーシア | 3.25（14） | 3.23（14） | 3.20（14） | 3.21（14） | 3.31（15） | 4.22（4） | 3.78（7） | 3.24（14） |
| メキシコ | 4.22（3） | 4.27（3） | 4.21（3） | 4.24（3） | 4.13（3） | 4.24（3） | 4.30（3） | 4.33（3） |
| ノルウェー | 3.81（6） | 3.89（4） | 3.79（7） | 3.85（6） | 3.97（5） | | 3.78（8） | 3.66（9） |
| ポルトガル | 3.45（13） | 3.32（12） | 3.36（12） | 3.20（15） | 3.52（9） | 3.92（5） | 3.40（12） | 3.32（12） |
| 南アフリカ | 3.66（9） | 3.62（9） | 3.65（8） | 3.66（10） | 3.42（12） | 3.58（10） | 3.93（4） | 3.76（6） |
| 英国 | 3.48（10） | 3.47（10） | 3.55（10） | 3.43（11） | 3.33（14） | 3.72（8） | 3.34（13） | 3.57（10） |
| 米国 | 3.85（5） | 3.84（5） | 3.87（5） | 3.94（4） | 3.79（7） | 3.40（11） | 3.82（6） | 3.74（7） |
| 平均 | 3.49 | 3.44 | 3.56 | 3.49 | 3.42 | 3.58 | 3.53 | 3.55 |

注：「教育と研究の両立は非常に難しい」との意見に、強く賛成を1、強く反対を5として平均値を計算。表中の値が大きいほど「教育と研究の両立は非常に難しい」との意見に反対する程度が高いことを示している。

日本同様に研究志向が高いドイツでは、全体の平均値に比べるとやや高いとしても、日本に比較すると全体の平均値相当（三・二一）にあると言えるのであって、自然科学（三・四一）、社会科学（三・一三）は、世界的にはやはり高いほうであるものの日本に比較するとかなり低い。このことは日本に比べて両立を可能とする割合がかなり高いことにほかならない。教育志向の高い米国では、平均値（三・八五）にみられるごとく両立可能性が高く、自然科学（三・九四）や社会科学（三・八七）でも同様に高い。かくして、両立可能性を肯定する点では、日本は米国には遥かに及ばず、ドイツにも及ばないのであったのである。

日本の大学教員の世界は、国際的に眺めてみて、あらゆる専門分野において両立性を困難とする文化や風土が成立しているとみなされるし、このことはとりもなおさず大学教員の研究と教育に対する意識の乖離が大きく、したがって両者を調整するために葛藤の深まりが増大していることを容易に予想させるものである。

上述したように、「研究活動は教育活動を強化する」とする度合いの高い国は韓国、カナダ、イタリア、ノルウェー、メキシコ、ブラジルなどであった。他方、研究と教育の両立性が高い国はアルゼンチン、ブラジル、韓国、米国、メキシコ、ノルウェー、イタリア、カナダ、南アフリカなどであった。したがって、韓国、カナダ、イタリア、ノルウェー、メキシコ、ブラジルなどは、両方に当てはまる国々である。それでは、これらの国々は研究志向の高い国であるかと問うと、研究志向の高い国は、ノルウェー、イタリア、日本、オーストラリア、カナダ、韓国、英国などであったのであるから、韓国、カナダ、イタリア、ノルウェーは該当するが、日本、オーストラリア、英国などは該当しない。また研究生産性が高い国は韓国、香港、日本、イタリア、ドイツ、オランダ、中国などであったのであるから、このなかでは、韓国、イタリアのみが該当するわけである。これらの結果を勘案すると、研究志向や研究生産性が両方とも高い国である韓国、イタリア、日本は、日本のみにおいて両立可能とする度合いは高くならないと解されると言わねばならない。

世界的な研究志向増加傾向──研究と教育の両立志向を阻止

概して、研究志向と研究生産性の高い国である日本では、両立が困難とする割合が高いことは、研究志向を強め研究生産性を高めることは、それに呼応して教育志向を強める方向に作用するかというとそうではなく、かえって教育志向を弱める方向に作用することを示唆するのである。このことを踏まえると、世界の大学教員が研究志向を強め、研究生産性を高める方向に向かう今後の時代は、韓国やイタリアの事例はあるとしても、両立性を困難にする方向を辿ることになるはずであるとの予測が成り立つ。研究と教育の両立性の進捗状態は良好ではなく、むしろ思わしくなくなると推察されるのである。

すでに考察したように、日本では一九九一年から二〇年間にわたって高等教育政策によって教育志向を強調したにもかかわらず、従来から研究志向の強い体質を擁している大学教員は、研究と教育の両立は困難と考えている事実が判明したのであるから、教育重視の政策が強化されればされるほど、両立可能性は促進されるかといえば必ずしもそうではなく、むしろ困難とならざるを得ないと予想されるし、両立を試みれば試みるほど、それだけ教員の意識的葛藤は強まらざるを得ないと予想されるのである。

## 8 研究・教育・学修の統合は可能か

これまでの分析から証明されるように、研究志向が強まる時代には、フンボルト理念は世界中のシステムにおいてその実現がはなはだ難しいことが判明したのである。もちろん、米国やメキシコのように教育志向の強い国が多少存在する事実もあるが、世界全体では教育志向の促進よりも後退が顕著である。しかし、両立を志向する国の割合はかなり多いことから判断するならば、両立可能型の文化や風土が存在することは否めない事実である。そうであることを考慮しても、研究志向が増加し両立困難の度合が高まるにもかかわらず、高等教育のユニバーサル化時代が進行する今後の二一世紀には、学生の学修を支援するために両立を推進するバネが作用しなければならないのであり、それが不可能となればなるだけ教員と学生の距離は乖離を深めてしまう。現実には暗雲が立ち込めバラ色の未来が描けない状態が出現しているなかで、乖離を狭める力学の円滑な作動が世界的に期待されると言わなければならない。

このような世界的な状況のなかで、世界の大学教員において「研究・教育・学修の統合」は可能であるか、とあらためて問い直してみれば、率直に言って、現状では疑問だと回答せざるを得ない。縷々論議した通り、研究と教育の両立性が困難な状況がある以上、さらに研究と教育と学修の三者の統合が可能であるとする度合いは後退せざるを得ないのは自明であることになるからである。

調査の対象となった世界の国々と比較した結果、日本における研究と教育の両立は最も困難であるという事実は否定しがたいものであった。今回の国際比較から言えることは、研究と教育の連携や両立が困難な状況を乗り越えて、さらに学修を加えたR－T－Sの統合へ離陸することは、世界的に困難な現状に直面していることを指摘せざるを得ないばかりか、それにも増して言えることは、日本の場合はきわめて困難な現状に直面していることが明白だという厳然たる事実が得られたことである。

## おわりに

以上の論議を総括すると次のようにまとめられるであろう。

(1) 研究の枠組みでの留意点は、知識と学事の関係に注目して、知識の発見＝研究、伝達＝教育、応用＝サービス、統制＝管理運営のなかで主として発見と伝達を中軸にして学事が構成されることである。したがって、学事の遂行では車の両輪である研究と教育の両方の遂行が不可欠である。中世大学以来の伝統である旧来型の教育志向に対して研究志向を制度化した近代大学では、知識の発見と伝達の分業化に伴って両者の葛藤が生じることにならざるを得ない必然性があることを考慮して、理念としての連携や統合が必要となったし、そのことに注目したフンボルト理念は両者の統合を課題としたのである。

(2) 大学教員の意識を分析した一九九二年調査ではドイツ型、アングロサクソン型、ラテンアメリカ型の三類型が析出された。それにもかかわらず、一五年後に行われた二〇〇七年調査では、世界の状況は概してドイツ型へ収斂する傾向が顕著になったのであった。とりわけ注目すべきは研究と教育半々志向のアングロサクソン型と教育志向のラテンアメリカ型は、これまでに比べて教育志向を弱めて研究志向を強めているため、研究志向のドイツ型へ収斂しつつあることが判明したことである。このような研究志向が強まる動きの中で、米国のみは依然として教育志向がかなり強い構造をとどめていることが明らかになった。

(3) 研究志向の強まる理由を探ってみると、スカラーシップの焦点は純粋科学から応用科学へ移行中であることが明らかになった。理系専門分野では文系専門分野に比較して世界的に研究志向に同調性を示す点においてかなり先行しており、その意味から言えば、現在から未来にかけて研究志向を強めつつある世界の大学教員の意識は、大局的には理系の文化、風土、雰囲気へ追随しながら収斂中であることが分かったのである。

また、なぜ世界の大学教員は、過去一五年間に、教育志向を減退させて研究志向を強化する方向に動いてきたのかを問うことは、今後の動きを占う意味でも興味ある問題であろう。理由の一つは、世界大学ランキングの登場と関係しているに違いない。それを下支えする文化や風土がグローバル化の波に乗って世界的に蔓延していることに原因があるはずである。大学ランキングのメカニズムは一九二〇年代、遅くとも一九六〇年代から米国ではすでに開始されていたのであった。その時点において専門分野の大学間ランキングが開始されたのを嚆矢として、この風土はしばらく米国内で発展し成熟した後に、二〇〇三年頃からグローバル化、市場化、知識社会化と呼応して世界を舞台にして一躍発展を遂げるに至ったのである。現在ではほとんど世界中に飛び火して拡大の一途を辿りつつあると言ってよかろう（有本 一九八一、Shin, et. als. 2011）。その結果、現在は世界的に米国的な文化や風土が蔓延する時代を迎えていると言っても決して過言ではあるまい。

しかし、米国では研究と教育が必ずしも分離し分化し対立する方向に向かっているとは言えないし、世界的に研究志向が進行する時代に、教育志向を維持し追求している動きが調査結果に具現していることを含めて、システム全体では研究と教育の連携や両立を志向するためのバランスのとれた改革が進行していることも否めないであろう。

(4) 研究と教育の両立性を検討した結果、大学教員の研究志向が高い国で、しかも研究生産性の高い国である韓国、イタリア、日本のなかでは、日本のみは両立困難性が高い傾向があるのであるが、その点を含めて日本の大学教員は最も困難性が高いことが判明したのであった。日本では、教員の意識は研究志向型であるのに対して、国の高等教育政策は、両者の統合型を求めるのではなく、むしろ教育志向型の偏重や狭義のFDの偏重などへと傾斜したため、大学教員の意識においてホンネは研究志向、タテマエは教育志向という緊張、分裂、葛藤の病理症状が生じているとみなされるのである。

(5) 世界的に研究志向型が増加する傾向があるなかで、教育と研究、さらにはR－T－Sの統合を理念とするフンボルト・モデルの実現は、知識基盤社会の到来や高等教育の大衆化段階からユニバーサル段階への移行が、これから二一世紀にますます進行すると予想されるにもかかわらず、後退を余儀なくされていると解されるのである。

## 参考文献

天野郁夫（一九七七）「日本のアカデミック・プロフェッション——帝国大学における教授集団の形成と講座制」『大学研究ノート』第三〇号、広島大学大学教育研究センター、一－四五頁。

天野郁夫（一九八四）「大学分類の方法」慶伊富長（編）『大学評価の研究』東京大学出版会。

有本章（一九八一）『大学人の社会学』学文社。

有本章（一九八七）『マートン科学社会学の研究——そのパラダイムの形成と展開』福村出版。

有本章（二〇〇五）『大学教授職とＦＤ――アメリカと日本』東信堂。
有本章（編著）（二〇〇八）『変貌する日本の大学教授職』玉川大学出版部。
有本章（編著）（二〇一一）『変貌する世界の大学教授職』玉川大学出版部。
有本章・江原武一（編著）（一九九六）『大学教授職の国際比較』玉川大学出版部。
Arimoto, A.（2010）. "Differentiation and Integration of Research, Teaching and Learning in the Knowledge Society: from the Perspective of Japan"（The Changing Academic Profession in International and Quantative Perspectives: A Focus on Teaching & Research Activities: Report of the International Conference on the Changing Academic Profession Project, 2010: Keynote Speeches）.
Becher, T.（1989）. *Academic Tribes and Territories: Intellectual Enquiry and the Culture of Disciplines.* Buckingham: Society for Research Higher into Education and Open University Press.
Becher, T. and Trowler, P.（2001）. *Academic Tribes and Territories: Intellectual Enquiry and the Culture of Disciplines.* 2nd ed. Buckingham: Society for Research into Higher Education and Open University Press.
ブルーム、アラン（一九八八）［菅野盾樹訳］『アメリカン・マインドの終焉――文化と教育の危機』みすず書房。
Boyer, E. L.（1990）. *Scholarship Reconsidered. Priorities of the Professoriate.* Princeton, N. J.: Carnegie Foundation for the Advancement of Teaching.（Ｅ・Ｌ・ボイヤー［有本章訳］『大学教授職の使命――スカラーシップ再考』玉川大学出版部、一九九六年）
ブレネマン、ディヴィッド（一九九六）［宮田敏近訳］『リベラルアーツ・カレッジ――繁栄か、生き残りか、危機か』玉川大学出版部。
Brennan, J., Locke, W. and Naidoo, R.（2007）. "United Kingdom: An Increasingly Differentiated Profession." In: Locke, W. and Teichler, U.（Eds.）. *The Changing Conditions for Academic Work and Careers in Select Countries.* Werkstattberichte 66. INCHER-Kassel.
Carnegie Council on Policy Studies in Higher Education（1976）. *A Classification of Institutions of Higher Education: A Report of the Carnegie Council on Policy Studies in Higher Education.* Rev. ed. San Francisco: Jossey-Bass.
中央教育審議会（二〇〇五）「我が国の高等教育の将来像」（将来像答申）。

中央教育審議会（二〇〇八）「学士課程教育の構築に向けて」（学士課程答申）。
Clark, B. R.（1983）. *The Higher Education System: Academic Organization in Cross-National Perspective*. Berkeley: University of California Press.
Clark, B. R.（1997）. "The Modern Integration of Research Activities with Teaching and Learnig." *Journal of Higher Education,* Vol. 68, No. 3, May June 1997, pp. 241-255.
Clark, B. R.（2008）. *On Higher Education: Selected Writings, 1956-2006*. Baltimore: Johns Hopkins University Press.
Cook, C. E.（2002）. "Faculty Development." In: Forest, J. F. and Kinser, K.（Eds.）. *Higher Education in the United States: An Encyclopedia,* Vol. 1. Santa Barbara: ABC-CLIO, Inc, pp. 211-214.
大学審議会（一九九八）「二一世紀の大学像と今後の改革方策について――競争的環境の中で個性が輝く大学」（答申）。
Gibbons, M., Limoges, C., Nowotny, H., Schwartzman, S., Scott, P. and Trow, M.（1994）. *The New Production of Knowledge: The Dynamics of Science and Research in Contemporary Societies*. London: SAGE Publications.
Humboldt, W. V.（1910）. "On the Spirit and the Organizational Framework of Intellectual Institutions in Berlin," Translated by Edward Shils, *Minelva* 8（1970）, pp. 242-250.
Locke, W. and Bennion, A.（2011）. "The United Kingdom: Academic Retreat or Professional Renewal?" In: Locke, W., Cummings, W. K. and Fisher, D.（Eds.）. *Changing Governance and Management in Higher Education: The Perspective of the Academy*. Dordrecht: Springer.
中山茂（一九七八）『帝国大学の誕生――国際比較の中での東大』中公新書。
Segrera, F. L., Brock, C. and Sobrinho, J. D.（Eds.）（2008）. *Higher Education in Latin America and the Caribbean 2008*. Caracas: IESALC-UNESCO.
Shin, J. C., Toutkoushian, R. K. and Teichler, U.（Eds.）（2011）. *University Rankings: Theoretical Basis, Methodology and Impacts on Global Higher Education*. Dordrecht: Springer.
新堀通也（一九六五）『日本の大学教授市場――学閥の研究』東洋館出版社。
Schuster, J. H. and Finkelstein, M. J.（Eds.）. *The American Faculty: The Restructuring of Academic Work and Careers*. Baltimore: Johns Hopkins University Press.

Tapper, T. and Palfreyman, D.（2011）. *Oxford, the Collegiate University: Conflict, Consensus and Continuity*. Dordrecht: Springer.

寺崎昌男（一九七三）「『講座制』の歴史的研究序説――日本の場合（1）」『大学論集』第一集、広島大学大学教育研究センター。

寺崎昌男（二〇〇〇）『増補版 日本における大学自治制度の成立』評論社。

Thomson Reuters,（Ed.）（2010）「国内研究機関の分野別ランキング」。

潮木守一（一九八二）『大学と社会』第一法規出版。

潮木守一（二〇〇八）『フンボルト理念の終焉？――現代大学の新次元』東信堂。

Zuckerman, H. and Merton, R. K.（1971）. "Patterns of Evaluation in Science: Institutionalization, Structure and Functions of the Referee System." *Minerva* 9, No. 1（January 1971）, pp. 66-100.

# 第Ⅳ部　大学教育改革の可能性

# 第8章　アクティブラーニングの制度化と大学教育改革の可能性

## はじめに

中央教育審議会（中教審）の答申（二〇一二年）以来、アクティブラーニングは、日本の大学改革の中心に位置する重要なコンセプトとして大学内外において徐々に認識されはじめていることは周知の通りである。それにもかかわらず、現状ではその制度化が軌道に乗ると予想するのは時期尚早であると言って過言ではあるまい。実現可能性の有無についてはは不確かな段階を経過しつつあり、むしろいまだに暗中模索の段階であるばかりか到達点がみえない段階だとみなされる。答申の期待どおり全国の国公私の全大学においてその実現が不可欠だと賛同したとしても、はたして全国の諸大学が答申の求める改革に向けて足並みをそろえて前進し、所期の制度化を成功裏に実現できるか否かは予断を許さない。このような状況のなかで本章のめざす目的は、現時点でのアクティブラーニングの制度化と大学教育改革の可能性を問うことである。具体的には次の通りである。

1　アクティブラーニングとは何か
2　制度化の枠組み
3　制度化の背景
4　制度化の問題点と課題

## 1　アクティブラーニングとは何か

### 定義

アクティブラーニングは、次第に市民権を得て、大学内外の人々の口の端に上ってくるようになりつつあると観測できるところである。種々ある定義の中で代表的なものはアクティブラーニングを主唱した中央教育審議会の定義であり、次のように述べられている。

　教員による一方向的な講義形式の教育とは異なり、学修者の能動的な学修への参加を取り入れた教授・学習法の総称。学修者が能動的に学修することによって、認知的、倫理的、社会的能力、教養、知識、経験を含めた汎用的能力の育成を図る。発見学習、問題解決学習、体験学習、調査学習等が含まれるが、教室内でのグループ・ディスカッション、ディベート、グループ・ワーク等も有効なアクティブラーニングの方法である。（中央教育審議会 二〇一二：三七頁）

日本におけるアクティブラーニングの草分け的存在である溝上慎一は、もう少し簡潔な定義を行って、次のように述べている。

　一方的な知識伝達型講義を聴くという（受動的）な学習を乗り越える意味での、あらゆる能動的な学習のこと。能動的な学習には、書く・話す・発表するなどの活動への関与と、そこで生じる認知プロセスの外化を伴う。（溝上 二〇一四：七頁）

アクティブラーニングとは英語のactive learnigに由来するカタカナ表記であって、それを日本語に直訳すれば「能動的学習」が該当する。カタカナ表記する場合に、アクティブラーニングとアクティブ・ラーニングの二つの用法が見られ、統一されていないが、私は中黒の入らない前者を使用している。能動的学習という訳語は米国産の外来語を日本語に直訳した場合の日本語としては適切であるに違いない。しかしながら、実際には今日の大学教育、とりわけ授業、あるいは「教授‐学習過程」において学生に求められている活動はlearning＝学習ではなく、study＝学修であるはずである。だとすれば学生の自主性や主体性に依拠した学習活動を超えて教員の授業を担保しつつ予習や復習を媒介とした学習を指す場合には、単なる学習の域を超えた「学修」と呼称されてしかるべきである。すなわち、アクティブラーニングの本質は何かを考察すれば、もはや「ラーニング」を超えて「スタディ」に移行していると考えられるのであるから、学生に求められるのは学習ではなくあくまで学修であるに違いない。また学習の主体者の表現も学習者＝learnerよりも学修者＝studierが望ましいだろう。

アクティブラーニングの訳語は「能動的学習」か？

したがって、active learningを使用する場合が多い原語も、学習から学修への転換が含意されていることに鑑みれば、active studyが適切だし、日本語の表現においても単純に能動的学習としないで能動的学修とすることが望ましいはずである。実際、中教審答申（二〇一二年）においても、アクティブラーニングの訳語には能動的学修をあてている（中央教育審議会 二〇一二、上記定義）。この種の詮議は管見によると先行研究ではいまだみられないので、今後に混乱が生じないためにも、ここではあえて吟味して、現時点での自説を簡単に披歴した次第である。かくして本章では包括的には従来の慣用的な表現をそのまま踏襲してアクティブラーニング（能動的学習）を使用している場合が多いが、上記の解釈を担保してアクティブラーニング＝能動的学修を含意することを断っておきたい。

## 2　制度化の枠組み

### 制度化の段階

アクティブラーニングが制度として定着する過程を意味する制度化（institutionalization）はいくつかの段階を踏まえて進行すると考えられる。**図8–1**「アクティブラーニングの制度化」に図示したように、理論的には「制度化必要–制度化不要」の縦軸と「制度化実現–制度化未実現」の横軸をクロスさせて出来る四つの段階が想定できる。すなわち、Ⅰ（必要・実現）、Ⅱ（必要・未実現）、Ⅲ（不要・未実現）、Ⅳ（不要、実現）である。このうちⅣは理論的に存在しても実在はしない段階であるから無視してよかろう。したがって制度化はⅢ→Ⅱ→Ⅰの順に進行すると予想される。

### 日米比較

この枠組みに照準すると、現在の米国はⅢから出発してⅡを経由してⅠに到達しているのに対して、日本は同様のルートを辿りながらもいまだⅠの段階に到達するには至らず、せいぜいⅡの段階に到達した程度だと考えられる。日本の場合、最近の中教審の答申においてアクティブラーニングが必要と認識されるまでは、「制度化必要」との理念的な考え方は仮に潜在的には存在していたとしても、顕在的には存在しない段階であったから、いまだ「制度化不要」の状態にとどまっていたのであった。中教審答申以来、理念レベルでは「制度化必要」の段階になんとか到達し遅ればせながら改革が着手されたものの、現実の制度化はいまだ模索中の域を出ないと観測できるに違いないのであった。

制度化には①未制度化段階、②着始段階、③発展段階、④成熟段階、という四つの段階的展開が区別できるはずなので、この中のいずれの段階を現在経過しつつあるかを見究めることは重要である。米国の場合は、③または④に到達しているのに対して、日本の場合は長い間①を経験し、最近になってようやく②に辿り着いたに過ぎない。なぜならば文部科学省が「大学間連携共同教育推進事業」に乗り出し、公募によって平成二四年度事業の選定取り組みとして「主体的な学びのための教学マネジメントシステムの構築」（淑徳大学、北陸学院大学、関西国際大学、くらしき作陽大学の四大学共同）を採択したのは先端的な試みのひとつであったからである。したがって、いかにひいき目にみたとしても、この種の試みは制度化のほんの第一歩を踏みだしたにすぎないのであって、制度化の定着の有無はいまだ決め難いのである。

### 日米の相違点は何か

アクティブラーニングは日本でオリジナルに開発された概念ではなく、米国からの舶来の概念であるところに、制度化を云々せざるを得ない原因があると言ってよかろう。外国文化と日本文化が同一でない以上、制度化の前提になる移植過程には種々のバイアスや変化が作用するのは回避できない。少なくとも外国文化の日本文化への移植過程には翻訳するにしても、直訳、逐語訳、意訳、義訳などが介在するとみなされる。異なる二つの文化の片方を他方へ同化させる過程は決して単純ではなく、むしろ複雑である。したがって、移植は成功する場合もあるし、しない場合もあるのは不思議なことではないのであって、この複雑さは、移植元と移植先の二つの文化、風土、土壌、空気が異なることを前提に成り立つのである。

それでは、アクティブラーニングの制度化の移植元と移植先、つまり先進国の米国と後発国の日本の風土を比較した場合に理解できる両者の違いは何かを問うと、少なくとも二点の違いを指摘できるのではないであろうか。そ

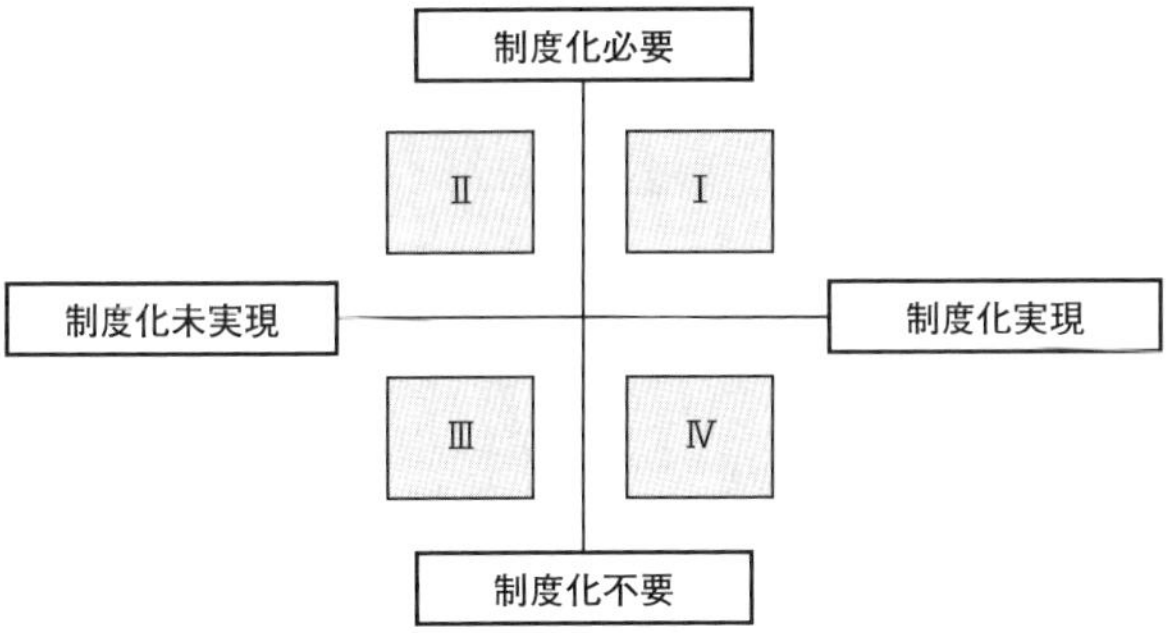


**図8-1　アクティブラーニングの制度化**

の一つは、中世大学以来の教養教育志向の伝統をそのまま踏襲して発展した風土と、中世大学の前史もルーツもなんら持たず外国産のいわば借り物の概念と方法をおもむろに移植してきた風土との相違である。前者は一九世紀後半にリベラル・アーツを基礎とした人間主義と近代大学に見合う合理主義との制度的葛藤を経験しつつリベラル・エデュケーション（教養教育）やそれを改鋳したジェネラル・エデュケーション（一般教育）を模索してきたシステムである。これに対して、後者はその種の先行経験をなんら持たず、戦後いきなり改鋳型のジェネラル・エデュケーションを移植したシステムである。その意味で、この両システムの発展の仕方には相当の差異や懸隔があるとみなされるはずである。しかしこのような違いがあるにもかかわらず、中世大学以来の伝統を継承し教養教育の底流から誕生した概念のアクティブラーニングは、ドイツの大学からの近代大学の洗礼を受けて再生したのであり、その前史を継承して一九八〇年代になってアーサー・チッカリングとゼルダ・ガムソンならびにチャールズ・ボンウェルとジェームズ・アイソンたちによって先鞭がつけられ、現在の形に深化を遂げたのであった（Chikering and Gamson 1987, Bonwell and Eison 1991 : p. iii）。そして、それから三〇年の時間を経て遅ればせながら最近になって日本へ移植されたのである。言い換えれば、ドイツモデルを一九世紀末に教養教育へ移植し、米国流に翻訳し修正して形成された米国モデルの文化や風土が二〇世紀の後半に熟成されたのちに、それらの前史を持たない日本の文化や風土のなかに二一世紀の前半になって移植されたわけである。それを直訳するか、意訳するかは、移植先の日本における大きな課題となったのである。

その二つは、自主的・主体的に大学教育改革を行う自己点検・評価の経験が長い歴史に裏打ちされてきたシステムと、その種の経験がきわめて乏しい状況のなかでそれを移植して試行錯誤を続ける時点を進行しているシステムとの格差が存在することである。両者には時間的な経緯においても、質的な深さにおいても、かなりの懸隔があるのではあるまいか。後者のシステムがそのような歴史を持たないまま、後述する第1段階から第2、第3、第4、そして第5段階へと制度化を深めるには、移植元の前者の文化や風土が擁しているシステムの原理やメカニズムが移植先の後者の文化や風土が擁しているシステムの原理やメカニズムへと肯定的に作用するか否かに依存する度合いが少なくあるまいと考えられる。

日本の風土や体質への移植は成功するか?

アクティブラーニングが米国からの移植概念である点に注目すると、その概念が形成された文化や風土のシステムが擁している原理やメカニズムが概念自体に顕在的にも潜在的にも刻印されている点を無視できない。おのずから同じシステムの原理やメカニズムを媒介にして発展を遂げてきた教養教育や自己点検・評価とアクティブラーニングとの関係は重要であると解されるのである。移植元の米国のシステムに宿る原理やメカニズムやさらに概念や方法が、移植先の日本のシステムにおいて直訳であろうと意訳であろうと十分咀嚼されて定着するかしないか、あるいは成功するか失敗するか、あるいは移植過程において日本独自の概念や方法を創造的に開発するか否か、等々は軽々には予想しがたいとしても、移植概念の制度化の行方を占うためには重要な視座だと言えるであろう。

アクティブラーニングの日本的制度化の見取図

こうした観点から日本におけるアクティブラーニングの制度化の展開は、**表8-1**のような五段階になるとともに各段階は次の経緯を辿ると想定できよう。

**第1段階**。アクティブラーニングの制度化を開始することの必要性が俎上に上ることになったのは、中教審の質転換答申(二〇一二年)が決定的な影響を及ぼした点をもって嚆矢とすると言ってよかろう。もちろんアクティブラーニングは米国で発達した概念である以上、従来からの移植概念の辿った構図と同様に、概念の政策への導入過程に際してはあらかじめ研究者による研究の前史があったのであった。政策に採用される前に様々な研究が行われていたFD(Faculty Development=大学教員の資質開発)の場合はその一例である(有本 二〇一五a)。し

**表8-1　アクティブラーニングの制度化の5段階**

| 段階 | 制度化の内容 |
|---|---|
| 第1段階 | 所期の改革が審議会（大学審議会や中央教育審議会など）によって提示 |
| 第2段階 | 所期の改革が「選択と集中」政策によって選ばれた先端的大学において開始 |
| 第3段階 | 所期の改革が先端的大学である程度実現してその他の大学へ波及 |
| 第4段階 | 所期の改革が多数の大学で実現 |
| 第5段階 | 所期の改革を阻む日本的な文化や風土の壁が存在 |

かしＦＤと同様にアクティブラーニングの場合も答申以前の大学での実践は顕在的かつ頻発的であるというよりも、潜在的かつ散発的であったし、多くの研究や実践が表舞台に浮上したのはむしろ答申以後になってからであった。したがって、アクティブラーニングの場合もほぼ同じ経緯を辿っているとみなせば、答申の時点で制度化の第1段階が出現したことになる。

**第2段階**。概して中教審や文部科学省令を発端にしてトップダウン式の指令が出され、特定の改革を目途にして特別プロジェクトが画策され、公募によって選択された大学へ集中的に資源が投入され、取り組みの奨励がなされる仕組みが成立した。全国から集まった応募大学のせいぜい二割程度が選択されてアクティブラーニングの推進を牽引する先端大学となる公算は大きい構図がそこに存在しているのである。全国の約八〇〇の大学のなかでは多く見積もっても四〇校程度が、こうした先端大学の役割を果たしていると考えられる。

**第3段階**。先端大学の活動に刺激された後続大学が積極的に取り組み、先進型、中進型、後進型に分化した遅速が生じるためもあって次第に大学間格差が拡大する。特に文部科学省は、「選択と集中」政策によって、省令で模索するアウトプットの水準に近い先進大学を選び集中的に資源を投入するから、これらの大学はヘッドスタートを切り、五年間の資源投資によって先行し、さらに少なくとも五年間のコンソシアムや法人化などを設置したフォローアップによって先進性に拍車がかけられると推察される。こうして先端大学を中心にアクティブラーニングのコンソシアムや協議会のようなネットワークが組織されて、同心円的に活動が拡充される方向へ向かう。

**第4段階**。何時の改革でも、全大学が一線に並んで先頭を切ることは皆無に等しいだろうし、一握りであるのが常態であろう。先進、中進、後進に区別した場合、多くは先頭を走らず、後ろからついてゆくと予想される。その意味では、多数の大学は改革の必要性が余儀なくされる段階まで模様眺めに徹して迅速には動こうとしないであろうとの予測が成り立つ。第三段階におけるコンソシアムや協議会の形をとったネットワークへ積極的に参画する大学も理論的に期待するほど現実的には増加しないかもしれない。しかし現在は改革のスピードは予想以上に速いことを看過できないことも確かであるから、想定外の進捗が生じる可能性も全然ないとは言えない。

例えば、中教審答申に対応して素早く動かない大学は取り残され落伍する危惧があるのであるし、改革の不履行は悪しき評価や悪しき評判へと跳ね返る可能性は存外少なくないことを看過できないのである。今日では改革はアクレディテーションの一翼を担い、七年ごとに法的査定の対象になることが義務化されている以上、外部評価の対象となることも看過でき得ないであろう。すなわち各大学が受審する機関別認証評価は、改革の中心概念を実践しているか否かを査定の指標にする場合が少なくないので、改革を怠れば注意を受けペナルティを科される度合いは高まるに違いない。

中教審提言、文部科学省省令化、機関別認証評価の連動は、大学改革サイクルの加速化に拍車をかけるのにとどまらず、この種のメカニズムが作動することによって、多くの大学は模様眺めやモラトリアムを短縮して、重い腰を上げ改革に乗り出さざるを得ないだろう。

**第5段階**。舶来の概念は日本の大学の文化、風土、土壌、空気と馴染まずに、十分に実現しないままで終焉を迎える可能性も存外少なくないはずである。アクティブラーニングの移植元である米国では、一九世紀の後半から揺籃期を迎え、一九八〇年代に本格化した経緯があるから、移植先の日本がオリジナルな概念を十分咀嚼して、自己の文化や風土へと定着させることは並大抵の営みではないはずである。試行錯誤を繰り返し、紆余曲折しながら、オリジナルな概念を定着させることが可能になるか、それとも、そこから逸脱した方向を辿るか、日本独自の概念へと昇華させる方向を辿るか、方向性をめぐって選択を迫られるであろう。その意味からすれば、将来的にはこの第5段階を大局的に、あるいは具体的に乗り超え成功に至るか乗り越えられず挫折するかによって改革の真価が問われることになるはずである。

　こうした五つの段階に位置づければ、現在はせいぜい第1段階から第2段階を進行中であるとの観測ができるはずである。例えば、私が二〇一四年に実施した全国の国公私立大学を対象とした悉皆調査を参考にしてみよう（有本 二〇一五a）。それによれば、アクティブラーニングの到達水準はいまだ初期段階に停滞していることが判明している。「アクティブラーニングに対する教職員の認知度」に関して全国の大学平均値を調べると、「よく周知されている」の回答は二割強（二三・六%）にとどまっている。「学生の受動的な学びを主体的な学びに転換する授業を行っている」では、「完全に該当する」は一割未満（九・二%）にすぎない。このように教職員の認知度が低く、学生のアクティブラーニングを導く授業も実現していない実態が露呈しているのである。さらにアクティブラーニングの実現が最も困難と予想されるレベルの「学生の学修成果を評価するためのアセスメントポリシーが策定されている」に対する回答結果をみると、「全くあてはまる」が一割に満たず（五・六%）、「かなりあてはまる」も一割強（一二・七%）と少ない反面、「ほとんどあてはまらない」はほぼ四割（四〇・七%）、「全くあてはまらない」も同率でほぼ四割（四〇・七%）を占め、これらの合計はほぼ八割（八一・四%）となるのである（**図8-2**参照）。この結果が示すように、学生の学修成果を実証的に評価するアセスメントポリシーは、全国の大学においてほとんど手つかずの状態になっている

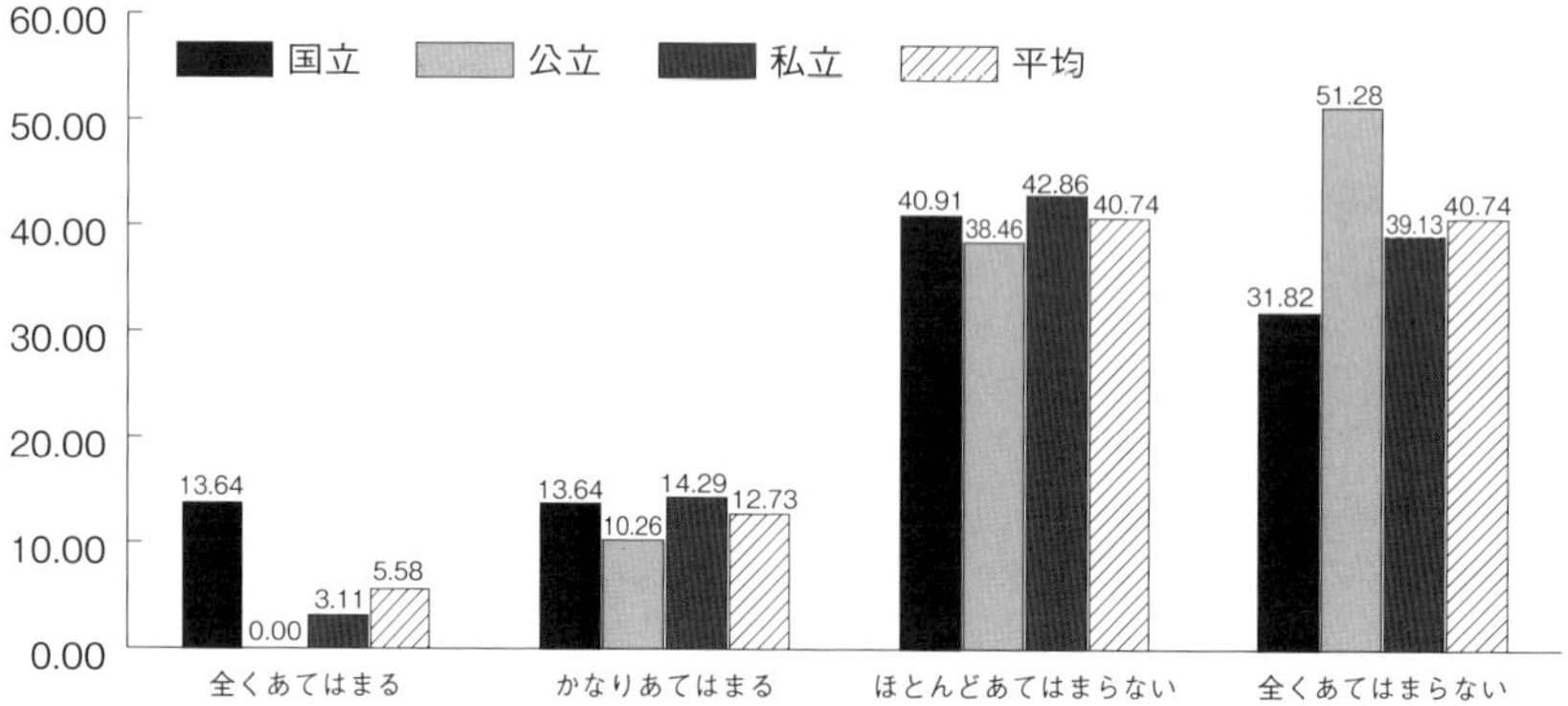


**図8-2　学生の学修成果を評価するためのアセスメントポリシーが策定されている（%）**

現実が明白となったわけである。

## 3　制度化の背景

### (1)　社会変化

アクティブラーニングが大学教育のなかに制度化される過程では、種々の要因によって影響を受けると想定するのはことさら難しくない。最たる要因は大学教育をとりまく、社会変化、政府の高等教育政策の変貌、知識の新陳代謝など環境変化の数々にほかならないし、特に社会変化の大学や大学教育に与える影響は最たるものとみなされる。世界的に生じている共通の社会変化には、知識社会化（知識基盤社会化）、グローバル化、市場化、人口増加（日本は減少）、ユニバーサル化、格差社会の拡大、テロの横行、地球温暖化、病気の蔓延、生涯学習化など際限なく列挙できるはずである。これらの環境の相互連関によって複雑系社会を現出している現代社会を俎上に載せると、その中に組み込まれている未来から発信されてくる暗号の解読は誰しも簡単にできそうにない。

ライフサイクルを見通したアクティブラーニングの形成

学生は大学に入学して卒業するまでにこの種の暗号の解読を各種の教授‐学修過程を通して、しかも教員の指導を媒介にしながら試みるに違いない。そこには生涯を想定した訓練の場が存在するし、生涯学修力の基礎が涵養される格好の「基地」があると言ってもよかろう。ライフサイクルのなかで待ち構えている各ライフステージの課題は、社会変化の全体が多面的な影響力を及ぼすなかで発現するのであるから、大学の訓練で培われた基礎基本の学力を踏まえ個々の課題を解決するために応用力の発揮が喚起されなければならない。かかる応用力の発揮に対応できる豊かな基礎学力を学生が実際に形成できるか否かは、自己の歩む人生を左右しかねないのである。

その種の学力＝学士力を形成することは学修の主体者である個々の学生の自覚と責任に委ねられるのである。と同時に、かかる個々の学生を教育によって導く教育の主体者である個々の大学教員の自覚と責任に委ねられるのでもある。そうであるならば、授業＝教授−学修過程においてアクティブラーニングの重要性が高まるのは論を待たないだろう。従来のパッシブラーニング型の授業から未来を切り開くアクティブラーニング型の授業への転換が学生にも教員にも意識や行動の転換を求める課題となるのである。教育現場のそもそもの中心は授業であり教授−学修過程である限り、大学入学から卒業までのキャンパスライフのみならず、卒業後のライフサイクルへと接続可能な応用力の形成に通じる基礎学力形成の可能性を占うカギをアクティブラーニングの動静が掌握していると言わざるを得ないことになるのであるからである。

**①アクティブラーニング制度化の構図**

知識社会の影響

巨視的に観察すれば、人類の長い歴史を通して生じた社会変化は、農業社会、工業社会、情報社会、知識社会の順に経過してきた。このなかに大学を位置づけて観察すると農業社会に発達した中世大学が教育を重視したのに対して、工業社会や情報社会に発達した近代大学は研究を重視するに至ったが、この最後の時期になってようやくアクティブラーニングの原型は出現することになったのである。

図8−3「教授・授業改革の方向」に示されているごとく、横軸を非科学主義と科学主義、縦軸を学生中心と教員中心にしてクロスさせると、次のことが分かる。①授業改革の方向は、マクロに見れば、中世大学型から近代大学型への転換である。②クロスした象限には、暗唱型、学習型1、学習型2、学修型が区別できる。授業は暗唱型から学習型2へ、さらに学修型へと移行している。③中世大学の教育志向から近代大学の研究志向へと移行し、現代の方向は研究と教育の統合を実現して、さらに研究・教育・学修の統合の方向へ移行している。

米国では中世大学方式の暗唱型が支配的であった一九世紀後半に、その伝統を踏襲していたハーヴァード大学

（当時はハーヴァード・カレッジ）においてチャールズ・エリオット学長が「授業科目選択制」（elective system）を導入した時点（一八六九年）から本格的な改革が開始されたのであった。一九世紀の前半にドイツで研究主義が顕著になってからその移植が陽の目を見た一九世紀後半までには実に約半世紀の時間を要したのであった。その間は、ドイツ帰りの教師がドイツ型の授業への改革の必要性を主唱したにもかかわらず、その改革を断行したら最後、旧来の古参教師は失職する運命にあったので首をたてに振らなかったのであった。当然ながら一致団結して結束して改革を拒絶し、とどのつまりは進歩派を追放してしまったから、進歩派の改革はあえなく失敗に帰したのであった（潮木 一九八二：二九-三二頁）。また、後述するイェール大学は伝統的なカリキュラムの維持を主張して反動ぶりを示したのである。このような旧守の風潮が支配する中でやっとエリオットの改革が出現したのは画期的であったわけである。

### 教授の自由と学習の自由

授業科目選択制の導入によって従来型の授業は大きな変容を遂げることになった。そこでは学生が自由に選択して受講する余地が閉ざされている必修科目のみがカリキュラムを従来から占拠していたのであるが、

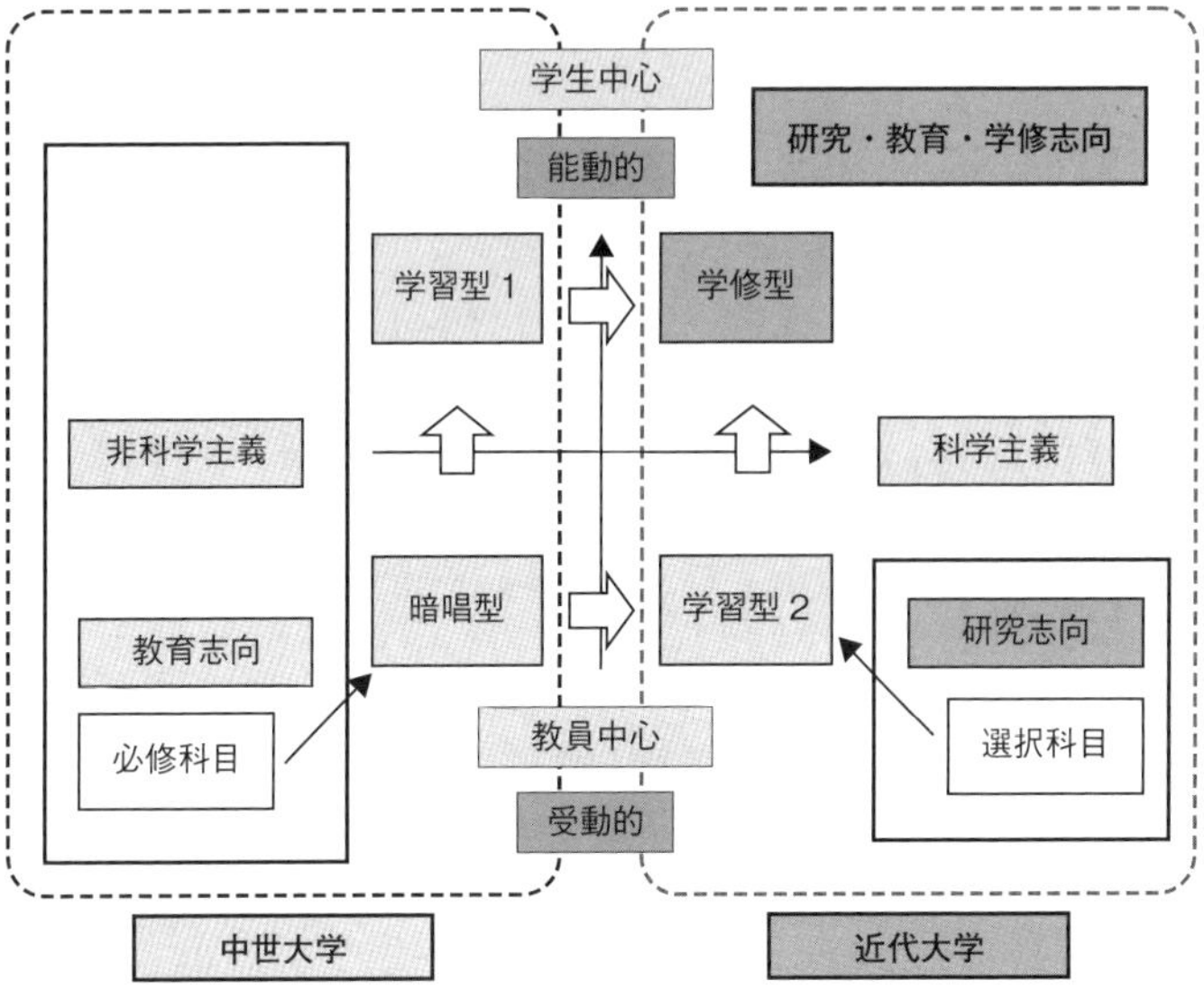


図8-3　教育・授業改革の方向

それに代わって学生が自分自身で受講したい授業科目を誰からも強制されずに自由に取捨選択することのできる方式へと転換が生じた。それまでの大学はよしんば教員は教授し、学生は学習する旧来の方式を踏襲したとしても、「教授の自由」や「学習の自由」は皆無の状態であった。それが一足先に学問の自由を追求したドイツと同様に、「教授の自由」と「学習の自由」が曲がりなりにも追求されることになったのであった。言うならば学生は学習する学生へと変身し、教員は研究する教員へと変身したのであった。この今日からすれば至極あたり前に見える授業風景は、中世大学以来の約六〇〇年の大学史の年輪を経ることによってようやく実現する運びになった画期的出来事であったのである。

### 教育の二つの概念の葛藤

この時期の米国は、一九世紀の前半から後半にかけてドイツモデルの移植をめぐって、各カレッジが改革を迫られていた。ハーヴァードの改革はいま述べたように、一大転換をきたしたし、大学院を創設したことも相俟って、カレッジ（単科大学）からユニヴァーシティ（総合大学）への転換を果たして、改革に花を添えたのであった。ハーヴァード以外にも、イェール、プリンストン、クラーク、シカゴ、など先進的な大学の動きは大同小異であったのであり、例えばミシガン大学は同じ時期にカレッジから大学へ移行したのであった。

大学の再編成は、カリキュラムの再編成と表裏一体の問題を孕んでいた。中世大学の教育志向のカリキュラムを踏襲するのか、ドイツ流の研究志向のカリキュラムに切り替えるのか、という方向の選択を迫られたのである。その点、一八二八年のイェール・レポートは精神の規律を重視する古典カリキュラムを擁護する方向を選択したのであって、これは当時としては反動的な動きであった。

しかしロジャー・ガイガーが指摘しているように、この時期からカレッジの動きを左右する二つの方向が出現した。一つは現代語、数学、自然科学を強調して、当時台頭してきた商工業社会に役立つ教育を追求する方向、つまり「功利的」パラダイムを追求する動きがそれであったのである。他の一つは中世大学の伝統を引く古典教育から派生した動きであって、ラテン語、ギリシャ語に加えて歴史学、文学、美術を強調する動きであったのであり、この方向は一八八〇年代までには「リベラル・アーツの理念」(the liberal arts ideal)を標榜する方向へと発展することになった。つまりこの方向は「リベラル・アーツ」パラダイムを追求する動きであったのである(Geiger 2000: pp. 223-228)

前者の「功利的」パラダイムは、知識の専門化を喚起して、カレッジや大学をして実業界と結合させる方向へ向かい、二〇世紀初頭のウィスコンシン大学の飛躍的発展に象徴されるように、「ウィスコンシンの理想」へと繋がった。この時期にモリル法を契機にその支援を受けて台頭した州立大学群は、ウィスコンシン・モデルに大なり小なり追随し、農工業を中心とした産業発展に貢献する方向を辿った。大学の理念の「三面性」の観点から言えば、サービス志向を世界最初に成功裏に追求した意味からしてその実現に成功し、大学史上で注目すべき先駆性を示したのでもあった。この時期に米国の大学システムは、研究・教育・サービスの三面性を全方位において展開する意欲を示した点で、世界をリードする徴候を顕著に具現したのであった。他方、後者の「リベラル・アーツ」パラダイムは、知識の専門化を深める知識分化の方向へ向かうよりも知識統合へと向かうことになった。この二つの流れでは、大学院が設置されてカレッジから大学への転換を実現した動きが前者の方向性を継承しているのに対して、従来のカレッジをあくまで存続して、リベラル・アーツを温存する動きは後者の方向性を継承しているのであった。

### リベラル・アーツのカリキュラム

こうして中世大学からのパラダイム転換が起きたこの時期には、後者のリベラル・アーツのカリキュラムを中心にして、今日まで連綿とつづくことになる教育の二つの概念の間の絶え間のない葛藤が、新たに開始されることになったと言えるだろう。松浦良充の指摘した「全人的な主体形成をめざす教育観」と「目的合理的な教育観」の相互に対立しせめぎあう二つの教育概念が存在したとする高説を引用して説明するとすれば、前者には「単なる知識の習得にとどまらず、主体的に思考、判断、行動ができる人間の形成」、後者には「設定した教育目的を合理的にシステマティックに達成する、という考え方」が刻印されていると解される（松浦 二〇一四：四‐五頁）。

中世大学以来のリベラル・アーツに淵源する「全人的な主体形成をめざす教育観」は、米国では授業科目選択制でもって止揚されて、その後のリベラル・アーツ教育の中枢に位置づくとともに、この学士課程教育の中核をなすリベラル・アーツ・エデュケーション（教養教育）、あるいは後にジェームズ・コナントによって行われた改鋳版（一九四五年）のジェネラル・エデュケーション（一般教育）を媒介にしてさらに発展することになった（Conant 1945）。一般教育を基軸にして、主専攻と副専攻から構成される専攻（文理系の人文科学、社会科学、自然科学の専門分野、実学系の工学、農学、教育学、コンピュータなどの専門分野を含む）、自由選択、課外活動などが学士課程の主たるカリキュラムを構成する時代へ展開した。

二つの流れが分岐し、葛藤を深めることになったとはいえ、学士課程教育の中核に中世大学以来の伝統を洗練しつつ教養教育が確固たる地位を占め、米国の高等教育の大黒柱を形成している事実こそは日本と比較して特筆すべきである。そこに米国の大学の揺るぎないアイデンティティが形成されているとみなされるのである。なお、私は、主体的に思考、判断、行動ができる人間の形成を追求するリベラル・アーツ教育の流れのなかで、学生の自主性・主体性に根差した学習（学修）を育成するというアクティブラーニングの概念もまた、授業科目選択制の制度化が行われたこの一九世紀後半の時期から揺籃期を迎え、次第に開発されることになった、と考えているところである。

## フンボルト理念との接続

この一九世紀後半の工業社会化の時期に植え付けられた知識の応用にかかわるサービスの概念は、その後次第に開花し、情報社会化や知識社会化の潮流に乗ってさらに加速的に成長することになった。それと同時に、知識の発見や知識の伝達とかかわる研究↓教育の概念は、ドイツの研究主義に触発されて一躍発展の緒に就いた点を見逃せないだろう。ドイツの研究志向の移植が一九世紀前半には先駆者たちの努力にもかかわらず難産であったとはいえ、ついには授業科目選択制を呼び込み、源流としてのアクティブラーニングに接続したと把握するならば、研究と教育の両立、さらには研究・教育・学修の統合はこの時期の大学改革のなかに胚胎していたのである。その意味では、フンボルト理念はその時点から始動して現在のアクティブラーニングへと時空を超えて脈々と継承されているのであって、その点を歴史的視点から真摯に洞察するならば、中教審のように無造作にも「フンボルト理念は終わった」とフンボルト理念を過去の遺物と捨て去ることはできまい（潮木 二〇〇八：一三三－一三四頁）。それでは現在のアクティブラーニング主唱者が、そのルーツや本質が何であるかを見極めていないとの誹りを受けざるを得ないし、中教審自身のアクティブラーニングの本邦の大学への制度化を主張する提唱そのものが矛盾を孕んでいる証左になるのである。この点は後にあらためて論じることにしたい。

## 日本でのアクティブラーニングの移植

米国は一九世紀後半からリベラル・アーツ教育を介してアクティブラーニングの制度化とその概念の開発を萌芽的に緩やかに開始した。とすると、米国から概念を導入した日本にとっては、最近までの間には悠に一世紀以上の遅滞が生じたと言わざるを得ない。もちろん、米国におけるアクティブラーニングそのものの本格的な制度化は一九八〇年前後まで繰り下がるのであるから、その点では日本への移植には三〇年ばかり要したのであり、厳密に一世紀以上の遅滞があるわけではない（有本 二〇一五a）。

もうひとつ気になることは、一九一八年（大正七年）の時点で、帝国大学が改革を行い、従来の学年学級制を改め授業科目選択制を導入した点が、ハーヴァードの制度化と類似していることである。寺崎によれば、その答申を行った当時の臨時教育会議の総会委員の一人であった成瀬仁蔵は、ハーヴァードの改革の理念を記したパンフレットを委員たちに配布したという（寺崎 二〇〇七：一六〇頁）。もしハーヴァードの改革を移植したのであれば、日本での形式的な制度化の実現をその時点でみたことになるにちがいない。しかし、この時点ではその動き以上の進展はなかったとみなせば、その後実質的な制度化が進行した形跡は見られないのであるから、その時点をもって日本における制度化が開始されたと解することはできないであろう。

しかしながら、こうした経緯を勘案しても、伝統的なリベラル・アーツの歴史と教養教育の歴史のなかでアクティブラーニング観が育まれ、その後今日までの新たな長い歴史を着々と刻んだ事実を重視すれば、その長い歴史に相当する年輪がアクティブラーニング観に遺漏なく刻印されていることに変わりはないと言わなければならない。

## 授業改革の日米における明暗

中世大学を持たない日本にリベラル・アーツの前史がないことは、米国の経験したように、ドイツ型の研究志向の大学の水準に中世大学型の教育志向のカレッジの水準を底上げするためのイノベーションの問題を真剣に考える必要がなかった。その分、知恵を働かせる必要がなかったのであった。その点、日本は幸運にもタブラサ＝白紙の上に新しい大学像を描ける好機を迎えたのであった。だが米国が経験した矛盾や葛藤から生じる所産としての知恵の捻出を発揮するチャンスを欠如することになったのは不運であった。チャンスの欠如は、米国の大学改革が到達した地点から取り残される運命に遭遇した。大学の授業は講義を学生がノートをとり暗唱するという旧態然とした暗唱型か、もしくは疑似暗唱型が中心を占めた。そこでは、詰め込み教育や促成栽培教育が主となったのであって、果実の実を手っ取り早くもぎ取り活用するのがあくまで大切であり、ヨコ書きをタテ書きに直訳する翻訳型、移植型、切り花型が支配的であり、一から種を撒いて果実を育てる手間暇のかかる方法や創造性そのものを重視しなかったきらいがある。例えば、潮木が議論したように、京都大学法学部において高根義人によって試行されたドイツ方式の授業は失敗したこと（潮木　一九八二、一九九七）、などは旧式授業の強固さの象徴であったのである。こうしてシステム的に米国と同様の方向を歩むことは潰えたのであった。

## 研究と教育の架橋における成功と失敗

総じて言えば、研究の上でドイツの研究主義に後塵を拝しているので、その挽回を試みる点では日米は偶然にも発想を共有したにもかかわらず、将来展望が異なったため、同床異夢に終わったのである。ドイツに一日も早く追いつき追い越すという焦燥感と旺盛な進取的な意欲が米国のリーダーたちにはあったし、研究ばかりか併せて研究人材や各種の人材を養成するために教育の改革に乗りだしたのに対して、日本のリーダーたちには研究の遅れを挽回する意識は存在しながら教育改革の意識は希薄であった。欧州にも米国にも中世大学以来の教養教育の伝統があり、その教育を研究主義を梃子にして改革することが可能であった。日本は、その種の教養教育を欠落したので、改革の必要は生じなかった。しかし、日本には大学における教養教育の歴史はなかったとしても、能楽の大成者の世阿弥が著した『風姿花伝』のなかで「年来稽古条々」と記述して以来、稽古の思想があったし、それは学校型の強制による勉強とは異なって、自主性を基盤に成立する教育観あるいは学習観であった。それとドイツ流の研究主義を接続する発想は生じなかった。

明治維新の日本では、こうした個人の稽古を主体とする日本流の自主的教育観の伝統を破棄して「勉強」を主体とする国家主義的教育観へと転換していたから、もはや欧米流の自主的教育観を受容できなかったのではあるまいか。三好信浩は次のように述べている。

日本人の伝統的な教育観のなかにみられた「はじめに稽古ありき」の思想は、士族意識の支配する近代的教育観では価値の逆転が生じ、「はじめに学校ありき」の思想にかわった。稽古→教師（教化）→塾舎は、学校→教師（教授）→勉強となったのである。学校がためにされ、あてにされた結果である。生涯にわたって稽古をつづけて一道一芸の達人になるというよりは、学校を出て人の上に立つ人材となるということが、青年たちの学習動機となる。（三好　一九八一：二一四‐二一五頁）

もし、明治維新の段階で日本流の伝統的な稽古方式に対して欧米流の学習方式が接続されていたら、今日のアクティブラーニングへの助走がその段階から開始されていたかもしれない。米国では学士課程を教養教育の拠点にして今日まで発展を遂げたのに対して、日本では戦後の一時期に「教養部」を配置したとはいえ、一九九一年以来、教養教育の柱を喪失したままになったのは、学校型の詰め込み教育方式の勉強が稽古、修業、修養と連続する日本流の教育観を支配したからであると言えよう。この点は、絹川正吉が稽古には触れていないものの、またアクティブラーニングにも触れていないものの、修業、修養、教養、教養教育の関連性に関する詳細な考察を行って、日本における教養教育の可能性を探っている点と共通性があろう（絹川 二〇一五）。私見では、教養教育とアクティブラーニングの連続性を考えることは欠かせないと思われる。

考えてみれば、教養教育における研究主義の位置づけを探った米国と、教養教育の欠如した構造のなかで研究の位置づけを探った日本の相違が、上述の異なる選択を帰結し、今日の相違をもたらした公算は大きいはずである。日本は、要するに教育観の構築を看過して、研究主義のみに捉われ、研究と教育をセットして捉える発想を欠如したがゆえに、両者の統合よりも分離を安易に帰結することに陥ったのであった。これは後知恵的に振り返れば明らかに失敗であったとみなされるのである。

米国がこの時点で行った研究と教育の架橋という仕掛けは、のちに研究と教育が相まって形成された世界的な学問中心地の実現によって見事に開花したと言うべきである。この好機を逸した日本は、研究はともあれ、教育では一世紀以上取り残されたのではないか。現在のアクティブラーニングは、米国が試みた研究と教育の両立志向が種々の改革を経て成熟した段階で、その概念を出来合いの果実そのままにそっくり移植しているのであるからである。

かくして、米国は、いまだ近代大学の草創期を辿りつつあった工業社会段階の時点において、つまり第二の波の時代において、研究と教育の両立志向の所産である揺籃期のアクティブラーニングなる概念の導入を果たすことができた。こうしてアクティブラーニングの緩やかな離陸を果たした米国に対して、日本の取り組みは工業化段階ではなく知識社会化段階、つまり第三の波の時代まで持ち越されることになった。こうして第二の波の時代ではなく、第三の波の時代にまで遅延した。すなわち、日本は知識社会化の到来と符合するかのように、ドイツモデルから直接ではなく、米国モデルから間接に当該概念を移植することになったわけである。その意味では、すでに中世大学以来の教養教育についての概念形成の前史がある上に、知識社会化を先取りして概念を展開する場合と、概念形成の前史を持たず知識社会化を予期することもなく、知識社会が出現して切羽詰まって急遽概念を移植する場合とでは落差があまりに大きいと言うほかない。

知識社会からの挑戦

ひと昔前の工業社会において、あるいはその後の情報社会においてアクティブラーニングの揺籃期があったと仮定しても、概念と社会の間の求め合う力はいまひとつ弱いことから、両者の親和性はそれほど大きくなかったことは容易に想像できるはずである。これに対して、今日の知識社会化とアクティブラーニング化の親和性は遥かに大きい。なぜならば、従来の情報社会のように、知識収集を基本にした受動的な能力よりも頭脳を駆使した知識加工の能動的な能力が問われる時代の到来を知識社会が意味する以上、大学教育の内容に直接間接与えるインパクトが当然ながら大きいと考えられるからである。

実際、一九六〇年代から電気とコンピュータが結合した情報社会が登場して以来、開発されたロボットや人工知能（AI）は、いまや東大入試に合格できるし、将棋やチェスや囲碁のプロを打ち負かすほどの能力を開発される段階に到達したことは周知の通りである。こうした事実は、状況に対応する考える力や創造力は、人間と遜色ない水準まで急速に進歩した証拠にほかならないのである。これでは並みの人間は先を越されてしまい、仕事の多くはAIやロボットに奪われてしまいかねない。このようなロボットが人間を追い越すという脅威の時代が人類の開闢以来のこととして出現しつつある。

インフォメーション・テクノロジー＝ITの発展が加速される今後の知識社会の時代は、ロボットにない能力を人間が身につけ、ロボットと共存する方途を探る必要がますます高まるであろう。状況に対応できる一定の能力を予めインプットしたロボットは、その能力が対応できる状況では成果を遺憾なく発揮できるだろうが、その能力が組み込まれていない状況が生じると対応できかねる。その点、人間は特定の能力ではなく、いかなる状況にも対応できる柔軟な能力を持ち合わせるときに、ロボット以上の能力を発揮できるはずである。つまり、想定できない不確実な状況に対応する汎用的な能力や学力は、人間教育において彫琢される必要性が痛感されるはずである。

知識社会化の進行するなかで生じる、知識の陳腐化や新陳代謝を異例とするのではなく、むしろほとんど常例とする社会の出現は、過去、現在、未来の接続がもはや決して連続的ではなく、不連続的、断片的、断絶的になりやすい性格を内包しているのであるから、いわゆる「不確実性社会」の出現が社会的な特徴として浮上するのは避けられない。明日の行方がどうなるか不確実、不透明、視界不良で解読しにくい性格を露わにする社会が出現する以上、それに対峙して、的確に対処するには、社会全体の制度や組織において体系的かつシステム的な診断、措置、処方が欠かせないのは無論のことであり、いかなる制度も組織もその欠如は許されない。その点では大学の場合も決して例外ではないのである。

社会変化が激化の一途を辿ることになる知識社会化の時代では、有為転変はまだしも朝令暮改ですら異例ではなく常例にならないとも限らない。中長期はもとより近未来さえ想定できない出来事が頻発している。天変地異、異常気象、地球温暖化、テロリズム、犯罪、環境変化など、枚挙に暇がない。想定できない社会変化が常態になる限り、危機管理が問われる。そのことは政府はもとより、種々の制度や組織体に課せられる課題となるし、それに対応した下位制度、下位組織をはじめ、さらに役割、意識、行動などから成り立つシステムを醸成する必要に迫られる。もちろん大学も例外ではない。

大学制度や組織の改革をはじめ、その主たる構成員である教員、職員、学生の意識や行動の改革が必要不可欠の課題とならざるを得ない。そのことはとりもなおさず、不確実性社会以前の確実性社会の時代に発達した従来型の制度、組織、意識、行動などから成り立つシステムを革新するための取り組みが必要であることを意味する。換言すれば、静態的社会へ対応する制度、組織、意識、行動ではなく、動態的社会へ対応する制度等の取り組みが不可欠になることにほかならないのであって、そこにはパラダイム転換やイノベーション（革新）の必要性があるのである。

### 米国の先取りと日本の立ち遅れ

米国の大学が中世大学の知識の復唱・暗唱から授業科目選択制に転換した時期は、産業主義と科学主義を組み込んだ工業社会の発展する時期であったし、農業社会からの離陸と教育のイノベーションとがちょうど呼応して、機を一にして、符合したのであった。その延長線上に知識社会の到来が待ち構えていたから、未来の的確な洞察力に依拠すれば、やがて迫りくる新社会を先取りした教育やカリキュラムの仕掛けが必要であった。しかも実際に時期を逸らさず改革に着手した。

他方、日本の場合は当時の「学問中心地」に君臨したドイツの大学が牽引する研究主義にもっぱら関心を示し、研究志向を模索し、ひたすらそれに没頭した。しかし中世大学の前史を欠如したばかりか、リベラル・アーツの伝統をも欠落した空白地帯ともいえるような風土や体質のもとでは、教育や授業そのものやその中身である教員、学生、カリキュラムなどへの関心はほとんど生じなかった。官僚主義、中央集権、官尊民卑、教員中心主義などの大学観の支配する体質のなかでは、民主主義、地方分権、私立大学、学生中心などに比重を置く大学観が一顧だにされないのは当然の帰結であった。とりわけ授業科目選択制のように学生の意欲、意思、やる気を尊重し、その自主性・主体性を重視する考え方を考案する改革は言うにおよばず、その大学教育への制度化を実現する改革はほとんど芽生える下地を欠如したのであった。帝国大学で授業科目選択制を導入した経緯については上述したが、それですら学年学級制を改革した程度に終わったのである。

## 現在のパラダイム転換とその核心

米国を中心に一九世紀後半に中世大学から延々と持続してきた伝統に訣別するようなパラダイム転換が生じたと同様に、現在のパラダイム転換は、大学の九〇〇年近い年輪を刻んできた遥かなる歴史に照準すれば、中世大学から近代大学への転換に匹敵するほどの革命的な内容を伴うに違いないのである。なぜならば、中世大学の教育志向が近代大学の科学主義や研究志向へ転換した点に注目するならば、まさしくそれに匹敵するともいえる現在の転換は、教育から研究への転換を再度、研究から教育への転換に焦点化することであるとみなされるからである。もっと正確に言えば、教育から研究への転換ではなく、教育から研究を踏まえた教育への転換から、研究から教育への転換ではなく、研究を踏まえた教育から教育と学修への転換が不可欠になるところにパラダイム転換の核心があるのである。

大学制度が他の社会制度と最も異なる点は、近代大学の登場以来今日に至るまではそれが「学問の府」であって、教育と研究の拠点であることに見出されるはずである。つまり教育の拠点や研究の拠点という別個の離れ離れになった拠点ではないのである。このことを踏まえる限り、そもそも教育と研究の両方を遂行するからこそ大学であって、遂行しなければ大学とは言えないという事実こそが肝要である。他のいかなる制度の追随をも許さない大学本来の特性は、こうした教育と研究の同時的かつ並行的な遂行に依拠する特質だと言わなければならないし、このことを考慮すると、教育の目的である人材養成と直接かかわる大学は、「不確実性社会」に向けて輩出する人材の資質や実力を質保証する責任がますます重要性を増すことを自覚せざるを得ないわけである。

したがって、大学教育の現状を見直し、学生の入学から卒業までの学士課程（短期大学の場合は短期大学課程）を媒介した学士力の質保証を通して、所期の到達目標を十分に達成しなければならないことは当然の帰結である。具体的には、学生の自主性・主体性を踏まえた思考力、想像力、問題解決力、問題発見力、汎用的能力、就業力、そして総合的には豊かな人間性に裏付けられた人間力を十分にそなえた「人間教育」を踏まえた人材養成が課題とならざるを得ないのである。

## (2) 高等教育政策

草の根の大学改革

社会変化の大学に与える影響について縷々考察してきたが、社会変化と同様に重要な要因は大学改革の直接の動因となる「高等教育政策」である。米国の場合は、一九世紀の後半にはエレクティブ・システム＝授業科目選択制という大学改革が開始された。それは国家政府のトップダウン式の高等教育政策ではなく、ハーヴァード大学という一私立大学の学長がイニシアチブを発揮した自主的・主体的な「草の根の改革」であった点では、あまりにも小さな改革にすぎなかったことは確かである。

しかしながら、現在から後知恵的に振り返ってみるならば、決して取るに足りない小さな改革ではなく、むしろ逆であって、将来の動きを予兆し牽引するまさしく大きな改革であったと言わざるを得ないのである。少なくとも二つの理由がある。一つは庇護移動から競争移動への転換である。二つは、入学試験の変化である。一つ目について言えば、ハーヴァードは米国社会の上流階級の子弟が入学するすでにエリートカレッジであったから、単一の目的をもって学生の教育を行ってきた。デレック・ボックは次のように述べている。

> アメリカのほとんどの大学は、南北戦争まで、エリート階層の若者を知的専門職や社会のリーダーにするために教育するという、単一の目的を持っていた。この目的に向かって、大学は、厳格に規定されたカリキュラム、厳しい校則、必修の礼拝での宗教教育によって、学生の精神を鍛え人格を形成した。しかしながら一九世紀の後半、この統一した目的は支持を失い、それぞれが積極的な目標を持った三つの動きが現れた。新しい動きの第一は、学生に仕事に役立つ実学を教える必要性の重視である。……第二の動きは研究の重視である。……第三の動きは、かつてのエリート教育への取り組みから生まれたもので、人文学の重視であった。
>
> （ボック 二〇一五：四六頁）

この時期を境に学生は授業科目選択制によって自主的に科目を選択し、大学側はリベラル・アーツ科目に対して実学科目を用意し、さらに教員は研究を行って学位を取得するようになった。授業科目選択制はそのような大学の目的観の変化を先取りしたし、実際に目的観の変化と対応した改革が進行することになった。

こうした動きが開始する時期ではあったが、エリート大学の学生は卒業後に再び上流階級へ戻って行った。授業の中身の変化は学生の質的変化を喚起したが、それよりも名門大学卒業の肩書が幅を利かしていたし、その点では英国、フランス、ドイツなど欧州の名門大学と社会の関係も同様であった。そこにはラルフ・ターナーが名付けた「庇護移動」が働いていたし、何ができるかよりも何処に生まれたかという帰属主義が支配した。しかしそれに対して、科目選択性の導入は、教員にも学生にも競争を強いることになったし、何処に生まれたかよりも何ができるかという業績主義が支配することになったことを意味する。それは「競争移動」の開始である。

その後徐々に変化が生じた。授業のなかでは、教師に対しては次第にその教授の仕方が学生による授業評価によって厳しく問われることになった。従来のように研究しない教員は、授業科目選択制の授業の担当はできない。また教員の職階を設けて、上位職階への移動には競争的実力を必要とするようになった。学生の成績評価にはグレイド・ポイント・アベレージ＝ＧＰＡによる厳格な評価が問われることになった。他方、学生に対しては、モジュール制や単位制によって成績評価が行われるようになった。単位制にはＧＰＡや平均点によって学年進級や落第が決定され、キャップ＝ＣＡＰによって授業を受ける科目数が促進されたり制約されたりすることになった。

教師にも学生にもこうした実力主義による競争移動方式が導入され、実力を証明するために、片や優秀な教育を行うこと、片や優秀な成績を取得することが求められるようになった。米国では、授業改革が開始された一九世紀後半から、大学内外において欧州の伝統的な社会とは異なる競争移動の時代が開始されたのである。

二つ目は、一つ目と連関するが、入学試験は授業のなかの競争主義と連動して競争主義に転換した。家柄や門地ではなく、才能や学力に秀でた卓越した学生を選抜する方式が開拓され、優秀な学生を入学させ、優れた授業によってより優れた学生を育成し、社会へ輩出する方式へと転換されることになった。それでもＷＡＳＰ（白人、アングロサクソン、プロテスタント）が名門大学へ集中する傾向があるため、それを抑制するために後にアファーマティブ・アクション＝積極的差別是正政策が導入され、人種、民族、国籍、ジェンダーなどによって差別をしない政策が導入されるなど、変化を伴いながらも基本的には競争主義の入学試験が行われることになった。

再々使用するので、言葉の威力が半減するかもしれないが、やはりこの種の動きは「パラダイム転換」そのものであった。その改革は、その後の広く全米を巻き込んだ持続的な大学教育改革と社会改革に着火し、多くの大学人による自主的・主体的な改革の取り組みをもたらす起爆剤となったし、やがて世界に先駆けて発展するアクレディテーションの動きに帰結する動きであったのである。その点にいまさらながら瞠目すべき特色が見出されるのではあるまいか。

## 教養教育と自己点検・評価に関する政策

米国は大学改革が社会を改革した。もちろん、大学改革への期待が社会に存在し、改革を受容する受け皿の風土が社会に発展していたことがそれを可能にしたと解される。これに対して日本の場合はこの種の草の根の改革とは対照的に政府の高等教育政策が改革の中心に位置し、改革の基軸となる概念も独自に創造された国産型ではなく外国から移植した舶来型であるところに特色があったのである。実は特色どころか、むしろ致命傷があると言うべきであるかもしれない。例えば、授業改革は米国のように電光石火の速さで着手されなかった。それに伴い、競争移動は定着しなかった。大学入学までは「試験地獄」とか「四当五落」とまで言われるほど競争が過熱したが、大学入学後から社会への就職などの社会移動の段階では、庇護移動が形成された。ＯＥＣＤ教育調査団が指摘したように「一八歳のある一日に人生が決定される」（ＯＥＣＤ教育調査団 一九七二）という庇護移動社会が定着したのである。

このような自主性・主体的を根本において授業改革を遂行するという改革の枢要部分は移植しなかったのに、ドーナツの周辺部分を次々と拝借した。今日注目を集めるアクレディテーションの動きもアクティブラーニングと同様に、米国でもともと発達した概念を翻訳して移植した借り物である。やはり自主性・主体性の部分は空白になって移植されたし、その点は別の箇所で書いている通りである。その点はその箇所に譲るとして、ここではこの原型と翻訳・移植という彼我を歴然と画する相違には、単なる皮相的な相違以上にはるかに根深い相違へと至る岐路、すなわち教養教育と自己点検・評価の促進と阻害という岐路が含意されていると指摘せざるを得ないであろう。この岐路をもたらした理由を説明するには、最近の日本の高等教育政策の経緯を少しばかり辿る必要があると考えられるのではあるまいか。そこで最近の日本の高等教育政策に少し注目することにしたい。

戦後の大学改革は、ふつうには戦後大学改革期（一九四九～一九五五年）、展開期（一九五六～一九九〇年）、転換期（一九九一年以後）に分けられる。この区分によると一九九一年から今日までの二〇年間に大学教育改革に軸足を移行させ、大学教育を標的にした種々の改革案が提出されてきた経緯がある。一連の主な改革案のなかでは一九九一年と一九九八年の大学審議会答申（以下、大学審答申）、二〇〇五年、二〇〇八年、二〇一二年の中央教育審議会答申（以下、中教審答申）などは、いま問題にしている主題と関係が深いことにかんがみ、特に重要性が高い改革案であったのである。

一九九一年に発表された大学審答申「大学教育の改善について」は、大学設置基準の大綱化と自己点検・評価システムの導入等を高らかに提言した。

これにより、規制は大幅に緩和され（一般教育、専門教育、外国語、保健体育の科目区分の廃止等）、各大学による多様で特色あるカリキュラムの編成が一層可能となった。これは、一般教育の理念を学士課程教育全体の中で効果的に実現することを目指すものであった。（中央教育審議会 二〇〇八）

大学設置基準の大綱化によってカリキュラム編成を大学の自主編成に委ねる方向に舵を取り、教育内容の質的水準の低下に歯止めをかけるために自己点検・評価を義務付けることを担保しながら、教養教育と専門教育の編成は大学が独自に編成できる権限を持つことを大学審議会は提言した。大学の責任に教育改革を委ねる方向は、大学のオートノミーに改革の中心を位置付け、「学問の自由」を担保し、大学人の自主性や主体性を重視したと解されるものである。明治時代以来、政府主導の官僚主義が優勢な大学政策の構造に照準してみた場合、大学のオートノミーを重視し、大学教員の自主性・主体性を尊重する点を強調したことは、もとより評価されて然るべきであると言えよう。しかしながら、この改革案の導入はその後に主として二つの問題、すなわち教養教育の形骸化と自己点検・評価の不振の問題をもたらしたことは否めないのではないか。

## 教養教育の形骸化とアクティブラーニング

第一に教養教育の形骸化。大綱化を契機としてカリキュラム改革や教育組織の見直しが進展する一方、所期の目的と異なって一般教育あるいは教養教育の理念の後退が懸念されるようになった。その反省に立って、大学審議会は、「高等教育の一層の改善について」(一九九七年)、「二一世紀の大学像と今後の改革方策について」(一九九八年)、「グローバル化時代に求められる高等教育の在り方について」(二〇〇〇年)をとりまとめ、大学審が廃止された以後において高等教育政策の舵取りを担った中教審は、「新しい時代における教養教育の在り方について」(二〇〇二年)といった答申を逐次とりまとめた。内閣総理大臣の下に置かれた教育改革国民会議の報告も、学部段階における教育の在り方について言及した(二〇〇〇年)。「これらの答申の中では、教養教育の重要性が再確認されるとともに、様々な改善策について提言が行われた。」(中央教育審議会、同上)。その後、二〇〇五年の「将来像答申」では、学士課程教育は教養教育と専門基礎教育とを中心とするという考え方が主張された(中央教育審議会 二〇〇五)。

確かに教養教育を前向きに見直すというこのような一連の動きが認められるにもかかわらず、全国的には総じて教養教育の形骸化が進行したことは否めないのではないかと考えられる。この次第に形骸化を辿りつつある経緯のことは、とりもなおさず現在検討しているアクティブラーニングの今後の定着を考えるための格好の判断材料を提供すると考えられるのではあるまいか。なぜならば、教養教育の形骸化は、米国から戦後移植したリベラル・エデュケーション（liberal education 教養教育）の改鋳型のジェネラル・エデュケーション（general education 一般教育）の制度化が失敗したことをあからさまに意味するからに相違ないからである。日本では戦後、コナント報告によって行われた伝統的な教養教育を改鋳したジェネラル・エデュケーションの構想を導入した。土持ゲーリー法一が指摘したごとく、日本へ輸入する時は、最初は一般教養（general culture）とされ、リベラル・エデュケーションでもなくジェネラル・エデュケーションでもない中途半端な概念として導入され、さらに「一般教育」と翻訳されたのであって、翻訳の段階で、本来の概念から変質したため、説得力を欠如して十分な発展を遂げることにならなかった（土持 二〇〇六：一四六－一六四頁）。

ジェネラル・エデュケーションは、改鋳版とはいえリベラル・アーツの概念を踏まえて継承しているため、見方によっては広く専門教育を含む概念であるのに、日本への輸入では「一般教育」と翻訳されたことは、ことさら専門教育との対立を煽り立てるという陥穽に陥る結果を招き、概念を矮小化した。また当時すでに高等教育の大衆化によって引き起こされる学生の多様化を早々と見越しながら、高校教育と大学教育の接続を重視していた視点に立脚して、高校と大学に同じジェネラル・エデュケーションを使用した先見の明のある哲学を無視したことになる（舘 一九九七、有本 二〇〇三）。

### 同じ轍を踏む失敗の連鎖

この経緯があったとしても、現時点においてアクティブラーニングの改革に着手することは、米国で発達した教養教育の固有の概念とそのコロラリーとしての実践を日本へ移植することが果たして成功を導くのかという、本章の主題に密接に関係するのではないか。すでに指摘したように、ドイツの大学の研究志向を導入した一九世紀の時点から、中世以来発達した教養教育にメスを入れて改革すること、いまだ萌芽期にとどまっていたアクティブラーニングに着手すること、といったシステム的な取り組みを開始した。この米国の動きを静観した日本は、戦後になってすでに開花結実を終えた米国のシステムの遅ればせながらの移植を手掛けたのであった。その結果、教養教育の移植には挫折を来し、いまや同じルーツから発展したアクティブラーニングの移植を試みているのである。

こうした経緯は、換言すれば、教養教育と「能動的学修」のルーツが同一である以上、教養教育移植の失敗という前者の失敗は、教養教育に淵源するアクティブラーニングの移植の失敗という後者のいわば「同じ轍を踏む」失敗に連鎖するのではないか、という問題提起を呼び起こす。米国版教養教育は、日本の大学教育改革のなかでは定着しないまま推移したばかりか、その概念と関係が深いアクティブラーニングの制度化は、米国版教養教育の日本における軌跡と同様の運命を辿る可能性を秘めているとの推論が成り立つと言えるのではないかと考えられる。

なお、本書では「ドイツ近代大学」あるいはドイツ大学・モデルに代表されるフンボルト・モデルが、米国経由で日本に定着しなかったことを何度か述べてきた。それとともに、ドイツからの直伝は、京都大学の法学部改革の失敗の事例によって述べてきた。しかし、ドイツからの直伝は、小笠原正明らが検証したように、堀内寿郎を中心とした北大方式の教養教育改革の歴史のなかに脈々と反映されて今日に至っていることは忘れてはなるまい（小笠原ほか 二〇一六）。

自己点検・評価の形骸化

翻って第二に自己点検・評価の形骸化。この点に目を転じると、一九九八年の大学審答申は次のように指摘した。

各大学が自己点検・評価の恒常的実施とその結果を踏まえた教育研究の不断の改善を図っていくことはもとより、さらに、より透明性の高い第三者評価を実施し、その評価結果を大学の教育研究活動の一層の改善に反映させるなど、各大学の個性を更に伸長し魅力あるものとしていくための多元的な評価システムを速やかに確立することが不可欠である。（大学審議会　一九九八）

この答申では明らかに自己点検・評価の恒常的実施を謳っていることは確かであるものの、他方で第三者評価の実施を提言していることに注目するならば、この指摘は自己点検・評価が日本の大学教育改革においては定着し難いことをすでに予兆的に断言したと解されるのではあるまいか。この自己点検・評価システムを日本の大学に制度化することがはなはだ困難であるとみなす視点も、先述の教養教育とアクティブラーニングの移植の問題と多少類似しているところに共通性が見出されるであろう。少なくとも、自己点検・評価の根幹をなしているアクレディテーションが、米国で二〇世紀の前半から積み重ねられた長い間の制度化と実践の所産であるシステムであることを考慮せずいきなり移植した結果、所期の目的が実現できなかったと解されるのである。根の部分を欠落した「切り花」の移植では、やがて花は枯渇する運命を辿らざるを得ないことになる。この経緯を考慮すると、教養教育と同様に失敗の軌跡を辿る可能性は少なくないとの観測が生じてもいたしかたあるまい。

もっとも、自己点検・評価は、制度として実施された一九九一年からわずか七年後の大学審答申（一九九八年）によって形骸化が批判されたことを想起すると、定着度の適否を見定めるためには、その対象である自己点検・評価の結果を査定する期間があまりに短く、いまだ未成熟な状態を対象に、見切り発車的に引導をわたした観があるのであり、あまりにも時期尚早の幕引きだったのは否めないであろう。米国で一〇〇年近くの歳月をたっぷりかけて定着したアクレディテーションの制度をわずか七年間で性急に定着させることは、国家から大学への上意下達型の改革が近代大学の創設された戦前から作用し、大学の自主性・主体性を基盤にした改革が作用しない日本の伝統的な大学風土を勘案すると、至難のことであり、無謀、夢想、無策だと謗られてもあながち不思議ではあるまい。

いやしくも大学人の自主性・主体性を育てることが答申の主旨であったのであれば、上意下達や統制のベクトルを減少させる方向が望ましい。自主的かつ主体的な判断をあくまで尊重して、所期の理念を自力で達成する方向へ誘導することが望ましい。

その点、米国のアクレディテーションは、大学人の自主性、主体性を尊重することを大切にしている点に特色が見出されるのではあるまいか。私が、米国のニューヨーク市立大学（短大部）で観察した事実はそのことを如実に裏書きしていると思われるのである。

この度の訪問で多くのことを学修した。特に興味を引いたのは、三〇〇人の新入生に対して二年間の大学教育改革の試行的な取り組みの結果卒業した学生は二八％、三年間残留した場合でもやっと三五％である事実である。日本的な感覚からすれば、このような低い卒業率でも大学設置が認可されるのかと不思議に思わざるを得ないだろう。全米の短期大学の平均的な卒業率でさえ六〇〜七〇％程度であるから極端に低い数字であることに驚かされる。認可を受けて後に徐々に比率を上げて行く政策であるという。……なぜ低いかは、人種の坩堝であるニューヨーク市全域から低学力、低収入、移民、多言語など多様な家庭出身の学生を受入れ、良質の教育を施し、卒業させることを建学の精神としているからである。（有本 二〇一五b）

日本に戻ると、これも後知恵的に回顧すれば、短期間の実験では自己点検・評価は到底実現できないのを見込んで、結論として他者評価を導入するに至ったのではないか、と勘繰りたくもなろう。この見解に立てば、最初から第三者評価を導入することを折り込みずみにしたシナリオが用意され、それに基づいて自己点検・評価を実施したとみなし、時間をかけて米国の大学人のように自主的・主体的な自己点検・評価を定着させる観点は最初からなかったと言うほかない、とみなすわけである。確かに、その種の中長期を射程に入れた骨太のヴィジョンが構想されていたのであれば、猫の目のように素早く変わる政策ではなく、もう少し別の政策的な仕掛けが導入されたに違いないはずであると、政策の短兵急さが惜しまれるのである。

## 日米の大学政策の違い

なぜ日米の相違が生じるのであろうか。彼我の根本的な違いは、自己点検・評価が大学人の自主性・主体性によって手弁当でもっていわば下から草の根的に出発し改善を重ねた米国の場合と、大学審答申とそれを受けた文部省（当時）は省令によって法制的に上から実施された日本の場合との対照的な制度化の在り方の事実に起因していると解されるだろう。

概して、大学人が主導で改革を推進する風土が作用するところでは、政府の命令や要請がなくとも必要な改革を大学間の自由競争を伴いながら進取の気風をもって果敢に実施するのに対して、政府が主導で改革を推進する風土が強く作用するところでは、政府の命令なしには改革に着手しない後ろ向きの気風が跋扈しやすいという違いが生じても不思議ではあるまい。こうして答申では、自己点検・評価は前半の「点検」のみに終始した結果、後半の「評価」が欠如しているとの批判が行われ、大学の自主的・主体的な取り組みによる評価が育たないとのまことしやかな口実をもとに、評価の部分は外部からの評価に委ねる必要があると大学審は判断したと考えられる。その結果、自己評価ではなく外部評価、あるいは「第三者評価」の導入が提言されることになったものと解されるのである。

## 大学基準協会の取り組み――その光と影

日本のアクレディテーションの歴史を回顧すると、大学レベルでの実質的な取り組みは不毛であったし、自己点検・評価が十分に発展しなかったことは上で記述した通りである。しかし、それと同時に看過してならないのは、必ずしも自己点検・評価の風土が醸成されなかったのではない事実である。すでに一九四五年頃から、大学基準協会の活動が展開された事実は、アクレディテーションの日本的発展を物語るし、大学設置において基準を設定して、それをパスしなければ大学設置が認可されない仕組みを作った点では基準協会の役割は大きかった（大学基準協会 二〇一五）。後に文部省が大学基準協会方式を基にして設置基準を制度化したが、それに先駆けた取り組みであった点は評価されるのであるし、その点では、自己点検・評価の在り方をそもそもの最初に遡れば必ずしも全面的に政府主導であったとは言えないし、むしろ政府以外の力学が作用した。

大学が自主的・主体的に自己点検・評価を行うことの必要性は、組織的には大学基準協会においてある程度自覚されていた。しかし個々の大学が会員としていったん協会に加盟すると、一種のマンネリ化現象が生じて、七年ごとの自己点検・評価が次第に厳しさを喪失する体質や風土へと変質をきたしたこともあながち否定できない事実であろう。自己点検・評価の推進母体である個々の大学が自覚を喪失し、自らの質保証を放棄すれば組織を動かす精神は衰弱せざるを得ない。私も務めた経験のある文部省の視学委員会は、設置後の水準を維持するために定期的な視学を行ったが、その場合でも査定を遵守しない機関も散見されたほどである。査定が厳格でなければ、いくらでも規制基準を逸脱する風土が醸成されてしまうから、いたちごっこのごとく、必然的に、質の維持には厳格なコントロールが作動しなければならなくなる。個々の大学の自主性を主体とした「性善説」ではなく、それを信用しない「性悪説」が強まる。

要するに、基準協会では大学が自主的・主体的に自己点検・評価を行い水準を高める運動は、形式的にはともあれ実質的には必ずしも定着したとは言えないのが偽らざる実情であったと言えるであろう。身内意識のもたれあいや「甘えの構造」が醸成された側面がないとは言えないであろう。いったん大学基準協会に加盟を許可されれば、会員であることをよしとして安眠を貪り、内部の質的向上を不断に図ろうとはしない体質が概して醸成されたと言えなくはないであろう。

会員の自制力の欠如があり、他方、個々の会員を統制する組織の自制力も欠如した。一言で言えば、会員と組織双方の自己統制力の厳しさを欠如したのではないか。そうでなければ、協会の活動は米国の方式同様に活力を備え、自己点検・評価は十分機能したはずであるし、そのような活動が作動していないとの大学審の答申は不要であったはずであるからである。その意味で組織の体裁を整えていたとはいえ、自己点検・評価が大学や大学教員によって自主的・主体的に取り組まれるとともに自己統制力をそなえた運動体になるほど成熟しないままであったし、その点の反省を踏まえ、組織内部からの自主的・主体的なアクションプランを作成して出直すまでは限界があったとみなされるのである。

機関別認証評価機関の制度化

大学審答申は、この種の自己点検・評価の日本的制度化が陥っていた組織的かつ機能的な病理を批判し、新たなアクレディテーション・システムの構築に向けて提言をしたと解されるのである。この方向の流れはさらに加速され、二〇〇〇年に既存の学位授与機構に梯子を継ぎ足して「大学評価・学位授与機構」を新たに制度化して第三者評価を導入したのをはじめ、すでに先行していた「大学基準協会」とは別の組織として新たに「日本高等教育評価機構」を追加して、機関別認証評価機関を三機関設立する運びになった。周知のごとく、全大学は法的に七年に一度は機関別認証評価を必ず受審することが、法的には二〇〇四年から義務化されることになったのである。大学人にとっては不面目な結末になった。実際、『「大学の死」、そして復活』を上梓した絹川は「法律でやらなければ日本の大学は自己評価しないのかという、はなはだ不面目なこととなりました。大学評価が法令化され、そして認証評価機関による評価を各大学は七年の周期で、強制的に受けなければならないというシステムになりました。」（絹川 二〇一五：一〇六頁）と述べている。専門職の最も核心的な自己点検・評価が自律的にではなく、他律的に、しかも法律によって強制されることは、まさしく「大学の死」を意味するであろう。

自己点検・評価は定着したか

こうして制度的には大学審の批判後も廃棄せず各大学内に残置させた自己点検・評価の営みを基礎にして外部評価を行う機関別認証評価の新体制が施行されることになった。今日（二〇一四年現在）では、こうした機関別認証評価は二順目に入った。その意味では、一九九八年の大学審答申で進捗不良として否定的に判断された自己点検・評価が一六年後の今日に至って、果たして蘇生し機能しているか否かを問うことは重要な視点である。換言するならば、全国的に自主的かつ主体的に自己点検・評価を行う風土や体質が成功裏に醸成されているのか、それとも逆に外部評価が法的に強制的に実施される体制が確立されたがゆえに、仕方なく自己点検・評価を行う風土や体質がいやいやながら醸成されているのか、これらの視点からの検証が欠かせないだろう。

特に二順目には、二〇〇八年と二〇一二年の中教審答申で提言された内容がどの程度正確に実施されているのか、その定着度を査定する方向が顕著になっている以上、自己点検・評価の内実がエビデンス（事実）を基にして実証的に問われる公算が過去と比べて著しく大きくなっているものとみなされる。すなわち、二順目では基準項目が一一から四へと簡素化され、基準1「使命・目的等」、基準2「学修と教授」、基準3「経営・管理と財務」、基準4「自己点検・評価」となった。

そのなかで、改革の目玉となったと目される基準2の構成は次の通りである。①学生の受入れ、②教育課程及び教授方法、③学修及び授業の支援、④単位認定、卒業・修了認定等、⑤キャリアガイダンス、⑥教育目的の達成状況の評価とフィードバック、⑦学生サービス、⑧教員の配置・職能開発等。全体的には、基準2の「学修と教授」の項目の比重が拡大したとの特徴がひときわ目を引くのである。その中枢に能動的学修という意味のアクティブラーニングが位置づくことになったと言って過言ではあるまい。

### 大学教育の本丸の改革へ

現在の大学教育改革は、一九九一年以来の二〇有余年にわたって遂行された高等教育政策がカリキュラム、自己点検・評価、外部評価、管理運営などを対象にしながら、大学教育の中枢に位置する授業あるいは教授－学習過程の周辺を形成する制度や組織の改革から出発して、その中枢にまで到達したことを意味する。言ってみれば改革は、大学教育の周辺から出発してやがて中心へと向かい、外堀を埋めて本丸の攻略へと進行した、と解されるのである。本丸の主役は授業を構成する主役にほかならず、学修の主体たる学生と教育の主体たる教員であるのであるから、片や学生の意識と行動の改革、片や教員の意識と行動の改革を推進することは待ったなしの状況を招来することになった。
一連の高等教育政策のなかで特に二〇一二年の中教審答申は、大学教育の本丸のなかの本丸ともいえる授業、すなわち「教授‐学習過程」(むしろ「教授‐学修過程」)の改革に焦点を合わせ、カリキュラム、教員、学生からなる「授業の三点セット」の改革を直接の対象として吟味するまで議論を深め、それを統括する概念としてアクティブラーニングのコンセプトでもってカリキュラム、教育、学生の三位一体論を展開したと解される。

生涯にわたって学び続ける力、主体的に考える力を持った人材は、学生からみて受動的な教育の場では育成することができない。従来のような知識の伝達・注入を中心とした授業から、教員と学生が意思疎通を図りつつ、一緒になって切磋琢磨し、相互に刺激を与えながら知的に成長する場を創り、学生が主体的に問題を発見し解を見いだしていく能動的学修(アクティブラーニング)への転換が必要である。すなわち個々の学生の認知的、倫理的、社会的能力を引き出し、それを鍛えるディスカッションやディベートといった双方向の講義、演習、実験、実習や実技等を中心とした授業への転換によって、学生の主体的な学修を促す質の高い学士課程教育を進めることが求められる。学生は主体的な学修の体験を重ねてこそ、生涯学び続ける力を修得できるのである。(中央教育審議会 二〇一二:九頁)

学生の主体的な学修を促す具体的な教育の在り方は、それぞれの大学の機能や特色、学生の状況等に応じて様々であり得る。しかし、従来の教育とは質の異なるこのような学修のためには、学生に授業のための事前の準備(資料の下調べや読書、思考、学生同士のディスカッション、他の専門家等とのコミュニケーション等)、授業の受講(教員の直接指導、その中での教員と学生、学生同士の対話や意思疎通)や事後の展開(授業内容の確認や理解の深化のための探究等)を促す教育上の工夫、インターンシップやサービス・ラーニング、留学体験といった教室外学修プログラム等の提供が必要である。(同上)

## 目的合理的な教育観への動き

こうして本丸に迫り、学生の自主性・主体性を重視する観点を政策的に打ち出す動きと同時に、種々の到達目標やベンチマークを明確に措定したことも政策的に打ち出された歴然とした動きである。だから、こうした動きは上述した「全人的な主体形成をめざす教育観」と「目的合理的な教育観」との葛藤に位置づけると、前者の視点と同時に後者の視点が急速に拡大したことを意味する。「生涯にわたって学び続ける力」は生涯学習の観点から生涯学習力（むしろ学修力）を指摘している点で評価できる視点である。「教員と学生が一緒になって切磋琢磨し……学生が主体的に問題を発見し解も見出していく能動的学修」は、学生の研究力を期待していると読めるから、フンボルト理念に通底する視点である。これらの観点は私の重視している論点からしても首肯できるし、むしろ中教審はフンボルト理念を一方では否定しながら、他方ではそれを踏襲している点が具現し撞着していて、実に興味深い。

問題は、学生の研究や学修の範囲が授業や教室を超えて、教室外学修プログラムなど学生の人生全体への管理や拘束へと拡大しているのではないかという点に見出されるに違いない。もとより学生の学びを重視し、能動的学修を奨励する限り、学習主体である学生のモチベーション、やる気、楽しさなどが看過されてはならない。教育（education）の語源には「鋳型に嵌め込む」（educare）という側面と、「潜在力を引き出す」（educere）という側面が含意されるのであるが、両者のバランスが実り豊かな教育像を描けると仮説できる以上、前者があまり前面に出過ぎると教育を阻害するだろう。実際、「目的合理的な教育観」の観点から観察すると、主たる内容は、①教育課程の体系化、組織的な教育の実施、②シラバスの充実、③全学的な教学マネジメントの確立、などとなっていて、その視点への移行が顕著であると解されのではあるまいか。このことから予想されるように、橋本勝は答申が時宜を得ているとしながらも、盲点は「勉強」を求め学修の「楽しさ」の視点が欠如すると批判している。

大学での学びは、「勉強」であってはならないというのが私の持論である。従来から、大学教育に関する中教審答申には決定的な弱点がある。盲点といってもよい。それは答申全体に「楽しさ」という要素が入っていないことである。前節で記した通り、人間は、楽しいと感じることに対してはついつい夢中になりやすい。「勉強」が「主体的学び」に変わるカギはここにある。この単純なことが日本の英知を集めたはずの中教審の審議の中に登場しないのは私には不思議で仕方がない。（清水・橋本 二〇一三：二八五頁）

### (3) ユニバーサル化の影響

この時期に、高等教育政策において教育改革が浮上したのは、社会変化のなかの知識社会化もさることながら、高等教育のユニバーサル段階への突入との関係が深いことは論を待たないであろう。その点、上記した米国のコナント報告は、すでに少し触れたように、一九四五年の早い時点においてすら高等教育の大衆化が将来的に進行することを想定して書かれていた点に驚かされる。すでにその時点において、ジェネラル・エデュケーションの概念を使用して中等教育と高等教育の接続に力点を置いていたのであった。高校と大学のアーティキュレーション＝接続の問題は、最近日本では大学入試センターの入試改革を含めて高等教育の中心問題になりつつあることは周知の通りであるが、米国ではいち早く大衆化の進行を予測して、改革の先手を打ったのであった。それにひきかえ、立ち遅れた日本ではこれ以上放置できない瀬戸際に来ている以上、真剣に取り組む以外方法はないのに等しい。

大学進学率の増加とユニバーサル段階

高等教育の大衆化は日本だけではなく世界的な現象であるから、先進国が経験した問題を後発国は遅ればせながら解決を迫られるのは、あながち否定できない。例えば現在一億五〇〇〇万人と推計される世界の大学生数は、この一〇〇年間に五三％増加し、一八歳人口は二〇〇〇年の一九％から今日の二六％まで増加した。フィリップ・

アルトバックは、二一世紀の最初の一〇年間には、過去一〇世紀間、つまり一〇〇〇年間に入学した全学生数を超える学生が大挙して大学へ入学したと指摘している（Altbach 2013: p. 21）。現在五六％前後で推移している日本の大学進学率に対して世界のそれの平均は六二％と高く、平均で日本を凌ぐばかりか、個々の場合でみるとすでに八〇％を超えている国も少なくない。すでに述べたように、一九六〇年頃に進学率の先進国であった日本は、その後の半世紀間に後続する多くの国々に追い越されて、いまや多くの国々の後塵を拝することになった。

こうして世界の今後の趨勢は国ごとの温度差がかなりの程度あるとしても、進学率が少なかった過去の段階へ逆戻りすることはなく、高等教育のユニバーサル段階へ着実に展開し、ユニバーサル・アクセスが深化すると予想されるのである。現代は高等教育の爆発の時代というほかない。すでに世界的に従来の高等教育という呼称から「第三期型教育」（tertiary education）と呼称される段階に着実に突入しているのであって、大学への入学は選抜よりも第一期型の初等教育卒業、第二期型の中等教育卒業を経由して第三期型教育へとトコロテン式に進学する時代が幕を開けているのである。かつて大学生を経験したことのない世代の子供や孫など末裔が大挙して大学へ押し寄せる時代が大々的に進行しているのである。こうした今世紀の初めまでには想定できなかった高等教育のオープン・ドア＝門戸開放の現象がクローズアップしている現在、伝統的にエリートの機関であった大学が、果たしてどこまでその動きに同調し、さらに迎合するかは興味深い問題と化すのである。

## 問われる大学の授業改革

このような状況が進行する限り、高等教育改革の中心が大学教育改革に集中してもなんら不思議ではなく、驚くにはあたらないし、むしろ当然の成り行きである。政策的には一九九一年来の大学審の大学教育改革に関する答申以来、制度・組織改革の議論から授業改革の議論へと次第に向かい、その結果が二〇一二年の答申に到達したと観察すれば、外堀から内堀へ、さらに本丸へと短期間に向かった点では歴史的にみて画期的なことであったのである。それと同時に、大学教育改革宣言を発してから授業改革に到達するのになぜ二〇年もの歳月を要したのかという素朴な疑問が生じざるを得ない。このことを詮索すると、一方で政策の側面に起因する要因と同時に、他方で大学や大学教員の側に起因する要因との関係が少なくないと考えられるはずである。

### 緩慢な大学教員の対応

政策の側面では、第三期型教育の視点を大学へ直接導入することに躊躇したため、大学改革へ踏み込めなかったのではないかとの推察ができよう。したがって、伝統的な大学は大衆化の時代に十分対応できるとの判断が作用したにもかかわらず、実際には二〇年間に学生の超多様化が着々と進行したため大学の許容力に限界が生じ、これ以上は放置できないのっぴきならない状態に至った。他方、大学教員の側面では伝統的な「大学自治」や「学問の自由」の理念、価値、エートスがあまり機能しないという限界が露呈したことも看過できないであろう。裏を返せば、法律や省令などの強制的、少なくとも半強制的な監督や統制の動きがなければ、大学改革やとりわけ授業改革の進捗がはかばかしくない状態をもたらし、そうなるに伴い「大学自治」や「学問の自由」に淵源する大学のオートノミー＝自律性の衰退が深まることによって、大学教員自身の自主性・主体性の衰退と枯渇が進行していることを物語るはずである。そのことと大学や大学教員に教育改革にかかわる意識や行動の改革が遅々として進まない状況があることとは、決して無関係だとは言えないだろう。

### 高等教育政策の加速化

大学教育の最も中枢に位置し、大学教員の学事（academic work）における要衝たる授業＝教授‐学修過程の領域に政策の主題が到達したことは、とりもなおさず改革案が大学の聖域にメスを入れたことにほかならない。授業、教授‐学修、能動的教育、能動的学修は、大学教育の周辺や外堀ではなく、まさしく中枢や本丸に位置する対象である以上、審議会から言われるまでもなく、大学教育のプロを自認するはずの大学教員が自主的・主体的に改革に取り組むべき領域そのものである。大学教員が単なる教員ではなく、サラリーマンではなく、専門職の一翼を担うアカデミック・プロフェッション＝大学教授職であるのであればなおさらのことである。

しかし、大学教育改革が急がれる今日、改革が大学や大学教員の自主性・主体性に委ねられるモラトリアムの時期、すなわち執行猶予の時期において、その改革の進捗が遅々としてはかばかしくなければ、大学外の各種ステークホルダー、各種委員会、とりわけ政府や審議会がもはやそれ以上は放置しておけない。いきおい各種アピールが出され、政策的な改革の対象になるばかりか、マニュアル化された具体的な改革の指針が提言され省令化されても、もはや一向に不思議ではないことになる。そのような政策の帰着点が二〇年をかけてアクティブラーニング＝能動的学修を帰結した以上、内容的には上記の「目的合理的な教育観」、評価的には外部評価、管理運営的には官僚制・企業制のそれぞれの強化に向けての進行が速度を速めることのなにものでもないのである。大学教員の側からの自主的かつ主体的な改革が遅々として進捗はかばかしくない間に、産業界や政府や審議会や行政の側からの改革が矢継ぎばやに展開される動きとなって起きていることが観察できるのである。

## 経営改革と教学改革

現在の大学改革は、社会変化の圧力を受けて市場原理が作用する度合いは高く、効率至上主義の経営的動きが教学的動きを巻き込んで、効率、能率、合理化を追求する傾向が見られる。この動きをガバナンスや管理運営的な視点に立脚して観測すれば、大学の伝統的な同僚制が官僚制へと移行し、さらに法人制や企業制へと移行する動きと呼応していることが分かるのである（McNay 1995、江原 二〇一〇）。この動きは、すでに考察したカーネギー調査、ＣＡＰ調査などの大学教員の国際比較研究に依拠してみるならば、あるいは世界のメガ・トレンドに照らせば、広く世界的に生じている顕著な動きであるから、いまや日本的潮流を超えた世界的潮流にほかならないのであって、その中核に不確実性が高まる知識社会化や学生の超多様化が進行するユニバーサル化に対応する授業改革そのものが位置することは、世界的に共通して認められる現象であると言うほかはない。

したがって、教学改革の中心に位置する授業改革は決して日本だけに生じているとは言えない課題であり、世界のすべての大学人が真剣に取り組むべきアジェンダであることは自明となる。だが、そのことの喫緊性と重要性が、必ずしも大学内外で十分理解されているとは言えない現状があることも偽らざる事実であるのであって、そのなかにあって、とりわけ日本の大学教員の動きが緩慢である事実は、国際的な調査結果からみても瞠目すべきである。

### (4) 知識の影響

これまで論じてきた社会変化や国家の高等教育政策などと同様に、あるいはそれ以上に知識の比重は大きく、知識から大学や大学システムへ与える影響は測りしれないほど大きいと言って過言ではあるまい。なぜならば、「学問の府」である大学は、知識とは切っても切れない密接な関係にあるからであり、大学の仕事である「学事」はほかならぬ知識に依拠して教育、研究、サービスに携わる以上、知識が好むと好まざるとにかかわらず重要な役割を果たすからである。知識はその伸縮自在、縦横無尽な性格を反映して、一方では細胞分裂さながら細分化されて増殖し、他方では新陳代謝によって消滅、再編成、拡大、膨張などの一連のダイナミックな動態的活動を展開する。

結局のところ、大学システムというものはいよいよ専門化し、巨大化し、知識集約的でしかもなおかつ知識拡大的となり、自律性を求める弾みをそなえている、素材でもって機能している。(クラーク 一九九四：一九頁)

学問の対象はこうした知識の全域を扱うが、一般知識、上級知識、専門分野などと区別される知識の全領域の中で「学事」の対象になるのは主として上級知識や専門分野であるから、大学はかかる知識の機能や性格によって規定される度合いが大きい。同時に知識を活用する側の活用の仕方によって、知識は縦横無尽に変化を遂げるのでもある。もともと知識自体には権力や威信は備わっていないものの、知識を活用する大学やそのなかにあって科学者、学者、研究者などの役割を担う大学教員による具体的な活用の仕方によって、知識は大小の権力や威信を付与される。研究に卓越した教授が尊敬され、教育に卓越した教授が尊敬されるのは、知識の活用によって研究や教育が比重を増し、価値を高めることにほかならないわけである。

研究と教育の比重の増大

特に知識の重要性が高まる知識社会では、研究と教育の比重はいやがうえにも高まるのであり、そのことは大学内外に看過できない深刻な影響を及ぼす。少なくとも大学は「学問の府」としての制度的な比重を高めることになった。知識社会は研究と教育を担う大学制度へ期待を高めるかたわら、大学側はやはり研究と教育への関与を高める制度として社会へ貢献するという使命を担う。かくして研究と教育の両機能を同時に遂行している点に大学固有の制度的役割があるとみなす論理には、いまさら誰しも異論あるまい。

その論理は教育が偏重された中世大学では十分に発展しなかったが、研究が参入した近代大学では、教育に加えて研究が遂行されるべき大学の役割だとみなす論理は急浮上して当然のこととなった。そのことによって、大学は他の社会制度とは一線を画す地位を獲得するとともに、もはや他の追随を許さない制度に躍進した。従来からも大学の学事にとって不可欠であった研究と教育の両輪は、教育に比較して研究が十分機能しない状態が続いたが、研究が機能しはじめた近代大学以後において、両機能は大学内外において名実ともに可視性と威信を高めたのであり、知識社会の比重が増す今後も、重要性を一段と増すものと容易に予想されるのである。

分析的には、近代大学で比重を高めた研究面では、研究の拠点が学士課程から大学院課程に移行する動きをもたらし、現在ではその動きが加速されて大学院の比重がますます高まる結果を招いた。実際にも「大学院教授」の肩書が増えた最近の動きはそれを象徴的に裏書きする現象であろう。学部に所属して大学院に出向して授業を担当した従来の制度が「大学院重点化政策」が東京大学法学政治研究科の導入（一九九一年）以来、学部から大学院に移した本籍から、学部へ出向して授業を担当する制度に改変された結果、上のような大学院主体の肩書が増加に転じたのであった。研究重視の動きと連動して研究に比重をおく「研究大学」の比重が高まることも付随的に生じる現象となったし、今後も高まると予想されるのである。考えてみれば、一九世紀後半に米国において開始された学士課程に教育を配置し、大学院に研究を配置するという教育と研究の分離を、日本においては二〇世紀の末に遅ればせながら意図的に実現したことになる（天野 二〇〇三：二七八頁）。

研究大学の比重の増大

実際、上海交通大学が「世界大学ランキング」を導入した二〇〇三年以来、世界の大学は世界市場という同じ土俵で教育生産性と研究生産性から成り立つ「学問的生産性」の競争に突入したし、とりわけ「研究生産性」を中心としたアカデミック・ワーク＝学事の優秀性を競いあう競争の時代に突入した。ロンドン・タイムズのタイムズ・ハイヤー・エデュケーション＝ＴＨＥの最近の「世界大学ランキング」（二〇一五年現在）では、上位一〇〇傑のなかに日本からは二大学（東大、京大）が格付けされた。日本の大学のなかからこの二校の研究大学のみがランクインされた事実や、一〇〇傑以内にランクインされた世界の大学の顔ぶれは総じて研究大学である事実に目を向ければ、研究大学以外から上位に格付けされることはまずもって不可能であると推量できよう。しかしながら、研究は分化・細分化する性質を持つとはいえ、学部と大学院が分化し、研究大学と非研究大学が分化し、研究教授と非研究教授が分化する傾向が深まる現実のなかでは、研究と教育が両立し統合されるとする大学観からの逸脱に拍車をかけることは、如何ともしがたいというものである。

教育の比重の増大

研究と教育の比重が高まる知識社会では、研究の比重が研究大学の世界大学ランキングへのランクイン競争をはじめ、各種の先取権競争への参画を基軸にして高まるのは必至である。他方、それに劣らず教育の比重が一層高まるのも必至だと予想される。理由の一つは、大学が高度な知識を扱う以上、学校を卒業し就職した後に大学で教育を受け直す「リカレント教育」は不可欠となるのに伴い、大学は「生涯学習」の拠点となるとみなされる。全学生に占める割合がいまだ少ない社会人は、今後増加して、大学は生涯学習の中枢を担うようになると見込まれるのである。

二つは、知識社会化とユニバーサル化が進行する時代には超多様化する学生の教育がますます重要性を増すから、研究が大学院に比重を移すのとは対照的に、教育、とりわけ教養教育が学部もしくは学士課程へ比重を移すのは回避できないとみなされる。

三つは、いま指摘した二つ目と連動するが、専門教育以上に教養教育の比重が高まるのであり、その拠点である学士課程の整備が欠かせないとみなされるのである。教養教育は、日本では人気が薄く、教養部時代には「般教」と揶揄され、一九九一年の大綱化政策以後は形骸化した経緯があり、現在までには威信喪失からの回復には至っていないばかりか、教員も学士課程の教養教育よりも大学院課程の研究や専門教育を重視する傾向があると言えよう。

### 教養教育の形骸化

すでに土持も指摘しているが、ハーヴァード大学の通称「レッドブック」では、教養教育は「碩学」が担当するのが望ましいとした（土持 二〇〇六：三三一頁）。その意味では碩学がもっぱら大学院の仕事に比重を移すのではなく、学士課程において教養教育を担当すべきであるにもかかわらず、概して「チップス先生」を集めることは困難な状況にある。日本では教養部の解体以後、年輩教授が担当すべきとする動きには逆行しているのではないかとの疑問が生じるだろう。すなわち、日本の実情は「大学院教授」を量産した反面、大学院担当を重視するあまり、学部や学士課程の兼任担当の方式を押し進め、専門教育の比重を増す結果をもたらした反面、教養教育の形骸化に拍車をかける結果をもたらしたのである。

## (5) 大学教員と大学教育改革――授業における大学教員の重要性

こうして、すでに縷々述べてきたように、社会、国家政府、知識は大学へそれぞれ大きな影響を及ぼし、かかる大学をとりまく環境と大学との間に少なからぬギャップや亀裂が生じることになった。大学改革や大学教育改革が、専門職である大学人主導の自主性・主体性よりも国家政府主導の強制性を顕著にする傾向が進行した。かかる亀裂を修復し解決するためには、大学は自分自身の改革を断行することを期待されるのは当然であるし、大学教員の双肩にかかる期待は高まることになった。その結果、とりわけ大学教育改革の必要性を導き、授業の質保証を行うことの必要性を導くことになったし、誰よりも授業に責任を担う大学教員の役割の見直しが不可欠となった。

近代大学の大学教員の使命は、フンボルト理念に従って、R-T-Sの統合であるから、教員は授業において教授し、学生は学修するという図式が成立する。中世大学のように教員も学生もあまり研究しないのではなく、教員も学生もともに研究することが近代大学の教育モデルの原点となった。その点、フンボルト理念のそもそもの対象となったエリート時代の学生のみならず、現在のユニバーサル化時代の学生にとっても、研究を授業へ取り入れることは重要な視点となるのであるし、実際に実践する必要がある。その点、中井俊樹は、『アクティブラーニング』のなかで、フンボルト理念を正当に紹介し、アクティブラーニングの教授法を様々な角度から考察しており、特に授業に研究を採り入れることについて論じており、「学生主導か教員主導か」について次のように述べている。

学生が自分の興味に沿って研究を実施し、必要に応じて教員に助言を求めるという活動は、研究という側面から理想的な形態かもしれません。しかし、多くの学士課程の学生にとって、それは容易なことではありません。学生の研究の進捗状況を把握し、研究がうまく進んでいない場合には教員が適切に介入する必要が

あります。(中井 二〇一五:一四七頁)

このような事例の場合は、教員の主導性が発揮されており、教員の学生指導や支援は奏功しているとみなされる。大学教員の授業と関わる役割の見直しは、従来型の教員主導ではなく、学生支援型の授業を行うことがアクティブラーニングの観点を強調するまでもなく必要性を高めている現在、教員が従来型のパターンを脱皮できない状態に低迷していることが問題とみなされる。他方、学生はアクティブラーニングの導入以来、学生主導の学習を強める傾向も指摘されており、教員の指導が行き届かない状態で学生主体の学習活動が高まりを示しているのである。松下佳代と京都大学グループの研究は、アクティブラーニングの研究では先進的であるが、教授-学習のなかの教授に焦点を合わせると内化、学習に焦点を合わせると外化と称していて、現在は内化が薄れ、外化が強まっている状態を直視している(松下・京都大学高等教育研究開発推進センター 二〇一五)。それでは、ディープ・アクティブラーニングへの高まりは生じないというのである。この指摘は授業が教員と学生の合作であることを留意するとき、きわめて重要である。内化と外化が不連続となれば、教授-学習過程において教授の担保が機能せず、学習の学修への転化が不発とならざるを得ない。学生の学習を放任せず教員があくまで授業をリードしつつ学生を指導して、学習にとどまらず学修を推進することが欠かせないのである。

そうでなければ、戦後の子供中心主義の時代に学生の指導性が欠如して「這いまわる経験主義」に陥ったと同じ陥穽に陥らざるを得ないはずである。教員の意識や行動の改革によってこの種の現状を克服しなければ、本章の冒頭に述べたようなアクティブラーニングの制度化は、初期段階から第4段階や第5段階などに飛躍的な発展を遂げることは困難であると予想されるのである。

このような問題を検討して、アクティブラーニングの質的側面を重視するならばなおさら、大学教員は実際の改革に目を向けなければならない。その際留意すべきは、改革の進捗度は客観的データで確認する必要があると同時に、その前提において意識や行動の側面にメスを入れることが欠かせない課題であることである。そこには個々の大学教員が大学教育改革、とりわけ授業改革に対していかなる意識や行動を持っているかを調査して実態を把握しないと、果たして改革が奏功しているか否かは判明しないという問題が横たわっている。

大学教育改革の取り組み――アジアの大学教員と日本の大学教員

世界の実情と日本の実情に依拠して実態把握の客観化を図ろうとするならば、日本国内のみならず諸外国との比較によって日本を照射することが必要であるはずである。その点、われわれが二〇一二年にアジア六カ国（カンボジア、中国、日本、台湾、マレーシア、ベトナム）の大学教員五九二一名を対象に国際調査を実施して得た日本の実情に関する興味深い事実をここでは参考にしたいと思う（各国の有効回答者数は、カンボジア五三一名、中国二四八〇名、台湾四一二名、日本一〇四八名、マレーシア六六〇名、ベトナム八〇〇名）。以下の引用は少し長くなるが、結論的な概括である。

1　学術論文数では、日本の大学教員の数量は最高であるから研究生産性は良好。しかし、アジアの大学教員が研究生産性を凌駕している領域も増加中である点を考慮すると、やや陰りが見えることも確かである。また、他のトムソン・ロイターなどの研究生産性の世界的動向を見ると、最近日本の大学教員の研究生産性に国立大学教員を中心に退潮傾向が見られる。

2　翻って、日本の大学教員の教育活動は、アジアの大学教員のなかでは概して不振状態に停滞していることが認められる。とくに学生の学力低下が顕著であると大学教員自身が認識する割合が他の国々と比較して著しく高いことが判明した。特に教授職、一般大学、理系にそのことが認められた。

3　学生の学力低下は教員の意識に依拠しているが、従来の調査（カーネギー調査、ＣＡＰ調査）においても同様の傾向がみられた。このことは、数年来、学生の側に問題があると同時に、教員の側に問題があることを示唆している傾向である。

4　3と関連するが、学生の学力低下は、高校以下の学校と大学とのアーティキュレーションの問題に起因すると同時に、大学や大学教員の責任の問題であることを看過できないのであり、換言すれば、学生の問題は教員の問題であると解される。

5　かくして、学生の学力低下に歯止めをかけ、学生をアクティブラーニングに誘うための教育改革が問われる以上、教員の担う責任は大きい。その意味で、日本の大学教員が研究と教育に対してプロとしての責任を果たしていることを大学内外に証明するには、「教員」から「大学教授職」への脱皮が不可欠の課題である（R-T-S nexus の実現）。（有本ほか 二〇一三）

この調査結果に依拠すると、最近五年間の大学教育の改善に関して、日本の大学教員の回答はアジア諸国の大学教員の回答に比較して、改善度がすこぶる低調であることを示した、と言わなければならない。

例えば、**表8-2**「現在の学生の質（五年前との比較）」によれば、「悪い」とする割合が全体平均（一一・〇％）に比べて、日本（四〇・三％）はダントツに高いことに驚かされる。「大変良い」「良い」を合計した平均（四八・三％）に対して、日本（九・四％）は一割にも満たないからである。他の国は、カンボジア（五八・四％）、ベトナム（五七・〇％）、マレーシア（五六・九％）、中国（五六・一％）、台湾（五五・二％）、などとなり、軒並み五五％以上の高率を示したのとはあまりにも対照的な結果であると言わなければならない。

このように日本では、学生の質的低下が最近増加している事実が大学教員の意識を通して明確に表明されている以上、その質を教育や授業を通して所期の水準まで底上げしない限り、大学教育の質保証という社会的責任を果たしたことにならない

**表8-2　現在の学生の質（5年前との比較）**　（％）

| | 大変良い | 良い | どちらともいえない | 悪い | わからない |
|---|---|---|---|---|---|
| カンボジア | 6.7 | 51.7 | 35.8 | 4.2 | 1.6 |
| 中国 | 6.2 | 49.9 | 38.5 | 5.4 | 0.0 |
| 台湾 | 10.1 | 45.1 | 36.1 | 8.2 | 0.6 |
| 日本 | 1.6 | 7.8 | 40.5 | **40.3** | **9.8** |
| マレーシア | 8.1 | 48.8 | 38.7 | 4.1 | 0.2 |
| ベトナム | 4.7 | 52.3 | 40.0 | 2.6 | 0.4 |
| 平均 | 5.7 | 42.6 | 38.6 | 11.0 | 1.9 |

$p<0.001$

のではないか。しかしながら、その点に関する実績は予想を遥かに上回るほどきわめて不振であることが次の調査結果によって判明した。

### 日本の教育実践――アジア諸国の中では低調

**表8-3**「教育の中身」によれば、授業スタイルでは、日本（九一・九％）は授業・講義が、全体平均（七一・三％）を二〇ポイントほど上回るが、これは、中国（三九・七％）がダントツに低い以外は大同小異になっていて、いずれの国でも高い比率を示す点で他と遜色はない。つまり講義形式の授業が共通して一般的であるという結果が得られるのである。他方、実習・実験については日本（五九・四％）は平均（四八・八％）を上回っているのであるから、他国に比べて若干ながら実習・実験を行う割合が多いが、このことはアクティブラーニングがマレーシア（六〇・八％）と同様にやや良好であることを示唆する。しかしながら、プロジェクトチーム学習（四一・一％）や遠隔教育（一〇・四％）のそれぞれは全体平均に比べ、日本（二四・八％、五・八％）はともにかなり低く、この点では不振であることを示唆している。

学生支援の全体平均では、個人指導（六四・一％）やe-mailコミュニケーション（四三・九％）の結果に比べ、日本（七二・七％、五七・〇％）の結果はともに高い比率で、やや良好であるからまだしも、情報機器を用いた学習（五三・九％）や授業外対面指導（六七・三％）の全体平均の結果では、日本（二九・四％、五八・七％）の結果はともに低

**表8-3　教育の中身**

（%）

| | 授業スタイル | | | | 学生支援 | | | | 開発 | |
|---|---|---|---|---|---|---|---|---|---|---|
| | 授業・講義 *** | 実習・実験 *** | プロジェクトチーム学習 *** | 遠隔教育 *** | 情報機器を用いた学習 *** | 個人指導 *** | 授業外対面指導 *** | e-mail コミュニケーション *** | 教材開発 *** | カリキュラム開発 *** |
| カンボジア | 93.4 | 47.3 | 40.9 | 10.0 | 29.1 | 35.3 | 57.9 | 51.7 | 42.5 | 53.1 |
| 中国 | 39.7 | 47.5 | 42.2 | 5.2 | 79.4 | 77.2 | 70.9 | 15.0 | 33.6 | 37.4 |
| 台湾 | 96.7 | 21.6 | 34.0 | 8.5 | 9.9 | 60.3 | 77.0 | 74.8 | 42.2 | 43.8 |
| 日本 | 91.9 | 59.4 | 24.8 | 5.8 | 29.4 | 72.7 | 58.7 | 57.0 | **27.3** | **22.8** |
| マレーシア | 95.9 | 60.8 | 79.7 | 29.9 | 51.3 | 72.4 | 84.4 | 80.4 | 75.3 | 73.4 |
| ベトナム | 96.6 | 41.2 | 29.0 | 17.9 | 45.5 | 21.6 | 53.8 | 67.5 | 71.8 | 56.5 |
| 全体平均 | 71.3 | 48.8 | 41.1 | 10.4 | 53.9 | 64.1 | 67.3 | 43.9 | 43.3 | 43.0 |

***: $p<0.001$

率であるから、立ち遅れが少なくない。とりわけ前者の情報機器を用いた学習の他の国々との落差は大きいことが分かる。授業開発では、教材開発（四三・三％）とカリキュラム開発（四三・〇％）の平均に対して、日本（二七・三％、二二・八％）はともに下回り最下位を示した。このことは、カリキュラム面でのアクティブラーニングがきわめて貧困な状態にある事実を露呈していると解されるのである。

このように、日本は伝統的な講義を中心の授業方式や個人指導などが中心となっている点では、アジア諸国と遜色がないにもかかわらず、実習、実験はまだしも、プロジェクトチーム学修のようなアクティブラーニングと直接間接に関係する取り組みには立ち遅れが目立ち、さらに授業改革とかかわるその他の方法や授業開発などへの取り組み状態では、アジア諸国に比較してきわめて低調である事実が浮上した。別言すれば、アジア諸国はすべて発展途上国であるのに、授業改革の成果は日本をはるかに凌いでいるのであった。

研究志向の強い意識と行動

教育改革に対する取り組みが低調である事実があるかたわら、日本の大学教員の研究志向の度合いが高いことは国際調査で明らかになった。日本の大学教員がアジア諸国に限らず世界諸国の大学教員に比較してさえ、研究志向の強い意識、行動を示したことは特筆に値する特徴である（有本・江原 一九九六、有本 二〇〇八）。しかしながら、諸外国の大学教員よりも研究志向が強い反面、研究と教育の両立志向は低調を示すことが判明した（有本 二〇一一、Teichler, et al. 2013, Shin, et al. 2014）。上記のごとく不確実性社会へ対応した大学教員の仕事は、何よりも教育の重要性を抜きにしては説明できないことを考慮すると、現状を改めて、教育と研究の両立性を含めて教育志向の強い意識や行動への転換が必要であることが分かる。

以上を総合すると、日本の大学教育改革は、各種答申の提言を踏まえて一見、軌道に乗りつつあるように見えるとしても、大学教員の意識の国際比較に依拠した考察では必ずしも改善されているとは言えず、むしろ低調な状態に低迷している点に注意を払う必要がある、と解されるのである。

## 4　制度化の問題点と課題

### (1)　教養教育の形骸化

米国からの教養教育移植の失敗

これまで論じてきたように、アクティブラーニングの日本的制度化には各種の問題点や課題が存在することを認識せざるを得ない。その第一は、教養教育の形骸化の問題である。教養教育の形骸化については、上述した通り教養教育の米国から日本への移植との関係を注目することはなにはさておき回避できない。アクティブラーニングの必要性が生じてきた背景には、教養教育の歴史との関係を抜きに説明できない問題があるからである。教養教育は、古代ギリシャの時代に淵源し、中世大学のカリキュラムの中心を形成したから、九〇〇年近い大学の歴史とともに歩み続けた伝統を持っているし、この流れを汲んで発展した欧米の大学、とりわけ英国を経由して伝承された米国の大学には教養教育の伝統が根強く定着している。

日本は戦後、米国を媒介にしてリベラル・アーツを現代版に改鋳した「一般教育」を通して教養教育を移植した。中世大学の「三学四科」や「自由七科」と呼称される教養教育には、文法、弁証法、論理学、算術、幾何、天文学、音楽から構成されていることから分かるように、現代の理系と文系の学問が混合的に編成されている。学芸学部ではラテン語と文理の学問を徹底的に教育して、学生に総合的な思考力を涵養せんとし、それを身に着けなければ、上級学部の法学、医学、神学への進級は出来ない仕組みが成立しているのである。

日本に戦後移植された米国のジェネラル・エデュケーション＝一般教育には、リベラル・アーツの改鋳であるとしても、この種の過去からの伝統が刻印されているのであるから、一般教育は学生が専門教育に進級する以前に総合的な思考力を涵養することが問われるのは当然であった。この文脈からすれば、米国では教養教育の牙城としてのカレッジを残して、専門教育と研究の拠点としての大学院を発明したのは理にかなっていたと言ってもよかろう。ジョンズ・ホプキンス大学が大学院を創設したのは一八七六年だから、遥か一九世紀後半に学士課程は教養教育に重点を置き、大学院は専門教育と研究に重点を置くシステムを整備したのであった。研究と教育の分化と統合政策が敢行されたのである。この時期の日本ではドイツモデルを移植して学士課程に研究と専門教育を同居させたばかりで、分化と統合の構想は描かれていなかった。戦後、大学院を本格的に制度化すると同時に学士課程に教養教育を導入して「教養部」を設置したとはいえ、今日に至るまで学士課程にも大学院課程にも専門教育を配置している点で米国とは異なるシステムを形成した。

学士課程教育の重要性

大学の学士課程は大学入学以前の自分と入学後の自分を対峙させ創造的に思考し、卒業後の自分の将来像を構想するためのいわばモラトリアムの時期にあたる。入学以前の自分とは、具体的には高校時代の受験勉強の時期であるから、受験突破の目的のために邁進する生活であり鍛練であるのに対して、入学後は過去の自分像を踏まえながらも将来の自分像を探索する試行錯誤の時期である。この自分探しを含めた自己認識の探究が大学の授業との関係で可能になる。大衆化した現在の学士課程教育の時期では、その重要性が日増しに増大しているのである。

この時期に教養教育を配置して「授業科目選択制」の導入以来「全体的な主体形成をめざす教育観」を追求してきた米国のシステムと、教養教育の概念を移植しながら形骸化の一途を辿った日本のシステムとでは、学生の学士力形成に異なった結果を招来するのではないか。換言するならば、教養教育とそれから派生したアクティブラーニングが制度化され機能すれば、学生は入学時から卒業時までの間に創造的に自己認識を実現し、アイデンティティを形成することが実現できるものと解される。

## (2) 学生の学力の問題——大学教育の現実

アクティブラーニングの日本への制度化における問題の第二には、学生の学力問題が存在する。その場合、学士課程では教養教育の果たす効果が学力の実質を左右するという仮説を立ててみる必要があろう。その点、このような教養教育は日本では一般教育として導入され、一九九一年の「大綱化政策」以後は、それまで存在した「教養部」の解体が大幅に進み、全国的にほとんど形骸化する段階に突入した。そして「ポスト一般教育」の時代の今日では、概して専門教育中心の教育が展開されることになった。そのなかで果たして学生の「全体的な主体形成」を涵養し、自己認識の成功を招来しているかを吟味するには、自己認識形成の現実を知る必要があろう。

### 「受容型」学生の意味するもの——金子調査の示唆は何か?

金子元久は、最近の大規模調査（標本数＝三万八五二三）を基にして、「高同調型成長」「独立型成長」「疎外型成長」という学生の三類型を分野別（人文社会系、理工農系、教育・家政・芸術系、保健系）に比較分析することによって、学生の「自己認識の形成」を実証的に明らかにしているので、ここでの議論にとって参考になる（金子 二〇一三：一二四－一三八頁）。概括すると次の内容となる。

この結果をみると、専門分野による違いは四年間を通じてみられる。高同調型の割合は人文社会系でもっとも低く、三割前後、理工農系で四割前後であるのに対して、教育・家政・芸術系では五割前後、保健系では八割程度と高い水準を推移している。しかし分野別に仔細にみれば、それぞれの学生類型の割合の変化には、明確なパターンの相違があることが見出される。

とくに注目されるのは、「受容型」の学生の動きである。入学当初から二年次にかけて増加する。とくに理工農系では二年次で四二％に達する。大学の授業に接して、入学までの専門分野のイメージがいったん相対化されて、授業の中から新しい展望を見つけようとする態度に転化しているとみることもできよう。

しかし二年次以降は、逆に受容型の学生は急速に減少する。とくに人文社会系では二年次の三七パーセントが三年次に二八パーセント、四年次に一六パーセントと半減する。同様の傾向は理工農系、教育・家政・芸術系でもみられる。受容型は、将来像が不明確で、その明確化を大学教育に期待する、というタイプであるから、これが卒業を目前にして減少するのはある意味では当然といえるかもしれない。

問題は、受容型の減少した分がどこに向かっているか、という点である。すなわち、高同調型は三年次まで減少し、四年次に少し増加することは事実であるが、四年間を通じてみれば、ほとんど同水準にある。それは、高学年における受容型の減少分が、高同調型に収斂することがなく、反対に「独立」型、あるいは「疎外」型に転化していることを示している。（同上：一二五頁）

この分析を参考にすると、高同調型の比率が高い系は自己認識の形成に大学教育との関係が大きくなっており、そのことは特に保健系が最も顕著であり、続いて教育・家政・芸術系に顕著。しかし他の系では大学教育の問題が少なくないことが分かる。受容型が次第に減少して、その分独立型や疎外型など非同調型が増えていることは、大学教育の観点からは見逃せないゆゆしき問題を孕むと言わざるを得ない。独立型も疎外型も高同調型とは異なり、大学教育の効果がほとんど見られないタイプであるからである。

独立型は自己認識を形成するものの、それは大学での学習と必ずしも関係していない独立路線によるものである。このタイプは人文社会系、理工農系、教育・家政・芸術系の学生の順に多くなっており、四年次では順に三二%、二三%、二一%になっている。疎外型は入学時にも在学中にも卒業時にも自己認識の確立に至らないタイプであり、授業が自分の将来を考えるうえで意味があったとする評価が二割程度と少なくなっている点に特徴が見出される。四年次では人文社会系一八%、理工農系一五%と入学時のほぼ二倍に近づいている点で侮れない多さではないか。

以上から、受容型の動き、それを吸収する独立型や疎外型の動きを勘案すると、大学は入学した学生に授業による影響力を持たず、自己認識や将来像の形成に失敗していると解されるのではないかと考えられる。こうして、専門分野の学部教育が中心を占める日本では、学士課程を総合する教養教育の形骸化によって概して自己認識形成の失敗を帰結しているものと解される。

## (3) 能動的学修の進捗

超多様化した学生の質保証

第三に、授業を中心とした大学教育において教員の指導体制が不十分であるという問題と課題があると考えられる。換言すれば、アクティブラーニングの進捗状態が思わしくない段階にあることを意味する。授業の成果が不十分であることは、もとより学生自身の学修力の脆弱さに起因する部分もあろうし、高校生時代に家庭学習の時間が一時間以下の学生が三分の一（二〇〇九年）いて、その割合の学生が入学するのと関係があろう。しかし同時に大学入学に際して、私立大学の七割ほどがＡＯ、推薦、指定などの選抜方式を採用していて一般入試抜きで受験勉強をろくにしたことのない学生を入学させる以上、学生の多様化を必然的に招いていることを抜きにして、この問題は考えられまい。

この種の選抜方式は学生の大衆化やユニバーサル化に対応して必要悪的に導入された。その結果、学生の超多様化が生じているばかりか、その種の学生に対応する大学教員の教育力の脆弱さに起因する部分や、能動的学修体制の整備の立ち遅れが関係する度合いも少なくないだろう。超多様化した学生を入学させるのならば、いわゆる「大学四年生」組の学生をして卒業までにリメディアル教育、初年次教育などの質保証を十分遂行し、所期の水準の学士力に到達させて卒業させる教育的な営みが欠かせないことになる。それができないのであれば、多様な学生を入学させるオープン・ドア政策を躊躇することなく即刻廃止しなければならないだろう。しかし、大学が「第三期型教育」を引き受ける限り、かつての大学のようにエリート的であることは不可能であるし、同時に定員割れを起こしている五〇％近い私立大学は淘汰されざるを得ない。

概して同質的かつ上質的な学生層が大半を占めた高等教育のエリート時代とは異なって、今日の大衆化時代、あるいはユニバーサル化時代では、学生層の二極分解が生じるのは回避できないから、少数の大学が選抜度の高い偏差値の高い学生を囲いこむ一方で、その他の大多数の大学では「定員割れ」を回避するために超多様化した学生を入学後に鍛えることを条件にして引き受けざるを得ない以上、相応の改革改善が欠かせないのは当然至極である。

### 高等教育のエリート段階は消滅しない

学生の二極分化と大学の二極分化は表裏の関係で進行する。周知の通りマーチン・トロウは、一九七〇年代において高等教育のエリート化、大衆化、ユニバーサル化の変化を指摘した（Trow 1973）。この指摘ではエリート大学がその後の段階では消滅すると誤解されやすい指摘が見られるのであるが、現実はそうではなく、実際にはエリートと大衆の大学格差が拡大する。エリート時代に存在した大学格差は大衆化やユニバーサル化時代には解消されずに一段と拡大するのであり、このことは頂点が極小化し底辺は極大化するピラミッドが膨張することにほかならない。

実際、現在では特に私立大学の格差は拡大した。六〇六校（二〇一四年現在）を数える私学市場の半分のシェアを寡占する約四〇の大学群と残りの市場をめぐって争奪戦を繰り広げるその他大多数の大学群との格差は大きい。入学定員三〇〇〇人以上の約六〇大学とその他の大学の格差はさらに拡大する。規制緩和の時代に設置された小規模私立大学は淘汰の危機に直面している。

偏差値的に優秀な学生層を吸収する頂点の一握りの少数大学はまだしも、超多様化した学生を吸収するその他の「Ｆランク」や「ボーダーフリー」の大学を含めた大多数の大学群は、個々の学生の潜在能力を引き出そうとすればするほど能動的学修体制の確立を避けて通れない。しかし、葛城浩一が「ボーダーフリー大学では、就職や卒業が最大関心事であり、最優先事項であるため、質保証が疎かにされているどころか、質保証の議論とは逆の力学が働いている可能性も高い。」と実証的に分析しているように、その実情は厳しい（葛城 二〇一三：二九頁）。このような底辺の大学であっても、大学は第三期型教育を大なり小なり包摂して超多様化した学生を入学させている以上、その学力を「大学」水準に向上させて卒業させなければならない義務がある。

授業実践のための七つの原則

米国版の「優れた授業実践のための七つの原則」によれば、土持は次の前半部分の指摘が日本の大学の授業改善に役立つとみなしている。また後半部分は、「③能動的学修を促進する。」に照準して言及されている内容である。

①学生と教員の触れ合いを高める。②学生同士に共同作業を奨励する。③能動的学習を促進する。④速やかにフィードバックする。⑤時間の管理について学ばせる。⑥高い期待感あるいは目標をもたせることで達成感を高め、自信がもてるように奨励する。⑦多様な才能と学習過程を尊重する。（土持 二〇〇六：三三頁）

学習はスポーツ観戦ではない。クラスに漠然と座って教員の話を聞き、課題を暗記し、発表するだけでは不十分である。何を学んだかについて話したり、書いたり、過去の経験と関連付けたり、日常生活に応用したりすることで自分のものにすることができる。（同上）

能動的学修の大道具・小道具の動員

授業改善には、初年次教育、転換教育、リメディアル教育などの制度・組織・方法の整備が欠かせないし、能動的学修の大道具や小道具の出動が欠かせない課題となろう。自分で学修する習慣が身についていない学生には、シラバスによって予習・復習の徹底を図る必要があるから、中教審が引用した日本の学生の一日あたりの学習時間は予習、復習も含めてわずかに四・二時間であったことを想起すると、教科書を使用する場合は復習する頁数、予習する頁数を事前に予知しなければ学生は学修に身が入らないし、さらに予習、復習にどのくらいの時間を費やすかも指示しなければ予習、復習は行わないだろう。予知しても勉強しない学生には、ディベート、ディスカッション、ブレインストーミング、共同学習、練習問題、ソクラテス・メソッドなどを総動員させて大いに活用してその必要性を理解させる必要がある。加えて黒板、フリップ、OHP、スライド、映画、ビデオ、コンピュータ、マルチメディアなど、教育用メディア、器材の活用も必要である（デイビス二〇〇二）。

これだけ微にいり細にいり学生の学習・学修を拘束すると、学生の学びはかえって育たないのでないかという疑問が生じるかもしれない。先述した論調で言えば、「勉強」は学修から楽しさを奪うのではないか。その点、中教審の提言とこのバーバラ・デイビスの提言は、ほぼ符合しているがゆえに米国の改革案が中教審の提言と大同小異であることが分かる。

それでは、米国では大道具・小道具を動員して学生に勉強させ、楽しくない学修を強制しているのであろうか。この点を点検する資料がないので隔靴掻痒になるかもしれないとしても、米国の学生は楽しく学修しているという仮説で考えなければ、「勉強」型を示唆する答申はたちどころに無意味と化す。

その点、鈴木典比古の指摘は参考になるのではないか。彼は、その授業がテレビで放映され講義がなされた、ハーヴァード大学のマイケル・サンデル教授の「白熱授業」は日本の学生に好評であり、知的興奮を喚起し楽しさを与えたと述べている。加えて「サンデル教授のような授業こそが米国の大学教員に求められる典型的な授業である」と述べ、さらに米国では「シラバス＋単位制＋科目番号制＋GPAは一セット」であるから、予習・復習など授業は学生にかなりの勉強を強いることは間違いないと述べている。それでも楽しい授業になるところに秘密があるに違いないし、その原因が教員はシナリオ（シラバス）ライター兼演出家兼俳優の三役をこなし、学生は共演者を務めるロングラン演劇が行われることによって、楽しさを導き出す仕掛けとなっているのである。彼はこう述べ、さらに米国の授業は「演劇」であると述べている。

一つのシナリオ（＝シラバス）を上演劇の一幕と比喩的に数えると、ビジネススクールの教育は四年間を使って上演する六〇数幕物のロングラン演劇である。米国の大学ではこのロングラン劇が四年間六二幕で演じられ、日本の大学では大教室でマスプロ授業を履修する。この帰結を比較すれば、演技者でもある学生が身につける演技力（学士力）が日米間でどんなに違っているかは想像に難くない。（清水・橋本 二〇一三：一二七頁）

授業の質保証の到達点

授業の到達点とそれに至るための取り組みの観点を提示して、教員と学生が納得して取り組むことによって生じる、教育力と学修力の相互の進捗度を測定するには、ルーブリックをはじめティーチング・ポートフォリオ、ラーニング・ポートフォリオなどの授業技術を導入しなければならないだろう。その他にも各種の取り組みが必要であるのであり、例えば、GPA、CAP、厳しい成績評価、オフィスアワー、科目の順番制、単位制、などがそれに該当する。さらにまた、ディスカッションを深めるには、ソクラテス式問答法、ディベート、ブレインストーミング、パネル・ディスカッション、バズ学習など、様々な方法を使用する必要があろう。この種の改革は、二〇〇八年の中教審答申以来、機関別認証評価によって査定される仕組みが制度化されたので、最近一〇年間に徐々に定着していることは事実であるし、その限りでは成功を導いていると言えよう。しかし、日本では米国と同様の大道具・小道具の仕掛けを揃えても、演劇的な授業が行われているとは言えず、各種の仕掛けが学生の知的興奮や楽しさを惹起する授業に結びつくまでには至っていない。先述の全国調査の結果を見ても、アジアを対象とした国際調査の結果を見ても、その成果が十分に上がっているとは言えないお寒い段階に低迷していることは否めないであろう。

### (4) 自己点検・評価と外部評価

第四に、大学評価の立ち遅れの問題がある。自己点検・評価と外部評価は評価における車の両輪である。すでに指摘したように、前者の限界が指摘されて後者が追加され、今日の体制が実現した経緯がある以上、いずれかを欠落しては回転すべき車は回転しないばかりか、評価体制は成立しない。この視点を敷衍するならば、自己点検・評価は外部評価の要請する水準を達成しなければならない課題があるのであり、他方、外部評価は自己点検・評価を厳しく査定し、評価しなければならない課題があるのである。自己点検・評価の精神からすれば、外部評価の有無にかかわらず、平素から所期の目的を標榜して自己点検・評価を持続する自己統制機能、あるいはオートノミー機能を果たすことが国立、公立、私立の区別を問わず大学の大学たることを証明するための使命であり、責任であり、義務であるはずである。しかしながら、そのような理念の追求を試みはじめたが、米国とは異なって、いまだ助走段階が終わらないままで強制的な外部評価を導入したので、外部評価の水準に照準して自己点検・評価をいやいやながら行う風土が醸成されることになったかもしれない。

アクレディテーションの日米比較——「知の拠点」の自覚

米国の大学は、大学評価をすでに一世紀前に開始して、爾後今日に至るまでたゆまず実践を積み重ねてきた歴史があることに驚かされる。すなわち一九一三年に大学と中等学校の北部中央協会（North Central Association of Colleges and Secondary Schools）によって最初のアクレディテーション（Accreditation 大学認定）が行われている（江原 一九八四b：一六頁）。それどころか、大学教員の自主性・主体性に基づく大学教育改革の起源は一九世紀の後半にまで遡るのであって、上述したハーヴァード大学における授業科目選択制の導入前後から発達したのである。その流れのなかで二〇世紀の初頭以来、自分たちの大学の質的水準を高めるために国家政府や社会の他者に言われるのではなく自らが率先し、手弁当とボランティア精神でもって、アクレディテーション・システム、すなわち自己点検・評価制度を発展させてきた経緯がある。この事実は何はともあれ自分たちの使命や責任や義務が何かを自覚していたからにほかならないはずである。

翻って日本では、大学や大学教職員の自主性・主体性を尊重する自律的体制は、少なくとも一九九一年から一九九八年の七年間は試行錯誤しながらも名実ともに存在した。この時点に日本の大学には名誉挽回の機会はあったし、「知の拠点」たる自覚の再生に希望が持てたのではないであろうか。土持は次のように述べている。

戦後日本の教育改革において、初等・中等教育改革が内外から高い評価を受けているのに対して、大学の評価が著しく低いのは、大学に「知の拠点」であるとの自負が欠落しているからであり、企業に盲従した「体質」に責任があった。大学独自の社会的評価システムの構築が急がれる。（土持 二〇〇六：七六頁）

しかしながら、その後、大学審答申（一九九八年）によって第三者評価を制度化した時点で挫折を来し、希望はたちまち暗転して自律性に翳りを生じたばかりか、半ば他律的な体制へと転落したのであった。別言すれば、それは自分が納得する水準まで目的を徹頭徹尾追求しうる自律的体制から、他者によって半ば強制的に規定された水準に目的を定めてそれを達成する他律的体制に変質したのである。正確には変質ではなく元来た道に逆戻りしたと言うべきかもしれない。結局、その時点を起点にして水準の設定は、第一者の大学ではなく、さりとて第二者の国家でもなく、第三者の機関に委ねられたのである。この時点から、自主性・主体的の側面は大幅に後退した。それはさながら、伝統的な稽古の思想が勉強の思想へと転換し、自分が納得するまで学習を持続し高める風土から、試験で一〇〇点を取るための勉強が行われる風土に転化したことの再現ではあるまいか。

米国の大学評価審議会

第三者と言っても、三つの評価機構は誕生の経緯から推察してみると、もともとそれぞれの間にかなりの温度差があったことは否めないし、なかには第二者に近い機関もあり、なかには第一者に近い機関も存在するとの見方ができよう。したがって、機関間には査定や評価の厳格性の点からみてかなりの温度差が生じる体質を潜在的に備えていても決して不思議ではあるまいし、実際にもそうした体質は顕在化したと観測できよう。この観測を拒絶するには、温度差を作動させない歯止め装置が欠かせない。なぜならば、温度差の温存を許容しない外部評価が作動しているか否かを判定する客観的な方法は現状ではまるでなきに等しいからである。機関間の水準を査定する、米国の大学評価審議会（ＣＨＥＡ：Council for Higher Education Accreditation）のようなメタ評価の制度化が欠如している以上、よしんば大学基準協会のごとく個々の機構が外部評価委員会を設置して対応していたとしても、現状では機関間の比較を行う方法は見あたらない（Hernon, et al. 2006、大学基準協会 二〇一五）。その意味では、私が大学基準協会の外部評価委員会（二〇一五年）で主張したのであるが、三つの評価機構を総合的に評価するカウンシルを設置して、水準を統一して各機関間の温度差を解消する試行措置の早期導入が遅ればせながら望ましいのではないか。

### 機関別認証評価の実績

機関別認証評価が制度化された以後、今日まで七年以上の年月が経過したから、認証評価は一巡したことになる。この間、三つの評価機構から改善の勧告を受けた機関はかなりあるものの、不適格の査定を受けた大学機関は若干存在する程度にすぎず、大方の大学は無事パスした。このことは各評価機構のホームページや報告書などに報じられている厳然たる事実である。無事パスした事実は、評価基準に照らして特に問題はないことを意味すると解するならば、大学や大学教員の平素の実践的な努力が評価されたことの証左である。その限りでは、日本全体の大学教育の質が徐々に改革され、改善されている事実を裏書きする何よりの証拠を物語るとみなされるのであり、政策、大学、大学教員、学生の各水準において好循環が生じたことを示唆する。そのことは称賛かつ慶賀すべきである。評価機構の評価はあらかじめ大学が作成した自己点検・評価書を踏まえて審査する以上、自己点検・評価の内容が査定の対象となるし、各審査基準に対する実践が合格水準に到達しているか否かが査定の基準となる。単なる実践ではなく、三〜五年の実践の成果をエビデンスによって証明した証拠で補完されるのであるから、合格認定は実践が証拠によって証明された証左である。

### 評価の適切性

このようなメカニズムが作用している限りでは特に問題はないとみなされるかもしれないのであるが、それだからと言って手放しで喜んでよいかと言えば必ずしもそうではなかろう。現状の評価の在り方には少なくとも二つの問題点や課題がありそうであるからである。その一つは、評価の適切性。例えば、大学設置基準の卒業時の履修単位は一二四単位、一年間の履修単位は三〇単位程度である以上、全国的な平均が各々一六〇単位、五〇単位程度という状態になっている現状は基準の遵守から程遠い。評価機構は少なくとも一四〇単位、三五単位程度への規制をすべきなのに、最近の動きではせいぜい年間四九単位以内にコントロールすることを奨励するぐらいにとどまっていて、現実には歯止めをかける装置を本気で実施しているとは到底見えないばかりか、現状では大学設置基準はザル法と化していると言われても仕方あるまい。仮に毎年四九単位を四年間履修した場合は合計一九六単位となり、設置基準の卒業単位一二四単位を一・六倍も超えてしまう。

例えば、卒業生のなかには二〇〇単位以上履修する学生も少なくないという現実が従来からみられたのではあるまいか。設置基準の履修科目数は一日八時間の学修時間を目安として作成されているので、二倍以上の一六時間とか一七時間とかの学修時間を費やさない限り、二〇〇単位以上は履修できない計算になるのは明白である。設置基準に準拠して真面目に勉強するのであれば、就寝する時間は捻出できない計算になるのはこれもまた明白である。

シラバス、単位制、科目番号制、GPAの有機的連結

設置基準に合わせた単位履修を実現するには、シラバスに予習や復習の時間を指示して学習時間を確保すること、科目のナンバリングによって初級・中級・上級の科目を順序立てて履修すること、履修単位の上限を設けて厳格な評価を行うこと、などが個々バラバラではなく、有機的に整然と実施されなければならないはずである。上述の鈴木が指摘する通り、「シラバス＋単位制＋科目番号制＋GPA」は一セットのはずであるのである（清水・橋本 二〇一三：二三七－二三八頁）。

設置基準の論理とその崩壊

この種の歯止めが欠如しているとすれば、設置基準の理念や論理は完全に崩壊して機能していないというほかない。現状では、シラバス、単位制、科目番号制、GPA、さらにCAPなどは一貫性をもった秩序を構成するどころか、個々バラバラに運用されているとの印象は拭えないのではないか。履修単位数が多いことは勉強の密度が高いとの錯覚を与えかねないし、多数の資格を取得することは有能な証拠だとか、就活に有利だとかといった幻想を学生に抱かせかねないし、実際に保護者、経営者、教員、学生にも古い考えから脱皮しきれない旧態然とした傾向が見られるのではないか。そうであれば、長年支配してきた空気を払拭するのは至難である。おそらくそのような事例はないであろうが、極端な場合は一人でも多くの学生を集めようとして、この種の履修単位や資格取得を看板に挙げ、売り物にしている経営者が仮にあるとすれば、それはもはや教育とは呼べないし、大学人の風上にも置けない詐欺紛いの行為だろう。高い授業料を徴収して「浅い学修」をさせるのでは、「羊頭を掲げて狗肉を売る」の譬え通りであり、質保証に値しない。これは極端の譬えであるが、実際には履修単位数の上限から想定して、それに近い実態が存在していることは十分推察できるのである。

このような実態の意味する真実は、何よりも「学士課程教育の質保証」を放棄している証拠にほかならず、これでは単位制度は骨抜きになって全く作動していないばかりかなきに等しい。履修単位数を増やして、単位や資

格を増やせば、学修時間が増加する分だけ、実質的な学修時間は減少せざるを得ない。一見よく勉強しているように見えても、実際には水増しして、皮相的かつ「浅い学修」でもって多くの単位を荒稼ぎしているにすぎないのである。二〇〇単位前後の単位を履修している学生の一週間の授業時間表は、空欄が皆無になるほど毎日ぎっしり詰め込まれているだろう。一見してよく勉強しているかに見えるし、大学によっては大学の宣伝パンフレット類に誇らしげに掲載している。単位制を知らない人がみると簡単に騙されるだろうが、米国の大学教授など単位制の精通者からは学修していない適例とたちまち喝破されて物笑いの種になるだろう。日本の学生は国際的に学力が劣るし、教員は教育力が劣るとみなされても仕方がないことになろう。こうした時代に逆行する慣行が横行しているとすれば、高い授業料を払っても真の学力は身につかないままであるし、教育の質保証はまずもって頓挫していることにならざるを得ない。

竹内洋は『立志・苦学・出世——受験生の社会史』において、日本の受験学力を風刺的に論じている。その典型は「溜め込み型学習」であろう。

試験はどんな場合でも受験者に「預金型」学習を強いる。「預金型」学習とはつぎのようなものだ。知識はすでにパッケージとして存在している。その知識が実際に何を意味するかなどは知る必要がない。従順に入れものを一杯にし、預金を蓄えようとする学習である。ひたすら暗記し、反復する学習モデルが預金型学習である。預金型学習モデルは、なんらかの程度で試験のあるところどの社会にもみられる。日本の試験だけが特別というわけではないが、日本の入学試験は純粋型に近い預金型（溜め込み型）学習を必要とした。（竹内 二〇一五：一〇一－一〇二頁）

この方式は、すでに論じた米国の一九世紀まで行われていた暗記・復唱型の教育と学習方式によく似ていると言えよう。一世紀以上前の旧弊である。しかし日本の戦前から現在まで続く方式であって、できるだけ溜め込んだ知識を試験時に反復するのである。物知りを量産し、学歴型秀才を輩出するが、創造力、思考力に富む英才を輩出する点ではまぎれもなく弱い学習方式である。保護者や学生の目を欺くこの種の体制をよしとする風潮が学内外に跋扈している限り、学生の学力は深まらないし、量が先行して質がそれに伴わない時代錯誤の現象が独り歩きするばかりである。これは歴史的には、伝統的な稽古の思想が学校型の試験のための勉強に転換した時点から開始された現象であるというほかかないであろう。

この種の勉強型の学力を積み重ねて、なし崩し的にアウトプット型の学士力は形成されたとしても、アウトカム型の学士力は形成されない。アクティブラーニングの観点からの教授と学修の適切な相互作用が欠如しているからである。アクティブラーニングはこの方式の転換を意図していることは明白である。

少し誇張して言えば、大学は高額の授業料に見合う学修をさせているかと言えば、それは見せかけの底の浅い学修しか付与していない。学生はせっかく多くの単位を履修して卒業しても、残念ながらそれに見合う学力を身につけている保証は乏しい。これは詐欺ではないか。米国の学生なら裁判所に訴えるかもしれない。これでは学士課程教育の質保証を担うディプロマ・ポリシー（DC）も、カリキュラム・ポリシー（CP）も、カリキュラム・アセスメント（CA）も、十分に機能していないと批判されても返す言葉がないだろうし、これではアクティブラーニングはもとより、ディープ・アクティブラーニング＝深い学修は半永久的に実現することはあるまいと危惧されるのである。

一日の授業は四コースに限定

その点、米国で自らも学生を体験したことのある、中山茂によれば、すでに二〇年前に、米国の授業では四コースに限定されているという傾聴すべき指摘がある。

四つコースをとるだけだと、毎日平均して教室にいる時間は二時間くらい、それで時間があまってしょう

がいないと思ったら、さにあらず、その二倍ないし三倍の時間を予習復習に使わねばならぬ。（中山　一九九四：二一四頁）

評価機構のメタ評価

その二つは、評価機構のメタ評価。この問題は、先述の米国の大学評価審議会に匹敵する機関が日本ではないことの指摘の繰り返しになるが、重要な視点なので再度指摘しておきたい。現状では個々の評価機構は自己完結しているがゆえに相互連関性が弱いという弱点があるばかりか、評価機構間の温度差を査定するシステムがない点では、果たして国際水準に見合う厳しい評価を行っているか否かの査定を行うことすら困難であろう。機構によってはすでに外部評価委員会を設置して自らの評価の適切性を査定している場合もあるが、機構全体の包括的な外部評価は存在しないままである。上述した米国のカウンシルのような外部評価の制度化によってこそ、認証評価は厳格な評価を行っているか、評価員の資格、見識、評価の技術・水準・的確度は十分か、総じて評価は的確であるか、などに関する機構全体の包括的な外部評価を行うことが可能になるはずである。その意味でいまや大学の外部評価に責任を担う評価機構全体の外部評価が必要とされる時点に来ていると言ってしかるべきだろう。

## (5) 学士課程教育の改革の方向性

これまで論じたことを基にすると、アクティブラーニングの制度化には種々の問題点や課題が存在することが指摘できる。これまでの議論では、①教養教育の形骸化、②学生の学力の問題——大学教育の現実、③能動的学修の進捗、④自己点検・評価と外部評価、という四つの観点から考えてみた。教養教育を立て直し、学生の学力向上を期して大学教育を再建し、学生の能動的学修を推進し、学士課程教育の質保証を行う自己点検・評価や外部評価を見直すことが、重要であることを中心に種々の角度から検討したわけである。江原武一は『転換期日本の大学改革』において、日本の大学改革の行方を、①日本型大学改革、②大学の制度的自立性、③明確な将来構想を踏まえた大学政策、④大学主導の大学改革、を必要とすると述べている（江原 二〇一〇：二七五－二八〇頁）。これらの観点はいずれも適切かつ重要であるが、私の観点と比較すると、教養教育の形骸化は、日本型大学改革や明確な将来構造を踏まえた大学政策が特に必要であることと関係が深いし、学生の学力、能動的学修、自己点検・評価などの観点は、大学の制度的自立性、大学主導の大学改革が必要であることと関係が深いと思われる。

本書では、ドイツモデルが米国と日本へ輸入される過程で、米日が同様の大学改革を行う機会を持ちながら両国の文化、風土、制度などの違いによって、同床異夢に終わった点を種々論じてきたように、確かに文化、風土、制度、政策などが大きな比重を占めることをあらためて痛感せざるを得ない。戦前、米国と同じ起点に立ちながら、異なる方向を辿り、戦後は戦後改革（一九四五～一九五五年）によって米国モデルを輸入し、さらに大衆化段階における改革（一九五五～一九九〇年）を持続し、そして大学教育改革（一九九一年以後）の時代に辿りついた。この間、米国モデルは両国の文化や風土の違いの影響を受けて失敗した場合は少なくないが、特に注目すべきは、戦前に仕掛けられた大学格差は是正されることがなかったこと、官僚制の強化をもたらしたこと、「学問の府」の志向は果たせなかったこと、などに収斂する。

文部大臣を務めた永井道雄は、戦後の状況を踏まえて一九七〇年代の現状分析を行い、①国公私立の格差拡大と私大の質的低落、②東大中心の大学階層性ピラミッドの深化、③私大の経営主義化と教育者よりも学校屋の増大、④国民の功利的高等教育観の促進、⑤大学の学問の府としての質的低落、を指摘した（永井 二〇〇二：三二八－三二九頁）。それではこの実態の改革は、一九九〇年以後の大学教育改革の時代において提言された一連の大学政策によって果たして実現したであろうか。残念ながら①②③④は連関しながら総じて⑤に収斂し、今日に至ったのではあるまいか。つまり「学問の府」としての大学は、次第に質的低落を来したと解されるのではあるまいか。米国が一世紀以上前に着手した時点にボタンの掛け違いを起こした日本は、その後戦後改革、大衆化段階の改革、一九九〇年以後の大学教育改革を通して各種米国モデルの制度化によって挽回を試みたにもかかわらず、思うような効果を上げることができなかったのである。

## 日本の大学教育改革は不可能か

大学改革を動かす場合には、政府の政策が重要であることからすれば、思うような成果が上がらなかったことの責任は一連の政策が不十分であったことに帰すだろう。その点を強調すれば、一世紀以上の各種政策をもってしても成果が出ない事実は、日本の大学政策に重くのしかかり、日本の大学改革、とりわけ大学教育改革の可能性は今後も乏しいことを暗示しているのかもしれない。世界の競争の最前線で食うか食われるかの生き残りをかけての厳しい競争を行っている産業界は、政策や大学改革を手ぬるいと批判して大学教育の現状改革を求めているし、各種ステークホルダーの政府や大学批判も増加している。その矛先は政府と同時に大学に向けられていることは自明である。

政府の政策もさることながら、一九九一年以後の大学教育改革の時代において、大学の理念や使命を担う大学教員の自主性・主体性の如何が不可欠の駆動力である点は見逃せない。とりわけ専門職としての大学教授職の視座からすれば、あくまでも自主性・主体性が発揮されなければ大学は理念や使命を放擲し、社会的存在価値を喪失し、授業を含めた大学教育は日増しに衰退せざるを得ない。日本の大学教員の自主性・主体性が弱いのは、米国のように政府の統制が弱く大学教員が自主性・主体性を発揮しなければ競争によって淘汰されるシステムではなく、政府からの統制が強く作用してはじめて自主性・主体性が発揮されるシステムであるからである。日本では戦前以来政府の統制が強く、トップダウンによって上意下達式に改革が動くシステムが作動しているから、統制がなくなれば自主性・主体性は作動しない体質が形成されている。さりとて政府が統制を強めなければ自主性・主体性が作動しない体質では、統制の強化はエスカレートするのは必至である。このシステムはアクティブラーニングの発祥地である米国のシステムとは明らかに異なる。

アクティブラーニングの本質であるところの学生や教員の自主性・主体性を基にした能動性の発揮を求めるのであれば、いまの日本のシステムでは実現が困難だと予想される。その意味で、今後、アクティブラーニングが成功するカギは、大学教授職の自主性・主体性がいかに強く発揮されるかにかかっていると考えられるし、強く発揮させるようなシステムを確立することが問われるだろう。上述したように、ドイツの研究主義のモデルが一九世紀後半に米国で授業科目選択制をもたらし、それが原点となって一世紀以上かけて醸成されたアクティブラーニングが日本へ移植されたと考えれば、日本型大学改革を意識しつつ、いまこそ米国を合わせ鏡としながら、二一世紀の日本の大学改革、とりわけ大学教育改革を大学教授職を中心に再構築することが必要となっているのである。換言すれば、近代大学理念の原点であるフンボルト理念を踏まえた大学教育改革であるとすれば、もはやそれにとどまるのではなく、「大学教育再生」を模索することを意味するのである。

## おわりに

本章では、アクティブラーニングの制度化と大学教育改革を主題にして、様々の問題を考察した。

第一に、研究の枠組みとしては、アクティブラーニングの制度化の必要性と実現度を尺度にして、Ⅲ→Ⅱ→Ⅰと発展を辿るという仮説を立てた。この仮説に従うと、現在の日本では制度化が必要とされながらも、その実現は達成されていない段階にあることが分かった。授業科目選択制の導入以来、「全体的な主体形成の教育観」の追求を中心に米国で発達した大学教育改革への取り組みにも後塵を拝した。制度化が必要であるにもかかわらず、その実現が達成されていない現行段階から脱皮して、いかにして実現を達成するかが課題である。

第二に、アクティブラーニングの日本的制度化の見取図を描き、第1段階から第5段階までの段階を提示した。この見取図に従うと、現在は第1段階から第2段階をせいぜい経過中であり、これから第3段階、さらには第4段階へ展開する可能性を秘めていると言える初期の段階に位置しているのである。全国的に実施したアクティブラーニングに関する実証調査の結果がそのことを如実に示した。しかし、最後の第5段階に到達できるか否かは、舶来概念のアクティブラーニングであるだけに予断を許さない。米国を中心に外国から移植された舶来概念がこれまでに辿った命運と同様に、簡単に実現できるとは言えそうにない。特に教養教育のメッカである米国において、それとの連続性の観点から発展したアクティブラーニングが、教養教育の方向性を喪失した日本のなかで定着するかは疑問であろう。果たして第5段階を無事クリアできるか否かは、アクティブラーニングの日本の大学への本格的な定着を占うカギとなると言えそうである。

第三に、制度化に作用する諸要因のなかから、社会変化、高等教育政策に焦点を合わせてその影響や功罪を検討した。現在のパラダイム転換は、大学の九〇〇年にも及ぶ歴史に照準すれば、中世大学から近代大学への転換に匹敵するほどの内容を伴うに違いないのであり、二一世紀の大学においては研究や教育から学修への転換が不可欠になる。一連の高等教育政策は、教養教育の形骸化や自己点検・評価の離陸への挫折などの紆余曲折を辿った。その経緯を辿るなかで、ユニバーサル化や知識基盤社会化を媒介にしながら、特に二〇一二年の中教審答申は、大学教育の本丸のなかの本丸とも言える授業、すなわち「教授‐学修過程」の改革に焦点を合わせ、カリキュラム、教員、学生からなる「授業の三点セット」の改革を対象として吟味するまで議論を深めたのである。その統括概念として、アクティブラーニングのコンセプトを展開するに至ったと解される。

第四に、大学教育改革の主体とも言える大学教員の取り組みについて検討した。一九九一年の大学審議会の答申以来、二〇年以上にわたって大学教育改革が大学改革の焦点に据えられてきたから、大学教育改革は長足の進歩を遂げたはずである。にもかかわらず、国際調査のCAP調査やAPA調査の結果は、日本の現状が国際的にひときわ立ち遅れた見直すべき悪しき状態にあることを実証的に浮き彫りにした。それは想定外の惨状である。その原因は、学生の超多様化に起因するとしても、それに対応する教員の「教育力」が十分でないことに起因する度合いは少なくないと解されるのである。

第五に、教養教育の形骸化の問題について検討した。教育改革の不振は学生の能動的学修の不振へ連動する原因を内包しており、上述の教養教育の形骸化との関係は少なくない。特に、アクティブラーニングは中世大学以来の伝統を継承している米国の教養教育に源流が見出せる以上、教養教育の形骸化をもたらした日本の大学教育の風土においては直訳的には醸成されがたい側面が少なくないとの仮説が立てられよう。教養教育の形骸化は学士課程教育における学生の学力の停滞と関係深いことに言及した。教養教育の建て直しによる学生の学修の改革が問われる。

また、米国のアクティブラーニングでは種々の大道具と小道具が動員されているのであるが、それは学生を「勉強」させる色彩が強いようにも見えるとしても、教員の授業力が学生の知的興奮を惹起し、楽しさを導いている現実があることも検討した。

第六に、自己点検・評価と外部評価の関係について検討した。この点も上述の観点と連動する問題である。もし米国でアクティブラーニングが成功しているとするならば、それは教養教育と自己点検・評価の風土との好循環を抜きには考えられないはずである。結局、米国のように、アクレディテーション導入に際して大学や大学人が手弁当で自主的・主体的に取り組む風土があるのと対照的に、その種の風土は日本では十分醸成されてこなかった以上、システム的、組織的、個人的の各側面において、「知の拠点」の自覚が欠如しているとの批判を被らざるを得ない。その批判を跳ね返すバネが必要であるのである。

第七に、第六と関連するが、大学評価においてはあくまでも自己点検・評価が外部評価や第三者評価よりも優先し、重要な価値を占めるのであって、その発展を充実させる試みが模索されなければならない。あくまでその点に留意しつつ、第三者評価機関間のメタ評価の充実など、自己点検・評価を充実させるための条件整備が必要であろう。

第八に、アクティブラーニングの創造的な取り組みが大学教授職の今後の課題であることを強調する必要がある。仮説に論じたように、日本の大学におけるアクティブラーニングの制度化はようやく着手した段階ではあるものの、果たして十分なる離陸を成功裏に実現できるか否かを判断するにはいまだ時期尚早であることが分かる。制度化の必要性が認識される段階を迎え、政策的に着手された段階に至ったばかりであるから、種々の移植型改革の挫折と失敗の二の舞を演じないためには、叡智を結集して成功の方途を探る以外に方法はない。

日本では、ドイツモデルを継承した米国モデルへのそのままの同化ではなく、創造性の発揮によって日本型大学改革の自覚を抱きながら個性の発揮を追求することが、いまこそ期待されているのではあるまいか。そのことに加え、不確実性社会と学生の超多様化に直面している二一世紀においては、幾多の困難が待ち構えているとしても、大学の理念や使命から導出される大学教育再生という遥かな目的地をめざして大学主導型大学改革の歩みを開始することが必要であろう。

その取り組みには国民の協力を得ながら、大学、大学人、とりわけ主たる改革の担い手である専門職としての大学教員、つまりアカデミック・プロフェッション＝大学教授職こそが誰よりも重要な役割を担うことが期待されるのである。大学の約九〇〇年の歴史を踏まえて辿りついた現在において、新たに大学に課せられる課題は、これから九〇〇年先まで大学が発展するために追求すべき「大学とは何か」という理念、使命、責任を構築する営みであり、そのことはとりもなおさず大学の主たる担い手である大学教授職に課せられる責務であるとみなされるのである。

もちろん、最近にわかに注目され始めたＭＯＯＣの存在が大学を飲み込むほどの怪物に成長してしまうと、大学の歴史にピリオドが打たれてしまう未来が待ち構えているという恐ろしさがあるとしても、大学が社会的存在理由を発揮し、存続する限りにおいては、「知の拠点」の使命を果たす責任が社会から負託されていることになんら変わりはない。社会の変化に対応して、大学内部の社会的構造を変革しながら、大学の学事である研究、教育、社会サービスの「三面性」をいかに調和的に発展させるかという大学教授職の理念や使命は、不断に問われなければならないのである。こうした理念や使命や責任の追求においては、これまでの道程が長かったように、これからの道程も長いものであろうが、千里の道も一歩から始まるのである。

## 参考文献

天野郁夫（二〇〇三）『日本の高等教育システム――変革と創造』東京大学出版会。

Altbach, P. G.（2013）. *The International Imperative in Higher Education*（Global Perspective on Higher Education, Volume 27）. Rotterdam, Boston, Taipei: Sense Publishers.

有本章（二〇〇五）『大学教授職とＦＤ――アメリカと日本』東信堂。

有本章（編著）（二〇〇三）『大学のカリキュラム改革』玉川大学出版部。

有本章（編著）（二〇〇八）『変貌する日本の大学教授職』玉川大学出版部。

有本章（編著）（二〇一一）『変貌する世界の大学教授職』玉川大学出版部。

有本章（二〇一五ａ）「アクティブラーニングの現在――教学マネジメント全国調査の分析（第１報）」『ＫＳＵ高等教育研究』第四号、五一－六九頁。

有本章（二〇一五ｂ）「序章　社会変化のなかの大学教育改革」『ＫＳＵ高等教育研究』第四号、一一－一三頁。

有本章・江原武一（編著）（一九九六）『大学教授職の国際比較』玉川大学出版部。

有本章・大膳司・木本尚美・黄福涛（二〇一三）「変貌するアジアの大学教授職（２）」日本教育社会学会第六五回大会、埼玉大学、二〇一三年九月二一－二二日。

ボック、デレック（二〇一五）［宮田由紀夫訳］『アメリカの高等教育』玉川大学出版部。

Bonwell, C. C. and Eison, J. A.（1991）. *Active Learning: Creating Excitement in the Classroom*. ASHE-ERIC Higher Education Reports. Washington, D. C.: School of Education and Human Development, George Washington University.

Chickering, A. W. and Gamson, Z. F.（1987）. “Seven Principles for Good Practice in Undergraduate Education.” *AAHE Bulletin*, Vol. 39, No. 3, pp. 3-7.

中央教育審議会（二〇〇二）「新しい時代における教養教育の在り方について」（答申）。

中央教育審議会（二〇〇五）「我が国の高等教育の将来像」（将来像答申）。

中央教育審議会（二〇〇八）学士課程教育の在り方に関する小委員会資料八－一。

中央教育審議会（二〇一二）「新たな未来を築くための大学教育の質的転換に向けて――生涯学び続け、主体的に考える力を育成する大学へ」（答申）。

Clark, B. R.（1983）. *The Higher Education System: Academic Organization in Cross-National Perspective*. Berkeley:

University of California Press.（バートン・R・クラーク［有本章訳］『高等教育システム——大学組織の比較社会学』東信堂、一九九四年）
Conant, J. B. (1945). *General Education in a Free Society: Report of the Harvard Committee.* Massachusetts: Harvard University Press.
Cook, C. E. (2002). "Faculty Development." In: Forest, J. F. and Kinser, K. (Eds.). *Higher Education in the United States: An Encyclopedia,* Vol. 1. Santa Barbara: ABC-CLIO, Inc, pp. 211-214.
デイビス、バーバラ・グロス（二〇〇二）［香取草之助監訳］『授業の道具箱』東海大学出版会。
Geiger, R. L. (Ed.) (2000). *The American College in the Nineteenth Century.* Nashville: Vanderbilt University Press.
大学基準協会（編）（二〇一五）『大学基準協会の歩みと展望——高等教育の質的変換を求めて』大学基準協会。
大学審議会（一九九一）「大学教育の改善について」（答申）。
大学審議会（一九九八）「二一世紀の大学像と今後の改革方策について——競争的環境の中で個性が輝く大学」（答申）。
江原武一（一九八四ａ）『現代高等教育の構造』東京大学出版会。
江原武一（一九八四ｂ）「アメリカにおける大学評価」慶伊富長（編）『大学評価の研究』東京大学出版会、一五‐二九頁。
江原武一（二〇一〇）『転換期日本の大学改革——アメリカとの比較』東信堂。
Hernon, P., Dugan, R. E. and Schwartz, C. (2006). *Rivisiting Outcomes Assessment in Higher Eduction.* Westport: Libraries Unlimited.
金子元久（二〇一三）『大学教育の再構築——学生を成長させる大学へ』玉川大学出版部。
絹川正吉（二〇一五）『「大学の死」、そして復活』東信堂。
葛城浩一（二〇一三）「ボーダーフリー大学における学士課程教育の質保証——一定の学修時間を担保する質保証の枠組みに注目して」『ＫＳＵ高等教育研究』第二号、二一‐三二頁。
松下佳代・京都大学高等教育研究開発推進センター（編著）（二〇一五）『ディープ・アクティブラーニング——大学授業を深化させるために』勁草書房。
松浦良充（二〇一四）「大学史から見た現代の大学——大学「教育」を捉え直すために」広田照幸・吉田文・小林傳司・

上山隆大・濱中淳子（編集委員）『対話の向こうの大学像』岩波書店。

McNay, I. (1995). "From the Collegial Academy to Corporate Enterprise: The Changing Cultures of Universities." In: Schuller, T. (Ed.). *The Changing University?* Buckingham: SRHE, pp. 105-115.

三好信浩（一九八一）「日本の教育の伝統」新堀通也（編）『日本の教育』有信堂、三–二五頁。

溝上慎一（二〇一四）『アクティブラーニングと教授学習パラダイムの転換』東信堂。

永井道雄（二〇〇二）山岸駿介（編）『未完の大学改革』中公叢書。

中山茂（一九九四）『大学とアメリカ社会——日本人の視点から』朝日選書。

中井俊樹（編著）（二〇一五）『アクティブラーニング』玉川大学出版部。

ＯＥＣＤ教育調査団（編著）（一九七二）［深代惇郎訳］『日本の教育政策』朝日新聞社。

小笠原正明・安藤厚・細川敏幸（編著）（二〇一六）『北大教養教育のすべて——エクセレンスの共有を目指して』東信堂。

清水亮・橋本勝（編著）（二〇一二）『学生と楽しむ大学教育——大学の学びを本物にするＦＤを求めて』ナカニシヤ出版。

Shin, J. C., Arimoto, A., Cummings, W. K. and Teichler, U. (Eds.) (2014). *Teaching and Research in Contemporary Higher Education: Systems, Activities, and Rewards*. Dordrecht: Springer.

舘昭（一九九七）『大学改革——日本とアメリカ』玉川大学出版部。

竹内洋（二〇一五）『立志・苦学・出世——受験生の社会史』講談社学術文庫。

Teichler, U., Arimoto, A. and Cummings, W. K. (Eds.) (2013). *The Changing Academic Profession: Major Findings of Comparative Survey*. Dordrecht: Springer.

寺崎昌男（二〇〇七）『東京大学の歴史——大学制度の先駆け』講談社学術文庫。

Trow, M. (1973). "Problems in the Transition from Elite to Mass Higher Education." *Policy for Higher Education*. OECD.

土持ゲーリー法一（二〇〇六）『戦後日本の高等教育改革政策——「教養教育」の構築』玉川大学出版部。

潮木守一（一九八二）『大学と社会』第一法規出版。

潮木守一（一九九七）『京都帝国大学の挑戦』講談社学術文庫。
潮木守一（二〇〇八）『フンボルト理念の終焉？——現代大学の新次元』東信堂。

# あとがき

本書の「大学教育再生とは何か」というタイトルに使用した用語の「再生」には、理念を蘇生させ再構築するという意味が込められている。本書の主題は、大学とは何か、とりわけ大学教育とは何かに置かれている。すなわち、ドイツの大学で発展したフンボルト・モデルの「研究・教育・学修のネクサス」を現代のユニバーサル段階の大学教育における再生の視座から問うものである。その意味からして、類語の改革（reformation）よりも再生（regeneration）の用語をタイトルに使用することが適切であろう。

いわゆる「近代大学理念」であるフンボルト・モデルは、一九世紀にドイツから米国へ移植され、修正を加えられ、エレクティブ・システム＝授業科目選択制を経由した後、アクティブラーニング＝能動的学修へと接続されることになった。私はこの持続的な流れがやがて日本で踏襲されるに至ったと観察したが、その過程にはゆうに一世紀以上の年輪が刻印されていることが分かる。このドイツから米国を経由して日本へ至る間接ルートとは別に、ドイツから日本へ至る直接ルートは、京都帝國大学法学部へと移植が試みられて挫折した経緯などがあるので、その点では日本への定着はあえなく見果てぬ夢に終わったわけである。ただし最近の北大グループの研究では、戦後になって教養部を通してドイツからドイツ・モデルが直接移植され、今日まで連綿として踏襲されたことが実証されているので、注目すべきであろう。

ところで私は、本書のなかで記したように半世紀前の一九六〇年頃から高等教育の研究に着手し、卒論・修論・博論などを書いた後、教育社会学や科学社会学の研究を通してアカデミック・プロフェッション＝大学教授職の研究を重要な研究テーマのひとつとして取り組んできた。その間、大学教育再生に対する大学教授職の取り組み方は、終始一貫して興味ある主題であったし、実際にもカーネギー調査、CAP調査などを通して世界の研究仲間とともに大学教授職に関する国際比較研究に携わったことは、その種の興味をさらに深める得がたい機会となった。それと同時に、ドイツ・モデルを創造的に受容して米国モデルを創出した米国の大学教授職には、学問中心地、学問的生産性、FD、学問の自由などの研究を通して強い関心を抱いてきたところであるし、その対比で日本の現状や課題の分析を試みてきた。

その間、フンボルト・モデルを基軸に据え、国際比較を行うことによって、とりわけ大学教授職の日米比較の視点から大学教育再生に焦点を合わせて、その本質や可能性を多角的に考察した。中世大学から近代大学に至る九〇〇年にも及ぶ大学の歴史に学びながら、米国と比較した日本の大学、大学教育、その担い手である大学教授職の現状に対する問題点や課題をめぐって社会学的分析を試みた。最近の一世紀以上のスパンを通して、大学教育再生とは何かを問うと、本書で縷々分析したように、学問中心地、学問的生産性、FD、学問の自由などの観点から観察するとき、米国で実現し、日本で実現せずじまいに終わったことが少なくない。米国モデルが定着しない場合も多くみられたが、その原因は日本とは異なる米国の社会、風土、大学文化などに起因する場合が少なくない。その点、日本において大学教育再生を期すには、大学や大学教育の現状に対して大学内外の関係者をはじめ大学人やとりわけ大学教授職は、このままでは二一世紀の大学ひいては日本社会の発展はおぼつかないとの危機意識を持たなければならないのではあるまいか。私は、本書を脱稿するに際して、今後の二一世紀において日本の大学とは何か、そして大学教育再生とは何か、という命題があらためて問われるべき時点が到来していると痛感している次第である。

なお、本書は公表した拙稿をもとに構成しているため、同じ説明をしている箇所がある。また拙稿の論調を踏襲したうえで大幅な補筆を加えているので、初出一覧を記す必要がないかもしれないが、念のため記しておきたい。

# 初出一覧

＊出版にあたり初出稿には改稿を施している。

**第1章　大学とは何か——その理念と使命**
書き下ろし。

**第2章　大学の理念と使命——大学の社会的機能を中心に**
書き下ろし。

**第3章　大学の理念と大学論——第二の波から第三の波の時代への展開**
「大学とは何か——その理念と使命」『大学評価論の体系化に関する調査研究』大学基準協会、七-一五頁、二〇一五年一二月四日。

**第4章　教授-学習過程の社会学——知識の機能と大学教授職形成**
「教授-学習過程の社会学——知識の機能と大学教授職形成」『比治山高等教育研究』第二号、三-二六頁、二〇〇〇年。

**第5章　大学教授職と学士課程教育の質保証**
「学士課程の質保証——総論」『KSU高等教育研究』第二号、一-一九頁、二〇一三年。

**第6章　大学教授職の現状と課題——カーネギー調査の分析**
「大学教授職の現状と課題——カーネギー国際調査から」『大学論集』第二四集、三五-五五頁、広島大学大学教育研究センター、一九九五年三月。

**第7章　研究志向と教育志向の国際比較研究——CAP調査の分析**
「研究志向と教育志向の国際的動向」第五回日中高等教育フォーラム（大連理工大学、二〇一一年九月九日）講演論文。

**第8章　アクティブラーニングの制度化と大学教育改革の可能性**
「アクティブラーニングの制度化と大学教育改革の可能性」『KSU高等教育研究』第三号、一-二一頁、二〇一四年。

# 事項索引

[あ行]

[か行]

[さ行]

[た行]

［な行］

［は行］

［ま行］



［や行］

［ら行］



［欧文］

# 人名索引

[ア行]



[か行]



[さ行]

[た行]



[な行]



[は行]



[ま行]

[や行]



[ら行]

［著者］
有本 章（ありもと・あきら）
1941 年広島市生まれ。広島大学大学院教育学研究科博士課程単位取得、教育学博士。広島大学高等教育研究開発センター長・教授などを経て現在、兵庫大学高等教育研究センター長・教授、同学長顧問、広島大学名誉教授。ユネスコ世界科学委員会委員・アジア太平洋地域議長、第 1 次新渡戸フェロー、日本教育社会学会長、日本高等教育学会長などを歴任。専門は、高等教育論、教育社会学、科学社会学。著書に『大学教授職と FD』（2005 年、東信堂）、編著・共著書に *Biographies and Careers throughout Academic Life*（2016年）、*The Changing Academic Profession in Japan*（2015 年）、*Teaching and Research in Contemporary Higher Education*（2014 年、以上、Springer）、『変貌する世界の大学教授職』（2011 年）、『変貌する日本の大学教授職』（2008 年）、『大学のカリキュラム改革』（2003 年）、『大学教授職の国際比較』（1996 年、以上、玉川大学出版部）、『大学改革の現在』（2003 年、東信堂）ほか多数。


高等教育シリーズ 172

大学教育再生《だいがくきょういくさいせい》とは何《なに》か——大学教授職《だいがくきょうじゅしょく》の日米比較《にちべいひかく》

2016 年 11 月 1 日　初版第 1 刷発行

著　者——————有本 章
発行者——————小原芳明
発行所——————玉川大学出版部
〒 194-8610 東京都町田市玉川学園 6-1-1
TEL 042-739-8935　FAX 042-739-8940
http://www.tamagawa.jp/up/
振替 00180-7-26665
装　幀——————木下 弥
印刷・製本————株式会社加藤文明社
乱丁本・落丁本はお取り替えいたします。



ISBN978-4-472-40517-4 C3037 / NDC377